锦天城法律实务丛书

税务筹划实务指引
优惠与风险

SHUIWU CHOUHUA SHIWU ZHIYIN
YOUHUI YU FENGXIAN

全开明 / 著

法律出版社 LAW PRESS · CHINA
北京

图书在版编目(CIP)数据

税务筹划实务指引:优惠与风险 / 全开明著. --
北京:法律出版社,2024
(锦天城法律实务丛书)
ISBN 978-7-5197-9111-7

Ⅰ.①税… Ⅱ.①全… Ⅲ.①企业管理-税收筹划-
中国 Ⅳ.①F812.423

中国国家版本馆 CIP 数据核字(2024)第 087607 号

锦天城法律实务丛书

税务筹划实务指引:优惠与风险
SHUIWU CHOUHUA SHIWU ZHIYIN: YOUHUI YU FENGXIAN

全开明 著

策划编辑 田 浩
责任编辑 田 浩
装帧设计 臧晓飞

出版发行 法律出版社
编辑统筹 法商出版分社
责任校对 李慧艳
责任印制 刘晓伟
经 销 新华书店

开本 710 毫米×1000 毫米 1/16
印张 31.5 **字数** 538 千
版本 2024 年 5 月第 1 版
印次 2024 年 5 月第 1 次印刷
印刷 北京中科印刷有限公司

地址:北京市丰台区莲花池西里 7 号(100073)
网址:www.lawpress.com.cn
投稿邮箱:info@lawpress.com.cn
举报盗版邮箱:jbwq@lawpress.com.cn
销售电话:010-83938349
客服电话:010-83938350
咨询电话:010-63939796

书号:ISBN 978-7-5197-9111-7
定价:128.00 元
凡购买本社图书,如有印装错误,我社负责退换。电话:010-83938349

前　言

本书深入探讨了税收筹划的实务操作与具体策略，特别强调了税收筹划在企业管理中的核心地位，旨在帮助企业实现税务合规与效益的双赢。本书从组织、行业、地区等多个维度出发，结合数字化、行为规范、案例分析和成本发票等方面的内容，全面系统地阐述了税收筹划与税务合规的实务操作。我们希望通过本书，帮助企业从正反两个维度管理税务问题，既能充分利用税务优惠政策，降低企业税负，又能深入理解税务法规和政策，提高税务管理水平和能力，确保在税务合规方面达到监管部门的要求。

本书的另一大价值在于帮助企业全面了解自身的风险，实现税收优惠政策的最大化利用。由于税务管理呈现出精细化和高效化的态势，税务政策具有明显的时效性和差异性，税收筹划策略也将受到税务环境变化的影响。不同行业、组织类型和地区的企业因其组织形态和经营特性而面临不同的税务风险，需要通过建立健全的税务管理体系，明确税务合规的责任分工，加强税务合规的培训与宣传，确保员工充分理解并掌握税法规定，以便及时应对税务监管的要求。在数字化时代背景下，企业还需要具备高度的数字化和信息化管理能力，同时加强与税务管理部门的沟通和协作，及时掌握税务政策和管理要求，调整税务筹划策略，确保企业的税务合规性和经济效益，实现“销售倍增，风险可控”。

本书主要撰写于2023年5月至11月，历时半年。当坐在上海中心11楼的办公室里，侧面欣赏着游船如织的黄浦江，以及和江景相映成画的高楼大厦，当夜晚上海中心整个灯带亮起来的时候，景色更加漂亮。这种氛围鼓舞着我在专业领域更加精进，不积跬步无以至千里，继续努力吧。本书在写作过程中，得到了周洲等其他专业人士的专业支持，法律出版社的田浩老师对本书的顺利出版也提供了大量帮助，再次表示感谢。此外，涂莹莹、白佳瑞、赵紫邑、魏安瑶、尹丝媛、王锶宇、谢雯、杨晗、龙俊宇等对本书撰写亦有贡献。相信本书将会为读者提供宝贵的指导和有益的帮助！

2024 年 4 月 16 日

全开明　于上海中心办公室

目·录

组织篇 第一篇

行业篇 第二篇

第三篇 地区篇

第四篇 实质经营篇

第五篇 数字篇

第六篇 行为篇

第一篇 组织篇

一、合伙企业税务优惠及监管

1. 合伙企业税务优惠政策梳理

1.1 合伙企业税收政策的特点

合伙企业是一种营业性组织，由合伙人通过订立合伙协议共同出资、合伙经营、共享收益、共担风险，并对合伙企业债务承担无限连带责任。合伙企业可以分为两类：普通合伙企业和有限合伙企业。普通合伙企业由普通合伙人组成，合伙人对合伙企业的债务承担无限连带责任，即个人财产也负担企业债务。有限合伙企业至少由一名普通合伙人和至少一名有限合伙人组成。在有限合伙企业中，普通合伙人对合伙企业债务承担无限连带责任，与普通合伙企业相同。但有限合伙人只需以其认缴的出资额为限承担合伙企业债务，他们的个人财产不会因为企业债务超过认缴出资额而受到影响。

随着“大众创业、万众创新”政策的深入推进，合伙企业，尤其是有限合伙企业，因其相对灵活的组织管理形式、利润分配机制以及相对较低的税负，受到许多投资主体的青睐。在众多从事生产经营的组织形式中，如合伙企业在基金架构、员工持股平台等安排中也十分常见。合伙企业的税收政策特点主要在于解决双重征税问题。在公司制企业中，盈利后首先需要在公司层面缴纳企业所得税（税率通常为25%）。然后，在对税后净利润进行分配时，自然人股东还要根据所得类型（如利息、股息、红利）缴纳20%的个人所得税，总计税负高达45%。合伙企业不同于公司制企业，根据合伙企业的“先分后税”原则，合伙企业在企业层面上无须缴纳企业所得税，利润直接分配至法人合伙人或个人合伙人，然后分别征收企业所得税或个人所得税，仅征收一道税收，大大降低了税负。这一特点使得合伙企业在税收方面具有一定的优势。合伙企业合伙人是自然人的，缴纳个人所得税；合伙人是法人和其他组织的，缴纳企业所得税。①

1.2 合伙企业应纳税种及税务优惠政策

1.2.1 应纳增值税及其他税费

《增值税暂行条例》第1条规定，在中华人民共和国境内销售货物或者提供加工、修理修配劳务以及进口货物的单位和个人，为增值税的纳税人，应当依照该条例缴纳增值税。

依据以上规定，可以得知合伙企业在增值税方面，会根据其企业身份和业务类型，采用不同的税率或征收率进行正常缴纳，与其他企业并无差别，合伙企业也会按规定申报并缴纳其他税种，如附加税、印花税、个人所得税（代扣代缴）等。

1.2.2 应纳所得税

《财政部、国家税务总局关于合伙企业合伙人所得税问题的通知》（财税〔2008〕159号）第2条规定："合伙企业以每一个合伙人为纳税义务人。合伙企业合伙人是自然人的，缴纳个人所得税；合伙人是法人和其他组织的，缴纳企业所得税。"第3条规定，合伙企业生产经营所得和其他所得采取"先分后税"的原则。对于自然人合伙根据生产经营所得，比照个人所得税法的"个体工商户的生产经营所得"应税项目，适用5%～35%的5级超额累进税率，计算征收个人所得税。

先分后税的原则是指合伙企业在税务上被视为独立的应税所得计算主体。按照这个原则，合伙企业先在自身层面计算出应纳税所得后，再将这个应纳税所得按比例分配给各个合伙人，合伙人再缴纳个人所得税。具体来说，合伙企业的生产经营所得和其他所得采用先分后税的原则。这些所得包括企业分配给所有合伙人的所得和企业当年留存的所得（利润）。需要强调的是，"先分后税"并不是指"有利润但未分配时暂不征税，分配后再产生纳税义务"。正确的理解是"有利润后，先分别计算每位合伙人的份额，当月就产生纳税义务"。换句话说，合

① 《财政部、国家税务总局关于合伙企业合伙人所得税问题的通知》（财税〔2008〕159号）第2条。

伙企业分配的不是账上的利润，而是分配的应纳税所得额。①

合伙企业的合伙人按照下列原则确定应纳税所得额：

（1）合伙企业的合伙人以合伙企业的生产经营所得和其他所得，按照合伙协议约定的分配比例确定应纳税所得额。

（2）合伙协议未约定或者约定不明确的，以全部生产经营所得和其他所得，按照合伙人协商决定的分配比例确定应纳税所得额。

（3）协商不成的，以全部生产经营所得和其他所得，按照合伙人实缴出资比例确定应纳税所得额。

（4）无法确定出资比例的，以全部生产经营所得和其他所得，按照合伙人数量平均计算每个合伙人的应纳税所得额。合伙协议不得约定将全部利润分配给部分合伙人。

【相关政策】

根据财政部、国家税务总局发布的公告2021年第41号规定，所有具有权益性投资合伙企业都必须采用查账征收方式来计征个人所得税。

对于取得的利息、股息、红利所得，自然人合伙人单独适用于利息、股息、红利所得按20%缴纳个人所得税。

《关于个人独资企业和合伙企业投资者征收个人所得税的规定》执行口径的通知（国税函〔2001〕84号）第2条规定，个人独资企业和合伙企业对外投资分回的利息或者股息、红利，不并入企业的收入，而应单独作为投资者个人取得的利息、股息、红利所得，按“利息、股息、红利所得”应税项目计算缴纳个人所得税。

《国家税务总局关于切实加强高收入者个人所得税征管的通知》（国税发〔2011〕50号）规定，对个人独资企业和合伙企业从事股权（票）、期货、基金、债券、外汇、贵重金属、资源开采权及其他投资品交易取得的所得，应全部纳入生产经营所得，依法征收个人所得税。

1.3 创业投资企业和天使投资个人有关税收优惠政策

1.3.1 享受主体

公司制创业投资企业、有限合伙制创业投资企业合伙人和天使投资个人

① 财税〔2008〕195号文规定，合伙企业生产经营所得和其他所得采取“先分后税”的原则。所称生产经营所得和其他所得，包括合伙企业分配给所有合伙人的所得和企业当年留存的所得（利润）。

1.3.2 优惠内容

（1）公司制创业投资企业采取股权投资方式直接投资于种子期、初创期科技型企业（以下简称初创科技型企业）满2年（24个月，下同）的，可以按照投资额的70%在股权持有满2年的当年抵扣该公司制创业投资企业的应纳税所得额；当年不足抵扣的，可以在以后纳税年度结转抵扣。

（2）有限合伙制创业投资企业（以下简称合伙创投企业）采取股权投资方式直接投资于初创科技型企业满2年的，该合伙创投企业的合伙人分别按以下方式处理：

①法人合伙人可以按照对初创科技型企业投资额的70%抵扣法人合伙人从合伙创投企业分得的所得；当年不足抵扣的，可以在以后纳税年度结转抵扣。

②个人合伙人可以按照对初创科技型企业投资额的70%抵扣个人合伙人从合伙创投企业分得的经营所得；当年不足抵扣的，可以在以后纳税年度结转抵扣。

（3）天使投资个人采取股权投资方式直接投资于初创科技型企业满2年的，可以按照投资额的70%抵扣转让该初创科技型企业股权取得的应纳税所得额；当期不足抵扣的，可以在以后取得转让该初创科技型企业股权的应纳税所得额时结转抵扣。

（4）天使投资个人投资多个初创科技型企业的，对其中办理注销清算的初创科技型企业，天使投资个人对其投资额的70%尚未抵扣完的，可自注销清算之日起36个月内抵扣天使投资个人转让其他初创科技型企业股权取得的应纳税所得额。

1.3.3 享受条件

相关条件见表1：

表1　各类条件汇总

初创科技型企业，应同时符合以下条件	
1	在中国境内（不含港、澳、台地区）注册成立、实行查账征收的居民企业或合伙创投企业，且不属于被投资初创科技型企业的发起人
2	接受投资时，从业人数不超过300人，其中具有大学本科以上学历的从业人数不低于30%；资产总额和年销售收入均不超过5000万元
3	接受投资时设立时间不超过5年（60个月）
4	接受投资时以及接受投资后2年内未在境内外证券交易所上市

续表

初创科技型企业，应同时符合以下条件	
5	接受投资当年及下一纳税年度，研发费用总额占成本费用支出的比例不低于20%
创业投资企业，应同时符合以下条件	
1	在中国境内（不含港、澳、台地区）注册成立、实行查账征收的居民企业或合伙创投企业，且不属于被投资初创科技型企业的发起人
2	符合《创业投资企业管理暂行办法》规定或者《私募投资基金监督管理暂行办法》关于创业投资基金的特别规定，按照上述规定完成备案且规范运作
3	投资后2年内，创业投资企业及其关联方持有被投资初创科技型企业的股权比例合计应低于50%
天使投资个人，应同时符合以下条件	
1	不属于被投资初创科技型企业的发起人、雇员或其亲属（包括配偶、父母、子女、祖父母、外祖父母、孙子女、外孙子女、兄弟姐妹，下同），且与被投资初创科技型企业不存在劳务派遣等关系
2	投资后2年内，本人及其亲属持有被投资初创科技型企业股权比例合计应低于50%〔1〕 （享受本政策的投资，仅限于通过向被投资初创科技型企业直接支付现金方式取得的股权投资，不包括受让其他股东的存量股权）〔2〕

〔1〕自2019年1月1日至2023年12月31日期间已投资满2年及新发生的投资，可按《财政部、税务总局关于创业投资企业和天使投资个人有关税收政策的通知》（财税〔2018〕55号）、《财政部、税务总局关于实施小微企业普惠性税收减免政策的通知》（财税〔2019〕13号）以及《财政部、税务总局关于延续执行创业投资企业和天使投资个人投资初创科技型企业有关政策条件的公告》（财政部、税务总局公告2022年第6号）规定适用税收政策。

〔2〕《财政部、税务总局关于延续执行创业投资企业和天使投资个人投资初创科技型企业有关政策条件的公告》（财政部、税务总局公告2022年第6号）、《财政部、税务总局关于实施小微企业普惠性税收减免政策的通知》（财税〔2019〕13号）、《财政部、税务总局关于创业投资企业和天使投资个人有关税收政策的通知》（财税〔2018〕55号）。

1.3.4 创业投资基金优惠政策的申请及流程

根据财税〔2018〕55号文件规定，享受创业投资基金的所得税优惠政策的主体有两类，一类是在发改委备案的创业投资企业，另一类是在中国证券投资基金业协会备案的创业投资基金。根据前述规定，税务机构在核准给予税收优惠时，需要提供发展改革或证监部门出具的符合创业投资企业条件的年度证明材料应作为主要备查资料。

根据《国家税务总局关于发布修订后的〈企业所得税优惠政策事项办理办法〉的公告》（国家税务总局公告2018年第23号）及相关规定，对于企业享受优惠事项，采取“自行判别、申报享受、相关资料留存备查”的办理方式。因此，对于公司制创业投资基金或有限合伙制创业投资基金的法人合伙人来说，应根据经营情况和相关税收规定，自行判断是否符合优惠事项规定的条件，并进行减免税额的自行计算。之后，通过填报企业所得税纳税申报表来享受税收优惠。同时，根据该办法的规定，还需要将相关资料进行归集和留存，以备税务机关核查。然而，对于有限合伙创业投资基金的自然人合伙人享受优惠政策，则仍然需要由合伙企业在投资初创科技型企业满2年后的3个月内向其主管税务机关办理备案手续，且每年度需要报送相关信息。

总结起来，我国在创业投资基金所得税优惠政策方面一直在不断推进和演变。最初，只有对“中小高新技术企业”的投资可以享受优惠政策，后来政策逐步扩大，只要是对符合“早期”和”科技型”特点的“初创科技型企业”的投资都可以享受优惠政策，该变化体现了政策对创业投资的鼓励。

其中，财税〔2018〕55号政策对创业投资的优惠力度较大，该规定采取兼容并蓄的态度，同时认可在发改委备案的创业投资企业和在中基协备案的创业投资基金的地位，将两个相对独立的监管系统在财政政策层面进行了统一规范，为创业投资领域提供了全国范围内适用的税收优惠政策，表现出全国各级对于创业投资领域的支持态度。这些政策的不断改进和完善，有助于促进创业投资的发展和推动创新创业的蓬勃发展。

1.4 有限合伙企业作为持股平台无法享受的税收优惠

公司对高管、核心员工实施股权激励，可以选择由高管、核心员工直接持股，或者由有限公司作为持股平台，也可以选择设立有限合伙企业。公司实际控制人选择由高管、核心员工持有有限合伙企业的有限合伙份额，公司实际控制人直接或间接持有普通合伙份额并作为执行合伙事务人，再由该合伙企业持有目标公司股权。需要提示的是，公司实际控制人选择由高管、核心员工持有有限合伙的份额作为股权激励平台，可以有效将股权代表的表决权控制在自己手里，也可以避免因为员工离职而导致公司股权的频繁变更的麻烦。但高管通过有限合伙持有目标公司的股权，与高管直接持有目标公司的股权相比，其在税务上有7项税收优惠无法享受。

（1）有限公司作为股权激励平台入股目标公司的，目标公司向有限公司分红时，有限公司不缴纳企业所得税，有限公司作为持股平台，通过有限合伙企业间接持有目标公司股权时，有限公司取得的股息红利无法享受免税待遇。

①《企业所得税法》第26条第2项规定，居民企业直接投资于其他居民企业取得的权益性投资收益免征企业所得税。所称股息、红利等权益性投资收益，不包括连续持有居民企业公开发行并上市流通的股票不足12个月取得的投资收益。

②2018年12月25日，青岛市税务局局长信箱曾就“通过有限合伙企业间接取得的股息红利是否免税？”回复：“法人合伙人从合伙企业分得的收入，不适用企业所得税法中‘居民企业直接投资于其他居民企业取得的投资收益’的免税优惠政策，应依法按应纳税所得额缴纳企业所得税。”合伙企业取得的股息红利等权益性投资收益分配给法人合伙人，法人合伙人取得此项不属于直接投资的投资收益时，应依据企业所得税法有关规定确定为应税收入。

（2）个人转让上市公司股票的免增值税，合伙企业转让上市公司股票需缴纳增值税。根据税法规定，个人转让上市公司股票（除限售股外）取得的所得免征个人所得税。个人从公开发行和转让市场取得的上市公司股票，持股期限超过1年的，股息红利所得免征个人所得税；持股期限在1个月以内（含1个月）的，其股息红利所得全额计入应纳税所得额；持股期限在1个月以上至1年（含1年）的，其股息红利所得减按50%计入应纳税所得额；上述所得统一适用20%的税率计征个人所得税。个人转让上市公司股票，还可以享受增值税免税优惠。但若自然人使用有限合伙企业持股，转让上市公司股票时不仅要面对可能高达35%的个税，通常因为溢价，还需要按照“金融商品转让”缴纳增值税，税率最高为6%，再加上增值税附加等税负，溢价部分的税负率可能超过40%。

（3）目标公司转增资本时，自然人直接持股可以享受个税递延纳税优惠，而个人通过有限合伙间接持股时，无法取得税务局备案，不能享受税收优惠。

《财政部、国家税务总局关于将国家自主创新示范区有关税收试点政策推广到全国范围实施的通知》（财税〔2015〕116号）规定，自2016年1月1日起，全国范围内的中小高新技术企业以未分配利润、盈余公积、资本公积向个人股东转增股本时，个人股东一次缴纳个人所得税确有困难的，可根据实际情况自行制定分期缴税计划，在不超过5个公历年度内（含）分期缴纳，并将有关资料报主管税务机关备案。

目标公司将资本公积转增合伙企业股东的，合伙企业不享有任何税收优惠政策，合伙企业的合伙人应当根据分配比例分别申报缴纳企业所得税或个人所得税。

（4）个人从新三板取得的股息红利免税，但个人通过有限合伙间接持有新三板股票的不享有免税优惠。根据《关于继续实施全国中小企业股份转让系统挂牌公司股息红利差别化个人所得税政策的公告》（财政部、税务总局、证监会公告2019年第78号）的规定，个人持有挂牌公司的股票，持股期限超过1年的，对股息红利所得暂免征收个人所得税。个人持有挂牌公司的股票，持股期限在1个月以内（含1个月）的，其股息红利所得全额计入应纳税所得额；持股期限在1个月以上至1年（含1年）的，其股息红利所得暂减按50%计入应纳税所得额；上述所得统一适用20%的税率计征个人所得税。个人直接持有新三板的股票一年以上，可以免征个人所得税。由于该公告适用对象仅提及个人，不包括合伙企业，因此，在财政部、国家税务总局未更新政策口径前，个人通过合伙企业持有新三板股票一年以上，不适用合伙企业投资者的间接投资分红规定。

（5）个人买卖境内上市公司股票免征所得税，个人通过有限合伙企业转让上市公司股票的，对个人合伙人应按5%～35%的税率征税，而不是按20%的税率征税。根据财税〔2015〕101号文件规定，个人从公开发行和转让市场取得上市公司股票，适用上市公司股息红利差别化个人所得税政策。

替代财税〔2015〕101号的文件为：《财政部、税务总局、证监会关于继续实施全国中小企业股份转让系统挂牌公司股息红利差别化个人所得税政策的公告》（财政部、税务总局、证监会公告2019年第78号）。合伙企业转让股权（股票）本来就是经营所得，对个人合伙人应按5%～35%的税率征税，而不是按20%的税率征税。

（6）非上市公司授予本公司员工的股权激励，员工可以享受递延纳税优惠，个人通过有限合伙作为持股平台，不享有股权激励的政策。《财政部、国家税务总局关于完善股权激励和技术入股有关所得税政策的通知》（财税〔2016〕101号）中关于完善股权激励和技术入股有关所得税政策的通知规定，对符合条件的非上市公司股票期权、股权期权、限制性股票和股权奖励实行递延纳税政策，即非上市公司授予本公司员工的股票期权、股权期权、限制性股票和股权奖励，符合规定条件的，经向主管税务机关备案，可实行递延纳税政策，即员工在取得股权激励时可暂不纳税，递延至转让该股权时纳税；股权转让时，按照股权转让收入减除股权取得成本以及合理税费后的差额，适用“财产转让所得”项目，按照20%的税率计算缴纳个人所得税。股权转让时，股票（权）期权取得成本按行权价确定，限制性股票取得成本按实际出资额确定，股权奖励取得成本为零。

2. 合伙企业税务合规风险点

2.1 合伙企业合规风险点相关法律规定（见表2）

表2 合伙企业合规风险点法律规定

法律规定	内容
《财政部、国家税务总局关于调整个体工商户个人独资企业和合伙企业个人所得税税前扣除标准有关问题的通知》（财税〔2008〕65号）	合伙企业向其从业人员实际支付的合理的工资、薪金支出，允许在税前据实扣除 合伙企业拨缴的工会经费、发生的职工福利费、职工教育经费支出分别在工资薪金总额2%、14%、2.5%的标准内据实扣除 合伙企业每一纳税年度发生的广告费和业务宣传费用不超过当年销售（营业）收入15%的部分，可据实扣除；超过部分，准予在以后纳税年度结转扣除 合伙企业每一纳税年度发生的与其生产经营业务直接相关的业务招待费支出，按照发生额的60%扣除，但最高不得超过当年销售（营业）收入的5‰。在合伙企业申报完合伙人的个人经营所得后，将剩余的利润打入合伙人的个人账户后，合伙人通常还需要根据相关规定缴纳个人所得税
《财政部、国家税务总局关于印发〈关于个人独资企业和合伙企业投资者征收个人所得税的规定〉的通知》（财税〔2000〕91号）	个人独资企业和合伙企业在按照政策申报缴纳经营所得个人所得税后，确实需要将税后利润支付给投资者。然而，这并不意味着投资者不再缴纳个人所得税。个人所得税是针对个人从各种来源获得的所得进行征税的，包括利润分成在内。因此，合伙人在获得合伙企业的利润时，可能还需要根据个人所得税法规定缴纳相应的个人所得税
《国家税务总局关于〈关于个人独资企业和合伙企业投资者征收个人所得税的规定〉执行口径的通知》（国税函〔2001〕84号）	合伙企业对外投资所得的利息、股息、红利在纳税方面有特定的处理方式。这些利息、股息、红利不会并入企业的收入，而应作为投资者个人取得的利息、股息、红利所得，按照“利息、股息、红利所得”应税项目计算并缴纳个人所得税。这意味着，合伙企业获得的来自对外投资的利息、股息、红利，会按照投资者个人所得的税率进行纳税，而不是作为企业的营业收入纳税。具体的个人所得税率会根据投资者的居民身份和适用税法进行计算

续表

法律规定	内容
《财政部、国家税务总局关于合伙企业合伙人所得税问题的通知》（财税〔2008〕159号）	合伙企业在处理生产经营所得和其他所得时采用“先分后税”的原则。所谓的生产经营所得和其他所得，包括合伙企业分配给所有合伙人的所得和企业当年留存的所得（利润）

2.2 合伙企业合规风险提示

2.2.1 法人合伙人税务合规风险提示（见表3）

对于法人合伙人，无论其取得的是“生产经营所得”还是“股息、利息、红利所得”，均需缴纳企业所得税，一般税率为25%。

表3 法人合伙人税务合规四大重点问题

序号	内容
1	合伙企业的分配会穿透到法人合伙人一级，但不会再进一步穿透到法人合伙人的股东层面
2	法人合伙人通过合伙企业对外投资分回的股息红利无法享受居民企业之间权益性投资收益的免税规定，依据《企业所得税法》的规定“符合条件的居民企业之间的股息、红利等权益性投资收益”可视为免税收入，但该条件主要适用于居民企业直接投资其他居民企业所获得的投资收益 法人合伙人通过中间的合伙企业对标的公司进行投资，不属于直接投资范畴，因此无法享受免税优惠
3	合伙企业的盈亏不能与法人合伙人自身的盈亏互相抵补 合伙企业的合伙人包括法人和其他组织，当计算其缴纳企业所得税时，不得使用合伙企业的亏损来抵减其盈利。然而，由于企业所得税是综合所得税制，可以使用合伙企业的应纳税所得额来弥补法人合伙人的亏损 在法人合伙人汇算清缴实操层面来讲，当合伙企业应纳税所得额为负数时，法人合伙人应分配的应纳税所得额为0，不能填报负数[1]
4	法人合伙人分回的股息、利息、红利所得无法用来抵免自身业务的亏损。由于企业所得税采用综合税制，根据企业所得税法对收入的规定，股息、红利等权益性投资收益属于综合收入范畴。因此，这些所得无法用来抵免法人合伙人自身业务的亏损

〔1〕《财政部、国家税务总局关于合伙企业合伙人所得税问题的通知》（财税〔2008〕159号）。

2.2.2 自然人合伙人税务合规风险提示（见表4）

相对于法人合伙人，自然人合伙人主要需缴纳两类个人所得税：（1）经营所得，（2）股息、利息、红利所得。

表4 自然人合伙人税务合规六大重点问题

序号	内容
1	自然人投资者在合伙企业取得的工资被视同分期取得的“生产经营所得”，需缴纳个税，而非按照“工资薪金所得”缴纳个税。取得的工资薪金不能在合伙企业汇算清缴时税前扣除
2	合伙企业的自然人合伙人取得的工资不能作为计提合伙企业三项经费的扣除依据，也不能作为合伙企业缴纳“社会保险费”的计费依据 由于自然人合伙人取得的工资不能视同“工资薪金所得”，因此不能计入该企业计税工资薪金总额，也就不能够作为社保保险费的计费依据，自然人合伙人应按照灵活就业人员缴纳社会保险
3	同一投资人投资于多个合伙企业的，应当对所有所得合并纳税
4	生产经营所得费用扣除标准仅限使用一次，不能在多个企业多次扣除 取得经营所得的个人，没有综合所得的，计算其每一纳税年度的应纳税所得额时，应当减除费用6万元、专项扣除、专项附加扣除以及依法确定的其他扣除
5	企业生产经营与自然人投资者及其家庭共用的生活费用不允许在税前扣除。投资者及其家庭发生的生活费用与企业生产经营费用混合在一起，并且难以划分的，全部视为投资者个人及其家庭发生的生活费用，不允许在税前扣除
6	企业生产经营与投资者及其家庭共用的固定资产，难以划分的，由主管税务机关根据企业的生产经营类型、规模等具体情况，核定准予在税前扣除的折旧费用的数额或比例

2.2.3 合伙人退伙或者转让合伙企业份额时的税务处理

退伙当年的生产经营所得以及股息红利所得等，参照之前方式处理；转让合伙企业份额，参照财产转让所得适用20%比例税率处理。

根据《国家税务总局关于个人终止投资经营收回款项征收个人所得税问题的公告》（国家税务总局公告2011年第41号）的规定，个人因各种原因终止投资、联营、经营合作等行为，从被投资企业或合作项目、被投资企业的其他投资者以及合作项目的经营合作人取得股权转让收入、违约金、补偿金、赔偿金及以其他名目收回的款项等，均属于个人所得税应税收入，应按照“财产转让所得”项目适用的规定计算缴纳个人所得税。

应纳税所得额的计算公式如下：应纳税所得额 = 个人取得的股权转让收入、违约金、补偿金、赔偿金及以其他名目收回款项合计数 - 原来实际出资额（投入额）及相关税费

需要重点说明的是，以前年度的合伙企业留存收益份额，因合伙人前期已经缴纳过所得税，所以应该视同实际出资的计税基础扣除。

3. 合伙企业税务典型案例分析

【典型案例】

某上市公司的一则减持公告引起了当地税务机关工作人员的注意。通过层层追查税务人员发现，持有该上市公司股份的某合伙企业，存在异地设立、多层嵌套的问题，其 2 名合伙人与该上市公司之间共嵌套了分布于 3 个地市且组织架构复杂的合伙企业，存在逃避税收监管的嫌疑。

自然人张某、李某在 c 市设立合伙企业，并通过层层持股的方式，控制 a 市某合伙企业和 b 市某合伙企业，搭建起层层异地设立合伙企业的架构。

同时，a 市某合伙企业又持有该市某上市公司的股份。2021 年 4 月，a 市某合伙企业减持该上市公司股份。依据《财政部、国家税务总局关于合伙企业合伙人所得税问题的通知》（财税〔2008〕159 号）、《个人所得税法》等规定，合伙企业合伙人是自然人的，应按照 5% ~35% 的税率缴纳个人所得税。张某、李某应对 a 市某合伙企业减持该上市公司股份事项申报缴纳个人所得税，但实际情况是两人并未申报缴纳。

税务人员调查发现，张某和李某在 7 年时间里先后在相隔较远的 3 个省份设立了 3 家合伙企业，而这些合伙企业并无实质经营业务，仅通过入伙受让的方式实现彼此关联、持有某上市公司股份。在 2021 年 6 月完成某上市公司股份减持业务后，张某和李某迅速注销了这 3 家合伙企业，具有明显的逃避税收监管和税款缴纳的意图。

【案例分析】

（1）变相利用“税收洼地”逃避税款缴纳

以上述案例中转让股票为例，依据现行税法规定，主要有三种持股方式：第一种方式，个人直接持有上市公司股份，当减持时个人要按 20% 的税率缴纳个人所得税，上市公司免缴增值税；第二种方式，个人通过成为有限合伙企业的合伙

人间接持有上市公司股份，当减持时个人要按35%的税率缴纳个人所得税，合伙企业要按6%的税率缴纳增值税；第三种方式，个人通过持股公司股份间接持有上市公司股份，当减持时个人既要缴纳个人所得税，也要缴纳企业所得税，同时持股公司要按6%的税率缴纳增值税。

其中，个人直接持股方式税负最低。但现实中，一些合伙企业利用“税收洼地”和合伙人机制能实现所有权与控制权分离的便利，其往往采用后两种持股方式。

（2）“异地设立 + 多层嵌套”规避税收监管

有人通过设立合伙企业，利用“税收洼地”享受优惠，降低税负。一些合伙企业还利用“异地设立 + 多层嵌套”的方式，为其涉税行为罩上一层又一层“面纱”，其雾里看花的复杂架构和关系，给税务机关监管带来了极大挑战。以上述案例为例，一方面，末端c市合伙企业所在地税务机关因为缺少与异地税务机关的数据传递机制，对最终投资人张某、李某分回多少所得只能依赖其自行申报，难以复核；另一方面，由于位于中间层的b市某合伙企业不承担所得税收，其主管税务机关往往不将管理重心放在类似“导管企业”上；而投资标的所在地也即a市的主管税务机关，虽然掌握了有关投资所得等税收数据，却因合伙企业在外地，无税收管辖权而无法实施监管，税务机关很难将监管线索直接指向张某和李某二人，只有层层抽丝剥茧，才能实现精准定位。现实中，往往是税务机关发现涉税线索后，有关纳税主体已经注销。

（3）“先分后税”规定演变为“不分不税”

依据《财政部、国家税务总局关于合伙企业合伙人所得税问题的通知》（财税〔2008〕159号）第2、3条规定，合伙企业以每一个合伙人为纳税义务人，合伙企业生产经营所得和其他所得采取“先分后税”的原则，即分所得给合伙人就要纳税。这里的“分”并非指“分配”，而是指“划分”，即合伙企业产生利润，不论是否真实分配，均需按照合伙人持股份额划分该持股人所应分得的所得额，并产生纳税义务，申报纳税。而实务中，由于对应监管机制还不够完善，时常出现合伙人不确认分配所得的情形，若再叠加多层嵌套的复杂架构，将会给主管税务机关增加监管难度。如上述案例中，a市某合伙企业减持股票产生收益，但由于该企业实际利润尚未分配，也没有按照规定申报纳税，下游合伙企业主管税务机关也无从知晓，导致税款流失。

（4）混淆所得后随意将股息并入收入抵减亏损

依据《国家税务总局关于〈关于个人独资企业和合伙企业投资者征收个人所得税的规定〉执行口径的通知》（国税函〔2001〕84号）第2条规定，个人独资企业和合伙企业对外投资分回的利息或者股息、红利，不并入企业收入，而应单独作为投资者个人取得的利息、股息、红利所得。在多层嵌套模式下，税务机关的主要做法是穿透多层架构，对个人合伙人从持股平台取得的所得按照股息红利所得与经营所得分别计算。而被投资公司的股息、红利通过多个合伙企业流转时，很可能会因各种原因与某一层合伙企业的经营所得亏损进行合并，导致最后股息收入抵减了经营亏损，无税可缴。

4. 合伙企业税务合规建议

出现合伙企业特别是复杂架构合伙企业税款流失风险问题的原因，除了一些纳税人存在逃避税收的主观故意和所谓“税收洼地”的吸引等因素外，监管机制也有待完善。

相关管理规定尚未跟上监管的现实需要。个人独资企业和合伙企业投资者征收个人所得税的基础规定，源于《关于印发〈关于个人独资企业和合伙企业投资者征收个人所得税的规定〉的通知》（财税〔2000〕91号，部分失效）。其中，查账征税生产经营所得计算办法比照《国家税务总局个体工商户个人所得税计税办法》（国家税务总局令第35号，已修正）确定。这两个文件出台时间早，规定不够详细，计算方法也不一致，在收入确认时间点、资产损失扣除等重要事项上未做出详细规定，缺少多层嵌套合伙企业个人所得税计算规则，有待完善。

涉税信息共享存在滞后情况，导致风险较难快速预警。从税收征管改革“以数治税”的要求来看，利用税收大数据实现风险监控和预警，将是实现税收监管高效精准的重中之重。当前，基础数据囿于管辖权限的问题，省以下税务机关较难独立发现跨省设立的多层嵌套合伙企业涉税风险。目前在所得来源地与纳税地不一致的情况下，税务机关只有获取多层嵌套合伙企业体系中所有企业的涉税信息，才能做出准确判断，但由于跨地区涉税信息共享程序相对复杂，容易出现税务机关取得信息后，涉案企业已“人去楼空”的情况。

对于合伙企业而言，应当注意的事项如下所示：

4.1 合理分配利润

对于合伙企业生产经营实现的利润，不用直接缴税，根据合伙协议约定比例，确定每个合伙人的应纳税所得额，从而去计算所得税，这种模式叫“先分后税”。但需注意的是利润即使留存在企业，不实际分配，也要视同分配计算纳税。利润的分配方式直接影响到企业的税负。因此，在进行税务筹划时，应该根据合伙人的实际情况和需求，制定出合理的利润分配方案。

4.2　合理选择纳税方式

在我国，合伙企业可以选择按照实际利润纳税或者按照简易办法纳税。按照实际利润纳税需要提供详细的会计报表和各种证明文件，手续烦琐；而按照简易办法纳税则可以减少纳税人的工作量和时间成本。因此，在进行税务筹划时，应该根据实际情况和需求，选择合适的纳税方式。

4.3　合理使用减免政策

我国针对不同类型的企业和行业，制定了各种减免政策和优惠措施。例如，对于小微企业、高新技术企业、科技型中小企业等，可以享受到不同程度的减免政策。因此，在进行税务筹划时，应该了解相关政策和措施，并根据实际情况进行申请和使用。

4.4　合理避免风险

在进行税务筹划时，还需要注意避免各种潜在风险。例如，在进行利润分配时，应该避免出现虚假分配、偷漏税等行为；在选择纳税方式时，应该避免出现误报、漏报等情况。只有做到合理规划、谨慎操作，才能有效避免各种风险和损失。

二、个人独资企业税务优惠及监管

1. 个人独资企业税务优惠政策梳理

1.1　个人独资企业税收政策特点与优惠

个人独资企业是一种企业形态，其由个人投资运营、拥有和管理企业全部权益，由个人承担商业风险并享有所有经营利润。这种企业结构处于有限责任公司和个体工商户之间，以其灵活的运营特性和有利的税收策略而受到越来越多企业主的喜爱。

个人独资企业的税收特点如下：

1.1.1　不用缴纳企业所得税，只需缴纳个人所得税

个人独资企业需承担增值税、城建税、附加税、印花税以及个人所得税。如

果企业名下存在房产，则需支付土地使用税以及房产税。若企业拥有车辆，也需缴纳车船税等。然而，对于个人独资企业来说，只需要缴纳个人所得税，而无须缴纳企业所得税。根据《国务院关于个人独资企业和合伙企业征收所得税问题的通知》（国发〔2000〕16号）规定，从2000年1月1日起，个人独资企业只需对投资者个人获取的生产经营收益征收个人所得税，不再缴纳企业所得税。个人所得税的计算方式包括收入及利息，股息、红利两种。

个人独资企业和公司的增值税征收方式一样，同样分为小规模纳税人和一般纳税人。现行我国对于小微企业的增值税优惠政策，对个人独资企业同样适用。个人独资企业的增值税缴纳与其他市场参与者一致，根据企业经营领域的差异、从事的经营活动类型的不同，其增值税的适用税率和征收率也会有所不同。

1.1.2 最高税率只有35%，低于工资薪金的最高税率45%

根据《个人所得税法》第3条的规定：“个人所得税的税率：（一）综合所得，适用百分之三至百分之四十五的超额累进税率；（二）经营所得，适用百分之五至百分之三十五的超额累进税率……”

由上可见，个人的工资薪金与劳务报酬所得适用3%～45%超额累进税率；而个人独资企业则需要按照经营所得，适用5%～35%超额累进税率。

1.1.3 个人独资企业采用查账征收模式

根据《关于权益性投资经营所得个人所得税管理的公告》（2021年第41号）规定：“一、持有股权、股票、合伙企业财产份额等权益性投资的个人独资企业、合伙企业（以下简称独资合伙企业），一律适用查账征收方式计征个人所得税。二、独资合伙企业应自持有上述权益性投资之日起30日内，主动向税务机关报送持有权益性投资的情况；公告实施前独资合伙企业已持有权益性投资的，应当在2022年1月30日前向税务机关报送持有权益性投资的情况。税务机关接到核定征收独资合伙企业报送持有权益性投资情况的，调整其征收方式为查账征收。”

1.1.4 可申请小规模纳税人

我国增值税一般纳税人的税率目前有三个档次，分别为6%、9%、13%，而增值税小规模纳税人适用3%的增值税征收率。因疫情原因，2020年以来，属于小规模纳税人的个人独资企业其增值税税率适用3%征收率的应税销售收入减按1%征收率征收增值税；适用3%预征率的预缴增值税项目，减按1%预征率预缴增值税。

1.1.5 个人独资企业和合伙企业向其从业人员实际支付的合理的工资、薪金支出，允许在税前据实扣除

根据《财政部、国家税务总局关于调整个体工商户个人独资企业和合伙企业个人所得税税前扣除标准有关问题的通知》（财税〔2008〕65号）第3、4条规定，个人独资企业和合伙企业拨缴的工会经费、发生的职工福利费、职工教育经费支出分别在工资薪金总额2%、14%、2.5%的标准内据实扣除。个人独资企业和合伙企业每一纳税年度发生的广告费和业务宣传费用不超过当年销售（营业）收入15%的部分，可据实扣除；超过部分，准予在以后纳税年度结转扣除。

该通知第5条规定，个人独资企业和合伙企业每一纳税年度发生的与其生产经营业务直接相关的业务招待费支出，按照发生额的60%扣除，但最高不得超过当年销售（营业）收入的5‰。

1.2 相关概念定义及区分

1.2.1 概念区分

《个人所得税法实施条例》第6条对工资薪金、劳务报酬和经营所得进行了定义。

【工资、薪金所得】

是指个人因任职或者受雇取得的工资、薪金、奖金、年终加薪、劳动分红、津贴、补贴以及与任职或者受雇有关的其他所得。

【劳务报酬所得】

是指个人从事劳务取得的所得，包括从事设计、装潢、安装、制图、化验、测试、医疗、法律、会计、咨询、讲学、翻译、审稿、书画、雕刻、影视、录音、录像、演出、表演、广告、展览、技术服务、介绍服务、经纪服务、代办服务以及其他劳务取得的所得。

【经营所得】

（1）个体工商户从事生产、经营活动取得的所得，个人独资企业投资人、合伙企业的个人合伙人来源于境内注册的个人独资企业、合伙企业生产、经营的所得；

（2）个人依法从事办学、医疗、咨询以及其他有偿服务活动取得的所得；

（3）个人对企业、事业单位承包经营、承租经营以及转包、转租取得的所得；

（4）个人从事其他生产、经营活动取得的所得。

1.2.2 实务区分

【工资薪金和劳务报酬】

工资薪金和劳务报酬比较好分辨，薪酬所得通常归属于非独立个人劳务活动，指的是在企事业单位或其他组织中担任职务或受雇并获得的收入。而劳务报酬所得则是指个人独立从事各种技艺或提供各项劳务所得的报酬。这两种收入之间的主要区别在于前者涉及雇佣与被雇佣的关系，一般雇佣双方会签订劳动合同并缴纳社会保险；而后者则不涉及雇佣关系，从事者独立提供劳务。总体来说，前者从事的是非独立的劳务活动，而后者从事的是独立的劳务活动。

【劳务报酬和经营所得】

劳务报酬和经营所得的区分有一定难度，区分劳务报酬和经营所得的界限有时候会具有一定的复杂性。经营所得涵盖了个人依法从事办学、医疗、咨询以及其他有偿服务活动所获得的收入，而劳务报酬所得则包括医疗、法律、会计、咨询等各类劳务报酬。从表面上看，这两者之间似乎存在一些重叠之处。然而，这并非导致经营所得和劳务报酬难以区分的核心原因。

实务中，判断经营所得和劳务报酬不能仅仅依据是否“办理工商登记”。通常，税务机关会遵循实质重于形式的原则，来进行准确的区分。看一项业务收入属于劳务报酬还是经营所得，首先要看是纯粹的个人行为还是团队整体行为，如果是团队整体行为，就要检查该团队是否以个人独资企业签署合同，该个人独资企业是否有固定办公场地及生产工具，若符合前述条件则按照经营所得认定的概率较高。

【提示】

工资薪金或劳务报酬所得可否通过注册个人独资企业转换成经营所得？

将工资薪金或劳务报酬所得通过注册个人独资企业转换成经营所得，结合《国家税务总局对十三届全国人大三次会议第 8765 号建议的答复》是有可能的，但前提是个人独资企业必须有真实的业务且合法合规经营。

依据《个人所得税法》及相关规定，灵活用工人员从平台获得的收入主要可分为两大类：劳务报酬所得和经营所得。灵活用工人员在平台上从事设计、咨询、讲学、录音、录像、演出、表演、广告等劳务并获得收入，属于“劳务报酬所得”，由支付劳务报酬的单位或个人预扣预缴个人所得税，年度结束时并入综合所得，按年度计税，可能会有多退少补的情况。而对于灵活用工人员注册成立个体工商户，或未注册但在平台从事生产、经营性质活动的，其所得则属于“经营所得”，按每个纳税年度的收入总额减除成本费用以及损失后的余额计算应纳税所得额，适用经营所得税率表，按年度计税。

因此，灵活用工人员所得是否作为经营所得计税，应根据纳税人在平台提供劳务或从事经营的经济实质来进行判断，而不是仅看个人劳动所依托的展示平台。否则，可能导致从事相同性质劳动的个人税负不同，不符合税收公平原则。例如，兼职教师从事教育培训工作，在线下教室里给学生上课所得收入按劳务报酬所得缴税，在线上平台的直播间给学生上课所得收入按经营所得缴税，虽然是同一性质的劳动，但不应该区别对待。

如上可见，认定收入的性质是工资薪金、劳务报酬还是经营所得，核心点在于从事经营的经济实质是否与最终的纳税属性保持一致。

1.3 个人独资企业的组织形式纳税特征

个人独资企业的组织形式的优势与劣势如表5所示：

表5 优势与劣势区分

优势	劣势
可以合理节税 根据我国法律规定，有限公司的企业所得税按照企业利润的25%进行征收。而在给股东分红时，自然人股东需要在缴纳企业所得税后，再缴纳20%的个人所得税 对于个人独资企业，其投资者的生产经营所得会按照个体工商户的生产经营所得征收个人所得税。具体执行的是5%～35%的5级累进税率，这样可以避免双重征税的问题，因为个人独资企业不需要缴纳企业所得税 此外，个人独资企业还可以利用一些地区的税收优惠政策，进一步降低税负，这对于投资者来说是一个额外的好处	投资人对企业债务要承担无限连带责任
便于经营管理 自主决定权大，决策效率高；设立和解散程序简单；管理成本也能得到降低	不利于企业做大做强

2. 个人独资企业税务监管现状及典型案例分析

2.1 个人独资企业税务监管现状

个人独资企业是一种个人投资经营、归个人所有和控制、由个人承担经营风险并享有全部经营收益的企业形式。与个体户小规模的生意不同，个人独资企业通常是受欢迎的企业类型，尤其受到高收入人群的青睐。随着网络主播成为新的高收入群体，许多当红网络主播也纷纷设立个人独资企业。甚至有一些大型企业也会通过设立个人独资企业与企业自身进行业务往来，以利用个人独资企业不同的征税模式来规避税收。

一些地区为了推动区域经济，对个人独资企业实行定额征收等优惠政策，特别是在指定的园区内。这种政策通常允许个人独资企业将业务收入转化为进入个人账户的现金，其税务成本最低仅有1%，规避了企业和个人正常纳税时需要承担的所得税、个人所得税等，从而大大降低了税收成本。对于像演艺人员这样的高收入群体来说，虽然其收入高，但“合理支出”并不多，因此会产生超高的利润。按照正常企业纳税的话，其所得税也会很高。然而，通过定额征收的个人独资企业来处理这部分税务，以1%的定额征税为例，意味着收入100万元仅需支付1万元的所得税，无须再核查其成本支出，这对演艺人员等群体来说非常划算。

2021年，税务部门加强了对网络直播主播通过成立个人独资企业来偷逃税款的执法力度。同年，中央财经委员会会议明确指出要合理调节过高收入，完善个人所得税制度，规范资本性所得管理；中宣部印发《关于开展文娱领域综合治理工作的通知》，要求严厉查处偷逃税行为；为贯彻落实该通知有关要求，国家税务总局办公厅于9月18日发布《国家税务总局办公厅发布通知加强文娱领域从业人员税收管理》的文件，从三个方面对文娱领域从业人员税收管理进行规范。“明星”以及新业态下“网红带货主播”等高收入群体将受到严格监管。

对文娱领域从业人员税收管理进行规范的三个方面：

首先，对明星艺人、网络主播成立的个人工作室和企业，要辅导其依法依规建账建制，并采用查账征收方式申报纳税。

其次，规范文娱领域涉税优惠管理，对各类违规设置或者以变通方式实施的税收优惠，各级税务机关不得执行。依法开展对明星艺人、网络主播是否应享受税收优惠情况的核查，既要严格禁止扩大税收优惠政策执行范围，也要确保相关企业和个人依法依规应享尽享税收优惠。

最后，要定期开展税收风险分析，要结合2021年度个人所得税汇算清缴办理情况，对存在涉税风险的明星艺人、网络主播进行一对一风险提示和督促整改。要定期开展对明星艺人、网络主播的“双随机、一公开”税收检查，依法依规加大对文娱领域偷逃税典型案件查处震慑和曝光力度等。

2.2 个人独资企业税务监管典型案例

【典型案例】

2021年，浙江省杭州市税务部门对知名网络主播黄某（网名：薇某）涉嫌偷逃税款做出了税务行政处理处罚决定，追缴税款、加收滞纳金，并处罚款共计13.41亿元。杭州市税务局还对另外两名主播朱某慧（微博id：雪某 cHERIE）和林某珊（微博id：林某珊_ sUNNY）的偷逃税款案件进行了处理，这两人被依法追缴税款、加收滞纳金，并处罚款共计9000多万元。这些主播的偷逃税款手法都如出一辙：他们通过设立个人独资企业，然后虚构业务将所得的个人工资薪金和劳务报酬转变为个人独资企业的经营所得，从而偷逃个人所得税。而且为了尽可能多地偷逃税款，这些主播大量注册个人独资企业，将巨额收入分别转入不同的公司，以掩人耳目。

郑州市金水区税务局运用大数据技术实现信息系统自动提取数据，成功追缴了一名“网红”662.44万元的税款收入，并将该款项纳入国库。“网红”的业务收入通常属于劳务报酬所得，而根据个税改革后的规定，劳务报酬所得属于居民综合所得。在年度汇算清缴时，应用7级超额累进税率（见表6）。

表6 个人所得税7级超额累进税率表

级数	累计预扣预缴应纳税所得额	预扣率（%）	速算扣除数（元）
1	不超过36000元的部分	3	0
2	超过36000元至144000元的部分	10	2520
3	超过144000元至300000元的部分	20	16920
4	超过300000元至420000元的部分	25	31920
5	超过420000元至660000元的部分	30	52920
6	超过660000元至960000元的部分	35	85920
7	超过960000元的部分	45	

其中，最高边际税率为45%。超过96万元的部分所得适用这一最高边际税率。通过粗略计算，该“网红”的劳务报酬“收入”额或在1700万元以上，可能涉及补税。

发现机制方面，是通过“自然人电子税务局”平台对汇缴欠税数据进行例行监测时发现的。税务部门的税政二股在系统内查询到，某税务分局有一笔2020年汇算清缴的大额欠税情况。随后，通过对网红主播的收入来源进行多方监控，确定个人所得税扣缴基数，并及时与文化路税务分局沟通，最终确认了涉税情况。

“自然人电子税务局”已经实现了对个税缴纳异常的分析预警。一般而言，网络主播销售量较为公开透明，主播以个人身份从事直播带货在交易数额较高的情况下，若个人所得税未缴纳，或者缴纳较少，极其容易引起税务部门的警觉。对于“网红”带货主播尤其是头部主播或者知名主播这一群体，其销售量往往会公示，即使未公示也可以根据销售数据大致推导相关的销售额，甚至主播个人乃至品牌方会对销售额进行宣传。此时，税务机关需对主播的收入进行整体分析评估，若对外宣传销量较高，而实际个税缴纳较低，则存在重大风险。

根据数据统计，2021 年双 11 预售的首日，在预售场直播结束时（10 月 20 日晚），李佳琦的直播间预计的销售额达到了 115. 39 亿元，薇娅的直播间销售额为 85. 33 亿元，雪梨的直播间销售额为 9. 30 亿元，烈儿宝贝的直播间销售额则是 1. 59 亿元。

互联网大数据时代，网络主播直播销售量已非秘密，且如此高额的销售量，难免引起税务监管部门的关注。

网红主播收入过高，但是个人所得税缴税较少，以及个人所得税未缴纳等情况很容易被税务部门发现端倪，为了不合理避税采取的各类手段形形色色。按照执法逻辑，税务部门发现端倪并确认存在违法线索后可进行立案，立案后则可以借助各种税务稽查手段进行大数据分析并实施稽查。在“郑州网红补税被公开第一案”后，后续预计将出现较多类似案件。“以数治税”的大背景下，所有数据都将被留存。因此建议“网红”、明星等各类高收入人群据实结算，若采取各类手段逃避缴纳或者不缴纳个人所得税，使得税负率明显低于同行业类似人员的税负率，将面临后续各类严重后果。

只有在做好合规充分论证上的税务筹划，才是具有可持续性和发展性的，否则很有可能“因小失大”，并且可能面临刑事风险。

【常见逃税方式分析】

（1）通过阴阳合同隐匿个人收入

所谓“阴阳合同”，是指合同当事人就同一事项订立两份以上内容不相同的合同，对外合同并非真实的意思表示，其目的往往是逃税等不正当行为。而对内合同才是双方真实的意思表示，合同形式可能是书面的，也可能是口头的。

根据《税收征收管理法实施细则》第 3 条第 2 款的规定，纳税人有责任按照税收法律、行政法规的规定履行纳税义务。对于签订的合同、协议等如果与税收法律、行政法规相抵触，这些合同将被认定为一律无效。

采用“阴阳合同”隐匿个人收入是一种违法行为，郑某案件是其中的一个典型例子。在该案件中，郑某主演《倩女幽魂》并与制片人约定片酬为1.6亿元，实际取得1.56亿元，偷税4302.7万元，另外还有其他少缴税款1617.78万元。此外，郑某的其他演艺收入也存在类似问题，未申报个人收入的情况较为严重，合计未申报的个人收入达到1.91亿元，偷税4526.96万元，其他少缴税款2652.07万元。由于这些违法行为，郑某被追缴税款、加收滞纳金，并处以2.99亿元的罚款。

在这个案件中，张某作为郑某的经纪人和代理人，负责了郑某拍摄《倩女幽魂》的演艺合同签订、演出报酬和支付方式等事宜。张某与制片方等人商讨了郑某片酬的拆分及收款方式，并策划了具体的操作细节，最终确定了1.6亿元的片酬数额及支付方案。具体来说，片酬被拆分为4800万元和1.12亿元两部分，其中1.12亿元部分实际取得1.08亿元，双方商定由制片方以“增资”的形式对郑某实际控制的公司进行支付。

在片酬支付过程中，张某多次催款，这些行为帮助郑某偷逃税款，掩盖了“天价片酬”的真实情况。由于涉及违法行为，张某被依法处以3227万元的罚款。

（2）改变收入性质——将个人收入转变为企业经营收入

对于主播来说，高达45%的个税税负成本是一个相当大的负担，不论是MCN（Multi-Channel Network）机构还是主播个人，都要面临较高的开支。因此，很多主播选择设立相关市场主体，比如个体工商户、个人独资企业或合伙企业等，以该市场主体的名义与直播平台签署协议，从而与直播平台形成合作关系。在这种情况下，主播所获得的收入将由主播以市场主体的名义自行申报纳税。

通常情况下，个人经营所得的个税税率应在5%～35%。然而，通过核定征收，税率甚至可以降低至1.5%以下，从而大幅减轻税负。

（3）其他隐蔽方式

“网红”直播带货等收入信息比较隐蔽，且不限于线上交易，还可能涉及主播与MCN机构签署协议、与商家商谈“坑位费”另行约定对应抽成比例、获取额外商家商品赠送、衍生副业所得等进而获得收入。

另外，还存在主播作为商品供应方的隐名股东等方式获取收入，亦有主播以个人名义去有核定征收政策的税务机构代开发票逃避缴纳税款。

3. 个人独资企业税务合规建议

个人独资企业税务风险不可避免，个人独资企业在经营过程中由于未能遵守税收法律法规，存在税务合规性、税收计算、申报缴纳、税务稽查等问题而导致的税务风险。但企业可以通过加强税务风险管理和应对策略来规避和降低风险的发生。因此，个人独资企业应该重视税务风险管理，在经营过程中严格遵守税收法规，加强税务管理，及时纠正税务风险问题，确保企业的合法性和稳定性。同时，企业应不断学习和掌握税收政策和税务法规的变化，不断提高企业的税务风险管理水平，为企业的可持续发展和稳定经营奠定坚实的基础。

应对个人独资企业税务风险要注意以下几项问题：

3.1 有些收入不能成为个人独资企业的经营所得

一些与单一个人活动高度相关的业务，根据目前官方透露的相关口径，须按照个人的劳务报酬缴纳个人所得税，而不能按照个人独资企业的经营所得交税。劳务报酬属于个人所得税法里的综合所得，扣除20%的费用后合并工资缴纳3%～45%的个人所得税，而经营所得可扣除经营相关费用（只要真实无扣除限制），再适用5%～35%的个人所得税。考虑到有的地区还会给予个人独资企业低核定税率，因此经营所得缴纳的税费往往低于劳务报酬。

例如，演绎人员从事影视、演出、广告等取得的收入，就不能按照工作室的经营收入交税，而需要按照个人劳务报酬交税。北京市某地方税务局也曾要求某平台的直播“网红”就其收入按劳务报酬交税并补税。林珊珊等“网红”主播的补税事件，由于缺乏披露的细节，无法得知浙江省税务局的口径。但不排除，浙江省税务局也以此口径为主判定主播的收入为劳务报酬，并要求其补税。

其实，关于个人所得税法下劳务报酬和经营所得的区别，目前的规定是比较模糊的，这也是各地区税务局在执行时差异较大，且和法律制定目的有所偏差的重要原因之一。

3.2 经营场所、办公人员、个人独资企业的稳定性也是影响经营所得定性的因素

除了上述第一点，个人独资企业有无实际经营场所、有无固定的办公人员、个人独资企业经营的稳定性、业务发生时个人独资企业是否已经成立，都将成为

影响税务局判断某笔收入是属于经营收入还是劳务报酬的因素。

3.3 个人独资企业税收核定规定发生变化

根据个人所得税法规定，对不能正确建账纳税的个人独资企业，由税务局进行核定征收。核定征收是一种合法的税管方式，设立这个规定的初衷是给予一些难以建账的小微企业特殊照顾，以减轻其运营成本。但在现实中，一些高收入的个人独资企业也在适用核定征收，这明显违背了立法本意。目前，对该情况的监管已有从严的趋势。

从地域上看，上海从2021年起对新设的个人独资企业取消了核定征收，对销售额超过500万元且在2021年前设立的个人独资企业也取消了核定征收。

从行业上看，一些高收入行业被排除在了核定征收范围之外。国家税务总局办公厅发布的通知中要求明星艺人、网络主播的个人工作室/企业要查账征收（不能核定）。此外，国税发〔2010〕54号文也禁止对律师事务所、会计师事务所、税务师事务所、资产评估和房地产估价等鉴证类中介机构实行核定征收，未来不排除有更多高收入行业会被纳入严管范围。

3.4 缺乏实质的税务筹划不能做

这里给大家举两个常见的个独的筹划，希望大家能提高合理筹划的意识，避免此类风险。

例1，同一个投资者设立多个个人独资企业，无正常商业理由地人为拆分业务收入。

这样做的目的，无非是人为操控每个个人独资企业的收入规模，以达到享受优惠税率的目的。但如果这些收入本质上是同一内容的服务收入，在商业上没有拆分的合理性，就很可能变成偷税行为。主播林某珊、朱某慧案中，税务局认定其偷税的公告就披露了她们在不同省份设立了多个个人独资企业。

例2，通过个人独资企业向本企业员工发放工资、奖金。

与公司签署劳动合同的员工，公司不直接向其发放工资，而是让员工注册个人独资企业，然后以公司向其个人独资企业支付服务费的方式来支付工资奖金。这种没有商业实质的“筹划”显然是违法的。

在税务局大数据年代的今天，上述这类偷税安排，是很容易被侦察出来的。一旦被查处，暂不论可能承担的刑事责任，补交税款、罚款、滞纳金的一起到来，会产生高额的现金流需求，很可能导致个人现金流断裂并濒临破产。

三、个体工商户税务优惠及监管

1. 个体工商户税务优惠政策梳理

1.1 个体工商户涉税常见问题

1.1.1 个体工商户建账规定

根据《个体工商户建账管理暂行办法》第2条规定，凡从事生产、经营并有固定生产、经营场所的个体工商户，都应当按照法律、行政法规和本办法的规定设置、使用和保管账簿及凭证，并根据合法、有效凭证记账核算。第6条规定，达不到上述建账标准的个体工商户，经县以上税务机关批准，可按照税收征管法的规定，建立收支凭证粘贴簿、进货销货登记簿或者使用税控装置。第8条规定，达到建账标准的个体工商户，应当自领取营业执照或者发生纳税义务之日起15日内，按照法律、行政法规和本办法的有关规定设置账簿并办理账务，不得伪造、变造或者擅自损毁账簿、记账凭证、完税凭证和其他有关资料。

2011年4月15日，国家税务总局发布50号文，即《关于切实加强高收入者个人所得税征管的通知》，该通知中明确规定，“对律师事务所、会计师事务所、税务师事务所、资产评估和房地产估价等鉴证类中介机构，以及持有股权、股票、合伙企业财产份额等权益性投资的个人独资企业、合伙企业不得实行核定征收个人所得税”。

1.1.2 个体工商户以经营者个人名义开具发票的规定

根据《市场主体登记管理条例实施细则》第6条第7款规定，个体工商户应当依法登记下列事项：组成形式、经营范围、经营场所，经营者姓名、住所。个体工商户使用名称的，登记事项还应当包括名称。

开具发票需登记名称的：以个体工商户的名称为销售方；未登记名称的，以经营者姓名为销售方。

1.1.3 个体工商户能否以经营者个人银行账户收付款

1.1.3.1 没有强制要求

《个体工商户条例》第20条规定，个体工商户可以凭营业执照及税务登记证明，依法在银行或者其他金融机构开立账户，申请贷款。《人民币银行结算账户管理办法》第11条规定，个体工商户可以申请开立基本存款账户。个体户银行结算账户不同于个人银行结算账户；个体工商户开立的银行结算账户纳入单位银行结算账户管理。

1.1.3.2 是否开立银行结算账户应综合考虑客户对公转账的要求、为员工缴纳社保的需要和单位合规管理的需要。

《个体工商户个人所得税计税办法》第16条规定，个体工商户生产经营活动中，应当分别核算生产经营费用和个人、家庭费用。对于生产经营与个人、家庭生活混用难以分清的费用，其40%视为与生产经营有关费用，准予扣除。《民法典》第56条规定，个体工商户的债务，个人经营的，以个人财产承担；家庭经营的，以家庭财产承担；无法区分的，以家庭财产承担。

1.1.4 个体工商户能否登记为增值税一般纳税人

《增值税暂行条例》第1条及《增值税暂行条例实施细则》第9条规定，在中华人民共和国境内销售货物或者加工、修理修配劳务，销售服务、无形资产、不动产以及进口货物的单位和个人，为增值税的纳税人，应按规定缴纳增值税。其中个人，是指个体工商户和其他个人。《增值税一般纳税人登记管理办法》（国家税务总局令第43号）第2条规定，增值税纳税人，年应税销售额超过财政部、国家税务总局规定的小规模纳税人标准的，除本办法第4条规定外，应当向主管税务机关办理一般纳税人登记。个体工商户符合条件应/可登记为增值税一般纳税人。

1.1.5 个体工商户能否享受不动产租赁优惠政策

《国家税务总局关于小规模纳税人免征增值税征管问题的公告》（国家税务总局公告2021年第5号）第4条规定，《增值税暂行条例实施细则》第9条所称的其他个人，采取一次性收取租金形式出租不动产取得的租金收入，可在对应的租赁期内平均分摊，分摊后的月租金收入未超过15万元的，免征增值税。免征个人包括个体工商户和其他个人，个体工商户不适用上述规定。

1.1.6 个体工商户申请代开货运发票能否预征个人所得税

根据《国家税务总局关于落实支持小型微利企业和个体工商户发展所得税优惠政策有关事项的公告》（国家税务总局公告2021年第8号）第3条“关于取消代开货物运输业发票预征个人所得税有关事项”的规定，自2021年4月1日起对个体工商户、个人独资企业、合伙企业和个人，代开货物运输业增值税发票时，不再预征个人所得税。个体工商户业主、个人独资企业投资者、合伙企业个人合伙人和其他从事货物运输经营活动的个人，应依法自行申报缴纳经营所得个人所得税。

1.1.7 个体工商户与其投资者之间的资金往来是否涉税

（1）个体工商户以投资者名义进行经营活动，不需要注册资本，经营过程中使用的是投资者投入的资金。个体工商户取得所得后，按照经营所得的相关规定计算缴纳个人所得税，年末“留存利润”为税后留存利润。

（2）投资者与个体户之间的资金往来，均通过“业主投资”科目核算，不属于资金借贷业务。投资者从个体工商户账内取走的资金要么是税后利润，要么是其自己投入的资金，不涉及个人所得税、增值税等税费的缴纳。

1.1.8 个体工商户不能设分支机构，也不能对外投资

个体工商户无法对外转让，只能注销。

1.2 个体工商户税收优惠政策

个体工商户可以是一般纳税人，也可以是小规模纳税人。

1.2.1 增值税

2023年1月9日，财政部、税务总局发布了2023年第1号文，即《财政部、税务总局关于明确增值税小规模纳税人减免增值税等政策的公告》，可总结为小规模纳税人减免税三大变化，具体如下：

（1）对月销售额10万元以下（含本数）的增值税小规模纳税人，免征增值税。

（2）增值税小规模纳税人适用3%征收率的应税销售收入，减按1%征收率征收增值税；适用3%预征率的预缴增值税项目，减按1%预征率预缴增值税。

政策执行期为2023年1月1日至2023年12月31日。

1.2.2 个人所得税

1.2.2.1 个体工商户自身优惠政策

《财政部税务总局关于小微企业和个体工商户所得税优惠政策的公告》，为进一步支持个体工商户发展，做出如下规定：

（1）对个体工商户经营所得年应纳税所得额不超过100万元的部分，在现行优惠政策基础上，再减半征收个人所得税。个体工商户不区分征收方式，均可享受。

（2）个体工商户在预缴税款时即可享受，其年应纳税所得额暂按截至本期申报所属期末的情况进行判断，并在年度汇算清缴时按年计算、多退少补。若个体工商户从两处以上取得经营所得，需在办理年度汇总纳税申报时，合并个体工商户经营所得年应纳税所得额，重新计算减免税额，多退少补。

（3）个体工商户按照以下方法计算减免税额：

减免税额 =（个体工商户经营所得应纳税所得额不超过100万元部分的应纳税额－其他政策减免税额×个体工商户经营所得应纳税所得额不超过100万元部分÷经营所得应纳税所得额）×（1－50%）

（4）个体工商户需将按上述方法计算得出的减免税额填入对应经营所得纳税申报表"减免税额"栏次，并附报《个人所得税减免税事项报告表》。对于通过电子税务局申报的个体工商户，税务机关将提供该优惠政策减免税额和报告表的预填服务。实行简易申报的定期定额个体工商户，税务机关按照减免后的税额进行税款划缴。

（5）该公告自2023年1月1日起施行至2024年12月31日终止执行。2023年1月1日至该公告发布前，个体工商户已经缴纳经营所得个人所得税的，可自动抵减以后月份的税款，当年抵减不完的可在汇算清缴时办理退税；也可直接申请退还应减免的税款。

1.2.2.2　个体经营的随军家属

从事个体经营的随军家属，自领取税务登记证之日起，3年内免征增值税和个人所得税。（必须有师以上政治机关出具的可以表明其身份的证明）①

1.2.2.3　自主择业的军队转业干部②

自主择业的军队转业干部，经主管税务机关批准，自领取税务登记证之日起，3年内免征增值税和个人所得税。（必须持有师以上部队颁发的转业证件）

1.2.2.4　个体工商户"四业"所得

对个人或个体户从事种植业、养殖业、饲养业、捕捞业，其取得的"四业"所得暂不征收个人所得税。

1.2.3　附加税费

1.2.3.1　个体工商户减征"六税两费"政策

由省、自治区、直辖市人民政府根据本地区实际情况，以及宏观调控需要确定，对个体工商户可以在50%的税额幅度内减征资源税、城市维护建设税、房产税、城镇土地使用税、印花税（不含证券交易印花税）、耕地占用税和教育费附

① 《财政部、国家税务总局关于随军家属就业有关税收政策的通知》（财税〔2000〕84号）。

② 《财政部、国家税务总局关于农村税费改革试点地区有关个人所得税问题的通知》（财税〔2004〕30号）。

加、地方教育附加。个体工商户已依法享受资源税、城市维护建设税、房产税、城镇土地使用税、印花税、耕地占用税、教育费附加、地方教育附加其他优惠政策的，可叠加享受此项优惠政策。

政策执行期自2022年1月1日至2024年12月31日。

1.2.3.2　个体工商户可免征印花税

个体工商户有以下凭证的，免征印花税：

财产所有权人将财产赠予政府、学校、社会福利机构、慈善组织书立的产权转移书据；个人与电子商务经营者订立的电子订单。

个体工商户书立的动产买卖合同不属于印花税应税凭证。

1.2.3.3　2019年1月1日至2025年12月31日，重点群体如纳入全国扶贫开发信息系统的建档立卡贫困人口等四类人群创业、就业或从事个体经营，自办理个体工商户登记当月起，在3年（36个月）内按每户每年12000元为限额依次扣减其当年实际应缴纳的增值税、城市维护建设税、教育费附加、地方教育附加和个人所得税。（限额标准最高可上浮20%）纳税人的实际经营期不足1年的，按月换算。减免税限额＝年度减免税限额÷12×实际经营月数。①

1.2.3.4　2019年1月1日至2023年12月31日，退役军人从事个体经营，自办理个体工商户登记当月起，在36个月内按每户每年12000元为限额（限额标准最高可上浮20%）依次扣减其当年实际应缴纳的增值税、城市维护建设税、教育费附加、地方教育附加和个人所得税。纳税人的实际经营期不足1年的，按月换算。减免税限额＝年度减免税限额÷12×实际经营月数。

2. 个体工商户税务合规风险点

2.1　个体工商户税务合规情况

个体户是目前最为普遍的一种经营模式，包括餐饮门店、服务型门店等都属于个体工商户。然而，之前因为一些明星和主播补税事件，导致许多个体工商户备受税务稽查的影响。2023年来，个体工商户的核定政策是否收紧也成为备受关注的焦点。目前来看，个体工商户并没有受到太大的影响，依然可以享受核定征收的税收政策。

---

① 《人力资源社会保障部、国务院扶贫办关于进一步支持和促进重点群体创业就业有关税收政策的通知》（财税〔2019〕22号）、《关于延长部分扶贫税收优惠政策执行期限的公告》（2021年第18号）。

2.2 个体工商户涉税风险解读（见表7～表9）

表7 个体工商户七大涉税风险

风险点	风险提示及相关规定
不设置账簿不记账	《税收征收管理法实施细则》第22条规定，从事生产、经营的纳税人应当自领取营业执照或者发生纳税义务之日起15日内，按照国家有关规定设置账簿 《个体工商户建账管理暂行办法》第2条规定，凡从事生产、经营并有固定生产、经营场所的个体工商户，都应当按照法律、行政法规和本办法的规定设置、使用和保管账簿及凭证，并根据合法、有效凭证记账核算
未按规定报税	《税收征管法》第62条规定，纳税人未按照规定的期限办理纳税申报和报送纳税资料的，由税务机关责令限期改正，可以处二千元以下的罚款；情节严重的，可以处二千元以上一万元以下的罚款
不办理税务登记	《税收征收管理法》第15条规定，企业在外地设立的分支机构和从事生产、经营的场所，个体工商户和从事生产、经营的事业单位（以下统称从事生产、经营的纳税人）自领取营业执照之日起三十日内，持有关证件，向税务机关申报办理税务登记。税务机关应当于收到申报的当日办理登记并发给税务登记证件。一般情况下超过6个月未办理税务登记，工商局很可能直接吊销营业执照
个体户不开设对公账户	个体户可以选择不开设对公账户，由老板的私人账户进行收付款项。但容易造成公私不分的问题，也可能引发偷逃税的嫌疑
无经营场所，注册地址是虚拟的	许多人利用个体户或个人独资企业的身份在“税收洼地”注册，进行恶意的税收筹划。然而，需要注意的是，这种行为将成为税务机关稽查的重点对象
个体户业主取得的工资薪金作税前扣除	《个体工商户个人所得税计税办法》第21条第3项规定：“个体工商户业主的工资薪金支出不得税前扣除。” 个体户特殊的税前扣除标准，具体如下： 扣除项扣除办法； 工资薪金支付给业主的：工资薪金支出不得税前扣除； 支付给职工的：合理的工资薪金支出，准予扣除； 工会经费、职工福利费、职工教育经费支出业主：以“当地上年度社会平均工资3倍”为计算依据，扣除比例分别是2%、14%、2.5%； 职工：以“实发工资薪金总额”为计算依据，扣除比例分别是2%、14%、2.5%；

续表

风险点	风险提示及相关规定
个体户业主取得的工资薪金作税前扣除	职工教育经费支出：实际发生数额超出规定比例当期不能扣除的数额，准予在以后纳税年度结转扣除； 补充养老、补充医疗保险业主：分别不超过“当地上年度社会平均工资3倍”的5%的部分准予扣除； 职工：分别不超过从业人员工资总额的5%的部分准予扣除； 生产经营费用和个人、家庭费用划分清晰：据实扣除； 混用、难以分清的费用：“40%”视为与生产经营有关的费用，准予扣除； 捐赠支出不超过“应纳税所得额30%”的部分可以据实扣除；符合法定条件的准予“全额扣除”
增值税方面的涉税风险	销售收入的不完整可能包括现金收入、未开票收入和视同销售行为的收入等未能及时入账报账的情况。此类行为容易引发税务机关的关注和稽查 虚开发票是指利用小规模纳税人免征额的优惠政策，为其他单位虚开增值税发票，以达到非法获得税收优惠的目的。这样的行为也是税务机关重点查处的对象 发票开具不合规可能涉及发票开具不及时，或者开具的发票信息与实际业务不符等情况。这种情况下，可能会引起税务机关的怀疑和审查 进项税额抵扣不合规可能包括收到的发票信息与实际业务不符，或者将用于集体福利、个人消费等不符合抵扣进项税条件的项目进行了抵扣等。这样的抵扣行为可能会受到税务机关的监管和惩罚。该情况适用于增值税一般纳税人

表8　税务稽查五大重点

序号	分类
1	进行现场核查（包括经营场所、固定资产、存货等）
2	基于企业经营范围和所处行业等信息确定潜在风险点，实施专项审查
3	通过使用凭证的概要信息筛选可疑部分，检查原始凭证和发票
4	有针对性地审查科目和账簿
5	通过对比发票开具的数据来寻找异常情况

表9　涉税风险项方面九大风险

序号	分类
1	收入不完整
2	将其他非经营所得的收入混淆

续表

序号	分类
3	虚列成本费用
4	记载不可扣除的支出
5	在有综合所得的情况下，仍然扣减费用6万元及其他扣除项
6	未分别核算个人、家庭费用与经营费用
7	扣除业主本人的工资
8	长期零申报、不申报或不按规定记账报税
9	未依法代扣代缴个人所得税的向个人支付的应税收入

3. 个体工商户税务监管现状及典型案例分析

3.1 个体工商户税务监管现状

许多个体工商户面向个人提供商品或服务，不需要开具增值税发票，在以票管税的税收环境下，监管相对宽松。虽然一些个体工商户或多或少存在账外收入不入账的问题，但如果不遇到举报，一般也不会引发税务关注。一些以企业为服务对象的个体工商户持续大额开票会引发税务关注。2021年以来，娱乐圈、电商爆发的税务问题案件，除了举报外，许多也是由于开票等数据触发预警，被大数据推送到税务稽查视野的。金税四期建成后，税务系统能收集各种非税信息，甚至联通银行账户，对个人纳税人建成“一人式”档案。既往账外收款、收入不申报、申报不实等情况会更容易进入税务机关的视野，调查的技术障碍如果被解决，查不查就只是税务系统的政策导向问题。对于纳税人而言，只要其财税行为不规范，在金税四期的监管下，其头顶上都悬着“达摩克利斯之剑”。而对许多个体工商户而言，在收入不足的情况下，其财税处理容易存在不规范行为。

所得税的征收方式可以分为核定征收和查账征收，查账征收通常是常态。核定征收税款最初是因为纳税人的会计账簿不完整，资料不全，难以进行查账，或者由于其他原因无法准确确定纳税人应该缴纳的税额。因此，税务机关采用合理的方法，根据法律规定对纳税人应纳税款进行核定。核定征收作为一种征收方式，其合法前提是有法定理由不建账或建账不规范。依据《个体工商户建账管理暂行办法》，可以不建账的个体工商户要求规模特别小，月营业额很低，地方上有一定的核定自主权。核定征收方式对许多行业而言更为节税，因此这些行业内的个体工商户更期望通过核定征收缴纳税款，一些地方也将其作为招商引资的核心优势。但由于娱乐圈、电商平台、医药企业的频频暴雷，个人独资企业、合伙企业经营所得核定征收政策几乎已不能继续。个体工商户的核定征收政策也受累紧缩。2022 年 8 月，山东东营取消了 3138 家个体户的核定征收，一律改为查账。

2022 年 9 月，黑龙江大庆对销售额 10 万元以上的个体户，全部实行查账征收。核定征收的政策对于纳税人而言，有助于难以取得成本票的纳税人节税，对于税务机关而言，也是出于节约征税成本的考虑。随着金税四期上线，既往税务监管难以触及的领域被打通，征税成本下降，对于税务系统而言，核定征收的政策是否仍有必要，是值得商榷的。按如此态势，如果未来经济形势向好，核定征收的政策会紧缩得更加明显。

3.2　个体工商户税务典型案例分析

【典型案例】

根据国家市场监督管理总局的数据显示，截至 2023 年 1 月，我国市场主体数量已达到 1.7 亿户。其中，全国范围内登记在册的个体工商户数量达到 1.14 亿户，约占市场主体总量的 2/3，这一数量庞大的个体工商户带动了近 3 亿人的就业。可以说个体工商户是我国商业发展的绝对主力，涉及生活的方方面面，但就在 2022 年 4 月到 2023 年 4 月的 1 年中，江苏省即有约 2000 家（估算）个体户遭到税务局处罚。

假设，其余 32 省（直辖市、自治区，不含港、澳、台）的数据与江苏省雷同，那么在最近的 1 年中则约有 6.4 万户（估算）个体工商户受罚。同时，因为没有办理税务登记，2018 年 6 月，深圳市共有 1.9 万户个体工商户被吊销营业执照；2019 年 7 月，深圳市光明区市场监督管理局吊销了 1.2 万户个体工商户营业执照；2020 年，深圳市南山区市场监督管理局吊销了 1.3 万户个体工商户营业执照。

以最近一年江苏省税务局公布的 4666 起税务违法案件为例，其中绝大部分均为企业或个体工商户未按期申报纳税。典型案例，如苏州市相城区某五金经营部未按期申报案："2022－07－01 至 2022－09－30 城市维护建设税［县城、镇（增值税附征）］、增值税未按期进行申报，2022－01－01 至 2022－12－31 个人所得税（经营所得）未按期进行申报，2022－10－01 至 2022－12－31 城市维护建设税（县城、镇（增值税附征））、增值税未按期进行申报。"

该五金部被认定为非正常户，被税务机关罚款 500 元。而对于查账征收的个体工商户，如果未按规定设置账簿，同样属于违法行为，将遭受一定的处罚。同时，如果个体工商户税务违法或需要做变更、注销，而没有在规定的期限内完成相关申报，同样会受到相应处罚。

2022年4月26日，江苏省建湖县税务局对建湖县某服务部作出处罚，因该服务部“未按照规定期限申报办理注册登记”，最终被罚款1000元。另外，除了按期、按规定申报纳税以外，如果个体工商户没有按规定保存好发票，也将面临税务局的处罚。

常州市新北区某机械配件厂，是一家个体工商户，其投资人和实际经营人为谢某兴，该个体工商户于2016进行了工商注销。税务局对该个体工商户进行税务稽查时发现，其存在虚开发票等涉税违法行为，具体为：在2010年至2016年期间，该配件厂在没有实际业务往来的情况下，收受常州宝锟金属材料有限公司、常州海磊金属材料有限公司、常州盛佰源钢铁贸易有限公司开具的增值税专用发票54份，价税合计超500万元，其中发票金额为435万余元，应税额为74万余元，且全部进行了认证抵扣。由于该配件厂在2016年就已经进行了注销，其民事主体资格已经消灭，所以税务局对该个体户的投资者和实际经营人谢某兴追缴罚款122万元。

2023年4月7日，江苏省太仓市税务局披露，该市个体工商户太仓经济开发区某餐厅发票违法，“丢失增值税普通发票，发票代码032002100105，发票号码17271724—17271940，共计217份”。因此，该餐厅被罚10170元。

2023年4月7日，太仓市高新区的另一家餐厅，则因为“未按照规定的时限、顺序、栏目，全部联次一次性开具发票，开具错误税率发票金额为435455.3元”，被罚1000元整。除丢失/错开发票违法以外，丢失税控设备，也将遭受处罚。例如，2022年扬州市江都区某娱乐会所，因“丢失发票2016版增值税普通发票032001900020449096436 - 490964383，同时丢失税控设备税务ukEY 917002600371”，该会所被罚600元。

2022年4月，江苏省丹阳市界牌镇某餐厅因“丢失通用定额发票（并列二联伍拾元）发票代码：132111990320 发票号码：00343026 - 00343200 发票号码：00343226 - 00343275 共计225份”，被罚500元。

【案例分析】

发票，是经济活动中非常重要的凭证，不仅涉及增值税、企业所得税，也可能会因为发票，导致偷税、漏税、骗税的发生。因此，不论是企业还是个体工商户，凡申报的发票都需妥善保管、合理使用。如有遗失，将受到相应惩罚。

此外，税务登记也至关重要。因为没有进行税务登记，2018 年 6 月，深圳市共有 1.9 万家个体工商户被吊销营业执照；2019 年 7 月，深圳市光明区市场监督管理局吊销了 1.2 万家个体工商户营业执照；2020 年，深圳市南山区市场监督管理局吊销了 1.3 万家个体工商户营业执照。3 年时间，深圳市共有 4.4 万家个体工商户被吊销营业执照。

另外，2022 年 4 月，重庆市涪陵区市场监督管理局强制注销个体工商户 6776 户；同年 6 月，重庆市市场监督管理机关强制注销个体工商户 6686 户；6 月 27 日，涪陵区市场监督管理局再次强制注销个体工商户 1977 户。2023 年，重庆市合川区市场监督管理局强制注销个体工商户 2025 户。因此，凡是已注册，且想要继续经营的个体工商户一定要记得及时进行税务登记，哪怕是 0 申报也需要做。

4. 个体工商户税务合规建议

4.1 个体工商户报税的一般流程

（1）登记备案：在开展经营活动之前，个体工商户需要到当地工商行政管理部门进行登记备案，获得营业执照和相关许可证。这些证照是进行后续报税的基础，因此确保登记备案的准确性和合法性非常重要。

（2）记账和准备财务报表：个体工商户需要按照会计准则，进行日常的记账工作，记录经营活动的收入、支出和资产负债情况。同时，需要准备财务报表，如资产负债表、利润表和现金流量表等。这些财务报表是报税的依据，应保证财务报表准确、完整。

（3）确定纳税方式：个体工商户可以根据自身经营状况和纳税政策，选择适合的纳税方式。一般而言，个体工商户可以选择核定征收或查账征收。核定征收是按照核定的经营成本和费用比例计算纳税金额，而查账征收是根据实际的经营情况进行税收核算。

（4）缴纳税款：根据选择的纳税方式，个体工商户需要在规定的时间按规定的税率，向税务机关缴纳相应的税款。缴纳税款时，需要填写相应的纳税申报表并提交相关财务报表和证明材料。

（5）报税申报：个体工商户需要在规定的时间内，按照税务机关的要求，向税务部门报送纳税申报表和相关报表。报税申报表需要填写个体工商户的基本信息、纳税期限、应纳税额等内容。同时，个体工商户还需要提供相关的财务报表和税务机关要求的其他附加材料。

4.2　个体工商户报税的注意事项

（1）合规操作：个体工商户应按照相关法律法规和税务政策要求，进行合规操作和报税。不得进行虚假记账、隐瞒收入或其他违法行为，以免引发税务风险和法律纠纷。

（2）纳税期限：个体工商户应准确把握纳税期限，按时申报和缴纳税款。逾期未缴纳税款可能会面临罚款和滞纳金等处罚。

（3）税务辅导：个体工商户可以寻求税务机关或专业税务咨询机构的帮助，了解具体的纳税政策和操作流程，以确保报税的准确性和合规性。

四、农民合作社税务优惠及监管

1. 农民合作社税务优惠政策梳理

农民合作社通过组织分散的农民，形成合作关系，有助于提升农民在市场中的地位，并在生产过程中降低成本。笔者的研究聚焦于国家对农民合作社的扶持政策，建议充分利用税收优惠政策来促进农民合作社的发展，以期获得更好的效果。

1.1　增值税税收优惠政策

（1）《关于农民专业合作社有关税收政策的通知》（财税〔2008〕81号）规定，明确依照《农民专业合作社法》规定设立和登记的农民专业合作自2008年7月1日起享受如下有关税收优惠：一是对农民专业合作社销售本社成员生产的农业产品，视同农业生产者销售自产农业产品免征增值税；二是增值税一般纳税人从农民专业合作社购进的免税农业品，可按13%的扣除率计抵扣增值税进项税额。

（2）《关于实施小微企业普惠性税收减免政策的通知》（财税〔2019〕13号）规定，自2019年1月1日至2021年12月31日，对月销售额10万元以下（含本数）的增值税小规模纳税人，免征增值税。

省区（市）人民政府根据本地区实际情况，以及宏观调控需要确定，对增值税小规模纳税人可以在50%的税额幅度内减征资源税、城市维护建设税、房产税、城镇土地使用税、印花税（不含证券交易印花税）、耕地占用税和教育费附加、地方教育附加。

1.2　企业所得税税收优惠政策

（1）《企业所得税法》第27条规定，企业从事农、林、牧、渔业项目的所得，可以免征、减征企业所得税。合作社从事下列项目的所得，免征企业所得税：一是蔬菜、谷物、薯类、油料、豆类、棉花、麻类、糖料、水果、坚果的种植；二是农作物新品种的选育；三是中药材的种植；四是林木的培育和种植；五是牲畜、家禽的饲养；六是林产品的采集；七是灌溉、农产品初加工、兽医、农技推广、农机作业和维修等农、林、牧、渔服务业项目；八是远洋捕捞。

从事下列项目的所得，减半征收企业所得税：一是花卉、茶以及其他饮料作物和香料作物的种植；二是海水养殖、内陆养殖。

（2）《关于实施小微企业普惠性税收减免政策的通知》（财税〔2019〕13号）规定，自2019年1月1日至2021年12月3日，对小型微利企业年应纳税所得额不超过100万元的部分，减按25%计入应纳税所得额，按20%的税率缴纳企业所得税；对年应纳税所得额超过100万元但不超过300万元的部分，减按50%计入应纳税所得额，按20%的税率缴纳企业所得税。上述小型微利企业是指从事国家非限制和禁止行业，且同时符合年度应纳税额不超过300万元、从业人数不超过300人、资产总额不超过5000万元等三个条件的企业。

从业人数，包括与企业建立劳动关系的职工人数和企业接受的劳务派遣用工人数。所称从业人数和资产总数指标，应按企业全年的季度平均值确定。具体计算公式如下：

季度平均值 = （季初值 + 季末值） ÷2

全年季度平均值 = 全年各季度平均值之和 ÷4

年度中间开业或者终止经营活动的，以其实际经营期作为一个纳税年度确定上述相关指标。

1.3　个人所得税税收优惠政策

《农民专业合作社法》第42条规定，农民专业合作社可以按照章程规定或者成员大会决议从当年盈余中提取公积金。公积金用于弥补亏损，扩大生产经营或者转为成员出资。每年提取的公积金按照章程规定量化为每个成员的份额。该法第44条规定，在弥补亏损、提取公积金后的当年盈杂，为农民专业合作社的可分配盈余。

可分配盈余按照下列规定返还或者分配给成员，具体分配办法按照章程规定或者经成员大会决议确定：（1）按成员与本社的交易量（额）比例返还，返还总额不得低于可分配盈余的60%。（2）按前项规定返还后的剩余部分，以成员账户中记载的出资额和公积金份额，以及本社接受国家财政直接补助和他人捐赠形成的财产平均量化到成员的份额，按比例分配给本社成员。经成员大会或者成员代表大会表决同意，可以将全部或者部分可分配盈余转为对农民专业合作社的出资，并记载在成员账户中。具体分配办法按照章程规定或者经成员大会决议确定。

而根据《个人所得税法》的规定，税后利润及盈余分配给个人的，包括盈余公积金转增个人份额的。视为股息红利所得，应按20%税率缴纳个人所得税。但《关于农村税费改革试点地区有关个人所得税问题的通知》（财税〔2004〕30号）第1条规定，对个人或个体户从事种植业、养殖业、饲养业、捕捞业，且经营项目属于农业税（包括农业特产税）、牧业税征税范围的，其取得的“四业”所得暂不征收个人所得税。

1.4 合作社不同阶段的税收优惠政策（见表10）

表10 税收优惠政策

类别	内容
农业生产	《企业所得税法实施条例》第86条规定，合作社从事蔬菜、谷物、薯类、油料、豆类、棉花、麻类、糖料、水果、坚果的种植，农作物新品种的选育，中药材的种植，林木的培育和种植，牲畜、家禽的饲养，林产品的采集，灌溉、农产品初加工、兽医、农技推广、农机作业和维修等农、林、牧、渔服务业项目，远洋捕捞，免征企业所得税；从事花卉、茶以及其他饮料作物和香料作物的种植，海水养殖、内陆养殖，减半征收企业所得税
农业加工	根据国家税务总局的规定，合作社对粮食、林木、蔬菜等种植业以及畜牧业、渔业等国家税务总局规定的农产品进行初加工服务，收取的加工费，可以按照产品初加工的免税项目处理。合作社将购入的农林牧渔产品，在自有或者租用的场地进行育肥、育秧等再种植、养殖，经过一定的生长周期，使其生物形态发生变化，且并非由于本环节对农产品进行加工而明显增加了产品的使用价值的，可视为农产品的种植、养殖项目享受相应的税收优惠
农业流通	根据国务院和有关部门的规定，对以批发、零售方式销售的蔬菜免征增值税，经挑选、清洗、切分、晾晒、包装、脱水、冷藏、冷冻等工序的蔬菜，属于免征蔬菜范围。对月销售额不超过2万元的合作社，暂免征收增值税。对从事批发、零售合作社销售鲜活肉蛋产品的，免征增值税。对合作社生产销售和批发、零售有机肥产品的，免征增值税

续表

类别	内容
农业服务	根据国务院和有关部门的规定，对合作社销售本社成员生产的农业产品，视同农业生产者销售自产农业产品，免征增值税；对合作社向本社成员销售农膜、种子、种苗、化肥、农药、农机，免征增值税；对合作社与本社成员签订的农业产品和农业生产资料购销合同，免征印花税；农民采取转包、出租、互换、转让、入股等方式将承包地流转给合作社用于农业生产的，免征增值税
其他涉农经济活动	例如，对合作社从事农业机耕、排灌、病虫害防治、植保、农牧保险以及相关技术培训业务，家禽、牲畜、水生动物的配种和疾病防治，免征增值税

2. 农民合作社税务合规风险点

2.1 注册目的不纯，不能发挥其真正作用

部分合作社创办人对相关惠农政策的理解不准确，缺乏对合作社功能、作用和特有合作机制的了解，也没有理解成立合作社的意义。他们或仅仅为了套取国家财政补贴或银行信贷支持，就以同村村民、亲朋好友或家庭成员的名义凑人数成立合作社，有的只是盲目跟风注册合作社。由于这些合作社没有以合作社名义开展农业生产经营活动，因而被称为“空壳社”。近几年，随着登记合作社数量的增加，这一现象也逐渐增多。以甘肃省瓜州县为例，2017 年 1 月至 2019 年 7 月，税务部门登记了 240 户合作社，但在 2019 年，税务部门联合乡镇单位进行了清理，注销了 114 户“空壳社”。

2.2 政策掌握较少，税收遵从度有待提高

部分合作社在市场监管部门注册登记后，并未在税务部门办理税务登记，或只在需要使用合作社时才进行税务登记。另外，一些合作社虽然办理了税务登记，却从不进行正常申报，即使经过税务机关反复催报仍然不予理睬。更为严重的是，部分合作社的法定代表人频繁更换联系方式，而未及时在税务部门进行变更，导致税务人员难以与纳税人取得联系。

此外，一些代理机构或个人利用合作社经营者对税收政策了解不足的情况，为了获取高额报酬而误导纳税人。这种情况导致一些纳税人对税收征管工作产生抵触心理，纳税遵从度不高。

2.3 财务制度不规范，核算不健全

有些合作社存在虚假业务情况，自行填报财务数据，雇佣兼职的会计，导致财务核算不规范，给基层税务部门增加了工作负担。此外，还有部分合作社未按规定区分应税货物或服务与免税货物或服务的核算和计税方式，普遍将免税农产品与其他应税商品混为一谈，或将其他应税商品以免税农产品的名义登记，销售时全部开具免税农产品销售发票，这样的做法存在偷税的违法风险。为了改善这种状况，有必要采取措施加强合作社的财务管理和税务意识，确保财务核算的准确性和合规性，以维护税收秩序和税收公平性。

3. 农民合作社税务监管现状及典型案例分析

农民合作社为农民群体提供了一个合作、发展的平台。然而，一些不法分子利用税收政策漏洞，以对外虚开发票的方式扰乱正常的经济秩序。

【典型案例】

株洲市某稽查局在202×年10月12日到202×年11月17日，对a苗木农民专业合作社（以下简称a苗木合作社）进行了涉税情况检查，检查期间为201×年11月13日到202×年8月31日，稽查局从货物流和资金流两个方面进行了检查和核实，发现了a苗木合作社的违法事实：

首先，是对货物流的检查。

稽查人员调查了解后获悉，合作社的实际控制人为李某，其他股东及人员均没有参与到合作社的实际经营中。经过检查发现，a苗木合作社没有大规模种植和生产苗木的能力。a苗木合作社对外开具的苗木销售发票，号称是合作社的社员自产自销的苗木，但是经过检查却发现，提供的社员名单中，没有一个人是a苗木合作社的股东。

a苗木合作社是经营苗木种植销售的合作社，按照正常情况，其应该有采购苗木的交易。但是稽查人员检查了账簿、凭证，也询问了合作社相关人员，发现a苗木合作社并没有采购树苗的合同、发票或者付款凭证。通过询问实际控制人李某后得知，a苗木合作社名下没有任何货物和资产，但是a苗木合作社从201×年6月10日至201×年6月29日，总共对外虚开了增值税普通发票313份，金额合计30,192,745.78元。

其次，是对资金流的检查。

根据开具的发票，稽查人员要求a苗木合作社提供资金收付款情况，结果发

现该合作社与部分企业根本没有货物交易，针对此情况 a 苗木合作社解释称其与相对方为现金交易。稽查人员调取了 a 苗木合作社的银行流水信息，通过对这些数据的进一步调查分析发现，大部分的款项回流到了接受发票的相关人员账户中。大部分情况下是，a 苗木合作社按照开票金额收到款项后，扣除 0.5% ~ 0.8% 的手续费后，将剩余款项转回原付款方或者中间人账户，存在资金回流的现象。对 a 苗木合作社解释为现金交易的发票，稽查人员进一步核实了资金来源和流向，最后证实均无真实资金交易。

综上，稽查人员认定如下：

（1）a 苗木合作社利用国家对农业生产者自产自销苗木免税的政策，以农民身份申请成立多家合作社，并向税务机关领取苗木发票。这种做法属于滥用优惠政策，可能导致虚假发票的产生。

（2）a 苗木合作社采取签订虚假合同、资金回流或现金支付手续费等方式，伪造苗木销售交易，实际上通过收取手续费开具发票使部分企事业单位实现套取资金、冲抵成本或抵扣税款等目的。这种行为涉嫌虚开增值税发票，可能对国家税款和其他方面造成重大损失。

（3）a 苗木合作社的行为涉嫌虚假开具发票和滥用优惠政策，给国家财政带来了损失。稽查人员可能会对其进行税务违法行为的调查，并采取相应的监管措施。

【案例分析】

国家对于农民、农产品相关业务，是有很多优惠政策的，这个优惠政策，在进行税务筹划时，是可以靠近的，但是一定要符合条件。比如对于案例中的农民合作社，要享受优惠政策，相关的要求是：

（1）根据《财政部、国家税务总局关于农民专业合作社有关税收政策的通知》（财税〔2008〕81 号）的规定，农民合作社销售的是本社成员的农业产品，才视同农业生产者销售自产农产品，免征增值税。

（2）农民合作社要依据《农民专业合作社法》规定设立、登记、管理和经营。

通过上面的案例，可以看到，如果仅仅是用农民合作社的“皮”，却没有按照规定去执行，税务人员按照货物流、资金流等方法调查，很容易就会发现违法行为。同时虚开发票是一种违法行为，其后果十分严重。如果参与虚开发票行为，不仅会受到法律的制裁，还会失去良好的信誉度，影响生产经营。

4. 农民合作社税务合规建议

4.1 财务核算合规

农民专业合作社需要按照规定建立会计账目、创建会计档案，并分别对应税和免税项目进行核算。应及时将会计报告提交给所在地的县级农业和农村部门，并定期公开财务报告，强化内部审计监督。该合作社应分别核算与其成员和非成员的交易。通过国家财政直接补助形成的资产应依法量化至每一位成员。

4.2 发票管理合规

农民专业合作社具有独立法人资格，法律赋予其市场主体地位及开具发票资格。一般纳税人取得农民专业合作社自产的农产品，享受免税政策开具普通发票，作为增值税扣税凭证。

一些不法之徒见此有利可图，在没有真实交易的情况下，虚开增值税专用发票或其他发票非法牟利。这可能触犯《刑法》第205条所规定的虚开增值税专用发票、用于骗取出口退税、抵扣税款发票罪，以及虚开发票罪。其中虚开的税款数额在五万元以上的，以虚开增值税专用发票罪处三年以下有期徒刑或者拘役，并处二万元以上二十万元以下罚金。依法治国是新时代治国战略，遵纪守法，勤劳智慧致富才是正道，农民专业合作社发票应依法开具，合规管理。

4.3 税收优惠合规

农民专业合作社为了实现不缴税或少缴税的目的，采取将非成员生产的农业产品或从外部购买的农业产品冒充为自己或成员生产的农业产品进行销售，以此达到获得免征增值税的目的，并从中获取利润。根据我国税收法律法规的规定，农民专业合作社只有在销售自己生产和成员生产的农业产品时才能免征增值税。依法享受税收优惠是规范化的基础，也是降低法律风险的保障。由于国家税收优惠政策均为有条件、有时限要求的，因此合作社必须配备专业的财务人员，及时了解最新的税收优惠政策，并及时向主管税务机关办理相关手续，才能为合作社筹划、安排好生产经营，充分利用好国家的税收扶持政策。

4.4 合作社必须是合法注册，真实经营的

2019年2月19日，农业农村部等联合印发《开展农民专业合作社“空壳社”专项清理工作方案》，对农民专业合作社“空壳化”问题从国家层面进行专项清理，优化营商环境。空壳合作社典型情形为：无农民成员实际参与；无实质

性的生产经营活动；因经营不善停止运行；涉嫌以合作社名义骗取套取国家财政奖补和项目扶持资金；群众举报的违法违规线索，从事非法金融活动，如变相高息揽储、高利放贷和冒用银行名义运营等。农民专业合作社应按照《关于开展农民合作社规范提升行动的若干意见》要求提升自身规范化水平，完善经营管理制度，严格依法登记，按时报送年度报告，依法经营，依法享受税收减免优惠政策，切实履行法定义务，以为成员服务为宗旨，谋求成员共同利益。

五、企业组织形式变换的涉税风险解读

1. 企业组织形式变换的涉税风险

1.1　由法人转变为非法人组织

当企业由法人转变为个人独资企业、合伙企业等非法人组织，或将登记注册地转移至中华人民共和国境外（包括港澳台地区）时，需特别注意税务处理。在这种情况下，税务处理方法如下：针对企业由法人转变为非法人组织的情况，需要进行合理的税务筹划，确保税务登记的及时变更，以避免可能带来的不利税收的后果。对于将登记注册地转移至中华人民共和国境外的情况，可能涉及跨境税务规定，需与税务机构沟通，了解相关法规，并进行合规申报，以避免潜在的税收纠纷。

1.2　企业发生其他法律形式简单改变

如注册名称改变、地址变更等，根据《关于企业重组业务企业所得税处理若干问题的通知》（财税〔2009〕59号）第4条的规定，可直接变更税务登记，但需注意以下情况：企业在进行名称或地址等简单改变时，要遵守相关法规，确保符合税务规定，避免违规行为带来的税务风险。关于企业所得税纳税事项（包括亏损结转、税收优惠等权益和义务），一般由变更后的企业继承，但若因住所变化导致不符合税收优惠条件，则可能被排除在外。

公司是股东按照我国现行《公司法》的规定设立的法人实体。合伙企业是指由各合伙人订立合伙协议，共同出资，共同经营，共享收益，共担风险，并对企业债务承担无限连带责任的营利性组织。适用《合伙企业法》。公司与合伙企业存在较为明显的区别，具体如下：

（1）合伙企业与公司在约定和法定性方面有不同的特征。合伙企业依托于合伙协议，更多地强调约定性。而公司则以公司章程为依据，更多地具备法定性特

征。在盈亏分配方面，合伙企业由合伙人自行约定，若无明确约定，则盈余平均分配，亏损平均分担。公司的盈亏分配原则上按照出资比例进行，除非公司章程另有规定。

（2）合伙企业仅着重财产的相对独立性，企业的财产可以与合伙人的财产有一定关联，合伙企业并不强调财产的完整性和准确性。相反，公司强调独立的法定代表人财产权，公司的财产必须严格与股东的财产分离，同时公司的财产应具备完整性和独立性。

（3）在合伙企业中，合伙人有权根据合伙协议和其他约定自行决定企业的管理方式。然而，公司的管理权是由公司治理机构（例如三会）行使的，股东只能通过公司治理机构来行使对公司的管理权。这意味着合伙人在管理方面有更大的自主权，而股东需要遵循公司治理机构的规定来行使其管理权。

（4）根据现行税法，假定没有税收优惠，有限公司在取得所得后，首先要在公司层面缴纳25%的企业所得税，然后再将税后利润分配给股东。自然人股东在取得股息红利所得后，还需要缴纳20%的个人所得税。与有限公司不同的是，合伙企业本身不涉及缴纳企业所得税。合伙企业采用的是“先分后税”的原则，由自然人合伙人根据个人所得适用5%～35%的超额累进税率，来计算缴纳个人所得税。而有限合伙制创投基金如果选择适用单一基金核算的话，自然人合伙人则适用20%的比例税率来缴纳个人所得税。

2. 企业组织形式变换引发涉税问题的典型案例解读

【典型案例】

同花顺员工持股平台跨地区“公司变合伙”

浙江核新同花顺网络信息股份有限公司（以下简称同花顺）于2009年在深圳证券交易所上市（股票代码：300033），是国内第一家互联网金融信息服务行业上市公司。本次身陷补税风波的是同花顺的员工持股平台上海凯士奥信息咨询中心（有限合伙，以下简称凯士奥）。企查查等网站显示，凯士奥成立以来曾多次变更工商登记信息，其2020年3月迁往北京后，次月从有限责任公司转为有限合伙企业，更名为北京凯士奥信息咨询中心（有限合伙）。而在两个月之后，凯士奥又迁回上海，更名为上海凯士奥信息咨询中心（有限合伙）。

2023年3月20日，同花顺召开年度股东大会披露，2022年11月，凯士奥收到了国家税务总局上海宝山分局的《税务事项通知书》，通知书提出，凯士奥

“涉嫌在转换组织形式的过程中未申报缴纳税款”，需补缴税款25亿元。此前，同花顺未就相关内容进行信息披露，此事项经媒体报道后，随即迅速引爆网络。本案的争议焦点为：凯士奥为何“公司变合伙”，是否应申报纳税。

【案例分析】

（1）同花顺员工持股平台为何要“公司变合伙”

实务中，存在不少上市公司将持股平台由公司转变为合伙企业的案例，该种组织形式的变化，主要是出于降低税负的考虑。根据税法的规定，公司与合伙企业在所得税方面存在较大的差异，有限公司转让股票需要缴纳“两道税”，即就股票转让所得缴纳25%的企业所得税，在对自然人股东再分配时，再征收20%的“股息、红利”个人所得税。由此，有限公司股票转让的所得税综合税负达到40%。

合伙企业转让股票需要缴纳“一道税”，即合伙企业按照“先分后税”原则，合伙企业层面无须纳税，仅自然人合伙人需按照经营所得，适用5%～35%的5级超额累进税率缴纳个人所得税。由此，合伙企业股票转让的所得税综合税负最高也未超过30%，低于有限公司的税负。以持股平台转让无限售条件股份获得100万元收益为例，在不考虑成本费用的情况下，有限公司和合伙企业的纳税情况如下：

同花顺2020－041号、2021－017号等公告显示，在凯士奥将组织形式由有限公司变更为合伙企业后，凯士奥股东不断减持无限售条件股份，由此，凯士奥作为同花顺的员工持股平台，其“公司变合伙”的原意应该是给同花顺员工减持股票时降低税负铺路，而因此引发25亿元补税义务则可能是一场“意外”。

（2）同花顺员工持股平台“公司变合伙”是否应申报纳税

“公司变合伙”发生公司注销和合伙设立两个事实在工商层面，“公司变合伙”通常需要经过公司的注销登记和合伙企业的设立登记两个步骤。而有些地方曾出台一些政策，允许公司不经注销，直接变更为合伙企业。

当前，“公司变合伙”如何变更在中央层面没有明确的法律规定，但是从法律事实角度看，公司到合伙的变化，发生了公司的注销和合伙企业的设立两个法律事实。因此，两步走（先办理公司注销登记，再办理合伙设立登记）实现公司到合伙的转变应属一般规则，直接变更则是部分地区为企业提供便利的特殊规定。

“公司变合伙”应视同企业进行清算、分配。《关于企业重组业务企业所得税处理若干问题的通知》（财税〔2009〕59号，以下简称59号文）第4条规定，企业由法人转变合伙企业的，应视同企业进行清算、分配，股东重新投资成立新企业。企业的全部资产以及股东投资的计税基础均应以公允价值为基础确定。根据这一规定，持股平台由公司转变成合伙企业，税法认为其发生了公司的注销和合伙企业的设立两个事实，这一认定，与工商管理的认定逻辑具有一致性，或者可以说税务与工商的认定均以基础的法律事实为依据。在这一逻辑之下，持股平台应将其持有的上市公司股票按照公允价值确定处置损益，缴纳企业所得税；将处置损益视为分配给员工，员工缴纳个人所得税。据此，凯士奥完成“公司变合伙”组织形式变更当日（2020年4月30日）收盘价为119.34元/股，持股数量为5314.56万股（含有限售条件股份），公允价值总计63.42亿元，按照59号文的规定，凯士奥应缴纳企业所得税和个人所得税合计约63.42×40%＝24.37（亿元）。本案《税务事项通知书》虽尚未披露，但25亿元税款的由来应该大致如此。

根据前述分析，凯士奥“公司变合伙”，其目的应是为股东减持股票降低税负铺路，但凯士奥并非原地“变身”，而是先迁移至北京，变更组织形式后，再返回上海。凯士奥这一跨地区举动的本意，显然是适用北京关于企业组织形式变更的有利政策，而这一政策的有利面，应该不仅仅是可以省去注销、设立这一工商步骤这么简单，关键还在于，凯士奥认为在北京变更组织形式，可以避免公司注销清算产生的纳税义务。

《中关村国家自主创新示范区企业组织形式转换登记试行办法》（京工商发〔2010〕131号）第14条规定，“公司制企业法人、合伙企业、个人独资企业转换组织形式的，应当结清原企业各项税款，履行清算程序，并公告企业组织形式转换”。也就是说，虽然在工商层面，可直接将企业性质由公司转变为合伙企业，但在税务层面，公司仍然需要结清原企业各项税款，履行清算程序。而凯士奥并没有履行该义务，仅是直接在工商层面进行了变更。

另外，凯士奥未申报纳税，却能够完成“公司变合伙”，也反映出工商和税务管理的脱节，即工商层面通常不以相关纳税申报材料作为申请变更登记所必需的提交材料，由此在工商变更时，税务不能及时进行税收监管，企业不申报纳税也能完成工商变更。这也是凯士奥在完成“变身”后才收到补税通知的原因。而如果在“变身”时即被通知要为此缴纳25亿元税款，“补税风波”也不至于发生。

【律师点评】

（1）“公司变合伙”视同清算

59 号文第 4 条规定，企业由法人转变为个人独资企业、合伙企业等非法人组织，应视同企业进行清算、分配，股东重新投资成立新企业。依据该条款的规定，企业由法人变更为合伙企业，应当分解为对原法人企业进行清算以及重新投资成立合伙企业两个步骤。《中关村国家自主创新示范区企业组织形式转换登记试行办法》第 14 条也同样明确了“公司变合伙”应结清原企业各项税款，履行清算程序。《财政部、国家税务总局关于企业清算业务企业所得税处理若干问题的通知》（财税〔2009〕60 号）则进一步明确了清算企业的税费计算问题。

（2）“公司变合伙”存在未清缴税款的风险

在税收征管新形势下，税务系统内外部涉税数据汇聚联通是“以数治税”改革的主要内容之一。自 2022 年 11 月以来，基于税务大数据的风险提示及国家税务总局的督导，多地税务机关对企业以往年度“公司变合伙”的清算缴税情况进行检查，企业及个人将面临补缴税款的风险。

在开篇的案例中，2021 年 1 月 28 日，甲合伙企业的前身甲有限责任公司组织形式由有限责任公司变更为合伙企业，按照 59 号文的规定，应当视同清算、分配和重新投资成立新企业，甲合伙企业将面临补缴清算企业所得、个人所得税的风险，因分配的资产为上市公司股份，还需补缴增值税及附加。根据《公司法》相关司法解释，企业解散清算存在过错的，企业存续期间的债务由股东承担补充责任。因此，如果甲合伙企业组织形式变更环节清算存在过错，甲有限责任公司股东将对公司承担的增值税及附加、企业所得税承担补充责任。

国家市场监督管理总局、人力资源和社会保障部、商务部、国家税务总局及海关总署联合发布的《企业注销指引（2021 年修订）》明确指出企业在完成清算后，需要分别注销税务登记、企业登记，即企业应完成税务注销登记后才可以进入工商注销程序。在金税三期系统启动与推广之前，税务部门与工商部门的信息联通度较低，存在一些企业未完成税务清算便办理工商注销的情形。如前所述，部分地区对“公司变合伙”规定有“一步走”的简易程序，企业可以依据其在组织形式转换过程中无过错及信赖利益进行抗辩，即企业根据当时有效的政策进行组织形式的变更，原登记机关并未要求提供清算报告，且企业无虚报、隐瞒骗取简易组织形式变更的情形。因此，企业依据法定程序完成工商变更后，其已被信赖利益保护，税务机关非经法定事由及法定程序，不能进行执法程序的回溯。

（3）关于税务机关能否向已注销企业追征税款的问题

依照大多数地方工商管理部门的观点及59号文的规定，企业由有限责任公司变更为合伙企业，应当视同清算，对原企业进行注销后申请设立合伙企业。若企业转制过程中未清算税款，则税务机关是否有权追缴企业在组织形式变换环节的未缴税款取决于该税款是否已过追征期，此处涉及对企业在组织形式变换中未清税行为的定性；若税务机关有权追缴税款，在原企业已经注销的情况下，应对哪一主体追缴，在实践中各地税务机关做法不一，存在较大的争议。

在追征期内，对于已注销企业的未缴税款，因现行法规的不明确，实务中存在税务机关向已注销企业追缴税款、恢复企业税务登记或者向原公司股东或实控人追缴税款等情形。

①向已注销企业追征：已注销企业并非适格纳税主体

实践中有部分地区税务机关向已注销企业追缴税款。根据《民法典》第59条规定，“法人的民事权利能力和民事行为能力，从法人成立时产生，到法人终止时消灭”。第72条第3款规定，“清算结束并完成法人注销登记时，法人终止……”《市场主体登记管理条例》第31条规定，经登记机关注销登记，市场主体终止。企业工商登记注销意味着公司法人人格灭失，不再享有民事、行政、刑事责任能力，一般来说，涉及该公司的民事、行政、刑事活动都应终止。企业法人清算程序结束并办理工商注销登记后，法人资格归于消灭，纳税主体亦不复存在，在纳税主体不存在的情况下，税务机关仍以被注销企业为主体作出处理决定、行政处罚决定，于法无据，此种观点在实践中也被法院采纳。

山西省高级人民法院作出（2017）晋行申379号行政裁定书明确指出，“本院认为，本案的核心争议是被诉处理决定是否存在处理主体错误的问题。该加油站于2015年8月13日被工商登记机关注销登记。注销登记后企业法人资格彻底消灭，不能再以企业名义从事任何生产经营活动或承担任何债权债务。故市稽查局对已注销登记的加油二站作出处理决定缺乏事实依据和法律依据”。

综上所述，企业在转换组织形式以后，其原有限公司的企业法人资格灭失，作为责任承担主体的法律地位已不存在，税务机关对原企业追征税款的行为于法无据。

②恢复税务登记：尚无法律规定税务机关可以主动恢复已注销企业税务登记

实践中，还有部分地区税务机关要求已办理工商注销登记的企业恢复税务登记，以对其追缴税款。笔者认为，现行法律法规并未赋予税务机关恢复企业税务登记的权力。《企业注销指引（2021年修订）》第6条规定，企业在注销登记中存在隐瞒真实情况、弄虚作假情形的，登记机关可以依法做出撤销注销登记等处理。从体系解释角度看，此处的“撤销注销登记”指登记机关可以撤销企业的工商注销登记，而非税务机关可以撤销企业的税务注销登记。因此，依照税收法定原则，税务机关无权要求企业恢复税务登记。

如前所述，经过法定程序注销的企业，原则上不应被税务机关追责，但是，如若该企业存在恶意处置公司财产或隐匿资产；虚假清算；未经依法清算，以虚假的清算报告骗取登记机关办理注销登记等恶意利用注销机制逃避缴纳税款的情形，税务机关可以对已注销企业启动稽查程序，但前提是应当先行作出撤销注销登记，满足主体适格的法定要件之后再进行稽查处理。

③对原股东等追缴税款：股东可主张在清算环节无过错进行抗辩

部分地区税务局及法院认为应对公司的实际控制人或者股东追缴税款，但该种追征对象同样于法无据。2015年《税收征收管理法（征求意见稿）》新增了“公司解散未清缴税款的，原有限责任公司的股东、股份有限公司的控股股东，以及公司的实际控制人以出资额为限，对欠缴税款承担清偿责任”，但并未纳入现行的税法体系中。

实践中，部分法院适用《最高人民法院关于适用〈中华人民共和国公司法〉若干问题的规定（二）》的相关规定，对企业注销前的股东及实控人追缴税款及滞纳金。例如，北京市第二中级人民法院作出的（2020）京02行终1464号判决书显示，“《最高人民法院关于适用〈中华人民共和国公司法〉若干问题的规定（二）》（2014年修正）第十九条规定：有限责任公司的股东、股份有限公司的董事和控股股东，以及公司的实际控制人在公司解散后，恶意处置公司财产给债权人造成损失，或者未经依法清算，以虚假的清算报告骗取公司登记机关办理法人注销登记，债权人主张其对公司债务承担相应赔偿责任的，人民法院应依法予以支持。本案中，某公司通过提供虚假清算资料的方式办理了注销登记，导致其法律主体地位不存在，但丁某某作为某公司唯一股东，应当对某公司注销后不能承担缴纳税款责任而给国家造成的税款损失承担相应的法律责任，北京税务稽查局将丁某某作为追缴税款的责任承担主体，符合法律规定”。笔者认为，若税务机关依据上述司法解释主张对股东追缴税款，股东应积极举证其在清算环节无过错，如公司解散环节依法成立清算组、清算组依法开展清算工作并制作清算报告、依法将清算报告报送债权人和税务机关并取得债权人会议通过等。

行业篇

第二篇

一、医药行业税务优惠及监管

1. 医药行业税务优惠政策梳理

1.1 医药企业的不同规模类型的优惠政策

1.1.1 一般纳税人销售自产生物制品可简易计税

一般纳税人销售自产的用微生物、微生物代谢产物、动物毒素、人或动物的血液或组织制成的生物制品，可选择按照简易办法依照 3% 征收率计算缴纳增值税。

1.1.2 中小微企业设备器具税前扣除政策

中小微企业在 2022 年 1 月 1 日至 2022 年 12 月 31 日期间新购置的设备、器具，单位价值在 500 万元以上的，可按照单位价值的一定比例自愿选择在企业所得税税前扣除。其中，《企业所得税法实施条例》规定最低折旧年限为 3 年的设备器具，单位价值的 100% 可在当年一次性税前扣除；最低折旧年限为 4 年、5 年、10 年的，单位价值的 50% 可在当年一次性税前扣除，其余 50% 按规定在剩余年度计算折旧进行税前扣除。

1.2 医药企业增值税减免政策梳理

1.2.1 创新药后续免费使用不征收增值税

自 2015 年 1 月 1 日起，药品生产企业提供给患者后续免费使用自产的相同创新药，不视为增值税销售。

1.2.2　罕见病药品增值税优惠

（1）自2019年3月1日起，增值税一般纳税人生产销售和批发、零售罕见病药品，可选择按照简易办法，依照3%的征收率计算缴纳增值税。上述纳税人选择简易办法计算缴纳增值税后，36个月内不得变更。

（2）自2019年3月1日起，对进口罕见病药品，减按3%征收进口环节增值税。

1.2.3　技术转让、技术开发和相关咨询服务免征增值税

纳税人提供技术转让、技术开发和相关咨询服务将免征增值税。

1.2.4　相关产品的增值税优惠

（1）避孕药品和用品。

《增值税暂行条例》（国务院令第538号，2008年11月10日公布，自2009年1月1日起施行，已修改）第15条规定，避孕药品和用品免征增值税。

（2）国产抗艾滋病病毒药品。

根据《财政部、税务总局关于延续免征国产抗艾滋病病毒药品增值税政策的公告》（财政部、税务总局公告2019年第73号），自2019年1月1日至2020年12月31日，继续对国产抗艾滋病病毒药品免征生产环节和流通环节增值税。

享受上述免征增值税政策的国产抗艾滋病病毒药品必须符合以下条件：须为各省（自治区、直辖市）艾滋病药品管理部门按照政府采购有关规定采购的，并向艾滋病病毒感染者和病人免费提供。药品生产企业和流通企业应将药品供货合同留存，以备税务机关查验。

抗艾滋病病毒药品的生产企业和流通企业应分别核算免税药品和其他货物的销售额；未分别核算的，不得享受增值税免税政策。

在财政部、国家税务总局公告2019年第73号发布之前已征收入库的按上述规定应予免征的增值税税款，可抵减纳税人以后月份应缴纳的增值税税款或者办理税款退库。已向购买方开具增值税专用发票的，将专用发票追回后方可办理免税。无法追回专用发票的，不予免税。

《关于延长部分税收优惠政策执行期限的公告》（财政部、税务总局公告2021年第6号）规定，上述税收优惠政策执行期限延长至2023年12月31日。

（3）国产抗艾滋病病毒药物品种清单。

序号药物品种：齐多夫定；拉米夫定；奈韦拉平；依非韦伦；替诺福韦；洛匹那韦；利托那韦；阿巴卡韦。

国产抗艾滋病病毒药物，包括上述药物及其制剂，以及由两种或三种药物组成的复合制剂。

1.3 医药企业所得税减免政策梳理

1.3.1 企业从事药用植物初加工的所得免征企业所得税

（1）药用植物初加工是指对各种药用植物的根、茎、皮、叶、花、果实、种子等进行挑选、整理、捆扎、清洗、凉晒、切碎、蒸煮、炒制等简单加工处理，制成的片、丝、块、段等中药材。

（2）加工的各类中成药不属于初加工范围。

1.3.2 生产和装配伤残人员专门用品的企业免征企业所得税

自2016年1月1日至2023年12月31日，符合相关条件的生产和装配伤残人员专门用品的居民企业，免征企业所得税。

1.3.3 技术转让所得减免企业所得税

一个纳税年度内，居民企业技术转让所得不超过500万元的部分，免征企业所得税；超过500万元的部分，减半征收企业所得税。

1.4 医药企业的其他优惠政策适用

1.4.1 医药制造企业广宣费支出税前扣除

（1）自2021年1月1日至2025年12月31日，医药制造企业的广告费和业务宣传费支出，允许其在当年销售（营业）收入的30%以内进行扣除；超过部分可延后至以后纳税年度进行结转扣除。

（2）对于签订广告费和业务宣传费分摊协议（以下简称分摊协议）的关联企业，其中一方发生的广告费和业务宣传费支出不超过当年销售（营业）收入税前扣除限额比例内的部分，可以在本企业扣除，也可以按照分摊协议归集至另一方扣除。另一方在计算本企业广告费和业务宣传费支出的企业所得税税前扣除限额时，不计算按照上述办法归集至本企业的广告费和业务宣传费。

1.4.2 设备、器具税前扣除及加速折旧

（1）对所有行业企业2014年1月1日后新购进的专门用于研发的仪器、设备，单位价值不超过100万元的，允许一次性计入当期成本费用在计算应纳税所得额时扣除，不再分年度计算折旧；单位价值超过100万元的，可缩短折旧年限或采取加速折旧的方法。

（2）自2014年1月1日起，对所有行业企业持有的单位价值不超过5000元

的固定资产，允许一次性计入当期成本费用在计算应纳税所得额时扣除，不再分年度计算折旧。

（3）企业在2018年1月1日至2023年12月31日期间新购进的设备、器具，单位价值不超过500万元的，允许一次性计入当期成本费用在计算应纳税所得额时扣除，不再分年度计算折旧。

1.4.3 重大技术装备进口税收政策

符合规定条件的企业及核电项目业主为生产国家支持发展的重大技术装备或产品而确有必要进口的部分关键零部件及原材料，可享受免征关税和进口环节增值税的专项税收优惠政策。

1.4.4 制造业企业研发费用税前加计扣除

（1）企业开展研发活动中实际发生的费用，未形成无形资产计入当期损益的，将在按规定扣除的基础上，自2023年1月1日起，再按实际发生额的100%在税前加计扣除；形成无形资产的，自2023年1月1日起，将按无形资产成本的200%在税前摊销。

（2）委托境外进行研发活动的费用，将按费用实际发生额的80%计入委托方的委托境外研发费用。委托境外研发费用不超过境内符合条件的研发费用2/3的部分，可按规定在企业所得税前加计扣除。

1.4.5 公益性捐赠支出按比例企业所得税税前结转扣除

（1）企业通过公益性社会组织或县级以上人民政府及其组成部门和直属机构进行慈善活动、公益事业的捐赠支出，在年度利润总额12%以内的部分，可在计算应纳税所得额时扣除；超过年度利润总额12%的部分，可结转至后三年在计算应纳税所得额时扣除。

（2）企业扶贫捐赠所得税税前扣除：自2019年1月1日至2025年12月31日，企业通过公益性社会组织或县级以上人民政府及其组成部门和直属机构，用于目标脱贫地区的扶贫捐赠支出，可在计算企业所得税应纳税所得额时按实扣除。在政策执行期限内，目标脱贫地区实现脱贫的，可继续适用上述政策。

（3）扶贫货物捐赠免征增值税：自2019年1月1日至2025年12月31日，对单位或个体工商户将自产、委托加工或购买的货物通过公益性社会组织、县级及以上人民政府及其组成部门和直属机构，或直接无偿捐赠给目标脱贫地区的单位和个人，免征增值税。在政策执行期限内，目标脱贫地区实现脱贫的，可继续适用上述政策。

2. 医药行业税务合规风险点

近年来，药价悬殊问题已经关涉到国计民生，国家对症下药采取了两方面措施：

（1）直接限制药价。主要是发展改革委员会、国家医疗保障局等部门牵头，通过政府指导价、定价审核等方式管控药品销售价格。

（2）缩短药品流通环节。随着医药代表的高额佣金和医生回扣问题成为公开的秘密，国家着眼于药品流通环节，试图通过缩短流通链条，不同程度地打击药企和患者之间的各类中间商。

“4+7”带量集中采购，就是在4个直辖市和7个城市试点政府出面牵头、公立医疗机构和药企直接签订药品带量购销合同，建立直接购销关系，降低药品采购成本，进而实现控制药品销售价格的目的。2018年11月14日，中央全面深化改革委员会第五次会议上首次提出国家组织药品集中采购试点，次日，《4+7城市药品集中采购文件》出台。2019年1月1日，国务院办公厅印发《国家组织药品集中采购和使用试点方案的通知》，对“4+7”带量集中采购提出了具体要求。

“两票制”顾名思义，药品流通环节只能开两次发票，即生产企业到流通企业开一次发票，流通企业到医疗机构开一次发票。“两票制”的落地改变了以往多级经销模式的格局，是医药行业的一次重大变革。2016年6月24日，《关于印发2016年纠正医药购销和医疗服务中不正之风专项治理工作要点的通知》（国卫医函〔2016〕172号）施行，该通知明确在综合医改试点省和城市公立医院综合改革试点地区的药品、耗材采购中实行“两票制”。2017年，“两票制”在全国范围内推行。2018年，公立医疗机构中全面实施药品购销“两票制”，有条件的公立医疗机构实行医用耗材购销“两票制”。

2.1 药企、经销商通过账外经营隐瞒销售收入、虚增成本费用

账外经营，是指部分收入不入公开的“外账”，而是通过隐藏的“内账”核算，该行为高发于药企和经销商。这两类主体常通过账外经营的方式，隐匿销售收入，提取利润支付给医药代表、医生、医疗官员。

账外经营的具体表现有：私设个人账户收款、现金收款、私设“小金库”隐匿销售收入等。前述所列行为方式符合“偷税”的构成要件，存在前述行为的企业将面临被追究偷税行政责任乃至逃税罪刑事责任的风险。《中国税务报》曾刊发

过一起案件，该案中，广州市国税局下属稽查局经过三年多时间的调查，查实当地某药品经销公司隐瞒销售收入过亿元，要求企业补缴税款、滞纳金，并加处罚款。

2.2 “两票制”后医药行业新型虚开发票套取利润模式及风险

“两票制”后，医药行业出现新型虚开发票模式，既包括对外虚开发票又包括接受虚开发票，既包括普通发票又包括专用发票。其中，对外虚开发票多发生于CSO、CSP、CMO、CRO等外包服务商，接受虚开发票则多发生于药企、经销商。在没有提供和接受真实服务的情况下，药企、经销商接受CSO、CSP、CMO、CRO开具的服务类发票，虚假列支广告费、咨询费、会议费、运输费、配送费、研发费、加工费，套取大额现金。对于高卖高开的经销商和药企，因销项偏高，在接受虚开专用发票的同时还可以借虚假发票抵扣增值税，进一步降低自身税负成本。除此之外，部分高卖高开的药企（尤其是经营范围包含中成药、中药饮片、中药材的药企）为了弥补进项不足，还存在虚假制作农产品收购凭证，并为自己虚开农产品收购发票的现象。这些行为都将面临被追究虚开增值税专用发票行政责任乃至刑事责任的风险。

3. 医药行业税务监管现状及典型案例分析

3.1 医药企业税务监管现状

2017年2月13日，国家税务总局稽查局发布《2017年税务稽查重点工作安排》（税总稽便函〔2017〕29号），明确以西藏、安徽等地为重点地区，展开医药医疗行业专项整治。这掀起了针对医药行业的税务稽查风暴。随后，于2017年5月，国家税务总局稽查局再次发布《关于开展2017年度医药行业专项整治工作的通知》（税总稽便函〔2017〕82号），对全国医药行业专项整治进行部署。2018年，湖北省税务局办公室发出《国家税务总局湖北省税务局关于开展医药咨询行业专项风险应对工作的通知》（鄂税办函〔2018〕11号），决定对全省医药咨询行业组织进行一次专项风险应对行动。

2019年，财政部发布《关于开展2019年度医药行业会计信息质量检查工作的通知》（财监〔2019〕18号），专项检查重点内容包括核查77家药企费用、成本、收入的真实性，是否存在虚列销售费用套取大额现金、虚列专家咨询费、研发费等名目费用支付回扣；是否存在通过“高开模式”洗钱并支付现金回扣给医疗机构的行为。此次检查还涉及药企营销人员薪酬支付是否合理，药品的进、销、存管理是否规范，以及药品销售发货和款项收取的流程控制是否有效等。

2021年4月12日，财政部正式公布77家药企的检查结果。在财政部监管局负责检查的15家医药企业及其关联企业中，有19家因存在会计违法违规行为受到处罚，其中17家涉及发票不合规等问题，已移交相关主管机关处理。根据财政部处罚公告，这17家医药企业存在虚构业务、使用虚假发票和票据套取资金等行为。在行业性大检查背景下，各地税务局、审计等部门根据国家税务总局、审计署等下发的线索和专项检查任务，对各地区药企分别进行摸底调查。部分地区将医药行业专项检查并入打虚打骗专项行动中，进一步提升了查处效率，也使企业虚开发票的风险进一步增加。

3.2 典型案例揭示医药行业中常见的涉税违法行为

（1）由于F公司从2016年开始一直申报无收入，因此在2022年，大连市税务局稽查局对其进行了税务稽查。在稽查过程中发现，F公司在2014年至2016年期间通过账外经营向个人张某红等出售医疗器械及相关配件，共取得应税销售收入2,651,602.00元（含税，下同）。这些销售收入分别为2014年的585,595.00元，2015年的752,766.00元和2016年的1,313,241.00元。F公司已通过现金形式收齐全部货款，未开具发票且未在会计账上进行核算和纳税申报。这些未核算的销售收入相应的销售成本也未在账册上核算，并且无法提供成本费用资料。税务机关认定这些行为构成偷税。实践中，由于账务核算不健全和不规范，企业可能面临被认定为偷税的高风险，一旦被税务机关认定为偷税，其将面临补税、罚款以及滞纳金等处罚，甚至可能涉及“逃税罪”移送公安处理。

（2）在另一案例中，安徽某医药有限公司被发现存在隐匿收入、虚列支出以及虚增成本费用的情况。在2016年10月至2017年4月期间，该公司通过另一公司虚开了129份17%税率的增值税专用发票，共计金额为12,377,718.06元，税额为2,104,211.94元，价税合计为14,481,930元。这些虚开的专用发票是为了抵扣销项税金，实际上并没有真实货物交易，且该发票已全部认证并在当月增值税申报中抵扣。此外，自2019年6月起，安徽某医药有限公司收到各地税局出具的“已证实虚开通知单”，证实有关公司虚开了168份增值税专用发票，共计金额为15,739,892.05元，税额为2,675,781.74元，价税合计为18,415,673.79元。这些发票同样也已全部认证并申报抵扣。税务机关认为，该公司取得的增值税扣税凭证不符合法律规定，不得从销项税额中抵扣，也不能作为企业所得税税前扣除凭证。这种采用隐匿收入、虚列支出、虚增成本费用等手法偷漏税的行为，对企业来说蕴含着极大的法律风险。企业可能被税务机关认定为虚开，除了追缴税款和加收滞纳金外，还可能被处以不缴少缴税款0.5倍以上5倍以下的罚款。此外，企业还有可能面临刑事责任的追究。

（3）另一个案例中，A公司是一家医药经销企业，实控人利用员工或亲属身份证明注册了多家个人独资企业或一人CSO咨询服务公司，注册地位于不同地市园区内。其中只有1家公司有完整的财务、账务核算，其他独资企业均没有实际经营业务，也没有成本费用列支。这些独资企业的开票量和开票类型均由A公司根据实际药品销量情况等指定。制药企业支付的咨询服务费等最终通过个人独资企业流向A公司原旗下医药代表和制药企业员工名下账户。税务机关认定这些行为为虚开，即列支不实、虚增费用。实践中，药企可能采用虚列咨询服务费、会议费和虚增业务推广费等手法来偷漏税，这些发票的取得大多来源于医药咨询服务公司，容易受到咨询服务公司虚开风险的波及。如果没有证据资料支持咨询服务的真实性和资金回流至制药企业，则咨询公司可能会面临虚开增值税专用发票刑事责任。同时，制药企业取得的虚开发票也不能作为税前扣除凭证，否则其将面临被认定为偷税的行政责任风险。这种情况下，纳税人还可能会被追究刑事责任。

4. 医药行业税务合规建议

当前医药企业的主要税务问题是医药流通领域的各类涉税问题，当前药品流通环节管控没有改变既有利益分配模式，医药企业通过账外经营隐瞒销售收入、虚增成本费用来套取利润，或者通过虚开或取得虚开增值税发票套取利润，引发各类合规风险。

面对逐渐收紧的监管形势，药企必须把好内部合规性审核这一重要关口，建立并完善报销审核制度，确保票据真实性、关联性、合法性审查有序有效推进。企业财务部门，一定要坚持真实性原则，注重对各环节票流、货流、资金流、税负流的核对，规范发票及凭证的审核与管理，做到资料真实、金额合理及合法完税。由于药企业务涉及多个环节、多个岗位，要更好地合规，药企还需要通过“财、税、法、业、商”一体化规范，做到全链条合规。

4.1 医药企业必须降低企业收票风险

发票是企业经营的“红细胞”，维系着企业整体生命周期。进项发票的合规管理，是当前企业财税管理的核心环节。医药企业在日常经营过程中需要经手很多发票，财务人员需要对此进行系统整理。在报销的环节，很多医药企业仍然采用原始的操作模式，效率低、时间长。而随着发票监管力度的不断加大，发票合规问题也成为企业面临的一大税务风险。面对可能存在的虚开、虚受发票的风险，通过简单验证有时候无法识别，而且发票风险是动态的，存在发票收录时正常，一段时间后因为各种原因变为异常，导致无法成为合法成本，基于这类问题，屡见不鲜，因此需要强化对单一发票的合规预警和管理。

4.2 医药企业要实现成本发票的精细化管理

在查账征收的背景下，企业的财务管理仍然存在较多问题，企业对各类成本、费用的合规性没有做到全面把控导致其无所适从。而财务数据精细化的基础首先是进项发票管理的精细化、大数据化，只有这样才能为财务人员解决上述困难，才能360°全景了解企业内部财税动态，实现动态控制业务成本。

面对税务稽查从“以票管税”到“以数治税”的转变，医药企业要利用大数据工具从多维度解决成本的精细化管理：

（1）盘活历史数据，实现分类管理。使用数字化票据工具可以终结杂乱票据，提高管理效率；盘活历史票据，降低合规风险；通过发票查重，避免资金风险。通过分类管理发票，提升票据管理水平，在发票的底层合规系统中，杜绝不合理和不合规的发票类目，形成内部良性票据循环；缓解财务部门的执行问题，实现由传统低效的咨询方式（如向员工重复解释不允许录入的规定等）向借助高效数据化工具的转变；对发票重点类目控制，优化财务管理，提升公司的数据化财税管理水平。

（2）强化风险管理，利用规则引擎防范风险。通过特有的风险规则库、外部风险数据库，建立大数据的风险规则引擎，结合当前的监管重热点，重点防范与企业有经济往来的上游企业的合规问题，落实数据化票据管理责任，能够提前预警虚开风险，大幅降低虚受风险，减少单位犯罪的主观故意；为有效应对和查处税务（虚受发票）、市场监管（商业贿赂）、刑事舞弊（职务侵占、挪用资金、串通招投标、经营同业业务）等各类重点违法行为提供强有力的数据支撑。

（3）强化供应商管理，精准核算成本。数字化工具实现了发票与供应商信用的多频、高效的合规流转。从合规、效率以及发展的角度来看，强化供应商管理，及时全方位了解供应商状态显得非常重要。工具从供应商基本状态、供应商负面风险、供应商经营异常信息、供应商股东核查、供应商存续状态及刑事风险等多维度为企业提前洞悉供应商的全方位风险提供了评估和风险预警解决方案。

数字化的工具使用，更有利于数据化精准统计企业各类成本及费用，为成本核算提供数据支撑，因为可以穿透到底层，实现对风险的追溯跟踪。

通过数字化工具特有的风险规则库、外部风险数据库，利用大数据风险规则引擎，结合当前的税务监管重点和热点，对涉及进项发票中750个货物或应税劳务、服务名称简称，4485个商品明细进行精细化管理，重构各类成本的数据底层逻辑，对各类发票进行“高”“中”“低”风险评估，帮助医药企业提前预警虚开风险，大幅降低虚受风险，减少单位犯罪的主观故意，为有效应对和查处虚开、虚受发票等税务重点违法行为提供强有力的数据支撑。

4.3　医药企业必须摆脱“侥幸心理”

强化事中管控，形成管理闭环。实现财税合规系统一体化集成，对风险做到全周期闭环处理。基于发票流程的全生态合规管控，结合大数据的分析，进行事前预警、事中管控以及事后处置。对合规管理的流程进行拆分，实现管理要素细胞化，落实到企业日常每个合规点，进而实现有的放矢，借助大数据工具实现要素管理的全链路追溯机制，包括但不限于人员、业务团队、合同、供应商的全链路追溯，从而不留合规“死角”，实现颗粒度极细的合规预警方案。

完善事后处理措施，做好预警方案。对于巡查中发现的明确存在问题的发票，企业应当及时做出进项转出，对于基于真实交易，但是因为上游供应商经营状态发生变化而可能被认定为存在风险的发票，企业需要及时关注并做好预警方案。通过对企业所有发票进行精细化管理，引入预决算分析管理机制，可使企业成本发票不因为严重偏离行业平均水平而被稽查。

4.4　面对税局大数据强监管，医药企业更加需要外部专业服务

面对政府对海量数据的归集和处理，面对医药企业内部治理的现状，在合规成本可控的前提下，企业家必须摆脱“侥幸心理”，对自己的经营行为要有清晰的掌握和了解，在大数据下，任何以前的经验以及遮掩都无法逃脱大数据的“鹰眼”，唯有“亡羊补牢”，才能将损失降低到最小。

税务大数据监管的核心逻辑就是对医药企业存在的高频税务、市场监管违法行为、企业内部违规行为进行画像建模，最终落实成为各项风控指标。从医药企业的角度，必须依靠第三方专业机构的专业服务以及大数据风控产品，尽可能地实现企业与政府间信息的相对对称，立足政府公示的监管提示，结合海量大数据执法案例，从执法逻辑倒推合规路径，才能避免后续的合规风险。

4.5 要从长远和辩证的角度看待数字化医药企业财税合规体系的建立

企业合规建设需要高瞻远瞩、注意实操，尤其是在财税合规领域，企业应该具有紧迫性。从长远角度来看，企业必须要摒弃以往粗制野蛮的税务筹划方式，建立基于数字化基础上企业经营的精准管控与预决算制度。只有这样，企业才能应对此次全电发票试点工作的挑战，才能在应对税务局的稽查时更加从容，更有利于获得良好的信用等级，从而获得更多的市场交易机会。

总体而言，充分发挥大数据财税合规工具的各项功能，借助可视化方式让企业的管理层迅速了解企业经营状况，通过综合风险分类让管理层充分理解风险所指，利用违法案例大数据勾勒出执法逻辑模型，凭借精确的大数据算法为企业勾勒出便捷易懂的合规路径和实现方案，这将是企业财税合规的坚定依靠和未来方向。面对政府大数据监管的转型，企业应当顺应执法趋势，积极探索高效高性价比的合规路径，构筑企业数字化合规监管体系，进而减少企业合规风险，做到“营收增速，风险可控”。

二、大宗商品（如煤炭、钢材、电解铜、黄金）行业税务优惠及监管

1. 大宗商品（如煤炭、钢材、电解铜、黄金）行业纳税优惠项目

1.1 煤炭

煤炭行业相关税收政策：

（1）主要税种。

增值税、资源税和企业所得税，另外还有环境保护税、房产税、土地使用税、印花税、城市维护建设税、车船使用税等，但占比较小。

（2）增值税。

①一般纳税人现阶段销售居民用煤炭制品适用税率为9%，除此以外的煤炭制品适用税率为13%。

②增值税税收优惠政策。

小规模纳税人（年应征增值税销售额在500万元及以下）适用财政部、税务总局公告2023年第1号文规定：

第一，对月销售额10万元以下（含本数）的增值税小规模纳税人，免征增值税。

第二，增值税小规模纳税人适用3%征收率的应税销售收入，减按1%征收

率征收增值税；适用3%预征率的预缴增值税项目，减按1%预征率预缴增值税。

第三，有效期限：自2023年1月1日至2023年12月31日。

（3）企业所得税。

企业所得税是一种直接税，直接反映企业的经营成果，根据企业的利润情况和纳税调整项目征税。

①不考虑税收优惠情况下，一般企业所得税税率为25%。

②所得税税收优惠政策：

第一，小型微利企业税收优惠政策。

2021年1月1日至2022年12月31日，对小型微利企业年应纳税所得额不超过100万元的部分，减按12.5%计入应纳税所得额，按20%的税率缴纳企业所得税。目前该政策已到期。税务系统暂时按减25%计入应纳税所得额，按20%的税率缴纳企业所得税。

2022年1月1日至2024年12月31日，对小型微利企业年应纳税所得额超过100万元但不超过300万元的部分，减按25%计入应纳税所得额，按20%的税率缴纳企业所得税。

第二，高新技术企业所得税优惠税率为15%。

第三，可弥补亏损结转年限：不得超过5年；高新技术企业不得超过10年。

如果企业经营了一年，发生了亏损，国家也“体谅”企业经营不易，如果以后盈利了，可以用以后的盈利弥补这一年的亏损，即发生亏损后可以向未来年度结转，用以后的年度弥补，但结转年限最长时间为5年。

（4）资源税。

①资源税税率：煤炭（原矿或选矿）2%～10%；煤成（层）气（原矿）1%～2%。

②计税依据：应税产品销售额。纳税额按照应税资源产品（以下简称应税产品）的销售额乘以具体适用税率计算。

③免征资源税：煤炭开采企业因安全生产需要抽采的煤成（层）气。

④减征资源税：从衰竭期矿山开采的矿产品，减征30%资源税。

⑤根据国民经济和社会发展需要，国务院对有利于促进资源节约集约利用、保护环境等情形可以规定免征或者减征资源税，报全国人民代表大会常务委员会备案。

⑥有下列情形之一的，省、自治区、直辖市可以决定免征或者减征资源税：

第一，纳税人开采或者生产应税产品过程中，因意外事故或者自然灾害等原因遭受重大损失。

第二，纳税人开采共伴生矿、低品位矿、尾矿。

⑦小规模纳税人、小型微利企业或个体工商户的增值税一般纳税人：2022 年 1 月 1 日至 2024 年 12 月 31 日，资源税减半征收。

（5）附加税。

根据实际缴纳的增值税计算

①城建税 = 实际缴纳的增值税 × 税率（市区 7%、县城和镇 5%、其他地区 1%）。

②教育费附加 = 实际缴纳的增值税 ×3%。

③地方教育费附加 = 实际缴纳的增值税 ×2%。

④附加税优惠政策：

第一，小规模纳税人、小型微利企业或个体工商户的增值税一般纳税人：2022 年 1 月 1 日至 2024 年 12 月 31 日，资源税、城市维护建设税、房产税、城镇土地使用税、印花税（不含证券交易印花税）、耕地占用税和教育费附加、地方教育附加等六税两费减半征收。

第二，小规模纳税人：季度总收入不逾越 30 万元（月度申报不逾越 10 万元）时，教育费附加、当地教育附加免征。

现将煤碳行业涉及的税务风险呈列如表 11 所示：

表 11　煤炭行业税务十大风险

风险点	风险提示	风险描述
会计制度不合规	煤炭行业会计制度选择不当，会使企业面临处罚和稽查	对于煤炭行业，根据现行政策，从业人员 1000 人以下或营业收入 40,000 万元以下的为中小微型企业，可以选择适用《小企业会计准则》 煤矿企业在初创时可以选择会计要求较低的《小企业会计准则》，当其营业收入超过 40,000 万元后，应当及时调整并执行《企业会计准则》，向主管税务机关变更所适用的会计政策备案 煤矿企业未按照规定将财务、会计制度或者财务、会计处理办法和会计核算软件报送税务机关备查的，将面临 2000 元以下罚款，情节严重的则面临 2000 元以上 1 万元以下的罚款 由于错误执行会计制度，导致在账簿上多列支出或者不列、少列收入的，容易引发偷税法律风险

续表

风险点	风险提示	风险描述
增值税销售发票虚开风险	销项发票虚开，“票货分离”，触及刑事责任	对于一些享受地方财政、税收返还优惠政策的企业，在进项有盈余的情况下其可能在真实销售煤炭产品时向第三方开具增值税专用发票，并收取一定费用，从而造成“票货分离”现象。同时，此类企业凭上述销售业务的开票情况向地方政府申请财政、税收返还，可能会被税务机关、公安机关认定为造成国家税款损失，进而追究虚开的行政责任、刑事责任
购销业务挂靠虚开风险	无真实购销业务，涉嫌虚开，触及刑事责任	在2014年9月1日之前，国家实行煤炭经营资格审查制度，只有取得相应资格的企业才能从事煤炭业务，个人无法从事此类业务。从事煤炭开采的小型煤矿掌握着部分煤炭资源，但却缺乏相应的资质，导致其不得已采用挂靠方式开展经营，造成小型煤矿挂靠经营的情况普遍存在。小型煤矿寻求正规的大型煤矿，使小型煤矿挂靠在有资格开具增值税专用发票的第三方名下，并由被挂靠方根据煤炭购销交易的实际情况向挂靠方开具增值税专用发票。在挂靠经营业务中，特别容易出现“票货分离”的情形 由于挂靠方、被挂靠方法律意识薄弱，在达成口头挂靠协议后疏于签订书面的挂靠合同，并且在资金收付方面既有支付货款又存在垫资、借贷等多种资金往来，导致税务机关、公安机关认定两者间存在资金回流，并对挂靠的真实性产生怀疑，认定双方无真实货物交易，进而认定其存在虚开行为，对其追究刑事责任
煤炭进项发票虚开风险	缺乏进项，从第三方取得虚假进项发票，触及刑事责任	在煤炭采掘业务中，根据现行税收政策购进巷道附属设备及其相关的应税货物、劳务和服务以及购进用于除开拓巷道以外的其他巷道建设和掘进，或者用于巷道回填、露天煤矿生态恢复的应税货物、劳务和服务的进项税额允许从销项税额中抵扣，造成了煤炭采掘企业进项增值税发票较少，增值税税负较重的问题，因此小型煤矿在对外销售自采掘煤炭时，通常以较低的价格“不带票”销售。而煤炭加工经销企业（化工企业）为了解决购进煤炭“不带票”问题，往往采取寻求第三方合作，从第三方取得煤炭增值税专用发票抵扣的方式，从而造成虚开发票的税务风险

续表

风险点	风险提示	风险描述
煤炭进项发票虚开风险	缺乏进项，从第三方取得虚假进项发票，触及刑事责任	对于具有采矿权的大中型煤矿企业，在自采掘煤炭时同样面临进项不足、增值税税负较高问题。一般而言，大中型煤矿企业依赖于地方政府财政、税收返还优惠政策以弥补税负过高导致的利润缩水，一旦地方优惠政策废止、失效，其增值税税负将陡增。此时大中型煤矿企业亦会采取从第三方取得煤炭增值税专用发票抵扣的方式缓解税负压力 在上述模式中，尽管第三方开具的增值税专用发票所载货物品种、数量、金额与实际采购/采掘情况相符，但若开票时出现了资金回流、支付开票费的情况，税务机关仍倾向于以虚开定性，甚至移送公安进入刑事程序
运输发票虚开风险	个体运输无票采取挂靠、导致虚开	传统运输虚开风险：煤炭运输以铁路运输、公路运输为主要方式，其中公路运输中虚开发票问题较为严峻。鉴于我国公路运输经营主体“多、小、散、弱”的特征，除大型煤矿企业能够组建自有车队外，大部分煤矿企业依赖于个体车辆承接运输工作。由于这些个人无法或不愿为服务接受方开具增值税专用发票，导致煤炭企业缺少进项发票无法进行增值税进项抵扣及企业所得税税前扣除。为了解决这个问题，煤炭企业通常采取“挂靠”“代开”等方式与第三方运输公司合作。但由于煤炭企业管理制度不完善、疏于保存业务真实性资料，以及司法实践对此类代开、挂靠行为的刑事认定不一，导致煤炭企业容易被追究虚开刑事责任 新型网络货运虚开风险：随着互联网、信息技术的发展，以及传统物流运输的行业特点及痛点，处于货物托运人与实际承运人之间的无车承运平台（网络货运平台）在物流行业大量出现，并逐步成为我国货物运输服务中十分重要的组成部分，也逐步成为煤炭企业乐于尝试的新型运输方式 但是，在实践中出现了由托运人（煤炭企业）自行组织车队，然后向无车承运企业提供车队车辆信息、运输信息，再由无车承运企业向其开具增值税专用发票，其间伴随垫付个人车队运输报酬的现象，这种变通型的模式容易出现“资金回流”，继而引发虚开行政、刑事责任风险

续表

风险点	风险提示	风险描述
企业所得税税前列支不规范	购买设备加速折旧扣除不规范、虚列工资支出引发偷税的法律风险	从开采的设备来看，生产所需矿井设备的购置需要注意自行判断专用矿井设备是否属于《环境保护专用设备企业所得税优惠目录》和《安全生产专用设备企业所得税优惠目录》中规定的环境保护、安全生产等专用设备，该设备购置之后主要享受的是设备投资额10%的企业所得税抵免在当年的应纳所得税额中进行抵免，抵免不足的可以结转5年。煤炭企业容易不根据上述目录享受优惠，而是对不符合规定的部分设备也进行抵免享受 企业容易忽略500万元的购置价格，无差别处理成本费用一次性扣除的问题。财税〔2018〕54号文规定企业在2018年1月1日至2020年12月31日新购进的设备、器具，单位价值不超过500万元的，允许一次性计入当期成本费用在计算应纳税所得额时扣除，不再分年度计算折旧；财政部、税务总局公告2021年第6号，《财政部、税务总局关于设备器具扣除有关企业所得税政策的通知》（财税〔2018〕54号）等16个文件规定的税收优惠政策凡已经到期的，执行期限延长至2023年12月31日 煤层气（煤矿瓦斯）抽采泵、钻机、冷弯机等生产设备在生产过程当中长期处于高震动、强腐蚀状态之下，企业对这种类型的生产设备在税务处理过程中可以根据税法相关规定对该类设备进行加速折旧处理，企业如果忽略可能在前期会多缴纳企业所得税 随着2019年度个人所得税综合所得汇算清缴的结束，相当一部分个人发现自己的信息被企业冒用，“被”发工资而不知情。一旦税务机关在个人所得税“异议申诉处理”平台中发现大量针对某一企业身份冒用的异议申诉，或将引发税务机关对该企业工资支出的企业所得税税前扣除真实性的调查，企业仅凭一张工资表根本无法证实用工的真实性 我国煤炭产业仍处于劳动密集型发展阶段，对劳动力的需求较大，虚列工资偷逃企业所得税的做法在行业小范围内仍然存在。但是，在信息互联互通的征管手段下，任何企业所得税税前列支不规范的行为均极易引发偷税的法律风险

续表

风险点	风险提示	风险描述
税务操作不规范	所得税优惠政策是否适用、资源税计量不准确、损耗率超标、职工福利等视同销售情况	从开采的产品来看，煤炭企业容易缺失对矿产资源必要的统计和调查。随着煤炭开采，矿区中部分煤矿已达衰竭期，煤炭企业却未享受相应衰竭期的资源税税收优惠。同时，对于煤炭是否属于充填开采没有进行相应的判断，生产技术部门没有出具专业的报告享受税收优惠 在仓储环节中，煤炭企业在煤炭入库过程中可能会对产品进行初步的筛选或挑选并将其作为资源税的计税数量，造成税款的少缴 在资产盘点损失上，企业报告的煤炭损耗率若超出正常水平，则可能存在隐瞒收入的情况，如对尾矸的再利用收入等 企业在职工福利方面使用自产煤产品应视同销售，自产煤电热等用于集体福利或个人消费的，如煤电热用于员工食堂、宿舍、澡堂等若没有视同销售会造成增值税、所得税以及资源税的少缴
小税种管理制度缺位	忽视耕地占用税、城镇土地使用税、房产税、水资源税等小税种	由于煤矿地处较为偏远，行政监管较为薄弱，煤矿企业在经营过程中往往存在违规占地、建房、用水的现象，一旦面临税务稽查，可能引发小税种的大规模追征，主要涉及耕地占用税、城镇土地使用税、房产税、水资源税等 以水资源税为例，根据《财政部、税务总局、水利部关于印发〈扩大水资源税改革试点实施办法〉的通知》（财税〔2017〕80号）的规定，纳税人应当按照规定申领取水许可证，纳税人超过水行政主管部门规定的计划（定额）取用水量用水的，在原税额基础上加征1～3倍（具体办法由试点省份省级人民政府确定）。同时规定，地下水税额要高于地表水，超采地区、严重超采地区的地下水税额按照非超采地区税额的2～5倍确定 由于煤矿企业用水量较大，且煤矿往往地处缺水地区，因此用水成本极大，一旦超额采用地下水，企业将面临被征收普通采水地区2～15倍的高额水资源税，加之滞纳金、罚款，超采地下水违法成本极高 对于环境保护税，煤炭企业在整个生产过程需要缴纳的环保税要按照类型的不同进行区分，并根据不同税率进行环保税的计算，主要包含固体废物（煤矸石、尾矸）、水污染物，但企业可能仍然按照往年缴纳的排污费计提环保税，这明显存在税务风险

续表

风险点	风险提示	风险描述
煤炭企业股权转让过程中的偷逃税风险	股权转让未按规定及时申报纳税，被认定偷税	我国对于探矿权、采矿权的转让制定了专门的《探矿权采矿权转让管理办法》，对探矿权、采矿权的转让作出了诸多限制性规定，并且将审批权提升至国务院地质矿产主管部门和省、自治区、直辖市人民政府地质矿产主管部门，省级以下政府或其地质矿产主管部门无权审批，探矿权、采矿权的转让程序较为烦琐。因此，煤炭企业倾向于通过股权转让的方式实现兼并重组，并将探矿权、采矿权一并转让。但是，通过上述方式规避探矿权、采矿权转让审查，其合法性受到政府地质矿产主管部门质疑，同时股权转让行为易引发涉税风险。根据转让方身份不同，股权转让涉及主要税种为印花税、个人所得税与企业所得税等 在订立股权转让合同的当日，转让方应当按照“产权转移书据”税目申报缴纳印花税。在完成股权变更登记后，转让方以股权转让合同附条件生效条款未实现、股权转让价格未确定为由而不及时申报缴纳个人所得税、企业所得税，或者仅对受让方前期支付的部分现金申报纳税的，税务机关或追究其偷税的行政责任
无形资产价值未充分体现，引发税务局核定股权转让收入	无形资产计量有误，导致股权转让价格低于股权对应的净资产公允价值，造成处罚风险	目标企业拥有探矿权、采矿权等无形资产，但转让目标企业股权时，股权转让价格低于股权对应的净资产公允价值份额，探矿权、采矿权价值未充分体现，此种情况下税务机关将认定为“股权转让收入明显偏低”，进而重新核定转让方股权转让收入，要求目标企业补缴税款、滞纳金，甚至以纳税人编造虚假计税依据而进行处罚 无形资产价值减损，已纳税款不予退税 在签订股权转让合同时已经充分考虑到目标企业探矿权、采矿权等无形资产的价值，但事后因政策变动等原因导致探矿权、采矿权等无形资产价值减损的，转让方以纳税额过高为由向税务机关申请退税，税务机关以“不存在法定退税理由”而拒绝退税的情况屡见不鲜，公开判例中税务机关胜诉与纳税人胜诉均有出现。因此，在就股权转让所得纳税时应当提前与主管税务机关确认能否退税

1.2 贵金属

《财政部、国家税务总局关于铂金及其制品税收政策的通知》（财税〔2003〕

86号）对铂金及铂金制品的进出口税收政策明确如下：

（1）对进口铂金免征进口环节增值税。

（2）对中博世金科贸有限责任公司通过上海黄金交易所销售的进口铂金，以上海黄金交易所开具的《上海黄金交易所发票》（结算联）为依据，实行增值税即征即退政策。采取按照进口铂金价格计算退税的办法，具体如下：

即征即退的税额计算公式：进口铂金平均单价 = ∑｛［（当月进口铂金报关单价×当月进口铂金数量）+上月末库存进口铂金总价值］÷（当月进口铂金数量+上月末库存进口铂金数量）｝

金额 = 销售数量×进口铂金平均单价÷（1+17%）

即征即退税额 = 金额×17%

中博世金科贸有限责任公司进口的铂金没有通过上海黄金交易所销售的，不得享受增值税即征即退政策。

（3）中博世金科贸有限责任公司通过上海黄金交易所销售的进口铂金，由上海黄金交易所主管税务机关按照实际成交价格代开增值税专用发票。增值税专用发票中的单价、金额和税额的计算公式为：

单价 = 实际成交单价÷（1+17%）

金额 = 成交数量×单价

税额 = 金额×17%

实际成交单价是指不含黄金交易所收取的手续费的单位价格。

自2003年5月1日起，国内铂金生产企业自产自销的铂金也实行增值税即征即退政策。对铂金制品加工企业和流通企业销售的铂金及其制品仍按现行规定征收增值税。

《财政部、国家税务总局关于黄金税收政策问题的通知》（财税〔2002〕142号）对黄金交易的增值税税收优惠规定如下：

（1）黄金生产和经营单位销售黄金（不包括以下品种：成色为AU9999、AU9995、AU999、AU995；规格为50克、100克、1公斤、3公斤、12.5公斤的黄金，以下简称标准黄金）和黄金矿砂（含伴生金），免征增值税；进口黄金（含标准黄金）和黄金矿砂免征进口环节增值税。

《国家税务总局关于纳税人销售伴生金有关增值税问题的公告》（国家税务总局公告2011年第8号）明确，《财政部、国家税务总局关于黄金税收政策问题的通知》（财税〔2002〕142号）所称伴生金，是指黄金矿砂以外的其他矿产品、冶炼中间产品和其他可以提炼黄金的原料中所伴生的黄金。

纳税人销售含有伴生金的货物并申请伴生金免征增值税的，应当出具伴生金含量的有效证明，分别核算伴生金和其他成分的销售额。

该公告自 2011 年 2 月 1 日起执行。此前执行与该公告不一致的，按照该公告的规定调整。

（2）黄金交易所会员单位通过黄金交易所销售标准黄金（持有黄金交易所开具的《黄金交易结算凭证》），未发生实物交割的，免征增值税；发生实物交割的，由税务机关按照实际成交价格代开增值税专用发票，并实行增值税即征即退的政策，同时免征城市维护建设税、教育费附加。增值税专用发票中的单价、金额和税额的计算公式分别为：

单价 = 实际成交单价 ÷（1 + 增值税税率）

金额 = 数量 × 单价

税额 = 金额 × 税率

实际成交单价是指不含黄金交易所收取的手续费的单位价格。

纳税人不通过黄金交易所销售的标准黄金不享受增值税即征即退和免征城市维护建设税、教育费附加政策。

2012 年 12 月 28 日公布并施行的《财政部、国家税务总局关于熊猫普制金币免征增值税政策的通知》（财税〔2012〕97 号）规定，自 2012 年 1 月 1 日起，对符合条件的纳税人销售的熊猫普制金币免征增值税。

文到之日前，纳税人已缴纳的应予免征的增值税税款，可在今后增值税应纳税额中抵减，或者按规定办理退库。纳税人已向购买方开具了增值税专用发票的，应将增值税专用发票追回后方可申请免税；凡增值税专用发票未追回的，不予免税。熊猫普制金币是指由黄金制成并同时符合以下条件的法定货币：由中国人民银行发行；生产质量为普制；正面主体图案为天坛祈年殿，并刊国名、年号。背面主体图案为熊猫，并刊面额、规格及成色。规格包括 1 盎司、1/2 盎司、1/4 盎司、1/10 盎司和 1/20 盎司，对应面额分别为 500 元、200 元、100 元、50 元、20 元。黄金成色为 99.9%。

《国家税务总局关于发布〈熊猫普制金币免征增值税管理办法（试行）〉的公告》（国家税务总局公告 2013 年第 6 号）明确，为促进我国黄金市场健康发展，加强熊猫普制金币的增值税征收管理，根据财税〔2012〕97 号文的规定，制定了《熊猫普制金币免征增值税管理办法（试行）》，自 2012 年 1 月 1 日起执行。

下列纳税人销售熊猫普制金币免征增值税：（1）中国人民银行下属中国金币总公司（以下简称金币公司）及其控股子公司。（2）经中国银行业监督管理委员会（现为国家金融监督管理总局）批准，允许开办个人黄金买卖业务的金融机构。（3）经金币公司批准，获得“中国熊猫普制金币授权经销商”资格，并通过金币交易系统销售熊猫普制金币的纳税人。

1.2.1 分别核算

纳税人既销售免税的熊猫普制金币又销售其他增值税应税货物的，应分别核算免税的熊猫普制金币和其他增值税应税货物的销售额；未分别核算的，不得享受熊猫普制金币增值税免税政策。销售熊猫普制金币免税收入不得开具增值税专用发票。

1.2.2 备案手续

申请享受该办法规定的熊猫普制金币增值税优惠政策的纳税人，应当在初次申请时按照要求向主管税务机关提交以下资料办理免税备案手续：

（1）纳税人税务登记证原件及复印件；

（2）属于“中国熊猫普制金币授权经销商”的纳税人应提供相关资格证书原件及复印件和《中国熊猫普制金币经销协议》原件及复印件；金融机构应提供中国银行业监督管理委员会批准其开办个人黄金买卖业务的相关批件材料。

1.2.3 主管税务机关

纳税人办理熊猫普制金币免税备案手续时，主管税务机关应当根据以下情况分别做出处理：

（1）报送的材料不详或存在错误，应当即时告知并允许纳税人更正；

（2）报送的材料不齐或不符合法定形式的，应当在5个工作日内告知纳税人需要补正的全部内容；

（3）报送的材料齐全、符合规定的，或者纳税人按照税务机关的要求补正报送全部材料的，应当受理纳税人的备案，并将有关材料原件退还纳税人。

税务机关应对享受该办法规定增值税政策的纳税人进行定期或不定期检查。发现问题的，税务机关应根据现行规定对其进行处理，且自纳税人发生违规行为年度起，取消其享受该办法规定增值税政策的资格。

各地税务机关在对熊猫普制金币免征增值税的过程中如发现问题，应及时上报国家税务总局。

1.2.4　备查材料

（1）属于“中国熊猫普制金币授权经销商”的纳税人应在办理熊猫普制金币免税备案以后每年2月15日前将以下材料报主管税务机关备查：

①上一年度从金币交易系统中出具的《金币交易系统熊猫普制金币销售汇总表》及明细（加盖纳税人的财务专用章）；

②上一年度从金币交易系统中出具的《金币交易系统熊猫普制金币采购及库存汇总表》（加盖纳税人的财务专用章）；

③上一年度销售熊猫普制金币开具的销售发票记账联复印件。

（2）属于金融机构的纳税人应在办理熊猫普制金币免税备案以后每年2月15日前将以下材料报主管税务机关备查：

①上一年度从金币交易系统中出具的《金币交易系统熊猫普制金币采购汇总表》及明细（加盖纳税人的财务专用章）；

②上一年度销售熊猫普制金币开具的销售发票记账联复印件。

1.2.5　进口粗铜所含黄金

海关总署公告2009年第69号文规定，自2009年11月1日起，对进口粗铜中所含的黄金价值部分免征进口环节增值税，非黄金价值部分仍照章征收进口环节增值税。

（1）享受上述进口税收优惠政策的粗铜仅指归入税则号列74020000项下的锭状未精炼铜。

（2）进口锭状未精炼铜的进口货物收货人，需在相关货物申报进口前先就作价情况向海关提交书面说明并提交以下有关单证，方能享受上述进口税收优惠政策：

①分别列明锭状未精炼铜所含黄金及其他成分各自比例或含量的商检证书；

②单独列明锭状未精炼铜所含黄金成分价值的合同或发票；

③海关需要的其他相关证明文件。

（3）进口货物收货人在向海关申报进口锭状未精炼铜时，其中所含黄金价值部分的商品编码应填报为7402000001，非黄金价值部分的商品编码应填报为7402000090。进口货物收货人向海关申报进口税则号列74020000项下其他商品时，商品编码应填报为7402000090。

（4）上述锭状未精炼铜的黄金成分在合同中必须单独作价，进口时应对该批货物按商品编码7402000001（锭状未精炼铜中的黄金价值部分）和7402000090

（锭状未精炼铜中的非黄金价值部分）在同一报关单内分项申报。申报数量应分别按照有关商检证书认定的黄金成分和其他成分的比例或含量分拆计算的数量填写；运输及相关费用、保险费一律计入商品编码 7402000090 项下非黄金价值部分的完税价格中。

（5）对于不能提供该公告第 2 条所列单证的，进口锭状未精炼铜按商品编码 7402000090 填报，并按进口总价征收进口环节增值税；暂时无法提供该公告第 2 条所列单证的，进口时可先按进口总价缴纳全额保证金后放行货物。

（6）自 2009 年 11 月 1 日起，海关总署公告 2003 年第 29 号、2007 年第 14 号和第 60 号规定的黄金伴生矿，在向海关申报进口时有关事先提交相关单证、分项数量填报、完税价格计算等事项也按照该公告第 2 条和第 4 条的有关规定执行。

2. 大宗商品（如煤炭、钢材、电解铜、黄金）行业税务合规风险点

在大宗商品贸易中，企业常常面临资金问题，因此融资对于企业具有重要意义。然而，企业在进行融资时必须注重税收合规。在融资过程中，资金出借方通常会要求企业以其名下的货物作为担保。在实践中，一些资金出借方更倾向于通过买卖合同的方式实现货物物权的质押，通过构建复杂的买卖合同链条最终完成融资。然而，涉及货物买卖就必然涉及开票和纳税。相比其他商品，大宗货物在供应链融资这种模式下可能存在虚开和偷逃税的风险，为便于理解，将在下文典型案例分析中对合规风险点进行解读。

3. 大宗商品（如煤炭、钢材、电解铜、黄金）行业税务监管现状及典型案例分析

3.1 供应链融资潜藏涉税风险典型案例

3.1.1 以买卖合同名义进行融资实质

A 公司是一家从事大宗商品贸易的企业，与另一家大宗商品贸易企业 C 公司有关联关系。A 公司在经营过程中遇到了资金链断裂的问题，因此需要融资。基于此，A 公司与 B 公司达成协议，希望借入资金并以 C 公司名下的大宗商品作为担保物。三家公司商议后约定如下：

某年 1 月 1 日，C 公司向 B 公司出售一笔货物，B 公司支付价款 1000 万元给 C 公司，并由 C 公司向 B 公司开具增值税专用发票，同时移交货物的货权凭证。B 公司持有该笔货物的货权凭证，但在该年 12 月 1 日之前不得对外出售、转让或设立担保。A 公司有权在该年 12 月 1 日之前以 1200 万元的价格回购该笔货物，

并取得货权凭证，同时 B 公司应向 A 公司开具相应的增值税专用发票。如果 A 公司未能按期回购，B 公司有权处置该笔货物。

3.1.2 资金出借方回笼资金后面临虚开风险

在本案中，A 公司按照约定以 1200 万元的价格购回了货权凭证。不久之后，C 公司注销并失联。税务机关进行核查并走访 B 公司，认为 B 公司与 C 公司、A 公司之间并没有真实的货物交易，存在虚开增值税专用发票的嫌疑。后来发现 C 公司是一家空壳企业，其出售的货权凭证实际上是由 A 公司提供的，货物一直存放在 A 公司指定的仓库中且未发生转移。

3.1.3 供应链融资模式存在税法风险

实际上，经笔者分析，上述“一买一卖”的供应链融资模式不仅存在虚开的风险，还存在偷逃税的风险。需要提醒读者的是，本部分仅从税法角度分析，不涉及民商事法律的定性问题，旨在为读者提供税务合规的路径。

3.2 供应链融资中的虚开发票风险

3.2.1 “纯权利”转移易被认定无真实货物交易

实践中认定真实货物交易，通常会认定“四流一致”，也就是货物流、合同流、资金流和发票流。而在上述模式的供应链融资中，货物与资金都存在一定问题，容易产生被认定为虚开发票的风险。

首先，可能存在资金回流。毕竟真正需要融资的主体是 A 公司，而非 C 公司。C 公司很有可能是空壳企业，没有任何业务，只是为了配合 A 公司取得融资。在这种情况下，C 公司取得了货款（借款）没有任何意义，其必将通过各种手段将资金转让给 A 公司。如果这种融资周期再短一点，例如，两三个月内就完成了资金的出借和还款，就会形成明显的资金回流问题。

其次，货物问题。在整个融资过程中，三家公司之间都是通过转移货权凭证的方式，完成货物买卖和交付，但实体货物本身并没有发生转移。更为重要的是，如果税务机关较真，检查 B 公司、C 公司的经营能力，就会发现 B 公司、C 公司可能完全不具有相应货物销售、加工、存储的能力，这就会让税务机关产生“交易完全是虚假”的印象。同时，如果案涉企业的员工本身对法律不了解，尤其是不了解权利凭证的转移，只对货物交付存在感性的认识，面对税务机关的讯问，他们很有可能作出不利的供述。

税务稽查办案人员问 B 公司的员工：“你们这笔交易中是否有真实货物?”

员工可能会回答："我没有看到任何货物，B 公司也没有储存货物的能力。"该回答无视了企业之间交付了货权凭证的事实。

3.2.2 担保方与融资方串通欺诈确无真实货物

实践中，也可能存在一种情况，即 A、C 公司串通起来，提供的货权凭证是虚假的，或者其载明的货物与实际不一致。例如，A 公司在指定的一家仓库中确实存放了货物，但是货物的价值很低，其与仓库串通或者利用仓库管理的漏洞，取得载有高价值货物标注的仓单、货权凭证，然后再与 B 公司开展上述交易。显然，在这个交易过程中三家公司之间的交易合同与真实货物之间存在不一致的情形，交易过程中开具发票的行为易被税务机关认定为虚开。

3.2.3 虽有真实货物，但上游存在虚开牵连下游公司

实践中，如果货物的提供方与开票方不一致，也容易被税务机关认定为虚开，从而导致下游受票方被认定为接受虚开的发票。

货物可能是由 D 公司提供的，也可能是 A 公司提供的，但无论如何，货物并非 C 公司所有。C 公司开票，而从他处提供货物，已经存在票、货不一致的情形。理论上，这种情形 B 公司可以主张其符合《国家税务总局关于纳税人对外开具增值税专用发票有关问题的公告》（国家税务总局公告 2014 年第 39 号）的规定，取得完全合规的发票。但是实践中税务机关多不认可，最多认定 B 公司为善意取得虚开的增值税专用发票。

3.2.4 因融资虚开的行政风险

根据最高人民法院《张某强虚开增值税专用发票案》和最高人民检察院《最高人民检察院关于充分发挥检察职能服务保障"六稳""六保"的意见》的观点，对于不以骗取抵扣税款为目的且未造成国家税款损失的虚开行为，一般不认定为虚开犯罪。特别是对于有实际生产经营活动的企业，为虚增业绩、融资、贷款等非骗税目的且没有造成税款损失的虚开增值税专用发票行为，依法应当作出不起诉决定，并交给税务机关进行税务行政处理。

然而，税务行政处理也可能给企业带来沉重的税收负担：

（1）如果税务机关认定企业善意取得增值税专用发票，需要作进项转出，补缴相应的增值税款及其附加。

（2）如果税务机关认为企业以买卖合同之名行融资之实，由于贷款服务应当缴纳 6% 的增值税且不得抵扣，故企业可能在抵扣范围内构成偷税，需要补缴增值税、企业所得税、滞纳金，并可能受到处罚。

（3）如果税务机关认定整个链条构成虚开情形，那就整个链条中开票金额都被认定为虚开情形构成偷税，追征增值税、企业所得税，并加征滞纳金、罚款。

3.2.5 认定发票虚开的刑事风险

如果C公司开票后走逃失联，未缴纳增值税，可能给国家税款造成损失，导致B公司陷入虚开的刑事风险之中。依据《最高人民检察院、公安部关于印发〈最高人民检察院、公安部关于公安机关管辖的刑事案件立案追诉标准的规定（二）〉的通知》（公通字〔2022〕12号）第56条的规定，虚开的税款数额在10万元以上，或者造成国家税款损失在5万元以上，就可以以虚开增值税专用发票立案追诉。

3.3 大宗商品供应链融资中的偷逃税风险

（1）在整个融资过程中，若C公司不开票，且A公司未按期回购，可能存在不开票偷逃税款的风险。同时，若C公司未给B公司开具增值税专用发票，而A公司未能按时还款（回购），则在处理这笔货物时，B公司也将面临涉税风险。

（2）对外转让的税负较重。

如果B公司欲对外转让、销售这笔货物，有两种途径可选。一是出售给需要增值税专用发票的单位，二是出售给不需要发票的个人。对于某些特殊大宗商品，如成品油，必须从金税系统成品油模块中开出发票。若未取得成品油进项发票、无库存，则无法实现对外开具销项发票，只能选择销售给不需要发票的个人。在这两种情况下，B公司都将承担这笔货物销售的全部增值税，无法进行进项抵扣，税负较重。同时，若该笔货物属于消费税的应税消费品，如汽油等，B公司若未能取得进项发票，就无法进行消费税的抵扣。

在企业所得税方面，依照《企业所得税法》第8条的规定，企业实际发生的与取得收入有关的、合理的支出，包括成本、费用、税金、损失和其他支出，准予在计算应纳所得税时扣除。《企业所得税实施条例》第27条规定了企业支出的相关性、合理性、真实性。因此，虽然B公司没有从C公司处取得合法的发票，但若其有证据证明该笔交易为与企业收入有关的合理、真实的支出凭证，其依然可主张企业所得税的税前扣除。然而，如果企业未能合理说明相应支出，提供有利的凭证和资料，仍可能面临企业所得税的调增。

（3）隐匿收入的偷逃税风险。

如果B公司将这笔货物出售给不需要发票的企业或个人，为逃避增值税，B

公司在账簿上不体现该笔收入，而是在账上挂往来，后期通过其他虚假的业务平掉该笔收入，则B公司可能构成偷税，且涉税风险极大。

（4）偷逃税的行政和刑事风险。

在供应链融资过程中，B公司可能面临偷税风险。《税收征收管理法》第63条规定，偷税包括虚假申报和经通知申报拒不申报两大类情形。虚假申报又涵盖“伪造、变造、隐匿、擅自销毁账簿、记账凭证”，或在账簿上多列支出少列收入。B公司可能存在以下偷税风险：

①以买卖合同掩盖融资实际情况，导致税负偏低。税务机关可根据实际课税原则调整，或对少缴税款部分认定为偷税。

②C公司不开票，B公司对外处分货物时，由于不开票、账目挂往来等行为，可能被税务机关认定为偷税。

《刑法》第201条规定，企业逃税未依法足额缴纳税款、滞纳金、罚款，或5年内因逃税受过刑事处罚或2次以上行政处罚，构成逃税罪，最高可判处7年有期徒刑。

4. 大宗商品（如煤炭、钢材、电解铜、黄金）行业税务合规建议

4.1 供应链融资中的税务风险防控体系

4.1.1 在融资交易前进行尽调工作，确保货物真实合规。还需核实出售方C公司和货物之间的权属关系，避免代开发票等不合规情况。

4.1.2 处理货物全程应合规，避免涉税风险。B公司应及时向C公司索要增值税专用发票，便于其对外销售时抵扣进项税款和企业所得税成本扣除，如涉及消费税的应税消费品，还可进行进项发票抵扣。

4.1.3 做好资料的留存，合理说明业务模式。全程留存合同、商谈资料、转账信息、货权凭证的复印件和实地考察资料。同时，加强员工法律知识培训，确保业务合规合法，如在税务稽查时出现问题，及时披露其业务在本质上为金融服务，避免虚开定性。

4.2 供应链融资中的行政与刑事风险应对

4.2.1 合理说明业务模式，单据转让也是真实货物交易

在贸易过程中，针对大宗商品，如石油、金属等，如果长距离运输成本过高，可以通过转让货权凭证，如提货单等完成货物交付。《民法典》“物权编”也承认观念交付，即转让请求权也可构成民法上的物权交付。例如，在货物贸易

中，货物一直被A公司占有，但货物的请求权随着买卖合同流转，这种现象是常见的、合理的贸易模式。

4.2.2　争取认定善意取得，避免风险扩大

根据《国家税务总局关于纳税人善意取得虚开的增值税专用发票处理问题的通知》（国税发〔2000〕187号）以及《国家税务总局关于纳税人善意取得虚开增值税专用发票已抵扣税款加收滞纳金问题的批复》（国税函〔2007〕1240号）的相关规定，在处理税务风险方面，需要争取认定善意取得虚开，避免风险扩大。根据国家税务总局的相关规定，受票方若并不知晓开票方存在货票分离等情况，可以认定其为善意取得虚开发票，仅做增值税进项税额转出，不加征滞纳金。

4.2.3　融资行为不应认定虚开，应争取不诉

根据最高人民检察院“六稳六保”政策的意见，企业因融资等原因虚开发票若没有造成国家税款流失，一般不认定为犯罪，依法不予起诉。因此，若案件进入刑事阶段，应积极与检察机关沟通，说明业务的合理性和价值，争取不起诉的结果。

三、石油行业税务优惠及监管

1. 石油行业税务优惠政策梳理

1.1　增值税

国家出台的资源综合利用产品增值税优惠，对石化产业也会产生较大影响。例如，对以工业废气为原料生产的高纯度二氧化碳产品，以煤炭开采过程中伴生的舍弃物油母页岩为原料生产的页岩油等，实行增值税即征即退政策；对各类工业企业产生的烟气、高硫天然气进行脱硫生产的副产品等实行增值税即征即退50%的政策；对以废弃的动物油和植物油为原料生产的生物柴油，实行增值税先征后退政策。

1.2　消费税

从2009年1月1日开始，实施成品油价格和税费改革，并对进口石脑油恢复征收消费税，对航空煤油暂缓征收消费税。

1.3　企业所得税

新产品、新技术、新工艺研究开发费用加计扣除，高新技术企业减按15%的

税率。资源综合利用减计收入等企业所得税优惠，在促进石化行业提高科技水平、提升效益方面具有积极作用。同时，石化行业的固定资产价值高、数量大，由于技术进步等原因，确需加速折旧的，可以采取缩短折旧年限或者加速折旧的方法。

1.4　出口退税

从2009年4月1日起，国家将次氯酸钙及其他钙的次氯酸盐、硫酸锌的出口退税率提高到5%；将甲醇的出口退税率提高到11%；将六氟铝酸钠、聚氯乙烯等塑料、部分橡胶及其制品等化工制品的出口退税率提高到13%。

2. 石油行业税务合规风险点

2.1　虚开发票的行政与刑事风险

2017年4月，国家税务总局发布《关于对部分地炼企业开展税收检查的通知》，部署安排全国多个省（区、市）的税务局稽查局针对增值税发票专项检查中发现的石化行业问题开展消费税专项检查，重点打击炼油企业通过商贸流通企业变换商品名称借以偷逃消费税等涉税违法行为。由此，大量石化行业变票案件被移送司法机关。由于变票交易模式下绝大多数非法的消费税利益由用票企业获取，仅仅追究过票企业、变票企业的刑事责任对于挽回国家消费税税款损失杯水车薪，所以国家逐步强化了案件查处的财政税收收入组织功能，涉税刑事风险从空壳企业、变票企业向实体企业、用票企业延伸。用票企业除承担沉重的补税、罚款负担外，也同样面临被追究虚开责任的刑事风险。

此外，一些炼化企业利用历史遗留虚假库存、成品油发票红冲时间差、黑客技术篡改系统等方式对外开票，涉税风险极高。在增值税利益驱动下，部分炼化企业还存在非法出售富余发票的现象，这些发票流入制造业、物流运输等行业领域，下游企业利用其骗取抵扣增值税税款，存在很高的行政、刑事风险。

2.2　增值税发票的品名不规范风险

石油化工产品种类多、品名俗称多，部分企业财务人员对发票品名开具较为随意，容易产生税收风险，即使纳税人没有变名虚开发票偷骗增值税和消费税的主观意愿，也会因商品品名不规范引发税收风险。

2.3　产品检测不符合相关政策规定风险

根据《国家税务总局关于消费税有关政策问题的公告》（国家税务总局公告

2012 年第 47 号，部分失效）、《国务院关于取消和调整一批行政审批项目等事项的决定》（国发〔2015〕11 号）、《关于取消两项消费税审批事项后有关管理问题的公告》（国家税务总局公告 2015 年第 39 号）三个文件的规定，纳税人生产《国家税务总局关于消费税有关政策问题的公告》（国家税务总局公告 2012 年第 47 号，已废止）第 1 条第 2 款规定的符合国家标准、石化行业标准的产品和第 2 条沥青产品的，在取得省级以上（含）质量技术监督部门出具的相关产品质量检验证明的当月起，不征收消费税。经主管税务机关核实纳税人在取得产品质量检验证明之前未申报缴纳消费税的，应按规定补缴消费税。主管税务机关要核实纳税人取得的产品质量检验证明，因此生产这类产品的企业需取得《产品质量检验证明》，并且要符合该产品的国家标准或石油化工行业标准的相应规定（包括产品的名称、质量标准与相应的标准一致），检测过程中存在两个风险点：一是检测机构资质不规范；二是检测项目不符合规定的要求。

2.4　取得不符合规定的增值税发票抵扣进项税额风险

个别石化生产企业或商贸企业为规避、少缴消费税或增值税，从加油站等有富余发票的流通企业取得增值税专用发票抵扣进项税额，为了掩饰违法行为，其在中间环节还常常经过贸易公司进行“过票”。通过这种模式，必然会出现实际购货方和受票方不一致，即“票货分离”，构成让他人为自己开具与实际经营业务情况不符的发票的违规事实，存在较大的税收风险。

2.5　借助委托加工隐瞒应税生产行为风险

成品油发票模块推广后，部分炼化企业既想逃避缴纳消费税，又想尽可能规避涉税风险、提高交易效率，遂转而从消费税征管中寻找漏洞。根据《消费税暂行条例》第 4 条规定，委托加工的应税消费品，由受托方在交货时代收代缴税款。炼化企业通过与异地企业签订虚假的委托加工合同，并伪造虚假的资金流支撑异地企业进行了原油加工的主张，但实际上炼化企业自行购买原油、取得原油发票、生产加工成品油，待到对外销售成品油、开具成品油发票时则主张受托方已经代收代缴相应税款，实则既无委托加工，也无代收代缴。加之受托方与炼化企业各自的主管税务机关信息沟通不畅，真实交易情况不易考察，炼化企业从而能借助虚假的委托加工关系隐瞒生产行为，规避缴纳消费税。

3. 石油行业税务监管现状及典型案例分析

3.1 石油行业税务监管现状

3.1.1 全国范围内石化行业税务不合规案件预警

（1）变票交易。全国各地石化行业频繁出现“变票”案件，即通过变名销售方式来逃避消费税的征收。这种现象似乎已成为石化行业的“通病”。国家税务总局已经意识到这种“变票”交易对国家消费税税款造成了巨大损失，因此不断加大对该行业的检查力度。

为应对这一情况，2014年6月，国家税务总局发布了《关于进一步做好石油石化产品消费税专项检查工作的通知》，该通知部署全国各地税务机关开展石油石化产品消费税专项检查工作。2016年4月，重点关注了山东、河北、辽宁、上海、江苏、浙江、福建、广东、陕西、宁夏、新疆、宁波等12个省（区、市），并部署税务机关开展地方石油炼化企业消费税专项检查工作。2017年4月，又下发了《关于对部分地炼企业开展税收检查的通知》，该通知安排全国多个省（区、市）的税务局稽查局对部分地炼企业进行消费税专项检查，重点打击炼油企业通过商贸流通企业变换商品名称以偷逃消费税等涉税违法行为。

自此以后，石化行业中的“变名”案件大规模爆发，表明税务机关对于这类涉税违法行为的打击力度在逐渐加大。

（2）消费税补缴。自2008年《消费税暂行条例》修订以来，以原油、煤炭为原材料生产的化工产品的消费税征免范围就一直存有争议。2018年成品油发票模块上线后，国家不断强化对石化行业全链条的消费税征管。尤其是自2022年8月以来，将原油制品、煤制油等化工产品作为石脑油征收消费税的问题在陕西、山西、内蒙古、新疆等地比较突出，对这些地方的化工行业产生了巨大影响。多地自上而下要求化工产品生产企业补缴消费税，主要涉及的化工产品类型为稳定轻烃、异辛烷、环烷烃等。

3.1.2 2023年度石化领域消费税专项督查的重点内容

（1）严厉打击新型“变票”行为。随着税务机关稽查力度的升级和税收大数据工具的不断完善，传统的“变票”行为已经失效，一些企业开始通过新模式偷逃税款，如通过委托加工的模式偷逃消费税。虽然税务稽查难度增加，但是石化行业一直以来都存在着税收合规的问题，一些虚开发票、偷逃税款等违法行为依然存在，偷逃消费税的行为依然是税务稽查的重点。

（2）消费税追征。目前，化工产品消费税追征口径分为两种，一是“向前追溯 + 向后调整”，即 2022 年 8 月以后生产的相关产品均需补缴消费税，且未来生产相同产品还需按规定缴纳消费税；二是仅向后调整，不向前追溯。追征消费税的主要依据和理由可以分为二种。

根据《国家税务总局关于消费税有关政策问题的公告》（国家税务总局公告 2012 年第 47 号，部分失效）、《国家税务总局关于消费税有关政策问题补充规定的公告》（国家税务总局公告 2013 年第 50 号，部分失效）的规定，纳税人以原油或煤炭等原料生产加工的液态化工产品外观形态与应税成品油相同或相近，且可用于生产加工应税成品油的，如未取得符合条件的检验证明，应当按照石脑油征收消费税。据此规定，部分化工企业和煤炭化工企业在生产液态化工产品时，存在下列问题的会被要求补缴消费税：

（1）从未取得产品检验证明。

（2）虽然取得产品检验证明，但出具检验证明的主体非国家级或省级备案的检验检测机构，或检验检测机构的检验资质中不包括相关产品。

（3）虽然取得产品检验证明，但在取得检验证明之前就发生了生产行为，主管税务机关仍可以对企业取得检验证明之前生产的化工产品征收消费税。

根据前述规定，取得检验证明是相关化工产品不作为石脑油征税的必要条件，但受制于国家标准的编制背景，一些过去生产工艺不成熟的产品，尚未制定相应的国家标准和行业标准。随着生产技术革新，虽然相关产品已经在市场上广泛应用，但纳税人客观上面临着无法取得检验证明的状况，此时，纳税人对在国家标准层面处于空白状态下的化工产品将面临被征收消费税的风险。例如，稳定轻烃（GB 9503—2013）将该国家标准的适用范围限定在“油气田稳定轻烃”，这就导致部分煤炭化工企业即使生产符合该标准的稳定轻烃，且已经取得了符合要求的检验证明，其产品依然会被税务机关定性为石脑油追征消费税。

第二种依据和理由：《财政部、国家税务总局关于提高成品油消费税税率的通知》（财税〔2008〕第 167 号）“附件 2”第 3 条规定，石脑油又叫化工轻油，是以原油或其他原料加工生产的用于化工原料的轻质油。石脑油的征收范围包括除汽油、柴油、航空煤油、溶剂油以外的各种轻质油。非标汽油、重整生成油、拔头油、戊烷原料油、轻裂解料（减压柴油 VGO 和常压柴油 AGO）、重裂解料、加氢裂化尾油、芳烃抽余油均属轻质油，属于石脑油征收范围。

实践中，部分地方认为一些化工产品本身属于轻质油范畴，故不需考虑相应产品是否取得了检验证明，直接等同石脑油征消费税。在此种情况下，由于税企双方对于石脑油范围的理解存在分歧，即便企业取得检验证明，也仍然被纳税调整。

3.1.3 2023年度税务机关对石化行业发票违法的稽查力度

为了加强对成品油消费税的征收管理，并实施生产、批发、零售的全流程税收监控管理，国家税务总局发布了《关于成品油消费税征收管理有关问题的公告》(国家税务总局公告2018年第1号)。该公告第1条规定，所有成品油发票必须通过增值税发票管理新系统中的成品油发票开具模块开具。成品油发票开具模块由主管税务机关开通，成品油的生产和经销企业分别使用相应的成品油发票开具模块。理论上来说，这样的技术措施已经阻断了商贸企业变票的可能性。

然而，仍有部分企业利用不法手段，将商贸公司伪装成生产企业，或通过虚假委托生产企业加工的方式对外开具成品油发票。

金税大数据系统上线后，职业虚开发票的公司已经成为过去式。虚开燃油发票的行为很容易被稽查。

(1) 开票节奏导致触发税务系统预警。正常燃油销售企业，发票开出频率基本上是平稳的，季末或期末虽然会有上升，但都会在一个正常的幅度内上升。但虚开燃油发票的企业，开票都会集中在季末与期末，这样就会触发税务预警，这种预警虽然不代表企业有问题，但该企业一定会成为税务部门重点关注对象。

(2) 没有运输支出导致更严重的税务预警。随着虚开燃油发票企业业务量的不断提升，金税系统也会把该企业纳入大数据审核之下。由于虚开燃油发票企业是空壳公司，很多支出会与正常企业存在明显的偏差。比如燃油销售额与工资之间的比例，燃油销售与仓储费用比，特别是燃油运输成本占比。虚开燃油发票企业由于没有真实业务，也就不会出现运输费用，这个在“四流合一”的审查中，金税系统很容易就能锁定问题企业。

(3) “空壳”的销售企业容易被稽查。在销售虚开发票的过程中，负责直接开票的“空壳”企业，实际并没有办公地址，也没有办公人员，更没有燃油储藏地点。所以当税务部门接到税务预警后，通过调查会发现预警企业基本都是空壳企业，无法找到其办公地址进行核查。

(4) “空转”的资金容易被稽查。只要虚开发票，就会涉及资金回流。例如，A 为购票企业，B 为虚开企业。A 购买发票时，会把税价合计资金“公对公”转给 B，B 扣除相关费用后，一般会在当天转给中间户 C，C 当天转给另一中间户 D，由 D 再转给 A。很多人认为，A 与 B 的资金回流，由于两者没有共同联系人，所以不会被轻易查出来。其实不然，这种形式的资金回流会被追踪得很清楚，除非资金进行多次拆散组合，否则追查起来只是几分钟的事情。

3.1.4　“以数治税”背景下，税务机关完成石化行业税务审查的方式

2016 年之前，税务机关践行增值税“以票管税”的设计理念，一方面依赖防伪税控系统监控发票的真伪，另一方面通过交叉稽核系统比对企业的进销项数额。由于当时对发票的管理还较为简单、初级，各个行业中代开、虚开变票活动十分猖獗。随着金税四期的到来，税收大数据日臻完善，并在全国范围内推广运用，税务机关的发票稽核能力大大提升，通过筛查开、受票企业信息，税务机关能够掌握企业的进、销项品名是否相关，发票品名与经营范围是否相符，开票数量与生产经营能力是否匹配，开、受票金额的增长是否异常等信息，从而强化对发票违法犯罪的监管。金税四期和全电子发票实行之后，税务机关还可以联合银行、海关、公安机关等部门，实现数据共享后再对数据进行交叉，分析出企业所有的涉税数据。

3.2　石化行业虚开发票类典型案例

3.2.1　案件名称、案号、案件主要事实

韩某树虚开增值税专用发票用于骗取出口退税、抵扣税款发票案［（2020）鲁 1102 刑初 664 号］刑事判决书载明，2018 年 12 月，被告人韩某树根据刘某宝（另案处理）的安排，在没有真实货物交易的情况下，以日照尊圣得成石油化工有限公司（以下简称尊圣公司）的名义为中国石化杭州萧山万某石油有限公司（以下简称万某公司）虚开增值税专用发票 397 张，虚开税额共计 6,310,098.35 元，万某公司已认证抵扣。法院认为，被告人韩某树虚开增值税专用发票，虚开的税款数额巨大，侵犯了国家对增值税专用发票的监督管理制度，其行为构成虚开增值税专用发票罪。

淄博兆泉经贸有限公司、山东腾虎石化有限公司虚开增值税专用发票用于骗取出口退税、抵扣税款案（2020）鲁 03 刑终 148 号刑事判决书载明，被告人王某光实际控制兆泉经贸、北霸经贸、华帅经贸、鑫兆泉石化 4 家公司，自 2012 年至 2020 年，违反国家发票管理规定，在没有真实货物交易的情况下，收取 3～

4个点数的开票费，对外虚开增值税专用发票537份，税额合计707万元。法院认为，当事人构成虚开发票罪。

张某林、李某虚开增值税专用发票用于骗取出口退税案［（2022）鲁0305刑初133号］。案件事实如下，2021年5月、6月，被告人张某林、李某4系他人利用技术手段为淄博特润化工有限公司（以下简称淄博特润公司）、山东一化石油化工销售有限公司（以下简称山东一化公司）虚增成品油库存，后宋某睿（另案处理）、苟某厂（另案处理）等人对上述两家公司虚开“汽油”品名增值税专用发票860份，价税合计9706.132万元。法院认为，被告人张某林、李某4系他人通过技术手段为宋某睿等人控制的公司虚增成品油库存用于虚开增值税专用发票，虚开的税款数额巨大，其行为已构成虚开增值税专用发票罪。

刘某义、浦某虚开增值税专用发票用于骗取出口退税、抵扣税款发票案［（2021）鲁08刑终432号］刑事判决书载明，2016年8月1日，被告人刘某义、浦某在滕州市经营山东睿盛能源科技有限公司（浦某、刘某义通过该公司实施虚开增值税专用发票已被滕州市人民法院作出生效判决）的同时，二人商议并联系于某在微山县境内成立济宁豪泽能源科技有限公司（以下简称豪泽公司），由刘某义作为公司股东之一并担任公司法定代表人，于某为成立公司的需要也注册为公司股东。豪泽公司在无任何生产经营能力情况下，以经营石油加工贸易为由，采取虚构油料交易、虚构加工仓储、虚构油料运输的方法，大肆接受和虚开买卖油品增值税专用发票、油料加工仓储增值税专用发票、油料运输增值税专用发票。为他人充当“过单企业”、提供“变票”服务，赚取非法利润。

3.2.2 行政处罚（山东）

相关行政处罚情况如表12所示：

表12 行政处罚情况

案件名称及案号	主要违法事实
东营市垦利区晨鑫石化有限公司东营税稽一罚〔2023〕25号	该单位2018年经营期间向他人开具与实际经营不符的发票
东营利友石化有限责任公司东营税稽一罚〔2022〕53号	东营利友石化有限责任公司通过隐匿收入造成少缴税款
日照市正直石化有限公司日照税稽罚〔2022〕23号	在账簿上不列或少列收入

续表

案件名称及案号	主要违法事实
山东未来石化有限公司东营税稽一罚〔2022〕46号	山东未来石化有限公司2021年度以账外经营形式隐匿销售收入257,505,927.85元，造成少缴税款
寿光市科力石化有限公司潍坊税稽罚〔2022〕9号	该企业为他人开具与实际经营业务情况不符的发票
山东汇翔石化有限公司淄博税稽一罚〔2022〕23号	该单位违规列支费用，多列支出，应补缴企业所得税
烟台智隆石化有限公司烟台税稽二罚〔2022〕14号	烟台智隆石化有限公司通过少申报销售收入的方式，少缴增值税及附加税费、企业所得税
莒县石大科技石化油品销售有限公司日税一稽罚〔2022〕13号	莒县石大科技石化油品销售有限公司第一加油站、第二加油站、第三加油站存在销售油品，隐匿销售收入未入账，未进行纳税申报，造成少缴增值税及附加税费的事实。通过编造虚假计税依据的手段，造成企业所得税申报不实
济南东元石化有限公司济南税稽二罚〔2022〕12号	在没有真实交易的情况下，对外开具增值税专用发票1146份
山东多亿石油化工有限公司东营税稽一罚〔2023〕31号	2017~2021年经营期间让他人为自己开具与实际经营不符的发票并向他人开具与实际经营不符的发票

3.3　石化行业消费税处罚典型案例

3.3.1　刑事案件

崔某凯虚开增值税专用发票用于骗取出口退税案［（2019）鲁0126刑初246号］。案件事实如下，2015年9月16日，被告人崔某凯指使孔某注册成立济南昱骏化工有限公司（以下简称济南昱骏公司）。后崔某凯为帮助山东滨化滨阳燃化有限公司（以下简称滨化滨阳公司）逃消费税，安排孔某以济南昱骏公司的名义并伙同吴某以及宋某控制的浙江开化成美润滑油有限公司（以下简称开化成美公司），同滨化滨阳公司及其子公司山东滨化石化贸易有限公司（以下简称滨化石化公司），在没有真实货物交易、购销业务的情况下，通过循环虚开、变更货物品名为原油的增值税专用发票为货物品名为燃料油的增值税专用发票的方式，将滨化滨阳公司自行加工原油为燃料油的过程掩饰为滨化滨阳公司通过滨化石化公司自开化成美公司购进燃料油。以上行为导致国家消费税损失人民币74,771,509.68元（以下金额均以人民币计）。在上述过程中，由崔某凯控制的上海胜能公司、大连胜能公司为济南昱骏公司提供资金实现资金回流。被告人崔某凯在没有真实货物交易、购销业务的情况下，利用该公司采取循环虚开、变票等欺骗手段帮助他人逃避缴纳消费税，逃避缴纳税款数额巨大，其行为构成虚开增值税专用发票罪、逃税罪，依法应数罪并罚。

窦某强、营口嘉惠石化有限公司虚开增值税发票案［（2022）辽08刑终55号］。案件事实如下，2019年2月，被告窦某强在经营营口嘉惠石化有限公司期间，向天津金某工贸有限公司和天津中海金石化工有限公司购买实质为燃料油或贴近于燃料油品质的油品，并接受两家公司开具的共计21,438.99吨化工原料的增值税专用发票后，将所购油品全部转卖给山路泰沥青有限公司。被告人窦某强为给山东路泰沥青有限公司开具相应的燃料油增值税专用发票，规避缴纳相应税款，在与叙永县华衡能源有限公司没有真实业务的情况下，通过李某2（另案处理）从叙永县华衡能源有限公司为营口嘉惠石化有限公司虚开了81份、20,007吨、价税合计9383.283万元（金额8089.037,055万元，税额1294.245,945万元）的燃料油增值税专用发票，以上发票已全部认证抵扣。被告人构成虚开发票罪。

卢某根、王某、海盐县石油化工有限公司等虚开增值税专用发票用于骗取出口退税、抵扣税款发票案［（2020）浙04刑终268号］。案件事实如下，被告单位海盐县石油化工有限公司（以下简称海盐石化公司）、海盐中能石油化工有限公司（以下简称中能石化公司）通过实际经营者被告卢某根，与安徽长三角石油化工贸易有限公司（以下简称长三角石化公司）实际控制人褚某美（另案处理）及上海仲裕盛石油化工有限公司（以下简称仲裕盛石化公司）实际控制人魏某（另案处理）经事先通谋，由被告人王某具体负责合同开具、资金走账等，在明知海盐石化公司、中能石化公司与长三角石化公司无实际业务往来的情况下，采用支付开票费、资金回流等方式，虚开货物名称为化工原料的增值税专用发票至长三角石化公司，后长三角石化公司将增值税专用发票货物名称变更为汽油，并虚开至仲裕盛石化公司及江苏省供销社苏北油库（以下简称苏北油库），再由仲裕盛石化公司及苏北油库为海盐石化公司、中能石化公司虚开货物名称为汽油的增值税专用发票，造成国家消费税损失共计人民币533,713,063.34元。

3.3.2 行政处罚

泰州市晟茂石油化工贸易有限公司泰税一稽罚〔2022〕30号被处罚人于2020年8月11日至8月15日，在未取得“汽油”进项发票的情况下，向2家单位开具品名为“92#车用汽油”和“95#车用汽油”的增值税专用发票192份（其中8月15日开具191份），价税合计215,107,650元，票面货物数量共53,457.5吨。被处罚人变更货物名称开具“汽油”销售发票，销售数量合计53,457.5吨，应缴消费税112,782,495.20元，未缴纳。

大连华垦石油化工有限公司大税三稽罚〔2021〕29号被处罚人经大庆中蓝石化有限公司授意，自大庆中蓝石化有限公司购进原料油，在实际经营的4家公司：大连华垦石油化工有限公司、大连陆海石化产品有限公司、大连海油船舶油料有限公司、大连亨源石油化工有限公司（已注销）之间，以环开发票的形式将品名由原料油变更为成品油，再卖回大庆中蓝石化有限公司，以此赚取每吨150元至200元的变票费。双方之间没有真实交易，没有实物流转，实际经营的4家公司没有生产加工能力。被处罚人构成偷逃消费税的行为。

无锡市长润石油化工有限公司宜税罚〔2018〕42号被处罚人在2016年1～11月，在无真实货物购进的情况下，以资金回流并扣除开票手续费的形式虚构账面付款，非法取得“安兴市韶光石油化工有限公司”虚开的增值税专用发票7份，以此共计抵扣增值税进项税金110,619.14元，抵扣油品外购已纳的消费税204,492.41元。并分别在2016年、2017年税前虚列成本552,923.08元、97,777.78元。税务局对以上金额予以追缴。

台州市一鼎石化有限公司其他违法台税一稽罚〔2020〕28被处罚人购进的货物实际为燃料油，与增值税专用发票上开具的货物名称“工业用碳十粗芳烃”不相符，税务机关追缴增值税2,665,937.44元。此外，被处罚人开具销项发票的货物名称与进项发票的货物名称严重背离，在整个上下游买卖过程中，货物存放地是舟山纳海油库C区一租用的油库，货物没有移动过，不存在外购货物委托加工业务。因此被处罚人存在将外购的消费税非应税产品以消费税应税产品对外销售情况，属于变票行为，税务机关向其追缴消费税6,308,095.08元。

4. 石油行业税务合规建议

4.1 石化行业日常经营中的税务风险

4.1.1 石化行业存在的税务风险

（1）税收政策风险：税收政策变化是影响纳税主体税务风险的一个主要因

素，石化行业作为重要的能源行业，其税负较重，政策变化对于企业的税收务必会造成影响。

（2）税务处理风险：石化行业涉及的税收类型较多且复杂，如增值税、所得税、资源税、环境保护税等，对税务处理的要求极高，稍有不慎就会发生税收违法行为。

（3）内部管理风险：石化行业的管理体系复杂，业务范围广泛，这就对企业的内部管理体系提出了较高要求，若管理不善、内部制度不健全，就很容易发生疏漏，从而导致税务风险的产生。

4.1.2 潜在税务风险对石化企业的主要影响

（1）经济影响：涉及税务纠纷和处罚会给企业带来经济损失，包括税款追缴、滞纳金、罚款等。

（2）经营影响：税务风险对企业的经营也会产生负面影响，有可能会导致企业的财务状况恶化，进而影响企业的生产、经营和发展。

（3）信誉影响：税务风险对企业的信誉度会有影响，不仅会损害企业的形象，影响企业的公信力和口碑，还有可能会引发舆论和客户的不满和质疑。

因此，如何及时发现并降低税务风险对于企业的经营管理非常关键，对于石化行业这种具有高度准入门槛、高投资额和高技术含量的行业来说更是如此。

4.1.3 石化行业如何在日常经营中及时发现潜在的税务风险

（1）建立健全内部管控体系。石化企业应制定完备的内控制度和流程，建立健全管理、控制、预防和整改机制，确保第一时间发现和预防潜在的税务风险。

（2）加强税务管理能力。石化企业应注重培训管理人员的税务知识和技能，加强对纳税申报、税收政策、税务风险等方面的了解和把握，及时发现并控制税务风险。

（3）强化风险意识和风险防范。石化企业要强化风险意识，提高对税务风险的认知水平，制定科学合理的税务风险防范策略，及时发现和控制税务风险。

（4）合规纳税意识要增强。石化企业要牢固树立合规纳税的意识，认真遵守税收法规，主动参与税务政策调整和税收政策的研究，积极主动与税务机关沟通，确保纳税合规。

4.1.4 石化行业如何在日常经营中控制、降低企业税务风险

（1）合理规避税收风险：石化企业可以通过合理地运用税收政策，避免或减少税务风险的产生，如优化税收结构、寻找有效的税收优惠政策、合理预防和应

对税收争议等。

（2）提高会计在税务和财务方面的专业能力。石化企业要提高会计在财务和税务方面的专业能力和素质，举行相关培训，提高重要岗位人员的税务思维和操作能力。

（3）定期进行税务风险评估。石化企业应该建立完善的税务风险定期评估体系，制定合理的评估方法和标准，对企业内部的税务风险进行全面的评估，及时解决和消除税务风险。

（4）积极配合税务检查。石化企业要积极主动配合税务部门进行检查，了解税务部门的检查要求和重点关注的问题，预防可能发生的税务风险，尽可能避免税务部门的罚款和责任追究。

税务风险是石化企业常面临的问题，及时发现并降低税务风险对于企业的生产和经营发展具有重要意义。石化企业应该重视税务风险，通过加强内部管控、提高管理能力、降低税收风险、规避税收风险等措施，积极加强风险防范和管理，从而最大限度地减少税务风险对企业的影响。

4.2　形成完善的石化行业税务合规体系

税务合规体系是企业为达到合法、规范和高效纳税目的而制定的完整的规章制度，包括内部管理制度、风险评估制度、纳税申报制度、税务筹划制度等，是企业用以规范自身税务经营行为、提高管理能力和降低税务风险的有效工具。

完善并落实税务合规体系的最大意义在于，它可以帮助企业更好地遵守相关税收法律法规，节约纳税成本，提高财务透明度和信誉度，避免财务欺诈和恶性竞争，实现企业可持续发展。因此，对于石化行业来说，形成完善的税务合规体系十分重要。

完善统一的税务合规体系，既包括完善的外部保障体系，也包括严谨的内部控制管理制度。在现代化信息系统的背景下，企业只有与时俱进，才能完成有效的合规体系建设。

4.2.1　内部体系建设

（1）制定税务合规规章制度。石化企业应该制定全面、规范的内部管理制度，以确保员工行为符合税务合规性。

（2）加强内部控制体系建设。石化企业应加强对内部控制体系的建设，建立风险管理体系，以确保税务的保密性、准确性和完整性。

（3）税务内审及其流程优化。石化企业应该加强内部审计的力度，实行定期自查制度，加强对纳税申报流程准确性、及时性、合规性的监督和管理。

（4）定期的自我考核和纠错机制。石化企业应建立完善的税务内部评估体系，定期自我反思评估其税务管理和落实的合规程度，对存在的问题和不足进行整改和修订。

4.2.2 外部体系建设

（1）加强外部合规咨询。石化企业应该积极开展外部合规咨询和评估，制定科学合理的税务策略和方案，并考虑相关风险，及时控制并消除已存在的潜在税务风险。

（2）税务合规的信息管理系统。石化企业应该建立可以辅助税务合规的信息管理系统，以便实现税务科技化和自动化，提高工作效率，减少误差。

（3）定期进行外部审核。石化企业应接受外部审核或第三方验收，及时发现和排除税务合规风险，减少税务管理漏洞和疏漏。

（4）建立完整的制度执行机构。石化企业应设立完整的税务合规专门机构和责任部门，以确保制度的落实和执行。具体责任和任务分配应该明确。

税务合规是一项需要长期运营和维护的工作，对于石化企业而言，仅依靠良好税务合规政策的严格落实并不足以保障税务风险的控制。这就要求石化企业要在制度完善的基础上实施一系列措施，加强内外部的管理，使得税务合规工作形成闭环，达到最佳效果，规范税务行为，既能保护企业自身利益，又能与国家健康发展和谐共存。石化企业应该密切关注税收政策的变化和调整，及时调整并适应政策的变化，以确保自身的税收合规性。

4.3 石化企业处置消费税税种核定、纳税申报等通知书的合规方法

4.3.1 消费税税种核定通知书

石化企业在收到消费税税种核定通知书后，应该进一步确认税务机关对于自身的消费税税种核定是否属实，如果存在问题需要及时向税务机关进行沟通和解释。

在确认税种核定无误后，石化企业应当根据消费税税种核定通知书的要求，及时修改税种税率等信息，并对已经向消费者销售的产品进行尽职调整，确保缴纳的消费税款项符合当地法律法规的要求。

4.3.2 纳税申报通知书

在收到纳税申报通知书后，石化企业应当仔细审查通知书中涉及的内容，如

申报截止日期、申报方式、申报所需材料等。同时，企业需要进行纳税申报相关工作。

4.3.3 细节问题

（1）准备充分材料。石化企业应当根据通知书要求，准备齐全所需的申报材料，如销售清单、缴款证明、税款计算表等，并确保材料的准确性和可靠性。

（2）严格按照要求办理申报。石化企业应当仔细阅读通知书中的申报说明，按照要求办理申报事项。企业应当尽量减少错误率，避免返工和补报等问题。

（3）提前预留足够的处理时间。石化企业应当提前准备，预留足够的处理时间，以免出现银行转账延迟、设备故障、意外事故等问题影响申报的正常进行。

（4）及时缴纳相关税款。石化企业应当在申报期限内按照税务机关要求缴纳相应的税款，这样除了能够得到税务机关的优惠，也能避免不必要的罚款和经济损失。

石化企业收到税务机关的消费税税种核定、纳税申报等通知书后，需要及时开展必要的操作和纳税工作，确保企业的税款缴纳符合当地的相关税收法规，实现企业可持续发展。因此，石化企业在接到税务通知书时，必须严格按照要求进行操作并做到及时、准确、完整地反映税务机关税务要求，规范企业行为，具备法律合规性和可持续性。为保证企业的税务合规性，企业人员应该具备科学逻辑思维，熟悉税收法律法规和相关条款，精通业务技术，同时企业需对相关人员加强职业道德自律培训，使其不进入“灰色地带”。

4.4 石化行业发票被税务机关认定为异常、收到处罚决定后的救济途径

4.4.1 异常原因

石化行业同其他行业一样，利益链条长，交易场景较为复杂，其中也可能存在一些非常规的交易模式和规避税收的行为。这种行为被称为“发票异常行为”。发票异常主要包括以下几种情况：

（1）虚开发票。虚开发票是指在没有实际交易关系的情况下，销售方向购买方开具的假发票。虚开发票会导致税款的逃避，对税收稳定性和正常征收造成影响。

（2）非正常交易型发票。非正常交易型发票是指购买方与销售单位之间存在交易关系，但交易金额、商品种类等信息与实际交易不符的行为。

（3）擅自提取进项税额。擅自提取进项税额是指销售方未与购买方进行实质

性交易，但销售方在税务机关的征税与返还规定范围内擅自提取购买方的进项税额。

4.4.2 救济手段

一旦石化企业的发票被税务机关认定为异常，该企业就有可能面临各种罚款处罚。在这种情况下，石化企业应当及时进行救济。具体包括以下几种情况：

（1）案件复审、申诉。如果石化企业认为税务机关的处理不当，可以申请案件复审并申诉。

（2）省级税务机关鉴定。如果石化企业对税务机关的罚款处罚不认同，该企业可以向省级税务机关申请鉴定，要求税务机关对罚款额度、税收征收标准等方面的陈述进行辩解说明。

（3）提交相关材料。如果石化企业认为自己被冤枉而面临处罚，可以提交相关材料，如购买方与销售方之间的实际交易数据、紧急账务凭据等，以证明自己的清白。

（4）与税务机关进行沟通调解。如果石化企业认为税务机关在处罚罚款时存在不当，可以与税务机关进行沟通调解，通过协商达成一定的补救措施。

4.4.3 规避策略

为了避免被税务机关认定为异常，石化企业需要采取一系列措施来防范、反制非法行为：

（1）建立有效的财务管理和内控制度，严格遵守税收法律法规和规章制度。建立科学的会计核算制度，建立完善、及时、准确、规范的账务处理机制，确保财务数据和信息的准确性、完整性、合规性。

（2）增强内部员工对行业法律法规、税收征收规定和政策的学习和了解，确保员工没有随意侵犯税收征收权。

（3）提高识别假发票的能力。石化企业应提高自己辨认假发票的能力。石化企业应当了解税控系统的功能，掌握发票的真伪辨认方法和技巧，使用合法的购销发票。

（4）石化企业的税务合规性和法律合规性是企业稳定持续经营的关键因素，保持良好的税收信用形象，是影响企业经济活动的重要因素。企业应该加强职业道德自律，完善内部控制制度，减少税收征收中的不良行为，促进税务工作的正常进行。因此，即使石化企业收到了税务机关的处罚决定，也应该尽可能地进行妥善处理，遵循规定进行救济，避免影响企业的税收合规形象，同时也能促进税收工作的正常推进。

四、直播电商行业税务优惠及监管

1. 直播电商行业税务优惠政策梳理

1.1 直播营销人员：区分受雇形式缴纳个税

直播营销人员是指在网络直播营销中直接向社会公众开展营销的个人，也被称为网络主播。根据受雇形式和运营方式的不同，网络主播缴纳的个人所得税有所差异。

第一种受雇形式是由平台或商家直接雇佣网络主播，通过签订聘用合同来约定薪资，通常包括固定或保底工资和提成。在这种情况下，网络主播取得的工资、薪金所得，应由平台或商家负责预扣预缴个人所得税。若符合个人所得税综合所得年度汇算条件，还需在次年3月1日至6月30日进行个人所得税汇算。

第二种受雇形式是网络主播独立运营，通过抽成或定额摊位费的方式向平台或商家收费。如果网络主播没有进行工商营业执照登记，以个人名义提供独立劳务，其取得的收入属于劳务报酬所得，应由商家或平台预扣预缴个人所得税，并在取得所得的次年进行个人所得税综合所得年度汇算。若网络主播已通过工商登记成为个体工商户，并与商家或平台进行合作，则网络主播应自行缴纳经营所得个人所得税。

另外，一些网络主播不仅取得了电商销售收入，还取得了打赏礼物等收入。对于这部分收入也应区分具体情况，计算和缴纳个人所得税。如果网络主播是平台雇佣的，则打赏收入应由平台预扣预缴个人所得税；如果网络主播以个人名义提供独立劳务，则直播收入和打赏收入应分别由对应的扣缴义务人进行个人所得税的预扣预缴。打赏收入的纳税义务时间，应为纳税人实际取得收入的时间，即提取收入时。

1.2 直播营销平台：按照经营模式缴纳增值税

直播营销平台的经营模式主要有三种：平台模式、电商模式和广告服务模式。不同的经营模式涉及的税务处理也各有不同。

平台模式：直播营销平台仅提供直播的技术平台，为直播间运营者提供直播技术服务。在这种模式下，直播营销平台实质上提供了信息技术服务，需按照6%的税率计算缴纳增值税。

电商模式：直播营销平台除了提供直播功能，还提供电商平台的功能，消费者可在该平台直接购买货物。在这种模式下，直播营销平台也需按照6%的税率计算缴纳增值税。

广告服务模式：直播营销平台收取商家的广告服务费用，在平台上发布商家或产品的广告。在这种模式下，直播营销平台应按照“广告服务”适用6%的税率计算缴纳增值税，并按照规定申报缴纳文化事业建设费。

如果直播营销平台是增值税小规模纳税人，则以上三种模式都应按照3%的征收率计算缴纳增值税。截至2021年12月31日，小规模纳税人可减按1%的征收率申报缴纳增值税，而在2021年4月1日至2022年12月31日期间，月销售额15万元以下的小规模纳税人可享受免征增值税的优惠。

此外，直播营销平台可能还需要负责代扣代缴网络主播个人所得税。有些平台为商家和主播提供签订劳务合同的中介服务，主播通过平台与商家取得联系，商家给予主播佣金，且平台参与抽成。在这种情况下，扣缴义务人应根据实际业务和合同情况来判断。如果平台参与了商家和主播之间的磋商，对分成收入占主导地位，对主播的雇佣持有较大决定权，那么直播平台应作为网络主播个人所得税的扣缴义务人。如果直播平台不参与商家与主播之间的磋商，其分成收入主要为技术服务费，那么网络主播个人所得税的扣缴义务人应为商家。

1.3 直播间运营者：商品来源决定税款如何缴纳

直播间运营者是指在直播营销平台上注册账号或通过自建网站等网络服务，开设直播间，从事网络直播营销活动的个人、法人和其他组织。直播间运营者的经营模式主要为销售自营商品或销售他人商品。

销售自营商品：如果直播间运营者销售的是自己经营的商品，税务处理与实体商户销售商品相同，按照销售货物的税率计算缴纳增值税。

销售他人商品：销售他人商品又可分为包销和代销。包销，是指直播间运营者先从商家处购入商品，支付全部货款，并拥有商品所有权，然后再销售给消费者。在这种情况下，直播间运营者按照销售货物的税率计算缴纳增值税，其可以从商家处取得增值税专用发票并抵扣相应的增值税进项税额。代销，是指直播间运营者不从商家处购入货物，商家直接销售商品，直播间运营者只赚取提成。此时，直播间运营者按照提供经纪代理服务的税率（6%）计算缴纳增值税。

在所得税方面，直播间运营者为个体工商户、个人独资企业或合伙企业时，应申报并缴纳经营所得个人所得税；直播间运营者为有限责任公司或股份制企业时，应申报并缴纳企业所得税。

直播间运营者往往采取发放优惠券、赠送礼品、红包等方式吸引顾客。如果运营者随机向本单位以外的个人赠送礼品（包括网络红包），对于个人取得的礼品收入，直播间运营者应按照《财政部税务总局关于个人取得有关收入适用个人所得税应税所得项目的公告》（财政部税务总局公告2019年第74号）的规定，代扣代缴个人所得税。但如果赠送的是具有价格折扣或折让性质的消费券、代金券、抵用券、优惠券，则不在代扣代缴的范围内。

2. 直播电商行业税务合规风险点

2.1 网络主播收入的性质区分不当

在网络直播业务中，主播的收入主要有几种类型，即用户观看直播的打赏收入、因带货取得的分成收入、因签约经纪公司或直播平台而取得的“工资”收入、为商家宣传取得的代言收入等。应根据不同的收入类型，在进行纳税申报时，对收入性质作出区分，也极易因收入性质申报错误，引发税务风险。

2.1.1 混淆劳务报酬所得与经营所得

《个人所得税法实施条例》第6条规定，经营所得是指个体工商户、个人独资企业以及合伙企业从事生产、经营活动，个人从事办学、咨询等有偿服务活动，以及个人从事其他生产经营取得的所得。劳务报酬所得是指个人从事劳务取得的所得。

从形式上看，主播以个人身份为平台或经纪机构提供独立劳务时，取得的收入为劳务报酬所得；主播设立个体工商户、个人独资企业以及合伙企业，从事生产经营活动时，取得的收入为经营所得。不过，基于业务内容和经济实质的判断，劳务报酬与经营所得的界限并不清晰。在主播未登记为个体工商户等情形下，其直播收入是否可能构成经营所得？在主播已经登记为个体工商户等情形下，其收入是否可能构成劳务报酬所得？这些是实务中最容易产生争议的问题。从曝光的网络主播雪某、林某珊、薇某等案件来看，三位主播都存在注册企业并以企业之名签约的情形，但其收入性质依旧属于劳务报酬所得，因此，在收入性质的定性上，要深挖交易的实质，以破解税务风险。

2.1.2 混淆劳务报酬所得和工资薪金所得

个人与支付主体间是否存在劳动关系，是区分工资、薪金所得与劳务报酬所得的关键。在我国建立综合与分类相结合的个人所得税制度后，劳务报酬所得和工资薪金所得都适用综合所得税率，虽然劳务报酬所得的预扣预缴税率更高，但允许一定比例的额外费用扣除。同时，主播与平台之间是劳务关系还是劳动关系，对增值税征收也具有意义，它决定主播从平台所获报酬是否应当缴纳增值税、按何种税目缴纳增值税。因此，要通过网络主播与直播平台或经纪公司签约的合同性质来判断，其实质是属于劳务合同还是劳动合同，再进一步区分主播收入是劳务报酬还是工资薪金。

2.2 主播承担申报不实的税务风险

如果网络主播取得的是经营所得，按照现行法律规定，应由其自行申报；如果其所得被认定为劳务报酬所得或工资薪金所得，则需要由支付方履行扣缴义务。

实践中，网络主播与平台的合约中往往简单约定"网络主播收入为税后收入，平台负有代扣代缴义务"。而事实上，平台为了简化对网络主播纳税申报的管理程序，其往往将纳税申报等工作转交第三方。这种方法易引发两种风险，(1) 如果主播取得的是经营所得，应由其自行申报，一旦平台委托的第三方不如实按期申报，法律风险最终由主播承担；(2) 如果主播取得的是劳务报酬所得，而第三方平台按经营所得申报，则主播极易被定性为"转换收入性质的偷税"。

2.3 滥用核定征收政策现象普遍

网络主播通常采取以下方式降低应纳税额：(1) 设立个体工商户或独资企业等商事主体；(2) 以该主体名义申请园区核定征收政策；(3) 由该商事主体对外签订合作协议；(4) 根据核定税额缴纳主播个人所得税。随着几起网络主播税务违法案件的曝光，说明滥用核定征收政策的行为，已成为税务机关重点稽查的对象。

但2022年开始，伴随着各地税务机关对核定征收的大清查以及严监管，后续网络直播行业滥用核定征收政策的现象将得到缓解。

从曝光的几起网络主播偷税案来看，网络直播行业，主播通过转化收入性质降低税负被定性成偷税的风险非常大。工资薪金所得与劳务报酬所得最高边际税率为45%，而经营所得的最高边际税率仅为35%，且经营所得还能扣除与经营相关的成本费用，加之核定征收政策的使用，经营所得实际税负只在6%左右。从当前曝光的案件来看，税务机关基于实质重于形式原则，对主播利用个人独资企业将劳务报酬转化为经营所得的行为已做出否定性评价，因此，网络直播行业应特别重视这一风险点。

3. 直播带货行业面临的税务风险

基于以上直播带货的三种主要业务模式以及目前部分主播采取的避税措施，带货主播、商家、电商直播平台分别面临不同的税务风险。

3.1 带货主播的税务风险

3.1.1 虚开发票的行政违法风险及刑事犯罪风险

带货主播在直播平台注册的账号主体，一般为个人、个体工商户、公司三种类型，不管是哪种类型，数量上有且只能有一个。不同主体，取得的收入性质不同，开具的发票类型也不同。遗憾的是，许多头部主播为了少缴税款，注册多个核定征收的经营主体来向商家或 MCN 开票。带货主播个人取得商家或 MCN 机构发放的带货佣金，依据《个人所得税法实施条例》第 6 条规定，该佣金性质属于劳务报酬所得，应由该主播向商家或 MCN 机构开具劳务发票。但某带货主播听从所谓的“专家”建议，让没有发生真实业务的上海某某中心、北海某某有限合伙等非真实业务主体，向商家开具销售服务类发票，将属于带货主播个人的劳务报酬转变成了某某中心、某某合伙企业的经营所得。

事实上，上海某某中心、北海某某有限合伙与商家或 MCN 机构并未发生真实交易，其开具的发票与实际业务不符，根据《发票管理办法》第 21 条的规定，为他人开具与实际经营业务不符的发票，属于虚开行为。根据《刑法》第 205 条及《最高人民法院关于虚开增值税专用发票定罪量刑标准有关问题的通知》的规定，虚开增值税专用发票，税款数额在 5 万元以上 50 万元以下的，处 3 年以下有期徒刑或者拘役；虚开的税款数额在 50 万元以上 250 万元以下或者有其他严重情节的，处 3 年以上 10 年以下有期徒刑；虚开的税款数额达到 250 万元以上的或者有其他特别严重情节的，处 10 年以上有期徒刑或者无期徒刑。虚开增值税普通发票的，份数达到 100 份以上或虚开金额达到 400 万元的，涉嫌构成《刑法》第 205 条之一规定的虚开发票犯罪。笔者认为，虚开的行政风险及刑事风险是直播带货主播可能面临的最大税务风险。

3.1.2 补缴税款、滞纳金、罚款的税务风险

如某带货主播使用其个人账号直播带货，取得商家或 MCN 机构支付的佣金 5000 万元，因该佣金性质属于劳务报酬所得，应按 3% ~45% 超额累进税率计算应纳税额，在扣除 6 万元免征额的情况下，该主播应纳个人所得税 2229.11 万

元。但该主播通过上述涉嫌“虚开”的模式转换收入性质后，上述上海某某中心等主体按核定征收下的经营所得，按5%～35%缴纳个人所得税，假定核定征收率为10%，5000万元佣金收入平均分给10个核定征收的个人独资企业或有限合伙，共计需要缴纳个人所得税109.5万元，还不到应缴税款的5%。

从上述案例的缴税情况来看，出现收入额与纳税额严重不成比例的原因是纳税主体乱用“核定征收”政策。本质上，核定征收属于税务机关的征管措施，根据《税收征收管理法》第35条的规定，对于未设账簿或收入凭证、费用凭证等残缺不全，难以查账的，税务机关有权核定征收。核定征收的对象多为尚未规模化的经营主体，税务机关在其缺乏财税专业人才或现实中无法取得合规发票的情况下采用核定征收。例如，某化纤生产企业，其生产原材料为废旧水瓶，均从个人处回收，进项发票基本无法取得，对于该业务模式的企业，可以采用核定征收方式对其征税。但直播带货主体采用核定征收，并非存在客观原因或其无能力聘请专业人员，导致不能准确核算成本，而仅仅是出于避税目的。

依据《个人所得税法》第8条反避税措施的规定，个人实施其他不具有合理商业目的的安排而获取不当税收利益，税务机关有权进行纳税调整，需要补征税款的，应当补征税款，并依法加收利息。根据《税收征收管理法》第63条的规定，不缴或者少缴纳税款的，由税务机关追缴其不缴或者少缴的税款、滞纳金，并处不缴或者少缴的税款50%以上5倍以下的罚款。因此，补缴税款、滞纳金、罚款是带货主播面临的另一重大税务风险。

3.2 直播平台及商家、MCN机构面临的税务风险

3.2.1 未代扣代缴个人所得税的风险

根据《个人所得税法》第9条的规定，支付所得的单位或者个人为个人所得税的扣缴义务人。上述业务模式中，商家、MCN机构存在向带货主播个人支付佣金的情形，商家、MCN机构对带货主播的佣金收入负有代扣代缴义务。

《税收征收管理法》第69条规定，扣缴义务人应扣未扣、应收而不收税款的，由税务机关向纳税人追缴税款，对扣缴义务人处应扣未扣、应收未收税款50%以上3倍以下的罚款。

3.2.2 补缴税款、滞纳金、罚款的税务风险

电商直播平台既收取商家的平台使用费，又收取带货主播或MCN机构的佣金提成的，收取费用后，应当向各方开具服务费发票。如未能全额开具发票并缴

纳税款，平台将与带货主播同样面临补缴税款、滞纳金、罚款的重大税务风险。

3.2.3　直播电商行业合规税务典型案例分析

黄某通过设立多家个人独资企业、合伙企业如上海蔚贺企业管理咨询中心、上海独苏企业管理咨询合伙企业等，虚构业务，将其个人从事直播带货获得的佣金和坑位费等劳务报酬所得伪装成企业经营所得，从而进行虚假申报和偷逃税款。

朱某慧、林某珊在2019年至2020年，在上海、广西、江西等地设立个人独资企业，虚构业务将其获得的个人工资薪金和劳务报酬所得转换为个人独资企业的经营所得，逃避个人所得税。

两个案件涉及的主播涉嫌违法“筹划”收入，违反税收法律规定，相关策划、实施以及协助主播偷逃税款的人员也受到了立案检查。

4. 直播电商行业税务合规建议

2021年3月24日，中共中央办公厅、国务院办公厅发布了《关于进一步深化税收征管改革的意见》，据此，国家税务总局正式提出建设“金税四期”的设想，2025年，在税务监管方面，要实现从“以票管税”向“以数治税”的精准监管转变。在数据管理上，将实现发票全领域、全环节、全要素电子化，且不断拓展、协调与房地产交易部门、人民银行等部门的数据共享。税收大数据将实现云端管理、互联互通，野蛮成长的时代已经过去，带货主播行业唯有合规经营，才能长足、健康发展。

4.1　基于业务模式下的税务合规——核心

业务模式决定纳税模式，审视企业或个体是否存在涉税问题，首先要调查了解企业或个体的相关业务模式，基于不同的业务模式，产生不同的法律关系，签订不同的合同，开具不同的发票，缴纳不同的税费。例如，直播带货的业务模式实质上属于销售服务，品牌代理的业务模式是货物购销关系，前者开具需缴纳所得6%税款的销售服务发票，后者开具需缴纳所得13%税款的货物销售发票。

4.2　合法有效的节税措施——关键

为了合法有效地实施节税措施，纳税人可以通过调整业务模式或业务模式主体来达成目标。目前，直播带货业务模式下，带货主播以个人名义参与交易，其佣金收入和坑位费收入需缴纳3%～45%的个人所得税。然而，一旦更换主体形式，其纳税比例和发票开具将有所不同。

一种可行的方法是带货主播设立相应公司，并在直播电商平台以公司名义注册账号，此后，以公司的名义与商家合作并收取商家销售服务费。在这种情形下，公司将对商家开具销售服务发票，在扣除经营成本后，按照25%的税率缴纳企业所得税。

网络主播应依据收入额来选择税率最优的经营主体。例如，有限公司缴纳企业所得税，计算时未扣除成本；个体户缴纳个人所得税，计算时未扣除成本；个人计算所得税时仅扣除6万元的免征额。

各种形式的主体中，有限公司形式的所得税税负最低。但需要说明的是，这里并没有考虑股东分红需缴纳20%的个人所得税。但，从合规角度而言，有限公司更加规范，股东承担有限责任，风险更低。因此，综合来看，建议带货主播以有限公司作为经营主体。

另外，带货主播以有限公司为主体，以公司名义收取佣金，向商家或MCN机构开票，该过程中缴税、开票与业务模式相一致，直接避免了主播虚开、少缴纳税款的税务风险；同时商家、MCN机构不存在向个人支付款项的情形，也就不再负有代扣代缴义务；电商直播平台从商家、主播那里取得的平台使用费，需开具相应的服务发票，避免少缴纳税款的税务风险。

4.3 依法纳税的理念——根本

带货主播是税务监查的重点，该行业从业人员应该高标准要求税务合规树立依法纳税的理念。

2021年12月22日，北京、上海、广东、江苏、浙江等5省市税务部门发布通告称，依法纳税是每一个公民应尽的义务，明星艺人、网络主播等社会公众人物，更要严格遵守税法规定，该通告要求存在涉税问题的上述人员在2021年底前向税务部门主动报告和纠正涉税问题，税务合规已迫在眉睫。

无论是迫于外部监管部门的压力，还是规范发展的内在需求，带货主播应尽快破除以往依靠核定征收逃避缴纳税款的观念，在享受新业态发展红利的同时，自觉承担相应的社会责任，按照确定的业务模式依法纳税。

五、医美行业税务优惠及监管

医美行业是当前税务整治的暴风眼，在2021年4月，国家税务总局就发文《以税收风险为导向精准实施税务监管》，其中特别指出，要将医疗美容、直播平台中介机构、高收入人群股权转让作为“重点聚焦领域”。

1. 医美行业税务优惠政策梳理

医美行业涉及的主要税种为提供服务产生的增值税，企业经营利润涉及的企业所得税以及企业中高层、技术人员、渠道方高额回报涉及的个人所得税等。

1.1 增值税及附加

医疗美容机构提供的医疗服务属于财税〔2016〕36号文附件“销售服务、无形资产、不动产注释”中规定的生活服务，不考虑税收优惠的情况下，需要缴纳增值税；一般纳税人适用税率6%；小规模纳税人（年应征增值税销售额在500万元及以下）适用财政部、税务总局公告2023年第1号文的规定，对月销售额10万元以下（含本数）或季度销售额30万元以下（含本数）的增值税小规模纳税人，免征增值税；增值税小规模纳税人适用3%征收率的应税销售收入，减按1%征收率征收增值税；适用3%预征率的预缴增值税项目，减按1%预征率预缴增值税（有效期限：自2023年1月1日至2023年12月31日）。

财政部、税务总局公告2023年第1号文第3条规定，允许生活性服务业纳税人按照当期可抵扣进项税额加计10%抵减应纳税额。生活性服务业纳税人，是指提供生活服务取得的销售额占全部销售额的比重超过50%的纳税人。有效期为2023年1月1日至2023年12月31日。

医疗机构提供医疗美容服务，同时满足以下条件免征增值税：（1）经登记取得《医疗机构执业许可证》的机构；（2）医疗机构提供的医疗服务属于《全国医疗服务价格项目规范》列出的服务；（3）医疗服务的价格不高于地（市）级以上价格主管部门会同同级卫生主管部门及其他相关部门制定的医疗服务指导价格（包括政府指导价和按照规定由供需双方协商确定的价格等）。

附加税：根据实际缴纳的增值税计算

城建税＝实际缴纳的增值税×税率（市区7%、县城和镇5%、其他地区1%）

教育费附加＝实际缴纳的增值税×3%

地方教育费附加＝实际缴纳的增值税×2%。

附加税优惠政策如下：

（1）小规模纳税人、小型微利企业或个体工商户的增值税一般纳税人：2022年1月1日至2024年12月31日，资源税、城市维护建设税、房产税、城镇土地使用税、印花税（不含证券交易印花税）、耕地占用税和教育费附加、地方教育附加等“六税两费”减半征收。

（2）小规模纳税人：季度总收入不逾越30万元（月度申报不逾越10万元）

时，教育费附加、地方教育附加免征。

1.2 企业所得税

企业盈利情况下需要缴纳企业所得税。不考虑税收优惠的情况下，一般企业所得税税率为25%。

小型微利企业税收优惠政策如下：

根据《关于进一步实施小微企业所得税优惠政策的公告》（2022年第13号）的规定，2022年1月1日至2024年12月31日，对小型微利企业年应纳税所得额超过100万元但不超过300万元的部分，减按25%计入应纳税所得额，按20%的税率缴纳企业所得税。

如果企业经营了一年，发生了亏损，国家也"体谅"企业经营不易，如果以后盈利了，可以用以后的盈利弥补这一年的亏损，即发生亏损后可以向未来年度结转，用以后的年度弥补，但结转年限最长时间5年。

1.3 个人所得税

属于个体工商户、个人独资企业、个人合伙企业性质的整形美容医疗机构，应根据个人所得税"经营所得"相关税收政策规定缴纳个人所得税。

实务中下列所得，医美企业负有代扣代缴义务：（1）员工取得的工资薪金、奖金、福利费，按"综合所得"征收；（2）渠道方从医美机构获得的返佣收入，按"劳务报酬"征收；（3）股东股息红利所得，按"股息红利所得"征收；（4）股东股权转让所得，按"财产转让所得"征收。

2. 所涉主要税种及其纳税风险

根据《医疗美容服务管理办法》第2条规定，医美即医疗美容，是指运用手术、药物、医疗器械以及其他具有创伤性或者侵入性的医学技术方法对人的容貌和人体各部位形态进行的修复与再塑。医美行业兼具医疗及日常消费双重属性，医美机构存在的合规问题之复杂度相比一般企业而言尤甚，涉及增值税、企业所得税和个人所得税等。

2.1 增值税特殊政策及合规风险

2.1.1 税率规定

就增值税而言，医疗美容机构提供的医疗服务属于《增值税暂行条例》第2条规定的生活服务，不考虑税收优惠的情况下，适用一般税率即6%的增值税税率。若考虑税收优惠，存在两种免征增值税情形：

（1）根据《财政部税务总局关于支持新型冠状病毒感染的肺炎疫情防控有关税收政策的公告》，疫情期间（2020年1月1日～2021年3月31日），医美机构提供医疗美容服务所取得的收入，免征增值税、城市维护建设税、教育费附加和地方教育附加，但相应地，其不得开具增值税专用发票。

（2）根据《营业税该征增值税试点过渡政策的规定》，若医美机构提供的医疗美容服务属于《全国医疗服务价格项目规范》所列范围，且其价格不高于地（市）级以上价格主管部门会同同级卫生主管部门及其他相关部门制定的医疗服务指导价格（包括政府指导价和按照规定由供需双方协商确定的价格）的，可以免征增值税。

可见，医美机构的增值税合规风险点，不仅包含常见的虚开发票申报抵扣进项、隐匿收入减少销项等，还涉及不同税率项目之间的账目区分、免税项目违规开具增值税专用发票等。为此，笔者对相关案例进行了如下梳理。

2.1.2 处罚案例分析

（1）东莞南城知美医疗美容门诊有限公司未如实申报营业收入案

当事人利用法定代表人的私人账户收取营业收入，部分私账收入不登记入账，不进行纳税申报，导致少缴增值税和城市维护建设税等相关税费。该行为被税务机关认定为逃避缴纳税款，对当事人处以少缴增值税、城市维护建设税和企业所得税税款50%的罚款，金额合计476,301.7元。

（2）千和医疗美容诊所利用个人账户隐匿收入、未分别核算应税和免税项目案

当事人在为客户提供医疗美容项目服务时，利用个人银行账户收取服务款并隐匿收入，同时未对收入中的增值税应税项目和免税项目进行分别核算，导致无法区分申报纳税。上述行为被税务机关认定为偷税，对当事人的处罚金额合计88,272,714.7元。

2.2 企业所得税合规风险及典型案例

2.2.1 常见合规风险

医美机构提供医疗美容服务，其面向的顾客群体主要是个人消费者，该群体常使用现金、个人账户支付等结算方式，导致医美机构容易滋生逃避缴纳企业所得税的问题。医美机构通过隐匿收入、虚列开支增加税前扣除等方式，减计企业所得税应纳税所得额，以此来逃避企业所得税的纳税义务。

2.2.2 处罚案例分析

(1)昆明容妍医疗美容有限公司少列收入案。

当事人将收取的医疗服务费计入预收账款而未结转收入,同时多笔营业收入未入账,被税务机关认定为逃避缴纳税款。根据《税收征收管理法》第63条第1款的规定对当事人处以偷税数额50%的罚款,共计16,834.64元。

(2)嘉兴禾美医疗美容医院收受虚开增值税普通发票虚增成本减少应纳税所得额案。

当事人购进装修服务收受第三方虚开的增值税普通发票,属于税法列明的"取得不符合规定发票"的行为,其因虚增成本费用,年终汇算清缴时未按规定调整企业所得税应纳税所得额,被处以罚款30,000元。

2.3 个人所得税合规风险及典型案例

2.3.1 常见合规风险

医疗美容机构的医生、高管等高收入群体,因个税负担过重而具有很强的逃税动机,该群体常通过现金交易、其他利益交换等方式隐匿收入。此外,为获得顾客来源,渠道方从医美机构获得的返佣收入,也常通过转换科目而逃避纳税义务。对于医美机构而言,若其未按照"劳务报酬所得"或者"工资薪金所得"足额代扣代缴个人所得税,根据《税收征收管理法》第69条的规定,应当对扣缴义务人即医美机构处以应扣未扣、应收未收税款50%以上3倍以下的罚款。

2.3.2 处罚案例分析

(1)杭州熹妍医疗美容门诊部账外发放员工奖金案。

当事人账外发放员工奖金、提成,未被计入当月员工工资薪金收入,未履行代扣代缴个人所得税义务,被税务机关处以应扣未扣个人所得税50%的罚款27,739.88元。

(2)东莞南城和美医疗美容门诊有限公司未如实代扣代缴个人所得税案。

当事人隐瞒员工人数,使用法定代表人私人账户向员工发放工资,未按实际发放工资进行工资费用核算和扣缴员工工资薪金个人所得税。此外,当事人通过法定代表人私人账户支付给合作商介绍顾客的佣金费用,没有进行佣金费用核算和代扣代缴合作商劳务报酬个人所得税。税务机关根据《税收征收管理法》第69条的规定,对其处以少扣缴个人所得税50%的罚款,金额为28,913.97元。

(3)广州南珠医疗美容门诊支付员工旅游费用未合并至工资薪金案。

当事人未将为奖励优秀员工而支付的旅游费用合并至工资薪金并代扣代缴个

人所得税，其违法事实被相关记账凭证、账页复印件证实，被税务机关处以应扣未扣税款50%的罚款138.28元。

（4）其他税务合规风险及典型案例。

除上述与具体税种有关的纳税违法情形外，医美机构还常因发票管理不规范而遭受行政处罚。楚雄悦她婕熹卡医疗美容有限公司因未按规定保管发票，导致二联折叠增值税普通发票丢失，被处以罚款500元。广州美聚源医疗美容未按规定保管发票，经税务机关发出《责令限期改正通知书》后仍未改正，税务机关依据《税收征收管理法》第60条第1款，对其处以罚款2000元。东莞厚街罗恩医疗美容门诊部因存在应开未开发票的行为，被税务机关处以罚款1000元。

3. 医美行业税务合规风险点

3.1 医师、高管、外聘专家及渠道方的个人收入合规问题

（1）通过私人账户、第三方渠道或其他利益交换等形式支付医师的手术费以及高管的奖金、分红等，未按规定代扣代缴个人所得税风险。

（2）为了获取足够的客源，渠道型医美机构会向中介者支付高额的返佣，有些高达70%～90%。双方通过私人账户转账的方式逃避税负，医美机构在其账面作销售退款处理，直接冲减当期收入。但由于医疗美容机构渠道客户的销售返佣，并不直接返给客户，而是返给中间商，故不属于销售折扣或者折让，不应直接冲减当期收入。

个人所得税：对于医美机构而言，若其未按照“劳务报酬所得”或者“工资薪金所得”足额代扣代缴个人所得税，根据《税收征收管理法》第69条的规定，其作为扣缴义务人应被处以应扣未扣、应收未收税款50%以上3倍以下的罚款。

增值税及附加、企业所得税：销售返佣冲减当期收入属于少列收入情形，根据《税收征收管理法》第63条的规定，纳税人不列、少列收入，或者经税务机关通知申报而拒不申报或者进行虚假的纳税申报，不缴或者少缴应纳税款的，是偷税。对纳税人偷税的，由税务机关追缴其不缴或者少缴的税款、滞纳金，并处不缴或者少缴的税款50%以上5倍以下的罚款；构成犯罪的，依法追究刑事责任。

销售返佣若未能取得合规增值税发票，相关佣金支出在企业所得税前不能扣除，不能被认定为佣金只能限额扣除风险。

3.2 隐匿销售收入税收的风险

（1）个人账户收款隐匿收入不申报增值税：医疗美容机构主要面向个人消费者，个人消费者发票意识薄弱，医疗美容机构存在大量未开票收入，许多医疗美容机构将本应由公司账户收取的款项，转由个人账户收款，不记入公司账簿，在向税务机关申报纳税时隐瞒相关收入，且未申报缴纳增值税、企业所得税；

（2）未开票不确认销售收入不申报增值税、企业所得税；

（3）用直接扣减渠道费用的销售收入作增值税申报；

（4）赠送未视同销售申报纳税；

（5）积分兑换医美服务或美容产品未确认收入；

（6）附使用期限的储值卡未及时确认收入。

《税收征收管理法》第63条规定，纳税人不列、少列收入，或者经税务机关通知申报而拒不申报或者进行虚假的纳税申报，不缴或者少缴应纳税款的，是偷税。对纳税人偷税的，由税务机关追缴其不缴或者少缴的税款、滞纳金，并处不缴或者少缴的税款50%以上5倍以下的罚款；构成犯罪的，依法追究刑事责任。

3.3 不符合增值税免税条件但全部按照免税收入申报缴纳增值税

医疗机构提供医疗服务收入，根据财税〔2016〕36号文的规定，符合以下条件免征增值税：

（1）登记取得医疗机构执业许可证；

（2）医疗机构提供的医疗服务属于《全国医疗服务价格项目规范》列出的服务；

（3）医疗服务的价格不高于地（市）级以上价格主管部门会同同级卫生主管部门及其他相关部门制定的医疗服务指导价格（包括政府指导价和按照规定由供需双方协商确定的价格等）。

3.4 发票管理不规范、虚列成本风险

（1）一些医美机构在采购美妆美容产品、医疗器械等设备时，为了图便宜，经常购买那些已经倒闭的医美机构转卖品，但这样很难获取有效的票据，使得税务部门很难以票管税；另外医美机构还存在虚列开支增加税前扣除、免税项目违规开具增值税专用发票等风险。

（2）部分医美机构通过与第三方公司（常见为个人独资企业）签订设计、咨询、企业形象策划等服务合同，虚列成本，以实现降低企业所得税税负的

目的。

增值税及附加方面：应全额申报销售收入。

企业所得税方面：应全额申报收入，并确认销售返佣金额（销售费用—佣金及手续费），但由于该金额未取得合规的税前扣除凭证，不得作为企业所得税税前扣除（若取得发票，佣金支出的扣除限额仅为合同金额的5%）。

个人所得税方面：支付给个人的渠道费用，医疗美容机构具有按照劳务报酬代扣代缴个人所得税的义务。

杜绝私人账户收款，据实记载和申报收入。享受免征增值税的医疗服务必须严格按财税〔2016〕36号文的要求来操作，尤其是《全国医疗服务价格项目规范》的范围，不能随意扩大。医疗美容机构对其符合免税条件的医疗服务收入的相关协议和收据的服务明细尽量紧靠免税服务，并根据主营业务准确划分免税收入和应税收入，避免错误享受免税优惠。同时兼营免税、应税项目的，应当分别核算免税、应税项目的销售额；未分别核算的，不得免税。设置对虚开虚收发票行为检查机制，做到“合同流、资金流、发票流、业务流”等“四流合一”。

4. 医美行业税务典型案例分析

4.1 武汉五洲莱美案

经国家税务总局武汉市税务局稽查局检查发现，武汉五洲莱美整形美容医院在2016年1月1日至2019年12月31日采取偷税手段，不缴或者少缴应纳税款1701.89万元。依照《税收征收管理法》等相关法律法规规定，决定对其处以追缴税款1701.89万元的行政处理、处以罚款850.95万元的行政处罚。

4.2 杭州古名文化艺术策划有限公司其他税务违法案

经国家税务总局杭州市税务局稽查局检查发现：（1）自2017年1月至2021年11月杭州古名文化艺术策划有限公司的分支机构千和医疗美容诊所为客户提供医疗美容项目服务时，利用个人银行账户收取服务款并隐匿收入。该诊所通过个人账户共计收到款项（以下均为含税收入）5,344,810,353.84元，扣减保证金和已作收入申报等事项的金额589,440,016.77元后，共计隐匿服务收入4,755,370,337.07元（其中：2017年301,262,786.56元、2018年787,279,705.12元、2019年1,014,085,834.81元、2020年1,310,901,297.82元、2021年1～11月1,341,840,712.76元），未计入财务账，该诊所未对上述收入中的增值税应税项目和免税项目进行分别核算，现已无法进行区分，应按规定申报纳税。

（2）2017年1月至2021年11月，该诊所个人账户中隐匿收入孳生的利息收入为28,796,807.80元（其中：2017年78,480.09元、2018年2,236,755.83元、2019年4,332,809.35元、2020年8,899,187.94元）。

2022年7月22日，杭州市税务局对当事人隐匿收入少缴税款的行为定性为偷税，并对少缴的企业所得税147,121,191.17元处60%罚款，罚款金额合计88,272,714.70元。

5. 医美行业税务合规建议

5.1 医美行业税务合规对上市公司的影响

医美行业广阔的市场空间，驱使着逐利性的资本纷纷进入。实践中，多数医美机构受上市公司控股或者参股，税务行政处罚的发生，不仅影响其资金周转、信用水平，还将影响公司信息披露以及再融资、重大资产重组等资本运作，甚至导致公司被强制退市。

根据2022年9月26日苏宁环球股份有限公司发布的公告，其控股子公司无锡苏亚医疗美容医院有限公司（以下简称无锡苏亚）收到了国家税务总局无锡市税务局第二稽查局出具的《税务行政处罚事项告知书》（锡税二稽罚告〔2022〕128号），涉及无锡苏亚在2013年至2016年的税收违法行为。

根据处罚决定书公布的违法事实，无锡苏亚通过快钱支付系统和拉卡拉支付系统收取的部分营业款未入账，共计少申报营业收入25,123,984.69元。具体细分为2013年少申报营业收入2,502,526.21元，2014年少申报营业收入7,291,039.97元，2015年少申报营业收入12,166,064.06元，2016年少申报营业收入3,164,354.46元。

根据《税收征收管理法》第63条第1款规定，对于纳税人伪造、变造、隐匿、擅自销毁账簿、记账凭证，或在账簿上多列支出或者不列、少列收入，或经税务机关通知申报而拒不申报或进行虚假纳税申报，不缴或少缴应纳税款的行为，属于偷税。因此，无锡市税务局第二稽查局决定对上述偷税行为处以应缴企业所得税一倍的罚款，金额为4,883,476.78元。

本案中，苏宁环球股份有限公司承诺，将通过刑事立案、民事诉讼等各种可采取的方式，穷尽一切手段追究无锡苏亚原股东偷税、侵占无锡苏亚营业收入行为的全部法律责任，切实保障公司及全体股东的利益。无锡苏亚原股东的行为对公司财务报表产生的影响，公司将根据《企业会计准则》的相关规定会同审计机构积极开展相关工作，并及时履行信息披露义务。

可见，医美机构税务违法所招致的行政处罚，不仅对其自身产生影响，更会波及作为其母公司的上市公司的经营管理甚至上市资格，税务合规的重要性可见一斑。

5.2 医美机构税务合规建议

根据行业惯例，医美机构会雇用一些专业的美容顾问。然而，医美机构为降低“五险一金”及社保等的成本，通常不会与美容顾问建立长期的劳动关系，而是选择直接支付，从而导致该笔支出和收入未通过发票体现。此外，由于行业特质，医美机构需要多样的宣传推广渠道，这部分业务也往往不能取得相应发票。对于经营管理中存在的种种税务风险，可以从以下角度有针对性地解决。

5.2.1 引入外部专业服务，强化全税务周期管理

在金税四期背景下，面对税务机关对海量数据的归集，面对内部治理的混乱状况，在合规成本可控的前提下，医美机构必须摆脱“侥幸心理”，对自己的经营行为要有清晰的掌握和了解。

企业在收到税务部门监督提醒时应当格外慎重，因为可能面临全面检查的风险，企业应当全面做好专业应对，尤其要重视收支管理、分类汇总整理，并及时聘请专业服务团队，利用大数据合规财税软件进行系统梳理、及时发现潜在问题，做好风险评估与判断工作。

5.2.2 强化企业内部财税治理，做好税务风险合规分析

为医美机构提供服务的人员在种类和数量上都较多，应当加强对其支付合规的内部管理，定期开展内部税务风险合规分析，强化个人所得税代扣代缴工作，对可能存在涉税风险的员工及时提醒和提示督促。

医美机构应当主动对逃税避税行为进行纠错，对隐匿营业收入、个人所得收入的行为进行自查，并及时到税务机关处提交补税申请，配合调查、主动补缴税款和滞纳金，主动报告税务机关尚未掌握的涉税违法行为，以减轻违法行为危害后果，进而争取到税务部门的从轻处罚。

5.2.3 强化进项发票合规管理，推进经营成本的精细化管理

进项、销项发票的合规管理，支出、收入的账目明晰，是当前医美机构财税管理的核心和重点。企业在日常经营过程中需要经手种类繁多、数量庞大的发票，财务人员需要对此进行系统整理。而随着发票监管力度的不断加大，发票合规问题也成为医美机构面临的一大税务风险。

面对可能存在的虚开虚收发票、未开发票隐匿收入等风险，通过简单验证无法快速准确辨别这类合规风险。此外，发票风险是动态的，发票在收录时正常，但一段时间后由于各种原因而变为异常，导致不能证明业务往来合法性的问题屡见不鲜，因此需要强化对发票的合规预警和管理。

财务数据精细化的基础首先是发票管理的精细化、大数据化，只有这样才能从根本上为财务人员解决上述问题，真正厘清各类税种的纳税义务及合规风险，才能360°全景了解企业内部财税动态，实现动态控制业务成本。

5.2.4 完成历史成本的合规体检，摆脱“侥幸心理”轻装上阵

由上述案例可知，众多医美机构被处罚的关键在于其对历史成本的合规问题没有清醒认识，存在“侥幸心理”。企业要对“历史财税”问题进行有效切割，才能“轻装上阵”。其中，做好对历史发票的系统巡查尤为重要，这是因为当前税务机关对医美行业的查处至少要追溯到2013年，企业务必对历史发票中各类成本发票进行分析，避免不合理支出的发生，尤其应当对大额历史发票进行巡查。在上下游企业因为经营状态变化（如走逃失联、经营异常、吊销营业执照、涉嫌税务违法虚开发票等）开具的发票被认定为风险发票时，及时采取财务进项转出等措施避免企业风险。

5.2.5 渠道型医美机构更应加强税务合规管理

所谓渠道型医美机构和直客型医美机构，主要是根据消费者来源进行划分的，渠道型医美机构与消费者之间往往存在中介，由中介充当桥梁和纽带，这些中介可能是个人、美容院或者其他行业的组织。渠道型医美机构主要指的是“原发性渠道型医美机构”，其成立初衷或者经营理念即通过渠道获取顾客。

为了获取足够的客源，渠道型医美机构会向中介支付高额的返佣，而这也是此类医美机构的一大特点，目前返佣的一般比例为收费金额的50%，有些甚至可以达到70%～90%。如此高额的返佣比例，不仅促使渠道型医美机构通过私人账户等方式逃避税负，还可能被税务机关认定为商业贿赂行为，导致其他法律风险。为此，其更应当加强税收合规意识，采取多种方法规范纳税行为，在金税四期的背景下，尤其应当结束依靠私人账户或非规范结算渠道逃税、避税的行为模式。

第三篇 地区篇

一、境内热点投资区、港澳台等税收优惠政策适用指引及对比分析

1. 区域税收优惠政策适用指引（以主体为视角）

近年来，许多地区为了促进区域经济发展，纷纷出台一系列税收优惠政策。本篇名为地区篇，旨在分析和对比不同地区之间的税收优惠政策，主要包括上海自由贸易区、海南自由贸易港、横琴粤澳深度合作区、广东（大湾区、珠三角、南沙）、北京、浙江等热点地区以及新疆维吾尔自治区、西藏自治区、宁夏回族自治区等少数民族自治区，突出地区税收优惠政策而非单一介绍某地税收政策。本部分以个性分析为主，各地区之间的共性政策仅在“1.1　各地区税务优惠政策共性”部分简要释明。为了给读者更具有实践意义的实务建议，本篇先概括分析各地税收减免税政策及其他税务优惠，接着以税种为准线横向对比分析，后在分析的基础上结合税收政策导向，以实务场景视角分析不同类型企业在各地区的纳税责任，促进企业选择有利的发展方向、以合规促发展。

1.1　各地区税务优惠政策共性

本部分在地区上主要涉及上海自由贸易区、海南自由贸易港、横琴粤澳深度合作区、广东、北京、浙江等热点地区以及新疆维吾尔自治区、西藏自治区、宁夏回族自治区等少数民族自治区，在税种上主要包括企业所得税、关税、增值税、个人所得税、进出口税、保税展示交易等，在内容上主要涉及各地区税务优惠政策共性的简要概括。

1.1.1 企业所得税

各地区企业所得税均具有的行业优惠目录如表13（参考资料：《海南自由贸易港鼓励类产业目录（2020年本）》《财政部、税务总局关于中国（上海）自贸试验区临港新片区重点产业企业所得税政策的通知》《横琴粤澳深度合作区企业所得税优惠目录（2021版）》《广州南沙企业所得税优惠目录（2022版）》）所示：

表13 优惠行业汇总

地区	相同优惠行业
海南自由贸易港、横琴粤澳深度合作区	1. 航空航天等专业科技服务 2. 智能船舶和相关智能系统及设备开发 3. 新能源汽车 4. 海洋可再生能源装备研发及制造 5. 珍稀动植物的养殖、培育、良种选育技术开发 6. 食品安全技术 7. 船舶登记、管理、维修、保养、检验检测和相关服务 8. 开源软件社区、量子信息技术开发及应用 9. 动植物药材资源的保护和可持续利用
海南自由贸易港、广州南沙开发区	1. 对具有高速率、低时延和大连接特点的新一代宽带移动通信技术的创新开发活动；云计算、边缘计算、物联网、区块链、高性能计算、大数据等技术的研发；车联网及自动驾驶技术研发及测试；新一代移动通信网、数字移动通信、接入网系统等网络设备研发与制造；航空、航天技术应用及系统软硬件产品的开发生产 2. 海洋工程装备，海洋生物能 3. 基因测序、干细胞、功能蛋白、生命健康等新兴科学技术和产品的研发生产；动植物药材资源的保护和可持续利用 4. 新能源与新材料；船舶环保型新材料研发、制造；海洋资源综合利用、海洋环境保护及科学开发、海洋生态修复等技术研发 5. 光传输技术、小型接入设备技术、无线接入技术、量子通信技术、光通信技术、地理信息系统（GIS）等开发；互联网信息服务、互联网平台 6. 数据资产确权、登记和交易技术开发 7. 动植物药材资源的保护和可持续利用 8. 海运电子数据交换系统和水运行业信息系统技术开发 9. 科技服务体系建设、科技普及设施建设与经营；国家认定的企业技术中心、国家实验室、国家重点实验室、国家重大科技基础设施、高新技术创业服务中心、绿色技术创新基地平台、新产品开发设计中心、科教基础设施等

续表

地区	相同优惠行业
海南自由贸易港、广州南沙开发区	10. 动漫及衍生产品研发；文化创意设计服务、文化信息资源开发及创作服务 11. 知识产权代理、转让、登记、鉴定、检索、分析、评估、运营、认证、咨询等服务 12. 化妆品（含汞量不超过百万分之一）研发生产 13. 跨境投融资双向开放服务体系建设；再保险、相互保险、自保
横琴粤澳深度合作区、广州南沙开发区	1. 人工智能与集成电路、集成电路设计、人工智能产品、人机工程、系统仿真设计、生物芯片及相关数据获取、处理技术开发、测试设备制造；基于 IPv6 的下一代互联网等技术研发及系统设备、终端设备、检测设备、软件、芯片开发与制造；微电子、电子元器件、计算机、信息、生物、新材料、环保、机械装备、汽车、造船等先进制造技术研发、制造；量子、类脑等新机理计算机系统的研发；航空、航天技术应用及系统软硬件产品、终端产品开发与生产；无人船、无人机的研发制造；智能汽车、新能源汽车及关键零部件研发 2. 拥有自主知识产权的新药开发和生产；满足我国重大、多发性疾病防治需求的通用药物首次开发和生产；药物新剂型、新辅料、儿童药、短缺药的开发和生产；前沿生命科技与产品，生物制品、高端医疗设备、高端医疗器械技术、产品研发及生产；濒危稀缺药用动植物人工繁育技术及代用品开发和生产，先进农业技术在中药材规范化种植、养殖中的应用 3. 海洋资源综合利用、海洋环境保护及科学开发、海洋生态修复等技术研发；海洋医药与生化制品技术开发与服务；海洋生物质能、海洋能（包括潮汐能、潮流能、波浪能等）技术开发；海洋工程装备研发与应用技术开发 4. 云计算、边缘计算、物联网、区块链、高性能计算、大数据、新媒体等数字经济相关产业的技术、产品研发服务；物流公共信息平台开发及建设；科技信息交流、文献信息检索、技术咨询、技术孵化、科技成果评估、科技成果转移转化服务和科技鉴定等服务；跨境数据库服务，信息技术外包、业务流程外包、知识流程外包等技术先进型服务；动漫及衍生产品研发 5. 知识产权代理、转让、登记、鉴定、检索、分析、评估、运营、认证、咨询等服务 6. 管理咨询、城市规划、工程管理、节能环保等专业服务 7. 资产评估、校准检测、检验等服务 8. 文化创意设计服务、文化信息资源开发及创作服务；海上运动、海域低空飞行、邮轮旅游、游艇旅游、海岛旅游的经营

续表

地区	相同优惠行业
上海自贸试验区临港新片区、海南自由贸易港、横琴粤澳深度合作区、广州南沙开发区	1. 集成电路设计；先进半导体工艺、装备和器件研发与制造；基础、平台及应用软件开发；半导体关键材料研发与制造 2. AI 芯片研发与制造；智能硬件研发与制造；智能网联汽车、智能型新能源汽车研发与制造；开发平台、工具软件及智能信息技术服务 3. 生物医药前沿生命科技与产品研发；生物制品研发与制造 4. 航空发动机整机及关键核心部件研发与制造；航空关键材料研发与制造

各地区“符合条件的法人企业”不存在明显共性特征，下文将对各地区的个性分析部分详细论述。

1.1.2 进口关税、进口环节增值税和消费税

各地区进口关税、进口环节增值税和消费税不存在明显共性特征。

1.1.3 个人所得税

各地区个人所得税不存在明显共性特征。

1.2 上海自由贸易区税收减免税政策及其他税务优惠

1.2.1 企业所得税

（1）根据《财政部税务总局关于中国（上海）自贸试验区临港新片区重点产业企业所得税政策的通知》（财税〔2020〕38 号）的规定，对新片区内从事集成电路、人工智能、生物医药、民用航空等关键领域核心环节相关产品（技术）业务，并开展实质性生产或研发活动的符合条件的法人企业，自设立之日起 5 年内减按 15% 的税率征收企业所得税。

根据该通知，其中“符合条件的法人企业”须满足以下条件：

首先，自 2020 年 1 月 1 日起在新片区内注册登记（不包括从外区域迁入新片区的企业），主营业务为从事《新片区集成电路、人工智能、生物医药、民用航空关键领域核心环节目录》中相关领域环节实质性生产或研发活动的法人企业；实质性生产或研发活动是指，企业拥有固定生产经营场所、固定工作人员，具备与生产或研发活动相匹配的软硬件支撑条件，并在此基础上开展相关业务。

其次，企业主要研发或销售产品中至少包含 1 项关键产品（技术）。

关键产品（技术）是指在集成电路、人工智能、生物医药、民用航空等重点领域产业链中起到重要作用或不可或缺的产品（技术）。

再次，企业投资主体条件为：

①企业投资主体在国际细分市场影响力排名居于前列，技术实力居于业内前列；

②企业投资主体在国内细分市场居于领先地位，技术实力在业内领先。

最后，企业研发生产条件如表14所示：

表14　生产条件

序号	生产条件
1	企业拥有领军人才及核心团队骨干，且在国内外相关领域长期从事科研生产工作
2	企业拥有核心关键技术，并对其主要产品具备建立自主知识产权体系的能力
3	企业具备推进产业链核心供应商多元化，同时具备牵引国内产业升级的能力
4	企业具备高端供给能力，且其核心技术指标能够达到国际前列或国内领先
5	企业研发成果（技术或产品）已被国际国内一线终端设备制造商采用或已经开展紧密实质性合作（包括资本、科研、项目等领域）
6	企业获得国家或省级政府科技或产业化专项资金、政府性投资基金或取得知名投融资机构投资

此外，该通知附有新片区集成电路、人工智能、生物医药、民用航空关键领域核心环节目录，重点摘录如表15所示：

表15　重点摘录

分类	内容
集成电路	集成电路设计
	先进半导体工艺、装备和器件研发与制造
	基础、平台及应用软件开发
	半导体关键材料研发与制造
	共性技术研发、检测、认证等高技术服务
人工智能	AI芯片研发与制造
	智能硬件研发与制造
	智能传感器研发与制造
	开发平台、工具软件及智能信息技术服务
	智能机器人研发与制造
	智能网联汽车、智能型新能源汽车研发与制造
	智能装备及材料研发与制造
	共性技术开发与技术基础服务

续表

分类	内容
生物医药	前沿生命科技与产品研发
	生物制品研发与制造
	高端中西药研发与制造
	高端医药装备研发与制造
	高端医疗器械研发与制造
	临床试验等专业技术服务
民用航空	民用飞机整机及关键系统研发与制造
	航空发动机整机及关键核心部件研发与制造
	航空关键材料研发与制造
	试飞、适航等航空产业链配套服务

（2）根据《财政部、国家税务总局关于中国（上海）自由贸易试验区内企业以非货币性资产对外投资等资产重组行为有关企业所得税政策问题的通知》（财税〔2013〕91号）的规定，注册在试验区内的企业，因非货币性资产对外投资等资产重组行为产生资产评估增值，据此确认的非货币性资产转让所得，可在不超过5年期限内，分期均匀计入相应年度的应纳税所得额，按规定计算缴纳企业所得税。

1.2.2 关税

根据《财政部、海关总署、国家税务总局关于中国（上海）自由贸易试验区有关进口税收政策的通知》（财关税〔2013〕75号）的规定，对设在试验区内的企业生产、加工并经“二线”销往内地的货物照章征收进口环节增值税、消费税。根据企业申请，试行对该内销货物按其对应进口料件或按实际报验状态征收关税的政策。

1.2.3 增值税

（1）根据《财政部、海关总署、税务总局关于中国（上海）自由贸易试验区临港新片区有关增值税政策的通知》（财税〔2021〕3号）、《财政部、海关总署、税务总局关于完善启运港退税政策的通知》（财税〔2018〕5号）、《国务院关于印发中国（上海）自由贸易试验区临港新片区总体方案的通知》（国发〔2019〕15号）、《财政部、国家税务总局关于全面推开营业税改征增值税试点的通知》（财税〔2016〕36号，部分失效）等相关规定，对符合条件的出口企业从启运地口岸（以下称启运港）启运报关出口，由符合条件的运输企业承运，从水路转关直航或经停指定口岸（以下称经停港），自离境地口岸（以下称离境港）离境的集装箱货物，实行启运港退税政策。对从经停港报关出口、由符合条件的运输企业途中加装的集装箱货物，符合前款规定的运输方式、离境地点要求的，以经停港作为货物的启运港，也实行启运港退税政策。

该政策的适用条件如表16所示：

表16 政策适用条件

序号	分类	内容
1	启运港	启运港为泸州市泸州港、重庆市果园港、宜昌市云池港、岳阳市城陵矶港、武汉市阳逻港、九江市城西港、芜湖市朱家桥港、南京市龙潭港、张家港市永嘉港、南通市狼山港、苏州市太仓港、连云港市连云港港、青岛市前湾港
2	离境港	离境港为上海市外高桥港区、上海市洋山保税港区
3	经停港	启运港均可作为经停港。承运适用启运港退税政策货物的船舶，可在经停港加装、卸载货物。从经停港加装的货物，须为已报关出口、经由上述第2项规定的离境港离境的集装箱货物
4	运输企业及运输工具	运输企业为在海关的信用等级为一般信用企业或认证企业，并且纳税信用级别为B级及以上的航运企业。运输工具为配备导航定位、全程视频监控设备并且符合海关对承运海关监管货物运输工具要求的船舶。税务总局定期向海关总署传送纳税信用等级为B级及以上的企业名单。企业纳税信用等级发生变化的，定期传送变化企业名单。海关总署根据上述纳税信用等级等信息确认符合条件的运输企业和运输工具
5	出口企业	出口企业的出口退（免）税分类管理类别为一类或二类，并且在海关的信用等级为一般信用企业或认证企业。海关总署定期向税务总局传送一般信用企业或认证企业名单。企业信用等级发生变化的，定期传送变化企业名单。税务总局根据上述名单等信息确认符合条件的出口企业
6	危险品	危险品不适用启运港退税政策

（2）根据《财政部、国家税务总局关于全面推开营业税改征增值税试点的通知》（财税〔2016〕36号）、《财政部海关总署税务总局关于中国（上海）自由贸易试验区临港新片区有关增值税政策的通知》（财税〔2021〕3号），注册在

洋山特殊综合保税区内的企业，在洋山特殊综合保税区内提供交通运输服务、装卸搬运服务和仓储服务取得的收入免征增值税。交通运输服务、装卸搬运服务和仓储服务的具体范围，按照财税〔2016〕36号文执行。

（3）根据《财政部、国家税务总局关于调整进口飞机有关增值税政策的通知》（财关税〔2013〕53号）、《海关总署关于调整进口飞机进口环节增值税有关问题的通知》（署税发〔2013〕90号）、《财政部海关总署国家税务总局关于中国（上海）自由贸易试验区有关进口税收政策的通知》（财关税〔2013〕75号）的规定，试验区内注册的国内租赁公司或其设立的项目子公司，经国家有关部门批准从境外购买空载重量在25吨以上并租赁给国内航空公司使用的飞机按5%征收进口环节增值税。

1.2.4 进口免税

《财政部、海关总署、国家税务总局关于中国（上海）自由贸易试验区有关进口税收政策的通知》（财关税〔2013〕75号）第3条规定，在现行政策框架下，对试验区内生产企业和生产性服务业企业进口所需的机器、设备等货物予以免税，但生活性服务业等企业进口的货物以及法律、行政法规和相关规定明确不予免税的货物除外。

1.2.5 保税展示交易

根据《财政部、海关总署、国家税务总局关于中国（上海）自由贸易试验区有关进口税收政策的通知》（财关税〔2013〕75号）的规定，在严格执行货物进口税收政策的前提下，允许在特定区域设立保税展示交易平台。对于符合条件的区内企业在向海关提供足额税款担保（保证金或银行保函）的基础上，允许企业可以在区外或者区内指定场所开展保税展示交易，对展示期间发生内销的货物实施先销后税、集中申报。

1.3 海南自由贸易港税收减免税政策及其他税务优惠

1.3.1 企业所得税

（1）根据财政部、税务总局联合印发的《关于海南自由贸易港企业所得税优惠政策的通知》（财税〔2020〕31号）、《中共中央、国务院印发〈海南自由贸易港建设总体方案〉》的规定，全岛封关运作前，注册在海南自由贸易港并实质性运营的鼓励类产业企业，减按15%征收企业所得税。全岛封关运作后，将按负面清单行业管理，不在负面清单行业内的企业，减按15%征收企业所得税。

企业须满足的条件如表 17 所示：

表 17　企业须满足的条件

序号	分类	内容
1	注册在海南自由贸易港并实质性运营的鼓励类产业企业	鼓励类产业企业，是指以海南自由贸易港鼓励类产业目录中规定的产业项目为主营业务，且其主营业务收入占企业收入总额 60% 以上的企业
2	满足右侧任一条件	对于总机构设在海南自由贸易港的符合条件的企业，仅对于其设在海南自由贸易港的总机构和分支机构的所得
		对于总机构设在海南自由贸易港以外的企业，仅对于其设在海南自由贸易港内的符合条件的分支机构的所得

（2）根据《海南自由贸易港建设总体方案》的规定，旅游业、现代服务业、高新技术产业企业 2025 年前新增境外直接投资所得免征企业所得税。

（3）根据《海南自由贸易港建设总体方案》的规定，企业资本性支出可一次性税前扣除或加速折旧和摊销。

（4）根据财政部、税务总局联合印发《关于海南自由贸易港企业所得税优惠政策的通知》（财税〔2020〕31 号）的规定，对于部分在海南自贸港设立的企业，新购置（含自建、自行开发）固定资产或无形资产，单位价值不超过 500 万元（含）的，允许一次性计入当期成本费用在计算应纳税所得额时扣除，不再分年度计算折旧和摊销；新购置（含自建、自行开发）固定资产或无形资产，单位价值超过 500 万元的，可以缩短折旧、摊销年限或采取加速折旧、摊销的方法。

根据《海南自由贸易港鼓励类产业目录（2020 年本）》界定指引，海南自由贸易港鼓励类产业主要包括农、林、牧、渔业、制造业、建筑业、批发和零售业、交通运输、仓储和邮政业、住宿和餐饮业、信息传输、软件和信息技术服务业、金融业、租赁和商务服务业、科学研究和技术服务业、水利、环境和公共设施管理业、教育、卫生和社会工作以及文化、体育和娱乐业。以上鼓励类产业的基本内容如表 18 所示：

表 18　产业及内容

行业	主要内容
农、林、牧、渔业	水产品质量安全保障体系建设与运营
	热带经济林基地建设和动植物药材资源的保护和可持续利用

续表

行业	主要内容
制造业	深远海养殖、加工产业及装备示范应用
	深海鱼油、蛋白粉、甲壳素提取等水产品加工
建筑业	港口码头建设及养护
	沿海深水航道、防波堤和内河航道、通航建筑物建设及养护
批发和零售业	农林产品贸易营销中心建设
	大宗商品贸易
交通运输、仓储和邮政业	公路旅客运输，邮轮、游艇、游船产业及服务
	农林渔产品、食品、药品仓储保鲜冷链物流集配中心等
住宿和餐饮业	酒店、特色化中小型家庭旅馆、乡村民宿、特色餐饮品牌化建设及连锁化经营等
信息传输、软件和信息技术服务业	5G 和 6G 技术开发及商业化应用
	互联网信息服务等
金融业	个人征信、企业征信、信用评级、增信等金融中介服务业务
	金融资讯和金融数据等金融信息服务业务等
租赁和商务服务业	展览服务
	质检技术服务等
科学研究和技术服务业	中医药服务标准、知识产权推广与应用
	深远海服务保障基地建设等
水利、环境和公共设施管理业	天然气热电联产
	直供电、储能、氢能、LNG 中转站投资运营等
教育	高等教育
	国际教育等
卫生和社会工作	高端医疗装备、新药品应用
	中医药服务贸易等
文化、体育和娱乐业	文物保护利用及相关服务
	文物拍卖业务
	智能体育及电子竞技等

通过对比海南、上海、横琴、广州等地的企业所得税税收优惠政策可知，海南、上海、横琴、广州等地在税收优惠上存在的主要差异如表 19 所示（若该地区存在此项优惠则标识为“√”，若该地区不存在此项优惠则标识为“×”）：

表 19　税收优惠差异

企业所得税优惠行业		海南	上海	横琴	广州	备注
农、林、牧、渔业	水产品质量安全保障体系建设与运营	√	×	×	×	上海对于整个农、林、牧、渔业均不存在优惠政策，故本部分着重比较农、林、牧、渔业目录下的具体分类在海南、横琴和广州的区别
	热带经济林基地建设	√	×	×	×	
制造业	热带农林产品精深加工	√	×	×	×	上海对于整个制造业均不存在优惠政策，故本部分着重比较制造业目录下的具体分类在海南、横琴和广州的区别
	机制砂生产	√	×	×	×	
	海砂淡化	√	×	×	×	
	低硫油、生物质油的调制与应用	√	×	×	×	
建筑业	运动船艇码头等户外运动基础设施建设	√	×	√	√	横琴将该行业划分至“旅游业”；广州将该行业划分至“现代服务业”
批发和零售业	农林产品贸易营销中心建设	√	×	×	×	上海对于整个批发和零售业均不存在优惠政策，故本部分着重比较批发和零售业目录下的具体分类在海南、横琴和广州的区别。横琴将“拍卖公司建设与运营”划分至“现代服务业”
	种业国际贸易	√	×	×	×	
	拍卖公司建设与运营	√	×	√	×	
交通运输、仓储和邮政业	农林渔产品、食品、药品仓储保鲜冷链物流集配中心	√	×	×	×	上海对于整个交通运输及仓储行业均不存在优惠政策，故本部分着重比较交通运输及仓储行业目录下的具体分类在海南、横琴和广州的区别
	国际无船承运人业务	√	×	×	×	
	国际寄递物流	√	×	×	×	

续表

企业所得税优惠行业		海南	上海	横琴	广州	备注
金融业	个人征信、企业征信、信用评级、增信等金融中介服务业务	√	×	×	×	上海对于整个金融业均不存在优惠政策，故本部分着重比较金融业目录下的具体分类在海南、横琴和广州的区别
	金融资讯和金融数据等金融信息服务业务	√	×	×	×	
	航运相关金融服务	√	×	×	×	
	服务“三农”、小型微型企业、小微企业主、个体工商户的小额贷款金融服务	√	×	√	×	
	人身保险、再保险、相互保险、自保，保险中介业务	√	√	×	√	
租赁和商务服务业	展览服务、质检技术服务	√	×	×	×	上海对于整个租赁和商务服务业均不存在优惠政策，故本部分着重比较租赁和商务服务业目录下的具体分类在海南、横琴和广州的区别。横琴将“跨国公司区域总部”划分至“现代服务业”
	专业社会组织和人才中介服务机构培育、中小企业社会化服务体系建设	√	×	×	×	
	跨国公司区域总部	√	×	√	×	
	服务外包	√	×	×	×	
科学研究和技术服务业	种业检测检疫、种业生物技术开发监管体系建设与运营	√	×	×	×	
	智慧海洋与海洋信息服务	√	×	√	×	

续表

<table>
<tr><th colspan="2">企业所得税优惠行业</th><th>海南</th><th>上海</th><th>横琴</th><th>广州</th><th>备注</th></tr>
<tr><td rowspan="6">科学研究和技术服务业</td><td>商业航天发射、商业卫星测控等服务</td><td>√</td><td>×</td><td>×</td><td>×</td><td rowspan="6">上海对于整个科学研究和技术服务业均不存在优惠政策，故本部分着重比较科学研究和技术服务业目录下的具体分类在海南、横琴和广州的区别。横琴将“智慧海洋与海洋信息服务”划分至“高新技术产业”，将“国内外科研机构分支机构、新型研发机构”划分至“科教研发产业”</td></tr>
<tr><td>航空人员培训、航空航天科普、航空航天文创</td><td>√</td><td>×</td><td>×</td><td>×</td></tr>
<tr><td>国内外科研机构或基地及其分支机构、国际科技创新机构建设与运营</td><td>√</td><td>×</td><td>√</td><td>×</td></tr>
<tr><td>资源库（馆、中心）、科学数据中心建设与运营</td><td>√</td><td>×</td><td>×</td><td>×</td></tr>
<tr><td>动植物遗传工程及基因库建设</td><td>√</td><td>×</td><td>×</td><td>×</td></tr>
<tr><td>农林产品商标品牌建设</td><td>√</td><td>×</td><td>×</td><td>×</td></tr>
<tr><td rowspan="4">水利、环境和公共设施管理业</td><td>救助与打捞基地建设、救助飞行基地建设、救助打捞人员培训、智能航运测试与示范</td><td>√</td><td>×</td><td>×</td><td>×</td><td rowspan="4">上海对于整个水利、环境和公共设施管理业均不存在优惠政策，故本部分着重比较水利、环境和公共设施管理业目录下的具体分类在海南、横琴和广州的区别</td></tr>
<tr><td>节能节水、低碳循环、治污减排、监测监控等核心节能环保技术工艺、成套产品研发与产业化</td><td>√</td><td>×</td><td>×</td><td>×</td></tr>
<tr><td>天然气热电联产</td><td>√</td><td>×</td><td>×</td><td>×</td></tr>
<tr><td>直供电、储能、氢能、LNG 中转站投资运营</td><td>√</td><td>×</td><td>×</td><td>×</td></tr>
</table>

续表

企业所得税优惠行业		海南	上海	横琴	广州	备注
卫生和社会工作	热带病研究、诊断与防治	√	×	×	×	上海对“卫生和社会工作”行业的表述为“生物医药”，横琴的表述为“医药卫生产业”，广州的表述为“生物医药”
	医疗机构经营	√	×	×	×	
	绿色道地药材和特色健康产品的交易平台	√	×	×	×	
文化、体育和娱乐业	文物保护利用及相关服务、文物拍卖业务	√	×	×	×	上海对于整个文化、体育和娱乐业均不存在优惠政策，故本部分着重比较文化、体育和娱乐业目录下的具体分类在海南、横琴和广州的区别
	出版物展示、交易和发行网点（实体书店）建设	√	×	×	×	
	国际艺术品展示交易拍卖	√	×	×	×	
	线上旅游服务	√	×	×	×	

1.3.2 进口关税、进口环节增值税和消费税

（1）根据《海南自由贸易港建设总体方案》、《财政部、海关总署、税务总局关于海南自由贸易港原辅料“零关税”政策的通知》（财关税〔2020〕42号）、《财政部、海关总署、税务总局关于海南自由贸易港交通工具及游艇“零关税”政策的通知》（财关税〔2020〕54号）、《财政部、海关总署、税务总局关于海南自由贸易港自用生产设备“零关税”政策的通知》（财关税〔2021〕7号）的规定，以下物品免征进口关税、进口环节增值税和消费税：（见表20）

表20　相应物品

序号	主要内容
1	企业进口自用生产设备
2	进口营运用交通工具及游艇
3	进口生产原辅料
4	岛内居民购买的进境商品

续表

序号	主要内容
5	在海南岛全岛封关运作前，对在海南自贸港注册登记并具有独立法人资格的企业，进口用于生产自用、以“两头在外”模式进行生产加工活动或以“两头在外”模式进行服务贸易过程中所消耗的原辅料
6	对海南自贸港注册登记并具有独立法人资格，从事交通运输、旅游业的企业（航空企业须以海南自由贸易港为主营运基地），进口用于交通运输、旅游业的船舶、航空器、车辆等营运用交通工具及游艇
7	对海南自贸港注册登记并具有独立法人资格的企业进口自用的生产设备，除法律法规和相关规定明确不予免税、国家规定禁止进口的商品，以及《海南自由贸易港“零关税”自用生产设备负面清单》所列设备外

海南自由贸易港“零关税”自用生产设备负面清单如表21所示：

表21　负面清单

分类	内容
“零关税”自用生产设备负面清单	法律法规和相关规定明确不予免税、国家规定禁止进口的商品
	煤炭开采和洗选业、黑色金属采选业、有色金属采选、非金属矿采选业企业进口的设备（从事建筑用砂、石、土和地热、矿泉水、海域矿产资源生产的企业除外）
	皮革鞣制加工业、毛皮鞣制及制品加工业企业进口的设备
	煤化工业、核燃料加工业企业进口的设备
	电石法聚氯乙烯业、铬盐业企业进口的设备
	黑色金属冶炼和压延加工业企业进口的设备
	有色金属冶炼和压延加工业企业进口的设备
	金属表面处理及热处理加工业中的电镀工艺，铅蓄电池制造业，印刷电路板等高污染、高环境风险生产制造业，金属废料和碎屑加工处理中的旧电池拆解回收业（新能源汽车动力蓄电池梯次利用所需设备除外）企业进口的设备
	煤制品制造业、核辐射加工业企业进口的设备
	水力发电中的小水电业企业进口的设备
	燃煤电力、热力生产和供应业企业进口的设备

（2）根据《海南自由贸易港建设总体方案》，对原产于海南或含进口料件加工增值超过30%的货物进入内地免征进口关税。

1.3.3　零关税

财政部、海关总署、税务总局联合印发的《关于海南自由贸易港原辅料“零关税”政策的通知》（财关税〔2020〕42号）规定了，椰子等农产品、煤炭等资源性产品、二甲苯等化工品及光导纤维预制棒等原辅料，以及飞机、其他航空器和船舶维修零部件共169项8位税目商品的《海南自由贸易港“零关税”原辅料清单》。

1.3.4　个人所得税

根据《海南自由贸易港建设总体方案》、《关于海南自由贸易港高端紧缺人才个人所得税政策的通知》（财税〔2020〕32号）、《关于落实海南自由贸易港高端紧缺人才个人所得税优惠政策有关问题的通知》（琼财税〔2020〕1019号）的规定，2025年前，对在海南自由贸易港工作的高端人才和紧缺人才，其个人所得税实际税负超过15%的部分，予以免征，包括综合所得（工资薪金、劳务报酬、稿酬、特许权使用费）、经营所得（从事生产、经营活动取得的所得）、经海南省认定人才补贴性所得。2035年前，只要是一个纳税年度内在海南自由贸易港累计居住满183天的个人，其取得来源于海南自由贸易港范围内的综合所得和经营所得，均按照3%、10%、15%三档超额累进税率征收个人所得税。

来自境内外的高端人才和紧缺人才享受上述优惠，须同时满足的条件如表22所示：

表22　须满足的条件

序号	主要内容
1	在海南自贸港工作
2	与在海南自贸港实质运营企业或单位签订1年以上劳动合同或聘用协议
3	一个纳税年度在海南自由贸易港“累计居住满183天”
4	高端人才界定要经海南省各级人才管理部门认定或者一个纳税年度内在海南收入达到30万元人民币以上

紧缺人才须满足表23所示五类条件中的一条。

表23 五类条件

序号	主要内容
1	旅游业、现代服务业、高新技术产业三大产业和农业领域、医疗、教育、体育、电信、互联网、文化、维修、金融、航运、物流等重点领域技能技术骨干和管理人才
2	海南省机关事业单位人才以及法定机构、社会组织聘用人才
3	符合《外国人来海南工作许可管理服务暂行办法》相关标准的外国人才（C类）
4	在海南自由贸易港执业的港澳台人才
5	海南其他非限制性准入行业领域急需的技能技术骨干和管理人才

1.3.5 免税购物

根据《关于海南离岛旅客免税购物政策的公告》（2020年第33号）的规定，离岛免税购物额度调高至每年每人10万元并增加品种。离岛旅客每年每人免税购物额度为10万元，不限次；扩大免税商品种类，增加电子消费产品等7类消费者青睐商品；仅限定化妆品（30件）、手机（4件）和酒类（合计不超过1500毫升）商品的单次购买数量。离岛旅客购买免税品可选择邮寄送达方式提货；岛内居民离岛前购买免税品，可选择返岛提取。

2023年3月18日，海关总署、财政部、税务总局公告2023年第25号文规定，增加海南离岛免税购物“担保即提”和“即购即提”提货方式，离岛旅客凭有效身份证件或旅行证件和离岛信息在海南离岛免税商店（不含网上销售窗口）购买免税品时，除在机场、火车站、码头指定区域提货以及可选择邮寄送达或岛内居民返岛提取方式外，可对单价超过5万元（含）的免税品选择“担保即提”提货方式，可对单价不超过2万元（不含）且在该公告附件清单内的免税品选择“即购即提”提货方式。使用“担保即提”“即购即提”方式购买的离岛免税品属于消费者个人使用的最终商品，应一次性携带离岛，不得再次销售。

1.4 横琴粤澳深度合作区税收减免税政策及其他税务优惠

1.4.1 企业所得税

（1）根据《财政部、税务总局关于横琴粤澳深度合作区企业所得税优惠政策的通知》（财税〔2022〕19号）的规定，对设在横琴粤澳深度合作区符合条件的产业企业，减按15%的税率征收企业所得税。

享受本条优惠政策的企业须符合的条件如表24所示：

表24　须符合的条件

序号	分类	内容
1	以《横琴粤澳深度合作区企业所得税优惠目录（2021版）》中规定的产业项目为主营业务，且其主营业务收入占收入总额60%以上	收入总额按照《企业所得税法》第6条规定执行
2	进行实质性运营	实质性运营是指企业的实际管理机构设在横琴粤澳深度合作区，并对企业生产经营、人员、账务、财产等实施实质性全面管理和控制。对不符合实质性运营的企业，不得享受优惠。对总机构设在横琴粤澳深度合作区的企业，仅就其设在合作区内符合本条规定条件的总机构和分支机构的所得适用15%税率；对总机构设在合作区以外的企业，仅就其设在合作区内符合本条规定条件的分支机构所得适用15%税率。具体征管办法按照税务总局有关规定执行

（2）根据《财政部、税务总局关于横琴粤澳深度合作区企业所得税优惠政策的通知》（财税〔2022〕19号）的规定，在横琴粤澳深度合作区设立的旅游业、现代服务业、高新技术产业企业新增境外直接投资取得的所得，符合表25条件的，免征企业所得税。

表25　相关条件

序号	条件
1	从境外新设分支机构取得的营业利润；或从持股比例超过20%（含）的境外子公司分回的，与新增境外直接投资相对应的股息所得
2	被投资国（地区）的企业所得税法定税率不低于5%

该条所称旅游业、现代服务业、高新技术产业，按照《横琴粤澳深度合作区企业所得税优惠目录（2021版）》中规定的旅游业、现代服务业、高新技术产业执行。

（3）根据《财政部、税务总局关于横琴粤澳深度合作区企业所得税优惠政策的通知》（财税〔2022〕19号）第3条规定，对在横琴粤澳深度合作区设立的企业，新购置（含自建、自行开发）固定资产或无形资产，单位价值不超过500

万元（含）的，允许一次性计入当期成本费用在计算应纳税所得额时扣除，不再分年度计算折旧和摊销；新购置（含自建、自行开发）固定资产或无形资产，单位价值超过500万元的，可以缩短折旧、摊销年限或采取加速折旧、摊销的方法。该条所称固定资产，是指除房屋、建筑物以外的固定资产。

根据《横琴粤澳深度合作区企业所得税优惠目录（2021版）》，横琴粤澳深度合作区企业所得税区别于其他区域的个性化优惠目录如表26所示：

表26　个性化优惠目录

分类	内容
高新技术产业	第五代及后续移动通信系统手机、基站、核心网设备以及网络检测设备的研发、制造
	5MW级以上风电机组设计技术、风电场配套技术开发
	网络关键设备的构建技术、大数据库技术研发
	网络安全产品、数据安全产品、网络监察专用设备开发制造
	产业集聚区配套公共服务和技术开发
	软交换和VoIP系统、业务运营支撑管理系统、电信网络增值业务应用系统开发
	数字化多功能雷达整机
	空中管制系统
	碳捕集、利用与封存（CCUS）技术研发与服务
	放射性、毒品等违禁品、核生化恐怖源等危险物品快速探测检测技术开发
	重大事故灾害智能无人应急救援关键技术开发
科教研发产业、中医药产业及医药卫生产业	国内外科研机构分支机构、新型研发机构
	中医药服务贸易、中医药科技服务成果转化等中介机构
	制药新工艺新品种研发与生产
	医药研发中心
	国际性医疗组织、医药博物馆的运营
	动植物药材资源开发、中药材GAP生产基地的运营
现代服务业	快递营业网点、门店等运营
	城市供气、供冷、供排水管网建设及城镇地下管网建设与经营
	机械式立体停车库等集约化的停车设施运营
	合同生产组织（CMO）等所提供的专业性综合服务
	中葡国际贸易中心和数字贸易国际枢纽港的运营
	拍卖公司运营

1.4.2　个人所得税

根据《财政部、税务总局关于横琴粤澳深度合作区个人所得税优惠政策的通知》（财税〔2022〕3号）规定，对在横琴粤澳深度合作区工作的澳门居民，其个人所得税负超过澳门税负的部分予以免征，对在横琴粤澳深度合作区工作的境内外高端人才和紧缺人才，其个人所得税负超过15%的部分予以免征。

1.5　广东、北京、浙江等热点地区减免税政策及其他税务优惠

1.5.1　广东省减免税政策及其他税务优惠

广东省内有税收优惠的主要有珠三角、南沙大湾区等。

1.5.1.1　企业所得税

（1）根据《财政部、税务总局关于广州南沙企业所得税优惠政策的通知》（财税〔2022〕40号）的规定，对设在南沙先行启动区符合条件的鼓励类产业企业，减按15%的税率征收企业所得税。

享受本条优惠政策的企业须符合的条件如表27所示：

表27　须符合的条件

序号	分类	内容
1	以《广州南沙企业所得税优惠目录（2022版）》中规定的产业项目为主营业务，且其主营业务收入占收入总额60%以上	收入总额按照《企业所得税法》第6条规定执行
2	开展实质性运营	对不符合实质性运营的企业，不得享受优惠。实质性运营是指企业的实际管理机构设在南沙先行启动区，并对企业生产经营、人员、账务、财产等实施实质性全面管理和控制。对总机构设在南沙先行启动区的企业，仅就其设在南沙先行启动区内符合该条规定条件的总机构和分支机构的所得适用15%税率；对总机构设在南沙先行启动区以外的企业，仅就其设在南沙先行启动区内符合该条规定条件的分支机构所得适用15%税率。具体征管办法按照税务总局有关规定执行

（2）根据国家税务总局《支持协调发展优惠政策指引》（2023年7月20日），对在横琴粤澳深度合作区设立的旅游业、现代服务业、高新技术产业企业新增境外直接投资取得的所得，免征企业所得税。

该通知所称新增境外直接投资所得应当符合的条件如表28所示：

表28　应当符合的条件

序号	条件
1	从境外新设分支机构取得的营业利润；或从持股比例超过20%（含）的境外子公司分回的，与新增境外直接投资相对应的股息所得
2	被投资国（地区）的企业所得税法定税率不低于5%

该通知所称旅游业、现代服务业、高新技术产业，按照《广州南沙企业所得税优惠目录》中规定的旅游业、现代服务业、高新技术产业执行。

（3）根据《财政部、税务总局关于广州南沙企业所得税优惠政策的通知》（财税〔2022〕40号），对在横琴粤澳深度合作区设立的企业，新购置（含自建、自行开发）固定资产或无形资产，单位价值不超过500万元（含）的，允许一次性计入当期成本费用在计算应纳税所得额时扣除，不再分年度计算折旧和摊销；新购置（含自建、自行开发）固定资产或无形资产，单位价值超过500万元的，可以缩短折旧、摊销年限或采取加速折旧、摊销的方法。

根据《广州南沙企业所得税优惠目录（2022版）》，广州南沙企业所得税区别于其他区域的个性化优惠目录如表29所示：

表29　个性化优惠目录

分类	内容
高新技术重点产业	图形图像识别和处理系统研发与制造
	机器人及集成系统
	智能电网等智慧城市技术研发
	新型电子元器件研发与制造
	高档数控机床及配套数控系统开发
	智能制造关键技术装备研发与制造
	医疗电子等产品制造
	汽车电子控制系统
	智能纯电动汽车
	卫星通信系统、地球站设备制造及建设
	多用途模块化小型堆设备研发与制造
	高技术附加值船舶开发与制造

续表

分类	内容
信息技术	安全硬件设备制造与软件系统开发
	可编程控制系统（PLC）的开发与制造
先进制造	汽车车载充电机的研发与制造
	航空器地面模拟训练系统开发与制造
	智能环保型关键船用配套设备研发与制造
	海水淡化工程及设备的研发与制造
	精密模具设计与制造
	数据存储材料研发与制造
	大型工业控制机及控制器制造、研发
	电磁兼容检测设备研发与制造
	数字化多功能雷达整机研发及制造
生物医药	第三方医疗检测卫生检测
	蛋白质高效分离和纯化设备
新能源与新材料	天然气水合物（可燃冰）等非常规资源勘探开发
	高效制氢、运氢及高密度储氢技术
	传统能源与新能源发电互补技术开发
	航空航天用新型材料研发与制造
	锂离子电池自动化
航运物流	物流公共信息平台开发及建设
	国际邮轮运营管理服务
现代服务业	港澳青年创新创业基地运营
	纯电动和天然气船舶

1.5.1.2　个人所得税

（1）《财政部、税务总局关于广州南沙个人所得税优惠政策的通知》（财税〔2022〕29号）规定，对在广州南沙工作的香港居民，其个人所得税税负超过香港税负的部分予以免征；对在广州南沙工作的澳门居民，其个人所得税税负超过澳门税负的部分予以免征。所得包括来源于广州南沙的综合所得（包括工资薪金、劳务报酬、稿酬、特许权使用费四项所得）、经营所得以及经地方政府认定的人才补贴性所得。纳税人在广州南沙办理个人所得税年度汇算清缴时享受上述优惠政策。

（2）《财政部、税务总局关于粤港澳大湾区个人所得税优惠政策的通知》（财税〔2019〕31号）和《关于贯彻落实粤港澳大湾区个人所得税优惠政策的通知》（粤财税〔2019〕2号）规定，对在大湾区工作的境外高端人才和紧缺人才，其在珠三角九市缴纳的个人所得税已缴税额超过其按应纳税所得额的15%计算的税额部分，由珠三角九市人民政府给予财政补贴，该补贴免征个人所得税。

1.5.2　北京市减免税政策及其他税务优惠

北京市的减免税政策及其他税务优惠主要集中于中关村国家自主创新示范区。

1.5.2.1　企业所得税

（1）根据中关村国家自主创新示范区《深化北京市新一轮服务业扩大开放综合试点建设国家服务业扩大开放综合示范区工作方案》规定，对符合条件的公司型创投企业按照企业年末个人股东持股比例免征企业所得税，鼓励长期投资，个人股东从该企业取得的股息红利按照规定缴纳个人所得税，具体条件由财政部、税务总局商有关部门确定。

（2）根据《财政部、税务总局、发展改革委、证监会关于中关村国家自主创新示范区公司型创业投资企业有关企业所得税试点政策的通知》（财税〔2020〕63号）规定，自2020年1月1日起，对中关村国家自主创新示范区内公司型创业投资企业，转让持有3年以上股权的所得占年度股权转让所得总额的比例超过50%的，按照年末个人股东持股比例减半征收当年企业所得税；转让持有5年以上股权的所得占年度股权转让所得总额的比例超过50%的，按照年末个人股东持股比例免征当年企业所得税。

公司型创业投资企业，应同时符合的条件如表30所示：

表30　应同时符合的条件

序号	条件
1	在示范区内注册成立，实行查账征收的居民企业
2	符合《创业投资企业管理暂行办法》（发展改革委等10部门令第39号）或者《私募投资基金监督管理暂行办法》（证监会令第105号）要求，并按照规定完成备案且规范运作

1.5.2.2　技术转让所得

根据《财政部、税务总局、科技部、知识产权局关于中关村国家自主创新示范区特定区域技术转让企业所得税试点政策的通知》（财税〔2020〕61号）规定，在中关村国家自主创新示范区特定区域内注册的居民企业，符合条件的技术转让所得，在一个纳税年度内不超过2000万元的部分，免征企业所得税；超过2000万元部分，减半征收企业所得税。

1.5.2.3　个人所得税

《北京市境外高端人才个人所得税补贴管理暂行办法》（京财税〔2021〕731号）第3条规定，在北京市特定区域对境外高端人才个人所得税实际税负超过15%部分给予补贴。

其中，该办法第4条指出北京市特定区域是指首都功能核心区、北京城市副中心、中国（北京）自贸试验区、中关村科学城、怀柔科学城、未来科学城、创新型产业集群和制造业高质量发展创新引领示范区等范围。该办法第5条亦指明了境外高端人才应符合的条件（见表31）。

表31　应符合的条件

分类	内容
境外高端人才条件	国家及北京市重大人才工程入选者，国家及北京市重大奖项获得者，国家及北京市认定的其他高端人才
	外国人来华工作许可证（A类）持有者，外国高端人才确认函持有者，符合外国人来华工作许可证（A类）认定标准并持有外国人在华永久居留身份证者
	承担国家及北京市科技计划重点项目、重大科技专项、重大科技基础设施等任务的创新团队核心成员，国家和北京市重大创新平台的负责人、研究员、实验室（中心）主任和科研团队核心成员，在京高等院校重点学科带头人及团队核心成员，在京医院获得正高级职称人员、高级管理人才和技术骨干
	经认定的“两区”建设重点企业、市级“服务包”企业、十大高精尖产业重点企业、国家和北京市重点高新技术企业、世界500强企业总部、跨国公司地区总部、“双自主”企业、高成长性创新型企业、文化产业重点企业等副总经理以上级别高级管理人才和首席科学家、技术总监、首席专家等高级专业技术人才以及关键技术岗位的业务骨干
	经认定的重点金融机构、重点投资基金和知识产权服务机构、各类孵化机构、科技创新服务机构等机构的法定代表人、总经理、创始人、主要股东、合伙人、合伙人委派代表等高级管理人才和高级专业技术人才
	对各相关区经济社会发展做出突出贡献的高端人才

境外高端人才本人为补贴的申请人。申请人不能自行提出申请的，可委托扣缴义务人或其他人员代为办理补贴申请手续。

此外，该办法第6条明确实际税负是指在北京市缴纳的个人所得税已缴税额占应纳税所得额的比重。其中，已缴税额是指表32中所得按照《个人所得税法》及相关规定缴纳的个人所得税。

表32　个人所得税

序号	分类
1	工资、薪金所得
2	劳务报酬所得
3	稿酬所得
4	特许权使用费所得
5	经营所得

表32中第一至四项所得称综合所得。

1.5.3　浙江省减免税政策及其他税务优惠

浙江省作为共同富裕示范区，税收优惠政策集中于重点群体，如残疾、孤老人员和烈属、贫困人口。

1.5.3.1　重点群体创业就业税收优惠政策

《浙江省财政厅、国家税务总局、浙江省税务局、浙江省人力资源和社会保障局、浙江省扶贫办公室关于落实重点群体创业就业有关税收优惠政策的通知》（浙财税政〔2019〕8号，已失效）规定，建档立卡贫困人口、持《就业创业证》（注明“自主创业税收政策”或“毕业年度内自主创业税收政策”）或《就业失业登记证》（注明“自主创业税收政策”）的人员，从事个体经营的，自办理个体工商户登记当月起，在3年（36个月）内，按每户每年14400元为限额，依次扣减其当年实际应缴纳的增值税、城市维护建设税、教育费附加、地方教育附加和个人所得税。企业招用建档立卡贫困人口，以及在人力资源和社会保障部门公共就业服务机构登记失业半年以上且持《就业创业证》或《就业失业登记证》（注明“企业吸纳税收政策”）的人员，与其签订1年以上期限劳动合同并依法缴纳社会保险费的，自签订劳动合同并缴纳社会保险当月起，在3年内按实际招用人数，以每人每年7800元的定额标准，依次扣减增值税、城市维护建设税、教育费附加、地方教育附加和企业所得税。

1.5.3.2 个人所得税

根据《浙江省财政厅国家税务总局浙江省税务局关于浙江省残疾、孤老人员和烈属减征个人所得税有关优惠政策的通知》（浙财税政〔2019〕9号）规定，浙江省残疾、孤老人员和烈属减征个人所得税有关优惠政策如表33所示：

表33 有关优惠政策

浙江省残疾、孤老人员和烈属减征个人所得税有关优惠政策	综合所得项目，年应纳个人所得税税额在6000元（含）以下的，减征100%；6000元以上的，定额减征6000元
	经营所得项目，年应纳个人所得税税额在6000元（含）以下的，减征100%；6000元以上的，定额减征6000元
	纳税人年度内存在综合所得和经营所得的，由纳税人选择一个所得类别享受减征税收优惠，两类所得不重复享受；纳税人同时符合残疾、孤老人员和烈属两种以上身份的，选择一种身份享受减征税收优惠，多重身份不重复享受

1.6 新疆维吾尔自治区、西藏自治区、宁夏回族自治区等少数民族自治区减免税政策及其他税务优惠

1.6.1 新疆喀什、霍尔果斯特殊经济开发区税务优惠政策

根据《财政部、国家税务总局关于新疆喀什、霍尔果斯两个特殊经济开发区企业所得税优惠政策的通知》（财税〔2011〕112号）、《财政部、国家税务总局、国家发展改革委、工业和信息化部关于完善新疆困难地区重点鼓励发展产业企业所得税优惠目录的通知》（财税〔2016〕85号）、《财政部、税务总局关于新疆困难地区及喀什、霍尔果斯两个特殊经济开发区新办企业所得税优惠政策的通知》（财税〔2021〕27号）、《财政部、税务总局、发展改革委、工业和信息化部关于印发新疆困难地区重点鼓励发展产业企业所得税优惠目录的通知》（财税〔2021〕42号）等通知的规定，新疆喀什、霍尔果斯特殊经济开发区的税务优惠政策如表34所示：

表34 税务优惠政策

新疆喀什、霍尔果斯特殊经济开发区税务优惠政策	自2021年1月1日至2030年12月31日，对在新疆喀什、霍尔果斯两个特殊经济开发区内新办的属于《新疆困难地区重点鼓励发展产业企业所得税优惠目录》范围内的企业，自取得第一笔生产经营收入所属纳税年度起，5年内免征企业所得税，第6年至第10年免征企业所得税地方分享部分

续表

新疆喀什、霍尔果斯特殊经济开发区税务优惠政策	自2021年1月1日至2030年12月31日，在新疆困难地区新办的属于《新疆困难地区重点鼓励发展产业企业所得税优惠目录》范围内的企业，自取得第一笔生产经营收入所属纳税年度起，第1年至第2年免征企业所得税，第3年至第5年减半征收企业所得税
	享受上述企业所得税定期减免税政策的企业，在减半期内，按照企业所得税25%的法定税率计算的应纳税额减半征税
	享受新疆困难地区及喀什、霍尔果斯两个特殊经济开发区企业所得税优惠政策的企业，须注册在新疆困难地区和喀什、霍尔果斯两个特殊经济开发区并实质性运营。实质性运营，是指企业的实际管理机构设在当地，并对企业生产经营、人员、账务、财产等实施实质性全面管理和控制
	享受新疆困难地区及喀什、霍尔果斯两个特殊经济开发区企业所得税优惠政策的企业，涉及外商投资的，应符合现行外商投资产业政策相关规定

1.6.2 西藏自治区税务优惠政策

根据《西藏自治区人民政府关于贯彻个人所得税法的通知》（藏政发〔2018〕38号）、《西藏自治区人民政府关于调整个人所得税费用扣除标准的通知》（藏政发〔2011〕70号）的规定，西藏自治区的税务优惠政策如下所示。

1.6.2.1 工资薪金所得

（1）机关、事业单位和社会团体职工（含合同制工人）取得的工资、薪金所得在计征个人所得税时，费用扣除标准为5000元。

机关、事业单位和社会团体职工在扣除5000元费用后，仍可继续扣除按照国家和西藏规定取得的西藏特殊津贴、固定工资、浮动工资及按照自治区人民政府规定的个人缴纳的住房公积金、医疗保险金等免税项目。

（2）企业及未按国家统一标准发放工资的事业单位和社会团体从业人员取得的工资、薪金所得在计征个人所得税时，一律按扣除限额扣除。具体扣除限额为：一、二类地区7500元，三类地区7900元，四类地区8300元。

企、事业单位和社会团体从业人员取得的工资薪金所得，在计征个人所得税时按照上述限额标准扣除后、仍可扣除个人按照自治区人民政府规定标准缴纳的住房公积金、医疗保险金、基本养老保险金、失业保险金等全国统一规定的免税项目。

1.6.2.2　个体工商户生产经营所得

（1）实行查账征收的个体工商户，业主的月费用扣除标准和其他生活补贴提高为：一、二类地区扣除标准为7500元，三类地区为7900元，四类地区为8300元。

（2）实行定期定额管理的个体工商户，每月免税扣除额（包括工资及生活等因素）提高为：一、二类地区为7500元，三类地区为7900元，四类地区为8300元。

1.6.2.3　对企事业单位的承包、承租经营所得

不论是按工资、薪金所得项目征税还是按对企、事业单位的承包、承租经营所得项目征税，其费用扣除一律按限额标准扣除，即一、二类地区为7500元，三类地区为7900元，四类地区为8300元。

1.6.2.4　公务交通和通信补贴扣除标准

个人取得的交通、通信补贴收入，扣除一定标准的公务费用后，按照“工资、薪金”所得项目计征个人所得税。公务费用限额扣除标准如下：公务交通补贴每人每月4000元，公务通信补贴每人每月1000元。

个人取得公务用车补贴、通信补贴在上述限额标准之内的，缴纳个人所得税时据实扣除，超过限额部分按规定计征个人所得税。

1.6.3　宁夏回族自治区

根据《宁夏回族自治区人民政府关于印发宁夏回族自治区招商引资政策若干规定的通知》（宁政规发〔2022〕1号）第12条规定，投资者除享受国家现行税收优惠政策外，可享受的自治区税收优惠政策如表35所示：

表35　自治区税收优惠政策

序号	税收优惠政策
1	对从事符合西部大开发税收优惠政策条件的新办企业，除减按15%的税率征收企业所得税外，自取得第一笔生产经营所得纳税年度起计算优惠期，实行企业所得税地方分享部分“三免三减半”
2	对首次被认定为高新技术企业的，企业所得税地方分享部分免征3年；对首次认定有效期满后当年重新认定为高新技术企业的，企业所得税地方分享部分减半征收3年

续表

序号	税收优惠政策
3	对投资者在宁投资新办且从事国家鼓励和自治区支持发展产业的企业，其自有自用土地的城镇土地使用税和自有自用房产的房产税实行“三免三减半”
4	对投资者新设立的银行、证券、保险、信托、期货、财务、金融租赁、融资租赁、消费金融、资产管理、第三方支付、小额贷款、融资性担保以及股权投资类企业等现代金融服务企业，从取得第一笔收入纳税年度起，免征企业所得税地方分享部分5年

2. 地区间税收优惠政策横向纵向对比分析

2.1 以税种为轴横向分析

为了更直观地呈现各地区间税收政策的不同，本部分将横向分析对比各地区某一税种的税收政策。

2.1.1 企业所得税

2.1.1.1 上海自由贸易区

（1）自2020年1月1日起在新片区内注册登记且不满5年（不包括从外区域迁入新片区企业）。

（2）从事集成电路、人工智能、生物医药、民用航空产业，且主营业务属于财税〔2020〕38号文规定的《新片区集成电路、人工智能、生物医药、民用航空关键领域核心环节目录》范围。

（3）在新片区开展实质性生产或研发活动。

（4）企业主要研发或销售产品中至少包含1项关键产品（技术）。

（5）关于企业投资主体条件和企业研发生产条件按财税〔2020〕38号文有关规定执行。自设立之日起5年内减按15%的税率征收企业所得税。注册在试验区内的企业，因非货币性资产对外投资等资产重组行为产生资产评估增值，据此确认的非货币性资产转让所得，可在不超过5年期限内，分期均匀计入相应年度的应纳税所得额，按规定计算缴纳企业所得税。

2.1.1.2 海南自由贸易港

（1）注册在海南自由贸易港并实质性运营的鼓励类产业企业（鼓励类产业企业，是指以《海南自由贸易港鼓励类产业目录》中规定的产业项目为主营业务，且其主营业务收入占企业收入总额60%以上的企业）。

（2）分支机构满足以下任一条件后减按15%征收企业所得税：①对于总机构设在海南自由贸易港的符合条件的企业，仅对于其设在海南自由贸易港的总机构和分支机构的所得。②对于总机构设在海南自由贸易港以外的企业，仅对于其设在海南自由贸易港内的符合条件的分支机构的所得全岛封关运作前，注册在海南自由贸易港并实质性运营的鼓励类产业企业；全岛封关运作后，将按负面清单行业管理，不在负面清单行业内的企业。

（3）旅游业、现代服务业、高新技术产业企业2025年前新增境外直接投资所得可以免征。对于企业资本性支出，可以一次性税前扣除或者加速折旧和摊销。对于部分在海南自贸港设立的企业，新购置（含自建、自行开发）固定资产或无形资产，单位价值不超过500万元（含）的，允许一次性计入当期成本费用在计算应纳税所得额时扣除，不再分年度计算折旧和摊销；新购置（含自建、自行开发）固定资产或无形资产，单位价值超过500万元的，可以缩短折旧、摊销年限或采取加速折旧、摊销的方法。

2.1.1.3　横琴粤澳深度合作区

（1）以《横琴粤澳深度合作区企业所得税优惠目录（2021版）》中规定的产业项目为主营业务，且其主营业务收入占收入总额60%以上。收入总额按照《企业所得税法》第6条规定执行。

（2）进行实质性运营，实质性运营是指企业的实际管理机构设在横琴粤澳深度合作区，并对企业生产经营、人员、账务、财产等实施实质性全面管理和控制。不符合实质性运营的企业，不得享受优惠。对总机构设在横琴粤澳深度合作区的企业，仅就其设在合作区内符合《财政部、税务总局关于广州南沙企业所得税优惠政策的通知》第1条规定条件的总机构和分支机构的所得适用15%税率；对总机构设在合作区以外的企业，仅就其设在合作区内符合该条规定条件的分支机构所得适用15%税率。具体征管办法按照税务总局有关规定执行。减按15%的税率征收企业所得税，在横琴粤澳深度合作区设立的旅游业、现代服务业、高新技术产业企业新增境外直接投资取得的所得，符合以下条件的：①从境外新设分支机构取得的营业利润；或从持股比例超过20%（含）的境外子公司分回的，与新增境外直接投资相对应的股息所得。②被投资国（地区）的企业所得税法定税率不低于5%。财税〔2022〕19号文第2条所称旅游业、现代服务业、高新技术产业，按照《横琴粤澳深度合作区企业所得税优惠目录（2021版）》中规定的旅游业、现代服务业、高新技术产业执行免征企业所得税。

2.1.1.4　广州南沙先行启动区

广州南沙对设在南沙先行启动区的居民企业、居民企业设立在南沙先行启动区的分支机构以及非居民企业设立在南沙先行启动区的机构、场所；注册在南沙先行启动区的居民企业，从事鼓励类产业项目的，其生产经营、人员、账务、财产等在南沙先行启动区，属于在南沙先行启动区实质性运营的，减按15%的税率征收企业所得税。

在南沙设立的高新技术重点行业企业，自2022年1月1日起，当年具备高新技术企业或科技型中小企业资格的企业，其具备资格年度之前8个年度发生的尚未弥补完的亏损，准予结转以后年度弥补，最长结转年限延长至13年。

中关村国家自主创新示范区对符合条件的公司型创投企业按照企业年末个人股东持股比例免征企业所得税，鼓励长期投资，个人股东从该企业取得的股息红利按照规定缴纳个人所得税，具体条件由财政部、税务总局商有关部门确定。

对示范区内公司型创业投资企业，转让持有3年以上股权的所得占年度股权转让所得总额的比例超过50%的，按照年末个人股东持股比例减半征收当年企业所得税；转让持有5年以上股权的所得占年度股权转让所得总额的比例超过50%的，按照年末个人股东持股比例免征当年企业所得税。

2.1.1.5　新疆喀什、霍尔果斯特殊经济开发区

对在新疆喀什、霍尔果斯两个特殊经济开发区内新办属于《新疆困难地区重点鼓励发展产业企业所得税优惠目录》范围内的企业，自2021年1月1日至2030年12月31日，自取得第一笔生产经营收入所属纳税年度起，5年内免征企业所得税，第6年至第10年免征企业所得税地方分享部分。

在新疆困难地区新办的属于《新疆困难地区重点鼓励发展产业企业所得税优惠目录》范围内的企业，新疆困难地区包括南疆三地州、其他脱贫县（原国家扶贫开发重点县）和边境县市。2021年1月1日至2030年12月31日，自取得第一笔生产经营收入所属纳税年度起，第1年至第2年免征企业所得税，第3年至第5年减半征收企业所得税。享受上述企业所得税定期减免税政策的企业，在减半期内，按照企业所得税25%的法定税率计算的应纳税额减半征税。

2.1.1.6　西藏自治区

从事西藏自治区鼓励类产业的企业（《西部地区鼓励类产业目录》中规定的产业项目为主营业务，且其主营业务收入占企业收入总额60%以上的企业）减按15%的税率征收企业所得税。

《宁夏回族自治区人民政府关于印发宁夏回族自治区招商引资政策若干规定的通知》第12条规定，投资者除享受国家现行税收优惠政策外，可享受以下自治区税收优惠政策：（1）对从事符合西部大开发税收优惠政策条件的新办企业，除减按15%的税率征收企业所得税外，自取得第一笔生产经营所得纳税年度起计算优惠期，实行企业所得税地方分享部分“三免三减半”。（2）对首次被认定为高新技术企业的，企业所得税地方分享部分免征3年；对首次认定有效期满后当年重新认定为高新技术企业的，企业所得税地方分享部分减半征收3年。（3）对投资者在宁投资新办且从事国家鼓励和自治区支持发展产业的企业，其自有自用土地的城镇土地使用税和自有自用房产的房产税实行“三免三减半”。（4）对投资者新设立的银行、证券、保险、信托、期货、财务、金融租赁、融资租赁、消费金融、资产管理、第三方支付、小额贷款、融资性担保以及股权投资类企业等现代金融服务企业，从取得第一笔收入纳税年度起，免征企业所得税地方分享部分5年。

2.1.1.7 企业所得税优惠特点

通过以上对上海自由贸易区、海南自由贸易港、横琴粤澳深度合作区等地区企业所得税的优惠政策分析可以看出，各地的企业所得税优惠具有如下特点：

（1）首先，关于行业要求。例如，上海自由贸易区对从事集成电路、人工智能、生物医药和民用航空产业的企业有特定要求。此外，海南自由贸易港和横琴粤澳深度合作区也制定了享受企业所得税优惠的行业目录。其次，关于高新技术企业。在各个地方，高新技术企业都受到热烈欢迎。最后，符合该地区发展战略的地方支柱性或优势产业往往成为税收优惠的对象，如海南自由贸易港及对旅游业、现代服务业给予税收优惠，西藏、宁夏等西部省份针对特定的区域性鼓励行业给予税收优惠。

（2）实质经营，几乎每个地区都将实质性运营作为要求。一般要求实际管理机构设在相关税收优惠区域，并对企业生产经营、人员、账务、财产等实施实质性全面管理和控制。对不符合实质性运营的企业，一般不予享受优惠。

2.1.2 个人所得税

2.1.2.1 上海自由贸易区

上海自由贸易区高端人才和紧缺人才个人所得税优惠政策：对在临港新片区工作的符合条件的高端人才，其境内个人所得税税率为15%。上海市居民个人所得税优惠政策：对在临港新片区工作的符合条件的上海市居民，其境内个人所得税税率为5%。香港、澳门居民个人所得税优惠政策：对在临港新片区工作的符合条件的香港、澳门居民，其境内个人所得税税率为15%。

2.1.2.2 海南自由贸易港

2025年前，来自境内外的高端人才和紧缺人才可以享受海南自由贸易港的个人所得税优惠政策。高端人才界定须同时满足的条件如表36所示：

表36 须满足的条件

序号	条件
1	在海南自贸港工作
2	与在海南自贸港实质运营企业或单位签订1年以上劳动合同或聘用协议
3	一个纳税年度在海南连续缴纳6个月以上（须包含12月当月）社会保险（境外人才不要求）。高端人才界定要经海南省各级人才管理部门认定或者一个纳税年度内在海南收入达到30万元人民币以上

紧缺人才界定须满足表37所示五类条件中的一条。

表37 紧缺人才鉴定

序号	类别
1	旅游业、现代服务业、高新技术产业三大产业和农业领域、医疗、教育、体育、电信、互联网、文化、维修、金融、航运、物流等重点领域技能技术骨干和管理人才
2	海南省机关事业单位人才以及法定机构、社会组织聘用人才
3	符合《外国人来海南工作许可管理服务暂行办法》相关标准的外国人才（C类）
4	在海南自由贸易港执业的港澳台人才
5	海南其他非限制性准入行业领域急需的技能技术骨干和管理人才

2025年前，对在海南自由贸易港工作的高端人才和紧缺人才，其个人所得税实际税负超过15%的部分，予以免征，包括综合所得（工资薪金、劳务报酬、稿酬、特许权使用费）、经营所得（从事生产、经营活动取得的所得）、经海南省认定人才补贴性所得。2035年前，只要是一个纳税年度内在海南自由贸易港累计居住满183天的个人，其取得来源于海南自由贸易港范围内的综合所得和经营所得，均按照3%、10%、15%三档超额累进税率征收个人所得税。

2.1.2.3 横琴粤澳深度合作区

（1）对在横琴粤澳深度合作区工作的澳门居民，其个人所得税负超过澳门税负的部分予以免征。

（2）对在横琴粤澳深度合作区工作的境内外高端人才和紧缺人才，其个人所得税负超过15%的部分予以免征。

2.1.2.4　广州南沙先行启动区

对在广州南沙工作的香港/澳门居民，其个人所得税税负超过香港/澳门税负的部分予以免征。

在珠三角九市缴纳的个人所得税已缴税额超过其按应纳税所得额的15%计算的税额部分，由珠三角九市人民政府给予财政补贴，该补贴免征个人所得税。

2.1.2.5　北京

北京市特定区域对境外高端人才个人所得税实际税负超过15%部分给予补贴。

2.1.2.6　浙江

浙江省对残疾、孤老人员和烈属减征个人所得税有关优惠政策如下：（1）综合所得项目，年应纳个人所得税税额在6000元（含）以下的，减征100%；6000元以上的，定额减征6000元。（2）经营所得项目，年应纳个人所得税税额在6000元（含）以下的，减征100%；6000元以上的，定额减征6000元。（3）纳税人年度内存在综合所得和经营所得的，由纳税人选择一个所得类别享受减征税收优惠，两类所得不重复享受；纳税人同时符合残疾、孤老人员和烈属两种以上身份的，选择一种身份享受减征税收优惠，多重身份不重复享受。

2.1.2.7　西藏

（1）工资薪金所得。

①机关、事业单位和社会团体职工（含合同制工人）取得的工资、薪金所得在计征个人所得税时，费用扣除标准为5000元。机关、事业单位和社会团体职工在扣除5000元费用后，仍可继续扣除按照国家和西藏规定取得的西藏特殊津贴、固定工资、浮动工资及按照自治区人民政府规定的个人缴纳的住房公积金、医疗保险金等免税项目。

②企业及未按国家统一标准发放工资的事业单位和社会团体从业人员取得的工资、薪金所得在计征个人所得税时，一律按扣除限额扣除。具体扣除限额为：一、二类地区为7500元，三类地区为7900元，四类地区为8300元。企事业单位和社会团体从业人员取得的工资薪金所得，在计征个人所得税时按照上述限额标准扣除后，仍可扣除个人按照自治区人民政府规定标准缴纳的住房公积金、医疗

保险金、基本养老保险金、失业保险金等全国统一规定的免税项目。

（2）个体工商户生产经营所得。

①实行查账征收的个体工商户，业主的月费用扣除标准为：一、二类地区扣除标准为7500元，三类地区为7900元，四类地区为8300元。

②实行定期定额管理的个体工商户，每月免税扣除额（包括工资及生活等因素）提高为：一、二类地区为7500元，三类地区为7900元，四类地区为8300元。

（3）对企事业单位的承包、承租经营所得。

不论是按工资、薪金所得项目征税还是按对企事业单位的承包、承租经营所得项目征税，其费用扣除一律按限额标准扣除，即一、二类地区为7500元，三类地区为7900元，四类地区为8300元。个人取得的交通、通信补贴收入，扣除一定标准的公务费用后，按照“工资、薪金”所得项目计征个人所得税。公务费用限额扣除标准如下：公务交通补贴每人每月4000元，公务通信补贴每人每月1000元。个人取得公务用车补贴、通信补贴在上述限额标准之内的，缴纳个人所得税时据实扣除，超过限额部分按规定计征个人所得税。

2.1.2.8　个人所得税优惠政策对象

通过对上海自由贸易区、海南自由贸易港、横琴粤澳深度合作区等地区个人所得税的优惠政策的分析可以看出，可享受地区个人所得税优惠政策的人可以大致分为三类：

（1）高端人才和紧缺人才，如上海自由贸易区和海南自由贸易区即对符合条件或经过认定的的高端人才给予个人所得税的相关优惠。同时高端人才的认定及个人所得税的税收优惠范围也受到行业影响，如海南自由贸易港即对高端人才的来源行业做出了进一步的细化，这也体现了相关优惠政策对于高新技术产业及一些新兴产业的支持。

（2）香港/澳门特区居民或其他境外人才。为吸引港澳居民或其他境外人才，上述区域常有特殊的个人所得税的税收优惠，如横琴粤澳深度合作区、广州南沙以及北京市的特定区域等，都设有专门的港澳及境外高端人才个人所得税税收优惠。针对港澳人才的个人所得税优惠主要集中在粤港澳大湾区范围之内，如广州南沙、珠海横琴，这也体现了在粤港澳大湾区的一体化战略当中，上述区域对高端人才的重视。

（3）困难人群（残疾、孤老人员和烈属等），如浙江省为相关人群设立特别的定额减征个人所得税的税收优惠政策。

2.2 以行业为轴纵向对比分析

为了更加直观地呈现出各地区间每个行业税收政策的不同，本部分将纵向分析对比各地区某一行业的税收政策。

2.2.1 高新技术产业

2.2.1.1 上海自由贸易区

上海自由贸易区对从事集成电路、人工智能相关产品（技术）业务，并开展实质性生产或研发活动的法人企业自设立之日起5年内减按15%征收企业所得税。《新片区集成电路、人工智能、生物医药、民用航空关键领域核心环节目录》中明确，集成电路相关产品业务具体包括：集成电路设计，先进半导体工艺、装备和器件研发与制造，基础、平台及应用软件开发，半导体关键材料研发与制造，共性技术研发、检测、认证等高技术服务。人工智能相关产品业务具体包括：AI芯片研发与制造，智能硬件研发与制造，智能传感器研发与制造，开发平台、工具软件及智能信息技术服务，智能机器人研发与制造，智能网联汽车、智能型新能源汽车研发与制造，智能装备及材料研发与制造，共性技术开发与技术基础服务。

2.2.1.2 海南自由贸易港

海南自由贸易港对从事信息传输、软件和信息技术服务业的企业（全岛封关运作前注册并实质性运营）减按15%征收企业所得税。《海南自由贸易港鼓励类产业目录（2020年本）》中明确，信息传输、软件和信息技术服务业中属于高新技术产业的产业具体包括：5G和6G技术开发及商业化应用、量子信息技术开发及应用、车联网及自动驾驶技术研发及测试应用、北斗卫星导航应用等。

2.2.1.3 横琴粤澳深度合作区

横琴粤澳深度合作区对以高新技术产业为主营业务，且该业务收入占收入总额60%以上的企业减按15%的税率征收企业所得税。《横琴粤澳深度合作区企业所得税优惠目录（2021版）》中明确，高新技术产业具体包括：集成电路设计，人工智能产品制造，新型高分子功能材料研发与生产，微电子等先进制造技术研发制造，基于IPv6的下一代互联网等技术研发，工业互联网、物联网、自动驾驶技术、智能消费设备的信息技术研发，智能汽车、新能源汽车及关键零部件研发等。

2.2.1.4　广东省

广东省对以高新技术重点产业为主营业务，且其主营业务收入占收入总额60%以上的企业减按15%的税率征收企业所得税。《广州南沙企业所得税优惠目录（2022版）》中明确，高新技术重点产业具体包括：基于IPv6的下一代互联网等技术研发，集成电路设计与制造，半导体设备及关键材料研发与制造，云计算、边缘计算、物联网、区块链、高性能计算、大数据等技术的研发，图形图像识别和处理系统研发与制造，人工智能产品、人机工程、系统仿真设计及相关数据获取，车联网及自动驾驶技术研发及测试，量子、类脑等新机理计算机系统的研发与制造等。

2.2.1.5　各地区高新技术产业税收优惠的比较

从以上分析可以看出，不同地区对高新技术产业的税收优惠存在以下共性和不同：

（1）各地区对高新技术产业的税收优惠都集中于企业所得税。在税种上，上海自由贸易区、海南自由贸易港、横琴粤澳深度合作区以及广东省对高新技术产业的税收优惠都集中在企业所得税，而高新技术产业在个人所得税、关税、增值税等其他税种上不享受优惠政策。

（2）各地区对高新技术产业的税收优惠幅度一致。对于符合要求的从事高新技术产业的企业，上海自由贸易区、海南自由贸易港、横琴粤澳深度合作区以及广东省均对其减按15%征收企业所得税。

（3）各地区对可以享受优惠政策的从事高新技术产业的企业具有不同要求。上海自由贸易区仅对设立之日起5年内的从事高新技术产业的企业减按15%征收企业所得税。横琴粤澳深度合作区和广东省则要求企业以高新技术产业为主营业务，且该业务收入占收入总额60%以上。

2.2.2　卫生医药产业

2.2.2.1　上海自由贸易区

上海自由贸易区认定可以享有税收优惠的卫生医药产业包括：生物医药前沿生命科技与产品研发、生物制品研发与制造、高端中西药研发与制造、高端医药装备研发与制造、高端医疗器械研发与制造、临床试验等专业技术服务。

2.2.2.2　海南自由贸易港

海南自由贸易港认定可以享有税收优惠的卫生医药产业包括：高端专业医疗、康复、护理等医疗卫生服务，第三方医疗检测等中介服务及机构，高端医疗装备、新药品应用，中医药服务贸易，再生医学服务，热带病研究、诊断与防治，医疗机构经营，绿色道地药材和特色健康产品的交易平台，先进适用的制药及生物制剂成套设备制造。

2.2.2.3　横琴粤澳深度合作区

横琴粤澳深度合作区认定可以享有税收优惠的卫生医药产业包括：中医药产业，天然药物开发和生产，药物新剂型、新辅料、儿童药、短缺药的开发和生产，新型药用包装材料及其技术开发和生产，前沿生命科技与产品，生物制品、高端医疗设备、高端医疗器械技术、产品研发及生产，第三方医疗检测，医疗健康领域国际学术交流平台、国际性医疗组织、医疗健康领域国际会议和会展活动、医药博物馆的运营，重大疫病防治疫苗的研发生产，互联网医院、“互联网+”医疗健康服务、医疗大数据技术研发等。

2.2.2.4　广东省

广东省认定可以享有税收优惠的卫生医药产业包括：基因测序、干细胞、功能蛋白、生命健康等新兴科学技术和产品的研发生产，重大疫病防治疫苗，抗体药物、基因治疗药物，生物催化、反应及分离技术开发，食品药品安全快速检验技术、仪器设备开发及应用，先进技术临床医学研究中心、临床试验机构和重点实验室等医学科研机构的运营等。

2.2.2.5　各地区卫生医药产业税收优惠的比较

从以上分析可以看出，不同地区对卫生医药产业的税收优惠存在以下共性和不同：

(1) 各地区对卫生医药产业的税收优惠都集中于企业所得税。在税种上，上海自由贸易区、海南自由贸易港、横琴粤澳深度合作区以及广东省对高新技术产业的税收优惠都集中在企业所得税，而个人所得税、关税、增值税等其他税种则不存在对卫生医药产业的优惠政策。

(2) 各地区对可以享受税收优惠政策的卫生医药产业的具体范围存在较大差异。上海自由贸易区的范围最小，不包括第三方医疗检测等中介服务及机构、再生医学服务、医疗健康领域国际学术交流平台建设等卫生医药产业。海南自由贸易港对再生医学服务、热带病研究等产业也减按15%征收企业所得税，这是上海自由贸易区、横琴粤澳深度合作区以及广东省没有的。横琴粤澳深度合作区和广东省对卫生医药产业的范围界定十分相近，其特色在于互联网医院、“互联网+”医疗健康服务、先进技术临床医学研究中心也可以享受税收优惠政策。

2.2.3 文化、体育、娱乐及旅游业

2.2.3.1 上海自由贸易区

上海自由贸易区在企业所得税、个人所得税、关税、增值税等税种上均未对文化、体育、娱乐及旅游业提供税收优惠政策。

2.2.3.2 海南自由贸易港

海南自由贸易港认定文化、体育、娱乐及旅游业包括：文物保护利用及相关服务、文物拍卖业务，出版物展示、交易和发行网点（实体书店）建设，国际艺术品展示交易拍卖，智能体育及电子竞技，文化贸易、交流合作，旅行社及旅游旅行代理服务，文化和旅游宣传推广及目的地营销，线上旅游服务，休闲渔业等，对其减按15%征收企业所得税。此外，海南自由贸易港对于从事交通运输、旅游业的企业，进口用于交通运输、旅游业的船舶、航空器、车辆等营运用交通工具及游艇，免征进口关税、进口环节增值税和消费税。

2.2.3.3 横琴粤澳深度合作区

横琴粤澳深度合作区认定文化、体育、娱乐及旅游业包括：民俗文化产品及工艺美术研发设计、加工、生产，电影院线、文化艺术、新闻出版、大众文化、科普设施经营，国际会展场馆运营，游乐场、海洋馆、主题公园、影视拍摄基地、展览馆、博物馆的经营，海上运动、海域低空飞行、邮轮旅游、游艇旅游、海岛旅游的经营，游艇研发制造，水上高速客运、旅客联程运输设施设备、票务一体化、联运产品的研发及运营等。

2.2.3.4 广东省

广东省认定文化、体育、娱乐及旅游业包括：动漫及衍生产品研发，智能体育和电子竞技线上服务平台建设，旅游、商贸等服务行业标准化、信息化经营管理，文化创意设计服务、文化信息资源开发及创作服务，文化创意旅游、健康医疗旅游、会展旅游、旅游实景演出影视音乐节、民俗活动、文化遗产传承与经营，特色文化、旅游品牌化与连锁化经营，专业从事粤港澳旅游的旅游公司的运营等。

2.2.3.5 各地区文化、体育、娱乐及旅游业税收优惠的比较

从以上分析可以看出，不同地区对文化、体育、娱乐及旅游业的税收优惠存在以下不同：

（1）并非所有地区均将文化、体育、娱乐及旅游业纳入税收优惠范围内。上海自由贸易区并未对文化、体育、娱乐及旅游业提供税收优惠政策。

（2）对文化、体育、娱乐及旅游业的税收优惠不再仅集中于企业所得税。海

南自由贸易港对于从事交通运输、旅游业的企业，进口用于交通运输、旅游业的船舶、航空器、车辆等营运用交通工具及游艇，免征进口关税、进口环节增值税和消费税。

二、跨境投资税收减免税政策及其他税务优惠

1. 跨境投资税收减免税政策概述

跨境投资税收优惠政策、优惠对象及法律依据如表38所示：

表38 优惠政策、优惠对象及法律依据

优惠政策	优惠对象			法律依据
增值税零税率	国际运输服务	在境内载运旅客或者货物出境		
		在境外载运旅客或者货物入境		
		在境外载运旅客或者货物		
	航天运输服务			
	向境外单位提供的完全在境外消费的服务	研发服务		
		合同能源管理服务	合同能源管理服务，是指节能服务公司与用能单位以契约形式约定节能目标，节能服务公司提供必要的服务，用能单位以节能效果支付节能服务公司投入及其合理报酬的业务活动	
		设计服务		
		广播影视节目（作品）的制作和发行服务	广播影视服务，包括广播影视节目（作品）的制作服务、发行服务和播映（含放映，下同）服务 广播影视节目（作品）制作服务，是指进行专题（特别节目）、专栏、综艺、体育、动画片、广播剧、电视剧、电影等广播影视节目和作品制作的服务。具体包括与广播影视节目和作品相关的策划、采编、拍摄、录音、音视频文字图片素材制作、场景布置、后期的剪辑、翻译（编译）、字幕制作、片头、片尾、片花制作、特效制作、影片修复、编目和确权等业务活动	

续表

优惠政策	优惠对象			法律依据
增值税零税率	向境外单位提供的完全在境外消费的服务	广播影视节目（作品）的制作和发行服务	广播影视节目（作品）发行服务，是指以分账、买断、委托等方式，向影院、电台、电视台、网站等单位和个人发行广播影视节目（作品）以及转让体育赛事等活动的报道及播映权的业务活动 广播影视节目（作品）播映服务，是指在影院、剧院、录像厅及其他场所播映广播影视节目（作品），以及通过电台、电视台、卫星通信、互联网、有线电视等无线或有线装置播映广播影视节目（作品）的业务活动	《财政部、国家税务总局关于全面推开营业税改征增值税试点的通知》《国家税务总局关于〈适用增值税零税率应税服务退（免）税管理办法〉的补充公告》《营业税改征增值税试点实施办法》
		软件服务	软件服务，是指提供软件开发服务、软件咨询服务、软件维护服务、软件测试服务的业务行为	
		电路设计及测试服务	电路设计及测试服务，是指提供集成电路和电子电路产品设计、测试及相关技术支持服务的业务行为	
		信息系统服务	信息系统服务，是指提供信息系统集成、网络管理、桌面管理与维护、信息系统应用、基础信息技术管理平台整合、信息技术基础设施管理、数据中心、托管中心、安全服务的业务行为。包括网站对非自有的网络游戏提供的网络运营服务	
		业务流程管理服务	业务流程管理服务，是指依托计算机信息技术提供的人力资源管理、财务经济管理、审计管理、税务管理、金融支付服务、内部数据分析、内部数据挖掘、内部数据管理、内部数据使用、呼叫中心和电子商务平台等服务的业务活动	
		离岸服务外包业务	离岸服务外包业务，包括信息技术外包服务（ITO）、技术性业务流程外包服务（BPO）、技术性知识流程外包服务（KPO）	

续表

优惠政策	优惠对象			法律依据
		转让技术	技术转让服务，是指转让专利或者非专利技术的所有权或者使用权的业务活动	
	财政部和国家税务总局规定的其他服务			
增值税、消费税免税	跨境电子商务零售	所有通过与海关联网的电子商务交易平台交易，能够实现交易、支付、物流电子信息“三单”比对的跨境电子商务零售进口商品		《财政部、税务总局、商务部、海关总署关于跨境电子商务综合试验区零售出口货物税收政策的通知》《财政部、海关总署、国家税务总局关于跨境电子商务零售进口税收政策的通知》
		未通过与海关联网的电子商务交易平台交易，但快递、邮政企业能够统一提供交易、支付、物流等电子信息，并承诺承担相应法律责任进境的跨境电子商务零售进口商品		

2. 跨境投资税收减免税政策具体法律依据

2.1 《财政部、国家税务总局关于全面推开营业税改征增值税试点的通知》

《财政部、国家税务总局关于全面推开营业税改征增值税试点的通知》（财税〔2016〕36号）中“附件4：跨境应税行为适用增值税零税率和免税政策的规定”的具体规定如下：

（1）该附件第1条规定，中华人民共和国境内（以下简称境内）的单位和个人销售的下列服务和无形资产，适用增值税零税率（见表39）：

表39 相应服务

国际运输服务	在境内载运旅客或者货物出境
	在境外载运旅客或者货物入境
	在境外载运旅客或者货物

续表

航天运输服务	
向境外单位提供的完全在境外消费的服务	研发服务
	合同能源管理服务
	设计服务
	广播影视节目（作品）的制作和发行服务
	软件服务
	电路设计及测试服务
	信息系统服务
	业务流程管理服务
	离岸服务外包业务，包括信息技术外包服务（ITO）、技术性业务流程外包服务（BPO）、技术性知识流程外包服务（KPO），其所涉及的具体业务活动，按照《销售服务、无形资产、不动产注释》相对应的业务活动执行
	转让技术
财政部和国家税务总局规定的其他服务	

（2）该附件第 3 条规定，按照国家有关规定应取得相关资质的国际运输服务项目，纳税人取得相关资质的，适用增值税零税率政策，未取得的，适用增值税免税政策。

境内的单位或个人提供程租服务，如果租赁的交通工具用于国际运输服务和港澳台运输服务，由出租方按规定申请适用增值税零税率。

境内的单位和个人向境内单位或个人提供期租、湿租服务，如果承租方利用租赁的交通工具向其他单位或个人提供国际运输服务和港澳台运输服务，由承租方适用增值税零税率。境内的单位或个人向境外单位或个人提供期租、湿租服务，由出租方适用增值税零税率。

境内单位和个人以无运输工具承运方式提供的国际运输服务，由境内实际承运人适用增值税零税率；无运输工具承运业务的经营者适用增值税免税政策。

（3）该附件第 4 条规定，境内的单位和个人提供适用增值税零税率的服务或者无形资产，如果属于适用简易计税方法的，实行免征增值税办法。如果属于适用增值税一般计税方法的，生产企业实行免抵退税办法，外贸企业外购服务或者无形资产出口实行免退税办法，外贸企业直接将服务或自行研发的无形资产出口，视同生产企业连同其出口货物统一实行免抵退税办法。

服务和无形资产的退税率为其按照《试点实施办法》第15条第1至3项规定适用的增值税税率。实行退（免）税办法的服务和无形资产，如果主管税务机关认定出口价格偏高的，有权按照核定的出口价格计算退（免）税，核定的出口价格低于外贸企业购进价格的，低于部分对应的进项税额不予退税，转入成本。

（4）该附件第5条规定，境内的单位和个人销售适用增值税零税率的服务或无形资产的，可以放弃适用增值税零税率，选择免税或按规定缴纳增值税。放弃适用增值税零税率后，36个月内不得再申请适用增值税零税率。

（5）该附件第6条规定，境内的单位和个人销售适用增值税零税率的服务或无形资产，按月向主管退税的税务机关申报办理增值税退（免）税手续。具体管理办法由国家税务总局商财政部另行制定。

2.2 《关于〈适用增值税零税率应税服务退（免）税管理办法〉的补充公告》

《国家税务总局关于〈适用增值税零税率应税服务退（免）税管理办法〉的补充公告》中的具体规定如下：

适用增值税零税率应税服务的广播影视节目（作品）的制作和发行服务、技术转让服务、软件服务、电路设计及测试服务、信息系统服务、业务流程管理服务以及合同标的物在境外的合同能源管理服务的范围，按照《营业税改征增值税试点实施办法》（财税〔2013〕106号）所附的《应税服务范围注释》对应的应税服务范围执行；适用增值税零税率应税服务的离岸服务外包业务的范围，按照《离岸服务外包业务》（附件1）对应的适用范围执行。以上适用增值税零税率的应税服务，该公告统称为新纳入零税率范围的应税服务。

境内单位和个人向国内海关特殊监管区域及场所内的单位或个人提供的应税服务，不属于增值税零税率应税服务适用范围。

2.3 《关于跨境电子商务综合试验区零售出口货物税收政策的通知》

《财政部、税务总局、商务部、海关总署关于跨境电子商务综合试验区零售出口货物税收政策的通知》中的具体规定如下：

为进一步促进跨境电子商务健康快速发展，培育贸易新业态新模式，现将跨境电子商务综合试验区（以下简称综试区）内的跨境电子商务零售出口（以下简称电子商务出口）货物有关税收政策通知如下：

对综试区电子商务出口企业出口未取得有效进货凭证的货物，同时符合下列条件的，试行增值税、消费税免税政策：（1）电子商务出口企业在综试区注册，并在注册地跨境电子商务线上综合服务平台登记出口日期、货物名称、计量单位、数量、单价、金额。（2）出口货物通过综试区所在地海关办理电子商务出口申报手续。（3）出口货物不属于财政部和税务总局根据国务院决定明确取消出口退（免）税的货物。

该通知所称综试区，是指经国务院批准的跨境电子商务综合试验区；该通知所称电子商务出口企业，是指自建跨境电子商务销售平台或利用第三方跨境电子商务平台开展电子商务出口的单位和个体工商户。

2.4 《关于跨境电子商务零售进口税收政策的通知》

《财政部、海关总署、国家税务总局关于跨境电子商务零售进口税收政策的通知》中的具体规定如下：

为营造公平竞争的市场环境，促进跨境电子商务零售进口健康发展，经国务院批准，现将跨境电子商务零售（企业对消费者，即B2C）进口税收政策有关事项通知如下：（1）跨境电子商务零售进口商品按照货物征收关税和进口环节增值税、消费税，购买跨境电子商务零售进口商品的个人作为纳税义务人，实际交易价格（包括货物零售价格、运费和保险费）作为完税价格，电子商务企业、电子商务交易平台企业或物流企业可作为代收代缴义务人。（2）跨境电子商务零售进口税收政策适用于从其他国家或地区进口的、《跨境电子商务零售进口商品清单》范围内的以下商品：①所有通过与海关联网的电子商务交易平台交易，能够实现交易、支付、物流电子信息"三单"比对的跨境电子商务零售进口商品；②未通过与海关联网的电子商务交易平台交易，但快递、邮政企业能够统一提供交易、支付、物流等电子信息，并承诺承担相应法律责任进境的跨境电子商务零售进口商品。不属于跨境电子商务零售进口的个人物品以及无法提供交易、支付、物流等电子信息的跨境电子商务零售进口商品，按现行规定执行。（3）跨境电子商务零售进口商品的单次交易限值为人民币2000元，个人年度交易限值为人民币20000元。在限值以内进口的跨境电子商务零售进口商品，关税税率暂设为0%；进口环节增值税、消费税取消免征税额，暂按法定应纳税额的70%征收。超过单次限值、累加后超过个人年度限值的单次交易，以及完税价格超过2000元限值的单个不可分割商品，均按照一般贸易方式全额征税。

三、关联企业跨区税收优惠政策适用指引

随着经济全球化的深入发展，越来越多的企业跨越地域边界进行经营活动。为了规范和管理这些跨地区企业的所得税征收工作，国家税务总局出台了《跨地区经营汇总纳税企业所得税征收管理办法》。本部分以对该办法的解读为重点，旨在为企业提供合规纳税的行动指南。

1. 基本内容介绍

《跨地区经营汇总纳税企业所得税征收管理办法》主要内容如表40所示。

表40　主要内容

1	所得范围的划分	办法明确规定跨地区企业的所得范围划分原则，给出具体的计算方法和依据，以避免所得范围划分存在的争议
2	税收优惠政策	办法明确了跨地区企业可以享受的税收优惠政策，包括税率优惠、减免政策等，以吸引和鼓励企业进行跨地区经营
3	提供信息的要求	办法规定了跨地区企业应提供的相关信息和材料，以便税务部门进行监管和审核，并保障纳税人的合法权益
4	税务管理措施	办法对跨地区企业所得税的税务管理措施进行明确，如税款征收、申报方式、核查与调整等，确保税务管理的规范性和公平性

《跨地区经营汇总纳税企业所得税征收管理办法》共33条，分为总则、税款预缴和汇算清缴、总分机构分摊税款的计算、日常管理、附则等5部分。具体来说：

第一章：总则（共5条）。主要包括立法依据、适用范围、总体管理办法等规定，解决该办法中一般性和总括性的重要问题。

第二章：税款预缴和汇算清缴（共7条）。主要包括税款分配基本格局、预缴申报和汇缴申报的内容，属于汇总纳税企业所得税征收管理中的征收部分，突出汇缴申报中分支机构分配表（第11条）的作用，明确首次预缴申报时报送分支机构上一年度的年度财务报表（或年度财务状况和营业收支情况）（第9条），以利于相互比对，也有利于就地启动税务检查。

第三章：总分机构分摊税款的计算（共8条）。概括总机构、分支机构计算

分摊税款的全过程，与《跨地区经营汇总纳税企业所得税征收管理暂行办法》（国税发〔2008〕28号）相比，这一计算过程更加完整和系统，突出强调总机构计算公式（第13条）、分支机构计算公式（第14条）、分支机构“三因素”所属区间（第17条）、总分机构不同税率情况下的计算（第18条）和计算错误的处理（第20条）。

第四章：日常管理（共11条）。初步搭建一个涵盖税务登记信息沟通、二级分支机构判定、挂靠机构处理、资产损失管理、税收优惠管理、税务检查（税款计算、分配、信息沟通）、信息平台建设和维护、总分机构主管税务机关划分、征收方式鉴定等较为系统的日常管理体系。突出沟通与协作的重要性（第四章），强调就地监管机制中“二级分支机构判定”（第23条、第24条）和“就地检查”（第27条、第28条）的管理抓手作用。

第五章：附则（共2条）。包括授权条款、施行时间、废除文件和新旧衔接条款。

2. 主要政策关键点解读

2.1 跨地区经营汇总纳税企业进行所得税汇算清缴的基本程序

根据《跨地区经营汇总纳税企业所得税征收管理办法》（2012年第57号）第10条的规定，汇总纳税企业汇算清缴时，由总机构汇总计算企业年度应纳所得税额，扣除总机构和各分支机构已预缴的税款，计算出应缴应退税款，按照该办法规定的税款分摊方法计算总机构和分支机构的企业所得税应缴应退税款，分别由总机构和分支机构就地办理税款缴库或退库。此外，第11条规定了总分支机构汇算清缴时应报送的申报表、财务报表及其他相关资料。

纳税人的关注重点是分支机构是否要参与汇算清缴，是否进行年度纳税调整。从上述规定可以看出，汇算清缴的主体仍然是总机构，分支机构并不需要进行年度纳税调整，自行计算应纳税所得额和应纳税额，只是根据总机构填报的分配表中应缴应退的税款，就地申报补退税。为了保证汇缴工作的顺利进行，需要分支机构填列年度纳税申报表，但只需要填列有限的几项，与总机构的年度纳税申报完全是两个概念。同时，为便利就地实施税务检查，需要分支机构报送参与企业年度纳税调整情况的说明，该说明由总机构确认后提交，涉及须由总机构统一计算调整的项目不进行说明。

2.2 跨地区经营汇总纳税企业就地分摊缴纳所得税机构的确定

2.2.1 就地分摊缴纳企业所得税的机构

根据《跨地区经营汇总纳税企业所得税征收管理办法》第4条的规定，总机构和具有主体生产经营职能的二级分支机构，就地分摊缴纳企业所得税。二级分支机构，是指汇总纳税企业依法设立并领取非法人营业执照（登记证书），且总机构对其财务、业务、人员等直接进行统一核算和管理的分支机构。这是对二级分支机构法律形式和运营特点的一般概括。

此外，该办法同时明确了一种视同二级分支机构的情形，属于二级分支机构特例。根据《跨地区经营汇总纳税企业所得税征收管理办法》第16条第1款的规定，总机构设立具有主体生产经营职能的部门（非该办法第4条规定的二级分支机构），且该部门的营业收入、职工薪酬和资产总额与管理职能部门分开核算的，可将该部门视同一个二级分支机构，按该办法规定计算分摊并就地缴纳企业所得税；该部门与管理职能部门的营业收入、职工薪酬和资产总额不能分开核算的，该部门不得视同一个二级分支机构，不得按该办法规定计算分摊并就地缴纳企业所得税。

2.2.2 不就地分摊缴纳企业所得税的机构

《跨地区经营汇总纳税企业所得税征收管理办法》第5条明确规定了不就地分摊缴纳企业所得税的二级分支机构，具体包括：（1）不具有主体生产经营职能，且在当地不缴纳增值税、营业税的产品售后服务、内部研发、仓储等汇总纳税企业内部辅助性的二级分支机构，不就地分摊缴纳企业所得税；（2）上年度认定为小型微利企业的，其二级分支机构不就地分摊缴纳企业所得税；（3）新设立的二级分支机构，设立当年不就地分摊缴纳企业所得税；（4）当年撤销的二级分支机构，自办理注销税务登记之日所属企业所得税预缴期间起，不就地分摊缴纳企业所得税；（5）汇总纳税企业在中国境外设立的不具有法人资格的二级分支机构，不就地分摊缴纳企业所得税。

对于新设立的二级分支机构，《跨地区经营汇总纳税企业所得税征收管理办法》第16条第2款、第3款明确了两种例外情形，即不视同新设二级分支机构的情形，考虑到这些机构之前已经存在并已就地分摊缴纳税款，重组之后继续作为二级分支机构管理的，按照实质重于形式的原则，不应将其作为新设分支机构，应该按规定继续计算分摊并就地缴纳税款。企业重组具体包括企业外部重组与内部重组两种情形：（1）汇总纳税企业当年由于重组等原因从其他企业取得重组当年之前已存在的二级分支机构，并作为本企业二级分支机构管理的，该二级分支机构不视同当年新设立的二级分支机构，应按该办法规定计算分摊并就地缴纳企业所得税；（2）汇总纳税企业内就地分摊缴纳企业所得税的总机构、二级分支机构之间，发生合并、分立、管理层级变更等形成的新设或存续的二级分支机构，不视同当年新设立的二级分支机构，应按该办法规定计算分摊并就地缴纳企业所得税。

2.3 分支机构计算分摊税款的确定因素及分摊比例

2.3.1 “三因素”的确定

《跨地区经营汇总纳税企业所得税征收管理办法》第15条明确规定总机构应按照上年度分支机构的营业收入、职工薪酬和资产总额三个因素计算各分支机构分摊所得税款的比例。这就将“三因素”的所属区间统一限定为“上年度”，改变了《跨地区经营汇总纳税企业所得税征收管理暂行办法》对“三因素”所属区间“1~6月按上上年度，7~12月按上年度”的规定，保证了一个纳税年度内上半年预缴、下半年预缴以及汇算清缴都采用一个所属区间的“三因素”数额计算分配比例，还可以克服新设立企业第二年上半年因没有上上年度“三因素”数额而无法参与就地分摊缴税的问题。

《跨地区经营汇总纳税企业所得税征收管理办法》第17条细化了“三因素”的具体所属区间和具体内涵，即上年度分支机构的营业收入、职工薪酬和资产总额，是指分支机构上年度全年的营业收入、职工薪酬数据和上年度12月31日的资产总额数据，是依照国家统一会计制度规定核算的数据。明确了“三因素”是会计核算数据，而不是《企业所得税法》规定的概念，不需要进行纳税调整，提高了“三因素”的确定性，减少了总分支机构主管税务机关之间的分歧。

2.3.2 分摊税款比例的调整

根据《跨地区经营汇总纳税企业所得税征收管理办法》第15条的规定，分支机构分摊比例按该办法规定方法一经确定后，当年一般不作调整，即在当年预缴税款和汇算清缴时均采用同一分摊比例。针对上市公司等在首次预缴分摊采用的“三因素”与其后经过注册会计师审计的“三因素”数据存在差异的情况，第17条进一步说明，一个纳税年度内，总机构首次计算分摊税款时采用的分支机构“三因素”数据，与此后经过中国注册会计师审计确认的数据不一致的，不作调整，以保证年度内分摊比例的一致性。

同时，该办法第15条也针对个别情况规定了例外情形，即出现《跨地区经营汇总纳税企业所得税征收管理办法》第5条第4项（当年撤销分支机构不再参与分摊）和第16条第2款（总机构设立具有主体生产经营职能部门视同分支机构，参与分摊）、第3款（企业外部重组与内部重组形成新分支机构不视同新设分支机构，参与分摊）情形时，应重新计算分摊比例。考虑到这是例外情形，并不会对分配比例的一致性造成冲击。

2.4 二级分支机构查补税款的计算

国家税务总局广泛征求财政部、各省市地税局以及部分纳税人的意见，综合各方反馈意见，提出对二级分支机构查补税款计算与分摊入库问题的处理要遵循三个原则，一是要坚持法人所得税制；二是要遵循《财政部、国家税务总局、中国人民银行关于印发〈跨省市总分机构企业所得税分配及预算管理办法〉的通知》（财预〔2012〕40号）（以下简称40号文件）的基本分配框架；三是要尽量提高二级分支机构所在地税务机关就地监管的积极性。

基于此，《跨地区经营汇总纳税企业所得税征收管理办法》第28条明确规定，二级分支机构所在地主管税务机关可自行对其主管二级分支机构实施税务检查，但对查补税款的计算应按照法人所得税制的要求进行，不得侵犯纳税人的合法权益。同时明确，对二级分支机构的查补税款，50%应分配给总机构缴纳（总机构所在地和中央国库待分配账户各占25%），50%分配给参与检查的二级分支机构缴纳，没参与检查的其他二级分支机构不参与查补税款的分配。这样，既坚持了40号文件的基本分配格局，又适当体现了对当地监管部门的尊重，有利于提高征管效率，堵塞征管漏洞。另外，对这一问题的处理，也将在国家税务总局与财政部、中国人民银行联合发布的文件中得到体现。

3. 相关税收政策衔接

3.1 2012年度汇算清缴与2013年度所得税预缴的适应性问题

40号文件和《跨地区经营汇总纳税企业所得税征收管理办法》（2012年第57号文）（以下简称57号文件）均自2013年1月1日起施行，企业所得税具有按年计算、分月或分季预缴，年终汇算清缴的特点。

考虑到40号文件与57号文件相比，跨地区经营汇总纳税企业所得税分配及预算管理格局并无实质调整，不拟同步修订现行的汇总纳税企业所得税预缴申报表和分支机构所得税分配表。汇总纳税企业2013年度开始预缴企业所得税时，仍可按《国家税务总局关于发布〈中华人民共和国企业所得税月（季）度预缴纳税申报表〉等报表的公告》（税务总局公告2014年第28号）和《国家税务总局关于发布〈中华人民共和国企业所得税月（季）度预缴纳税申报表〉等报表的补充公告》（税务总局公告2014年第28号）规定的表格进行税款分配和预缴，表格中项目内容与《跨地区经营汇总纳税企业所得税征收管理办法》不一致的，按《跨地区经营汇总纳税企业所得税征收管理办法》执行。

3.2 《跨地区经营汇总纳税企业所得税征收管理办法》与相关文件的关系

跨地区经营汇总纳税企业所得税征管方面的文件，主要包括57号文件、国税函〔2008〕747号、国税函〔2008〕958号、国税函〔2009〕221号、国税发〔2009〕79号、国税发〔2008〕120号、税务总局公告2011年第25号、税务总局公告2012年第12号等文件，其中，57号文件是核心规定，其他文件是重要补充。

《跨地区经营汇总纳税企业所得税征收管理办法》与28号文件相比，增加了二级分支机构判定（第4条、第23条、第24条）、不同税率地区计算（第18条）和计算差错纠正（第20条，来自国税函〔2009〕221号），新设分支机构判定（第16条，来自国税函〔2008〕958号），分支机构汇缴报送资料（第11条，来自国税函〔2009〕221号、国税发〔2009〕79号），资产损失管理（第25条，来自税务总局公告2011年第25号），税收优惠管理（第26条，来自税务总局公告2012年第12号），不得核定征收（第31条，来自国税函〔2008〕747号），征管范围划分（第30条，来自国税发〔2008〕120号）等，并进行了更为准确和精练的表述。

4. 应对策略

《跨地区经营汇总纳税企业所得税征收管理办法》的出台对企业产生了一定的影响，在此，对企业提出以下应对策略：

（1）加强税收合规意识。企业应提高对跨地区企业所得税法规的了解，加强内部税收合规管理，确保纳税的及时、准确和合规。

（2）合理利用税收优惠政策。企业应充分了解并合理利用跨地区企业所得税的优惠政策，以降低所得税负担，提高经营效益。

（3）完善内部控制机制。企业应建立健全的内部控制机制，包括财务数据的准确记录、信息披露的规范等，以应对税务机构的审查和核查。

（4）积极配合税务部门的监管工作。企业应积极响应税务部门的要求，主动配合税收信息披露和审核工作，避免因不配合而引发的纳税风险。

5. 总结

《跨地区经营汇总纳税企业所得税征收管理办法》旨在加强跨地区经营汇总纳税企业所得税的征收管理，是根据40号文件等文件的精神而制定的，其出台为跨地区企业的所得税征收提供了明确的规范和指导。企业在跨地区经营过程中，应充分了解并遵守该办法的相关规定，提高税收合规意识，合理利用税收优惠政策，并建立健全的内部控制机制，以确保合规纳税，降低税务风险，提升企业的竞争力与可持续发展能力。

四、2023～2027年各类税务优惠政策汇总

1. 符合条件的小型微利企业减免企业所得税

小型微利企业，是指从事国家非限制和禁止行业，且同时符合年度应纳税所得额不超过300万元、从业人数不超过300人、资产总额不超过5000万元等三个条件的企业。

根据《关于小微企业和个体工商户所得税优惠政策的公告》（财政部 税务总局公告2023年第6号）的规定，自2023年1月1日至2024年12月31日，对小型微利企业年应纳税所得额不超过100万元的部分，减按25%计入应纳税所得额，按20%的税率缴纳企业所得税。

2. 国家需要重点扶持的高新技术企业减按15%的税率征收企业所得税

2.1 高新技术企业

《科技部 财政部 国家税务总局关于修订印发〈高新技术企业认定管理办法〉的通知（2016）》（国科发火〔2016〕32号）第11条规定：“认定为高新技术企业须同时满足以下条件：（一）企业申请认定时须注册成立一年以上；（二）企业通过自主研发、受让、受赠、并购等方式，获得对其主要产品（服务）在技术上发挥核心支持作用的知识产权的所有权；（三）对企业主要产品（服务）发挥核心支持作用的技术属于《国家重点支持的高新技术领域》规定的范围；（四）企业从事研发和相关技术创新活动的科技人员占企业当年职工总数的比例

不低于10%；（五）企业近三个会计年度（实际经营期不满三年的按实际经营时间计算，下同）的研究开发费用总额占同期销售收入总额的比例符合如下要求：1. 最近一年销售收入小于5000万元（含）的企业，比例不低于5%；2. 最近一年销售收入在5000万元至2亿元（含）的企业，比例不低于4%；3. 最近一年销售收入在2亿元以上的企业，比例不低于3%。其中，企业在中国境内发生的研究开发费用总额占全部研究开发费用总额的比例不低于60%；（六）近一年高新技术产品（服务）收入占企业同期总收入的比例不低于60%；（七）企业创新能力评价应达到相应要求；（八）企业申请认定前一年内未发生重大安全、重大质量事故或严重环境违法行为。"

2.2 高新技术企业所得税税率优惠

《企业所得税法》第28条第2款的规定："国家需要重点扶持的高新技术企业，减按15%的税率征收企业所得税。"

《财政部、国家税务总局关于高新技术企业境外所得适用税率及税收抵免问题的通知》（财税〔2011〕47号）第1条规定："以境内、境外全部生产经营活动有关的研究开发费用总额、总收入、销售收入总额、高新技术产品（服务）收入等指标申请并经认定的高新技术企业，其来源于境外的所得可以享受高新技术企业所得税优惠政策，即对其来源于境外所得可以按照15%的优惠税率缴纳企业所得税，在计算境外抵免限额时，可按照15%的优惠税率计算境内外应纳税总额。"

3. 经济特区和上海浦东新区新设立的高新技术企业在区内取得的所得定期减免企业所得税

根据《国务院关于经济特区和上海浦东新区新设立高新技术企业实行过渡性税收优惠的通知》（国发〔2007〕40号）等税收政策的规定，经济特区和上海浦东新区内2008年1月1日（含）之后完成登记注册的国家需要重点扶持的高新技术企业，在经济特区和上海浦东新区内取得的所得，自取得第一笔生产经营收入所属纳税年度起，第1年至第2年免征企业所得税，第3年至第5年按照25%法定税率减半征收企业所得税。经济特区和上海浦东新区的高新技术企业可申报符合上述政策规定的减免企业所得税金额。对于跨经济特区和上海浦东新区的高新技术企业，区外所得按照"国家需要重点扶持的高新技术企业减按15%的税率征收企业所得税"事项申报。经济特区和上海浦东新区新设立的高新技术企业定期减免税期满后，仍具备高新技术企业资格的，按照“国家需要重点扶持的高新技术企业减按15%的税率征收企业所得税”事项申报。

4. 受灾地区农村信用社免征企业所得税

根据《国务院关于支持鲁甸地震灾后恢复重建政策措施的意见》（国发〔2014〕57号）的有关规定，对受灾地区农村信用社在5年内免征企业所得税。

根据《国务院关于支持芦山地震灾后恢复重建政策措施的意见》（国发〔2013〕28号）的有关规定，对受灾地区农村信用社在5年内免征企业所得税。

5. 动漫企业自主开发、生产动漫产品定期减免企业所得税

5.1 动漫企业

根据《文化部 财政部 国家税务总局关于印发〈动漫企业认定管理办法（试行）〉的通知》（文市发〔2008〕51号）的规定，认定为动漫企业的应同时符合以下标准：（1）在我国境内依法设立的企业；（2）动漫企业经营动漫产品的主营收入占企业当年总收入的60%以上；（3）自主开发生产的动漫产品收入占主营收入的50%以上；（4）具有大学专科以上学历的或通过国家动漫人才专业认证的、从事动漫产品开发或技术服务的专业人员占企业当年职工总数的30%以上，其中研发人员占企业当年职工总数的10%以上；（5）具有从事动漫产品开发或相应服务等业务所需的技术装备和工作场所；（6）动漫产品的研究开发经费占企业当年营业收入8%以上；（7）动漫产品内容积极健康，无法律法规禁止的内容；（8）企业产权明晰，管理规范，守法经营。而动漫企业申请认定为重点动漫企业的，应在申报前，开发生产出一部以上重点动漫产品，并符合以下标准之一：（1）注册资本1000万元人民币以上的；（2）动漫企业年营业收入500万元人民币以上，且连续2年不亏损的；（3）动漫企业的动漫产品版权出口和对外贸易年收入200万元人民币以上，且自主知识产权动漫产品出口收入占总收入30%以上的；（4）经省级认定机构、全国性动漫行业协会、国家动漫产业基地等推荐的在资金、人员规模、艺术创意、技术应用、市场营销、品牌价值、社会影响等方面具有示范意义的动漫企业。注意：动漫企业认定实行年审制度，不提出年审申请，或年度认定不合格的企业，其动漫企业、重点动漫企业资格到期自动失效。

5.2 动漫产业增值税优惠政策

根据《关于延续动漫产业增值税政策的通知》（财税〔2018〕38号）的规

定，自2018年1月1日至2018年4月30日，对动漫企业增值税一般纳税人销售其自主开发生产的动漫软件，按照17%的税率征收增值税后，对其增值税实际税负超过3%的部分，实行即征即退政策。自2018年5月1日至2020年12月31日，对动漫企业增值税一般纳税人销售其自主开发生产的动漫软件，按照16%的税率征收增值税后，对其增值税实际税负超过3%的部分，实行即征即退政策。

5.3　动漫软件增值税优惠政策

根据《财政部、国家税务总局关于软件产品增值税政策的通知》（财税〔2011〕100号）的规定，增值税一般纳税人销售其自行开发生产的软件产品，按17%（根据财税〔2018〕32号文规定，自2018年5月1日起调整为16%）税率征收增值税后，对其增值税实际税负超过3%的部分实行即征即退政策。

5.4　动漫产品进口环节税收优惠政策

《财政部、国家税务总局关于扶持动漫产业发展有关税收政策问题的通知》（财税〔2009〕65号）第4条规定："经国务院有关部门认定的动漫企业自主开发、生产动漫直接产品，确需进口的商品可享受免征进口关税和进口环节增值税的优惠政策。具体免税商品范围及管理办法由财政部会同有关部门另行制定。"

6. 线宽小于0.8微米（含）的集成电路生产企业减免企业所得税

《财政部、税务总局关于集成电路企业增值税加计抵减政策的通知》（财税〔2023〕17号）第1条第1款规定："自2023年1月1日至2027年12月31日，允许集成电路设计、生产、封测、装备、材料企业（以下称集成电路企业），按照当期可抵扣进项税额加计15%抵减应纳增值税税额（以下称加计抵减政策）。"

《财政部、国家税务总局关于进一步鼓励软件产业和集成电路产业发展企业所得税政策的通知》（财税〔2012〕27号）第1条规定："集成电路线宽小于0.8微米（含）的集成电路生产企业，经认定后，在2017年12月31日前自获利年度起计算优惠期，第一年至第二年免征企业所得税，第三年至第五年按照25%的法定税率减半征收企业所得税，并享受至期满为止。"

7. 线宽小于0.25微米的集成电路生产企业减按15%税率征收企业所得税

《财政部、税务总局、国家发展改革委、工业和信息化部关于集成电路生产企业有关企业所得税政策问题的通知》（财税〔2018〕27号）第5条规定：

"2017年12月31日前设立但未获利的集成电路线宽小于0.25微米或投资额超过80亿元，且经营期在15年以上的集成电路生产企业，自获利年度起第一年至第五年免征企业所得税，第六年至第十年按照25%的法定税率减半征收企业所得税，并享受至期满为止。"

8. 新办集成电路设计企业减免企业所得税

《关于进一步鼓励软件产业和集成电路产业发展企业所得税政策的通知》（财税〔2012〕27号）第3条规定："我国境内新办的集成电路设计企业和符合条件的软件企业，经认定后，在2017年12月31日前自获利年度起计算优惠期，第一年至第二年免征企业所得税，第三年至第五年按照25%的法定税率减半征收企业所得税，并享受至期满为止。"

9. 国家规划布局内集成电路设计企业可减按10%的税率征收企业所得税

《财政部、税务总局关于集成电路企业增值税加计抵减政策的通知》（财税〔2023〕17号）第1、2条规定："自2023年1月1日至2027年12月31日，允许集成电路设计、生产、封测、装备、材料企业（以下称集成电路企业），按照当期可抵扣进项税额加计15%抵减应纳增值税税额（以下称加计抵减政策）。对适用加计抵减政策的集成电路企业采取清单管理，具体适用条件、管理方式和企业清单由工业和信息化部会同发展改革委、财政部、税务总局等部门制定。集成电路企业按照当期可抵扣进项税额的15%计提当期加计抵减额。企业外购芯片对应的进项税额，以及按照现行规定不得从销项税额中抵扣的进项税额，不得计提加计抵减额；已计提加计抵减额的进项税额，按规定作进项税额转出的，应在进项税额转出当期，相应调减加计抵减额。"

《关于促进集成电路产业和软件产业高质量发展企业所得税政策的公告》（财政部、国家税务总局、国家发展改革委、工业和信息化部公告2020年第45号）第3条、第4条第1款规定："国家鼓励的集成电路设计、装备、材料、封装、测试企业和软件企业，自获利年度起，第一年至第二年免征企业所得税，第三年至第五年按照25%的法定税率减半征收企业所得税。国家鼓励的集成电路设计、装备、材料、封装、测试企业和软件企业条件，由工业和信息化部会同国家发展改革委、财政部、税务总局等相关部门制定。国家鼓励的重点集成电路设计企业和软件企业，自获利年度起，第一年至第五年免征企业所得税，接续年度减按10%的税率征收企业所得税。"

10. 符合条件的软件企业减免企业所得税

10.1 国家鼓励的软件企业定期减免企业所得税

《财政部、税务总局关于集成电路设计企业和软件企业 2019 年度企业所得税汇算清缴适用政策的公告》（财政部、税务总局公告 2020 年第 29 号）第 1 条规定：“依法成立且符合条件的集成电路设计企业和软件企业，在 2019 年 12 月 31 日前自获利年度起计算优惠期，第一年至第二年免征企业所得税，第三年至第五年按照 25% 的法定税率减半征收企业所得税，并享受至期满为止。”

10.2 国家鼓励的重点软件企业减免企业所得税

《财政部、国家税务总局、国家发展改革委、工业和信息化部关于促进集成电路产业和软件产业高质量发展企业所得税政策的公告》（财政部、国家税务总局、国家发展改革委、工业和信息化部公告 2020 年第 45 号）第 4 条第 1 款规定：“国家鼓励的重点集成电路设计企业和软件企业，自获利年度起，第一年至第五年免征企业所得税，接续年度减按 10% 的税率征收企业所得税。”

11. 符合条件的集成电路封装测试企业定期减免企业所得税

《关于促进集成电路产业和软件产业高质量发展企业所得税政策的公告》（财政部、国家税务总局、国家发展改革委、工业和信息化部公告 2020 年第 45 号）第 3 条第 1 款规定：“国家鼓励的集成电路设计、装备、材料、封装、测试企业和软件企业，自获利年度起，第一年至第二年免征企业所得税，第三年至第五年按照 25% 的法定税率减半征收企业所得税。”

12. 符合条件的集成电路相关企业定期减免企业所得税

《财政部、国家税务总局、发展改革委、工业和信息化部关于进一步鼓励集成电路产业发展企业所得税政策的通知》（财税〔2015〕6 号）第 1 条规定，符合条件的集成电路封装、测试企业以及集成电路关键专用材料生产企业、集成电路专用设备生产企业，在 2017 年（含 2017 年）前实现获利的，自获利年度起，第 1 年至第 2 年免征企业所得税，第 3 年至第 5 年按照 25% 的法定税率减半征收企业所得税，并享受至期满为止；2017 年前未实现获利的，自 2017 年起计算优惠期，享受至期满为止。

（1）该通知所称符合条件的集成电路封装、测试企业，必须同时满足的条件如表 41 所示。

表 41 须同时满足的条件

序号	条件
1	2014 年 1 月 1 日后依法在中国境内成立的法人企业
2	签订劳动合同关系且具有大学专科以上学历的职工人数占企业当年月平均职工总人数的比例不低于 40%，其中，研究开发人员占企业当年月平均职工总数的比例不低于 20%
3	拥有核心关键技术，并以此为基础开展经营活动，且当年度的研究开发费用总额与企业销售（营业）收入（主营业务收入与其他业务收入之和，下同）总额的比例不低于 3.5%，其中，企业在中国境内发生的研究开发费用总额占研究开发费用总额的比例不低于 60%
4	集成电路封装、测试销售（营业）收入占企业收入总额的比例不低于 60%
5	具有保证产品生产的手段和能力，并获得有关资质认证（包括 ISO 质量体系认证、人力资源能力认证等）
6	具有与集成电路封装、测试相适应的经营场所、软硬件设施等基本条件

（2）该通知所称符合条件的集成电路关键专用材料生产企业或集成电路专用设备生产企业，必须同时满足的条件如表 42 所示。

表 42 须同时满足的条件

序号	条件
1	2014 年 1 月 1 日后依法在中国境内成立的法人企业
2	签订劳动合同关系且具有大学专科以上学历的职工人数占企业当年月平均职工总人数的比例不低于 40%，其中，研究开发人员占企业当年月平均职工总数的比例不低于 20%
3	拥有核心关键技术，并以此为基础开展经营活动，且当年度的研究开发费用总额占企业销售（营业）收入总额的比例不低于 5%，其中，企业在中国境内发生的研究开发费用总额占研究开发费用总额的比例不低于 50%
4	集成电路关键专用材料或专用设备销售收入占企业销售（营业）收入总额的比例不低于 30%
5	具有保证集成电路关键专用材料或专用设备产品生产的手段和能力，并获得有关资质认证（包括 ISO 质量体系认证、人力资源能力认证等）
6	具有与集成电路关键专用材料或专用设备生产相适应的经营场所、软硬件设施等基本条件

13. 经营性文化事业单位转制为企业的免征企业所得税

《关于继续实施文化体制改革中经营性文化事业单位转制为企业若干税收政策的通知》（财税〔2019〕16号）第1条第1款规定："经营性文化事业单位转制为企业，可以享受以下税收优惠政策：（一）经营性文化事业单位转制为企业，自转制注册之日起五年内免征企业所得税。2018年12月31日之前已完成转制的企业，自2019年1月1日起可继续免征五年企业所得税。（二）由财政部门拨付事业经费的文化单位转制为企业，自转制注册之日起五年内对其自用房产免征房产税。2018年12月31日之前已完成转制的企业，自2019年1月1日起对其自用房产可继续免征五年房产税。（三）党报、党刊将其发行、印刷业务及相应的经营性资产剥离组建的文化企业，自注册之日起所取得的党报、党刊发行收入和印刷收入免征增值税。（四）对经营性文化事业单位转制中资产评估增值、资产转让或划转涉及的企业所得税、增值税、城市维护建设税、契税、印花税等，符合现行规定的享受相应税收优惠政策。"

14. 附表

根据《财政部、税务总局、民政部关于生产和装配伤残人员专门用品企业免征企业所得税的公告》《财政部、税务总局、商务部、科技部、国家发展改革委关于将技术先进型服务企业所得税政策推广至全国实施的通知》等政策的规定，可享受税收优惠的主体包括生产和装配伤残人员专门用品企业、技术先进型服务企业等，其具体可享受的优惠内容及享受条件如表43所示。

表43　优惠内容及享受条件

享受主体	优惠内容	享受条件	政策依据
符合条件的生产和装配伤残人员	对于符合条件的生产和装配伤残人员专门用品企业免征企业所得税	生产和装配伤残人员专门用品，且在民政部发布的《中国伤残人员专门用品目录》范围之内	
		以销售本企业生产或者装配的伤残人员专门用品为主，其所取得的年度伤残人员专门用品销售收入（不含出口取得的收入）占企业收入总额60%以上。收入总额，是指《企业所得税法》第6条规定的收入总额	

续表

享受主体	优惠内容	享受条件	政策依据
符合条件的生产和装配伤残人员	对于符合条件的生产和装配伤残人员专门用品企业免征企业所得税	企业账证健全，能够准确、完整地向主管税务机关提供纳税资料，且本企业生产或者装配的伤残人员专门用品所取得的收入能够单独、准确核算	《财政部、税务总局、民政部关于生产和装配伤残人员专门用品企业免征企业所得税的公告》（财政部、税务总局、民政部公告2023年第57号）
		企业拥有假肢制作师、矫形器制作师资格证书的专业技术人员不得少于1人；其企业生产人员如超过20人，则其拥有假肢制作师、矫形器制作师资格证书的专业技术人员不得少于全部生产人员的1/6	
		具有与业务相适应的测量取型、模型加工、接受腔成型、打磨、对线组装、功能训练等生产装配专用设备和工具	
		具有独立的接待室、假肢或者矫形器（辅助器具）制作室和假肢功能训练室，使用面积不少于115平方米	
技术先进型服务企业（服务外包类）	对经认定的技术先进型服务企业（服务外包类），减按15%的税率征收企业所得税	须通过相应程序认定为技术先进型服务企业	《财政部、税务总局、商务部、科技部、国家发展改革委关于将技术先进型服务企业所得税政策推广至全国实施的通知》（财税〔2017〕79号）
技术先进型服务企业	自2017年1月1日起，对经认定的技术先进型服务企业减按15%的税率征收企业所得税	这里说的技术先进型服务企业（服务贸易类）须符合的条件及认定管理事项，要按照相关规定执行。其中，企业须满足的技术先进型服务业务领域范围按照该通知所附《技术先进型服务业务认定范围（试行）》执行，包括信息系统集成服务、数据服务、研究和实验开发服务、工业设计服务、知识产权跨境许可与转让、文化产品数字制作及相关服务、文化产品的对外翻译、配音及制作服务、中医药医疗保健及相关服务	

续表

享受主体	优惠内容	享受条件	政策依据
设在西部地区的鼓励类产业企业	设在西部地区的鼓励类产业企业减按15%的税率征收企业所得税（主营业务收入占比60%）	根据《西部地区鼓励类产业目录》，鼓励类产业企业是指以该目录中规定的产业项目为主营业务，并且其主营业务收入占企业收入总额60%以上的企业。西部地区包括内蒙古自治区、广西壮族自治区、重庆市、四川省、贵州省、云南省、西藏自治区、陕西省、甘肃省、青海省、宁夏回族自治区、新疆维吾尔自治区（含新疆生产建设兵团）。而湖南省湘西土家族苗族自治州、湖北省恩施土家族苗族自治州、吉林省延边朝鲜族自治州和江西省赣州市，可以参照西部地区的企业所得税政策执行	《关于延续西部大开发企业所得税政策的公告》（2020年第23号）
新疆困难地区新办的属于《新疆困难地区重点鼓励发展产业企业所得税优惠目录》范围内的企业	自取得第一笔生产经营收入所属纳税年度起，第1年至第2年免征企业所得税，第3年至第5年减半征收企业所得税	新疆困难地区包括南疆三地州、其他脱贫县（原国家扶贫开发重点县）和边境县市	《财政部、国家税务总局关于新疆困难地区新办企业所得税优惠政策的通知》（财税〔2011〕53号）
		属于《新疆困难地区重点鼓励发展产业企业所得税优惠目录》范围内的企业是指以《新疆困难地区重点鼓励发展产业企业所得税优惠目录》中规定的产业项目为主营业务，其主营业务收入占企业收入总额60%以上的企业	
	在减半期内，按照企业所得税25%的法定税率计算的应纳税额减半征税	第一笔生产经营收入，是指产业项目已建成并投入运营后所取得的第一笔收入	《财政部、税务总局关于新疆困难地区及喀什、霍尔果斯两个特殊经济开发区新办企业所得税优惠政策的通知》（财税〔2021〕27号）

续表

享受主体	优惠内容	享受条件	政策依据
新疆困难地区新办的属于《新疆困难地区重点鼓励发展产业企业所得税优惠目录》范围内的企业	在减半期内，按照企业所得税25%的法定税率计算的应纳税额减半征税	属于《新疆困难地区重点鼓励发展产业企业所得税优惠目录（试行）（2016年版）》范围内的企业，2020年12月31日前已经进入优惠期的，可按《财政部 国家税务总局关于新疆困难地区新办企业所得税优惠政策的通知》（财税〔2011〕53号）规定享受至优惠期满为止，如属于《新疆困难地区重点鼓励发展企业所得税优惠目录》与《新疆困难地区重点鼓励发展产业企业所得税优惠目录（试行）（2016年版）》相同产业项目范围，可在剩余期限内按本通知规定享受至优惠期满为止；未进入优惠期的，不再享受财税〔2011〕53号，如属于《新疆困难地区重点鼓励发展企业所得税优惠目录》与《新疆困难地区重点鼓励发展产业企业所得税优惠目录（试行）（2016年版）》相同产业项目范围，可视同新办企业按本通知规定享受相关税收优惠	《财政部、税务总局关于新疆困难地区及喀什、霍尔果斯两个特殊经济开发区新办企业所得税优惠政策的通知》（财税〔2021〕27号）
新疆喀什、霍尔果斯两个特殊经济开发区内新办的属于《新疆困难地区重点鼓励发展产业企业所得税优惠目录》范围内的企业	对在新疆喀什、霍尔果斯两个特殊经济开发区内新办的属于《新疆困难地区重点鼓励发展企业所得税优惠目录》范围内的企业，自取得第一笔生产经营收入所属纳税年度起，5年内免征企业所得税	第一笔生产经营收入，是指产业项目已建成并投入运营后所取得的第一笔收入	《财政部、国家税务总局关于新疆喀什霍尔果斯两个特殊经济开发区企业所得税优惠政策的通知》（财税〔2011〕112号）
		属于《新疆困难地区重点鼓励发展产业企业所得税优惠目录》范围内的企业是指以《新疆困难地区重点鼓励发展产业企业所得税优惠目录》中规定的产业项目为主营业务，其主营业务收入占企业收入总额60%以上的企业	《财政部、国家税务总局关于新疆困难地区新办企业所得税优惠政策的通知》（财税〔2011〕53号）

续表

享受主体	优惠内容	享受条件	政策依据
新疆喀什、霍尔果斯两个特殊经济开发区内新办的属于《新疆困难地区重点鼓励发展产业企业所得税优惠目录》范围内的企业	对在新疆喀什、霍尔果斯两个特殊经济开发区内新办的属于《新疆困难地区重点鼓励发展企业所得税优惠目录》范围内的企业，自取得第一笔生产经营收入所属纳税年度起，5年内免征企业所得税	属于《新疆困难地区重点鼓励发展产业企业所得税优惠目录（试行）（2016年版）》范围内的企业，2020年12月31日前已经进入优惠期的，可按《财政部 国家税务总局关于新疆喀什霍尔果斯两个特殊经济开发区企业所得税优惠政策的通知》（财税〔2011〕112号）规定享受至优惠期满为止，如属于《新疆困难地区重点鼓励发展企业所得税优惠目录》与《新疆困难地区重点鼓励发展产业企业所得税优惠目录（试行）（2016年版）》相同产业项目范围，可在剩余期限内按本通知规定享受至优惠期满为止；未进入优惠期的，不再享受财税〔2011〕112号文件规定的税收优惠，如属于《新疆困难地区重点鼓励发展产业企业所得税优惠目录》与《新疆困难地区重点鼓励发展企业所得税优惠目录（试行）（2016年版）》相同产业项目范围，可视同新办企业按本通知规定享受相关税收优惠	《财政部、税务总局关于新疆困难地区及喀什、霍尔果斯两个特殊经济开发区新办企业所得税优惠政策的通知》（财税〔2021〕27号） 《财政部、税务总局、发展改革委、工业和信息化部关于印发新疆困难地区重点鼓励发展产业企业所得税优惠目录的通知》（财税〔2021〕42号）
设在横琴粤澳深度合作区的产业企业	对设在横琴粤澳深度合作区符合条件的产业企业，减按15%的税率征收企业所得税	以《横琴粤澳深度合作区企业所得税优惠目录（2021年版）》中规定的产业项目为主营业务，且其主营业务收入占收入总额60%以上。收入总额按照《企业所得税法》第6条规定执行 进行实质性运营，实质性运营是指企业的实际管理机构设在横琴粤澳深度合作区，并对企业生产经营、人员、账务、财产等实施实质性全面管理和控制。对不符合实质性运营的企业，不得享受优惠	《财政部、税务总局关于横琴粤澳深度合作区企业所得税优惠政策的通知》（财税〔2022〕19号）

续表

享受主体	优惠内容	享受条件	政策依据
设在横琴粤澳深度合作区的产业企业	对设在横琴粤澳深度合作区符合条件的产业企业，减按15%的税率征收企业所得税	对总机构设在横琴粤澳深度合作区的企业，仅就其设在合作区内符合规定条件的总机构和分支机构的所得适用15%税率；对总机构设在合作区以外的企业，仅就其设在合作区内符合规定条件的分支机构所得适用15%税率	
设在平潭综合实验区的符合条件的企业	对设在平潭综合实验区的符合条件的企业减按15%的税率征收企业所得税	企业需符合的条件，是指以《平潭综合实验区企业所得税优惠目录（2021年版）》中规定的产业项目为主营业务，且其主营业务收入占收入总额60%以上。收入总额按照《企业所得税法》第6条规定执行	《财政部、税务总局关于延续福建平潭综合实验区企业所得税优惠政策的通知》（财税〔2021〕29号）
		平潭综合实验区的范围，按照国务院2011年11月批复的《平潭综合实验区总体发展规划》执行	
		对总机构设在平潭综合实验区的企业，仅就其设在实验区内符合规定条件的总机构和分支机构的所得适用15%税率；对总机构设在实验区以外的企业，仅就其设在实验区内符合规定条件的分支机构所得适用15%税率	
前海深港现代服务业合作区的符合条件的企业	对设在前海深港现代服务业合作区的符合条件的企业减按15%的税率征收企业所得税	企业需符合的条件，是指以《前海深港现代服务业合作区企业所得税优惠目录（2021年版）》中规定的产业项目为主营业务，且其主营业务收入占收入总额60%以上。收入总额按照《企业所得税法》第6条规定执行	《财政部、税务总局关于延续深圳前海深港现代服务业合作区企业所得税优惠政策的通知》（财税〔2021〕30号）
		前海深港现代服务业合作区的范围，按照国务院2010年8月批复的《前海深港现代服务业合作区总体发展规划》执行	
		对总机构设在前海深港现代服务业合作区的企业，仅就其合作区内符合规定条件的总机构和分支机构的所得适用15%税率；对总机构设在合作区以外的企业，仅就其设在合作区内符合规定条件的分支机构所得适用15%税率	

续表

享受主体	优惠内容	享受条件	政策依据
在南沙先行启动区的鼓励类产业企业	对设在南沙先行启动区符合条件的鼓励类产业企业，减按15%的税率征收企业所得税	以《广州南沙企业所得税优惠目录（2022）年版)》中规定的产业项目为主营业务，且其主营业务收入占收入总额60%以上。收入总额按照《企业所得税法》第6条规定执行	《财政部、税务总局关于广州南沙企业所得税优惠政策的通知》（财税〔2022〕40号）
		开展实质性运营。对不符合实质性运营的企业，不得享受优惠。实质性运营是指企业的实际管理机构设在南沙先行启动区，并对企业生产经营、人员、账务、财产等实施实质性全面管理和控制	
		对总机构设在南沙先行启动区的企业，仅就其设在南沙先行启动区内符合规定条件的总机构和分支机构的所得适用15%税率；对总机构设在南沙先行启动区以外的企业，仅就其设在南沙先行启动区内符合规定条件的分支机构所得适用15%税率	
		南沙及南沙先行启动区的范围，按照《国务院关于印发广州南沙深化面向世界的粤港澳全面合作总体方案的通知》（国发〔2022〕13号）执行	
北京冬奥组委、北京冬奥会测试赛赛事组委会	免征应缴纳的企业所得税	北京冬奥会组织委员会、北京冬奥会测试赛赛事组委会	《财政部、国家税务总局、海关总署关于北京2022年冬奥会和冬残奥会税收政策的通知》（财税〔2017〕60号）

续表

享受主体	优惠内容	享受条件	政策依据
国家鼓励的集成电路线宽小于 130 纳米（含），且经营期在 10 年以上的集成电路生产企业或项目	第 1 年至第 2 年免征企业所得税，第 3 年至第 5 年按照 25% 的法定税率减半征收企业所得税	对于按照集成电路生产企业享受税收优惠政策的，优惠期自获利年度起计算；对于按照集成电路生产项目享受税收优惠政策的，优惠期自项目取得第一笔生产经营收入所属纳税年度起计算，集成电路生产项目需单独进行会计核算、计算所得，并合理分摊期间费用	《财政部、国家税务总局、发展改革委、工业和信息化部关于促进集成电路产业和软件产业高质量发展企业所得税政策的公告》（财政部、国家税务总局、发展改革委、工业和信息化部公告 2020 年第 45 号）
国家鼓励的集成电路线宽小于 130 纳米（含），且经营期在 10 年以上的集成电路生产企业或项目	第 1 年至第 2 年免征企业所得税，第 3 年至第 5 年按照 25% 的法定税率减半征收企业所得税	国家鼓励的集成电路生产企业或项目清单由国家发展改革委、工业和信息化部会同财政部、税务总局等相关部门制定	《财政部、国家税务总局、发展改革委、工业和信息化部关于促进集成电路产业和软件产业高质量发展企业所得税政策的公告》（财政部、国家税务总局、发展改革委、工业和信息化部公告 2020 年第 45 号）
国家鼓励的集成电路线宽小于 130 纳米（含），且经营期在 10 年以上的集成电路生产企业或项目	第 1 年至第 2 年免征企业所得税，第 3 年至第 5 年按照 25% 的法定税率减半征收企业所得税	国家鼓励的集成电路线宽小于 130 纳米（含）的集成电路生产企业或项目享受税收优惠政策条件如下：（1）在中国境内（不包括港、澳、台地区）依法注册并在发展改革委、工业和信息化部门备案的居民的企业；（2）符合国家布局规划和产业政策；（3）汇算清缴年度，具有劳动合同关系或劳务派遣、聘用关系，其中具有本科及以上学历月平均职工人数占企业月平均职工总人数的比例不低于 30%，研究开发人员月平均数占企业月平均职工总数的比例不低于 20%（从事 8 英寸及以下集成电路生产的不低于 15%）；（4）企业拥有关键核心技术和属于本企业的知识产权，并以此为基础开展经营活动，且汇算清缴年度研究开发费用总额占企业销售（营业）收入（主营业务收入与其他业务收入之和）总额的比例不低于 2%；（5）汇算清缴年度集成电路制造销售（营业）收入占企业收入总额的比例不低于 60%；（6）具有保证相关工艺线宽产品生产的手段和	《国家发展改革委、工业和信息化部、财政部、海关总署、税务总局关于做好享受税收优惠政策的集成电路企业或项目、软件企业清单制定工作有关要求的通知》（发改高技〔2021〕413 号）附件 1《享受税收优惠政策的企业条件和项目标准》

续表

享受主体	优惠内容	享受条件	政策依据
国家鼓励的集成电路线宽小于130纳米（含），且经营期在10年以上的集成电路生产企业或项目	第1年至第2年免征企业所得税，第3年至第5年按照25%的法定税率减半征收企业所得税	能力；（7）汇算清缴年度未发生重大安全、重大质量事故或严重环境违法行为；（8）对于按照集成电路生产项目享受税收优惠政策的，项目主体企业应符合相应的集成电路生产企业条件，且能够对该项目单独进行会计核算、计算所得，并合理分摊期间费用	
		符合原有政策条件且在2019年（含）之前已经进入优惠期的企业或项目，2020年（含）起可按原有政策规定继续享受至期满为止，如也符合《财政部、国家税务总局、国家发展改革委、工业和信息化部关于促进集成电路产业和软件产业高质量发展企业所得税政策的公告》（财政部、国家税务总局、发展改革委、工业和信息化部公告2020年第45号，以下简称45号公告）规定，可按规定享受相关优惠，其中定期减免税优惠，可按45号公告规定计算优惠期，并就剩余期限享受优惠至期满为止。符合原有政策条件，2019年（含）之前尚未进入优惠期的企业或项目，2020年（含）起不再执行原有政策	《关于促进集成电路产业和软件产业高质量发展企业所得税政策的公告》（2020年第45号）
		集成电路企业或项目按照45号公告规定同时符合多项定期减免税优惠政策条件的，由企业选择其中一项政策享受相关优惠。其中，已经进入优惠期的，可由企业在剩余期限内选择其中一项政策享受相关优惠	

续表

享受主体	优惠内容	享受条件	政策依据
国家鼓励的集成电路线宽小于65纳米（含），且经营期在15年以上的集成电路生产企业或项目	第1年至第5年免征企业所得税，第6年至第10年按照25%的法定税率减半征收企业所得税	对于按照集成电路生产企业享受税收优惠政策的，优惠期自获利年度起计算；对于按照集成电路生产项目享受税收优惠政策的，优惠期自项目取得第一笔生产经营收入所属纳税年度起计算，集成电路生产项目需单独进行会计核算、计算所得，并合理分摊期间费用	《国家发展改革委、工业和信息化部、财政部、海关总署、税务总局关于做好享受税收优惠政策的集成电路企业或项目、软件企业清单制定工作有关要求的通知》（发改高技〔2021〕413号）
		国家鼓励的集成电路生产企业或项目清单由国家发展改革委、工业和信息化部会同财政部、税务总局等相关部门制定	《国家发展改革委、工业和信息化部、财政部、海关总署、税务总局关于做好享受税收优惠政策的集成电路企业或项目、软件企业清单制定工作有关要求的通知》（发改高技〔2021〕413号）
		国家鼓励的集成电路线宽小于65纳米（含）的集成电路生产企业或项目享受税收优惠政策条件如下：（1）在中国境内（不包括港、澳、台地区）依法注册并具有独立法人资格的企业；（2）符合国家布局规划和产业政策；（3）汇算清缴年度，具有劳动合同关系或劳务派遣、聘用关系，其中具有本科及以上学历月平均职工人数占企业月平均职工总人数的比例不低于30%，研究开发人员月平均数占企业月平均职工总数的比例不低于20%（从事8英寸及以下集成电路生产的不低于15%）；（4）企业拥有关键核心技术和属于本企业的知识产权，并以此为基础开展经营活动，且汇算清缴年度研究开发费用总额占企业销售（营业）收入（主营业务收入与其他业务收入之和）总额的比例不低于2%；（5）汇算清缴年度集成电路制造销售（营业）收入占企业收入总额的比例不低于60%；	

续表

享受主体	优惠内容	享受条件	政策依据
国家鼓励的集成电路线宽小于65纳米（含），且经营期在15年以上的集成电路生产企业或项目	第1年至第5年免征企业所得税，第6年至第10年按照25%的法定税率减半征收企业所得税	（6）具有保证相关工艺线宽产品生产的手段和能力；（7）汇算清缴年度未发生重大安全、重大质量事故或严重环境违法行为；（8）对于按照集成电路生产项目享受税收优惠政策的，项目主体企业应符合相应的集成电路生产企业条件，且能够对该项目单独进行会计核算、计算所得，并合理分摊期间费用	
		符合原有政策条件且在2019年（含）之前已经进入优惠期的企业或项目，2020年（含）起可按原有政策规定继续享受至期满为止，如也符合45号公告规定，可按规定享受相关优惠，其中定期减免税优惠，可按45号公告规定计算优惠期，并就剩余期限享受优惠至期满为止。符合原有政策条件，2019年（含）之前尚未进入优惠期的企业或项目，2020年（含）起不再执行原有政策	《财政部、国家税务总局、发展改革委、工业和信息化部关于促进集成电路产业和软件产业高质量发展企业所得税政策的公告》（财政部、国家税务总局、发展改革委、工业和信息化部公告2020年第45号）
		原有政策是指：2018年1月1日后投资新设的集成电路线宽小于65纳米或投资额超过150亿元，且经营期在15年以上的集成电路生产企业或项目，第一年至第五年免征企业所得税，第六年至第十年按照25%的法定税率减半征收企业所得税，并享受至期满为止。其中，集成电路生产企业的范围和条件，是指《财政部、国家税务总局、发展改革委、工业和信息化部关于软件和集成电路产业企业所得税优惠政策有关问题的通知》（财税〔2016〕49号）第2条规定的条件	《关于集成电路生产企业有关企业所得税政策问题的通知》（财税〔2018〕27号）

续表

享受主体	优惠内容	享受条件	政策依据
国家鼓励的集成电路线宽小于65纳米（含），且经营期在15年以上的集成电路生产企业或项目	第1年至第5年免征企业所得税，第6年至第10年按照25%的法定税率减半征收企业所得税	集成电路企业或项目按照45号公告规定同时符合多项定期减免税优惠政策条件的，由企业选择其中一项政策享受相关优惠。其中，已经进入优惠期的，可由企业在剩余期限内选择其中一项政策享受相关优惠	《财政部、国家税务总局、发展改革委、工业和信息化部关于促进集成电路产业和软件产业高质量发展企业所得税政策的公告》（财政部、国家税务总局、发展改革委、工业和信息化部公告2020年第45号）
上海自贸试验区临港新片区的重点产业企业	减按15%的税率征收企业所得税	“符合条件的法人企业”必须同时满足以下第1、2项条件，以及第3项或第4项条件中任一子条件： 1. 自2020年1月1日起在新片区内注册登记（不包括从外区域迁入新片区的企业），主营业务为从事《新片区集成电路、人工智能、生物医药、民用航空关键领域核心环节目录》以下简称《目录》）中相关领域环节实质性生产或研发活动的法人企业；实质性生产或研发活动是指，企业拥有固定生产经营场所、固定工作人员，具备与生产或研发活动相匹配的软硬件支撑条件，并在此基础上开展相关业务 2. 企业主要研发或销售产品中至少包含1项关键产品（技术）；关键产品（技术）是指在集成电路、人工智能、生物医药、民用航空等重点领域产业链中起到重要作用或不可或缺的产品（技术） 3. 企业投资主体条件： （1）企业投资主体在国际细分市场影响力排名居于前列，技术实力居于业内前列；（2）企业投资主体在国内细分市场	《关于中国（上海）自贸试验区临港新片区重点产业企业所得税政策的通知》（财税〔2020〕38号）

续表

享受主体	优惠内容	享受条件	政策依据
上海自贸试验区临港新片区的重点产业企业	减按15%的税率征收企业所得税	居于领先地位，技术实力在业内领先 4. 企业研发生产条件： （1）企业拥有领军人才及核心团队骨干，在国内外相关领域长期从事科研生产工作；（2）企业拥有核心关键技术，对其主要产品具备建立自主知识产权体系的能力；（3）企业具备推进产业链核心供应商多元化，牵引国内产业升级能力；（4）企业具备高端供给能力，核心技术指标达到国际前列或国内领先；（5）企业研发成果（技术或产品）已被国际国内一线终端设备制造商采用或已经开展紧密实质性合作（包括资本、科研、项目等领域）；（6）企业获得国家或省级政府科技或产业化专项资金、政府性投资基金或取得知名投融资机构投资	《关于中国（上海）自贸试验区临港新片区重点产业企业所得税政策的通知》（财税〔2020〕38号）
海南自由贸易港鼓励类企业	减按15%税率征收企业所得税	企业享受鼓励类产业税收优惠采取“自行判别、申报享受、相关资料留存备查”的办理方式，即企业根据行业和经营情况以及相关规定自行判断是否符合优惠条件，符合条件的可以按照税法规定时间自行申报享受税收优惠	《关于海南自由贸易港企业所得税优惠政策的通知》（财税〔2020〕31号）
国家鼓励的集成电路线宽小于28纳米（含），且经营期在15年以上的集成电路生产企业或项目	第1年至第10年免征企业所得税	对于按照集成电路生产企业享受税收优惠政策的，优惠期自获利年度起计算；对于按照集成电路生产项目享受税收优惠政策的，优惠期自项目取得第一笔生产经营收入所属纳税年度起计算，集成电路生产项目需单独进行会计核算、计算所得，并合理分摊期间费用	《财政部、国家税务总局、发展改革委、工业和信息化部关于促进集成电路产业和软件产业高质量发展企业所得税政策的公告》（财政部、国家税务总局、发展改革委、工业和信息化部公告2020年第45号）

续表

享受主体	优惠内容	享受条件	政策依据
国家鼓励的集成电路线宽小于28纳米（含），且经营期在15年以上的集成电路生产企业或项目	第1年至第10年免征企业所得税	国家鼓励的集成电路生产企业或项目清单由国家发展改革委、工业和信息化部会同财政部、税务总局等相关部门制定 国家鼓励的集成电路线宽小于28纳米（含）的集成电路生产企业或项目享受税收优惠政策条件如下：（1）在中国境内（不包括港、澳、台地区）依法注册并具有独立法人资格的企业；（2）符合国家布局规划和产业政策；（3）汇算清缴年度，具有劳动合同关系或劳务派遣、聘用关系，其中具有本科及以上学历月平均职工人数占企业月平均职工总人数的比例不低于30%，研究开发人员月平均数占企业月平均职工总数的比例不低于20%（从事8英寸及以下集成电路生产的不低于15%）；（4）企业拥有关键核心技术和属于本企业的知识产权，并以此为基础开展经营活动，且汇算清缴年度研究开发费用总额占企业销售（营业）收入（主营业务收入与其他业务收入之和）总额的比例不低于2%；（5）汇算清缴年度集成电路制造销售（营业）收入占企业收入总额的比例不低于60%；（6）具有保证相关工艺线宽产品生产的手段和能力；（7）汇算清缴年度未发生重大安全、重大质量事故或严重环境违法行为；（8）对于按照集成电路生产项目享受税收优惠政策的，项目主体企业应符合相应的集成电路生产企业条件，且能够对该项目单独进行会计核算、计算所得，并合理分摊期间费用	《国家发展改革委、工业和信息化部、财政部、海关总署、税务总局关于做好享受税收优惠政策的集成电路企业或项目、软件企业清单制定工作有关要求的通知》（发改高技〔2021〕413号）附件1《享受税收优惠政策的企业条件和项目标准》

续表

享受主体	优惠内容	享受条件	政策依据
国家鼓励的集成电路线宽小于 28 纳米（含），且经营期在 15 年以上的集成电路生产企业或项目	第 1 年至第 10 年免征企业所得税	集成电路企业或项目按照 45 号公告规定同时符合多项定期减免税优惠政策条件的，由企业选择其中一项政策享受相关优惠。其中，已经进入优惠期的，可由企业在剩余期限内选择其中一项政策享受相关优惠	《财政部、国家税务总局、发展改革委、工业和信息化部关于促进集成电路产业和软件产业高质量发展企业所得税政策的公告》（财政部、国家税务总局、发展改革委、工业和信息化部公告 2020 年第 45 号）
国家鼓励的集成电路设计、装备、材料、封装、测试企业	自获利年度起，第 1 年至第 2 年免征企业所得税，第 3 年至第 5 年按照 25% 的法定税率减半征收企业所得税	国家鼓励的集成电路设计企业，必须同时满足以下条件：在中国境内（不包括港、澳、台地区）依法设立，从事集成电路设计、电子设计自动化（EDA）工具开发或知识产权（IP）核设计并具有独立法人资格的企业	1.《新时期促进集成电路产业和软件产业高质量发展的若干政策（三）》（国发〔2020〕8 号） 2.《国家鼓励的集成电路设计装备、材料、封装、测试企业条件公告》（工业和信息化部公告 2021 年第 9 号）
		汇算清缴年度具有劳动合同关系或劳务派遣、聘用关系的月平均职工人数不少于 20 人，其中具有本科及以上学历月平均职工人数占企业月平均职工总人数的比例不低于 50%，研究开发人员月平均数占企业月平均职工总数的比例不低于 40%	
		汇算清缴年度研究开发费用总额占企业销售（营业）收入（主营业务收入与其他业务收入之和，下同）总额的比例不低于 6%	

续表

享受主体	优惠内容	享受条件	政策依据
国家鼓励的集成电路设计、装备、材料、封装、测试企业	自获利年度起，第1年至第2年免征企业所得税，第3年至第5年按照25%的法定税率减半征收企业所得税	汇算清缴年度集成电路设计（含EDA工具、IP和设计服务，下同）销售（营业）收入占企业收入总额的比例不低于60%，其中自主设计销售（营业）收入占企业收入总额的比例不低于50%，且企业收入总额不低于（含）1500万元	1.《新时期促进集成电路产业和软件产业高质量发展的若干政策（三）》（国发〔2020〕8号） 2.《国家鼓励的集成电路设计装备、材料、封装、测试企业条件公告》（工业和信息化部公告2021年第9号）
		拥有核心关键技术和属于本企业的知识产权，企业拥有与集成电路产品设计相关的已授权发明专利、布图设计登记、计算机软件著作权合计不少于8个	
		具有与集成电路设计相适应的软硬件设施等开发环境和经营场所，且必须使用正版的EDA等软硬件工具	
		汇算清缴年度未发生严重失信行为，重大安全、重大质量事故或严重环境违法行为	
		国家鼓励的集成电路装备企业，必须同时满足以下条件：在中国境内（不包括港、澳、台地区）依法设立，从事集成电路专用装备或关键零部件研发、制造并具有独立法人资格的企业	
		汇算清缴年度具有劳动合同关系或劳务派遣、聘用关系且具有大学专科及以上学历月平均职工人数占企业当年月平均职工总人数的比例不低于40%，研究开发人员月平均数占企业当年月平均职工总数的比例不低于20%	

续表

享受主体	优惠内容	享受条件	政策依据
国家鼓励的集成电路设计、装备、材料、封装、测试企业	自获利年度起，第1年至第2年免征企业所得税，第3年至第5年按照25%的法定税率减半征收企业所得税	汇算清缴年度用于集成电路装备或关键零部件研究开发费用总额占企业销售（营业）收入总额的比例不低于5% 汇算清缴年度集成电路装备或关键零部件销售收入占企业销售（营业）收入总额的比例不低于30%，且企业销售（营业）收入总额不低于（含）1500万元 拥有核心关键技术和属于本企业的知识产权，企业拥有与集成电路装备或关键零部件研发、制造相关的已授权发明专利数量不少于5个 具有与集成电路装备或关键零部件生产相适应的经营场所、软硬件设施等基本条件 汇算清缴年度未发生严重失信行为，重大安全、重大质量事故或严重环境违法行为 国家鼓励的集成电路材料企业，必须同时满足以下条件： 在中国境内（不包括港、澳、台地区）依法设立，从事集成电路专用材料研发、生产并具有独立法人资格的企业 汇算清缴年度用于集成电路材料研究开发费用总额占企业销售（营业）收入总额的比例不低于5% 汇算清缴年度集成电路材料销售收入占企业销售（营业）收入总额的比例不低于30%，且企业销售（营业）收入总额不低于（含）1000万元	1.《新时期促进集成电路产业和软件产业高质量发展的若干政策（三）》（国发〔2020〕8号） 2.《国家鼓励的集成电路设计装备、材料、封装、测试企业条件公告》（工业和信息化部公告2021年第9号）

续表

享受主体	优惠内容	享受条件	政策依据
国家鼓励的集成电路设计、装备、材料、封装、测试企业	自获利年度起，第1年至第2年免征企业所得税，第3年至第5年按照25%的法定税率减半征收企业所得税	拥有核心关键技术和属于本企业的知识产权，且企业拥有与集成电路材料研发、生产相关的已授权发明专利数量不少于5个 具有与集成电路材料生产相适应的经营场所、软硬件设施等基本条件 汇算清缴年度未发生严重失信行为，重大安全、重大质量事故或严重环境违法行为	1.《新时期促进集成电路产业和软件产业高质量发展的若干政策（三）》（国发〔2020〕8号） 2.《国家鼓励的集成电路设计装备、材料、封装、测试企业条件公告》（工业和信息化部公告2021年第9号）
		国家鼓励的集成电路封装、测试企业，必须同时满足以下条件：在中国境内（不包括港、澳、台地区）依法设立，从事集成电路封装、测试并具有独立法人资格的企业	
		汇算清缴年度具有劳动合同关系或劳务派遣、聘用关系且具有大学专科以上学历月平均职工人数占企业当年月平均职工总人数的比例不低于40%，研究开发人员月平均数占企业当年月平均职工总数的比例不低于15%	
		汇算清缴年度研究开发费用总额占企业销售（营业）收入总额的比例不低于3%	
		汇算清缴年度集成电路封装、测试销售（营收）收入占企业收入总额的比例不低于60%，且企业收入总额不低于（含）2000万元	
		拥有核心关键技术和属于本企业的知识产权，且企业拥有与集成电路封装、测试相关的已授权发明专利、计算机软件著作权合计不少于5个	

续表

享受主体	优惠内容	享受条件	政策依据
国家鼓励的集成电路设计、装备、材料、封装、测试企业	自获利年度起，第1年至第2年免征企业所得税，第3年至第5年按照25%的法定税率减半征收企业所得税	具有与集成电路芯片封装、测试相适应的经营场所、软硬件设施等基本条件	
		汇算清缴年度未发生严重失信行为，重大安全、重大质量事故或严重环境违法行为	
国家鼓励的重点集成电路设计企业	自获利年度起，第1年至第5年免征企业所得税，接续年度减按10%的税率征收企业所得税	汇算清缴年度具有劳动合同关系或劳务派遣、聘用关系，其中具有本科及以上学历月平均职工人数占企业月平均职工总人数的比例不低于50%，研究开发人员月平均数占企业月平均职工总数的比例不低于40%	1.《财政部、国家税务总局、发展改革委、工业和信息化部关于促进集成电路产业和软件产业高质量发展企业所得税政策的公告》（财政部、国家税务总局、发展改革委、工业和信息化部公告2020年第45号） 2.《新时期促进集成电路产业和软件产业高质量发展的若干政策（三）》（国发〔2020〕8号） 3.《国家鼓励的集成电路设计装备材料封装测试企业条件公告》（工业和信息化部公告2021年第9号）
		拥有关键核心技术，并以此为基础开展经营活动，且汇算清缴年度研究开发费用总额占企业销售（营业）收入（主营业务收入与其他业务收入之和）总额的比例不低于6%	
		汇算清缴年度集成电路设计（含EDA工具、IP和设计服务，下同）销售（营业）收入占企业收入总额的比例不低于70%，其中集成电路自主设计销售（营业）收入占企业收入总额的比例不低于60%；对于集成电路设计销售（营业）收入超过50亿元的企业，汇算清缴年度集成电路设计销售（营业）收入占企业收入总额的比例不低于60%，其中集成电路自主设计销售（营业）收入占企业收入总额的比例不低于50%	
		企业拥有核心关键技术和属于本企业的知识产权，企业拥有与集成电路产品设计相关的已授权发明专利、布图设计登记、计算机软件著作权合计不少于8个；除以上条件外，还应至少符合下列条件中的一项：	

续表

享受主体	优惠内容	享受条件	政策依据
		汇算清缴年度，集成电路设计销售（营业）收入不低于5亿元，应纳税所得额不低于3000万元；对于集成电路设计销售（营业）收入不低于50亿元的企业，可不要求应纳税所得额，但研究开发费用总额占企业销售（营业）收入（主营业务收入与其他业务收入之和）总额的比例不低于8%	（工业和信息化部、国家发展改革委、财政部、国家税务总局公告2021年第9号）
国家鼓励的重点集成电路设计企业	自获利年度起，第1年至第5年免征企业所得税，接续年度减按10%的税率征收企业所得税	在国家鼓励的重点集成电路设计领域内，汇算清缴年度集成电路设计销售（营业）收入不低于3000万元，应纳税所得额不低于350万元	《国家发展改革委、工业和信息化部、财政部、海关总署、税务总局关于做好享受税收优惠政策的集成电路企业或项目、软件企业清单制定工作有关要求的通知》（发改高技〔2021〕413号）附件1《享受税收优惠政策的企业条件和项目标准》
			《关于做好2022年享受税收优惠政策的集成电路企业或项目、软件企业清单制定工作有关要求的通知》（发改高技〔2022〕390号）附件1《享受税收优惠政策的企业条件和项目标准》

续表

享受主体	优惠内容	享受条件	政策依据
集成电路生产企业	集成电路生产企业的生产设备，其折旧年限可以适当缩短，最短可为3年（含）	在中国境内（不包括港、澳、台地区）依法注册并具有独立法人资格的企业	《财政部、国家税务总局关于进一步鼓励软件产业和集成电路产业发展企业所得税政策的通知》（财税〔2012〕27号）
		符合国家布局规划和产业政策	
		汇算清缴年度，具有劳动合同关系或劳务派遣、聘用关系，其中具有本科及以上学历月平均职工人数占企业月平均职工总人数的比例不低于30%，研究开发人员月平均数占企业月平均职工总数的比例不低于20%（从事8英寸及以下集成电路生产的不低于15%）	
		企业拥有关键核心技术和属于本企业的知识产权，并以此为基础开展经营活动，且汇算清缴年度研究开发费用总额占企业销售（营业）收入（主营业务收入与其他业务收入之和）总额的比例不低于2%	《国家发展改革委、工业和信息化部、财政部、海关总署、税务总局关于做好享受税收优惠政策的集成电路企业或项目、软件企业清单制定工作有关要求的通知》（发改高技〔2021〕413号）附件1《享受税收优惠政策的企业条件和项目标准》
		汇算清缴年度集成电路制造销售（营业）收入占企业收入总额的比例不低于60%	
		具有保证相关工艺线宽产品生产的手段和能力	
		汇算清缴年度未发生重大安全、重大质量事故或严重环境违法行为	《关于做好2022年享受税收优惠政策的集成电路企业或项目、软件企业清单制定工作有关要求的通知》（发改高技〔2022〕390号）附件1《享受税收优惠政策的企业条件和项目标准》
		对于按照集成电路生产项目享受税收优惠政策的，项目主体企业应符合相应的集成电路生产企业条件，且能够对该项目单独进行会计核算、计算所得，并合理分摊期间费用	

续表

享受主体	优惠内容	享受条件	政策依据
国家鼓励的软件企业	自获利年度起，第1年至第2年免征企业所得税，第3年至第5年按照25%的法定税率减半征收企业所得税	国家鼓励的软件企业是指同时符合下列条件的企业：在中国境内（不包括港、澳、台地区）依法设立，以软件产品开发及相关信息技术服务为主营业务并具有独立法人资格的企业；该企业的设立具有合理商业目的，且不以减少、免除或推迟缴纳税款为主要目的	《国家鼓励的软件企业条件》（工业和信息化部、国家发展改革委、财政部、国家税务总局公告2021年10号）
		汇算清缴年度具有劳动合同关系或劳务派遣、聘用关系，其中具有本科及以上学历的月平均职工人数占企业月平均职工总人数的比例不低于40%，研究开发人员月平均数占企业月平均职工总数的比例不低于25%	
		拥有核心关键技术，并以此为基础开展经营活动，汇算清缴年度研究开发费用总额占企业销售（营业）收入总额的比例不低于7%，企业在中国境内发生的研究开发费用金额占研究开发费用总额的比例不低于60%	
		汇算清缴年度软件产品开发销售及相关信息技术服务（营业）收入占企业收入总额的比例不低于55%［嵌入式软件产品开发销售（营业）收入占企业收入总额的比例不低于45%］，其中软件产品自主开发销售及相关信息技术服务（营业）收入占企业收入总额的比例不低于45%［嵌入式软件产品开发销售（营业）收入占企业收入总额的比例不低于40%］	
		主营业务或主要产品具有专利或计算机软件著作权等属于本企业的知识产权	

续表

享受主体	优惠内容	享受条件	政策依据
国家鼓励的软件企业	自获利年度起，第1年至第2年免征企业所得税，第3年至第5年按照25%的法定税率减半征收企业所得税	具有与软件开发相适应的生产经营场所、软硬件设施等开发环境（如合法的开发工具等），建立符合软件工程要求的质量管理体系并持续有效运行	《财政部、国家税务总局、发展改革委、工业和信息化部关于促进集成电路产业和软件产业高质量发展企业所得税政策的公告》（财政部、国家税务总局、发展改革委、工业和信息化部公告2020年第45号）
		算清缴年度未发生重大安全事故、重大质量事故、知识产权侵权等行为，企业合法经营	（工业和信息化部、国家发展改革委、财政部、国家税务总局公告2021年第10号）
国家鼓励的重点软件企业	自获利年度起，第1年至第5年免征企业所得税，接续年度减按10%的税率征收企业所得税	国家鼓励的重点软件企业，除符合国家鼓励的软件企业条件外，还应至少符合下列条件中的一项：专业开发基础软件、研发设计类工业软件的企业，汇算清缴年度软件产品开发销售及相关信息技术服务（营业）收入（其中相关信息技术服务是指实现软件产品功能直接相关的咨询设计、软件运维、数据服务，下同）不低于5000万元；汇算清缴年度研究开发费用总额占企业销售（营业）收入总额的比例不低于7%	《财政部、国家税务总局、国家发展改革委、工业和信息化部关于促进集成电路产业和软件产业高质量发展企业所得税政策的公告》（2020年第45号）第四条、第六条、第七条《新时期促进集成电路产业和软件产业高质量发展的若干政策》（国发〔2020〕8号）

续表

享受主体	优惠内容	享受条件	政策依据
国家鼓励的重点软件企业	自获利年度起，第1年至第5年免征企业所得税，接续年度减按10%的税率征收企业所得税	专业开发生产控制类工业软件、新兴技术软件、信息安全软件的企业，汇算清缴年度软件产品开发销售及相关信息技术服务（营业）收入不低于1亿元；应纳税所得额不低于500万元；研究开发人员月平均数占企业月平均职工总数的比例不低于30%；汇算清缴年度研究开发费用总额占企业销售（营业）收入总额的比例不低于8%	（工业和信息化部、国家发展改革委、财政部、国家税务总局公告2021年第10号）
		专业开发重点领域应用软件、经营管理类工业软件、公有云服务软件、嵌入式软件的企业，汇算清缴年度软件产品开发销售及相关信息技术服务（营业）收入不低于5亿元，应纳税所得额不低于2500万元；研究开发人员月平均数占企业月平均职工总数的比例不低于30%；汇算清缴年度研究开发费用总额占企业销售（营业）收入总额的比例不低于7%	《国家发展改革委、工业和信息化部、财政部、海关总署、税务总局关于做好享受税收优惠政策的集成电路企业或项目、软件企业清单制定工作有关要求的通知》（发改高技〔2021〕413号）附件1《享受税收优惠政策的企业条件和项目标准》 《关于做好2022年享受税收优惠政策的集成电路企业或项目、软件企业清单制定工作有关要求的通知》（发改高技〔2022〕390号）附件1《享受税收优惠政策的企业条件和项目标准》

第四篇

实质经营篇

一、实质经营的基本概念及范畴

1. 实质经营的基本概念

1.1 从国内法和国际税收角度理解“实质经营”

1.1.1 基本概念解读

实质性经营是指，企业在日常运营管理中，通过运用有效措施，促进企业稳健增长并实现长期发展的经营方式。这种经营方式强调企业必须注重内部管理、控制成本、提高效率、提高产品或服务的质量，并且在市场竞争中具备强大的竞争力。

实质性经营的概念包括以下四个方面（见表44）：

表44 四个方面

分类	内容
注重内部管理	企业必须注重内部管理，优化组织架构，完善管理制度，加强财务管理，保持企业经营的稳定性和可持续性
控制成本	企业要控制成本，减少浪费，提高效率，优化生产流程，降低生产成本，提高企业盈利能力
提高产品或服务质量	企业要注重产品或服务的质量，提高品牌形象，增强竞争力，赢得消费者的信任和支持

续表

分类	内容
具备强大的竞争力	企业要在市场竞争中具备强大的竞争力，加强市场调研，掌握市场信息，根据市场需求及时调整产品或服务，不断推出新产品或服务，赢得市场份额

1.1.2 国内法角度解读（见表45）

表45 规定解读

分类	内容
《关于海南自由贸易港鼓励类产业企业实质性运营有关问题的公告》	自贸港实质性运营的认定： （1）必须从事鼓励类产业项目 （2）在自贸港之外没有设立分支机构 （3）同时具备生产经营、人员、账务、资产等四要素
《国家税务总局关于税收协定中“受益所有人”有关问题的公告》	实质性经营活动包括具有实质性的制造、经销、管理等活动。申请人从事的经营活动是否具有实质性，应根据其实际履行的功能及承担的风险进行判定
	对于申请人从事的具有实质性的投资控股管理活动，可以构成被认定为实质性经营活动 对于申请人从事不构成实质性经营活动的投资控股管理活动，并且同时从事其他经营活动的情况，如果其他经营活动不够显著，就不会被认定为实质性经营活动
《企业所得税法实施条例》	第4条规定，企业所得税法第2条所称的实际管理机构，是指对企业的生产经营、人员、账务、财产等实施实质性全面管理和控制的机构

1.1.3 国际税收角度解读（见表46）

表46 国际税收解读

序号	新加坡
1	至少有一名执行董事常驻新加坡
2	董事会至少在新加坡召开1次
3	至少一名主要管理人员（如CEO/CFO/COO）常驻新加坡
4	重大决策在新加坡做出
5	办公场所位于新加坡
6	架构搭建具有合理商业目的

1.2 海南自由贸易港鼓励类产业企业实质性运营的政策分析

1.2.1 《国家税务总局海南省税务局、海南省财政厅、海南省市场监督管理局关于海南自由贸易港鼓励类产业企业实质性运营有关问题的公告》政策与《国家税务总局海南省税务局、海南省财政厅、海南省市场监督管理局关于海南自由贸易港鼓励类产业企业实质性运营有关问题的补充公告》政策（见表47）

表47 政策解读

政策名称	《国家税务总局海南省税务局、海南省财政厅、海南省市场监督管理局关于海南自由贸易港鼓励类产业企业实质性运营有关问题的公告》	《国家税务总局海南省税务局、海南省财政厅、海南省市场监督管理局关于海南自由贸易港鼓励类产业企业实质性运营有关问题的补充公告》
说明	《国家税务总局海南省税务局、海南省财政厅、海南省市场监督管理局发布关于海南自由贸易港鼓励类产业企业实质性运营有关问题的公告》 为贯彻落实《海南自由贸易港建设总体方案》，促进海南自由贸易港鼓励类产业企业发展，根据《财政部、国家税务总局关于海南自由贸易港企业所得税优惠政策的通知》（财税〔2020〕31号）、《国家税务总局海南省税务局关于海南自由贸易港企业所得税优惠政策有关问题的公告》（国家税务总局海南省税务局公告2020年第4号）规定，现就海南自由贸易港鼓励类产业企业实质性运营有关问题公告如下	《国家税务总局海南省税务局、海南省财政厅、海南省市场监督管理局关于海南自由贸易港鼓励类产业企业实质性运营有关问题的补充公告》（国家税务总局海南省税务局、海南省财政厅、海南省市场监督管理局公告2022年第5号） 为贯彻落实《海南自由贸易港建设总体方案》，促进海南自由贸易港建设高质量发展，经海南省人民政府同意，现对《国家税务总局海南省税务局、海南省财政厅、海南省市场监督管理局关于海南自由贸易港鼓励类产业企业实质性运营有关问题的公告》补充公告如下
适用对象	该公告适用于注册在自贸港的居民企业、居民企业设立在自贸港的分支机构以及非居民企业设立在自贸港的机构、场所	

续表

政策名称	《国家税务总局海南省税务局、海南省财政厅、海南省市场监督管理局关于海南自由贸易港鼓励类产业企业实质性运营有关问题的公告》	《国家税务总局海南省税务局、海南省财政厅、海南省市场监督管理局关于海南自由贸易港鼓励类产业企业实质性运营有关问题的补充公告》
自贸港内居民企业的实质性运营要求	注册在自贸港的居民企业，从事鼓励类产业项目，并且在自贸港之外未设立分支机构的，其生产经营、人员、账务、资产等在自贸港，属于在自贸港实质性运营	《国家税务总局海南省税务局、海南省财政厅、海南省市场监督管理局关于海南自由贸易港鼓励类产业企业实质性运营有关问题的公告》第2条所称“生产经营在自贸港”，是指企业在自贸港拥有固定生产经营场所和必要的生产经营设备设施等，且主要生产经营地点在自贸港，或对生产经营实施实质性全面管理和控制的机构在自贸港；以本企业名义对外订立相关合同 《国家税务总局海南省税务局、海南省财政厅、海南省市场监督管理局关于海南自由贸易港鼓励类产业企业实质性运营有关问题的公告》第2条所称“人员在自贸港”，是指企业有满足生产经营需要的从业人员在自贸港实际工作，从业人员的工资薪金通过本企业在自贸港开立的银行账户发放；根据企业规模、从业人员的情况，一个纳税年度内至少需有3名（含）至30名（含）从业人员在自贸港均居住累计满183天 《国家税务总局海南省税务局、海南省财政厅、海南省市场监督管理局关于海南自由贸易港鼓励类产业企业实质性运营有关问题的公告》第2条所称“账务在自贸港”，是指企业会计凭证、会计账簿和财务报表等会计档案资料存放在自贸港，基本存款账户和进行主营业务结算的银行账户开立在自贸港

续表

政策名称	《国家税务总局海南省税务局、海南省财政厅、海南省市场监督管理局关于海南自由贸易港鼓励类产业企业实质性运营有关问题的公告》	《国家税务总局海南省税务局、海南省财政厅、海南省市场监督管理局关于海南自由贸易港鼓励类产业企业实质性运营有关问题的补充公告》
自贸港内居民企业的实质性运营要求	对于仅在自贸港注册登记，其生产经营、人员、账务、资产等任一项不在自贸港的居民企业，不属于在自贸港实质性运营，不得享受自贸港企业所得税优惠政策	存在下列情形之一的，视为不符合实质性运营： （1）不具有生产经营职能，仅承担对内地业务的财务结算、申报纳税、开具发票等功能；（2）注册地址与实际经营地址不一致，且无法联系或者联系后无法提供实际经营地址
自贸港内设立分支机构的居民企业和非居民企业的实质性运营要求	注册在自贸港的居民企业，从事鼓励类产业项目，在自贸港之外设立分支机构的，该居民企业对各分支机构的生产经营、人员、账务、资产等实施实质性全面管理和控制，属于在自贸港实质性运营 注册在自贸港之外的居民企业在自贸港设立分支机构的，或者非居民企业在自贸港设立机构、场所的，该分支机构或机构、场所具备生产经营职能，并具备与其生产经营职能相匹配的营业收入、职工薪酬和资产总额，属于在自贸港实质性运营	
汇总纳税企业和符合条件汇总缴纳企业所得税的非居民机构、场所的税收计算问题	注册在自贸港的居民企业，其在自贸港之外设立分支机构的，或者注册在自贸港之外的居民企业，其在自贸港设立分支机构的，应严格按照《国家税务总局关于印发〈跨地区经营汇总纳税企业所得税征收管理办法〉的公告》（国家税务总局公告2012年第57号）的规定，计算总机构及各分支机构应纳税所得	《海南自由贸易港享受个人所得税优惠政策高端紧缺人才清单管理暂行办法》（琼府〔2022〕31号）规定的享受自贸港个人所得税优惠政策的高端紧缺人才，其任职、受雇、经营的企业或单位的实质性运营，参照该补充公告规定执行

续表

政策名称	《国家税务总局海南省税务局、海南省财政厅、海南省市场监督管理局关于海南自由贸易港鼓励类产业企业实质性运营有关问题的公告》	《国家税务总局海南省税务局、海南省财政厅、海南省市场监督管理局关于海南自由贸易港鼓励类产业企业实质性运营有关问题的补充公告》
汇总纳税企业和符合条件汇总缴纳企业所得税的非居民机构、场所的税收计算问题	额和税款，并按规定缴纳企业所得税 设立在自贸港的非居民企业机构、场所符合规定条件汇总缴纳企业所得税的，应严格按照《国家税务总局财政部中国人民银行关于非居民企业机构场所汇总缴纳企业所得税有关问题的公告》（国家税务总局公告 2019 年第 12 号）的规定，计算应纳税所得额和税款，并按规定缴纳企业所得税	
符合实质性运营并享受税收优惠政策企业的征管要求	符合实质性运营并享受自贸港鼓励类产业企业所得税优惠政策的企业，应当在完成年度汇算清缴后，按照《国家税务总局海南省税务局关于海南自由贸易港企业所得税优惠政策有关问题的公告》（国家税务总局海南省税务局公告 2020 年第 4 号）的规定，归集整理留存相关资料，以备税务机关核查 企业享受税收优惠政策，应执行查账征收方式征收企业所得税	享受自贸港鼓励类产业企业所得税优惠政策的企业实质性运营，采取“自行判定、申报承诺、事后核查”的管理方式。企业在年度汇算清缴时对实质性运营进行承诺，并填写《实质性运营自评承诺表》。企业应对纳税申报资料及相关证明材料的真实性、准确性、完整性负责 省税务局、省财政厅、省市场监督管理局等部门共同建立实质性运营联合核查工作机制（以下简称联合工作机制）。联合工作机制和主管税务机关对当年度新增的享受自贸港鼓励类产业企业所得税优惠政策的企业和享受自贸港个人所得税优惠政策的高端紧缺人才所属的企业或单位实施“全覆盖”核查；对存量的企业或单位则按照一定比例抽查 对企业实质性运营判定有争议的，由省市场监督管理局牵头，会同省财政厅、省税务局等部门建立争议协调解决工作机制，研究予以确定

续表

政策名称	《国家税务总局海南省税务局、海南省财政厅、海南省市场监督管理局关于海南自由贸易港鼓励类产业企业实质性运营有关问题的公告》	《国家税务总局海南省税务局、海南省财政厅、海南省市场监督管理局关于海南自由贸易港鼓励类产业企业实质性运营有关问题的补充公告》
生效	该公告自2020年1月1日起至2024年12月31日执行	该补充公告自2023年1月1日起执行至2024年12月31日。特此公告

1.2.2　《国家税务总局海南省税务局、海南省财政厅、海南省市场监督管理局关于海南自由贸易港鼓励类产业企业实质性运营有关问题的公告》解读

1.2.2.1　《国家税务总局海南省税务局、海南省财政厅、海南省市场监督管理局关于海南自由贸易港鼓励类产业企业实质性运营有关问题的公告》的背景

2020年6月23日，财政部、国家税务总局公布了《关于海南自由贸易港企业所得税优惠政策的通知》（财税〔2020〕31号），其中明确了实质性运营的基本概念。该政策的目的是贯彻落实海南自由贸易港鼓励类产业企业所得税优惠政策，同时防范税收风险。为了进一步明确实质性运营的具体内容，国家税务总局海南省税务局、海南省财政厅、海南省市场监督管理局共同发布了该公告。

1.2.2.2　《国家税务总局海南省税务局、海南省财政厅、海南省市场监督管理局关于海南自由贸易港鼓励类产业企业实质性运营有关问题的公告》的主要内容

（1）适用对象。《国家税务总局海南省税务局、海南省财政厅、海南省市场监督管理局关于海南自由贸易港鼓励类产业企业实质性运营有关问题的公告》适用于注册在海南自由贸易港的居民企业、居民企业设立在自贸港的分支机构以及非居民企业设立在自贸港的机构、场所。

（2）自贸港内居民企业的实质性运营要求。对注册在自贸港的居民企业，在自贸港之外未设立分支机构的情况，其在自贸港应同时满足生产经营、人员、账务、资产等四项条件，才被视为在自贸港实质性运营。具体而言，居民企业须满足的要求如表48所示：

表 48　企业须满足的要求

<table>
<tr><th>序号</th><th colspan="2">要求</th></tr>
<tr><td>1</td><td>在自贸港有固定生产经营场所，主要生产经营地点在自贸港或者在自贸港设立实质性全面管理和控制的机构</td><td rowspan="4">《关于海南自由贸易港鼓励类产业企业实质性运营有关问题的公告》（2021 年第 1 号）</td></tr>
<tr><td>2</td><td>在自贸港有满足生产经营需要的从业人员，且与居民企业签订 1 年以上劳动合同或聘用协议</td></tr>
<tr><td>3</td><td>在自贸港存放会计凭证、会计账簿、财务报告等会计档案资料，主要银行结算账户开立在自贸港</td></tr>
<tr><td>4</td><td>在自贸港拥有资产所有权或使用权，并实际使用与企业生产经营相匹配的资产</td></tr>
</table>

若不满足上述四要素中任意一项，则不符合实质性运营要求。

（3）自贸港内设立分支机构的居民企业的实质性运营要求。对注册在自贸港的居民企业，在自贸港之外设立分支机构的情况，该居民企业被视为跨地区经营汇总纳税企业。该企业必须对各分支机构的生产经营、人员、账务、资产等四要素实施实质性全面管理和控制，才属于符合实质性运营标准的情形。

（4）自贸港外居民企业设立的分支机构和非居民企业设立的机构、场所的实质性运营要求。在自贸港设立的分支机构或非居民企业设立的机构、场所，必须具备生产经营职能。这包括在自贸港有固定的生产经营机构和与生产经营相匹配的软硬件支撑条件，并开展相关业务。

（5）汇总纳税企业和符合条件汇总缴纳企业所得税的非居民机构、场所的税收计算问题。该公告第 5 条和第 6 条分别规定了汇总纳税企业和符合条件汇总缴纳企业所得税的非居民机构、场所如何计算应纳税所得额和税款，以及分摊缴纳等具体规定。

（6）符合实质性运营并享受税收优惠政策企业的征管要求。该公告第 7 条和第 8 条明确了符合实质性运营并享受税收优惠政策的企业的具体征管要求。

（7）关于实质性运营的确认。在确认实质性运营时，应遵循“实质重于形式”的原则。

1.2.3　《国家税务总局海南省税务局、海南省财政厅、海南省市场监督管理局关于海南自由贸易港鼓励类产业企业实质性运营有关问题的公告》施行时间

该公告自2020年1月1日起至2024年12月31日施行，与《关于海南自由贸易港企业所得税优惠政策的通知》（财税〔2020〕31号）的施行时间一致。

1.2.4　与《国家税务总局海南省税务局、海南省财政厅、海南省市场监督管理局关于海南自由贸易港鼓励类产业企业实质性运营有关问题的公告》相关的通知

与该公告相关的通知主要有两项：《关于海南自由贸易港企业所得税优惠政策的通知》（财税〔2020〕31号）和《国家税务总局海南省税务局关于做好海南自由贸易港鼓励类产业企业实质性运营管理服务工作的通知》（琼税发〔2022〕102号）。

1.2.4.1　《关于海南自由贸易港企业所得税优惠政策的通知》（财税〔2020〕31号）（见表49）

表49　政策内容

分类	内容
对注册在海南自由贸易港并实质性运营的鼓励类产业企业，减按15%的税率征收企业所得税	该通知第1条所称鼓励类产业企业，是指以海南自由贸易港鼓励类产业目录中规定的产业项目为主营业务，且其主营业务收入占企业收入总额60%以上的企业。所称实质性运营，是指企业的实际管理机构设在海南自由贸易港，并对企业生产经营、人员、账务、财产等实施实质性全面管理和控制。对不符合实质性运营的企业，不得享受优惠
	海南自由贸易港鼓励类产业目录包括《产业结构调整指导目录（2019年本）》《鼓励外商投资产业目录（2019年版）》和海南自由贸易港新增鼓励类产业目录。上述目录在该通知执行期限内修订的，自修订版实施之日起按新版本执行
	对总机构设在海南自由贸易港的符合条件的企业，仅就其设在海南自由贸易港的总机构和分支机构的所得，适用15%税率；对总机构设在海南自由贸易港以外的企业，仅就其设在海南自由贸易港内的符合条件的分支机构的所得，适用15%税率。具体征管办法按照税务总局有关规定执行

续表

分类	内容
对在海南自由贸易港设立的旅游业、现代服务业、高新技术产业企业新增境外直接投资取得的所得，免征企业所得税	从境外新设分支机构取得的营业利润；或从持股比例超过20%（含）的境外子公司分回的，与新增境外直接投资相对应的股息所得
	被投资国（地区）的企业所得税法定税率不低于5%
对在海南自由贸易港设立的企业，新购置（含自建、自行开发）固定资产或无形资产，单位价值不超过500万元（含）的，允许一次性计入当期成本费用在计算应纳税所得额时扣除，不再分年度计算折旧和摊销；新购置（含自建、自行开发）固定资产或无形资产，单位价值超过500万元的，可以缩短折旧、摊销年限或采取加速折旧、摊销的方法	

1.2.4.2 《国家税务总局海南省税务局关于做好海南自由贸易港鼓励类产业企业实质性运营管理服务工作的通知》（琼税发〔2022〕102号）（见表50）

表50 政策解读

准确把握政策标准	生产经营在自贸港的标准	生产经营在自贸港，分两个层面标准 （1）业务层面标准，要求主要生产经营地点在自贸港 （2）管控层面标准，对生产经营实施实质性全面管理和控制的机构在自贸港，即生产经营决策（如计划、控制、考核、评价等）、财务决策（如借款、放款、融资、财务风险管理等）、人事决策（如任命、解聘、薪酬等）由设立在自贸港的机构作出或执行。上述两个标准满足其中一项，即符合生产经营在自贸港的标准
	人员在自贸港的标准	企业一个纳税年度内至少需有3名（含）至30名（含）从业人员在自贸港均居住累计满183天。其中，从业人数不满10人的，一个纳税年度内至少需有3人（含）在自贸港均居住累计满183天；从业人数10人（含）以上不满100人的，一个纳税年度内至少需有30%（含）的人员在自贸港均居住累计满183天；从业人数100人（含）以上的，一个纳税年度内至少需有30人（含）在自贸港均居住累计满183天
	从业人数的计算	季度平均值＝（季初值＋季末值）÷2 全年季度平均值＝全年各季度平均值之和÷4
	居住天数的计算	在自贸港停留的当天不足24小时的，按照一天计算 企业年度中间开业或者终止经营活动的，且实际经营期不足半年的，居住累计满183天的标准，按实际经营期的天数减半计算

续表

<table>
<tr><td rowspan="4">优化纳税服务</td><td>做好政策解读</td><td>各市县局要通过线上线下多渠道、多形式相结合的宣传辅导方式，帮助纳税人充分掌握政策，积极引导纳税人合规享受，确保优惠政策落地落实。各市县局要加强人员培训，特别是办税服务厅导税、咨询岗位培训，做好引导解释工作，及时解决纳税人反映的疑难问题。各市县局要确保对外公开的政策业务咨询电话运行顺畅、解答高效、规范准确</td></tr>
<tr><td>强化事中辅导</td><td>每年所得税预缴期间，对首次申报享受自贸港企业所得税优惠，和首次有人员收入达到享受自贸港个人所得税优惠标准，且未开展过实质性运营辅导的企业，各市县局以风险提示提醒辅导为主，对企业是否达到《国家税务总局海南省税务局、海南省财政厅、海南省市场监督管理局关于海南自由贸易港鼓励类产业企业实质性运营有关问题的补充公告》的标准加强政策宣传辅导</td></tr>
<tr><td>简化享惠方式</td><td>享受自贸港鼓励类产业企业所得税优惠政策的企业，采取“自行判定、申报承诺、相关资料留存备查”的申报办理方式。企业在进行所得税年度汇算清缴申报时，填写《实质性运营自评承诺表》（附件），与纳税申报表一并通过电子税务局提交</td></tr>
<tr><td>落实事后核查</td><td>每年所得税汇算清缴期结束后，由税务部门联合财政、市场监督管理等部门统筹组织开展联合核查工作。联合核查工作机制和主管税务机关对当年度新增的享受自贸港鼓励类产业企业所得税优惠政策的企业，及享受自贸港个人所得税优惠政策的高端紧缺人才所属的企业或单位实施“全覆盖”核查；对存量的企业或单位则按照一定比例抽查。企业在接受相关部门实质性运营核查前，先登录国家税务总局海南省电子税务局相关模块，按照本企业规模对应的常住自贸港从业人数最低标准，录入相关从业人员身份证具体信息，由相关部门对其录入的从业人员居住信息进行核实</td></tr>
<tr><td>妥善处理争议</td><td colspan="2">《国家税务总局海南省税务局、海南省财政厅、海南省市场监督管理局关于海南自由贸易港鼓励类产业企业实质性运营有关问题的补充公告》已明确由省市场监督管理局牵头建立争议协调解决工作机制，为解决企业实质性运营争议问题提供了途径。各市县局要妥善处理争议，切实保障纳税人的合法权益、合理诉求，更好地确保自贸港优惠政策落地生效，持续营造良好的营商环境</td></tr>
</table>

附件：

<table>
<tr><td>企业名称</td><td></td><td>统一社会信用代码</td><td></td></tr>
<tr><td>登记注册时间</td><td></td><td>登记注册地址</td><td></td></tr>
<tr><td>主营业务适用的鼓励类产业目录及具体条目</td><td></td><td>主营业务收入占收入总额比例</td><td></td></tr>
<tr><td>实际经营地址</td><td colspan="3"></td></tr>
<tr><td colspan="4">自我评价情况</td></tr>
<tr><td>项 目</td><td colspan="2">评价项目</td><td>具体描述</td></tr>
<tr><td rowspan="3">生产经营</td><td>是否在自贸港拥有固定生产经营场所和必要的生产经营设备设施等</td><td>○是 ○否</td><td></td></tr>
<tr><td>主要生产经营地点是否在自贸港</td><td>○是 ○否</td><td></td></tr>
<tr><td>对生产经营实施实质性全面管理和控制的机构是否在自贸港</td><td>○是 ○否</td><td></td></tr>
<tr><td rowspan="5">人员</td><td>是否有满足生产经营需要的从业人员在自贸港实际工作</td><td>○是 ○否</td><td></td></tr>
<tr><td>从业人员工资薪金是否通过本企业在自贸港开立的银行账户发放</td><td>○是 ○否</td><td></td></tr>
<tr><td>从业人员不满 10 人的，一个纳税年度内是否至少有 3 人（含）在自贸港均居住累计满 183 天</td><td>○是 ○否</td><td></td></tr>
<tr><td>从业人数 10 人（含）以上不满 100 人的，一个纳税年度内是否至少有 30%（含）的人员在自贸港均居住累计满 183 天</td><td>○是 ○否</td><td></td></tr>
<tr><td>从业人数 100 人（含）以上的，一个纳税年度内是否至少有 30 人（含）在自贸港均居住累计满 183 天</td><td>○是 ○否</td><td></td></tr>
<tr><td rowspan="2">账 务</td><td>会计凭证、会计账簿和财务报表等会计档案资料是否存放在自贸港</td><td>○是 ○否</td><td></td></tr>
<tr><td>基本存款账户和进行主营业务结算的银行账户是否开立在自贸港</td><td>○是 ○否</td><td></td></tr>
<tr><td rowspan="2">资 产</td><td>拥有所有权或使用权并实际使用的资产是否在自贸港</td><td>○是 ○否</td><td></td></tr>
<tr><td>相关资产是否与生产经营相匹配</td><td>○是 ○否</td><td></td></tr>
</table>

续表

项 目	评价项目	具体描述
其他与实质性运营有关的重要情况（选填）		
综合自评结论	是否符合实质性运营 ○是 ○否	
企业申报真实性申明 经自我评价，本企业符合自贸港所得税优惠实质性运营条件，并承诺所填报的信息和提供的材料真实、可靠、完整。 企业法人代表（签字）： 企业盖章 年 月 日		

1.2.5 《国家税务总局海南省税务局、海南省财政厅、海南省市场监督管理局关于海南自由贸易港鼓励类产业企业实质性运营有关问题的补充公告》解读

为了全面实施《海南自由贸易港建设总体方案》，推动海南自由贸易港的优质发展，海南省人民政府批准，国家税务总局海南省税务局、海南省财政厅和海南省市场监督管理局联合发布了《关于海南自由贸易港鼓励类产业企业实质性运营有关问题的补充公告》。表51是对该公告的解读。

表51 对公告的解读

分类	内容
制发《国家税务总局海南省税务局、海南省财政厅、海南省市场监督管理局关于海南自由贸易港鼓励类产业企业实质性运营有关问题的补充公告》的原因	根据《海南自由贸易港建设总体方案》要求，财政部、税务总局印发《关于海南自由贸易港企业所得税优惠政策的通知》（财税〔2020〕31号），提出了实质性运营的要求。2021年3月，国家税务总局海南省税务局、海南省财政厅、海南省市场监督管理局联合发布了《关于海南自由贸易港鼓励类产业企业实质性运营有关问题的公告》，提出了实质性运营的原则性判定标准，为自贸港早期政策安排的平稳落地奠定了基础
	为进一步增强政策的确定性，海南省税务局会同海南省财政厅、海南省市场监督管理局等部门，研究完善实质性运营判定标准，对《国家税务总局海南省税务局、海南省财政厅、海南省市场监督管理局关于海南自由贸易港鼓励类产业企业实质性运营有关问题的公告》进行补充，稳定市场主体预期，确保既促进自贸港市场主体高质量发展，又避免空壳公司违规享受税收优惠，防范出现行业性、系统性税收风险

续表

分类	内容	
《国家税务总局海南省税务局、海南省财政厅、海南省市场监督管理局关于海南自由贸易港鼓励类产业企业实质性运营有关问题的补充公告》完善细化的具体内容	扩大了适用对象范围	明确了《海南省人民政府关于印发海南自由贸易港享受个人所得税优惠政策高端紧缺人才清单管理暂行办法的通知》（琼府〔2022〕31号）规定的享受自贸港个人所得税优惠政策高端紧缺人才的任职、受雇、经营的企业或单位，也参照《国家税务总局海南省税务局、海南省财政厅、海南省市场监督管理局关于海南自由贸易港鼓励类产业企业实质性运营有关问题的补充公告》规定执行
	完善了具体判定标准	对四要素中的“生产经营”“人员”“账务”等进一步完善了判定标准
	增加了负面规定	不具有生产经营职能，仅承担对内地业务的财务结算、申报纳税、开具发票等功能，以及注册地址与实际经营地址不一致，且无法联系或者联系后无法提供实际经营地址等情形，不属于实质性运营
	明确了后续监管要求	一方面，优化实质性运营的市场主体享受自贸港优惠政策的管理方式。明确享受自贸港鼓励类产业企业所得税优惠政策的企业，在办理年度汇算清缴时提交《实质性运营自评承诺表》，还权还责于市场主体，促进纳税遵从 另一方面，建立实质性运营联合核查工作机制和争议协调解决工作机制，强化部门联合监管，加强风险防控，保障合法经营市场主体权益
生产经营在自贸港	关于生产经营在自贸港，该补充公告从两个层面进行了标准细化，两个标准满足其中一项，即符合生产经营在自贸港	业务层面标准，要求主要生产经营地点在自贸港
		管控层面标准，对生产经营实施实质性全面管理和控制的机构在自贸港，即生产经营决策（如计划、控制、考核、评价等）、财务决策（如借款、放款、融资、财务风险管理等）、人事决策（如任命、解聘、薪酬等）由设立在自贸港的机构作出或执行。企业集团采取财务共享中心模式，集中统筹开展资金管理和配置的，自贸港的子公司具备借款、放款、融资、财务风险管理等职能中的一项或几项，即可视为财务决策由设立在自贸港的机构作出或执行

续表

<table>
<tr><td>人员在自贸港</td><td colspan="2">企业作为独立的法人主体，在自贸港实质性运营，需要有能够支撑相关生产经营活动开展的从业人员在自贸港实际工作。考虑到无任何从业人员在自贸港实际工作是“空壳企业”最普遍的特征，不加以限制容易造成税收优惠的滥用，从有利于海南自贸港提高就业、带动消费、促进高质量发展的角度出发，设定最低的常住从业人员比例和居住天数标准，即企业一个纳税年度内至少需有3名（含）至30名（含）从业人员在自贸港均居住累计满183天。其中，从业人数不满10人的，一个纳税年度内至少需有3人（含）在自贸港均居住累计满183天；从业人数10人（含）以上不满100人的，一个纳税年度内至少需有30%（含）的人员在自贸港均居住累计满183天；从业人数100人（含）以上的，一个纳税年度内至少需有30人（含）在自贸港均居住累计满183天。在最低标准的设定上，相关部门综合考虑了各种规模企业和海南自贸港当前发展的实际情况，采取了分段的方式。上述标准根据自贸港经济社会发展状况实施动态调整</td></tr>
<tr><td rowspan="5">从业人数及常住从业人员的居住天数</td><td rowspan="4">从业人数，包括与企业建立劳动关系的职工人数和企业接受的劳务派遣用工人数。总机构设在自贸港的企业，从业人数是指其设在自贸港的总机构和分支机构的从业人数；总机构设在自贸港以外的企业，从业人数是指其设在自贸港内的分支机构的从业人数；非居民企业设在自贸港的机构、场所，从业人数是指自贸港内机构、场所的从业人数</td><td>同一从业人员不得重复计入多家企业的从业人数</td></tr>
<tr><td>季度平均值 =（季初值 + 季末值）÷2</td></tr>
<tr><td>全年季度平均值 = 全年各季度平均值之和 ÷4</td></tr>
<tr><td>年度中间开业或者终止经营活动的，以其实际经营期作为一个纳税年度确定上述相关指标</td></tr>
<tr><td>居住天数，指的是一个纳税年度内在自贸港累计停留的天数。在自贸港停留的当天不足24小时的，按照一天计算</td><td>企业年度中间开业或者终止经营活动的，且实际经营期不足半年的，居住累计满183天的标准，按实际经营期的天数减半计算</td></tr>
<tr><td>会计档案资料存放在自贸港</td><td colspan="2">会计档案是指企业在进行会计核算等过程中接收或形成的，记录和反映企业经济业务事项的，具有保存价值的文字、图形等各种形式的会计资料，包括通过计算机等电子设备形成、传输和存储的电子会计档案。会计档案资料如果是纸质保存的，应存放在自贸港；如果是电子形式保存的，应能够提供查阅。采取财务共享中心模式核算财务的企业，应当按照后续管理的要求，提供相关会计档案资料以便相关部门查阅或者检查</td></tr>
</table>

续表

资产在自贸港	资产在自贸港，强调的是企业为开展生产经营活动而持有的必要资产在自贸港。一些企业的资产虽登记在其名下但不在自贸港，如果符合行业生产经营活动常规或者符合相关资产特征，对该部分资产是否在自贸港不做硬性要求。比如，一些交通运输业企业的车辆、船舶等运营资产，由于生产经营需要长期位于自贸港以外的地方，但确实符合行业生产经营活动常规，视为资产在自贸港；又如，企业拥有的专利权等无形资产，由于不具有实物形态，只强调登记在自贸港企业名下即可
《国家税务总局海南省税务局、海南省财政厅、海南省市场监督管理局关于海南自由贸易港鼓励类产业企业实质性运营有关问题的补充公告》增加了负面规定条款	该补充公告增加了负面规定条款，对不符合实质性运营的情形进行了具体化描述。在政策制定上，“正面规定”属于一种预防性规定，能够清晰向市场主体传递政策规定的本意。但由于对“生产经营”“人员”“账务”“资产”等四要素，“正面规定”无法穷尽列举出所有业态的细分标准，因此该补充公告通过正面规定和负面规定相结合的方式，增加了负面规定条款
企业提交《实质性运营自评承诺表》	企业所得税年度汇算清缴时，税务机关将《实质性运营自评承诺表》通过电子税务局推送给企业。企业在进行年度申报时，对实质性运营的情况进行承诺，并填写《实质性运营自评承诺表》，与纳税申报表一并提交
相关部门对企业实质性运营的监管	相关部门将坚持包容审慎监管原则，建立事中政策辅导、事后风险防范机制，为企业提供公开、透明、可预期的营商环境。一是在企业预缴申报享受自贸港优惠事项后，强化事中辅导和风险提示提醒；二是建立常态化联合核查机制，在每年所得税年度汇算清缴结束后至年底前，由税务、财政、市监等部门共同组成联合核查工作组，对当年度享受自贸港鼓励类产业企业所得税优惠政策的企业和享受自贸港个人所得税优惠政策的高端紧缺人才所属的企业或单位的实质性运营情况进行事后联合核查；三是建立争议协调解决工作机制，解决企业实质性运营判定争议问题，保障合法经营市场主体权益

2. 实质性经营的基本范畴及认定标准

2.1 实质性经营的基本范畴

实质经营的基本范畴如表52所示：

表52 实质经营的基本范畴

序号	分类	内容
1	生产经营	生产经营，是指企业通过生产、加工或组装原材料或半成品，生产出具有使用价值的产品或服务的过程。生产经营是企业赖以生存和发展的基础，也是企业盈利的主要来源
2	营销经营	营销经营，是指企业通过市场营销活动，将产品或服务推销给潜在客户，从而获得销售收入的过程。营销经营是企业获取市场份额和扩大销售的关键
3	财务经营	财务经营，是指企业对资金进行合理的筹集、使用和管理的过程。财务经营对于企业的发展至关重要，它影响着企业的资金流动、融资成本、财务风险等各个方面
4	人力资源管理	人力资源管理，是指企业对员工进行招聘、培训、激励、管理和离职等方面的活动。人力资源管理是企业实现战略目标和长期发展的重要保障，它直接关系到企业员工的素质以及组织效率的提升
5	研发创新	研发创新，是指企业通过科技创新，研发新产品、新技术、新工艺等，以提高企业竞争力和市场占有率。研发创新是企业长期发展的重要支撑，它直接决定了企业是否能够适应市场需要和顺应时代的潮流

2.2 海南自由贸易港鼓励类企业实质性运营的认定细则

促进海南自由贸易港的发展，鼓励企业在海南开展经营业务是中央政府的一贯态度。2020年，中央政府赋予了自由贸易港一项企业所得税优惠政策（见财税〔2020〕31号文）。根据该政策，在2025年之前，对注册在自由贸易港并实质性运营的鼓励类产业企业，减按15%的税率征收企业所得税。其中，“实质性运营”作为企业享受此项税收优惠政策的必要条件，受到了广泛关注。

2021年3月，海南省税务局、海南省财政厅、海南省市场监管局联合印发了《关于海南自由贸易港鼓励类产业企业实质性运营有关问题的公告》，对自由贸易港鼓励类产业企业实质性运营的相关问题进行了明确规定。这是最早和“实质性运营”有关的文件。随后，在2022年9月，上述部门又联合印发了《关于海南自由贸易港鼓励类产业企业实质性运营有关问题的补充公告》，对鼓励类产业企业实质性运营做出了具体阐释和补充解读。随后在 2022 年 12 月，国家税务总局海南省税务局印发了《关于做好海南自由贸易港鼓励类产业企业实质性运营管理服务工作的通知》。该通知对准确把握政策标准、优化纳税服务、妥善处理争议三个方面，提出了具体要求，进一步明确了对生产经营在自贸港的标准、人员在自贸港的标准、从业人数的计算、居住天数的计算等政策标准的把握。这些文件为本文深入了解实质性运营的合规要求提供了重要的参考。《国家税务总局海南省税务局、海南省财政厅、海南省市场监督管理局关于海南自由贸易港鼓励类产业企业实质性运营有关问题的公告》和《国家税务总局海南省税务局、海南省财政厅、海南省市场监督管理局关于海南自由贸易港鼓励类产业企业实质性运营有关问题的补充公告》从正面和负面两个角度对实质性运营制定了规定。从中可以得出，认定实质性运营的核心指标是生产经营、人员、账务和资产。

就生产经营、人员、财务和资产四个核心指标，《国家税务总局海南省税务局、海南省财政厅、海南省市场监督管理局关于海南自由贸易港鼓励类产业企业实质性运营有关问题的补充公告》的解读文件和《关于做好海南自由贸易港鼓励类产业企业实质性运营管理服务工作的通知》进一步规定了实质性运营的具体判断标准，具体如表 53 所示：

表 53　具体判断标准

序号	分类	内容
1	生产经营在自贸港	业务层面标准，要求主要生产经营地点在自贸港
		管控层面标准，对生产经营实施实质性全面管理和控制的机构在自贸港，即生产经营决策（如计划、控制、考核、评价等）、财务决策（如借款、放款、融资、财务风险管理等）、人事决策（如任命、解聘、薪酬等）由设立在自贸港的机构作出或执行。企业集团采取财务共享中心模式，集中统筹开展资金管理和配置的，自贸港的子公司具备借款、放款、融资、财务风险管理等职能中的一项或几项，即可视为财务决策由设立在自贸港的机构作出或执行
2	人员在自贸港	指企业在自贸港内有足够数量的从业人员实际工作，并且这些从业人员的工资薪金通过企业在自贸港开立的银行账户发放。根据企业规模和从业人员情况，一个纳税年度内至少需要有 3 名（含）至 30 名（含）从业人员在自贸港居住累计满 183 天

续表

序号	分类	内容
2	人员在自贸港	183天规则源于《经济合作与发展组织关于对所得和财产避免双重征税的协定范本》，后被2018年修正的《个人所得税法》吸收。制定该规则的目的在于促进提供非独立个人劳务的人员的国际流动。根据2019年财政部和国家税务总局发布的《关于在中国境内无住所的个人居住时间判定标准的公告》（财政部、税务总局公告2019年第34号），在中国境内停留的当天满24小时的，计入中国境内居住天数；不足24小时的，则不计入中国境内居住天数。海南省政府新修订的《海南自由贸易港享受个人所得税优惠政策高端紧缺人才清单管理暂行办法》（琼府〔2022〕31号）也引入了183天规则，将高端紧缺人才认定条件由一个纳税年度的“连续缴纳社保6个月以上”调整为“累计居住满183天”，具体计算规则由海南省税务局、海南省公安厅另行解释（需要后续关注）。人员在自贸港内的183天计算方法可以参照上述文件，但须等待后续出台文件明确细节
		为防止“空壳企业”滥用税收优惠，从有利于海南自贸港提高就业、带动消费、促进高质量发展的角度出发，设定了最低的常住从业人员比例和居住天数标准。这些标准采取分段的方式，综合考虑了各种规模企业和海南自贸港当前发展的实际情况。此外，上述标准将根据自贸港经济社会发展状况进行动态调整
3	财务在自贸港	指企业会计凭证、会计账簿和财务报表等会计档案资料存放在自贸港，基本存款账户和进行主营业务结算的银行账户开立在自贸港
		会计档案资料如果是纸质保存的，应存放在自贸港；如果是电子形式保存的，应能够提供查阅。采取财务共享中心模式核算财务的企业，应当按照后续管理的要求，提供相关会计档案资料以便相关部门查阅或者检查
4	资产在自贸港	指企业为开展生产经营活动而持有的必要资产在自贸港。一些企业的资产虽登记在其名下但不在自贸港，如果符合行业生产经营活动常规或者符合相关资产特征，对该部分资产是否在自贸港不做硬性要求。比如，一些交通运输业企业的车辆、船舶等运营资产，由于生产经营需要长期位于自贸港以外的地方，但确实符合行业生产经营活动常规，视为资产在自贸港；又如，企业拥有的专利权等无形资产，由于不具有实物形态，只强调登记在自贸港企业名下即可

2.3 新加坡企业所得税制度中经营实质的认定

新加坡实行单一税制，对本土企业和外国公司在新加坡取得的境内收入和带入新加坡境内的境外收入征收 17% 的企业所得税，还有初创企业免税计划（SUTE）、公司的部分税务豁免计划（PTE）和离岸收入豁免计划（FSIE）等税收优惠政策。新加坡的企业所得税制没有对经济实质的完整规定，但从下列规定中可以把握其对经济实质认定要素的标准。

（1）取得新加坡居民企业的身份，与该公司的注册地无关，但该居民企业应符合上一课税年度对公司的业务控制和管理。

（2）就 FSIE 而言，新加坡的居民企业在国外取得的股息、分公司利润和服务收入，在满足已在海外纳税、产生该笔收入的海外国家最高税率达到 15%，以及税务局认为免税对新加坡居民有利的条件下，才能豁免。但如果该企业在海外进行实质性商业活动而被豁免税务，会被新加坡当局视为已缴税。实质性商业活动具有以下两个特点：第一，由具有一定专业知识的员工（如董事总经理、财务总监、研发人员、工厂经理）进行；第二，产生实际支出。

2.3.1　海南自贸港与新加坡经济实质认定的对比

从上述政策和制度可以看出，新加坡和海南自贸港在经济实质的认定问题上各有特色。新加坡在生产经营和人员要素的认定上较为细致，可以为海南借鉴。

2.3.1.1　实质性运营有关税收规定

在海南自贸港双 15% 税收优惠政策的刺激下，大量企业通过在海南设立实体而享受优惠的税率。但其中并非所有企业都在海南自贸港开展了实质性的生产运营，该情况与海南自贸港通过优惠税率吸引人才、技术和产业落地的初衷相悖。因此，实质性运营相关规定被不断“打补丁”，《国家税务总局海南省税务局、海南省财政厅、海南省市场监督管理局关于海南自由贸易港鼓励类产业企业实质性运营有关问题的公告》初步确立了判断“实质性运营”主要关注的四项要素，即企业在海南自贸港是否有经营活动、人员、资产和账务；而《国家税务总局海南省税务局、海南省财政厅、海南省市场监督管理局关于海南自由贸易港鼓励类产业企业实质性运营有关问题的补充公告》对四项要素的判断标准进行了细化，为避免出现空壳公司违规享受税收优惠的情况，该补充公告补充了实质性运营的负面情形；《关于做好海南自由贸易港鼓励类产业企业实质性运营管理服务工作的通知》一方面进一步明确了税收政策标准，另一方面又提出了优化纳税服务和争议处理解决方式，并附上了《实质性运营自评承诺表》。三份文件税收征管具体内容展现如表 54 所示：

表 54　具体内容

<table>
<tr><th>分类</th><th colspan="2">内容</th></tr>
<tr><td rowspan="2">《国家税务总局海南省税务局、海南省财政厅、海南省市场监督管理局关于海南自由贸易港鼓励类产业企业实质性运营有关问题的公告》相关税收管理规定</td><td colspan="2">根据该公告的规定，自贸港注册的居民企业以及在自贸港设立的非居民企业机构或场所，对于设立分支机构的情况，其应缴税所得额和税款的计算，应依据《跨地区经营汇总纳税企业所得税征收管理办法》（国家税务总局公告 2012 年第 57 号）以及《非居民企业机构场所汇总缴纳企业所得税有关问题》（国家税务总局公告 2019 年第 12 号）进行，并遵守企业所得税的支付要求</td></tr>
<tr><td colspan="2">此外，该公告还表明，那些实质运营并符合自贸港鼓励类产业企业所得税优惠政策的企业，在年度税务结算后，需要按照《海南自由贸易港企业所得税优惠政策有关问题的公告》（国家税务总局海南省税务局公告 2020 年第 4 号）的相关规定，整理并保留相关资料，以便税务机关核查</td></tr>
<tr><td rowspan="3">《国家税务总局海南省税务局、海南省财政厅、海南省市场监督管理局关于海南自由贸易港鼓励类产业企业实质性运营有关问题的补充公告》相关税收管理规定</td><td>征收方面</td><td>企业可以自行判断其是否符合自贸港鼓励类产业企业所得税优惠政策，并在年度税务结算时，承诺其为实质性运营，并填写《实质性运营自评承诺表》。企业需要对其纳税申报资料及相关证明材料的真实性、准确性和完整性承担责任</td></tr>
<tr><td>监管方面</td><td>海南省税务局、海南省财政厅、海南省市场监督管理局等相关部门共同设立实质性运营的联合核查机制。这种联合工作机制和主管税务机关对当年度新增的符合自贸港鼓励类产业企业所得税优惠政策的企业和享受自贸港个人所得税优惠政策的高端紧缺人才所在的企业或单位进行全面核查，对于已有的企业或单位则进行抽样检查</td></tr>
<tr><td>争议解决方面</td><td>对于企业实质性运营判断存在争议的情况，由海南省市场监督管理局主导，与海南省财政厅、海南省税务局等部门共同建立争议解决工作机制，进行研究并做出决定（需要持续关注）</td></tr>
<tr><td>《关于做好海南自由贸易港鼓励类产业企业实质性运营管理服务工作的通知》相关税收管理规定</td><td>该通知重点强调事中辅导的增强</td><td>在每年的所得税预缴期内，对于初次申请享受自贸港企业所得税优惠，或者首次有人员收入达到自贸港个人所得税优惠标准，且未经历过实质性运营辅导的企业，各市县局以风险提示提醒作为主要辅导手段，以加强企业对《国家税务总局海南省税务局、海南省财政厅、海南省市场监督管理局关于海南自由贸易港鼓励类产业企业实质性运营有关问题的补充公告》标准的理解和政策的认知</td></tr>
</table>

续表

<table>
<tr><th>分类</th><th colspan="2">内容</th></tr>
<tr><td rowspan="3">《关于做好海南自由贸易港鼓励类产业企业实质性运营管理服务工作的通知》相关税收管理规定</td><td>为简化享受优惠的方式，该通知建议企业采取“自我评估、申报承诺、保留相关资料供查”的申报方式</td><td>当企业进行所得税年度清缴申报时，需要填写《实质性运营自评承诺表》，并将此表格与纳税申报表一并通过电子税务系统提交。税务机关会通过电子税务系统预先向企业推送《实质性运营自评承诺表》。企业须在年度申报时对其实质性运营的状态进行承诺，并填写承诺表，与纳税申报表一并提交</td></tr>
<tr><td>从监管协同的角度</td><td>该通知提出税务部门须联合财政、市场监督管理等部门共同进行事后核查，这与《国家税务总局海南省税务局、海南省财政厅、海南省市场监督管理局关于海南自由贸易港鼓励类产业企业实质性运营有关问题的补充公告》的要求是一致的</td></tr>
<tr><td colspan="2">该通知在争议处理上也延续了《国家税务总局海南省税务局、海南省财政厅、海南省市场监督管理局关于海南自由贸易港鼓励类产业企业实质性运营有关问题的补充公告》的规定，即由海南省市场监督管理局牵头，建立争议协调解决机制，为解决企业实质性运营存在的争议提供解决方案</td></tr>
</table>

2.3.1.2　实质性运营的合规指引

为了及时充分享受政策优惠，海南自由贸易港鼓励类企业应充分基于上述三份文件，把握实质性运营的管理服务要点，实现经营的合法合规。

（1）企业需要确定自己是否属于鼓励类产业企业。可能适用的类型如表55所示：

表55　可能适用的类型

序号	类型
1	在自贸港注册的居民企业，未在自贸港外设立分支机构，从事鼓励类产业项目
2	在自贸港注册的居民企业，在自贸港外设立分支机构，从事鼓励类产业项目
3	在自贸港外注册的居民企业在自贸港设立分支机构
4	非居民企业在自贸港设立机构或场所
5	因自贸港个人所得税优惠政策受益的高端和短缺人才服务的企业或单位

（2）企业需要评估自身是否满足“实质性运营”的认定标准。近年来，国际反避税行动越发重视经济实质的认定。例如，2013 年经济合作与发展组织发布的税基侵蚀与利润转移（BEPS）行动计划，要求各类税收优惠制度满足实质性活动。同样，2019 年 1 月 1 日，开曼群岛和英属维尔京群岛开始实施经济实质法。在国内，对于高净值人群的税务稽查中，经济实质也是稽查的重点。因此，企业必须严格遵守自贸港税收优惠政策的“实质性运营”条件，以避免因违规行为被税务稽查。

（3）企业应充分利用事中辅导机会。企业应根据“实质性运营”的具体判断标准，对生产经营、人员、财务、资产等四个要素进行评估，同时注意不属于实质性运营条件的负面指标。在每年的所得税预缴期内，对于首次申报享受自贸港企业所得税优惠的企业，以及首次有人员收入达到自贸港个人所得税优惠标准的企业，税务机关应提供风险提示提醒辅导，以加强相关主体对《国家税务总局海南省税务局、海南省财政厅、海南省市场监督管理局关于海南自由贸易港鼓励类产业企业实质性运营有关问题的补充公告》标准的理解和遵守。

（4）需要注意，《国家税务总局海南省税务局、海南省财政厅、海南省市场监督管理局关于海南自由贸易港鼓励类产业企业实质性运营有关问题的补充公告》自 2023 年 1 月 1 日起生效，执行至 2024 年 12 月 31 日。在 2024 年初的汇算清缴阶段，企业或个人须按照该补充公告的要求确认其是否享有优惠资格。而在 2023 年初汇算清缴 2022 年度企业所得税或个人所得税时，仍适用《国家税务总局海南省税务局、海南省财政厅、海南省市场监督管理局关于海南自由贸易港鼓励类产业企业实质性运营有关问题的公告》中的要求，该补充公告的详细要求尚不适用。

2.3.1.3　用好承诺合规管理

企业可以采用填写承诺表的方式享受优惠政策，这种方式赋予了企业一定的自主权。承诺表主要包含的信息如表 56 所示：

表 56　主要包含的信息

序号	信息
1	企业的基本信息，如企业名称、统一社会信用代码、注册时间、注册地址、经营地址等，同时还包括主营业务适用的鼓励类产业目录以及主营业务收入占比，这些信息有助于确认企业是否符合鼓励类产业企业的条件

续表

序号	信息
2	企业对生产经营活动、人员、财务和资产等四个要素的自我评价
3	企业对填报内容真实性的申明和承诺，确保所提交的信息真实、可靠、完整

对于明确享受自贸港鼓励类产业企业所得税优惠政策的企业，在办理年度汇算清缴时需要提交《实质性运营自评承诺表》。通过这种方式，实质性运营市场主体享受自贸港优惠政策的管理方式得以优化。因此，企业应该充分运用承诺制度，加强对实质性运营承诺的合规管理。

另外，在每年的所得税汇算清缴期结束后，执法部门会进行联合核查工作，对新增享受税收优惠的企业或单位实施全面核查，对存量企业或单位按一定比例进行抽查。接受实质性运营核查的企业，应事先登录国家税务总局海南省电子税务局相关模块，并录入相关从业人员身份证具体信息以供核实。核查措施主要以实地核查为主，包括查看企业的生产厂房、生产设备以及查阅企业的记账凭证等。

建立事后实质性运营联合核查工作机制和争议协调解决工作机制，可以有效保障合法经营市场主体的权益，同时也能够充分检验企业的合规成果。随着金税四期的到来，智慧税务建设逐步在各地开展。深圳为加强对高净值人群的个税监管，正在开发自然人税收应用平台四期，预期对经营所得纳税人采取分类分级和网格化管理、为扣缴单位提供数据提醒服务、进行个税重大事项监控管理等。

我们可以期待未来自贸港在实质性运营核查工作上加强智慧稽查与大数据智能运用建设，发票作为“以数治税”的核心抓手，企业有必要通过专业的大数据财税工具，进行精细化的进项发票数据管理，提升数字化合规能力，抵御监管风险。

2.3.1.4　内容总结

从《国家税务总局海南省税务局、海南省财政厅、海南省市场监督管理局关于海南自由贸易港鼓励类产业企业实质性运营有关问题的公告》到《国家税务总局海南省税务局、海南省财政厅、海南省市场监督管理局关于海南自由贸易港鼓励类产业企业实质性运营有关问题的补充公告》，再到《关于做好海南自由贸易港鼓励类产业企业实质性运营管理服务工作的通知》，国家税务总局海南省税务局、海南省财政厅、海南省市场监督管理局在短短几年内不断加强完善实质性运营定性及定量的判定标准，可见其推行政策的力度在逐渐加大。基于税务机关对实质性运营“全覆盖式核查”的要求，建议目前已在海南自贸港注册登记的企业参考《国家税务总局海南省税务局、海南省财政厅、海南省市场监督管理局关于海南自由贸易港鼓励类产业企业实质性运营有关问题的补充公告》及其解读按照实质性运营四要素的要求尽快充实企业的实质性运营合规管理；而对于将来考虑在海南新增投资的企业，应注意梳理政策，结合企业实际情况提前安排四要素，随时关注政策及实际操作要求的更新，在合规的领域内享受优惠政策的红利。

2.4　实质性经营活动的判定及案例分析

我国企业重组税收政策历经十几年，已渐成体系，但仍然存在一些问题需要解决，尤其是在基础性原则判定方面，有很大的不确定性，导致在实践中存在部分税企争议。

2.4.1　实质性经营活动的判定

作为重组税收政策的纲领性文件，财税〔2009〕59号文（以下简称59号文，已修改）开创了很多企业重组的基础性税收原则。特殊性税务处理是其中最重要的一个原则，它使得没有获得现金流的重组能够通过不确认所得额，免于在重组环节缴纳所得税，这也符合税收最基本的量能负担原则。

在特殊性税务处理的五个条件中的一个为：“企业重组后的连续12个月内不改变重组资产原来的实质性经营活动。”但59号文对于“实质性经营活动”并没有进行定义或者明确，这使得在企业重组实践中税企争议较多，而重组事项往往涉及税款金额高，影响大，尤其是多步骤的重组活动中，如果后面一个步骤发生在12个月内，将会导致前一事项适用特殊性税务处理面临挑战。从字面看，这句话似乎并不难理解，但由于该文件对于“实质性经营活动”的范围没有明确，导致各方对条件适用的判定大不相同。

59号文的这个难题，在后续的一系列政策文件中仍然存在。在财税〔2014〕109号文（以下简称109号文）关于股权、资产划转以及适用特殊性税务处理的条件中，仍然要求“股权或资产划转后连续12个月内不改变被划转股权或资产原来实质性经营活动”。

在国家税务总局公告2015年第40号中（以下简称40号公告），仅解释了12个月如何计算的问题，对于如何界定“实质性经营活动”仍然没有进行明确。

"股权或资产划转后连续12个月内不改变被划转股权或资产原来实质性经营活动"，是指自股权或资产划转完成日起连续12个月内不改变被划转股权或资产原来实质性经营活动。股权或资产划转完成日，是指股权或资产划转合同（协议）或批复生效，且交易双方已进行会计处理的日期。

40号公告规定，"交易一方在股权或资产划转完成日后连续12个月内发生生产经营业务、公司性质、资产或股权结构等情况变化，致使股权或资产划转不再符合特殊性税务处理条件的，发生变化的交易一方应在情况发生变化的30日内报告其主管税务机关，同时书面通知另一方"。公告仅对"生产经营业务、公司性质、资产或股权结构"发生变化的行为进行了列举，但仍未明確如何界定这些行为是否会影响"实质性经营活动"的判定。

对于"实质性经营活动"的概念源于"经营的连续性"这一基本原则。简而言之，无论重组采取何种形式或调整为何种架构，重组后的资产需要继续进行经营，不得因为重组而发生实质性改变。如果在重组后的12个月内将重组资产进行转让或出售，就会改变其"实质性经营活动"的性质，这必然会影响到适用特殊性税务处理。因此，对于将重组资产转让、出售的行为界定为改变"实质性经营活动"已经得到共识，这也是文件应有的合理规定。

被重组的资产包括两种形式，即资产和股权。其中，资产指的是企业持有和控制的能够带来经济利益的资源，比如固定资产、无形资产等。当然，在资产的范围内也包括股权。

对于非货币性资产而言，其"实质性经营活动"指的是其在重组前所具有的功能和作用，不能因为重组而发生改变。比如说，对于一台机器设备，作为被划转资产，在划转前，机器设备是用于生产产品从而获取收益的，而在划转完成后，机器设备被出租而获取租金收益。那么这种情况下，其"实质性经营活动"就发生了改变。同样，对于一个资产组或者资产包来说，如果被划转资产是一条生产线，划转之前生产产品，划转之后，仍然要保持生产产品的业务不能改变，不能作为非货币性资产投资，否则就是"实质性经营活动"发生了改变。

对于股权而言，因为股权本身是一种投资活动载体，它的结果和表现就是投资收益，至于产生投资收益的实际经营业务，不属于股权本身的"实质性经经营活动"。比如被划转股权为某公司的股权，即使这个公司的经营业务发生变化，由建筑业变为房地产业，也仍不会改变其基于股权取得投资收益的"实质性经营活动"。但是，如果将被划转股权进行转让，其基于股权取得投资收益的活动灭失，则应当属于改变了“实质性经营活动”。

还有一个问题，就是对于资产或股权所有人的变动是否影响“实质性经营活动”的判定。比如被划转资产的原所有人和新所有人，或者被划转股权的原股东和现股东，他们身份的变动，会造成“实质性经营活动”的改变，具体可参见以下四个典型案例。

2.4.2　实质性经营活动案例分析

2.4.2.1　案例1

甲公司下属全资子公司为乙公司，乙公司有三个全资子公司A、B、C，现需要将A和B划转到C公司，适用特殊性税务处理。乙公司在将A、B股权划转给子公司C后，不足12个月，就将C公司股权划转给了甲公司，适用特殊性税务处理。此时并未改变被划转股权的实质性经营活动。由于被划转股权的实质性经营活动是“具有实质性投资控股管理活动”。C公司接受划转后，乙将C公司股权划转给甲公司，并未改变C公司对A、B公司的投资控股，可见，在划转前后，C公司始终基于持有A、B公司股权而获取投资收益，并没有发生改变。因此，不属于改变被划转股权的实质性经营活动。

2.4.2.2　案例2

甲公司下属A、B两个全资子公司，C为B的全资子公司。A吸收合并B后，B注销，适用特殊性税务处理，C成为A的全资子公司。A、B合并不满12个月，A公司将C吸收合并，并适用特殊性税务处理，属于改变合并资产的实质性经营活动。因为A吸收合并B后，继承了B的实质性经营活动，其中包括原来对C的投资控股活动。A吸收C将导致A对C的投资控股活动的灭失。划转前后，基于A公司持有C公司股权获得投资收益的经营活动发生了变化，因此，属于改变了原来的实质性经营活动。

2.4.2.3　案例3

甲公司有全资子公司A和B，B有全资子公司C。B将C划转给甲公司，适用特殊性税务处理，一个月后，A吸收合并B，适用特殊性税务处理，此时，“实质性经营活动”是甲公司持有C的股权取得投资收益，在A吸收合并B后，并没有影响“实质性经营活动”，并未对前一次划转适用特殊性税务处理造成影响。

2.4.2.4　案例4

甲公司有三个全资子公司A、B、C。现甲公司将A、B划转给C，适用特殊性税务处理，划转后甲公司持有C，C持有A，B，在不满12个月时，A吸收合并B，适用特殊性税务处理，那么，C持有A、B的实质性经营活动，是取得投资收益。A吸收B后，改变了这个实质性经营活动，因此，A影响了前面一个环节的特殊性税务处理，属于改变了原来的实质性经营活动。

2.4.2.5 小结

从这些案例可以看出一些判定“实质性经营活动”的基本思路，虽然并不能抽象出一个放之四海而皆准的公式，但是有了这些基本思路，就可以指导具体的重组活动。本部分只是一个简单的分析，并不构成实际操作的建议，因为各地税务局的管理思路和方式并不相同，对于“实质性经营活动”这类具有高度不确定性的事项，一定要事先沟通主管税务机关，了解税务局对此类问题的看法和倾向，减少重组中的风险。有的税务局只是从字面意思机械执行文件，并不做过多的税理分析，认为只要在12个月之内，发生了任何变动，就要否定特殊性税务处理。对于这样的情况，必须慎之又慎。

二、实质经营与税务优惠的转化及规划

1. 经济实质标准在当前税收征管领域的影响

1.1 经济实质标准在全球的税收实践

自2013年起二十国集团委员会（G20）努力推动深化国际税改，特别是在经济区域合作规划与地区发展规划组织委员会（OECD）/G20税基侵蚀和利润转移研究（BEPS）项目成果最后汇报正式公布阶段期间，经济实质标准改革引起了国内税务部门和各类市场主体更大限度的持续关注，各国税务部门已陆续在自己国内的税收政策规则立法制定和税收政策执行的层面开展积极创新实践，各类市场主体意见是希望对其组织架构设计和核心业务模式重新进行涉税合规性调整。

从国际规则看，实质性活动是打击有害税收实践的一个关键因素。经济合作与发展组织（OECD）在税基侵蚀与利润转移（BEPS）第5项行动计划最终报告中提出，实质性活动（substantial activity）是判定有害税收实践的两大考虑因素之一，其目的在于防范某些国家（地区）为吸引企业进驻而滥用税收优惠政策。OECD要求避税地引入“实质性活动要求”，英属维尔京群岛（BVI）、开曼群岛等迫于压力先后出台了经济实质法案。实际管理机构是用以判断某企业是否

构成某国税收居民的重要标准。《OECD税收协定范本及注释》对实际管理机构所在地列举了董事会或类似机构通常举行会议的地点等考虑因素。我国国内法也规定了实际管理机构的概念及解释。

纵观全球、国内组织的有害税收优惠实践，经济实质准则的实践应用仍大部分集中反映在其四个基本服务领域。在国际层面，为积极避免跨国有害税收的竞争风险和努力增强地区国际税收交流合作，OECD等大型国际组织已在确定识别跨国有害的税收优惠制度地区和国外不合作地区税收优惠管辖制度区时，将其经济实质标准列为了重要的考虑因素；在整个国内经济层面，为进一步防止某些不合理税收优惠政策出台和国家财政奖励补贴的政策被滥用，经济实质标准制度同样也是很重要且有效的政府监管制度手段。

实际税收操作实务中，部分跨国企业曾采用过在中低税赋区域设置的“空壳企业”、“导管企业”或“信箱公司”税率等税率方法去完成了激进式的跨国税收的筹划或布局，侵害了其他有关税务各国或（区域）税收的合理税基，损害到了上述国家或地区公平——的竞争秩序。在各种现代新兴科学技术力量的联合支撑和技术驱动引领下，传统社会经济加快转型发展升级，新兴实体经济持续蓬勃高速发展，新模式、新经营业态层出不穷，经济生活全球化、数字化趋势愈加明显，对完善现行国家税收规则机制和国家税收精细化治理能力提出了前所未有的挑战。

1.2 经营实质标准与四大税收实践的必然联系

1.2.1 享受税收优惠政策的具体标准

为切实有效地防止某些纳税人滥用有关税收优惠政策以及涉外税收法律协议有关的特殊优惠免税条款，我国在税务机关逐步开始引入利用经济实质标准法来判断适格客体的特定有关的主体行为或者其他有关纳税所得主体（经济活动）的制度。在特殊有关经济主体行为适格的判断方面，经济实质标准法主要被用于我国居民企业主体和公司收益财产所有人关系的判断。

《中华人民共和国企业所得税法》及其实施细则采取了实际组织指标确定居民公司，《国家税务总局有关税收协定中“受益所有人”有关问题的公告》（国家税务总局公告2018年第9号）则采取了公司实体资本经营等活动的指标来确认利益所有者。该公告规定，判定需要享受税收协定待遇的缔约对方居民（以下简称申请人）“受益所有人”身份时，应根据该条所列因素，结合具体案例的实际情况进行综合分析。

一般来说，下列因素不利于对申请人“受益所有人”身份的判定：（1）申请人有义务在收到所得的12个月内将所得的50%以上支付给第三国（地区）居民，“有义务”包括约定义务和虽未约定义务但已形成支付事实的情形。（2）申请人从事的经营活动不构成实质性经营活动。实质性经营活动包括具有实质性的制造、经销、管理等活动。申请人从事的经营活动是否具有实质性，应根据其实际履行的功能及承担的风险进行判定。申请人从事的具有实质性的投资控股管理活动，可以构成实质性经营活动；申请人从事不构成实质性经营活动的投资控股管理活动，同时从事其他经营活动的，如果其他经营活动不够显著，不构成实质性经营活动。（3）缔约对方国家（地区）对有关所得不征税或免税，或征税但实际税率极低。（4）在利息据以产生和支付的贷款合同之外，存在债权人与第三人之间在数额、利率和签订时间等方面相近的其他贷款或存款合同。（5）在特许权使用费据以产生和支付的版权、专利、技术等使用权转让合同之外，存在申请人与第三人之间在有关版权、专利、技术等的使用权或所有权方面的转让合同。

1.2.2 享受财政补贴资格的具体标准

随着经济的发展，财政补贴作为一种重要的政策工具，被广泛应用于各个行业和领域。财政补贴的正确使用，不仅可以有效促进经济发展，还可以提高民生福祉。

财政补贴是指国家或地方政府为了扶持和促进某一行业或领域的发展，向相关企业或个人提供的一种经济支持手段。其目的在于增加企业投资、刺激消费、促进就业、改善民生等。其四大使用原则中的精准性原则就要求财政补贴的使用应确保资金被用于真正需要的领域和对象，避免浪费和滥用。其实质就是要符合经营实质标准。

相对早期出台文件设定的基本条件，后来出台的大量文件也引入了经济实质标准并将其作为基本条件。比如《深圳前海深港现代服务业合作区支持人才发展专项资金管理暂行办法》第4条规定，申请人才发展专项资金的法人或非法人组织，以及在上述机构全职工作的个人（实习人员除外），应当同时符合注册地、实际经营地、税收缴纳地均在前海合作区的基本条件。同时，该办法还为实际经营地制定了相对具体的定性和定量标准，即实际经营地是指申报时，机构的实际管理机构设在前海合作区，并对机构生产经营、人员、账务、财产等实施实质性全面管理和控制，同时前海合作区内经营场地面积按不低于企业员工人数1/3、人均10平方米核算。已取得前海合作区产业用地并签署产业发展监管协议的企业，承诺在土地出让合同约定的项目投入使用日期后12个月内迁入的，视同实际经营地在前海合作区。

1.2.3 不纳入合作税收管辖区的评估标准

在不合作税收管辖区名单的确定过程中，欧盟企业税收行为准则小组（COGG）明确了3项关键因素，经济实质正是其中之一。一旦某个国家（地区）被欧盟列入不合作税收管辖区“黑名单”，欧盟成员国将对其采取相应的税收措施或非税收措施。

2023年5月16日，欧盟理事会发布公告，首次将英属维尔京群岛（BVI，The British Virgin Islands）列入欧盟税收不合作“黑名单”（the EU list of non-cooperative jurisdictions for tax purposes）。BVI政府对此作出回应，BVI官方已经在2022年进行修法工作，《BVI商业公司法（修订）》（2022年）和《BVI商业公司条例（修订）》（2022年）将自2023年1月1日起生效。但是OECD的全球透明度和税收信息交换系统并未将BVI的合规修法纳入评级之中，反而将BVI从“基本合规”降级为“部分合规”，这也导致BVI被列入欧盟税收不合作“黑名单”。

欧盟成员国还对“黑名单”国家或地区采取专门立法措施进行限制，包括不得抵扣在“黑名单”国家或地区的成本；规定受控外国企业（CFC，Controlled Foreign Corporation）规则，限制人为地将税收递延到离岸低税实体；规定预扣税措施（WHT，Withholding Tax），解决不当免税或退款问题；限制股东红利的参与豁免。

1.3 经济实质标准应用存在的主要问题

经济实质准则虽相较于税收理论实质准则重于形式的原则要求更具备实务可行性，但如果从目前较为分散的、独立运行的各种税务场景和应用范围来看，依然还可能存在其他不少具体问题，给广大企业税收征管遵从原则和国家税务机关规范执法活动带来的较大潜在的法律不确定性，主要可体现在以下三方面。

1.3.1 法律层级普遍较低，缺乏统一适用的法律规范用语

目前，实质要求重于形式的原则适用在整个税收领域里的税法相关税收规定等大多仅散发见于某些法律效力级次要求较低等级的政府规范性文件汇编中，法律地位仍没有进一步得到立法应有层次的完整体现，其重要价值内涵和规范作用仍然没有得到立法充分重视。而且，这些地方规范性文件还通常可能只适用于某

一特定地区，比如用于中国（上海）国家自贸港试验区以及临港国家新经济片区和海南国际自由贸易总港实验区；也或者只限于境外某一地方特定经营业务，比如仅用于境外享受境外企业所得税优惠15%的优惠税率。此外，在一些实际的应用操作场景描述中，不同使用场景可使用的不同操作用语及表述规则也有待得到进一步的规范调整和统一。比如在很多不同企业文件格式中，可见到诸如企业实质的经营、真实性企业运营、真实性技术生产管理和创新研发、真实性企业经营生产活动、经济实质、合理商业目的、实际经营管理机构等许多术语组合和表述，尽管不同类型术语的表达的侧重点往往略有不同，适用目的范围也很可能不一致，但至少其在表述的最根本方面的法律要求点和核心内容基本是一致的，过多使用术语只会增加我国税法实践的复杂度。

1.3.2 各类文件规定较分散、不规范、不统一

比较国内现有各种相关经济实质标准体系的各种规定、标准、文件等，可以发现其存在相对较多的复杂经济术语间相互交错援引、概念解释、定义和内在逻辑联系无法有效衔接等问题，该问题容易并导致税务机关在理解方法上往往存在种种困惑、在执行效果上又存在一定障碍等的负面结果。

比如，《国家税务总局海南省税务局、海南省财政厅、海南省市场监督管理局有关海南自由贸易港支持类产业实质性运作问题的通知》中对公司实质性组织运营行为的内容界定，就因主要部分援引借鉴了《企业所得税法实施条例》第4条中有关建立实际运作管理服务机构等的内容规定，从组织生产及经营、人员、账务、财产安全等关键四项要素中予以单独考虑，导致容易出现混淆经营组织主体概念和公司经营实体业务行为的核心区别。此外，现行各项税收法律、法规、草案对于因未取得符合法定经济实质标准证明文件而申请享受政府相关各项税收优惠政策认定的应税行为，是仅属于依法避税行为还是故意偷税违法等，以及该如何对其明确定性的诸多问题尚未明确，对具体纳税人应承担什么样的相关法律责任以及可追溯纳税期限规定等众多亟须细化明确规定的重点问题目前也仍未一一予以规定。

1.3.3 现有法律规定缺乏前瞻性，与实践有所脱节

随着数字经济的到来，我国已批准出台的新的数字经济实质标准还主要集中针对当前传统工业经济模式下的一些特征，没有进一步充分全面考虑这些新技术业态、新模式经济的主要特点，特别主要是并未针对数字经济本身制定具体的发展战略。数字经济也与一般传统实体经济形式存在一些显著的区别，如果简单地

以传统实体经济特征为逻辑基础确定数字经济实质标准模型并用来综合判断我国数字经济，无疑就会存在一定困难，甚至会阻碍整个数字经济产业的科学发展。

当前较为具有行业代表性特色的经营新类型业态体系和发展新模式主要涉及移动互联网公司、网络平台公司等。如果只以内部账务资料处理规范及历史账簿资料保存方式作为其实质性投入运营主体的唯一判断参考要件，则所有实施了财务信息共享技术中心架构体系的运营企业可能就会因无法有效满足上述认定要件而不能真正被正式认定为具有实质性投入运营的企业，进而无法正常享受国家相应领域的税收优惠政策。如果仅仅以注册人员人数多少或注册居住经营时间等作为其实质性有效运营条件的判断要件，则一些互联网企业、合伙制企业和基金管理机构也都可能由于无法有效满足税收相关判断要件，而无法继续享受国家相关各项税收优惠政策。

1.4　构建企业“实质性运营”的基本方法

继海南自由贸易港针对享受15%企业所得税优惠税率的企业于2021年3月及2022年9月出台了“实质性运营”明确要求和补充公告及解读后，横琴粤澳深度合作区也于2023年2月14日出台了《关于横琴粤澳深度合作区符合条件的产业企业实质性运营有关问题的公告》（国家税务总局横琴粤澳深度合作区税务局、横琴粤澳深度合作区财政局、横琴粤澳深度合作区商事服务局、横琴粤澳深度合作区经济发展局、横琴粤澳深度合作区金融发展局2023年第1号）（以下简称1号公告）及其相关政策解读，对于注册于横琴合作区的企业享受企业所得税优惠税率的“实质性运营”提出了实施要求。1号公告自2023年1月1日起生效。本部分将对比海南自贸港与横琴合作区对“实质性运营”的实施要求，提供应对建议。

1.4.1　海南自贸港与横琴合作区对“实质性运营”实施要求的主要共同点

海南自贸港与横琴合作区对“实质性运营”实施要求的主要共同点，即“人员在自贸港/合作区”的判定标准。对实质性运营四要素中的“人员”，海南自贸港以居住天数作为人员是否在自贸港的判定标准，而横琴合作区以缴纳社会保险月份作为人员是否在合作区的判定标准，此外横琴合作区对拥有较短的实际经营期（满1个月不足2个月、不足1个月）的情况进一步进行了明确。

1.4.2　享受优惠政策须留存备查的资料

相比海南自贸港对于企业须留存备查的文件要求，横琴合作区出台的1号公告对于企业须留存备查的文件提出了更为明细的要求。

1.4.3　合理确认“实质性经营”的观察与建议

海南自贸港与横琴合作区先后出台“实质性运营”的具体要求，从政策层面打击空壳公司违规享受税收优惠，体现出两个地区均对企业在当地开展实际的业务十分重视。该要求与国际上防止税基侵蚀和利润转移的大趋势相吻合。

1.4.3.1　“人员在自贸港/合作区”的判定标准不同

海南自贸港与横琴合作区在判断“实质性运营”中均强调人员在当地实际工作，但两地对人员在自贸港/合作区的判定标准有所不同：海南自贸港以居住天数作为人员是否在自贸港的判定标准，而横琴合作区以缴纳社会保险月份作为人员是否在合作区的判定标准。

该判定标准的不同，很大程度上是由于与海南自贸港相比，横琴合作区作为区级地域的医疗、教育等基础设施条件尚不完善。在这种情况下，如果横琴合作区要求人员在合作区内居住时间满183天，可能会对部分企业充分享受税收优惠政策造成困难。

1.4.3.2　个人所得税政策与企业所得税政策匹配

海南自贸港于2022年9月对个人所得税优惠政策的享受条件进行了更新。在2023年1月1日后，对享受个人所得税优惠政策的高端人才和紧缺人才的基本认定条件由“连续缴纳社保6个月以上”调整为“累计居住满183天”，与自贸港封关运作后个人所得税的改革相衔接。海南自贸港个人所得税与企业所得税优惠政策均对人员提出了“居住天数”的规定。

对于横琴合作区，其于2022年出台的《关于开展横琴粤澳深度合作区享受个人所得税优惠政策高端紧缺人才预登记工作的通知》，在2022年规定期间内申请享受个人所得税优惠政策的基本认定条件为“连续缴纳社保6个月以上（须含12月当月）”。该要求与后续出台的企业所得税优惠政策均对“缴纳社保月份”进行了规定。目前，横琴合作区尚未出台针对2023年度申请享受个人所得税优惠政策的申报细则或针对以后年度享受个人所得税优惠政策的实施细则。根据作者的了解，横琴合作区或将于2022年度汇算清缴工作开始前后出台相关指引，提请企业紧密关注。

须提醒企业注意的是，之前人社部发布的《关于建立全国统一的社会保险公共服务平台的指导意见》（人社部发〔2019〕103号），明确表示在2022年底前在全国范围内实现社会保险服务的整体联动和业务协同。该社会保险公共服务平台的全面建成将有效防止企业相关人员在两地参保的情况。因此，未来有计划在海南自贸港或横琴合作区新增投资的集团应提前考虑企业人员的意愿和可行性（是否愿意将社保缴纳地点转移至横琴合作区，是否愿意在海南自贸港长期居住）。

另外，尽管两地对实质性运营的具体判定标准自 2023 年 1 月 1 日起生效，企业在 2024 年进行 2023 年度企业所得税汇算清缴时才需要填写实质性运营自评承诺表，但是企业应提前规划和安排与实质性运营有关的生产活动、人员等，以满足实质性运营的要求。同时，企业在对人员进行安排时，还须结合自贸港/合作区企业的未来业务模式、盈利模式、定价政策等，从整体上进行提前安排，以满足实质性运营条件，并使其与集团的整体商业安排相匹配。

2. 实质经营与税务优惠的关联与转化

税务优惠是指国家为鼓励企业发展而实施的税收政策，通过减免或推迟税收支付等方式，为企业节约税负，提高其盈利能力和竞争力。税务优惠政策是税收政策的一种，其目的在于促进经济发展，扶持产业结构调整和优化。然而，税务优惠并不是一项直接的补贴政策，其本身并不能直接促进企业发展。税务优惠的真正作用是为企业提供一个良好的发展环境和更加灵活的运营空间，使企业有更多机会实现盈利和发展。

因此，税务优惠和实质经营之间的关系是密不可分的。在实际操作中，企业需要结合自身的实际情况和市场需求，充分利用税收政策的优惠，通过技术升级、产品创新等方式实现企业的转型和升级，提高其在市场上的竞争力和盈利能力。同时，企业还须重视实质经营，即在真实的经营活动中提高生产效率、优化管理、降低成本，并提升产品品质和服务质量，以更好地满足市场需求。只有在实质经营方面取得成果的企业，才能真正实现可持续发展和利润增长的目标。

因此，税务优惠和实质经营之间的关系是相互依存的，企业应该通过合理利用税收优惠政策，实现实质经营的提升，从而进一步推动企业的发展和壮大。

2.1 从“薇某偷逃税案”看税务部门认定“经济实质”的实践标准

近年来，文娱领域涉税大案不断出现。从“范某某案”“郑某案”到“雪某、林某某偷逃税案”，再到“薇某偷逃税案”，涉案数据都不断挑动着“吃瓜群众”的神经。每个税案一经发布，都会引发全社会的讨论。“薇某偷逃税案”中 13.41 亿元的数字再次刷新了大众的认知。2021 年 9 月，中共中央宣传部发布了《关于开展文娱领域综合治理工作的通知》，旨在规范市场秩序，遏制行业不良倾向，整顿文娱领域风气。为贯彻这一通知要求，国家税务总局办公厅依法依规深化文娱领域税收秩序规范工作，促进该行业的长期健康发展。在 2021 年 9 月 18 日，国家税务总局发布通知，要求进一步加强对文娱领域从业人员的税收管理。

从“薇某案”和“雪某案”两案的公开情况可以看出，涉税违法行为主要是通过个人独资企业或合伙企业虚构业务，将从有关企业取得的个人工资薪金和劳务报酬所得转换为个人独资企业或合伙企业的经营所得，以此来偷逃个人所得税。在“郑某案”中，其涉税违法行为之一是其将天价片酬中的第一部分 4800 万元，通过改变为企业收入进行虚假申报，从而偷逃税款。可见，把工资薪金、劳务报酬转化为生产经营所得是文娱行业涉税案件中涉税违法行为的常见方式。

2.1.1　大数据分析——为未来大税收征管插上了智慧的翅膀

“雪某案”为税务机关通过大数据分析发现风险，从而立案开展稽查的，“薇某案”同样如此。从上述情况可以看出，大数据分析在税收征管中发挥了显著的作用。这与 2021 年 3 月 24 日印发的《关于进一步深化税收征管改革的意见》中的改革方向相一致。改革以大数据平台建设为导向，通过智能归集的“一户式”“一人式”“一局式”“一员式”的方式，实现自动分析管理，将“以数治税”作为未来税收征管的重要方向。大数据技术为未来的税收征管增添了智慧的翅膀。

2.1.2　将工资薪金、劳务报酬转化为生产经营所得的主要原因

（1）存在税率差异。根据《个人所得税法》的规定，工资薪金所得和劳务报酬所得都属于综合所得，适用3% ~45% 的超额累进税率；而个人取得的经营所得，则适用5% ~35% 的超额累进税率。

（2）除税率差外，个人独资企业、合伙企业的核定征收方式可能是税收违法行为的逻辑起点。

事实上，《税收征收管理法》第 35 条对核定征收的适用情形确定如表 57 所示：

表 57　适用情形

序号	内容
1	依照法律、行政法规的规定可以不设置账簿的
2	依照法律、行政法规的规定应当设置账簿但未设置的

续表

序号	内容
3	擅自销毁账簿或者拒不提供纳税资料的
4	虽设置账簿，但账目混乱或者成本资料、收入凭证、费用凭证残缺不全，难以查账的
5	发生纳税义务，未按照规定的期限办理纳税申报，经税务机关责令限期申报，逾期仍不申报的
6	纳税人申报的计税依据明显偏低，又无正当理由的

然而，在实际应用中，由于核定利润率或核定征收率通常较低，以服务费为例，在核定征收方式下，服务费核定征收的实际税负率可以降低至1%～3.5%。因此，在核定征收方式下，实际税负通常远低于查账征收下的实际税负。这导致经营所得的“核定征收”实际上被视为一种“节税工具”，而各园区也频繁使用此类“节税产品”。

在上述案例中，如网络主播设立个人独资企业、合伙企业仅为了实现开票、核定征收的目的，该企业中无工作人员、无实际经营业务、没有相应成本发生，也不承担任何经营风险，其存在形式与实质严重背离的情形，较容易被认定为虚构业务、转变收入性质。

如果在设立的主体（可能是有限公司、合伙企业、个人独资企业等形式）中，将实质的业务合理放置，成本费用核算清晰，法律形式严谨，并且有真实的业务资料及其他证明材料支撑，即使企业实际上利用设立地点的税收优惠（包括财政返还）政策，也不太可能被认定为虚构业务或转变收入性质。

2.2 缺乏“实质经营”的“筹划”——极大可能会被认定为偷税

2.2.1 偷税的构成要件分析

根据国家税务总局关于偷税行为定性的相关批复（包括国税办函〔2007〕513号、税总函〔2013〕196号以及税总函〔2016〕274号文），以及行政诉讼阶段的相关案例可知，纳税人构成偷税需要同时具备主观故意、客观手段和行为后果三个构成要件。

然而，《税收征管法》第63条中仅对偷税的行为模式和后果作出规定，并未特别对主观故意要件予以明确。表58所列四种行为模式，通常税局认为都已经将偷税的主观故意内化其中。

表 58　四种行为模式

序号	内容
1	伪造、变造、隐匿、擅自销毁账簿、记账凭证
2	在账簿上多列支出或者不列、少列收入
3	经税务机关通知申报而拒不申报
4	进行虚假的纳税申报

在《关于税务检查期间补正申报补缴税款是否影响偷税行为定性有关问题的批复》中，国家税务总局进一步指出，如果纳税人未在法定的期限内缴纳税款，并且其行为符合《税收征管法》第 63 条规定的构成要件，即构成偷税，逾期后补缴税款并不会影响这一行为的定性。因此，即便在上述四种情形之外的“未申报”或“少申报”，只要通过具体行为能够认定相关主体具有主观上的偷税故意，也将属于偷税情形。

2.2.2　偷税与合理税务筹划的差异

偷税的认定标准详见上述分析，从其判断标准可以得出偷税与合理的税收规划之间的差异。

合理的税务筹划是建立在真实的交易关系和合理的商业逻辑基础上的，是可以向税务机关披露完整的真实信息并探讨税务处理合理性的交易方案。虽然合理的税收筹划可以最大限度地减少税务风险，但并不意味着能完全消除风险，因为对于同一交易事实和税收政策，税务机关有可能持有与纳税人不同的理解和意见。然而，合理的税务筹划应当能够充分证明其合法性，从而完全避免被认定为偷税行为。换言之，合理的税务筹划和偷税行为之间应当有明确的界限，彼此相互独立。

故而，若基于简单的信息不对称、隐匿资料、签订阴阳合同等方式进行的所谓“税务筹划”，则很有可能被认定为偷税。实践中，经常可以听到“别人都是这么干的”，而相关案例已经明确告知我们“别人都是这么干的”并不意味着就是合规的，而不合规就面临着随时被处罚的风险。

2.2.3　偷税的法律后果

2.2.3.1　行政责任

《税收征收管理法》第 63 条规定，纳税人伪造、变造、隐匿、擅自销毁账簿、记账凭证，或者在账簿上多列支出或者不列、少列收入，或者经税务机关通知申报而拒不申报或者进行虚假的纳税申报，不缴或者少缴应纳税款的，是偷税。

若企业的税务违法行为被认定为偷税，则可能涉及的法律责任如表59所示：

表59　法律责任

序号	内容
1	追缴税款及滞纳金
2	从滞纳税款之日起，按日加收滞纳税款万分之五的滞纳金
3	按不缴或者少缴的税款百分之五十以上五倍以下的标准处以罚款
4	构成逃税罪的，追究刑事责任

此外，根据《国家税务总局关于未申报税款追缴期限问题的批复》规定，偷税行为不适用追征期限制，即税务机关可以无限期追征其未缴或者少缴的税款、滞纳金。

2.2.3.2　刑事责任

根据《刑法》第201条规定，纳税人采取欺骗、隐瞒手段进行虚假纳税申报或者不申报，逃避缴纳税款数额较大并且占应纳税额10%以上的，处3年以下有期徒刑或者拘役，并处罚金；数额巨大并且占应纳税额30%以上的，处3年以上7年以下有期徒刑，并处罚金。对多次实施上述行为，未经处理的，按照累计数额计算。

有第1款行为，经税务机关依法下达追缴通知后，补缴应纳税款，缴纳滞纳金，已受行政处罚的，不予追究刑事责任；但是，5年内因逃避缴纳税款受过刑事处罚或者被税务机关给予二次以上行政处罚的除外。

2.2.4　*在大数据、强征管形势下，文化娱乐行业纳税人的应对策略*

在当前大数据和强征管形势下，文化娱乐行业的纳税人应当把握机会，利用自查自纠最后的窗口开放期，进行充分的自查分析，评估个人及企业历史交易的税务风险。在自查的过程中，需要着重关注的事项如表60所示：

表60　需要着重关注的事项

序号	内容
1	个人取得的收入属于劳务所得还是经营所得
2	所设个人独资企业、合伙企业核定征收政策的适用是否合理，所设主体的业务是否有经济实质
3	是否存在通过阴阳合同、拆分合同少报收入等可能涉及的偷逃税行为
4	是否存在虚开增值税发票或接受虚开增值税发票等税务风险

通过自查，做到厘清风险、认知明晰。

在自查分析的基础上，相关主体应认真识别可能存在的税务风险。若发现确实存在须补税的情形，务必积极主动地与主管税务机关进行有效沟通，制定合理的自查补税方案，以最大限度地减少对企业及个人的影响。如存在可通过相关合同条款向对方追偿的情形，可外聘专业人员进行分析后确定是否追偿、如何追偿等方案的制定、分析，以尽可能减少损失。

进行合规调整，致力长期发展。合规是个人及企业发展的重要前提，所有的税务筹划都必须从合规出发。在大数据、强征管的形势下，坚持共同富裕的价值导向，结合文娱行业纳税人的具体业务情况，以合法合规为前提，借助专业外部支持，进行个性化、精细化的税务筹划。在此基础上，务必进行长期的业务管理和维护，尊重经济实质，注重业务本质，严格执行专业的税务筹划方案，以在合规的前提下最大限度地实现个人及企业的利益。

2.3 强化服务属性的单独价值（以 NFT 数字藏品为例）

NFT 数字藏品系 Web 3.0 技术下萌生的新兴数字产物，而 NFT 数字藏品受到市场热捧的背后，依然存在着资本炒作、洗钱等非法金融风险、知识产权侵权等存在法律风险的较大隐患。本部分试以 NFT 数字藏品监管动态、税务筹划等有关问题为切入点，全面分析 NFT 数字藏品在交易过程中涉及的上述问题，并就此提出相应的合规应对措施，但是基于真实场景下的 NFT 数字藏品税务筹划及合规处置，还需要具体问题具体分析。

2.3.1 NFT 数字藏品的基本概念及关联主体

NFT（Non-Fungible Token），一般被称作非同质化代币，是区块链技术的最新应用。NFT 因其唯一性、不可替代性、不可分割性的特征，使其可以锚定绘画、摄影、游戏等元素，成为具有收藏价值的数字资产。在国内，在“去币化”的监管趋势下，NFT 体现为数字藏品应用。NFT 数字藏品作为新生事物，由于法律的滞后性以及其自身法律属性的不明确，导致其在实践中会产生诸多法律风险。

目前，NFT 数字藏品交易主要涉及创作、铸造、发行等，在这一交易过程中涉及多方主体，包括原作作者、发行方、交易平台、购买方和区块链技术支持方。原作作者，即原作品的创作者，是原作品的著作权人。发行方，系在交易平台销售 NFT 数字藏品的一方，一般为 NFT 数字藏品的铸造者。交易平台，即提供与NFT数字藏品交易相关的网络信息技术服务及其他辅助服务的平台。购买方，即支付对价购买NFT数字藏品者。区块链技术支持方，系为NFT数字藏品提供区块链底层技术支持的一方。

2.3.2 NFT数字藏品的两大价值属性

2.3.2.1 基本价值属性

NFT数字藏品具备的不可替代性、唯一性，使其与实体艺术品、收藏品的性质天然符合。NFT数字藏品有着投资理财的作用，在国外市场，一枚NFT数字藏品的价格可能高达数十万美元；而在国内市场，即便NFT锚定的是名不见经传的艺术作品，其定价一般也以万元计量，并且大多在首日即售罄。NFT数字藏品的唯一性，使其具有较大的升值空间，可以作为债权进行高价抵、质押，在未来安全有序的二级市场，也有较大的出让价值。NFT数字藏品还有观赏收藏的作用，国内的大部分数字藏品，都锚定了我国知名的古玩、文物、书画作品，在购买后可以进行观赏；此外还有部分数字藏品通过与知名的IP联动，激发爱好者的购买欲望。最后，NFT数字藏品还具有身份认同的作用，因NFT数字藏品基于区块链技术，使得其他人可以查询某个NFT数字藏品的持有者（例如NFTCN交易平台，每枚NFT数字藏品都会注明持有者ID），可以凸显出收藏者的身份。

2.3.2.2 服务价值属性

此外，企业还有机会为NFT数字藏品增加特定的服务属性，使其具有类似于“VIP”卡的功能。以“五粮液数字酒证”为例，拥有数字酒证的用户可以在线享受原厂直供、原厂仓储、原厂直发配送到家、产品到货扫码验证、专业仓储、一键质押、在线馈赠、便捷转让等多样化服务。同时，结合保证保险，可以实现全闭环保真，轻松管理数字酒证资产。该数字酒证锚定高端白酒，一方面确保消费者购买白酒的真实性，解决了保真难、存储难、收藏难、流通难、交易难等问题，使得消费者更加放心；另一方面高端白酒会因年份增加而增值，数字酒证的价值可能会随之增加。由此，企业在出售NFT数字藏品时，可以将其锚定实体商品，以自身商品财产价值兜底，附加NFT数字藏品服务价值，引起广大消费者的购买欲望。

2.3.3 NFT数字藏品国内涉税务分析

可见，一般来说NFT数字藏品的购买者无须缴税。而根据中国互联网金融协会、中国银行业协会、中国证券业协会共同发布的《关于防范NFT相关金融风险的倡议》以及2022中国数字文创高质量发展论坛中近30家机构联合发布的

《数字藏品行业自律发展倡议》，虽没有法律明文禁止 NFT 数字藏品的二级市场的交易，但我国各行业主体都持较为保守的态度。回归到我国税收相关法律视角下，笔者将对以下三个方面进行分析：

2.3.3.1　增值税

根据《增值税暂行条例》第 2 条规定，NFT 数字藏品作为无形资产，不论是企业还是个人出售 NFT 数字藏品时，都应当按照 6% 的税率缴纳增值税。而对于境内企业和个人跨境销售 NFT 数字藏品时税率是否为 0% 这一问题，由于现行法律、法规、规定来明确 NFT 数字藏品是否属于国务院规定范围内的服务、无形资产，该情况尚且无法判定。

除此之外，增值税还适用于销售服务、无形资产、不动产以及进口货物等情况。然而，根据《营业税改征增值税试点实施办法》第 14 条的规定，作者认为若企业或个人向社会公众赠送 NFT 数字藏品（如贵州茅台发布的“节气里的茅台”系列活动，将数字藏品免费提供给预约抽签中签的用户），则无须缴纳增值税。

此外，对于小规模纳税人出售 NFT 数字藏品的情况，根据《对增值税小规模纳税人免征增值税的公告》的规定，笔者认为：该公告未对 NFT 的销售行为定性也无有关无形资产税率规定，该出售行为适用 3% 的税率征收增值税。在 2022 年 4 月 1 日至 2022 年 12 月 31 日期间，小规模纳税人出售 NFT 数字藏品时可以免征增值税。

2.3.3.2　企业所得税

企业作为发行方出售 NFT 数字藏品的情形在我国较为常见，例如上汽奥迪、茅台、奥利奥、伊利等企业均发布了数字藏品，并为品牌带来了巨大的营销效应。而在企业出售 NFT 数字藏品时，如果认定该行为是出售 NFT 数字藏品所有权的行为，则应当将收入作为转让财产收入处理，如果认定为授权著作权行为，则应当将收入作为特许权使用费处理。杭州互联网“NFT 侵权第一案”中，法院认定 NFT 交易实质是“数字商品”所有权转移，NFT 交易模式本质上属于以数字化内容为交易内容的买卖关系，购买者所获得的是一项财产权益，并非对一项数字财产的使用许可，亦并非对一项知识产权的转让或许可授权。根据该案，应当将企业出售 NFT 数字藏品的收入作为转让财产收入处理。

除此以外，根据《国家税务总局关于企业所得税若干政策征管口径问题的公告》规定，企业购买的文物、艺术品用于收藏、展示、保值增值的，作为投资资产进行税务处理。文物、艺术品资产在持有期间，计提的折旧、摊销费用，不得税前扣除。若 NFT 数字藏品被认定为艺术品资产，企业在购买 NFT 数字藏品时的支出不能税前扣除；在企业进行转让或者赠予 NFT 数字藏品时（国内仍有一部分 NFT 数字藏品交易平台支持二次交易），其成本可以扣除。若按此认定，可能会产生此种情况：企业在购买 NFT 数字藏品后，或者是委托他人铸造 NFT 数字藏品并购买其所有权后，再进行大量转让或赠予，使得企业所得税扣除成本增加，达到降低企业应缴所得税的目的。

2.3.3.3　个人所得税

同上所述，个人作为发行方出售 NFT 数字藏品时，需要明确该转让所得收入的性质。在个人所得税方面，特许使用费所得属于综合所得，适用 3% ~45% 的超额累进税率；而财产转让所得适用比例税率，税率为 20%。根据上述判例，个人出售 NFT 数字藏品的收入应当按照财产转让所得，适用比例税率。

此外，NFT 数字藏品不仅可以在交易平台上出售，还可以通过拍卖的方式进行交易，例如阿里拍卖以人民币 8901 元成交《千里走单骑》NFT 数字藏品作品。根据《国家税务总局关于加强和规范个人取得拍卖收入征收个人所得税有关问题的通知》的规定，个人以拍卖方式出售 NFT 数字藏品的，应以其转让收入额减除财产原值和合理费用后的余额为应纳税所得额，按照“财产转让所得”项目适用 20% 税率缴纳个人所得税。若不能计算 NFT 数字藏品财产原值的，按转让收入额的 3% 征收率计算缴纳个人所得税。

2.3.4　NFT 数字藏品的税务筹划建议

发行方在出售 NFT 数字藏品时所须缴纳的税种包括企业所得税/个人所得税、增值税。那么作为企业，如何利用这一新兴的区块链技术应用来进行税务筹划？笔者认为，可以从以下几方面入手：

2.3.4.1　锚定实体商品

应当利用 NFT 数字藏品锚定实体商品，以数字藏品与实体商品的总价值取代原实体商品的价值，以此降低所须缴纳的增值税。根据《增值税暂行条例》第 2 条规定，企业销售货物的税率为 17%，销售不动产、粮食等农产品、食用植物油、食用盐、自来水、暖气、冷气、热水、煤气、石油液化气、天然气、二甲醚、沼气、居民用煤炭制品、图书、报纸、杂志、音像制品、电子出版物、饲料、化肥、农药、农机、农膜等货物的税率为 11%。而 NFT 数字藏品作为无形资产，其增值税税率仅为 6%。

将 NFT 数字藏品与实体商品锚定，通过销售 NFT 数字藏品的方式来盈利，由于 NFT 数字藏品的增值税率较低，能够降低企业所缴的增值税额。

因此，企业应当积极开发锚定自身品牌商品的 NFT 数字藏品。例如，酒企可以出售数字酒证，国外已经有多家酒品牌开设“元宇宙”酒庄，并发布在酒类 NFT 平台 BlockBar 上。消费者在该网站上可以购买高端酒品，并且不用担心假冒伪劣问题。并且消费者还可以通过数字酒证了解到对应酒品的年份、产地，甚至原浆出自几号橡木桶的信息。这满足了消费者对于高端酒品的购买、收藏的需求。通过蚂蚁链数字藏品，某音像企业通过出售数字唱片证书的方式来销售各类音像制品及衍生品，也是一种成功实践。

2.3.4.2　强化服务价值

NFT 数字藏品为人所追捧的重要原因，是其锚定了现实世界中的物品，其价值很大程度上受到现实世界物品价值的影响，而如何提高 NFT 数字藏品的成本，降低现实世界物品的成本，则需要通过为 NFT 数字藏品附加一系列服务实现。例如，上文中所提到的“五粮液数字酒证”，通过附加多元服务，一定程度上降低了仓储、运输、打假等成本。

此外，在酒窖里贮藏的酒，也可以通过 NFT 数字藏品的形式实现资金的流通。通过将酒的拥有权以 NFT 的形式进行数字化，可以使酒窖中的酒变得更具有流动性。消费者可以通过购买或交易 NFT 数字藏品来间接拥有酒窖里的酒，并且可以在需要的时候将其转售给其他人。这样，NFT 数字藏品可以为酒窖中的酒提供更多的资金流通渠道，增加其价值和灵活性。

2.3.4.3　结合实体经济

除了目前已经出现的酒品 NFT、唱片 NFT、绘画 NFT 等，NFT 数字藏品可以与更多的实体业务进行结合。例如，近年来出现的“云养牛”项目，在这个项目中，消费者可以通过线上平台认养自己心仪的奶牛，而企业则全程负责奶牛的饲养、记录和反馈，让消费者能够亲身体验“云养牛”的乐趣。通过 24 小时牧场直播，消费者还可以实时观看奶牛的日常生活。不仅如此，消费者认养的奶牛产下的牛奶也可以被直接购买。这样，消费者不仅可以参与到奶牛的饲养过程中，还可以品尝到自己认养奶牛所产的牛奶，甚至有机会将产出的牛奶进行销售。这种“云养牛”项目为消费者提供了与农场互动的全新体验，同时也为农业生产带来了新的商机。

这种“云养牛”项目可以与 NFT 数字藏品相结合。奶牛作为动物，每一头奶牛本身就具有独特性。企业出售带有唯一 ID 的“奶牛主人”的 NFT“领养证”，“领养证”附带身份证明、会员服务、透明生产、免费牛奶等服务，一方面满足了消费者对高品质牛奶、线上养牛等各方面的需求；另一方面，在纳税上，所销售的“领养证”不论作为服务还是无形资产，其增值税税率为6%，能够达到让企业降税，从而增加利润的目的。

2.3.4.4　尽享税务政策

NFT 数字藏品发行方可以充分利用当前的税务政策，但前提是必须真实、合法、合理。比如发行方尽量以小微企业/小规模纳税人的身份出售 NFT 数字藏品，目前我国对于小规模纳税人阶段性免征增值税，利润在 100 万元以下的小微企业的企业所得税税率仅为2.5%，以该种身份发行 NFT 数字藏品，能够极大地降低税率。

此外，若未来 NFT 数字藏品能够被认定为文物艺术品，则可以考虑采取拍卖的方式出售 NFT 数字藏品，根据《国家税务总局关于加强和规范个人取得拍卖收入征收个人所得税有关问题的通知》（国税发〔2007〕38 号）的精神，笔者认为拍卖文物艺术品视为转让财产收入或特许权使用费收入。故企业作为委托人进行拍卖数字藏品时，无须缴纳增值税。

三、实质经营与税务筹划的关联与转化

1. 企业经营三要素与税务筹划

1.1　经营主体设立地点与税务筹划的关联与转化

经营主体的设立地点与税务筹划密切相关，因为不同地点的税法和税率不同，税务筹划也会有所不同。下面是有关经营主体设立地点与税务筹划的重点分析：

设立地点的选择对税务筹划至关重要。不同地区的税收政策和税率不同，因此经营主体的设立地点会对税务筹划产生重大影响。例如，某些国家或地区的税率较低，对于创业公司或跨国公司而言，选择这些地区作为设立地点可以减少税负，提高经济效益。但是，在考虑设立地点时，还需要考虑其他因素，如人才、资源和市场等。

税务筹划应考虑税务法规和税率的差异。在不同的国家或地区，税务法规和税率差异很大。因此，为了实现最优的税务筹划，必须了解不同地区的税务法规

和税率，以便选择最适合自己的税务策略。跨国公司的税务筹划需要考虑国际税务规则。跨国公司需要遵守多个国家或地区的税收规定，这需要考虑到不同国家或地区之间的税收协定、双重征税协定等国际税务规则。

综上所述，经营主体设立地点与税务筹划密切相关。选择最适合自己的设立地点，并合理利用税收政策来减少税负，是税务筹划的重点。同时，还应遵守当地的税收法规和规定，避免非法逃税行为。

1.2 经营主体准入行业与税务筹划的关联与转化

经营主体准入行业和税务筹划是两个紧密相关的问题。在选择经营行业时，必须考虑到税务因素，以确保在税务上合法合规，并最大化利润。以下是经营主体准入行业和税务筹划的重点分析：

（1）市场需求分析。了解市场需求和趋势，选择市场前景较好、未来发展潜力大的行业。

（2）产业政策分析。政府对不同行业的扶持力度不同，了解相关政策，选择政策支持力度大的行业。

（3）竞争对手分析。了解同行业竞争对手的数量、实力和经营模式，选择具备自身竞争优势的行业。

（4）资金投入分析。选择经营所需资金投入较少、回报率高的行业。

经营主体在选择行业时必须考虑税务因素，而在税务筹划中也要充分考虑行业特点。只有在行业选择和税务筹划方面做到科学合理，才能使企业在经营中获得更大的成功。

1.3 经营主体组织搭建与税务筹划的关联与转化

经营主体组织搭建和税务筹划是企业发展中非常重要的两个方面，经营主体组织搭建，是指企业内部的组织架构、职能划分、决策层级等方面的设计和构建。这方面的重点分析包括：

（1）公司类型的选择。企业可以选择不同的公司类型来满足自身的需要，如有限责任公司、股份有限公司等。选择合适的公司类型能够为企业提供法律保护、降低税负等优势。

（2）内部管理机制的建立。企业应该建立清晰的职能部门、管理制度和流程，明确每个员工的职责和权利，确保企业能够高效地运转。

（3）财务管理的规范化。企业需要建立完善的财务制度和管理流程，包括财务报表的编制和审计、内部控制的建立和财务风险的管理等。

（4）人力资源管理的优化。企业需要建立完善的人力资源制度和管理流程，包括招聘、培训、薪酬福利等方面的规划和执行。

2. 企业经营结合税务筹划的基本原则、步骤及策略

税务筹划是一种管理活动，它在投资、筹资、经营、股利分配等涉税事项发生之前，通过合法合规的方式利用税收法规所赋予的税收优惠，在法律允许的范围内进行事先规划和安排。其目的是实现税务合规性并优化税务成本，以达到企业利润的最大化。

2.1 税务筹划的基本原则和具体步骤

近些年，由于经济市场低迷导致企业竞争日趋激烈，社会经济发展速度的放缓倒逼企业谋求更多能够提高成本效益的方法。税务成本是企业经营发展中的一笔重要支出，合法合理的税务筹划工作将遵循利益最大化原则，为企业节约更多的税务成本，减轻纳税压力，为企业的生存发展提供更多资金支持。但企业在税务筹划工作中必须遵循相关的法律法规，实现本企业的纳税成本支出最少而资本价值最大的最优纳税方案选择，从而提高市场竞争力与生存实力。

税务筹划必须遵循以下四大原则（见表61）：

表61　四大原则

序号	名称	内容
1	全局性原则	企业税务是一项全局性工作，需要综合考虑各项税种和相关税收优惠政策。尤其是拥有子公司或分公司的集团企业，更须注意整体税务筹划，以最大化受益
2	事前规划原则	企业税务筹划应在事前进行，避免事后出现问题。事前规范业务运营方式，在不违法的前提下优化税务管理
3	合法性原则	税务筹划必须合法合规，遵守国家相关税收法规，其与偷、漏税行为有本质区别。企业要依法纳税，避免违法行为带来的风险和损失
4	目标性原则	税务筹划必须明确任务目标，事先了解企业纳税情况和经济业务流程，明确税务筹划要达到的目标

税务筹划的具体步骤如表62所示：

表62　税务筹划

序号	内容
1	了解项目基本情况
2	确定税务筹划的基本点，即不论商业模式如何转换都不能改动的点
3	了解客户的纳税思路和应纳税额
4	研讨设计初步税务筹划方案，并初步判断该业务的可承接程度
5	客户提供基础材料，并签订保密协议
6	在取得客户材料的基础上，对初步设计的税务筹划方案进行论证，确认方案的可行性。如有障碍需要重新设计方案
7	与客户签订正式的《税务筹划专项服务合同》
8	提交税务筹划初步方案，通常会提供多个方案供客户选择
9	根据与客户沟通初步方案的情况，让客户进一步补充相关材料
10	对税务筹划初步方案的应纳税额进行精确的计算
11	最终确定拟实施的税务筹划方案
12	与客户签署《节税额确认函》，节税额指在客户纳税思路下的应纳税总额减去拟实施的税务筹划方案下的应纳税总额的差额
13	指导实施税务筹划方案

2.2　税务筹划的九大基础策略

税务筹划是指在已设定的架构中，纳税人通过对其战略模式、商业行动、投资活动等进行预先的规划和布局，以减税、延税和降低税务风险为目标的一系列税务活动。以下将从税务筹划的九大基本策略进行阐述。

税务筹划的九大基础策略如表63所示：

表63　九大基础策略

序号	内容
1	筹划纳税人法
2	筹划税基法
3	创造条件适用优惠政策
4	会计政策筹划法

续表

序号	内容
5	税负转嫁筹划法
6	递延纳税筹划法
7	规避平台筹划法
8	资产重组筹划法
9	业务转化筹划法

2.2.1 筹划纳税人法

筹划纳税人法的基本内容如表64所示：

表64 基本内容

序号	分类	内容
1	选择纳税人的不同类型：个体商户、独资公司、合伙公司、法人企业	个体商户、独资公司和合伙公司的个人合伙者的营业收入，扣除成本、开支以及损失后的年收入总额，为应纳税所得额，用于计算并缴纳个人所得税，而无须缴纳企业所得税 法人企业按照税法的规定，需要就其营业利润缴纳企业所得税，如果法人企业向自然人股东分配利润，还需要缴纳20%的个人所得税
2	转化不同的纳税人：一般纳税人、小规模纳税人	增值税的纳税人分为一般纳税人和小规模纳税人。对这两种类型的纳税人的增值税征收的计算方式和管理要求各不相同。一般纳税人采用进项抵扣制度，而小规模纳税人必须根据其使用的简易计税方法计算并缴纳增值税，不实行进项抵扣制度
3	避免成为法定纳税人	根据税法，房产税的征收范围是城市、县城、建制镇和工矿区的房产，对于房产的定义为有屋顶和围护结构的建筑，能遮风挡雨，可以供人在其中生产、学习、娱乐、居住或存储物资；独立于房屋之外的建筑，例如围墙、停车场、室外游泳池、喷泉等，不属于房产，如果企业拥有这些建筑，则不会成为该建筑房产税的纳税人，也就不需要缴纳房产税。企业在进行税务筹划时，可以将停车场、游泳池等建设为露天的，并将这些建筑物的造价与厂房和办公用房等分开，在会计中单独核算，从而避免成为游泳池等的法定纳税人

2.2.2 筹划税基法

筹划税基法的基本内容如表65所示：

表65 基本内容

序号	分类	内容
1	控制或安排税基的实现时间	推迟税基的实现
		平衡税基的实现
		提前税基的实现
2	分解税基	通过分解税基的方式，将税基从税负较重的形式转化为税负较轻的形式
3	最小化税基	合法降低税基的总额
4	比例税率筹划法	通过比例税率筹划法使纳税人适用较低的税率
5	累进税率筹划法	防止税率增长，注意个人所得税、土地增值税等累进税制对税负的影响
6	税收优惠	特定行业、特定地区、特定行为、特殊时期的税收优惠
7	税收优惠的形式	免税
		减税
		免征额
		起征点
		退税
		优惠税率
		税收抵免

2.2.3 创造条件适用优惠政策

以霍尔果斯案为例，可以通过如下方式创造条件（见表66）。

表66 具体方式

基本内容	正常税款	优惠政策下的税款
备受全民关注的电影《战狼2》于2017年在票房上取得了巨大的成功，总票房高达54.6亿元，稳居票房榜首。该电影的导演兼主演吴某在新疆霍尔果斯成立了一家名为登峰国际文化传播有限公司	按照《战狼2》54.6亿元的总票房计算，根据相关协议，吴某分得18.4亿元。假设该企业没有享受税收优惠，按照25%的企业所得税税率来计算，企业所得税前	但是，由于该企业注册在霍尔果斯，享受了税收优惠政策，其应纳税款则为：(18.4－2.7)×0%＝0 吴某通过在霍尔果斯注册企业的安排，成功节省了高达3.93亿元的企业所得税

续表

基本内容	正常税款	优惠政策下的税款
的文化公司，并担任法人代表。霍尔果斯地区是目前为止税收优惠最全面的地方之一，最为显著的优惠就是对文化业公司的企业所得税实行5年内全免政策	可扣除项目金额为2.7亿元 根据国家税法，企业所得税应纳税款计算如下：(18.4 − 2.7) × 25% = 3.93（亿元）	

值得注意的是，通过以上安排，吴某确实实现了节税的目的。然而，在进行税收筹划的过程中，纳税人要尽量确保实质与形式相吻合，避免出现实质与形式不相符的情况，否则将可能面临更大的税务风险。税收筹划应当在合法合规的范围内进行，遵守相关法规与规定，以确保企业税务管理的稳健性与可持续发展。

2.2.4 会计政策筹划法

会计政策筹划法的基本内容如表67所示：

表67 基本内容

序号	分类	内容
1	分摊筹划法	无形资产的摊销
		待摊销费用的摊销
		提前税基的实现
		存货计价方法的选择
		间接费用的分配
2	会计估计筹划法	企业在生产经营过程中常常面临不确定因素，有些项目难以精确计算，只能进行估计。因此，为了符合会计核算的要求，尚在延续中且结果未确定的交易或事项需要进行会计估计。这些会计估计可能会影响特定时期收益或费用的数额，从而影响企业的税收负担

2.2.5 税负转嫁筹划法

税负转嫁筹划的基本操作原理是利用价格浮动和价格分解来转移或规避税收负担。其操作平台是价格，而实现税负转嫁筹划的可行性取决于商品的供给弹性和需求弹性的大小。税负转嫁筹划法的基本内容如表68所示：

表 68　基本内容

序号	分类	内容
1	税负前转筹划法	纳税人通过提高商品或生产要素的价格，将所负担的税款转移给购买者或最终消费者。这种方式可以有效地在交易过程中实现税负的前置转移
2	税负后转筹划法	纳税人通过降低生产要素购进价格、压低成本或采取其他方式，将所负担的税收转移给提供生产要素的企业。这种方式能够在税收已经形成后实现税负的后置转移
		例如，白酒厂商生产的白酒产品是一种特殊的消费品，需要缴纳消费税。为了保持适当的税后利润，白酒厂商通常会采取相应措施提高出厂价。然而，这样做不仅会影响市场，还可能导致从价定率消费税与增值税的攀升。在这种情况下，如何实现税负转嫁的筹划办法呢？一种可行的筹划办法是设立独立的销售公司。由于酒类产品的消费税仅在出厂环节计征，即按产品的出厂价计征消费税，后续的分销、零售环节不再计征消费税。故酒厂可以成立一个独立的销售公司，利用增加流通环节的方式来转移税负。具体操作上，酒厂可以采取“前低后高”的价格转移策略，先以相对较低的价格将产品卖给自己的销售公司，然后再由销售公司以合理的高价进行层层分销。通过这样的方式，酒厂可以在确保总体销售收入的同时降低消费税的负担

2.2.6　递延纳税筹划法

递延纳税筹划法的基本内容如表 69 所示：

表 69　基本内容

序号	分类	内容
1	推迟确认收入	不同的结算方式：委托代销
2	提前支付费用	需要支付的费用提前支付
		例如，某造纸厂 7 月向汇文文具店销售白纸板 113 万元（含税价格），货款结算采用销售后付款的方式，汇文商店 10 月只汇来货款 33.9 万元。对于这类销售业务，该造纸厂该如何进行税收筹划呢？针对这笔业务，考虑到购货方是商业企业，并且货款结算采用销售后付款的方式，该造纸厂可以选择委托代销模式，即按委托代销结算方式进行税务处理。第一，7 月该造纸厂可以不计算销项税额，因为货款尚未收到。第二，在 10 月，该造纸厂收到汇文文具店的销

续表

序号	分类	内容
2	提前支付费用	货清单后，应确认实际销售额，并计算销项税额。实际销售额 = 33.9（万元）；销项税额 = ［33.9/（1 + 13%）］ × 13% ≈ 3.5（万元）；对于尚未收到销货清单的货款，可以暂缓申报和计算销项税额。采用委托代销结算方式，该造纸厂可以实现递延纳税，从而在10月确认实际销售额后再计算销项税额，避免7月就提前计提销项税额，有效降低当期的税务负担

2.2.7　规避平台筹划法

在税收筹划中，税法规定的若干临界点通常被称为规避平台。这些规避平台建立的基础是临界点，因为临界点的积累会引起质的突破，它们是筹划中的关键点。当突破某些临界点时，由于所适用的税率降低或优惠增多，从而获得税收利益，这构成了规避平台筹划法的基本原理。规避平台筹划法的基本内容如表70所示：

表70　基本内容

序号	分类	内容
1	税基临界点筹划	起征点、扣除限额、税率跳跃临界点
2	优惠临界点	绝对数临界点、相对比例临界点、时间临界点
		例如，李先生在北京市拥有一套普通住房，已经居住满1年10个月。现在他在市区找到一份薪水很高的工作，需要出售该住房。李先生应该如何筹划呢？根据增值税相关规定，个人将购买不足2年的住房对外销售的，按照5%的税率缴纳增值税；个人将购买2年以上（含2年）的普通住房对外销售的，免征增值税（适用北上广深四个城市）。显然，如果李先生2个月后再出售该住房，便可以适用购买满2年享受增值税免征待遇；而如果马上出售，须按照5%征收率缴纳增值税。因此，其最好将住房在2个月后再转让。当然，如果这时遇到合适的买主，也可以出售，即采取变通处理，利用时间临界点筹划方法。其可以通过和买主签订两份合同，即一份远期合同（2个月之后正式交割房产）、一份为期2个月的租赁合同，通过这样的做法，买主可以马上住进去，房主李先生也可以享受增值税免税待遇

2.2.8　资产重组筹划法

资产重组筹划法的基本内容如表71所示：

表 71 基本内容

序号	分类	内容
1	合并筹划法	（1）企业合并可以使其进入新的领域、行业，从而享受新领域、新行业的税收优惠政策 （2）并购亏损企业，利用盈亏补抵，实现成本扩张 （3）企业合并实现关联性企业或上下游企业流通环节减少，从而合理规避流转税和印花税 （4）企业合并可能改变纳税主体的性质，如由小规模纳税人变为一般纳税人，由内资企业变为中外合资企业
2	分立筹划法	（1）企业分立为多个纳税主体，形成有关联关系的企业群，实施集团化管理和系统化筹划 （2）企业分立将兼营或混合销售中的低税率或零税率业务独立出来，单独计税，降低税负 （3）企业分立使适用累进税率的纳税主体分化成两个或多个适用低税率的纳税主体，从而自然降低税负

2.2.9 业务转化筹划法

业务转化筹划法手段灵活，通过注入购买、销售、运输、建房等业务，以及无形资产转让，可以合理转化为投资或合营业务。

例如，科研人员张某发明了一种新技术，并成功申请了国家技术专利。由于该专利具有很高的实用性，引起了多家企业的兴趣，其中甲公司出价 100 万元希望购买该专利。根据《财政部、国家税务总局关于全面推开营业税改征增值税试点的通知》（财税〔2016〕36 号）的相关规定附件 3《营业税改征增值税试点过渡政策的规定》第 1 条第（26）规定，纳税人提供技术转让、技术开发和与之相关的技术咨询、技术服务免征增值税。在这里所说的“技术”包括专利技术和非专利技术。为了免征增值税，张某须经过所在地省级科技主管部门的认定，并出具审核意见证明文件，供主管税务机关备查。根据个人所得税的相关规定，转让专利使用权算作特许权使用费收入，应计入综合所得，然后在年终进行汇算清缴。因此，张某需要预交个人所得税，计算公式如下：100 ×（1 − 20%）× 20% = 16（万元）；然而，如果采用业务转化筹划技巧，张某可以不转让技术专利使用权，而是将技术专利进一步开发，以技术服务的形式将专利技术应用于甲公司的生产经营中。根据甲公司的经营状况测算，张某每年预计可从甲公司获取 10 万元技术服务收入。

若张某愿意采取技术服务形式，他所须负担的个人所得税将会递延缴纳：

（1）纳税人提供技术开发及相关技术服务免征增值税；

（2）按照个人所得税有关规定，个人取得的技术咨询和技术服务所得，在取得所得的当月按照20%的比例税率预缴个人所得税，并在年终进行汇算清缴。因此，张某需预交个人所得税 10 ×20% =2（万元）。采取这种筹划法的主要优势在于可以递延纳税。

另一种选择是采用技术投资入股的方式。技术投资入股的实质是技术成果的转让和投资同时发生。根据财税〔2016〕36 号文的相关规定，纳税人提供技术转让、技术开发等免征增值税。同时，根据《关于完善股权激励和技术入股有关所得税政策的通知》（财税〔2016〕101 号文）的规定，个人以技术成果投资入股，被投资企业支付的对价全部作为股票（权）的，企业或个人可选择适用递延纳税优惠政策。在主管税务机关备案后，投资入股当期可以暂不纳税，允许递延至转让股权时，根据股权转让收入减去技术成果原值和合理税费后的差额计算缴纳个人所得税。

3. 企业经营结合税务筹划的系统方案

3.1 增强税务筹划意识，享受合法税收优惠

由于税收工作本身具有强制性，所以企业的一切税务筹划工作都需要在合理合法的背景下进行操作，事先性的筹划特点也给企业提供了一些可计划范围，所以只有当纳税主体的筹划意识足够重视这项工作给企业带来的成本效益时，企业内部的税务筹划水平才能有所提高，才能从本质层面确保整个税务筹划高效率落地。企业将思想层面作为强化税务筹划意识的着手点，能够提高工作人员的整体革新意识和参与精神，为后续税务筹划体系的建立提供良好的基础支撑。

同时，中小企业在渴望享受到国家政策红利之前应明确纳税主体的筹划目标，在充分了解国家财税法规要求的前提下，再结合本企业的实际情况进一步筹谋计划，使筹划方案做到有法可依、有法必依。

3.2 完善筹划体系，与主管机关建立事先沟通

企业只有建立全面的税务筹划体系才能保障后续的实施工作平稳运行。

首先，企业管理人员要站在企业发展的战略目标上制定好税务筹划工作的整体方向与目标。

其次，合理安排税务筹划的工作分工，构建合理的工作格局，细化岗位责任

标准，提高各个岗位之间的有效联系，保障筹划方案的细节措施能够有效到位。

最后，企业作为纳税主体在实际的税务筹划方案制定中，应当积极同税务机关进行沟通，了解最新的税收政策，取得税务机关的合法事前认证，可以为后续的方案执行保驾护航，以便在遇到纳税分歧时可以找寻合法备案支撑。

完整的税务筹划体系可以高效地推进筹划方案的顺利进行，保障一切筹划依据的合法性，能够对纳税业务的后果进行合理预测，使企业实现更高的税收节约。

3.3 打通业财壁垒，建立内部信息平台

企业的业务流程决定着企业税务筹划工作的具体方式和筹划目标，只有建立起有效的内部沟通平台，各筹划部门才能在后续的工作安排中更好地合作。

企业可以借助信息系统建立内部一体化的 OA 办公平台，来打通企业业务部门与财务部门的沟通壁垒。此系统可以涵盖企业内部所有部门的工作细节，在平台中实现有效的信息传递，从多层次、多角度的对比中选择最优筹划方案，避免由于信息滞后或交流障碍而造成的筹划偏差。

同时，财务部门作为税务筹划工作的主导部门，更应积极主动地同其他业务部门进行沟通交流，带领其他业务人员共同学习了解最新的税务政策，从专业的角度将政策分解到具体的筹划措施当中，尽可能地将企业的税务筹划方案做到详尽且符合法律法规的要求，避免出现法律规范的疏漏问题。

3.4 关注宏观环境变化，提高内部风险意识

外部的经济环境、法律环境、技术环境等都会影响中小企业税务筹划工作的开展，宏观环境的不断变化需要企业能够及时地了解和掌握最新的市场信息，结合企业本身的业务流程特点匹配市场发展要求，制定短期目标和长期目标，从而开展进一步的信息搜集与整理工作，打好企业税务筹划的基础。

全面的税务筹划方案可以通过合理的业务安排，在避免企业盲目地追求高收益而忽视潜在风险的同时，实现税务支出的减少，达到成本的降低。企业要实现税务筹划过程中的风险把控并不容易，企业需要对相关的税务风险进行综合性分析与评价，有计划地开展风险防控工作。对于信息的变更及风险的识别做到及时、准确的把握，提高管理人员的风险掌控水平。

3.5 提高财税人员的综合业务水平，熟知新税法政策

税务筹划人员的专业水平直接影响甚至决定着税务筹划工作的最终实际效

果。在实际工作中，税务筹划的程序十分复杂，涉及企业内部的各个环节，因此，企业需要高素质的专业人员，他们在掌握财税基本知识的前提下，还必须具备较强的谋篇布局和综合分析能力。这些要求能够确保税务筹划工作的顺利进行和最终取得成功。

中小企业应该认识到专业人才对于本企业发展的重要性，注重人才的后续培养，不断提升税务筹划人员的专业素养，为后续的工作安排打开新视野和新思路。

同时，财税人员应该借助自身的洞察力，有效地解读最新的税法条文，并结合企业自身的业务内容，科学地制定最佳筹划方案。在实践中，他们应不断积累经验，综合考量企业的运营与发展状况，从本质层面避免企业因自身的专业水平受限而承担的税务筹划风险。这样的做法有助于确保税务筹划工作的有效性和可持续发展。

税务筹划工作对于中小企业来讲犹如一把双刃剑，全面、具体且科学的筹划方案对企业的经营发展大有裨益，能够帮助企业在整合业务模式的前提下获得额外的资本效益，在激烈的市场竞争环境中得到长足的生存发展。同时，企业要想获得政策红利，其也要在掌握新税法的新要求与新内容的前提下，提高自身的业务筹划水平，落实健全的筹划体系和管理机制，才能在满足新税法要求的同时合理减轻企业税负压力，提高效益水平，实现企业的长足稳健发展。

第五篇 数字篇

一、金税四期建设与监管要点解读

1. 金税四期实施的基本路径

2019年12月税收大数据和风险管理局成立，内设自然人电子税务局管理处、云平台管理处、大数据管理一处、大数据管理二处和风险管理处。其中包括电子税务管理、云计算、大数据管理和风险管理，作为国家税务、大数据和风险管理的组织其主要任务是构建云平台、相关业务需求和运营管理、相关的企业级系统应用程序和运营实施风险及税务管理战略、数据交换和共享、整合国家、全面的风险管理库和构建分析模型。

2020年11月13日，国家税务总局发布2020年12月政府采购项目名称为“金税四期决策指挥端之指挥台及配套功能建设项目”的意向公告，金税四期的上线提上日程。2020年11月25日，国家税务总局深圳市稽查局（以下简称深圳市稽查局）公布智慧案件办理系统的中标结果，根据计划，2021年12月底前智慧稽查项目将交付验收，并且完成系统集成测试、用户培训、项目初验和项目终验。

金税四期的推进将会更进一步地推进现代化税收征管系统的完善，使“税费”业务在数据、业务和流程等方面全面数字化，为智能办税、智慧数字化监管构造良好基础。随着金税四期的推进，虚开发票、买卖发票等一系列违法违规行为将进一步受到监管和打击，这也意味着“合规”的重要性进一步加强。

在大数据分析监测和多部门涉税信息共享的情况下，税务机关不仅能通过税务方面掌握信息，还可以通过其他部门掌握纳税人大量的经济数据信息，彻底打破了信息壁垒，稽查范围更广，税务机关可以多维度地分析比对，同时多部门联合惩戒，使违法成本大幅增加。

2. 金税四期“云化”的稽查剖析

金税四期主体功能有“视频指挥台”、“重大事项”和“重要日程”三大项。有多人音频视频沟通、会议室预定等配套功能，与此同时，金税四期还保留接口提供功能扩展能力。金税四期的全面业务及信息共享“云化”打通，进而为智慧监管、智能办税提供条件和基础。

2.1 金税四期功能解析——主体功能辅之以配套功能

视频指挥台模块能够满足各局领导干部沟通所需。该模块主要用于满足各领导及有关干部之间，对相关事件（如紧急任务下发、最新政策研讨、重点工作事项的汇报与交流），在相应区域（指税务内网覆盖区域，如税务总局不同办公区，总局、省局、市局办公和驻点区域等）进行远程指挥、视频交互、情况汇报以及交流分析。该模块可开展一对多视频指挥，多对多视频沟通，支持多方稳定通话、便捷分享屏幕和文档。

重大事项模块可以满足个性化推送、定制化需求的实现。该模块可以根据不同使用者的个人偏好，通过分析匹配信息文档的标签与个人岗位、职务等信息，将内网和互联网上相关社会热点、经济动态、涉税信息、高层动态、国内外大事等信息进行个性化的推送，使得使用人可以在该模块快速方便地浏览到感兴趣的信息，进而实现、满足千人千面的定制化需求。

重要日程模块。该模块结合日历，可以根据需要设定日程提醒，了解系统使用者的行程，将有关的行程展示和共享给领导，以便于上级领导安排和召集会议、确定相关行程等重要事务性安排。为便于掌握人员工作动态，该模块还可提供指定人员在岗状态信息和外出情况信息的查询，对视频指挥台模块开展远程视频会议起到辅助提示作用。

2.2 智慧案件办理系统，实现大数据下多部门涉税信息共享

深圳市稽查局智慧稽查系统上线流程为：智慧稽查 1.0 版本统一电脑端门户建设，在合同签订 1 个月内，主要提供智能支撑，这种支撑是功能层面的；2020 年 12 月底前智慧稽查 2.0 版本完成办案、情报和指挥三个中心主题建设，

提供系统化的智能支撑；2021 年 3 月底前智慧稽查 3.0 版本完善办案、情报和决策三个中心主题，提供网络化的智能支撑；2021 年 6 月底前智慧稽查 4.0 版本完成智慧稽查各中心建设和集成任务，提供体系化的智能支撑；2021 年 12 月底前智慧稽查项目交付验收，完成系统集成测试，用户培训、项目初验和项目终验。

此外，将建立 5 大智能分析系统：偷逃税智能分析、重点行业涉税违法智能分析、虚开增值税发票智能分析、骗取出口退税智能分析、主要税种涉税违法智能分析。

在大数据分析监测和多部门涉税信息共享的情况下，税务机关不仅能通过税务方面掌握信息，还可以通过其他部门掌握纳税人大量的经济数据信息，彻底打破了信息壁垒，稽查范围更广，税务机关可以多维度地分析比对，同时多部门联合惩戒，使违法成本大幅增加。

2.3 创新税务监管：数据赋能风险“画像”

推动健全税务监管格局是特派办承担的一项重要使命。国家税务总局驻上海特派办探索实践对税务机关进行内部风险分析与管理评价，通过为税务机关内部风险“画像”，不断提升监管的精准度，找准工作范围内税务局履职尽责的撬动点，有效促进区域风险管理与内部控制水平的共同提升，以“智慧督审”推进智慧税务的建设。

（1）内外数据深度挖掘，精准描绘风险点位分布图。国家税务总局驻上海特派办围绕税务机关主要运行的税收执法权和行政管理权对风险事项进行梳理，并综合运用构建信息化指标扫描风险、查阅内外部监督报告定位风险、分析税务机关内部管理制度研判风险等方式充分挖掘数据，让税务机关的自有数据以及可获取的外部相关数据流动起来、关联起来、活用起来，最终形成了 309 个可量化评价的三级风险指标，它们既能够定位显性风险，又能够预警隐性风险；既是税务机关存在风险的点位分布图，也是个性化精准“画像”的基础。

（2）分析模型多维构建，精心助力风险分析网格化。国家税务总局驻上海特派办以评价基础信息“广”、评价指标数据“准”、评价模型框架“优”为工作思路，反复验证形成“基础 + 补充”“固定 + 动态”“定性 + 定量”“税收 + 运筹”的多维内部风险评价体系。在 309 个三级风险指标的基础上，将问题整改情况、追责情况以及近年来问题及风险态势变化情况作为补充调整维度。在评价模型、评价规则基本固定的原则下，根据不同时期工作重点、被监督单位区域特色进行实时补充动态调整。综合运用定性与定量方法计算风险，财务管理风险以风险是否触发及严重程度进行定性分析为主；税收执法风险以指标扫描产生的疑点数据与征管体量等比率进行量化分析为主。在分析税收数据的基础上，综合运用运筹学、统计学中的多种方式构建评价模型，让风险评价的网格更全面细致，评价结果更科学客观，税务机关“画像”结果更精准合理。

（3）远程分析实地查证，精确制作风险等级辨识卡。国家税务总局驻上海特派办今年第一季度对工作范围内 10 个省局开展内部风险评价的结果显示，执法二级风险事项中，高风险 30 个，中风险 85 个，低风险 305 个；财务二级风险事项中，高风险 10 个，中风险 75 个，低风险 305 个，评价结果作为初步绘制各省局风险等级辨识卡的依据。对于低风险或普发性事项，通过制发风险提示提醒各省局自查整改。对于中高风险事项，则作为监督重点补充开展对部分省局的定向督审工作，使内部监督更具差异化，风险防控更具针对性。实地查证结果既点对点督促被监督对象整改追责，更用以完善远程分析方式方法，调整对应省局的风险等级辨识卡。

（4）重点风险链式排查，精诚驱动风险预警“巡航舰”。重点聚焦增值税发票管理风险，结合被督审单位区域经济发展、地理物产特点、特定行业经营惯例等情况形成带有区域个性化色彩的指标脚本，有效发现若干纳税人涉嫌虚开发票的线索，验证初步“画像”的精准性；并运用倒查思维对增值税发票增版审批、外部快速反应风险应对、异常凭证处理以及税务稽查等执法情况进行了全链条风险排查；对涉嫌虚开纳税人的上游发票进行溯源分析，从而圈定省局税务机关代开发票风险集中的区域。承担督审职能的国家税务总局驻上海特派办第二大队及时向省局发送风险提示，同时与承担稽查职能的第一大队以及被督审单位的督审、纪检精诚联动，抓实抓好纳税人端、税务人端等多场景风险预警“巡航”，发挥“外打内防”作用，对涉税违法行为和职务违规行为形成强有力的震慑。

3. 系统改造升级稽查新逻辑——三大维度特征分析

3.1 对企业人员分析——通过核查非正常企业过往任职人员进行风险人员分析

该项目新增风险人员分析模块、查询模块（含登记信息、人员信息）。易受稽查的企业见《税务稽查内在逻辑深入解析——从执法逻辑出发构建易受稽查的企业画像》，对于高收入人群税务稽查分析模块基本内容如表72所示。

表72 基本内容

模块类型	概览	详细说明
风险人员分析模块	曾任非正常户人员分析	新增曾任非正常户人员分析模块指标，对企业法人、财务等四类人曾经在非正常企业任职的人员进行多维度分析
	曾任虚开走逃户分析	新增曾任虚开走逃户分析模块指标，对企业法人、财务等四类人曾经在虚开走逃户企业任职的人员进行多维度分析
	曾任欠缴税款分析	新增曾任欠缴税款分析模块指标，对企业法人、财务等四类人曾经在欠缴税款企业任职的人员进行多维度分析，用于日常工作规范管理及虚开风险防范
	年龄异常分析	新增年龄异常分析模块指标，对企业法人、财务等四类人曾经的年龄进行分析，对年龄较小人员的任职企业进行分析，用于日常工作规范管理及虚开风险防范
信息对比	特征信息比对预警	企业特征库比对预警、人员特征库比对预警、品名特征库比对预警、特殊时间发票预警。该模块系统会结合企业的信息，员工的信息，纳税申报的税目，海关申报的品名以及申报的时间进行审查
数据推送	企业税务股东变更数据推送	企业税务股东变更数据推送分析模块指标，对于部分需要分析企业的税务股东进行分析，用于日常工作规范管理及虚开风险防范
	企业工商股东变更数据推送	企业工商股东变更数据推送分析模块指标，对于部分需要分析企业的工商股东进行分析，用于日常工作规范管理及虚开风险防范
	风险任务数据推送	风险任务数据推送分析模块指标，对总局下发的风险企业进行风险分析，用于日常工作规范管理及虚开风险防范
综合查询	对企业进行全方面查询	包括对人的监察，以及企业的异常状况，风险发票的领用、风险企业的迁移，是否存在开票但未申报的情况

3.2　对发票明细类目监管——用于日常工作规范管理及虚开风险防范（见表73）

表73　发票明细

发票明细类目列举	查询内容具体概述
开具高档手表和普通手表企业数据查询	新增开具高档手表和普通手表企业数据查询分析模块指标，分析商品编码为“高档手表”“其他手表”的企业在一段时间内开具发票的信息
开具珠宝、金银首饰企业数据查询	新增开具珠宝、金银首饰企业数据查询分析模块指标，分析商品编码为“珠宝”“金银首饰”的企业在一段时间内开具发票的信息
开具二手车企业数据查询	新增开具二手车企业数据查询分析模块指标，分析拥有二手车企业标志的企业在一段时间内开具发票的信息
风险商品数据推送	新增风险商品数据推送分析模块指标，对风险商品的进销项进行分析

3.3　对供应商的监管——通过发票发放等判断开具发票的纳税人的风险级别

深圳发票风险防控项目对供应商发票的监管主要体现在预警模块中，包括专用发票发放预警处理模块、专用发票取得预警处理模块、申报数据异常预警处理模块、专用发票开具预警处理模块。专用发票的发放预警处理可以分三个方面，包括专用发票发放预警、超限版使用专票预警、风险纳税人监控预警。发票流在税务局监管机关的监管全链条中占据相当重要的一环，其中发票的发放也同样如此。该系统通过稽查企业在发票开具过程中，单张或总额的发票是否超过规定的限额值来判断发票的有效性；也会从纳税人的角度进行监管，判断开具发票的纳税人的风险级别。

专用发票的取得预警处理板块可以分为认证失控发票预警、受托核查发票预警、滞留专用发票预警。发票的风险评估相当重要，深圳市稽查局的最新系统招标公告要求系统升级后可对此进行稽查，以发现企业是否存在虚开以及偷逃税款等问题。

申报数据异常预警处理模块分为农产品进项抵扣预警、海关缴款书抵扣预警、虚列数据抵减税预警。企业需要重点关注虚列数据递减税，此项系深圳税务部门改造项目的核心功能之一，升级改造后可以实现通过同行业类似企业平均数据对比找出数据明显异常的企业，并对其进行初步分析、上报。

专用发票开具预警处理模块包括顶额开具发票预警、开具发票突增预警、开具发票作废预警、购销货不匹配预警、有销项无进项预警。在该模块的预警处理中，系统主要审查企业是否存在发票的异常状态，如突增、作废、顶额、红冲等，以及企业的进项税额与销项税额的对应情况。

二、自然人税务数字化监管趋势分析

党的二十大报告提出，要完善分配制度，坚持按劳分配为主体、多种分配方式并存，坚持多劳多得，鼓励勤劳致富，促进机会公平，增加低收入者收入，扩大中等收入群体，规范收入分配秩序，规范财富积累机制。在党的二十大报告中首次提出“规范财富积累机制”。

2022 年 12 月 14 日，中共中央、国务院印发《扩大内需战略规划纲要(2022—2035 年)》，《扩大内需战略规划纲要（2022—2035 年)》指出加大财税制度对收入分配的调节力度，加强对高收入者的税收调节和管控。近年来，陆续曝光了一些明星、主播偷逃税案，这反映出国家对明星高净值人群（高净值指个人在中国持有可投资资产超过 1000 万元人民币）通过隐瞒个人收入、签订“阴阳合同”、虚构业务转换收入性质等方式逃避纳税义务的零容忍态度。

2020 年 11 月 13 日，国家税务总局发布金税四期采购公告，预计于当年年底建成。金税四期是国家推行的金税工程中的第四期。从金税一期初步尝试计算机管税，金税二期过渡到以票管税，金税三期进一步强化发票监管，到金税四期开启“以数治税”时代，现代化税收征管系统逐步完善。金税四期的特点可以用“两化、三端、四融合”来概括：“两化”是指“数字化升级”和“智能化改造”；“三端”是指智慧税务建成后，将形成以纳税人端（交税人）、税务人端（税务机关征税人员）和决策人端（税务机关政策人员）为主体的智能应用平台体系；“四融合”是指智慧税务建成后，将实现从“算量、算法、算力”到“技术功能、制度效能、组织机能”的融合，从“税务、财务、业务”到“治税、治队（税务队伍）、治理”的一体化深度融合。金税四期可以实现对高净值人群资产信息的全方位监管，得益于以下几方面配套措施。

1. 深圳市自然人税收应用平台四期建设项目

为进一步挖掘数据价值、盘活数据资源、拓展数据应用，各地税务部门不断探索“以数治税”的新路径、新渠道。以深圳为例，2022 年 11 月 7 日，深圳市税务局发布自然人税收应用平台四期（以下简称个税平台四期）建设项目公开招标公告。根据《全国税务系统深化“放管服”改革五年工作方案（2018—2022 年）》（税总发〔2018〕199 号）的指示，要逐步健全以高收入高净值为重点的自然人税收管理体系，建立“实名认证 + 办税提醒 + 信息推送 + 申诉咨询”的服务方式和“一人式档案 + 风险共治 + 信用引导 + 分类分级管理”的征管方式。个税平台四期建设重点强化经营所得的申报管理和对股权转让、股权激励等个人所得税重大事项的监控与管理。

1.1　个人所得税经营所得申报管理

个税平台四期的招标文件指出，个税平台四期应全面摸清本地区需要办理年度汇算清缴的经营所得纳税人底账，建立动态应申报清册，对需要办理年度汇算清缴的经营所得纳税人采取分类分级和网格化方式管理，根据动态应申报清册，网格化全程跟踪经营所得汇算清缴申报。

个税平台四期将以纳税人识别码为基准归集经营所得申报信息，包括“经营所得个人所得税月（季）度申报表（A 表）”、“经营所得个人所得税年度申报表（B 表）”和“多处经营所得个人所得税汇总申报表（C 表）”，C 表针对取得两处以上经营所得的纳税人。C 表汇总的预判规则如图 1 所示。

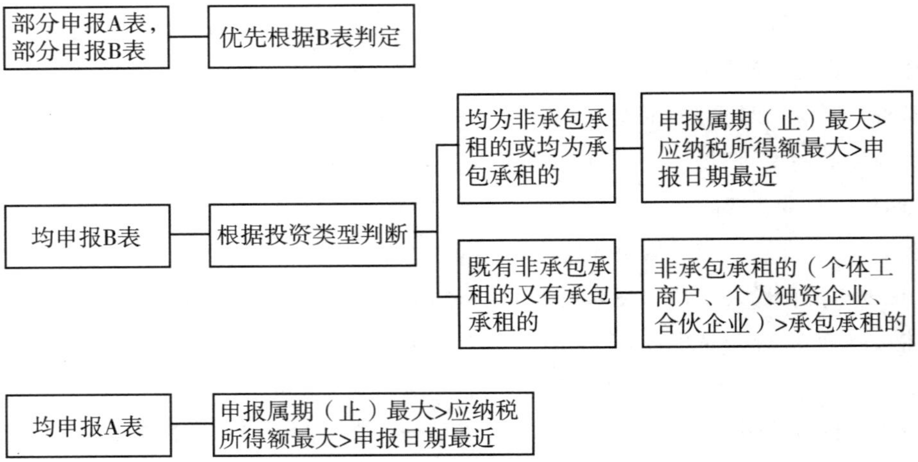

图 1　汇总预测规则

个税平台四期支持提供个人所得税经营所得一人式查询，查询范围如图 2 所示。其中，针对经营所得汇算清缴（B 表）和经营所得汇总申报（C 表）须进行事前测算和进度监控。事前测算需要统计并区分税务机关、行业、登记注册类型、投资者应纳税所得额区间、应补退税额区间等五大维度。进度监控包含申报完成率、申报情况、补税缴款入库情况、退税申请情况、退税审批情况和退库情况。

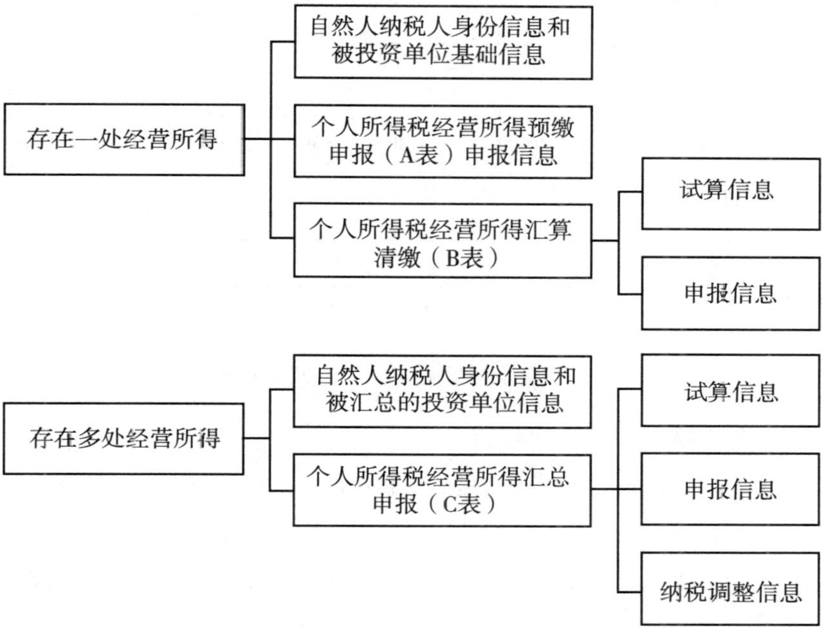

图 2　个人所得税经营所得一人式查询区分

1.2　个人所得税数据治理及扣缴单位数据服务

个税平台四期预期精准识别个人所得税信息报送及预扣预缴申报的质量问题。在日常信息报送和预扣预缴期间，及时进行数据治理，循环纠正扣缴单位的申报差错，有力提升个人所得税申报质量和管理质效。为此，将建立“一篮子”数据治理及风险指标，配置阈值和监控报表，为扣缴单位提供一户式数据治理及风险报告，依托自然人税务局 Web 端为扣缴单位提供数据提醒服务。风险指标与监控的内容如图 3 所示。

预扣预缴申报类

· 申报收入金额畸高/低：基本养老保险费、基本医疗保险费、失业保险费、住房公积金填报数低于测算下限；律师填报超限额等其他扣除异常填报；准予扣除的捐赠额填报金额较大；扣缴工资薪金所得未实名认证、未注册个税

雇员信息报送类

· 雇员未实名认证、雇员未注册个税App、雇员存在年龄疑点、雇员手机号码异常、雇员存在连续零收入填报、雇员存在连续未申报疑点

扣缴行为分析类

· 存在同一属期大量免征额以下收入人员（工薪、连续性劳务报酬）、同一属期大量免征额以下收入人员（非连续性劳务报酬、稿酬、特许权使费）、同一属期大量被异议申诉的申报记录、多个属期累计大量被异议申诉的申报记录、异议申诉属实仍进行后续申报的记录、多笔扣缴申报税款未入库的记录

代开劳务发票类

· 存在代开劳务发票未扣缴个税、未足额扣缴个税

图 3　个人所得税风险指标与监控内容

1.3　个人所得税重大事项监控管理

建立个人所得税重大事项监控预警机制和重大事项风险指标以及分类分级预警指标，包括以下事项：个人股权转让、非货币性资产投资、技术成果投资入股纳税递延、企业年金和职业年金纳税递延、科技成果转化暂不征税、科技人员取得职务科技成果转化现金奖励税收优惠、合伙创投企业投资抵扣等 7 项计征规则。国家针对上述事项给予税收优惠，赋予其特别计征规则（如表 74 所示），同时须严防违规利用税收优惠政策的偷漏税行为。

表 74　计征规则

事项	计征规则
个人股权转让	以股权转让收入减除股权原值和合理费用后的余额为应纳税所得额的，按“财产转让所得”缴纳个人所得税，税率为 20%，合理费用是指股权转让时按照规定支付的有关税费 纳税地点：被投资企业所在地税务机关 纳税时间，股权转让行为发生后的次月 15 日内

续表

事项	计征规则
非货币性资产投资	非货币性资产转让收入减除该资产原值及合理税费后的余额 纳税地点：依据非货币性资产类型确定，不动产为不动产所在地，股权为被持股权企业所在地；其他非货币资产为被投资企业 纳税时间：一次性缴纳有困难的，经税务机关备案，可在5年内分期缴纳
技术成果投资入股纳税递延	投资入股当期可暂不纳税，允许递延至转让股权时，按股权转让收入减去技术成果原值和合理税费后的差额计算
企业年金和职业年金纳税递延	年金缴费环节：对单位缴费部分计入个人账户时，个人暂不缴纳个人所得税；对个人缴费部分不超过限额标准的，暂从个人当期的应纳税所得额中扣除。单位和个人超过规定标准缴付的部分，应并入当月工资，薪金所得计算代扣个人所得税 年金领取环节：个人达到国家规定的退休年龄领取的年金，按照"工资、薪金所得"项目计征个人所得税 年金基金投资环节：企业年金或职业年金基金投资运营收益分配记入个人账户时，暂不征收个人所得税
科技成果转化暂不征税	科研人员所获得的科技成果转化股权奖励，在获得股权时，暂不征收个人所得税；后续发生转让时，按"财产转让所得"应税项目征收个人所得税
科技人员取得职务科技成果转化现金奖励税收优惠	非营利性科研机构和高校在取得科技成果转化收入3年（36个月）内奖励给科技人员的现金，可减按50%计入科技人员当月"工资、薪金所得" 非营利性科研机构和高校向科技人员发放现金奖励时，应按个人所得税法规定代扣代缴个人所得税，并按规定向税务机关履行备案手续
合伙创投企业投资抵扣	合伙创投企业采取股权投资方式直接投资于种子期、初创期科技型企业满2年的，该合伙创投企业的个人合伙人可以按照对初创科技型企业投资额的70%抵扣个人合伙人从合伙创投企业分得的经营所得；当年不足抵扣的，可以在以后纳税年度结转抵扣 合伙创投企业应在投资初创科技型企业满2年的年度终了3个月内，向合伙创投企业主管税务机关办理备案手续，备案时应报送《合伙创投企业个人所得税投资抵扣备案表》。合伙企业多次投资同一初创科技型企业的，应按年度分别备案。其他资料均可留存备查

1.4 决策分析报表新增功能

新增功能如表 75 所示，可见明星高净值人群的个税经营所得征收将被重点监控，疑似违规核定可定位到被投资单位和投资人。

表 75 新功能

<table>
<tr><th>项目</th><th>类型</th><th>功能</th></tr>
<tr><td>个人所得税净入库排行榜</td><td>按征收品目分析
按行业分析</td><td>各级税务机关净入库排行榜展示的记录数可配置</td></tr>
<tr><td>个人所得税规模以上重点监控</td><td>工资薪金超过阈值
劳务报酬所得超过阈值
利息股息红利所得超过阈值
财产转让所得超过阈值</td><td rowspan="2">监测内容基于个人所得税规模与增减情况可配置</td></tr>
<tr><td>个人所得税增减情况重点监控</td><td>工资薪金所得增减幅度以及增减绝对值超过阈值
劳务报酬所得增减幅度以及增减绝对值超过阈值
利息股息红利所得增减幅度以及增减绝对值超过阈值
财产转让所得增减幅度以及增减绝对值超过阈值</td></tr>
<tr><td>个人所得税涉税事项超期监控</td><td>综合所得汇算清缴退税审核超期
自然人异议申诉处理超期</td><td>实现超期天数阈值可配置</td></tr>
<tr><td>个人所得税经营所得疑似违规核定监控</td><td>个人所得税经营所得疑似违规核定
增值税一般纳税人疑似违规核定
年营业收入大于 500 万元纳税人疑似违规核定
持有权益性投资的个独、合伙企业疑似违规核定
不得实行核定征收的中介机构疑似违规核定
文娱等特定行业疑似违规核定</td><td>可定位到疑点被投资单位和投资人</td></tr>
</table>

从表 75 可以看出，上述监测范围已经涵盖了个税变化基本范围和内容，尤其是对重点变动内容进行了规范，后续数据的变化将直接引发监管，因而对个税

的治理将更加智能化。监测内容和监测规则等如表 76 所示。

表 76　监测内容

项目	内容
监测内容	(1) 本期数 (2) 去年同期 (3) 本期增减额 (4) 本期增减幅度 (5) 累计数 (6) 累计同期 (7) 累计增减额 (8) 累计增减幅度
监测规则	(1) 监测本期数 (2) 监测累计数
增减类型	(1) 本期数增加 (2) 累计数增加 (3) 本期数减少 (4) 累计数减少
参数配置	(1) 本期增减绝对值 (2) 本期增减幅度 (3) 累计增减绝对值 (4) 累计增减幅度

1.5　虚构业务转换收入性质（海外模式）的合规风险

2022 年 11 月 25 日，北京市税务局曝光吴某偷逃税案件。根据相关报道，吴某被指控要求境内企业或境内设立的境外机构将其在境内从事演艺活动的劳务报酬支付给其境外注册的企业，将境内个人收入“包装”成境外企业收入。经过审查发现，吴某在 2019 年至 2020 年采取虚构业务转换收入性质、虚假申报以及通过境内外多个关联企业隐匿个人收入等方式偷逃税款共计 0.95 亿元，并少缴税款 0.84 亿元。根据《税收征收管理法》第 63 条第 1 款的规定，对纳税人的偷税行为，税务机关有权追缴其不缴或少缴的税款和滞纳金，并处以不缴或少缴税款 50% 以上 5 倍以下的罚款。为此，北京市税务局第二稽查局依法对吴某的虚构业务转换收入性质虚假申报偷逃税款的部分处以 4 倍罚款，合计 3.45 亿元；其隐

匿个人收入偷逃税款的部分，则被处以最高限度的 5 倍罚款，合计 0.42 亿元。（见图 4）

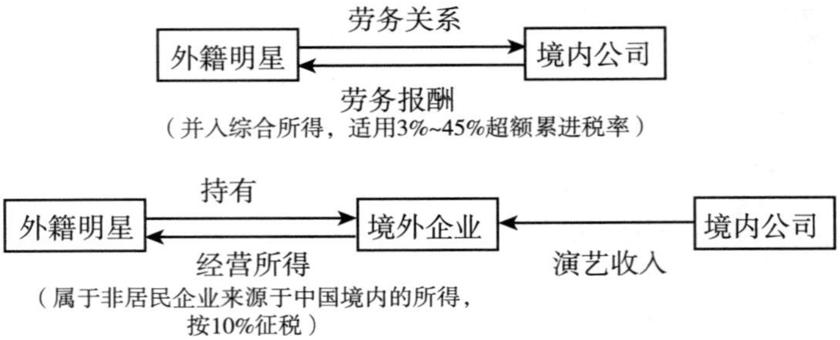

图 4　外籍明星偷逃税款路径

此类税收规划被定性为违法行为，主要有以下两个原因。

（1）改变国籍、搭建海外架构不能规避纳税义务。

根据 2018 年颁布的《个人所得税法》，就外籍人员的个税事项有两项征收规则。①基础性规则，外籍人员只要在中国境内取得所得，就需要缴纳个税。无论吴某是否具有境内住所或达到一定的居住时间，都应该就其在境内取得的演艺收入纳税。②补充性规则，如果在中国境内有住所或者在一个纳税年度内在中国境内居住满 183 天，还需要就境外所得缴纳个税。结合财政部、税务总局 2019 年公布的《关于在中国境内无住所的个人居住时间判定标准的公告》中确定的“连续满 6 年”规则，外籍人员纳税义务如表 77 所示。

表 77　外籍人员纳税义务

中国境内居住时间	纳税人身份	境内所得境内支付	境内所得境外支付	境外所得境内支付	境外所得境外支付
不超过 90 天	非居民纳税人	征	免征	免征	免征
超过 90 天但不满 183 天	非居民纳税人	征	征	免征	免征
满 183 天但年度连续不满 6 年	居民纳税人	征	征	征	免征
满 183 天的年度连续满 6 年	居民纳税人	征	征	征	征

根据表 77 规则，由于吴某在 2019 年和 2020 年在中国境内停留时间均超过 183 天，因此属于《个人所得税法》上的居民纳税人，依法应就其来自中国境内

外所得缴纳个人所得税。可见，明星高净值人群通过改变国籍、搭建海外架构规避纳税义务，仍可能因符合补充性规则而就来源于境内的取得承担纳税义务。

（2）转换收入性质被定性为虚假的纳税申报。

根据《税收征收管理法》第63条第1款，纳税人伪造、变造、隐匿、擅自销毁账簿、记账凭证，或者在账簿上多列支出或者不列、少列收入，或者经税务机关通知申报而拒不申报或者进行虚假的纳税申报，不缴或者少缴应纳税款的，是偷税。税务局根据该条认定虚构业务转换收入性质为“进行虚假的纳税申报”。

实践中存在通过变换税目降低适用税率的税收规划模式，通过在税收洼地设立个人独资企业、合伙企业，将工资薪金和劳务报酬等综合所得转化为经营所得，同时利用地方减免税、核定征收和地方财政返还的税收优惠政策实现税率的大幅削减。为什么变换税目的行为被认定为违法行为，这需要认清劳动报酬所得和经营所得/企业所得的区分标准。借鉴2020年10月19日国家税务总局在《对十三届全国人大三次会议第8765号建议的答复》中对灵活用工人员从平台获得的收入的性质的答复，按照何种税目计税要根据纳税人在平台提供劳务或从事经营的经济实质来判定。

从经济实质讲，明星收入是明星个人提供演艺劳务取得的对价，属于劳动报酬所得。劳动报酬所得具有三方面特点：①个人的独立性，提供劳务的行为是个人行为，不代表任何单位或组织；②提供劳务时间的不稳定性或临时性；③人事关系的非任职雇佣性。其不因合同签订主体、款项记载账簿等法律形式而发生改变。因此，将劳动报酬所得转变为经营所得或者企业所得进行申报，属于偷税行为。

2. 深圳高净值人群监管系统监管逻辑

2.1 制度设计编织严密税网

2018年修正的《个人所得税法》重新定义了税收居民身份，并新增反避税条款，建立起个税反避税、关联交易反避税、受控外国公司（CFC）规则和一般反避税规则。同年12月，国务院发布的《个人所得税法实施条例》对反避税制度进一步细化。反避税制度导致以避税为目的的高净值人群在境内外进行资产配置和投资架构的不确定性。

2018年9月，我国进行了首次CRS（共同申报准则）信息交换，要求中国税收居民的高净值人群将海外金融账户信息移交给中国税务机关。这一举措意味着国内个人的海外资产正在逐渐透明化，对高净值人群的资产配置和财富管理结构产生了巨大冲击。

2022 年 1 月，国家税务总局发文《关于进一步深化信息共享便利不动产登记和办税的通知》，目标于 2022 年底前，全国所有市县税务部门和自然资源主管部门实现不动产登记涉税业务的全流程信息实时共享。消除了高净值人士全国不动产信息不同步的信息差。

2.2 全电发票和数字人民币提供数字支持

2021 年 11 月 30 日，上海市、广东省、内蒙古自治区等地的税务局分别发布公告，宣布在省内部分地区启动试点工作。全电发票的推行使纳税信息得以实时同步，最大限度地防止了“恶意红冲”和虚开发票等违规行为，同时增加了风险管控手段，提高了纳税信息的处置效率和准确性。

2022 年 1 月 4 日，数字人民币 App 上线，支付宝、微信等支付工具被嵌入数字人民币生态圈内。数字人民币采用区块链技术，可以摸清所有主体的收入信息、资金流向，为金税四期调节高收入提供了准确的资产数据。

2.3 企业信息联网核查系统助力高效监管

2019 年 6 月 26 日，中国人民银行联合工业和信息化部、国家税务总局、国家市场监督管理总局等部门联合启动企业信息联网核查系统。该系统由各部门提供企业（企业法人、非企业法人、个体工商户）相关人员电话号码、企业纳税状态、企业登记注册等信息，快速有效地对上述信息的真实性进行核查。企业信息联网核查系统是一项业务处理平台，通过银行和非银行支付机构可以核实企业是否纳入税务管理，以及具体纳税人状态（如开业、注销、非正常、非正常注销）等。银行系统、工商部门和税务部门的信息共享，便于税务部门提前介入资产的变更交易，防范空壳公司开户、虚假证明文件开户等异常账户风险，使私人账户逃避税务行不通。

3. 国家对高净值人群监管的具体实施措施及后续影响

中央财经委员会会议明确指出要合理调节过高收入，完善个人所得税制度，规范资本性所得管理；2021 年 9 月 2 日中宣部印发《关于开展文娱领域综合治理工作的通知》，要求严厉查处偷逃税行为；为贯彻落实《中宣部关于开展文娱领域综合治理工作的通知》的有关要求，国家税务总局办公厅于同月 18 日发布通知《加强文娱领域从业人员税收管理》，从三个方面对文娱领域从业人员税收管理进行规范。

在艺人郑某主演《倩女幽魂》期间，其经纪人张某被发现采取了合同拆分、设立“掩护公司”等手段，帮助郑某逃避纳税义务，因此被罚款3227万元。“明星”以及新业态下“网红带货主播”等高收入群体将受到严格监管。

3.1 对高收入调节，规范资本性所得管理势在必行

2021年8月17日，中央财经委员会第十次会议聚焦研究扎实促进共同富裕问题，会议指出：要加强对高收入的规范和调节，依法保护合法收入，合理调节过高收入，鼓励高收入人群和企业更多回报社会。

2021年10月16日，习近平总书记在《扎实推动共同富裕》一文中，对总思路及“加强对高收入的规范和调节”中均强调了对高收入人群的规范与调节。总思路强调要“在高质量发展中促进共同富裕”“构建初次分配、再分配、三次分配协调配套的基础性制度安排，加大税收、社保、转移支付等调节力度并提高精准性”。

习近平总书记在第四点中明确对高收入的规范和调节，即在依法保护合法收入的同时，要防止两极分化、消除分配不公，合理调节过高收入，完善个人所得税制度，规范资本性所得管理。对房地产税立法和改革要做好试点工作；加大消费环节税收调节力度；完善税收优惠政策；清理规范不合理收入，加大对垄断行业和国有企业的收入分配管理，整顿收入分配秩序；坚决取缔非法收入，遏制权钱交易，坚决打击内幕交易、操纵股市、财务造假、偷税漏税等获取非法收入行为。

3.2 文娱领域偷逃税案件查处力度加强

2021年9月，中宣部印发《关于开展文娱领域综合治理工作的通知》，文章指出“随着文娱产业迅速发展，天价片酬、阴阳合同、偷逃税等问题有以新方式新手段死灰复燃迹象”。为此，中宣部会同有关部门集中开展了文娱领域综合治理工作，积极响应《关于开展文娱领域综合治理工作的通知》中要求严厉查处偷逃税的行为等内容，有效维护市场秩序。

为贯彻落实《中宣部关于开展文娱领域综合治理工作的通知》的有关要求，国家税务总局办公厅于2021年9月18日发布通知《加强文娱领域从业人员税收管理》，对文娱领域从业人员税收管理进行规范，主要管理措施简单归纳如下：

（1）对明星艺人、网络主播成立的个人工作室和企业，要辅导其依法依规建

账建制，并采用查账征收方式申报纳税。

（2）规范文娱领域涉税优惠管理，对各类违规设置或者以变通方式实施的税收优惠，各级税务机关不得执行。依法开展对明星艺人、网络主播是否应享受税收优惠情况的核查，既要严格禁止扩大税收优惠政策执行范围，也要确保相关企业和个人依法依规应享尽享税收优惠。

（3）要定期开展税收风险分析，要结合2020年度个人所得税汇算清缴办理情况，对存在涉税风险的明星艺人、网络主播进行一对一风险提示和督促整改。要定期开展对明星艺人、网络主播的“双随机、一公开”税收检查，依法依规加大对文娱领域偷逃税典型案件查处震慑和曝光力度等。

2021年双十一预售首日刚过，统计数据显示李某和薇某的直播销售额。在双十一预售场直播于10月20日晚结束时，预售定金计算的尾款数据显示，李某的直播间预计销售额达到115.39亿元，而薇某的直播间销售额为85.33亿元。另有两位知名主播的直播间销售额分别为9.30亿元和1.59亿元。互联网大数据时代，网络主播直播销售量已经并非秘密。且如此高额的销售量，难免引起税务监管部门关注。

网红主播收入过高，但是个人所得税缴税较少，甚至个人所得税未缴纳等，税务部门很容易发现端倪，为了不合理避税采取的各类手段过犹不及。按照执法程序，税务部门发现端倪并确认存在违法线索后可进行立案，立案后则可以借助各种税务稽查手段进行大数据分析并实施稽查。在“郑州网红补税被公开第一案”后，预计将出现较多类似案件。在“以数治税”的大背景下，所有数据将被留存。因此建议网红、明星等各类高收入人群据实结算，若采取各类手段逃避缴纳或者不缴纳个人所得税，使得税负率明显低于同行业类似人员的税负率，将面临各类严重后果。只有做好合规充分论证的税务筹划，才是具有可持续性和发展性的，否则很有可能“因小失大”，而且可能面临刑事风险。

3.3 后续税务稽查方向风险评估

3.3.1 针对头部主播的主体核查

许多头部主播选择自行注册市场主体，如个体工商户、个人独资企业或合伙企业等。这种做法在很多主播中尤其是知名的头部主播中较为普遍。举例来说，某知名头部主播注册成立名为“上海李某文化传媒工作室”的个人独资企业，并以该工作室的名义与直播平台（例如淘宝、抖音等）签订相关合作协议，从而形成与直播平台之间的合作关系。在这种情况下，该主播所获得的收入将由主播以该市场主体的名义自行申报纳税。

此类模式一般可申请核定征收，经营所得适用税率为5%～35%，但需要注意防范将个人收入转变为企业经营收入的相关风险。此外，针对《加强文娱领域从业人员税收管理》中规范文娱领域涉税优惠管理的相关要求，各类违规设置或者以变通方式实施的税收优惠将面临稽查。明星艺人、网络主播享受税收优惠的情况亦将受到相应的核查。

3.3.2 针对平台宣传推广业务的核查

网红通常以独立身份工作，直播平台仅提供一个展示的场所，并且平台和网红之间的关系通常被视为劳务关系，而不是雇佣关系。因此，各类主播以个人身份为平台提供宣传推广服务，双方形成劳务关系，或者主播与平台签署劳动合同，双方形成劳动关系，主播领取工资薪金，这两种都是常用的手段和方式。按照劳务报酬所得计税，平台预扣预缴，适用税率为20%～40%，个人在次年汇算清缴，综合所得税税率为3%～45%。

一般而言，采用此模式的主播，若为头部主播，缴纳税款较多，因此，往往头部主播很少采用，但是对具有一定流量的网红等而言此模式比较合适，但是此类模式的风险也较为突出，监管部门可以从劳务关系的角度去考虑网红的具体收入情况，然后匹配其个人所得税。很多情况下，若主播不存在其他违规情形，可能使用不符合规定的凭证或发票用以税前抵扣相应的成本费用来解决成本列支问题，这也是后续的合规风险点，值得警惕。

3.3.3 针对主播背后的经纪公司进行核查

此为较为常见的方式，尤其是对于小主播，一些平台为了规避风险甚至强制个人在入驻平台时选择经纪公司。主播通过与经纪公司合作，并在直播平台进行直播，与直播平台本身并没有直接的雇佣关系，他们与直播平台的合作方式主要取决于与经纪公司签订的协议形式。在这种情况下，主播在缴纳税款时仍可能面临较高的税负。

经纪公司往往掌握着主播签订合同的相关证据，包含流水明细且绝大部分流水通过经纪公司支付给主播。若经纪公司被查，则存在问题的主播难免被连带。

3.3.4 针对灵活用工平台的核查

灵活用工被严密监管已成不可逆的趋势且其中不乏大型知名灵活用工平台。此类灵活用工平台一旦被稽查，则牵扯出众多合作方。如北京布角科技有限公司、上海“嘉福”员工福利平台等均被立案稽查。

近年来，许多灵活用工平台在发展过程中出现了异化现象，以“用工”为名实际上进行“用票”等违规行为，涉嫌发票虚开等多种风险。一旦这些平台受到调查，使用它们的各类企业和个人都难免面临较大的风险。

通过灵活用工平台承揽直播平台或者经纪公司的外包业务，灵活用工平台代扣代缴税款并申报纳税。但灵活用工平台属于税务部门重点监管的对象，稍有不慎可能遭到牵连。

在智慧稽查的大趋势之下，纳税人的经营数据和交易信息都会变得透明，实现对违法企业的全方面监控、对违法线索的智能分析，并总结规律形成对潜在风险的预警。作为高收入人群，也需要利用大数据工具来实现自查自纠，及时了解自身风险状态，做到“心中有底，心里不慌”。

三、全球化视角下的数字化税务监管要点解读

近年来，随着数字税收的兴起，数字化税务监管已成为全球关注的热点话题。国家如澳大利亚、日本等在增值税领域进行数字经济化改革的研究，学界也对数字经济中的税收问题，如所得税、增值税常设机构原则和税收征管规则等进行了系统论证，取得了许多成果。然而，目前对美国及多边数字税收法律治理的系统研究较少，其理论实践价值还有待挖掘，对数字税收协定的深度研究也存在不足。对美国数字税收法律治理的研究显示，其形成了独特的范式。这导致数字税收公共权力与私人权益的博弈出现了明显的“两极”格局，数字税收法律治理中“公共权力神圣”与“私人权益保护”之间的矛盾变得突出。全球数字税收法律治理进程出现了一波三折的情况。

1. 数字税收监管全球化背景

1.1 经济合作与发展组织概述

早在1996年6月，作为协调发达国家经济发展的组织经济合作与发展组织（OECD），就开始研究电子商务税收问题，并多次召开部长级会议就电子商务税收原则进行磋商。其中，OECD于1997年在芬兰的土尔库召开部长会议，专门讨论电子商务的税收问题。会议以“电子商务对税收征纳双方的挑战”为主题进行研究，并达成以下六项共识（见表78）。

表 78　共识内容

序号	内容
1	任何征税主张，都应坚持中性原则保证税负公平，不重复征税并避免加重遵行成本
2	目前尽量使用现行税制，不开征新税，包括“比特”税
3	解决税收管理问题比税收政策问题更加迫切
4	充分考虑企业界意见
5	国际合作至关重要
6	税收不应妨碍电子商务的发展，但后者也不能因此侵蚀税基和妨碍税收行政

在 1998 年渥太华会议和 1999 年的巴黎会议上，OECD 成员方就电子商务税收问题达成如下共识（见表 79）。

表 79　共识内容

序号	内容
1	保持税制的中性、高效、确定、简便、公平和灵活
2	明确电子商务中消费税的概念和国际税收规范
3	对电子商务不开征新税，而是采用现有的税种
4	加强电子商务税收信息的国际交流，但避免增加纳税人的不当负担
5	在服务被消费的地方征消费税
6	要确保在各国间合理分配税基，保护各国的财权，并避免双重征税
7	在定义常设机构时，要区分计算机设备的硬件与软件，只有前者构成常设机构等
8	OECD 的税收协定范本可适用于电子商务的跨国交易，但该范本及其《注释》应视需要予以修改

在渥太华召开的部长会议上，OECD 对电子商务征税问题在原则上统一了认识，并通过了一些框架性条约。这些条约主要由 OECD、CIAT（the Center for inter-American Tax Administrators）、CATA（the Common-wealth Association of Tax Administration）、EU、WCO 和商业团体共同起草。

这些条款在国际上确实获得了广泛的认可和接受。1999 年 11 月，OECD 与亚太经济合作组织（APEC）进行了讨论，双方达成了共识。这些共识内容随后被 APEC 于 1999 年春季财政部长会议和其他一些区域性税收组织接受，并成为进一步讨论的基础。此外，欧盟对这些共识也作出了高度评价。

1.2 欧盟数字经济数字税收监管概述

1998年2月，欧盟发布了有关电子商务的税收原则（见表80）。

表80 税收原则

序号	税收原则
1	目前尚不考虑征收新税
2	在增值税征税系统下，少数商品的交易视为提供劳务
3	在欧盟境内购买劳动力要征收增值税，境外不征税

欧盟委员会在处理电子商务的税收问题时，主要关注两个方面：（1）确保税收不会因为电子商务而流失；（2）欧盟委员会努力避免制定不恰当的税制，以免扭曲电子商务的发展。

在1998年6月8日，欧盟发表了《关于保护增值税收入和促进电子商务发展》的报告。该报告认为，不应将征收增值税和发展电子商务对立起来，并为了控制增值税收入的流失，作出了一系列重要决定。首先，欧盟决定对成员国居民通过网络购进商品或劳务时，无论其供应者是欧盟网站还是外国网站，一律征收20%的增值税，并由购买者负责扣缴。这一决定旨在确保在电子商务领域增值税的公平征收，并避免造成电子商务与传统经济不公平竞争的局面。其次，欧盟与美国就免征电子商务（在因特网上销售电子数字化产品）关税问题达成了一致。

然而，为了保护欧盟成员国的利益，欧盟迫使美国同意将通过因特网销售的数字化产品视为劳务销售而征收间接税，即增值税。这项决定确保了在电子商务交易中，数字化产品的销售同样要征收增值税，以维护欧盟成员国的税收收入和公平竞争。

1998年底，欧洲经济委员会（欧盟的政体）确立电子商务征收间接税的第一步原则，原则内容如表81所示。

表81 原则内容

序号	内容
1	除致力于推行现行的增值税外，不开征新税
2	电子传输被认为是提供服务
3	现行增值税的方法必须遵循和确保税收中性原则

续表

序号	内容
4	互联网税收法规必须易于遵从并与商业经营相适应
5	应确保互联网税收的征收效率，以及将可能实行无纸化的电子发票

2002年5月，欧盟通过了一项修正案，对现行增值税法进行了修改。这项修正案针对原有增值税法中要求非欧盟居民向欧盟居民销售数字产品要缴纳增值税的规定进行了调整。根据这项修正案，非欧盟居民在向欧盟居民销售数字产品时可以享受免征增值税的待遇。该法案于2003年7月生效，并自生效之日起的3年内免除非欧盟居民向欧盟居民销售数字产品的增值税。

2. 国际税收规则数字化变革下的美国反应

数字税收法律治理的发展始于对公平原则的关注，而双支柱方案正在积极酝酿中。国际税法正面临百年来的重大变革，在这一进程中，国际税收利益的公权力将显得更为强大，而私权力则相对较小，这一格局不可避免，这也必然对美国产生深远的影响。

2.1 新税收征管权冲击传统国际税收格局

2.1.1 纳税主体多元与规模化

根据《OECD关于应对数字化税收双支柱方案的声明》（以下简称声明），与以往相比，发生了实质性的变化，规模和行业标准得到了大幅提高或扩张。声明中的支柱一规定全球营业收入超过200亿欧元且税前利润率高于10%的跨国企业（MNEs）为纳税主体。全行业范围取代了原有提案中限定的行业二分法，以实现更多元化的税收公平。声明中采用了“巨规模+高盈利”的方式取代原有提案中的《国别报告》（CbCR）7.5亿欧元报告基准金额，以谋求在税收中性下的规模化，同时限制数字税收调节功能对市场机制的不当损害。然而，采掘业和受监管金融服务业仍然豁免适用原来的规定。

声明中的支柱二沿袭了原有提案的规定，将全行业7.5亿欧元的阈值作为纳税主体的认定原则，同时衔接了《国别报告》以降低税收遵从成本，但声明中新增了各成员适用收入纳入规则（income inclusion rule，IIR），对规模例外以及政府实体，国际组织，非营利组织和投资、养老基金为跨国企业最终控制实体之主体豁免。

2.1.2 税收征管权的判定

对数字经济税收征管权的判定标准不一是近年来全球数字税收分歧的主要原因。不同国家在数字经济税收问题上存在着不同的立场和主张。欧盟采用了“显著经济存在”原则，认为在数字经济中，数字公司在某个国家具有显著的经济存在时，该国应有权对其征税；印度、法国、英国等国家则主张“衡平税”，试图通过扩张税收征管权来维护本国数字市场的利益；美国采用了“营销型无形资产”的原则，限缩税收征管权，以捍卫数字经济的居民国利益，其主张通过减少数字税收的征管权来保护本国数字公司的利益。在这种情况下，实现国际合作和达成共识变得任重道远。

OECD 博采众长，提出以所处市场辖区收入阈值判断是否“持续且重大”（sustained and significant），拟制 100 万欧元以上营收的联结度等新收入来源地规则判断特定辖区是否有金额分配资格。强调数字经济扬弃市盈率与物理存在以确定通过消费者交互参与（costumer interaction and engagement）实现价值创造的商业存在是否为纳税主体。

2.2 美国数字税收链式反应必然性

数字经济时代国际税法重构乃大势所趋，国际数字税收规则冲击不可避免。美国针对该冲击反应具有经济、政治、法律、国际关系等多方面必然性。①

美国作为全球数字经济和传统经济的第一强国，是数字税收最大的利益相关者。尽管数字税收声明通过规模和盈利能力来限制纳税主体，但纳税主体的广泛多元性使得数字业务快速发展，导致国家的税收收入显著增加，而企业的税负显著增加，纳税人的合规成本居高不下。因此，声明具有显著的公权倾向特征，其技术特征和运作方式可以管理传统税收外部风险，并具有相对稳定性。特别是美国的巨型跨国企业不可避免地涵盖在数字税收范围内，与欧盟及其成员国方案相吻合，这构成了美国反对支柱一并强推修订双支柱的逻辑起点。美国的数字税收规则外溢的广泛性导致其对各产业和阶层利益产生更直接、广泛和深远的影响，符合米切尔评分法的合法性和权力性属性，并且分数水平相较其他国家也是最高的。这使得美国成为数字税收最大的利益相关者。

---

① 参见岳树梅、许俊：《OECD 下数字税收法律治理的框架与路径：美国范式及中国借鉴》，载《法学评论》2021 年第 6 期。

2.3 美国国际经济治理迎来权力导向复苏

数字税收领域的发展正在不断加速，多边规则已经初步确立，但在整个数字税收法律治理体系方面，仍面临一些挑战和不确定性。当前的治理模式被称为“制度霸权模式”，其中美国在国际经济和贸易领域的实力和话语权相对削弱，但在数字税收方面仍保持较高的影响力。美国频繁地运用“232、301 条款”等经贸手段，重新引导国际经贸权力的方向，并推动卡尔沃主义的复苏，这使得数字税收领域更多地遵循“美国优先”的政治理念，将“权力霸权模式”视为金科玉律。① 然而，随着拜登政府上台，美国在权力天平上进行规则加码，其手腕显得更加高明。

2.4 美国数字税收链式反应：数字税收法律治理

数字税收法律治理的根本是税收法定原则，该原则与米德冲突和丁伯根法则一脉相承。税收法定原则决定了数字税收治理首先应该基于法律进行，并遵循法律的规范，而丁伯根法则提供了经济学方法论的指导，为数字税收法律治理实践提供了理论支持。这两者为数字税收法律治理实践提供了源泉和活水。其中，丁伯根法则的最新实践中出现的“双峰监管”与数字税收双支柱的理念相契合，都是为了应对金融危机周期中分业监管套利、重叠、空白问题以及传统监管模式的不足而出现的新兴金融监管模式。② 两者都是依托国家的经济主权和权力来实现，通过国家机器的保障来推进实施的。这两个法则在权源、实现方式、效果、功能、特征和方法论等方面有许多共性。它们都直接影响宏观经济运行、经济主体战略决策、业务活动等，具有重要的工具价值，可以保障经济平稳，促进目标产业发展，纾解社会萧条，增强市场信心，优化营商环境等。同时，这两者都具有高度的经济专业性和行政性色彩，并注重依据政策目标可分数量的“分而治之”和“相辅相成”的方法论。这些共性为数字税收法律治理提供了具有实践价值的理论支持，为各国在数字税收治理领域提供了借鉴和参考。

3. 欧盟及其成员国推进数字税治理

欧盟数字经济发展相对滞后，由于本土缺乏大型数字企业，近年来，谷歌、

---

① 参见徐崇利：《变数与前景：中美对国际经济治理模式选择之分殊》，载《现代法学》2019 年第 5 期。

② 参见黄辉：《中国金融监管体制改革的逻辑与路径：国际经验与本土选择》，载《法学家》2019 年第 3 期。

苹果、脸书、亚马逊、微软等美国数字巨头在欧盟市场形成垄断。与此同时，由于欧盟与数字经济发展相关的税制改革相对滞后，域内税基侵蚀和利润转移现象变得越发突出。利用转让定价（price transfer）策略最大限度地提高位于较高税率辖区子公司的运营成本是数字巨头实现利润转移的主要手段。国际数字巨头通过数据等虚拟资产作价，或以支付知识产权特许使用费为借口进行转让定价，实现利润转移和逃避税。一般而言，数字企业将持有的无形资产以高于市场价格的定价出售给低税率辖区公司，且无须搬迁公司总部或实体工厂，也不用转移劳动力，就能使得公司实际应纳税额大幅度减少，甚至趋近于零。

近年来，越来越多的国际数字巨头被爆出在欧盟市场运用转让定价和人为规避常设机构（artificial avoidance of permanent establishment status）等新型避税手段进行逃避税，导致欧盟及其相关成员国承受巨额税源损失。比如，2012 年前后，谷歌法国分公司每年赚取广告收入达 13 亿欧元，但谷歌支付给作为内容提供者的法国媒体仅 500 万欧元，其他绝大部分营业收入则以数据销售形式实现转让定价。谷歌使用一种被称为“双层爱尔兰夹荷兰三明治”（double irish with dutch sandwich）式的转让定价模式，在 2007 年至 2010 年成功避税 31 亿美元，使其平均税率在美国境外降低至 2.4%，远低于美国国内约 35% 的平均税率，在全球五大科技公司中属于最低水平。

3.1　数字税收治理的政策改革进程

税收是欧盟成员国财政收入的构成主体。2020 年，税收占欧盟国内生产总值（GDP）的 41.7%，占政府总收入的 90%。税基侵蚀和利润转移导致的税源危机直接影响到欧盟成员国的财政收入。面对美国数字巨头的不对称竞争，欧盟越发意识到自身数字产业发展颓势及因此导致的税收流失，因此推出各项反垄断措施以保护自身数字产业。长期以来，欧盟期望通过建立一个适用于数字经济时代的新税制，一是确保所有在欧盟范围内运营的企业都在产生利润和价值的地方纳税；二是创造公平的竞争环境，更好地培育欧盟本土数字企业。欧盟早在 2015 年就提出了“单一市场战略”，旨在确保欧盟数字经济的世界领先地位。该战略提出，征收数字税有助于欧盟数字单一市场战略的有效实施，促进本土创新型企业发展和激发数字经济活力。同时，有助于打击国际数字巨头偷逃税，弥补欧盟税源亏空，使之避免陷入成员国间数字税逐底竞争的被动发展局面。针对国际数字巨头垄断对欧盟数字经济发展冲击的问题，欧盟委员会于 2017 年提出了一系列针对谷歌、苹果、脸书、亚马逊、微软等的数字税征税举措立法建议。2018年3月，欧盟委员会就数字税立法提出了两项针对不同阶段的税收提案。

提案一是作为中长期方案有效实施之前的临时解决方案。该方案是针对具有普遍意义上的数字经济活动进行的征税举措。提案拟对"用户在价值创造中扮演主要角色的经济活动"根据这项税收政策，征收的数字服务税的税率为3%，相应经济活动收入包括四类：（1）通过销售在线广告位创造的收入；（2）从用户互动及商品服务销售的数字中介活动中创造的收入；（3）由销售用户提供的信息产生的数据创造的收入；（4）通过音频、视频、游戏或文本等数字内容所创造的收入。税制适用对象为全球年收入达到7.5亿欧元，且在欧盟年收入超过5000万欧元的公司。欧盟委员会估计，3%的税率将每年为成员国增加50亿欧元的额外财政收入。该法案在欧洲议会审议过程中，相关标准被进一步提升，征税门槛被降低至4000万欧元，税率提升至5%。

提案二是立足中长期数字税稽征的解决方案。该方案的目标在于从根本上解决数字税征管过程中所面临的制度和技术难题，以确保欧盟成员国能够对在其领土上获得利润但没有实体存在的数字企业进行征税。根据欧盟委员会提出的方案，三类平台将被认为在欧盟境内有"数字存在"，并适用于相关税制：（1）该数字平台在单个成员国市场上年收入超过700万欧元；（2）单一纳税年度内相关平台在单个成员国用户数超10万户；（3）相关平台在单一纳税年度为数字服务业务用户签订超过3000份业务合同。符合上述条件之一的平台将被视为在欧盟成员国建立了一个"虚拟常设机构"，将适用相应数字税稽征标准。

3.2 全球税制改革背景下欧盟数字税进程展望

全球层面的税制改革进程客观上延缓了欧盟数字税政策的实施。全球税制改革体现了欧美之间的复杂博弈关系，作为政策妥协，与国际数字巨头相关的数字税制条款成为该治理框架的构成主体。若该治理框架得以有效实施，可以较好地解决欧盟成员国内部税收"洼地"对于欧盟成员国税制公平的影响。然而，由于该治理框架并未有效解决欧美数字产业非对称竞争问题，未来一旦触及深层次欧美经济竞争，欧盟及其成员国开征数字税将可能成为欧美经济竞争的重要政策工具。

此外，主要欧盟成员国国内数字税立法进程仍未停止，美国政府为此再度通过双边协定对相关成员国施压。此前，法国、奥地利、意大利、西班牙等国纷纷宣布对美国的数字巨头征收单边数字税。作为反制措施，美国对上述国家的输美商品征收报复性关税。然而，在 2021 年 10 月，美国与奥地利、法国、意大利、西班牙和英国达成了一项短暂的妥协。根据双方发表的声明，美国同意取消对欧洲五国产品征收的惩罚性关税，并同意在“支柱一”生效实施的过渡期内安排；而欧洲五国则同意在“双支柱”（指全球数字经济税收改革的两大支柱，涵盖全球最大跨国企业）有效实施时，完全撤销之前对数字税的单边征收措施。

尽管欧盟数字税进程短期内因全球税制改革暂且搁置，但随着欧美产业竞争升级，欧盟重启数字税进程的政策呼声从未停息。欧盟数字税政策制定过程中的多元博弈关系，体现了欧美数字产业发展失衡背景下的国家利益博弈关系。

行为篇 第六篇

一、企业非经营性热点涉税行为合规解读

1. 股权激励涉税问题解读

1.1　股权激励涉税问题概述

1.1.1　股权激励类型概述

我国法律法规明确规定的股权激励类型主要有股票期权、限制性股票、股票增值权、股权奖励、员工持股计划。

股票期权，根据《财政部、国家税务总局关于个人股票期权所得征收个人所得税问题的通知》（财税〔2005〕35号，部分失效）的规定，是指上市公司按照规定的程序授予本公司及其控股企业员工的一项权利，该权利允许被授权员工在未来时间内以某一特定价格购买本公司一定数量的股票。财税〔2005〕35号文件是与《上市公司股权激励管理办法》配套的，但发文时间更早。

限制性股票，根据《财政部、国家税务总局关于股票增值权所得和限制性股票所得征收个人所得税有关问题的通知》（财税〔2009〕5号）的规定，是指上市公司按照股权激励计划约定的条件，授予公司员工一定数量本公司的股票。激励对象只有在工作年限或业绩目标符合股权激励计划规定条件时，才可出售限制性股票并从中获益。

股票增值权，根据财税〔2009〕5号文件的规定，是指上市公司授予公司员工在未来一定时期和约定条件下，获得规定数量的股票价格上升所带来收益的权

利。被授权人在约定条件下行权，上市公司按照行权日与授权日二级市场股票差价乘以授权股票数量，发放给被授权人现金。

股权奖励，根据《财政部、国家税务总局关于完善股权激励和技术入股有关所得税政策的通知》（财税〔2016〕101号）的规定，是指企业无偿授予激励对象一定份额的股权或一定数量的股份。

员工持股计划，根据《关于上市公司实施员工持股计划试点的指导意见》（中国证券监督管理委员会公告〔2014〕33号）的规定，是指上市公司根据员工意愿，通过合法方式使员工获得本公司股票并长期持有，股份权益按约定分配给员工的制度安排。

股票期权与限制性股票，一个侧重约束"购买"，另一个侧重约束"出售"，广泛适用于境内外上市公司，是最常见的股权激励类型。股票增值权主要适用于境外上市公司，证监会尚未明文规定可以适用于境内上市公司。股权奖励可以理解为一种非实物奖金，国家税务总局要求其按照"工资、薪金所得"项目纳税。员工持股计划是2014年开始在境内上市公司实施的，是通过持股平台（需要在基金业协会依法依规备案）实施的股权激励，员工持有的是上市公司的间接股权。

有人认为股票增值权属于《上市公司股权激励管理办法》第2条第2款规定的"以法律、行政法规允许的其他方式实行股权激励的"范畴。

1.1.2 股权激励所得属于个人所得税征税范围

由于员工从股权激励计划中获得了有价证券或依据证券结算的现金等经济利益，根据《个人所得税法》的规定，员工应就其所获得的股权激励缴纳个人所得税。但员工所获得利益的归类不同，即适用的税目不同，会导致适用税率的不同。如将员工通过股权激励所获得的收益认定为是基于个人任职受雇所取得，则应当按照"工资、薪金所得"项目依法缴纳个人所得税。在我国早期实施股权激励时，财政部、国家税务总局就将该等所得认定为"工资、薪金所得"。财税〔2005〕35号文件规定："员工行权时，其从企业取得股票的实际购买价（施权价）低于购买日公平市场价（指该股票当日的收盘价，下同）的差额，是因员工在企业的表现和业绩情况而取得的与任职、受雇有关的所得，应按'工资、薪金所得'适用的规定计算缴纳个人所得税。"

根据《个人所得税法》的规定，"工资、薪金所得"适用5%～45%的超额累进税率。由于股权激励所得特别是股权转让所得通常金额较大，很可能触发最高45%税率的适用，对员工而言负担较重，另外，获得股票期权和限制性股票的员工在行权时并无实际可支配的收益，而在处分股票时才能获得“现金流”。因此，要求员工在股权激励行权时缴纳个人所得税，员工就需要另行准备一笔资金用于支付税款，这就会给员工造成负担。此外，在股票价值下降的情况下，员工出售股票时的价格可能低于行权时的价格，此时，员工不仅要承担股价下跌的风险，而且面临已缴纳税款无法退还的损失。

上述税率过高、即时纳税、税款不可逆等不利后果与股权激励的初衷不符，会导致股权激励推行困难。

1.1.3　股权激励税收优惠措施

为解决前述不利情况，鼓励企业推行股权激励，财政部、国家税务总局出台了一些股权激励税收优惠措施，主要有税目调整、递延纳税、延长纳税期限、分期纳税等。

1.1.3.1　税目调整

财税〔2016〕101号文件对非上市公司和上市公司进行区分，适用不同的优惠政策。就非上市公司而言，财税〔2016〕101号文件规定：“非上市公司授予本公司员工的股票期权、股权期权、限制性股票和股权奖励，符合规定条件的，经向主管税务机关备案，可实行递延纳税政策，即员工在取得股权激励时可暂不纳税，递延至转让该股权时纳税；股权转让时，按照股权转让收入减除股权取得成本以及合理税费后的差额，适用‘财产转让所得’项目，按照20%的税率计算缴纳个人所得税。”相比财税〔2005〕35号文件确认股权激励所得为“工资、薪金所得”按超额累进税率纳税，财税〔2016〕101号文件确认其为“财产转让所得”按20%的税率纳税，可以有效减轻员工的税负。

就上市公司而言，将股权激励所得区分员工行权先后，确认为不同的税目并适用不同的税率。员工行权时，其从企业取得股票的实际购买价（施权价）低于购买日公平市场价（指该股票当日的收盘价，下同）的差额，是因员工在企业的表现和业绩情况而取得的与任职、受雇有关的所得，应按“工资、薪金所得”计算缴纳个人所得税。员工将行权后的股票再转让时获得的高于购买日公平市场价的差额，是因个人在证券二级市场上转让股票而获得的所得，应按照“财产转让所得”计算缴纳个人所得税。

1.1.3.2　递延纳税

根据财税〔2016〕101号文件的规定，符合规定条件的非上市公司的股权激励，经向主管税务机关备案，可实行递延纳税政策，即员工在取得股权激励时可暂不纳税，递延至转让该股权时纳税。递延纳税的好处是可以有效解决纳税人纳税义务发生当期缺乏“现金流”导致的缴税困难。

1.1.3.3　延长纳税期限

根据财税〔2016〕101号文件的规定，对于上市公司而言，授予个人的股票期权、限制性股票和股权奖励，经向主管税务机关备案，个人可自股票期权行权、限制性股票解禁或取得股权奖励之日起，在不超过12个月的期限内缴纳个人所得税。

1.1.3.4　分期纳税

根据《财政部、国家税务总局关于上市公司高管人员股票期权所得缴纳个人所得税有关问题的通知》（财税〔2009〕40号，已失效）的规定，对上市公司高管人员取得股票期权在行权时，纳税确有困难的，经主管税务机关审核，可自其股票期权行权之日起，在不超过6个月的期限内分期缴纳个人所得税。根据《财政部、国家税务总局关于将国家自主创新示范区有关税收试点政策推广到全国范围实施的通知》（财税〔2015〕116号）的规定，自2016年1月1日起，全国范围内的高新技术企业转化科技成果，给予本企业相关技术人员的股权奖励，个人一次缴纳税款有困难的，可根据实际情况自行制定分期缴税计划，在不超过5个公历年度内（含）分期缴纳，并将有关资料报主管税务机关备案。

1.2　股权激励税务备案文件

虽然前述股权激励优惠措施可以降低员工的税收负担，缓解科技成果转化过程中无“现金流”缴税困难，但它们的适用是有前提条件的，即需“经向主管税务机关备案”。

早在《国家税务总局关于进一步深化税务领域“放管服”改革 培育和激发市场主体活力若干措施的通知》（税总征科发〔2021〕69号）颁布前的十余年间，财政部和国家税务总局关于股权激励的税务文件就已陆续出台，就股权激励文件的报送、备案事宜作出了较为详细的规定（见表82）。

表 82　各文件总结

文件	股权激励类型	报送、备案义务
财税〔2005〕35 号文件，部分失效	股票期权	报送有关资料。实施股票期权计划的境内企业，应在股票期权计划实施之前，将企业的股票期权计划或实施方案、股票期权协议书、授权通知书等资料报送主管税务机关；应在员工行权之前，将股票期权行权通知书和行权调整通知书等资料报送主管税务机关 扣缴义务人和自行申报纳税的个人在申报纳税或代扣代缴税款时，应在税法规定的纳税申报期限内，将个人接受或转让的股票期权以及认购的股票情况（包括种类、数量、施权价格、行权价格、市场价格、转让价格等）报送主管税务机关
《国家税务总局关于股权激励有关个人所得税问题的通知》（国税函〔2009〕461 号）	限制性股票	实施股票期权、股票增值权计划的境内上市公司，应按照财税〔2005〕35 号文件第五条第（三）项规定报送有关材料 实施限制性股票计划的境内上市公司，应在中国证券登记结算公司（境外为证券登记托管机构）进行股票登记、并经上市公司公示后 15 日内，将本公司限制性股票计划或实施方案、协议书、授权通知书、股票登记日期及当日收盘价、禁售期限和股权激励人员名单等资料报送主管税务机关备案 境外上市公司的境内机构，应向其主管税务机关报送境外上市公司实施股权激励计划的中（外）文资料备案 扣缴义务人和自行申报纳税的个人在代扣代缴税款或申报纳税时，应在税法规定的纳税申报期限内，将个人接受或转让的股权以及认购的股票情况（包括种类、数量、施权价格、行权价格、市场价格、转让价格等）、股权激励人员名单、应纳税所得额、应纳税额等资料报送主管税务机关
财税〔2009〕5 号文件	股票增值权、限制性股票	实施股票增值权计划或限制性股票计划的境内上市公司，应在向中国证监会报备的同时，将企业股票增值权计划、限制性股票计划或实施方案等有关资料报送主管税务机关备案

续表

文件	股权激励类型	报送、备案义务
财税〔2015〕116 号文件	股权奖励	自 2016 年 1 月 1 日起，全国范围内的高新技术企业转化科技成果，给予本企业相关技术人员的股权奖励，个人一次缴纳税款有困难的，可根据实际情况自行制定分期缴税计划，在不超过 5 个公历年度内（含）分期缴纳，并将有关资料报主管税务机关备案
财税〔2016〕101 号文件	股票期权、限制性股票、股权奖励	对上市公司股票期权、限制性股票和股权奖励适当延长纳税期限 上市公司授予个人的股票期权、限制性股票和股权奖励，经向主管税务机关备案，个人可自股票期权行权、限制性股票解禁或取得股权奖励之日起，在不超过 12 个月的期限内缴纳个人所得税
财税〔2016〕101 号文件	股票期权、股权期权、限制性股票、股权奖励	对符合条件的非上市公司股票期权、股权期权、限制性股票和股权奖励实行递延纳税政策 非上市公司授予本公司员工的股票期权、股权期权、限制性股票和股权奖励，符合规定条件的，经向主管税务机关备案，可实行递延纳税政策，即员工在取得股权激励时可暂不纳税，递延至转让该股权时纳税；股权转让时，按照股权转让收入减除股权取得成本以及合理税费后的差额，适用“财产转让所得”项目，按照 20% 的税率计算缴纳个人所得税
《国家税务总局关于股权激励和技术入股所得税征管问题的公告》（国家税务总局公告 2016 年第 62 号，部分失效）	股票期权、股权期权、限制性股票、股权奖励	企业备案具体按以下规定执行： （1）非上市公司实施符合条件的股权激励，个人选择递延纳税的，非上市公司应于股票（权）期权行权、限制性股票解禁、股权奖励获得之次月 15 日内，向主管税务机关报送《非上市公司股权激励个人所得税递延纳税备案表》、股权激励计划、董事会或股东大会决议、激励对象任职或从事技术工作情况说明等。实施股权奖励的企业同时报送本企业及其奖励股权标的企业上一纳税年度主营业务收入构成情况说明 （2）上市公司实施股权激励，个人选择在不超过 12 个月期限内缴税的，上市公司应自股票期权行权、限

续表

文件	股权激励类型	报送、备案义务
《国家税务总局关于股权激励和技术入股所得税征管问题的公告》（国家税务总局公告 2016 年第 62 号，部分失效）	股票期权、股权期权、限制性股票、股权奖励	制性股票解禁、股权奖励获得之次月 15 日内，向主管税务机关报送《上市公司股权激励个人所得税延期纳税备案表》。上市公司初次办理股权激励备案时，还应一并向主管税务机关报送股权激励计划、董事会或股东大会决议
《财政部、税务总局关于权益性投资经营所得个人所得税征收管理的公告》（财政部、税务总局公告 2021 年第 41 号）	不限	独资合伙企业应自持有上述权益性投资之日起 30 日内，主动向税务机关报送持有权益性投资的情况；公告实施前独资合伙企业已持有权益性投资的，应当在 2022 年 1 月 30 日前向税务机关报送持有权益性投资的情况
税总征科发〔2021〕69 号文件	不限	加强股权激励个人所得税管理。严格执行个人所得税有关政策，实施股权（股票，下同）激励的企业应当在决定实施股权激励的次月 15 日内，向主管税务机关报送《股权激励情况报告表》，并按照财税〔2005〕35 号文件、财税〔2016〕101 号文件等现行规定向主管税务机关报送相关资料。股权激励计划已实施但尚未执行完毕的，于 2021 年底前向主管税务机关补充报送《股权激励情况报告表》和相关资料。境内企业以境外企业股权为标的对员工进行股权激励的，应当按照工资、薪金所得扣缴个人所得税，并执行上述规定

1.3 税总征科发〔2021〕69 号文件第 10 项要点理解

1.3.1 税总征科发〔2021〕69 号文件第 10 项的逻辑

税总征科发〔2021〕69 号文件第 10 项的核心内容，也是实务界最为关注的，就是将之前的选择适用税收优惠政策的才去办理备案调整为所有实施股权激励的企业都“应当”向主管税务机关报送相关材料，甚至要求股权激励计划已实施但尚未执行完毕的企业也需要于2021年年底前向主管税务机关补充报送相关材料。换言之，之前是“可选择事项”，现在是“义务性事项”。当然，报送过的，仍然可以按财税〔2016〕101号文件的规定享受纳税优惠政策。按照“放管服”的底层逻辑，税总征科发〔2021〕69号文件将适用范围扩大到今后的所有股权激励方案，明确了企业应向税务机构报送的股权激励材料，体现了“管”，总体优化并增强了对个人所得税的征收及监管的基本思路。

税总征科发〔2021〕69号文件不是对股权激励设立全新的备案要求，而是加强对股权激励的管理，主要有五点：第一，将选择性事项调整为义务性事项；第二，扩大了备案的范围，非上市公司也有义务像上市公司一样将股权激励方案提交备案；第三，已实施但未执行完毕的股权激励计划也需要补充备案；第四，针对报送材料规定了标准格式；第五，统一了备案时间，且将备案的时间提前了。

1.3.2 税总征科发〔2021〕69号文件对实施股权激励企业的影响

首先，税总征科发〔2021〕69号文件对实施股权激励的上市公司基本没有影响。一是因为证监会对上市公司股权激励的严格要求，上市公司实施股权激励相对较为规范，履行了全部的决策流程和规范的法律文件，准备相关报送材料不存在障碍，也基本不存在无法备案的情形；二是上市公司实施股权激励计划进行税务筹划的空间不大，没有必要规避备案；三是上市公司在税总征科发〔2021〕69号文件施行之前如果想适用个人所得税的递延纳税政策，也是需要履行备案程序的。税总征科发〔2021〕69号文件对上市公司的影响仅仅是将备案时间提前了。

其次，税总征科发〔2021〕69号文件主要影响的是实施股权激励的非上市公司，特别是拟上市公司。对于实施股权激励的非上市公司而言，除了考虑激励方案的安全性、合理性和有效性之外，还需考虑实施股权激励需确认的股份支付和激励对象的个人所得税负担。税总征科发〔2021〕69号文件实施后，对实施股权激励的非上市公司而言，可能面临的难题有：（1）由于股权激励方案本身不完善，无法备齐税务备案所需的各项材料；（2）备案时可能会被税务机关认为不适用税收优惠政策而需要立即向激励对象征收个人所得税；（3）企业未能及时办理税务备案而无法享受税收优惠政策。

1.4 非上市公司通过持股平台实施股权激励的优势与备案争议

根据《上市公司股权激励管理办法》第12条的规定，上市公司通常通过向激励对象增发股份、回购股份后授予激励对象的方式让激励对象直接持有上市公司股票。而大多数境内非上市公司会在公司之外以激励对象作为主要成员来搭建有限合伙企业或者特殊目的公司等持股平台，然后用持股平台持有公司的股权，因此激励对象是间接持有公司股权。对于上市公司股权激励适用税务备案自无疑问，但非上市公司通过持段平台实施的股权激励能否进行税务备案，是否应当备案，却有较大争议。

1.4.1 通过持股平台实施股权激励计划的优势

持股平台能成为非上市公司股权激励实务中常用的一种操作模式，主要是因为持股平台能克服一些不便与缺点。

（1）解决被激励人数存在上限的问题。区别于上市公司股东人数无限，《公司法》对非上市公司的直接股东人数存在限制，因此可以直接持有公司股权的激励对象人数有限。而通过架构若干个持股平台，可以有效扩大间接股东的数量，从而使股权激励人数可以“突破”《公司法》的限制。

（2）防止实体控制权分散。通过执行事务合伙人执行合伙事务的方式避免员工参与股权激励而稀释控股股东对公司的控制权。

（3）避免员工获得并行使股东权利影响公司高效经营管理，特别是避免出现个别员工与公司产生矛盾后出现股东会僵局。

（4）简化股权授予及变更程序。如果以实体公司股权进行激励，每次激励均涉及要依照法定程序对公司章程修改、公司注册资本调整、工商税务银行等信息备案登记变更，程序烦琐，给公司日常经营管理活动造成负担。另外，若简化程序，在员工人事变动后也易于操作股权转让。

1.4.2 通过持股平台实施股权激励计划是否需要备案、能否备案

根据财税〔2016〕101号文件的规定，享受递延纳税政策的非上市公司股权激励的标的应为境内居民企业的本公司股权。因为实务中有“直接股权”和“间接股权”之分，所以实务界会认为这里的股权也包含“间接股权”，并认为通过持股平台实施股权激励计划也需要备案，也能备案。

根据证监会《关于试点创新企业实施员工持股计划和期权激励的指引》（中国证券监督管理委员会公告〔2018〕17号）之“一、关于上市前实施的员工持股计划”之“（一）”第3点规定：“试点企业实施员工持股计划，可以通过公司制企业、合伙制企业、资产管理计划等持股平台间接持股，并建立健全持股在平台内部的流转、退出机制，以及股权管理机制。”可见，员工通过持股平台来间

接持股是证监会认可和支持的常见股权激励方法。那么，基于政策间的连贯性，通过持股平台实施的股权激励也需要备案，也能备案。

此外，在税总征科发〔2021〕69号文件之附件《股权激励情况报告表》中，“股权激励计划实施企业是标的企业的”一栏中，除“直接或间接控股公司”“直接或间接被控股公司”“直接或间接协议控制公司”“直接或间接被协议控制公司”几个选项外，还有“其他”一项可以勾选。这就为通过持股平台实施股权激励这种方式留下了空间。

但部分地区的税务局并不这么认为。北京市税务局曾就“持股平台作为股权激励的对象是否可以享受财税〔2016〕101号文件优惠”答复说：“根据《财政部 国家税务总局关于完善股权激励和技术入股有关所得税政策的通知》（财税〔2016〕101号）有关规定精神，享受递延纳税政策的激励对象主要限于个人，由于财税〔2016〕101号文件对激励对象有人数的限制，持股平台的情况较为复杂，目前激励对象不包括对持股平台的激励。”① 重庆市税务局于2022年7月7日发布《支持企业上市涉税事项办理工作指引（1.0版）》明确：“由于激励对象限于本公司员工，因此通过员工持股平台间接实施股权激励不属于税法所规定的股权激励，不适用前述政策。”

从最近持股平台递延纳税备案实例来看，部分地区的税务局已有承认此种模式的态势，实践中也已经有持股平台成功完成备案的先例。

1.5 典型案例介绍

1.5.1 典型案例

案例1：百奥泰（688177.SH，2020年2月在上交所科创板上市）

百奥泰生物制药股份有限公司上市前的员工持股平台为启奥兴公司、聚奥众公司和晟昱投资公司。截至2019年10月25日，发行人就持股平台启奥兴公司、聚奥众公司和晟昱投资公司的历次股权激励涉及的个人所得税均已进行了递延纳税备案，报告期内发行人股份支付的相关处理符合税务相关规定。②

---

① 《2018年10月征期企业所得税热点问题》，载国家税务总局北京市税务局2018年10月30日，http://beijing.chinatax.gov.cn/bjswj/c104348/201906/2a7c0c792eef4d10bd1d3aa11822f9bf.shtml。

② 《安永华明会计师事务所（特殊普通合伙）关于百奥泰生物制药股份有限公司首次公开发行股票并在科创板上市申请文件的第二轮审核问询函的回复》，第8-2-3页。

案例2：润阳科技（300920. SZ，2020年12月25日在深交所创业板上市）

2017年度，浙江润阳新材料科技股份有限公司实施股权激励政策，部分员工通过员工持股平台安扬投资公司和明茂投资公司获得了相应的股权激励。并且浙江润阳新材料科技股份有限公司已向主管税务机关对所有获得股权激励的员工进行了非上市公司股权激励个人所得税递延纳税备案登记。

2020年9月14日，国家税务总局长兴县税务局出具了相关证明："截至本证明出具日，浙江润阳新材料科技股份有限公司已对上述获得股权激励的员工进行了非上市公司股权激励个人所得税递延纳税备案登记，相关手续完备，所有获得股权激励的员工的递延纳税情况符合相关规定，未发现涉税违法违规行为。"①

案例3：致远新能（300985. SZ，2021年4月29日在深交所创业板上市）

长春致远新能源装备股份有限公司为了与核心员工个人利益绑定，共同分享公司成长价值，向公司核心员工授予股份，众志汇远公司系长春致远新能源装备股份有限公司核心员工的持股平台。发行人以1元的名义价格向众志汇远公司转让股权系考虑到受让方出资人的工作岗位及对公司的贡献程度所做的股权激励，发行人对此已确认股份支付并一次性计入管理费用。

2020年3月12日，发行人就上述股权激励对相关激励对象的个人所得税递延纳税事项进行备案，并取得国家税务总局长春市朝阳区税务局出具的《非上市公司股权激励个人所得税递延纳税备案表》，确认相关人员可暂不纳税。②

案例4：百诚医药（301096. SZ，2021年12月20日在深交所创业板上市）

2018年7月13日，杭州百诚医药科技股份有限公司同意百君投资公司与福钰投资公司未来作为员工股权激励平台，以3.45元/股的价格分别认购公司新增股份55万股和35万股。根据《首次公开发行股票并在创业板上市招股说明书》，以及财税〔2016〕101号文件，杭州百诚医药科技股份有限公司已向主管税务机关备案，实行递延纳税。③

案例5：美芯晟（688458. SH，2023年5月22日在上交所上市）

美芯晟科技（北京）股份有限公司于2015年至2021年，共实施了5次年度

---

① 《浙江润阳新材料科技股份有限公司首次公开发行股票并在创业板上市招股说明书》。
② 《长春致远新能源装备股份有限公司首次公开发行股票并在创业板上市招股说明书》。
③ 《杭州百诚医药科技股份有限公司首次公开发行股票并在创业板上市招股说明书》。

股权激励安排。珠海博晟芯公司、珠海博瑞芯公司、珠海轩宇公司系发行人的员工持股平台。发行人股权激励安排系通过员工持有员工持股平台财产份额进而间接持有发行人股份的形式实现。发行人历次股权激励计划已经实施完毕，不会对公司控制权产生影响。

就激励对象获得激励股权纳税事宜，发行人已于2022年1月在主管税务部门办理了递延纳税备案，激励对象和发行人不存在违反税收相关法律法规规定的情形。[①]

案例6：明阳电气（301291. SZ，2023年6月30日在深交所上市）

广东明阳电气股份有限公司在招股说明书中披露，股权激励持股平台慧众咨询公司、华慧咨询公司已向国家税务总局中山火炬高技术产业开发区税务局申请递延缴纳，并已取得《非上市公司股权激励个人所得税递延纳税备案表》。[②]

1.5.2 要点解读与建议

上述案例分别涉及广东省广州市黄埔区、浙江省长兴县、吉林省长春市朝阳区、浙江省杭州市临平区、北京市海淀区、广东省中山火炬高技术产业开发区等地区。可见，通过持股平台进行股权激励是否可以递延纳税，与各地税务机关执行口径差异有关，需要具体沟通。

根据税总征科发〔2021〕69号文件第10项的规定，针对股权激励税务备案的加强管理，非上市公司应当采取以下措施积极做好税务合规工作：

（1）梳理公司现有或拟定的股权激励安排，明确区分具体类型，了解相应的税务及财会处理；

（2）了解公司所在地的税收征管口径，关注政策更新与执法口径变化，在税务合规的同时争取最优效果；

（3）履行规范的决策流程、准备完备的股权激励文件；

（4）依照规定及时备案，进行资料报送。

对于拟上市公司而言，还应当注意在申报IPO前要及时与税务机关协调沟通，尊重当地税收执法口径。

---

① 《中信建投证券股份有限公司关于美芯晟科技（北京）股份有限公司首次公开发行股票并在科创板上市申请文件的审核问询函回复》。

② 《广东明阳电气股份有限公司首次公开发行股票并在创业板上市招股说明书（上会稿）》。

2. 灵活用工税务合规解读

2.1 灵活用工平台严监管已成趋势

较多灵活用工平台在发展过程中异化，以“用工”之名，行“用票”之实，涉嫌发票虚开等诸多风险。如果一家被查，使用其灵活用工平台开具发票的各类企业难免面临较大风险。北京布角科技有限公司利用互联网共享经济服务平台虚开发票，涉嫌虚开增值税专用发票金额高达13亿余元，其拥有河南、山东、福建等地区税务委托代征资质。上海“嘉福”员工福利平台，涉嫌虚开40多亿元的预付卡增值税普通发票已涉嫌虚开增值税普通发票罪被立案。

国家税务总局于2013年5月10日发布《委托代征管理办法》，但较多灵活用工平台在代征方面无法达到《委托代征管理办法》的要求，纳税人都比较零星，业务不实，极易导致委托代征关系中出现自行少征税款、未按期上缴税款、超越代征权限等问题。2023年北京市税务局、浙江税务局等发布终止委托代征协议公告，终止某些与税务机关签订的委托代征协议，停止履行委托代征职责。灵活用工被严密监管已呈不可逆之势。监管已经收紧，企业应警惕灵活用工平台在运营中存在各类风险。

2.2 灵活用工平台涉税风险

2.2.1 缺乏真实交易基础

部分灵活用工平台以委托代征为名，实际从事倒卖发票等活动，或者开具与实际交易内容不符的发票，这种行为存在虚开增值税发票的合规风险。对于委托代征，灵活用工平台需要取得相应的资质，并且应积极审核企业与自由职业者之间业务的真实性，确保按照实际提供的服务内容开具发票。

2.2.2 “替票”报销

部分企业要求用工者以“替票”的方式将服务费或劳务费进行“报销”，以避免个人所得税的缴纳。然而，这种做法存在较高的风险，可能导致企业期间费用异常，并涉及虚开增值税发票的问题。

2.2.3 “双重身份”的员工

部分公司采用这样一种模式，将部分工作外包给灵活用工平台，再由公司的员工以自由职业者的身份通过平台提供这部分服务。这样的做法使得公司可以通过平台向员工支付服务费或劳务费，从而降低员工个人所得税的缴纳金额。同时，公司还能降低用工成本，并获得可税前扣除的发票，而平台则赚取了利润。

表面上看，这种模式似乎实现了多方共赢。

然而，需要注意的是，在这种模式下，企业和平台之间的交易可能被认为缺乏商业实质，涉嫌虚开增值税发票，并且可能面临被认定为偷税的风险，因此存在较大的合规风险。此外，就企业所得税而言，企业可能还会增加进项税额转出等额外的财务成本。因此，这种模式存在潜在的法律和财务风险，建议企业谨慎审视并遵守相关税收法规和劳动法规，以确保合法合规经营。

2.2.4 可能涉嫌虚开增值税普通发票罪

虚开增值税发票是指包括为他人开具、为自己开具、让他人为自己开具，以及介绍他人开具与实际经营业务情况不符的发票。根据《发票管理办法》第35条的规定，对于虚开发票，税务机关将没收违法所得；虚开金额在1万元以下的，可并处5万元以下的罚款；虚开金额超过1万元的，并处5万元以上50万元以下的罚款；若构成犯罪，将依法追究刑事责任。

根据《刑法》第205条、第205条之一的规定，虚开增值税专用发票或用于骗取出口退税、抵扣税款的其他发票，最高可处10年以上有期徒刑或无期徒刑，并处5万元以上50万元以下罚金或者没收财产。虚开其他发票，可能处2年以上7年以下有期徒刑，并处罚金。对单位犯虚开发票罪的，将判处罚金，并对直接负责的主管人员和其他直接责任人员依照前款的规定处罚。

为了满足企业的用票需求，员工福利平台及灵活用工平台通常会根据企业的要求进行开票。然而，由于不存在真实的交易基础，这样的做法可能被认定为涉嫌虚开增值税普通发票，进而面临刑事立案的风险。上文提及的上海“嘉福”员工福利平台已经被宝山公安分局经侦支队立案侦查。虚开发票可能帮助企业套取现金，虚开发票团伙也会从中获取巨额非法利益。企业使用非法买来的服务费发票抵扣企业利润，偷逃企业所得税，涉嫌虚开普通发票可能会面临7年以下有期徒刑的刑罚。因此，企业应当谨慎遵守税务法规，避免涉及虚开发票等违法行为，以确保合法经营并避免风险。

2.2.5 委托代征模式存在风险

在灵活用工的模式下，自由职业者由于各种考量，可能不愿或无法开具发票，但企业需要这些发票用于税前扣除，因此，委托代征的模式备受青睐。委托代征面向零星、分散、异地的纳税人，由税务机关委托符合条件的单位代征这部分人群的税款，以实现多方共赢。

然而，由于税务机关难以掌握这部分纳税人的具体信息，这些代征平台可能出现未代扣代缴或少缴税款等问题。根据《税收征收管理法》第52条第2款、第3款的规定，因纳税人或扣缴义务人计算错误等失误，未缴或者少缴税款的，税务机关在3年内可以追征税款和滞纳金；特殊情况下，追征期限可延长到5年。对于偷税、抗税、骗税行为，税务机关可以无限制追征未缴或少缴的税款、滞纳金或被骗取的税款。根据《税收征收管理法》第69条的规定，扣缴义务人应扣未扣、应收而不收税款的，税务机关向纳税人追缴税款的同时，对扣缴义务人处罚款额为应扣未扣、应收未收税款的50%以上但不超过3倍。

同时，这些委托代征平台还可能面临超越代征权限的问题。根据《委托代征管理办法》第4条第2款的规定，税务机关不得将法律、行政法规已确定的代扣代缴、代收代缴税收委托给他人代征。根据《个人所得税扣缴申报管理办法（试行）》第4条的规定，实行个人所得税全员全额扣缴申报的应税所得包括：工资薪金所得，劳务报酬所得，稿酬所得，特许权使用费所得，利息、股息、红利所得，财产租赁所得，财产转让所得及偶然所得。

2.3 适用个人所得税核定征收政策的两种可行途径

灵活用工平台的自由职业者从平台获取的收入主要包括劳务报酬所得和经营所得两大类。在实践中，许多平台将自由职业者从平台取得的服务费或劳务费视为经营所得，从而适用个人所得税核定征收政策。同时，根据《国家税务总局关于小规模纳税人免征增值税政策有关征管问题的公告》（国家税务总局公告2019年第4号，已失效）的规定，符合条件的小规模纳税人（合计月销售额未超过10万元）可以享受免征增值税的优惠政策，这将大大降低自由职业者的税负。

因此，自由职业者要适用个人所得税核定征收的政策，有两种途径可供选择：（1）注册成为个体工商户；（2）被视为“临时从事生产、经营的自然人”。

2.3.1 注册成为个体工商户等市场主体

灵活用工平台可以帮助自由职业者注册成为个体工商户等市场主体，使得自由职业者可以以个体工商户的名义在平台上承接相关业务。在法律上，这些个体工商户提供的服务被认定为生产经营所得。不同省份针对个体工商户的核定征收率有所不同。以北京市为例，对于按月核定征收个人所得税的个体工商户，根据月生产经营收入的不同，设置了0～1.4%的核定征收率。

然而，除税务方面的考虑外，注册成为个体工商户等市场主体也将面临其他非税因素的考量，包括相关法律法规的约束、相关部门的监管、会计核算（虽然个体工商户不一定需要）、信用信息公示等非税成本。这些因素需要自由职业者在决定是否注册成为个体工商户时进行综合考虑。

2.3.2 视为“临时从事生产、经营的自然人”

在实践中，一些省份出台了针对临时从事生产、经营的自然人的核定征收政策。例如，根据《国家税务总局云南省税务局关于自然人临时从事生产经营核定征收个人所得税事项的公告》的规定，对在云南省内临时从事生产、经营且未办理营业执照的自然人所取得的经营所得不能正确计算应纳税所得额的，按照一定方式核定征收经营所得个人所得税。但对于何为“从事临时生产、经营”，目前并没有明确的界定。

根据《国家税务总局对十三届全国人大三次会议第8765号建议的答复》的规定，灵活用工人员取得的收入是否作为经营所得计税，要根据纳税人在平台提供劳务或从事经营的经济实质进行判定，而不是简单地看个人劳动所依托的展示平台，否则容易导致从事相同性质劳动的个人税负不同，不符合税收公平原则。以从事教育培训工作的兼职教师为例，如在线下教室上课，则取得收入按劳务报酬所得缴税；而在线上平台的直播间上课，则取得收入按经营所得缴税，这样的区别对待可能并不合理。

因此，将自由职业者的收入一揽子转化为经营所得缺乏法律依据。经营所得与劳务报酬的界定在个人所得税法中确实较为模糊。根据《国家税务总局关于个人举办各类学习班取得的收入征收个人所得税问题的批复》（国税函〔1996〕658号）的规定，个人依法取得执照而取得的办班收入为经营所得，无须依法取得执照而取得的为劳务报酬所得。而根据《国家税务总局关于个人从事医疗服务活动征收个人所得税问题的通知》（国税发〔1997〕178号，已被修改）的规定，个人依法取得执照行医，以及虽未取得执照但自行连续从事行医活动的，不管是否有经营场所，均为经营所得。

综上所述，要判断所得收入属于经营所得还是劳务报酬，可以综合考虑是否有工商登记和税务登记、是否依法取得执照、是否独立连续进行等因素。然而，当界定应纳税所得项目存在争议时，最终的决定权仍归属于税务机关，这也带来了一定政策上的风险，因为税务机关可以在3年内追征税款和滞纳金，且特殊情况下，追征期可延长到5年。

3. 股权转让税务合规解读

3.1 个人股权转让先行完税政策解读

3.1.1 个人股权转让先行完税的政策依据和各地相关规定概述

股权转让工商变更登记之前先行完税的主要法律依据为《个人所得税法》第15条第2款第2句："个人转让股权办理变更登记的，市场主体登记机关应当查验与该股权交易相关的个人所得税的完税凭证。"在此基础之上，北京、上海、天津、广东等多个省市均已发布个人股权转让先行完税政策文件。

3.1.1.1 各地政策规定介绍

各地区文件名称、实施时间及主要内容如表83所示。

表83 主要内容

省/市	实施时间	主要内容	文件名称
北京市	2021年9月1日	个人转让股权办理变更登记的，应先持相关资料到被投资企业所在地的主管税务机关办理纳税申报，再到市场监管部门办理股权变更登记 国家税务总局北京市税务局与北京市市场监督管理局实行个人股权转让信息交互机制。经查验已完成税款缴纳（纳税申报）的，市场主体登记机关依法为其办理股权变更登记	《国家税务总局北京市税务局、北京市市场监督管理局关于股权转让所得个人所得税管理有关工作的通告》（国家税务总局北京市税务局通告2021年第3号）
上海市	2022年12月20日	个人转让股权办理股东变更登记的，在向市场监督管理部门办理变更登记前，扣缴义务人、纳税人应依法在被投资企业所在地主管税务机关办理纳税申报 国家税务总局上海市税务局与上海市市场监督管理局实行个人股权转让信息自动交互机制。市场主体登记机关根据税务机关提供的《自然人股东股权变更完税情况表》办理股权变更登记	《国家税务总局上海市税务局、上海市市场监督管理局关于进一步做好股权变更登记个人所得税完税凭证查验服务工作的通告》（国家税务总局上海市税务局、上海市市场监督管理局通告2022年第3号）

续表

省/市	实施时间	主要内容	文件名称
天津市	2020年5月11日	被投资企业发生个人股权转让行为，在向市场监督管理部门办理变更登记手续前，扣缴义务人、纳税人应依法在被投资企业所在地主管税务机关办理纳税申报，报送个人所得税申报表等相关资料 国家税务总局天津市税务局与天津市市场监督管理委员会实行个人股权转让信息自动交互机制。市场监督管理部门在确认个人股权转让行为已经进行纳税申报后，依照相关规定为被投资企业办理股权变更登记	《国家税务总局天津市税务局、天津市市场监督管理委员会关于规范股权转让所得个人所得税管理工作的通告》
江苏省	2014年8月1日	股权交易各方在签订股权转让协议并完成股权转让交易以后至企业变更股权登记之前，负有纳税义务或代扣代缴义务的转让方或受让方，应到主管税务机关办理纳税（扣缴）申报	《江苏省地方税务局自然人股权转让个人所得税管理办法》（已失效）
广东省	2021年7月1日	企业自然人股东发生股权转让行为的，在向市场主体登记机关申请办理相关变更登记前，股权转让个人所得税的扣缴义务人、纳税人应先到税务机关办理个人所得税纳税申报 企业自然人股东转让股权办理变更登记时，市场主体登记机关应当查验与该股权交易相关的个人所得税完税凭证，并依法办理变更登记	《国家税务总局广东省税务局、广东省市场监督管理局关于个人转让股权有关事项的通告》（国家税务总局广东省税务局、广东省市场监督管理局通告2021年第6号）
湖南省	2021年7月1日	个人股东发生股权转让行为的，扣缴义务人（股权受让方）或纳税人（股权出让方）应当依法向被投资企业所在地主管税务机关办理股权转让扣缴（纳税）申报，报送个人所得税申报表及相关资料 个人转让股权办理变更登记的，市场主体登记机关应当查验由税务机关提供的与该股权交易相关的完税情况	《国家税务总局湖南省税务局、湖南省市场监督管理局关于加强股权转让个人所得税管理工作的通告》（国家税务总局湖南省税务局、湖南省市场监督管理局通告2021年第3号）

续表

省/市	实施时间	主要内容	文件名称
湖北省	2021 年 10 月 1 日	个人股东发生股权转让行为的，在向市场主体登记机关申请办理相关变更登记前，扣缴义务人或纳税人应依法在被投资企业所在地主管税务机关办理个人所得税纳税申报 国家税务总局湖北省税务局与湖北省市场监督管理局实行个人股权转让信息交互机制。市场主体登记机关应当在办理股权变更登记中查验相关个人所得税完税凭证	《国家税务总局湖北省税务局、湖北省市场监督管理局关于进一步规范个人转让股权有关事项的通告》（2021 年第 3 号）
海南省	2022 年 12 月 1 日	个人转让股权，向市场主体登记机关申请办理变更登记前，扣缴义务人、纳税人应先持相关资料到被投资企业所在地主管税务机关办理个人所得税纳税申报。2023 年 6 月 30 日前，扣缴义务人、纳税人办理申报取得税务机关发放的《个人转让股权完税信息表》后，再向省市场监督管理部门申请办理股权变更登记，并提交《个人转让股权完税信息表》供省级市场监督管理部门查验。2023 年 7 月 1 日起，国家税务总局海南省税务局和海南省市场监督管理局实行个人转让股权完税信息线上查验机制，经线上查验通过的，省级市场监督管理部门依法办理变更登记	《国家税务总局海南省税务局、海南省市场监督管理局关于做好股权变更登记个人所得税服务工作的通告》
辽宁省	2023 年 4 月 1 日	个人转让股权，向市场监督管理部门申请办理股权变更登记前，扣缴义务人或纳税人应先到被投资企业所在地主管税务机关依法办理个人所得税纳税申报 国家税务总局辽宁省税务局和辽宁省市场监督管理局实行个人转让股权完税信息查验机制，经查验通过的，市场监督管理部门依法办理变更登记	《国家税务总局辽宁省税务局、辽宁省市场监督管理局关于做好股权变更登记个人所得税完税凭证查验服务工作的通告》

续表

省/市	实施时间	主要内容	文件名称
四川省/重庆市	2022 年 1 月 1 日	个人转让股权办理变更登记的，在向市场主体登记机关办理变更登记前，应先持相关资料到被投资企业所在地主管税务机关办理税款缴纳（纳税申报） 国家税务总局四川省税务局与四川省市场监督管理局、国家税务总局重庆市税务局与重庆市市场监督管理局实行个人股权转让信息交互机制。市场主体登记机关在确认个人股权转让已完成税款缴纳（纳税申报）后，依法办理股权变更登记	《国家税务总局四川省税务局、四川省市场监督管理局、国家税务总局重庆市税务局、重庆市市场监督管理局关于股权转让个人所得税管理有关事项的通告》（国家税务总局四川省税务局通告 2021 年第 1 号）
安徽省	2021 年 12 月 5 日	个人发生股权转让行为，在向市场监督管理部门办理变更登记手续前，应依法在被投资企业所在地主管税务机关办理纳税申报 个人转让股权办理变更登记的，市场监督管理部门应当查验由申请人提供的与该股权交易相关的完税情况，经查验已完成税款缴纳（纳税申报）的，市场监督管理部门依法为其办理股权变更登记	《国家税务总局安徽省税务局、安徽省市场监督管理局关于规范股权转让所得个人所得税管理工作的通告》
甘肃省	2023 年 4 月 18 日	个人转让股权向市场监督管理部门办理变更登记前，应当依法向被投资企业所在地主管税务机关办理纳税申报 国家税务总局甘肃省税务局与甘肃省市场监督管理局实行股权变更登记个人所得税完税凭证线上便捷查验机制。市场监督管理部门经查验确认个人股权转让已完成税款缴纳（纳税申报）后，依法办理股权变更登记	《国家税务总局甘肃省税务局、甘肃省市场监督管理局关于个人股权转让有关事项的通告》（国家税务总局甘肃省税务局通告〔2023〕2 号）

续表

省/市	实施时间	主要内容	文件名称
贵州省	2022年12月5日	个人转让股权办理变更登记的，在向市场主体登记机关申请办理变更登记前，扣缴义务人（股权受让方）或纳税人（股权转让方）应当依法向被投资企业所在地主管税务机关办理股权转让扣缴（纳税）申报 个人转让股权办理变更登记的，市场主体登记机关应当查验与该股权交易相关的个人所得税的完税凭证	《国家税务总局贵州省税务局、贵州省市场监督管理局关于做好股权变更登记个人所得税完税凭证查验有关服务工作的通告》（国家税务总局贵州省税务局、贵州省市场监督管理局通告2022年第9号）
江西省	2023年4月1日	个人转让股权办理股东变更登记的，在向市场监督管理部门办理变更登记前，扣缴义务人、纳税人（申请人）应依法在被投资企业所在地主管税务机关办理纳税申报 国家税务总局江西省税务局与江西省市场监督管理局实行个人股权转让信息交互机制。市场主体登记机关根据税务机关提供的自然人股东股权变更完税情况办理股权变更登记	《国家税务总局江西省税务局、江西省市场监督管理局关于进一步做好股权变更登记个人所得税完税凭证查验有关服务工作的通告》
广西壮族自治区	2021年6月1日	被投资企业发生个人股权转让行为，扣缴义务人（或纳税人）应依法在被投资企业所在地主管税务机关办理纳税申报，报送个人所得税申报表及相关资料；被投资企业应当向主管税务机关报送与股权变动事项相关的资料 个人转让股权办理变更登记的，市场主体登记机关应当在查验与该股权交易相关的个人所得税完税凭证后即时办理变更登记手续	《国家税务总局广西壮族自治区税务局、广西壮族自治区市场监督管理局关于规范股权转让个人所得税管理工作的通告》（国家税务总局广西壮族自治区税务局、广西壮族自治区市场监督管理局通告2021年第5号）

续表

省/市	实施时间	主要内容	文件名称
宁夏回族自治区	2022 年 5 月 12 日	个人股东发生股权转让的，股权转让个人所得税扣缴义务人、纳税人应当依法在被投资企业所在地主管税务机关办理个人所得税纳税申报 个人转让股权办理变更登记的，市场主体登记机关应当查验与该股权交易相关的个人所得税的完税凭证，并依法办理变更登记	《国家税务总局宁夏回族自治区税务局、宁夏回族自治区市场监督管理厅关于加强股权转让个人所得税管理工作的通告》（国家税务总局宁夏回族自治区税务局、宁夏回族自治区市场监督管理厅通告 2022 年第 3 号）

3.1.1.2　各地政策规定解读

根据以上对各地政策的展示，我们可以得出，各地政策中对于“完税”的要求并不完全相同。关于个人股权转让先行完税到何种程度，各地政策大概有以下几种模式：

（1）部分地区明确要求提供完税凭证，才能办理股权变更登记，如广东省、湖北省、广西壮族自治区、宁夏回族自治区等地。

（2）部分地区要求“完成税款缴纳（纳税申报）”，才能进行股权变更登记，如北京市、四川省、重庆市、甘肃省等地。

（3）部分地区要求完成纳税申报，即可进行股权变更登记，如天津市。

另外，一些地区要求提供完税情况，但是主要涉及股权转让交易的基本信息，并未涉及税款缴纳情况，例如上海市《自然人股东股权变更完税情况表》如图 5 所示。

3.1.2　个人股权转让先行完税指引

一方面，个人若要进行股权转让，应当查询当地税务机关关于个人股权转让所得个人所得税的相关规定，了解当地在股权变更登记前对股权转让“先行完税”的要求，与税务机关和工商部门进行积极有效的沟通。

另一方面，纳税人、扣缴义务人应当根据税务机关的要求，积极进行纳税申报。从以上政策中可以看出，虽然各地税务机关对“先行完税”中“完税”的定义并不完全一致，但绝大多数规定中均明确扣缴义务人、纳税人应当依法在被投资企业所在地主管税务机关办理个人所得税纳税申报。因此，在进行个人股权转让时，应当及时进行纳税申报，以免因未进行纳税申报而受到税务机关处罚。

编号：2021011300001

自然人股东股权变更完税情况表（完税凭证）

申报日期	年　月　日	
税款所属期	年　月　日至　年　月　日	
股权出让方信息	出让方姓名	
	出让方身份证件号码	
	股东转让的认缴出资额	
	转让股权占企业总股权比例（占企业注册资本比例）	
	股权转让合同（协议）价格	
股权受让方信息	受让方名称	
	受让方纳税人识别号（统一社会信用代码）	
被投资企业信息	被投资企业统一社会信用代码	
	被投资企业名称	
	主管税务机关	
是否已完税		

注：本表一式两份，一份交由税务机关留存，一份交由纳税人。

开具机关（章）：

开具时间：

图5　情况表

3.2　以货币方式增资进行股权转让的税务风险

3.2.1　借助增资进行股权转让的节税效果

增资是企业通过向社会募集股份、发行股票、新股东投资入股或原股东增加投资的方式来增加企业的注册资本，从而使公司的注册资本增加。这个过程涉及企业增加实际资金，以增强企业的资本实力和扩大业务规模。而股权转让是指企业股东依法将自己的股东权益转让给他人，使他人成为公司股东的民事法律行为。在股权转让过程中，股权的所有权发生变更，但这并不会增加公司的注册资本，只涉及股权转让方与股权受让方之间的权益转移，对于公司本身的注册资本没有直接影响。

简而言之，增资是公司通过吸纳新资金来增加注册资本，而股权转让是公司股东之间的权益转移，不会改变公司的注册资本。根据《个人所得税法》第2条、第3条的规定，对于股息红利所得、股权转让所得，自然人股东需要按照20%的税率缴纳个人所得税。而股东以货币方式向被投资企业增资，因不产生所得，故无须缴纳所得税。通俗地讲，在股权转让中，股东直接获得了收益，因此对于其所得收益部分当然应缴纳所得税，而在增资扩股中，原股东并没有获得收益，因此计税基础不变，不产生所得税。

3.2.2 借助增资进行股权转让面临税务风险

2018年修正的《个人所得税法》中新增了一般反避税条款，该条款作为一般性适用规则，会导致借助增资进行股权转让的方式面临税务风险。

《个人所得税法》第8条规定，有下列情形之一的，税务机关有权按照合理方法进行纳税调整：（1）个人与其关联方之间的业务往来不符合独立交易原则而减少本人或者其关联方应纳税额，且无正当理由；（2）居民个人控制的，或者居民个人和居民企业共同控制的设立在实际税负明显偏低的国家（地区）的企业，无合理经营需要，对应当归属于居民个人的利润不作分配或者减少分配；（3）个人实施其他不具有合理商业目的的安排而获取不当税收利益。税务机关依照前款规定作出纳税调整，需要补征税款的，应当补征税款，并依法加收利息。

根据《个人所得税法》第8条第1款第3项的规定，税务机关有权按照合理方法对“个人实施其他不具有合理商业目的的安排而获取不当税收利益”的行为进行纳税调整。这就为税务机关对借助增资进行股权转让的行为进行征税提供了法律依据。同时，税务机关在进行纳税调整时，有可能会加收利息，在这样的情况下，利用增资的手段进行股权转让不仅不会达到节税的效果，反而会增加税收负担。

3.3 个人股权转让税务合规指引

3.3.1 避免采用过于复杂的交易模式

在实践中，一些公司采用增资的方式掩盖股权转让的交易实质，这样的做法使交易模式整体表现得较为复杂，并涉及许多税收风险。因此，对于意图进行股权转让的个人，应避免采用过于复杂的交易方案，特别是在《个人所得税法》修正后，新引入了反避税条款，即《个人所得税法》第8条第1款第3项。若采用过于复杂的交易方案可能会引发税务机关的关注，并根据实质课税原则进行反避税调整。

3.3.2 善用税收优惠政策

在确实存在股权转让意图的情况下，当事人可以利用非货币性资产出资、特殊性税务处理等税收优惠政策来实现分期或递延纳税的效果，从而避免在当期全额缴纳高额的个人所得税。对于适用非货币性资产出资的情况，当事人应当关注适用条件，及时备案，并提交分期纳税计划。而对于适用特殊性税务处理的情况，应当注意符合换股比例、持股期限等规定条件，同时需要说明换股交易的合理商业目的。

综上所述，通过合理利用税收优惠政策，当事人可以合法地在股权转让中实现分期或递延纳税的效果，避免在当期承担高额的个人所得税。然而，这些优惠政策的适用条件需要认真遵守，确保交易合规，并根据具体情况进行相应的申报和备案。

3.3.3 就税款分担进行明确约定并监督负税人履行合同义务

现如今，包税条款作为普遍的商业条款应用极为广泛。对于股权转让的包税条款，当事人需要注意两点：（1）对税款分担必须明确约定。哪些税种由受让人承担，税款是否包含在合同约定的交易价款之内等问题必须予以明确，防止后续出现纠纷。（2）必须监督负税人履行合同义务。负税人一旦不履行责任，转让人还需承担相应的法律责任。因此，转让人不能做甩手掌柜，应当积极监督负税人有无履行合同义务，在合同约定的税款缴纳期限届满时及时提醒并督促负税人履行合同义务，确保税款缴纳的合规。

3.3.4 聘请专业的税务顾问和税务律师

一方面，在股权转让过程中，很多人容易忽视税收问题的重要性，只关注商业层面的交易本身，导致实施交易方案后才意识到税收成本过高，甚至超过了交易带来的收益，从而导致整个交易的失败。因此，在股权转让过程中，交易方案的设计应当有专业税务顾问参与，通过预先测算，准确评估各类交易方案的税收成本，协助当事人做好收益测算并据此选择最合适的方案。

另一方面，现实生活中的交易情况常常比法律规定更为复杂和新颖。许多新型交易模式的税务处理，在现有法律规定中无法找到明确适用的依据，对于这些复杂、疑难、无先例的税务问题，如何准确判断交易实质，并对税法做出正确合理的解释，需要专业的税务律师参与。借助税务律师的专业分析和与税务机关的沟通，可以做出合理的回答，避免交易方案因税务风险而夭折。

综上所述，为了确保股权转让交易的成功和利益最大化，当事人应当充分重视税收问题，与专业税务顾问和税务律师合作，进行充分预估和规划，确保交易方案符合税务规定，避免税务风险影响交易进程。

4. 企业公益捐赠涉税风险提示

4.1 公益性捐赠有关税收政策介绍

《企业所得税法》第9条所称公益性捐赠，是指企业通过公益性社会团体或者县级以上人民政府及其部门，用于《公益事业捐赠法》规定的公益事业的捐赠。企业发生符合条件的公益性捐赠支出，在计算企业所得税应纳税所得额时，分别适用限额扣除和全额扣除两类政策（见表84）。

表84 两类政策

税收政策		扣除标准	政策依据
限额扣除		企业通过公益性社会组织或者县级（含县级）以上人民政府及其部门等国家机关，用于符合法律规定的慈善活动、公益事业的捐赠支出，在年度利润总额12%以内的部分，准予在计算应纳税所得额时扣除；超过年度利润总额12%的部分，准予结转以后3年内在计算应纳税所得额时扣除	《企业所得税法》及其实施条例；《财政部、税务总局关于公益性捐赠支出企业所得税税前结转扣除有关政策的通知》（财税〔2018〕15号）
全额扣除	企业扶贫捐赠	自2019年1月1日至2025年12月31日，企业通过公益性社会组织或者县级（含县级）以上人民政府及其组成部门和直属机构，用于目标脱贫地区的扶贫捐赠支出，准予在计算企业所得税应纳税所得额时据实扣除。需要注意的是，在政策执行期限内，目标脱贫地区实现脱贫的，可继续适用上述政策	《财政部、税务总局、国务院扶贫办关于企业扶贫捐赠所得税税前扣除政策的公告》（财政部、税务总局、国务院扶贫办公告2019年第49号）；《财政部、税务总局、人力资源社会保障部、国家乡村振兴局关于延长部分扶贫税收优惠政策执行期限的公告》（财政部、税务总局、人力资源社会保障部、国家乡村振兴局公告2021年第18号）

续表

税收政策		扣除标准	政策依据
全额扣除	冬奥运会、亚运会捐赠	企业、社会组织和团体赞助、捐赠北京2022年冬奥会、冬残奥会、测试赛，以及杭州亚运会的资金、物资、服务支出，在计算企业应纳税所得额时予以全额扣除	《财政部、税务总局、海关总署关于北京2022年冬奥会和冬残奥会税收政策的通知》（财税〔2017〕60号）；《财政部、税务总局、海关总署关于杭州2022年亚运会和亚残运会税收政策的公告》（财政部公告2020年第18号）

4.2 公益性捐赠税收风险点提示——以鸿星尔克为例

鸿星尔克因宣称捐赠5000万元给河南一度登上热搜，且出现直播间被挤爆、2021年7月23日销售额同比暴增52倍的情况。在鸿星尔克上热搜的同时，也遭遇了一部分网民的质疑。2021年7月21日，鸿星尔克与壹基金签订捐赠框架协议，于7月20日起向壹基金捐赠现金和物资，包括人民币200万元现金捐赠和1800万元物资捐赠。同日，鸿星尔克与郑州慈善总会签订捐赠框架协议，捐赠2900万元物资。其中，100万元善款已经到账，上述其他相关物资鸿星尔克将分批次捐赠。以下本书将从税务合规的专业角度，通过还原事实的过程，暴露公益捐赠中存在的问题，为企业合法合规进行公益捐赠提供可行性方案。

4.2.1 风险点1：诺而不捐违约法律风险——以关联方名义捐出能否进行宣传

无论鸿荣（漳州）信息技术有限公司与壹基金抑或厦门展乐电子商务有限公司与郑州慈善总会签署的均为框架性协议。框架协议或框架合同是源于德国法的概念，是指为双方当事人之间签订的同一类型合同（个别合同），提供基本框架（架构）和基本条件的合同。对于框架协议的性质和效力，目前司法实践中存在较大争议，理论界也存在不同观点。但这并不会对鸿星尔克需要履行的义务产生必然影响。

《慈善法》第41条规定，“捐赠人应当按照捐赠协议履行捐赠义务。捐赠人违反捐赠协议逾期未交付捐赠财产，有下列情形之一的，慈善组织或者其他接受捐赠的人可以要求交付；捐赠人拒不交付的，慈善组织和其他接受捐赠的人可以依法向人民法院申请支付令或者提起诉讼：（一）捐赠人通过广播、电视、报刊、互联网等媒体公开承诺捐赠的……”。鸿星尔克官方微博于2021年7月21日发文，鸿星尔克通过郑州慈善总会、壹基金捐赠5000万元物资。因此，鉴于鸿星尔克已经在互联网上进行发声明承诺捐赠，因此，无论框架协议效力如何鸿星尔克均需要履行捐赠义务。

鸿星尔克捐赠的签约主体为鸿荣（漳州）信息技术有限公司与厦门展乐电子商务有限公司而非“福建鸿星尔克体育用品有限公司”。鸿星尔克官方微博发文内容的主体仅仅为“鸿星尔克”并未明确为“福建鸿星尔克体育用品有限公司”，因此，“福建鸿星尔克体育用品有限公司”的关联公司的捐赠亦可视为“鸿星尔克”的相关捐赠。

4.2.2 风险点2：捐赠物品价值确定及认定风险——消灭库存抑或诚意慈善

鸿星尔克本次捐赠的价值1800万元的物资以衣物为主，此次捐赠衣物是否为鸿星尔克的商品库存，是否鸿星尔克仅仅为清理库存产品？是否公允价值确实达到1800万元？

在公益捐赠的价值认定方面，根据《财政部、税务总局关于通过公益性群众团体的公益性捐赠税前扣除有关事项的公告》的规定，接受的非货币性资产捐赠，以其公允价值确认捐赠额。公允价值是根据公平与自愿的原则所确定的价格，在不同的行业，公允价值的确定方法是不同的，就本次鸿星尔克捐赠而言，捐赠物资以衣物为主，因此在公允价值的确定方面主要按估计售价减去变现费用和合理的利润后的余额确定或者按估计的完工后产品售价减去至完工时尚需发生的成本、变现费用以及合理的利润后的余额确定。

4.2.3 风险点3：捐赠流程缺乏管控的风险——侵犯股东、债权人利益风险

2021年以来，鸿星尔克因为经营不善，净利润一直为负，截至2021年7月份，鸿星尔克已经股权质押4次，具体情况如表85所示。

表85 具体情况

公告时间	登记编号	出质人	质权人	状态
2020-09-02	62000000000172755	鸿星尔克（厦门）投资管理有限公司	厦门银行股份有限公司	有效
2018-12-19	62000000000172740	鸿星尔克（厦门）投资管理有限公司	厦门银行股份有限公司	无效

续表

公告时间	登记编号	出质人	质权人	状态
2018-12-19	62000000000172741	鸿星尔克（厦门）投资管理有限公司	中国光大银行股份有限公司厦门分行	无效
2015-09-16	62000000000172722	鸿星尔克（厦门）投资管理有限公司	中航信托股份有限公司	无效

我国《公司法》第22条第1款和第2款规定："公司股东会或者股东大会、董事会的决议内容违反法律、行政法规的无效。股东会或者股东大会、董事会的会议召集程序、表决方式违反法律、行政法规或者公司章程，或者决议内容违反公司章程的，股东可以自决议作出之日起六十日内，请求人民法院撤销。"公司捐赠行为无论是授权于董事会，抑或授权于股东会或股东大会来决定，均是以决议的形式作出的。因此，对于股东认为违反法律和公司章程的公司捐赠的决议，股东可以依据法律规定的程序提起决议无效或者撤销之诉。在法院作出决议无效或撤销的判决是否具有溯及力即是否直接影响已做出的公司捐赠行为的效力的问题上，《公司法》中关于该问题并没有做出规定，也没有相应的司法解释。但是国外的立法例和学界一般倾向于具有溯及力，在这种情况下，公司的捐赠行为自始无效。为了保护受赠人作为善意第三人的利益，此时可以适用表见代理的规定。

4.2.4 风险点4：公益性定向捐赠对象选择风险——捐赠人的利害关系人不予认可的风险

《慈善法》第40条第1款规定，"捐赠人与慈善组织约定捐赠财产的用途和受益人时，不得指定捐赠人的利害关系人作为受益人"。此外，2020年2月14日发布的《民政部社会组织管理局、民政部慈善事业促进和社会工作司关于慈善组织、红十字会依法规范开展疫情防控慈善募捐等活动指引》第9条规定，"慈善组织、红十字会要采取审核捐赠协议、查验相关证明等方式，对受赠的药品、医疗器械等物资严格把关，确保来源合法、符合标准、安全有效、精准发放。不允许捐赠人以定向捐赠的名义指定其利害关系人作为受益人"。

4.2.5 风险点5：借公益捐赠偷税、漏税风险

税收筹划和逃税的边界较为模糊，存在捐赠人利用虚假慈善达到逃税目的的情况。实操中，公司会通过公益组织给利害关系人进行"定向捐赠"，进而通过

“定向捐赠”达到少缴税的目的，同时获得良好的社会声誉。但是一旦被查出，企业除了面临行政处罚外，还可能面临税务黑名单与失信违法联合惩戒。

4.3 公益性捐赠税收合规指引

4.3.1 捐赠范围必须符合用于法定的慈善活动与公益事业的规定

根据《公益事业捐赠法》第3条的规定，公益事业是指非营利的下列事项：(1) 救助灾害、救济贫困、扶助残疾人等困难的社会群体和个人的活动；(2) 教育、科学、文化、卫生、体育事业；(3) 环境保护、社会公共设施建设；(4) 促进社会发展和进步的其他社会公共和福利事业。

4.3.2 捐赠途径需要通过依法设立并登记取得公益性捐赠税前扣除资格的公益性社会组织

根据《财政部、税务总局、民政部关于公益性捐赠税前扣除资格确认有关衔接事项的公告》（财政部、税务总局、民政部公告2021年第3号）以及《财政部、国家税务总局、民政部关于公益性捐赠税前扣除有关问题的通知》（已失效）的相关规定，企业捐赠必须通过依法设立并登记取得公益性捐赠税前扣除资格的公益性社会组织，且该公益性组织需要满足在资格有效期内，应取得3A以上（含3A）评估等级，且取得非营利组织免税资格等条件才能享受相应的税收抵扣政策。目前暂不考虑社会组织的非营利组织免税资格。具体资格问题可以向财政、税务、民政等部门以公告形式发布的名单进行确认。县级以上人民政府及其组成部门和直属机构依法具有公益性捐赠税前扣除资格，不需要进行专门认定。

4.3.3 慎重在网络发声，公益捐赠承诺后强制履行

公益捐赠因为其公益与涉众的属性，并不等同于“赠与”。“赠与”系实践行为，可随时进行撤销；公益捐赠中，若捐赠人通过广播、电视、报刊、互联网等媒体公开承诺捐赠，但拒不交付，慈善组织和其他接受捐赠的人可以依法向人民法院申请支付令或者提起诉讼。

4.3.4 捐赠对象的审查与利害关系的避免

我国《慈善法》对“利害关系人”无明确定义。但在《税收征收管理法实施细则》第51条、《企业所得税法实施条例》第109条以及《国家税务总局关于完善关联申报和同期资料管理有关事项的公告》对关联方（关联关系）明确予以定义。

实践中依据《税收征收管理法实施细则》第51条和《企业所得税法实施条例》第109条判定关联关系，依据《国家税务总局关于完善关联申报和同期资料管理有关事项的公告》第2条判定则存在争议。企业应当谨慎，避免向存在利害关系的关联方进行捐赠，否则轻则会被认定为非公益性捐赠，无法进行税前扣除，重则涉刑构成犯罪。

4.3.5 法定票据取得——企业支出的公益性捐赠需要取得相应票据方可按照规定进行税前扣除

《财政部、税务总局、民政部关于公益性捐赠税前扣除有关事项的公告》第11条规定："公益性社会组织、县级以上人民政府及其部门等国家机关在接受捐赠时，应当按照行政管理级次分别使用由财政部或省、自治区、直辖市财政部门监（印）制的公益事业捐赠票据，并加盖本单位的印章。企业或个人将符合条件的公益性捐赠支出进行税前扣除，应当留存相关票据备查。"

4.3.6 捐赠物品价值确定——以公允价值为准

在公益捐赠的价值认定方面，根据《财政部、税务总局关于通过公益性群众团体的公益性捐赠税前扣除有关事项的公告》第13条的规定："除另有规定外，公益性群众团体在接受企业或个人捐赠时，按以下原则确认捐赠额：（一）接受的货币性资产捐赠，以实际收到的金额确认捐赠额；（二）接受的非货币性资产捐赠，以其公允价值确认捐赠额。捐赠方在向公益性群众团体捐赠时，应当提供注明捐赠非货币性资产公允价值的证明；不能提供证明的，接受捐赠方不得向其开具捐赠票据。"公允价值是根据公平与自愿的原则所确定的价格。

总体而言，企业公益捐赠并非简单的一次性行为，涉及诸多风险点。应当遵守诸如《反不正当竞争法》、《公益事业捐赠法》、《慈善法》、《捐赠药品进口管理规定》和《卫生计生单位接受公益事业捐赠管理办法（试行）》等法律法规，还应当积极落实内控措施，从捐赠预算管理、捐赠决策管理、捐赠审批管理、捐赠采购管理、捐赠协议管理、捐赠执行管理、捐赠交接管理、捐赠监督管理八大维度避免公益捐赠的相关风险，同时充分利用公益性捐赠税收优惠政策实现税务合规筹划。

5. 留抵退税合规指引

为向企业提供现金流支持、促进就业消费投资，提振市场信心，2022年3月5日，《政府工作报告》提出，将对留抵税额提前实行大规模退税，优先安排小微企业，重点支持制造业，全面解决制造业、科研和技术服务、生态环保、电力燃气、交通运输等行业留抵退税问题。预计全年退税减税约2.5万亿元，其中留抵退税约1.5万亿元，退税资金全部直达企业。

2022年3月21日发布的《财政部、税务总局关于进一步加大增值税期末留抵退税政策实施力度的公告》（财政部、税务总局公告2022年第14号），明确加大留抵退税政策力度。2022年3月22日，国家税务总局相应发布《国家税务总局关于进一步加大增值税期末留抵退税政策实施力度有关征管事项的公告》（部分失效），对纳税人办理增值税期末留抵税额退税业务有关事项作出规定。2022年4月17日，财政部、税务总局再发布《财政部、税务总局关于进一步加快增值税期末留抵退税政策实施进度的公告》，进一步要求加快增值税期末留抵退税政策实施进度，关于留抵退税政策力度在不断加大。

在实体经济发展受创的现实背景之下，增值税期末留抵退税政策的推广实行显然为纳税人起到了雪中送炭之功。但是，留抵退税政策在适用条件上也对纳税人的财税合规提出了一定要求，在税收大数据的支持之下税务机关对于骗取留抵退税行为也具备了更强的稽查能力。为了能够充分利用税收优惠政策，避免遭受税务违法处罚，纳税人需做好风险自查工作，加强企业税务合规。

5.1 留抵退税政策解读

5.1.1 享受留抵退税政策的企业范围

根据财政部、税务总局公告2022年第14号以及《财政部、税务总局关于扩大全额退还增值税留抵税额政策行业范围的公告》第1条、第2条的规定，将财政部、税务总局2019年第84号以及财政部、税务总局2022年第14号公告规定的先进制造业按月全额退还增值税增量留抵税额政策范围进行调整。目前，享受留抵退税政策的企业包括两大类。

第一类为符合条件的小微企业（含个体工商户）。

第二类为符合条件的“制造业”，“科学研究和技术服务业”，“电力、热力、燃气及水生产和供应业”，“软件和信息技术服务业”，“生态保护和环境治理业”和“交通运输、仓储和邮政业”行业企业（含个体工商户），并一次性退还制造业等行业企业存量留抵税额。

符合条件的“批发和零售业”，“农、林、牧、渔业”，“住宿和餐饮业”，“居民服务、修理和其他服务业”，“教育”，“卫生和社会工作”和“文化、体育和娱乐业”7个行业（包含个体工商户）。

5.1.2 享受留抵退税政策的条件

财政部、税务总局公告2022年第14号第3条明确规定，适用该公告政策的纳税人需同时符合以下条件：（1）纳税信用等级为A级或者B级；（2）申请退税前36个月未发生骗取留抵退税、骗取出口退税或虚开增值税专用发票情形；（3）申请退税前36个月未因偷税被税务机关处罚两次及以上；（4）2019年4月1日起未享受即征即退、先征后返（退）政策。

对于不符合前述第4项条件的纳税人，财政部、税务总局公告2022年第14号第10条第2款提供了解决途径，明确2019年4月1日起已享受过增值税即征即退、先征后返（退）政策的纳税人，可以在2022年10月31日前一次性将已退还的增值税即征即退、先征后返（退）税款全部缴回，而后按规定申请退还留抵税额。但相应的，第10条第1款也规定纳税人自2019年4月1日起已取得留抵退税款的，不得再申请享受增值税即征即退、先征后返（退）政策。纳税人可以在2022年10月31日前一次性将已取得的留抵退税款全部缴回后，按规定申请享受增值税即征即退、先征后返（退）政策。基于此条规定，纳税人可以比较对企业而言增值税即征即退、先征后返（退）政策与留抵退税政策哪一项更为有利。

5.2 留抵退税税务监管体系介绍

5.2.1 税务部门风险防控路径

在国家税务总局及各地方的骗取留抵退税案件曝光公告中，频见“税收大数据精准分析”的表述。在国家税务总局四川省税务局的曝光公告中，税务部门指出其“根据税收大数据分析线索”依法查处纳税人骗取留抵退税案件，并将“加强税收大数据分析和风险防控依托税收大数据精准分析，不断加大打击力度，对造假虚开骗取留抵退税违法行为予以坚决打击”。国家税务总局大连市税务局的公告中同样提到，税务部门“根据税收大数据分析线索，依法查处了骗取留抵退税案件，并将充分发挥税收大数据作用，对骗取留抵退税案件进行‘速立、快查、严办’，严厉打击涉税违法行为”。

国家税务总局税收大数据和风险管理局有关负责人对此提供了更为具体的说明：税务部门依托税收大数据，进一步健全以“信用+风险”为基础的税务监管新体系，将风险防控措施嵌入留抵退税业务办理的全过程，构建“事前预审、事中审核、事后抽检”的风险防控机制，对留抵退税纳税人风险进行全景扫描、精准画像，根据扫描画像结果采取相应的防控措施。

具体来看，税务部门主要沿以下路径对纳税人办理留抵退税业务展开风险防控：

（1）事前预审。在事前阶段，税务部门利用税收大数据对符合留抵退税申请条件的纳税人进行风险研判。通过提前对纳税人进行风险防控，对存在异常情况的纳税人进行约谈提醒，并督促其进行整改。

（2）事中审核。在事中环节，税务部门在确保依法规范、高效快捷地为纳税人办理留抵退税的同时，对提交留抵退税申请的纳税人信息进行审核校验，准确描绘纳税人的扫描画像，根据研判结果针对性地展开留抵退税业务分类办理。

（3）事后抽检。在留抵退税业务办理完毕后，税务机关仍对已办理留抵退税的纳税人加强跟踪管理，常态化开展风险分析，精准识别违规享受的疑点企业，并快速有效核实处置。对于违规享受的企业，需要追回已退税款；对涉嫌骗取留抵退税的企业，应及时移交稽查部门进行查处。

对于发现的纳税人骗取留抵退税违法行为，税务部门将根据纳税人是否具备主观故意要素，进行分类处理。

首先，针对非主观故意违规取得留抵退税的企业，可以进行约谈提醒，督促其整改。通过与企业进行沟通，提醒其合规经营，并加强监督指导，帮助企业规范税收行为。

其次，针对恶意造假骗取留抵退税的企业，应依法从严查办。对这类企业，税务部门可以按规定将其纳税信用直接降为D级，采取限制发票领用、提高检查频次等措施，加大监管力度。同时，应依法对其近3年各项税收缴纳情况进行全面检查，延伸检查其上下游企业，确保发现相关违规行为。如果涉嫌犯罪，应及时移交司法机关追究刑事责任。

5.2.2 金税四期智慧稽查功能升级

从近年的税务稽查动态来看，金税四期税务稽查系统将为主管部门的大数据智能税务稽查提供强有力的技术支持。2020年11月13日，国家税务总局发布2020年12月政府采购项目名称为“金税四期决策智慧端之指挥台及配套功能建设项目”的意向公告，金税四期的上线提上日程。2020年11月25日，深圳市稽查局公布智慧案件办理系统的中标结果，根据计划，2021年12月底前智慧稽查项目将交付验收，完成系统集成测试，用户培训、项目初验和项目终验。

相比于之前的税务稽查系统，金税四期智慧稽查功能升级，从以下5个方面进行项目建设：

（1）违法企业发现。基于内外部数据，结合业务专家办案经验，主动扫描发现潜在违法风险企业，从而主动出击打击违法犯罪。

（2）疑点线索分析。能针对不同来源的线索信息，梳理线索分析的差异性，提炼线索分析的重点，制作线索分析报告。

（3）手法感知预警。对各类涉税违法行为进行监控，对涉税违法行为的新风险、新手法及时感知预警。

（4）业务数据互动。建立互联网采集模块，汇集与公安、海关、人行交换的业务数据，为稽查选案分析提供多源数据支撑。

（5）违法态势研判。针对不同涉税违法行为，从行业分布、区域分布、犯罪趋势等维度对税收违法走势进行分析预测。此外，还将建立五大智能分析系统：虚开增值税发票智能分析、骗取出口退税智能分析、偷逃税智能分析、重点行业涉税违法智能分析、主要税种涉税违法智能分析。

5.3　需避免被认定为骗取退税虚开专票

在增值税留抵退税政策之下，退税资金直达企业，能够为企业提供最为直接、最为有效的现金流支持，有力缓解企业沉重的经营压力。但是，根据财政部、税务总局公告2022年第14号第3条的规定，为享受这一政策，企业必须避免被认定为在申请退税前36个月内实施过骗取留抵退税、骗取出口退税或虚开增值税专用发票行为。

此前，虚开发票等涉税违法行为就已被列为税务稽查重点领域，《关于进一步深化税收征管改革的意见》即强调重点查处虚开（及接受虚开）发票、隐瞒收入、虚列成本、利用“税收洼地”和关联交易进行恶意税收筹划以及利用新型经营模式逃避税务等涉税违法行为。2022年4月1日起实施大规模增值税留抵退税政策以来，全国税务系统更是加强对骗取留抵退税违法行为的打击力度，各地多起骗取留抵退税案件被依法查处，典型案件亦被选取曝光，可见税务机关的查处决心。典型案件及其详情可见表86。

表 86　案名及案情

案件名	案件详情
河北查处一生产企业骗取留抵退税案	税务总局驻北京特派办组织河北省承德市税务稽查部门根据税收大数据筛选的疑点线索，联合公安部门查处某生产企业涉嫌取得虚开发票虚增进项税额、骗取留抵退税案件。经查，该企业取得虚开发票29份，骗取留抵退税19.31万元。目前，税务部门已将该案件移送公安机关立案侦查，将依法从重处罚并追究相关人员的刑事责任
广东查处一中介服务企业骗取留抵退税案	广东省珠海市税务稽查部门根据举报线索分析发现，某中介服务企业涉嫌取得虚开发票虚增进项税额、骗取留抵退税4.1万元，且存在对外虚开发票的疑点。经与公安部门联合调查，确定该企业为一个通过接受虚开发票骗取留抵退税犯罪团伙实际控制的企业之一。目前，税务部门已将该案件移送公安机关立案侦查，将依法从重处罚并追究相关人员的刑事责任
江西查处一矿业公司骗取留抵退税和偷税案	江西省赣州市税务稽查部门依据大数据分析，查处大余县闽鑫钨业有限公司骗取增值税留抵退税和偷税案件。经查，该企业通过个人收款不申报隐匿销售收入818.15万元，还通过注册空壳小规模纳税人企业违规享受低税率或者免征优惠转移销售收入1337.3万元，共计偷税365.04万元、骗取留抵退税78.64万元。税务稽查部门依法追缴企业偷税款共计365.04万元，拟处1倍罚款、加收滞纳金；追缴企业骗取的留抵退税78.64万元，拟处2倍罚款
西藏查处一商贸企业骗取留抵退税案	西藏拉萨市税务稽查部门根据自治区局税收大数据分析线索，查处西藏鸿俐轮胎商贸有限公司骗取增值税留抵退税案件。经查，该企业通过个人收取销售款隐匿公司销售收入、进行虚假申报等手段，减少销项税额，骗取留抵退税30.5万元。税务稽查部门依法追缴该企业骗取的留抵退税款，并依相关规定，拟处1倍罚款
辽宁查处一交通运输企业骗取留抵退税案	辽宁省辽阳市税务稽查部门依据上级大数据风险推送线索，查处辽阳市双合货物运输有限公司骗取增值税留抵退税案件。经查，该企业通过利用个人银行卡收取运费隐匿公司营业收入、进行虚假申报等手段，减少销项税额，骗取留抵退税10.81万元。税务稽查部门依法追缴该企业骗取的留抵退税款，并依相关规定，拟处1倍罚款
四川省税务部门依法查处一起骗取留抵退税案	四川省税务局稽查局依法查处了四川金樽酒业有限公司骗取留抵退税案件。经查，该公司通过个人收取销售款隐匿公司销售收入、进行虚假申报等手段，减少销项税额，骗取留抵退税163.19万元。税务稽查部门依法追缴该公司骗取的留抵退税款，并依相关规定，拟处1倍罚款

续表

案件名	案件详情
大连市税务部门依法查处一起骗取留抵退税案	经查，大连某公司通过个人收取销售款隐匿公司销售收入、进行虚假申报等手段，减少销项税额，骗取留抵退税 9.75 万元。大连市税务局稽查局依法追缴该企业骗取的留抵退税款，并依据相关规定，拟处 1 倍罚款
陇西县税务局 4 名税务人员留抵退税审核把关不严，受到责任追究	陇西县税务局相关税务人员在办理某企业留抵退税申请时，未按规定认真比对企业申报数据，审核、核准等环节未发现企业不实申请问题，造成多退税款。目前，陇西县税务局已追回多退税款，并对负有直接责任的巩昌分局干部李某、张某通报批评；对负有主要责任的审核人员巩昌分局局长吴某通报批评；对负有领导责任的核准人员陇西县税务局副局长李某追究执法过错责任

针对一系列涉税违法案件，国家税务总局、公安部、最高人民检察院、海关总署、中国人民银行、国家外汇管理局六部门指出，将深入贯彻落实常态化打击虚开骗税违法犯罪的工作部署，坚持精诚共治、精准打击，常打长打、长治长效，进一步加大打击力度，持续保持对虚开骗税等涉税违法犯罪行为重拳出击的高压态势。同时，按照党中央、国务院实施新的组合式税费支持政策特别是大规模留抵退税的部署，将防范和打击骗取留抵退税违法犯罪行为作为六部门常态化打击的重点，对骗取留抵退税等涉税违法犯罪行为露头就打、严惩不贷。在主管部门的严打环境中，纳税人应当实施从事骗取留抵退税、骗取出口退税或虚开增值税专用发票行为，这既是享受增值税留抵退税政策的前提条件，更是避免承担严肃违法后果的必然要求。

5.4 留抵退税风险自查评估目录

5.4.1 进项税额虚增之十二大情形（见表 87）

表 87 情形汇总

序号	自查内容
1	用于抵扣进项税额的增值税专用发票是否真实合法：是否有开票单位与收款单位不一致或票面所记载货物与实际入库货物不一致的发票用于抵扣
2	用于抵扣进项税额的运输业发票是否真实合法：是否有用于非增值税应税项目，免征增值税项目，集体福利和个人消费，非正常损失的货物（劳务），非

续表

序号	自查内容
	正常损失的在产品、产成品所耗用的购进货物（劳务）所发生的运费抵扣进项；是否有与购进和销售货物无关的运费申报抵扣进项税额；是否有以国际货物运输代理业发票和国际货物运输发票抵扣进项；是否存在以开票方与承运方不一致的运输发票抵扣进项；是否存在以项目填写不齐全的运输发票抵扣进项税额等情况
3	是否存在未按规定开具农产品收购统一发票申报抵扣进项税额的情况。具体包括：扩大农产品范围，把非免税农产品（如方木、枕木、道木、锯材等）开具成免税农产品（如原木）；虚开农产品收购统一发票（虚开数量、单价，抵扣税款）
4	用于抵扣进项税额的海关进口增值税专用缴款书是否真实合法；进口货物品种、数量等与实际生产是否相匹配
5	发生退货或取得销售折让是否按规定作进项税额转出
6	从供货方取得的与商品销售量、销售额挂钩的各种返还收入，是否冲减当期的进项税额；是否存在将返利挂入其他应付款、其他应收款等往来账或冲减营业费用，而不作进项税额转出的情况
7	用于简易计税方法计税项目、免征增值税项目、集体福利或者个人消费的购进货物、加工修理修配劳务、服务、无形资产和不动产是否抵扣进项税额
8	非正常损失的购进货物，以及相关的加工修理修配劳务和交通运输服务是否抵扣进项税额
9	非正常损失的在产品、产成品所耗用的购进货物（不包括固定资产），加工修理修配劳务和交通运输服务是否抵扣进项税额
10	非正常损失的不动产，以及该不动产所耗用的购进货物、设计服务和建筑服务是否抵扣进项税额
11	非正常损失的不动产在建工程所耗用的购进货物、设计服务和建筑服务是否抵扣进项税额
12	购进的旅客运输服务、贷款服务、餐饮服务、居民日常服务和娱乐服务，是否抵扣进项税额

5.4.2 销项税额虚减之十一大情形（见表88）

表88 十一大情形

序号	自查内容
1	销售收入是否完整及时入账：是否存在现金收入不按规定入账的情况；是否存在不给客户开具发票，相应的收入不按规定入账的情况；是否存在以货易货、以货抵债收入未记收入的情况；是否存在销售产品不开发票，取得的收入不按规定入账的情况；是否存在销售收入长期挂账不转收入的情况；是否收取外单位或个人水、电、气等费用，不计、少计收入或冲减费用；是否存在将应收取的销售款项，先支付费用（如购货方的回扣、推销奖、营业费用、委托代销商品的手续费等），再将余款入账作收入的情况
2	是否存在视同销售行为、未按规定计提销项税额的情况：将自产或委托加工的货物用于非增值税应税项目、集体福利或个人消费，如用于内设的食堂、宾馆、医院、托儿所、学校、俱乐部、家属社区等部门，不计或少计应税收入；将自产、委托加工或购买的货物用于投资、分配、无偿捐赠、赠送及将外购的材料改变用途对外销售等，不计或少计应税收入
3	是否存在开具不符合规定的红字发票冲减应税收入的情况：发生销货退回、销售折让，开具的红字发票和账务处理是否符合税法规定
4	向购货方收取的各种价外费用（如手续费、补贴、集资费、返还利润、奖励费、违约金、运输装卸费等）是否按规定纳税
5	设有两个以上机构并实行统一核算的纳税人，将货物从一个机构移送到其他机构（不在同一县市）用于销售，是否作销售处理
6	对逾期未收回的包装物押金是否按规定计提销项税额
7	增值税混合销售行为是否依法纳税：对增值税税法规定应视同销售征税的行为是否按规定纳税；从事货物运输业务的单位和个人，发生销售货物并负责运输所售货物的混合销售行为，是否按规定缴纳增值税
8	兼营销售货物、劳务、服务、无形资产或者不动产的纳税人，适用不同税率或者征收率的，是否按规定分别核算适用不同税率或者征收率的销售额；对不分别核算或者不能准确核算的，是否按主管税务机关核定的货物或者应税劳务的销售额缴纳增值税
9	按照增值税税法规定应征收增值税的代购货物、代理进口货物的行为，是否缴纳了增值税
10	免税货物是否依法核算：增值税纳税人免征增值税的货物或应税劳务，是否符合税法的有关规定；有无擅自扩大免税范围的问题；兼营免税项目的增值税一般纳税人，其免税额、不予抵扣的进项税额计算是否准确

续表

序号	自查内容
11	是否存在不按文件规定的时间确认收入，递延纳税义务的情况。纳税人发生应税行为并收讫销售款项或者取得索取销售款项凭据的当天；先开具发票的，为开具发票的当天；纳税人提供建筑服务、租赁服务采取预收款方式的，其纳税义务发生时间为收到预收款的当天；纳税人从事金融商品转让的，为金融商品所有权转移的当天；纳税人发生视同销售服务、无形资产或者不动产情形的，其纳税义务发生时间为服务、无形资产转让完成的当天或者不动产权属变更的当天；增值税扣缴义务发生时间为纳税人增值税纳税义务发生的当天

5.4.3 企业基本风险之六大情形（见表89）

表89 六大情形

序号	类别	自查内容
1	税务登记信息	企业登记自然人信息是否异常（年龄、外地身份证、集中注册等）、与风险人群是否关联（法、财、办）、是否关联非正常户登记信息、登记地址有无异常（一地多照，注册地址不真实等）等
2	发票领取	企业领票人有无异常信息（如同一人为多户领票等）发票增量增版时间间隔有无异常，工商、税务、一般纳税人登记、票种核定间隔时间有无异常，发票增量增版幅度有无异常等
3	发票取得	企业有无从风险对象取得发票、取得发票品目是否与经营范围关联、取得发票品目类别占比是否异常（如一定期间取得与经营范围不符的品目占比较高）、取得发票品目变化是否异常、是否取得高风险项目发票等
4	发票开具	企业有无开具发票给风险对象、开具发票品目是否在经营范围内、开具发票品目类别占比是否异常（如一定期间开具与经营范围不符的品目占比较高）、开具发票品目与取得发票品目是否关联、开具发票品目变化是否异常、发票增量增版后开具品目变化是否异常、开票地址是否异常、开具专票与普票占比是否异常、一般计税项目是否有销项没有进项、是否大量作废发票等
5	纳税申报	是否未按期申报、是否申报后不按期缴纳税款、是否有申报比对异常项目、是否大量填报差额扣除项目、是否大量填报计算抵扣项目、是否虚假填报免抵退税收入、加计抵减项目申报是否异常等

续表

序号	类别	自查内容
6	注册登记信息	注册地址是否真实、注册人员信息是否真实、是否盗用注册信息、是否走逃失联、是否一址多照、经营是否存在异常、雇佣员工是否真实、经营情况与注册经营范围是否一致等

5.4.4 留抵退税申请风险之五大情形（见表90）

表90 五大情形

序号	自查内容
1	企业行业类型判断错误，应享受政策的没享受或者不该享受政策的享受了
2	企业所得税、财务报表、增值税申报表中营业收入（销售额）、资产总额填写错误，导致企业划型错误
3	在申请增值税即征即退、先征后返（退）政策还是留抵退税政策的选择中，决策失误导致公司利益受损
4	未及时办理增值税留抵退税导致公司利益受损
5	不应申请享受增值税留抵退税而申请带来风险：被税务机关处罚导致公司经济利益受损；公开曝光骗税案例导致企业声誉受损；企业3年账务被税务稽查；给上下游企业带来的税务检查风险

5.5 纳税人适用留抵退税政策合规指引

在大数据分析监测和多部门涉税信息共享的情况下，税务机关不仅通过税务方面掌握信息，还可以通过其他部门掌握纳税人大量的经济数据信息，彻底打破了信息壁垒，稽查范围更广，税务机关可以多维度分析比对，“将风险防控措施嵌入留抵退税业务办理的全过程对留抵退税纳税人风险进行全景扫描、精准画像”绝不仅仅是税务部门的监管设想，多个曝光案件证明，以“信用＋风险”为基础的税务监管新体系已然是税务部门严厉打击骗取留抵退税案件的有力助手，纳税人必须对此做好充分准备，落实企业税务合规。

5.5.1 强化“业财税一体化”数字合规建设

所谓“业财税一体化”，是指业务、财务、税务一体化智能管理。将业务合规、税务合规、财务合规融入企业经营的各个流程，实现企业的业务管理、税务管理、资金管理、财务管理全面贯通，实现企业基于价值链的内外部信息互联，提高效率，降低风险。

2022 年 6 月 6 日，国务院公布了《关于加强数字政府建设的指导意见》，要求推动政府数字化、智能化运行，发挥数字化在政府履行经济调节、市场监管、社会管理等方面职能的重要支撑作用，构建协同高效的政府数字化履职能力体系。在“数字政府”的数字监管下，政府监管部门对企业的业财税数据能够实时、精准、全面了解和掌握，对经营异常的企业可以“近距离”监管和查处。

在“数字政府”和“以数治税”智慧稽查双重背景下，企业应当顺应监管趋势，构筑自身“业财税一体化”经营数字化模型，对自身经营各项数据指标做到更加细致的了解，清楚企业存在的风险，对企业自身进行画像与预判，实现实时预警和处置，才能与时俱进。

5. 5. 2　强化发票合规管理与风险预警

进项发票的合规管理，是当前企业财税管理的核心环节。随着发票监管力度的不断加大，发票合规问题也成为企业面临的一大税务风险。如上海市税务局在 2021 年年末发布公告，着力实现发票全领域、全环节、全要素电子化。在全电子发票的控制下，在开具发票、交付发票、查验发票过程中，税务部门均可通过大数据监察网络进行审查，对企业的任何违规行为进行稽查，结合海量政府数据的匹配和互通，能够做到精准预警和管理，与只能依靠传统的人工线下审查相比，稽查覆盖面更宽，力度更大。

发票是记载企业日常经营的“红细胞”，数量多，频率高，内容杂。仅通过简单的验证无法快速准确辨别可能存在的虚开虚受的发票风险，而且发票风险是动态的，发票收录时正常，一段时间后因为各种原因变为异常、导致无法成为合法成本的问题屡见不鲜。因此需要强化对发票的精细化、数据化合规预警与管理。建议企业可按需建立电子发票数据库和原始发票数据库，为后续企业发票溯源以及数字化管理提供数字支撑，与此同时尝试分类管理发票，提升发票管理水平。

5. 5. 3　加强对上游供应商风险评估与预警

企业需要及时全方位了解供应商状态：（1）通过供应商基本状态、供应商负面风险、供应商经营异常信息、供应商股东核查、供应商存续状态及刑事风险等方面，提前对供应商进行评估以及风险预警；（2）通过风险规则库、外部风险数据库，结合当前的监管重热点，重点防范与企业有经济往来的上游企业的合规问题，落实数据化发票管理责任，提前预警虚开风险，大幅降低虚受风险，减少税务犯罪发生的可能性，为有效应对和查处税务（虚受发票）、市场监管（商业贿赂）、刑事舞弊（职务侵占、挪用资金、串通招投标、经营同业业务）等各类重点违法行为提供强有力的数据支撑。

对供应商的系统评估具体可以包含以下三个方面：（1）经营异常企业核查，即核查供应商（销方）是否注销，或者被吊销营业执照等基本市场主体登记注册状态；（2）供应商负面风险预警，核查供应商是否存在失信公告、执行公告、查封冻结公告，是否存在重大发票违法信息，是否被列入政府采购领域黑名单、电子商务领域严重失信企业黑名单，并根据监管重热点，摸排供应商及供应商下游企业，获取企业相关负面信息；（3）税务黑名单核查，核查供应商是否存在诸如偷税、逃避追缴欠税、骗取出口退税、抗税、虚开增值税专用发票、虚开普通发票、走逃（失联）等违法类型及其他黑名单风险评估项。

5.5.4 强化专业团队系统持续服务

留抵退税新政策的实施带来了惠企利民的政策红利，面对当前监管部门通过数据化监管系统严厉打击税收违法行为的执法态势，企业的风险与红利并存。如何在利用留抵退税等政策的过程中实现税务经营风险最小化与税收获惠最大化已成为企业发展需解决的重点问题。

此外，企业行动需以税务政策、监管制度为指南，但其更新较快，若企业不知情或对内容不熟悉，可能使企业在面对监管时易陷入被动境况，或错过或不能用足、用好各类税费优惠政策。对企业而言，如何消除信息差也是非常棘手的问题。

对此，企业可以通过引入外部专业财税律师团队的方式，获取专业的全流程“一对一”服务。专业财税律师团队能够灵敏追踪监管信息更新，并在准确解读规定、案例的基础上，协助企业依新规定期开展系统的内部自我核查，查验企业的纳税情况，尽早发掘、处理税务违规风险点，破除监管机构与企业之间的信息差壁垒，帮助企业构建可靠的、与时俱进的财税合规系统。

专业财税律师团队能核查筛选企业所适用的各项税收政策，在企业内部开展纳税辅导，及时将最新税收政策传递给企业，协助企业快速办理留抵退税，帮助企业更好地运用适合的相关税费优惠政策，确保企业第一时间享受政策红利。

二、企业经营性热点涉税行为合规解读

1. 企业内部福利费涉税风险分析

福利费，是指用于增进职工物质利益，帮助职工及其家属解决某些特殊困难和兴办集体福利事业所支付的费用。有碍于福利费的公益性质，国家出于对社会公共利益的维护，对部分特殊群体的特殊收入施以免税优惠，以此减轻相应主体的税收负担。福利费税收优惠的适用对象包括企业和个人。对企业而言，符合相应免税标准的福利费可享受税前扣除优惠，该笔费用在列支时将其列为企业成本，进行税前扣除或限额内免税；对个人而言，符合优惠标准的福利费免征个人所得税。

福利费税收优惠政策对以上两个主体的优惠标准有所不同。实务中，一些福利费仅对企业施加税收优惠，通常采取将该笔费用列支企业成本的方式，予以税前扣除；一些又仅对个人施加税收优惠，即个人免征个税；还有一些对个人和企业同时施加税收优惠。有关福利费税收优惠适用问题常常出现纳税争议。相关主体若不对有关适用规则加以掌握，甚至对有关政策进行滥用，将面临相应经济处罚。

因此，本部分将通过系统梳理当前我国有关福利费的税收优惠政策，分别明确适用企业及个人的不同优惠标准。通过对当前实践中福利费纳税争议典型案例进行分析，提出针对性实务建议，避免企业或个人因政策应用不当而遭到相应法律制裁。

1.1 福利费税收优惠政策介绍

1.1.1 福利费支出免税项目（见表91）

表91 免税项目

序号	免税项目	具体内容	依据	备注
1	福利费、抚恤金、救济金	下列各项个人所得，免征个人所得税： 福利费、抚恤金、救济金	《中华人民共和国个人所得税法》第4条第1款第4项	

续表

序号	免税项目	具体内容	依据	备注
2	生活补助费、生活困难补助费、救济金	《个人所得税法》第4条第1款第4项所称福利费，是指根据国家有关规定，从企业、事业单位、国家机关、社会组织提留的福利费或者工会经费中支付给个人的生活补助费；所称救济金，是指各级人民政府民政部门支付给个人的生活困难补助费	《中华人民共和国个人所得税法实施条例》第11条	
3	临时性生活困难补助	所称生活补助费，是指由于某些特定事件或原因而给纳税人本人或其家庭的正常生活造成一定困难，其任职单位按国家规定从提留的福利费或者工会经费中向其支付的临时性生活困难补助	《国家税务总局关于生活补助费范围确定问题的通知》（国税发〔1998〕155号）	对个人免征个税，对企业计入企业成本，进行税前扣除
4	差旅费津贴、误餐补助	下列不属于工资、薪金性质的补贴、津贴或者不属于纳税人本人工资、薪金所得项目的收入，不征税： 差旅费津贴、误餐补助	《国家税务总局关于印发〈征收个人所得税若干问题的规定〉的通知》（国税发〔1994〕089号，部分失效）	
5	个人取得公务交通、通讯补贴收入	个人因公务用车和通讯制度改革而取得的公务用车、通讯补贴收入，扣除一定标准的公务费用后，按照“工资、薪金”所得项目计征个人所得税。按月发放的，并入当月“工资、薪金”所得计征个人所得税；不按月发放的，分解到所属月份并与该月份“工资、薪金”所得合并后计征个人所得税	《国家税务总局关于个人所得税有关政策问题的通知》（国税发〔1999〕58号，部分失效）	限额免征个税

续表

序号	免税项目	具体内容	依据	备注
6	误餐补助	国税发〔1994〕089 号文件规定不征税的误餐补助，是指按财政部门规定，个人因公在城区、郊区工作，不能在工作单位或返回就餐，确实需要在外就餐的，根据实际误餐顿数，按规定的标准领取的误餐费	《财政部、国家税务总局关于误餐补助范围确定问题的通知》（财税字〔1995〕82 号）	分情况决定是否征收个税
7	现金补贴和非货币性集体福利	企业职工福利费是指企业为职工提供的除职工工资、奖金、津贴、纳入工资总额管理的补贴、职工教育经费、社会保险费和补充养老保险费（年金）、补充医疗保险费及住房公积金以外的福利待遇支出，包括发放给职工或为职工支付的以下各项现金补贴和非货币性集体福利	《财政部关于企业加强职工福利费财务管理的通知》（财企〔2009〕242 号）	
8	企业内设福利部门所发生的设备、设施和人员费用；为职工卫生保健、生活、住房、交通等所发放的各项补贴和非货币性福利；按照其他规定发生的其他职工福利费	《企业所得税法实施条例》第 40 条规定的企业职工福利费，包括以下内容： （1）尚未实行分离办社会职能的企业，其内设福利部门所发生的设备、设施和人员费用，包括职工食堂、职工浴室、理发室、医务所、托儿所、疗养院等集体福利部门的设备、设施及维修保养费用和福利部门工作人员的工资薪金、社会保险费、住房公积金、劳务费等 （2）为职工卫生保健、生活、住房、交通等所发放的各项补贴和非货币性福利，包括企业向职工发放的因公外地就医费用、未实行医疗统筹企业职工医疗费用、职工供养	《国家税务总局关于企业工资薪金及职工福利费扣除问题的通知》（国税函〔2009〕3 号）	计入企业成本，进行税前扣除。若属于集体非货币性福利性质的，个人免征个税

续表

序号	免税项目	具体内容	依据	备注
		直系亲属医疗补贴、供暖费补贴、职工防暑降温费、职工困难补贴、救济金、职工食堂经费补贴、职工交通补贴等 (3)按照其他规定发生的其他职工福利费，包括丧葬补助费、抚恤费、安家费、探亲假路费等		
9	与工资、薪金一起发放的福利性补贴	列入企业员工工资薪金制度、固定与工资薪金一起发放的福利性补贴，符合《国家税务总局关于企业工资薪金及职工福利费扣除问题的通知》（国税函〔2009〕3号）第1条规定的，可作为企业发生的工资薪金支出，按规定在税前扣除。不能同时符合上述条件的福利性补贴，应作为国税函〔2009〕3号文件第3条规定的职工福利费，按规定计算限额税前扣除	《关于企业工资薪金和职工福利费等支出税前扣除问题的公告》（国家税务总局公告2015年第34号）	分情况划分费用性质

1.1.2 福利费支出免税项目的例外（见表92）

表92 例外情况

序号	不在免税范围的福利费	依据	备注
1	从超出国家规定的比例或基数计提的福利费、工会经费中支付给个人的各种补贴、补助	《国家税务总局关于生活补助费范围确定问题的通知》（国税发〔1998〕155号）	企业和个人都需纳税
	从福利费和工会经费中支付给单位职工的人人有份的补贴、补助		计入企业成本，可予税前扣除；需缴纳个税
	单位为个人购买汽车、住房、电子计算机等不属于临时性生活困难补助性质的支出		企业和个人都需纳税

续表

序号	不在免税范围的福利费	依据	备注
2	一些单位以误餐补助名义发给职工的补贴、津贴，应当并入当月工资、薪金所得计征个人所得税	《财政部、国家税务总局关于误餐补助范围确定问题的通知》（财税字〔1995〕82号）	缴纳个税；计入企业成本，可予税前扣除
3	企业为职工提供的交通、住房、通讯待遇，已经实行货币化改革的，按月按标准发放或支付的住房补贴、交通补贴或者车改补贴、通讯补贴，应当纳入职工工资总额，不再纳入职工福利费管理；企业给职工发放的节日补助、未统一供餐而按月发放的午餐费补贴，应当纳入工资总额管理	《财政部关于企业加强职工福利费财务管理的通知》（财企〔2009〕242号）	企业和个人都不免税
4	按税收规定，自产自用的产品视同对外销售，并据以计算缴纳各种税费	《财政部关于自产自用的产品视同销售如何进行会计处理的复函》（财会字〔1997〕26号，已失效）	
5	下列项目的进项税额不得从销项税额中抵扣：用于简易计税方法计税项目、免征增值税项目、集体福利或者个人消费的购进货物、劳务、服务、无形资产和不动产	《中华人民共和国增值税暂行条例》（2017年修订）第10条第1项	

通过对上述法条的梳理，不难发现对不同主体，法律规定的福利费税收优惠标准不同。福利费免税的正面清单往往不存在争议，无论是个人还是企业都希望享受优惠的免税项目多多益善。然而现实并非如此。需要注意的是免税项目的负面清单，也就是说那些福利费明明具有公益性质，但是个人或企业却不能主张免税或者进行税前扣除，这也是实务中常见的争议点。下面我们通过案例，进一步分析福利费纳税存在的实务争议，从而为企业提供相应的纳税合规建议，规避税务风险。

1.2 福利费支出典型案例

1.2.1 员工集体福利发票的进项税是否从销项税额中抵扣

1.2.1.1 典型案例

云南西康路桥工程有限责任公司贡山分公司（怒税一稽罚〔2022〕9号）。

1.2.1.2 违法行为

根据云南西康路桥工程有限责任公司贡山分公司提供的2019～2021年财务报表、增值税申报表及增值税专用发票开具与取得情况，发现2019年，该公司对购进货物和劳务用于集体职工福利和个人消费部分应做增值税进项税额转出处理，而未做进项税额转出处理。根据《增值税暂行条例》、《财政部、国家税务总局关于全面推开营业税改征增值税试点的通知》（财税〔2016〕36号，部分失效）附件1《营业税改征增值税试点实施办法》等相关规定，该公司购进货物和劳务用于个人消费及职工集体福利，应做增值税进项税额转出，应补缴增值税25,232.90元。并且，由于该公司本次查补2019～2021年度应缴少缴增值税25,232.90元，需补缴城市维护建设税1261.64元。此外，该公司2020年度应调增超出扣除标准列支职工福利费1,078,775.65元，还应加征不得税前扣除列支的税收滞纳金16,513.58元。

1.2.1.3 实务建议

《增值税暂行条例》第10条规定，当纳税人购进的货物或接受的应税劳务，不是用于增值税应税项目，而是用于非应税项目、免税项目或用于集体福利、个人消费等情况时，其支付的进项税就不能从销项税额中抵扣。在实际工作中，经常会遇到纳税人在当期购进的货物或应税劳务事先并未确定将用于生产或非生产经营，但其进项税税额已在当期销项税额中进行了抵扣的情况。

然而，如果已抵扣进项税税额的购进货物或应税劳务改变用途，用于非应税项目、免税项目、集体福利或个人消费等，就会发生购进货物的非正常损失。在出现产品和成品的非正常损失时，应将购进货物或应税劳务的进项税税额从当期发生的进项税税额中扣除，并在会计处理中记入“进项税额转出”。否则将导致增值税纳税违法后果的发生。

1.2.2 团建费用相关纳税争议

1.2.2.1 典型案例

梧州凌众信息科技有限公司（梧市税一稽罚〔2021〕1号）。

1.2.2.2 违法行为

梧州凌众信息科技有限公司2020年5月31日记字第13号反映收到营业成本

票，其中有两张发票，发票内容为“旅游服务＊代订房费”，发票金额合计10,259.00元。上述两份发票是该公司5月的团建费用。公司将上述支出计入主营业务成本。根据《企业所得税法》第8条、《企业所得税法实施条例》第29条的规定，上述10,259.00元的团建费用不得计入主营业务成本，应计入职工福利费。公司将团建费用10,259.00元计入主营业务成本，造成少报免税收入，已构成编造虚假计税依据。

1.2.2.3　实务建议

按照《企业财务通则》第46条的规定，应当由个人承担的有关支出，企业不得作为职工福利费开支。具体如下：（1）娱乐、健身、旅游、招待、购物、馈赠等支出；（2）购买商业保险、证券、股权、收藏品等支出；（3）个人行为导致的罚款、赔偿等支出；（4）购买住房、支付物业管理费等支出；（5）应由个人承担的其他支出。享受企业所得税税收优惠的项目有很多，如主营业务成本，职工福利费，给职工发放的工资、薪金等。对于不同资金的性质，国家规定的相应优惠标准不同，如工资、薪金在缴纳企业所得税之前实行全额扣除，而福利费在工资、薪金14%以内限额扣除。实务中常常出现企业对有关费用性质进行错误分类，导致纳税不足，造成逃避税收而遭到税务部门的稽查，最后受到相应行政处罚。律师在此提示，企业应当如实、正确地划分企业不同资金的性质，采用相应的抵扣标准，进行合法合规的纳税申报，做好企业税务合规工作。

1.2.3　人人有份的补贴、补助列支职工福利费

1.2.3.1　典型案例

丽水市南星置业有限公司其他违法（丽税三稽罚〔2019〕31号）。

1.2.3.2　违法行为

违法行为一：2018年，丽水市南星置业有限公司为公司员工支付餐费合计71,760元，在福利费科目中列支。按照《国家税务总局关于生活补助费范围确定问题的通知》（国税发〔1998〕155号）的规定，下列收入不属于免税的福利费范围，应当并入纳税人的工资、薪金收入计征个人所得税：从福利费和工会经费中支付给本单位职工的人人有份的补贴、补助。本案中，行政处罚机关认为上述为员工支付的就餐费用不应划分为福利费科目，应将该费用并到员工当月的工资、薪金中计征个人所得税，代扣代缴个人所得税2770.19元。

违法行为二：2018年12月，丽水市南星置业有限公司以租赁私车的形式，向公司4名管理人员支付价款1,224,000元。行政机关认为，上述物质奖励，应并到当月计征个人所得税，不应列支职工福利费进行税前抵扣，代扣代缴个人所

得税 272, 560 元。

1.2.3.3 其他所得

2018 年 5 月，丽水市南星置业有限公司购买炊具花费 8330 元在业务宣传时赠送客户，在业务宣传费里列支，按照《财政部、国家税务总局关于企业促销展业赠送礼品有关个人所得税问题的通知》（财税〔2011〕50 号，部分失效）的规定，企业向个人赠送礼品，属于下列情形之一的，取得该项所得的个人应依法缴纳个人所得税，税款由赠送礼品的企业代扣代缴：企业在业务宣传、广告等活动中，随机向本单位以外的个人赠送礼品，对个人取得的礼品所得，按照“其他所得”项目，全额适用 20% 的税率缴纳个人所得税。企业对此应代扣代缴个人所得税 1666 元。以上事项，合计未扣缴个人所得税 276, 996. 19 元。

1.2.3.4 实务建议

本案中，企业的行为属于典型的福利费错误列支而导致的少缴税款，构成纳税违法。企业在经营时，要准确判断福利费的性质。切忌将所有职工福利“一股脑”归类为福利费科目。对企业而言，为员工列支的人人有份的补贴、补助，与生产经营无关的，不得在企业所得税前扣除；对个人而言，从福利费和工会经费中支付给本单位职工的人人有份的补贴、补助，按规定，应将该费用并到员工工资薪金中计征个人所得税。企业在发放职工福利费时，对福利费性质应当做好区分，对不属于个税免除范围的福利费，应当严格履行代扣代缴义务。

1.2.4 职工教育经费不作为企业职工福利费享受税前扣除优惠

1.2.4.1 典型案例

西安长庆化工集团咸阳石化有限公司职工教育经费税务违法案。

1.2.4.2 违法行为

根据国家税务总局咸阳市税务局稽查局行政处罚决定书，西安长庆化工集团咸阳石化有限公司在财务处理时，将企业上交集团公司的职工教育经费 168, 036. 99 元进行税前扣除；将年终兑现奖 2, 564, 351. 02 元与当月工资、月奖等合并计算；在应付职工薪酬商业险中列支补充医疗保险 636, 087. 3 元，对此部分未履行代扣代缴义务缴纳个人所得税；在福利费中发放家属医药费 111, 685. 8 元也未按规定代扣个人所得税。根据《个人所得税法实施条例》第 11 条的规定，为员工家属支付医药费属于人人有份的福利，不属于免税的生活困难补助。国家税务总局咸阳市税务局稽查局最终对其处以 45, 980. 28 元罚款。

1.2.4.3 处罚依据

职工教育经费、年终兑现奖应与当月工资、月奖等合并计算，应单独作为一个月工资薪金计算纳税。企业在应付职工薪酬商业险中列支补充医疗保险，根据财税〔2006〕10号文件的规定，企业实际缴付的基本医疗保险、基本养老保险、失业保险、住房公积金等免征个税，不包括补充医疗保险。福利费中发放家属医药费要按规定代扣代缴。根据《个人所得税法实施条例》第11条的规定，员工家属支付医药费属于人人有份的福利，不属于免税的生活困难补助。

1.2.4.4 实务建议

企业在进行职工福利费发放时，除了要注意福利费性质判断，避免错误列支账目而造成少缴税款外，还应当注意是否应当依法履行代扣代缴义务缴纳个税。因此企业不仅需要判断一笔资金对企业而言属于什么性质，还要判断对个人而言属于什么性质。对于为员工支付的属于人人有份的福利，不属于免税的生活困难补助，一次性发放的年终奖等不具有公益、救济、救急性质的福利要尤为注意，因为此种性质的福利往往都需要缴纳个税，企业未履行代扣代缴义务，要被处以相应罚款。

1.3 福利费支出合规指引

1.3.1 福利费支出风险点提示

通过分析以上法条及案例，可以总结出实务中企业纳税风险中涉及福利费部分的常见风险点，具体如表93所示。

表93 风险点

序号	风险点
1	企业未按规定对福利费与工资薪金进行正确的划分，未做纳税调增，少计税款
2	部分企业计提未使用的职工福利费，在企业所得税汇算清缴时未调增应纳税所得额，少计税款
3	已实行医疗统筹的部分企业为职工报销医疗、医药等费用，在企业所得税前扣除，少计税款
4	与生产经营无关的支出未做调整
5	企业将应由个人负担的水电费、旅游费也在申报企业所得税前做了税前扣除处理，少缴企业所得税
6	职工个人的学历教育费用属于个人性质的支出，企业将应由个人承担的学历教育费用计入职工教育经费，未做纳税调整，少计企业所得税
7	票据合规问题：相关票据存在问题，取得的费用凭证不符合规定。企业支付的劳务费用取得的票据不符合税法规定，未做纳税调整，少计税款

1.3.2 福利费支出合规解读

福利费是因困难才给予员工的临时性生活困难补助。通过梳理上述有关福利费的纳税规定及经典案例分析，我们发现常见福利费纳税争议点较为固定，不外乎福利费列支错误、该缴个税的企业未履行代扣代缴义务、用于集体福利的未作进项税额转出这几点。其中最为常见、表现形式最多种多样的当属福利费列支错误。以上几点不只是企业福利费纳税风险点，更是税务机关稽查重点，因而在有关费用列支问题上，在企业相关义务履行上，企业需要重点关注。企业日常生产经营的常见问题，如单位发放的集体福利、节假日福利的性质判断，企业和个人是否能分别对该笔费用主张税收优惠？在此需再次明确：凡是能够按份分配的员工福利，比如高温补贴、中秋月饼等，无论是实物还是现金，一律需要并入当月工资合并计算个人所得税，由公司代扣代缴；企业此部分支出的性质，应根据《企业所得税法》第10条进行认定，凡是属于：（1）向投资者支付的股息、红利等权益性投资收益款项；（2）企业所得税税款；（3）税收滞纳金；（4）罚金、罚款和被没收财物的损失；（5）本法第9条规定以外的捐赠支出；（6）赞助支出；（7）未经核定的准备金支出；（8）与取得收入无关的其他支出的，企业在计算应纳税所得额时，不得税前扣除。

福利费纳税问题之所以会成为税务机关稽查时的重灾区，是因为企业进行税务筹划时，常常出现钻法律空子、模糊相应费用定性的行为。如将业务招待费计入职工福利费且未进行纳税调整，未按规定履行代扣代缴义务等。

福利费性质认定错误是涉事企业常见的违法行为类型。不当划分福利费性质或错误列支可能给企业带来纳税违法风险。律师提示，企业在进行纳税申报时，应当严格区分业务招待费、广告费和业务宣传费等有扣除限额标准的支出项并按照实际情况列支，按要求做好内部税务合规建设，以免被税务稽查部门认定为违规。

此外，企业纳税的核心在于内部成本发票的管理。市面上已经出现一些数字化工具，协助企业做好内部成本发票管理工作，保障企业财税合规。以“锦信一票通”为代表的AI大数据智能管理平台，可以将企业运行过程中各环节的发票统一录入电子平台，通过算法运算及深度分析，完成录入发票的整合、分类，将企业的业务、税务、财务、资金管理一一对应起来，快速定位虚开发票风险点，从而能够定制针对性的合规计划，实现发票信息化、数字化管理。

以律所为例，日常涉及的发票支出不计其数，包括但不限于汽油费、广告费、餐饮费、住宿费、交通费、服务费、办公费等一系列生产运营开销。对于直接以货币方式完成交付的现金类业务往来，至今依然处于监管的“灰色地带”。哪怕是金税四期建设以来，企业成本发票也依然是纳税稽查的核心关注点。“以数治税”的底层逻辑还是“以票管税”，只不过增加了其他外围的数据因素。因此，我们对企业纳税合规的建设路径依然要围绕企业成本发票的管理来进行，对企业福利费的列支监管自然也不例外。

下面我们以上海市某律师事务所为例进行企业纳税分析。表 94 中左侧两列为福利费正面清单，即企业一旦存在该项支出，列支福利费科目不存在任何争议的项目；右侧两列为福利费负面清单，即无论如何，都不能被列为企业福利费的项目；中间两列为福利费列支“中间地带”，就是说该项支出究竟是采取何种列支方式，要企业根据自身情况依法依规做账。

表 94　清单分析

<table>
<tr><th>合并编码</th><th colspan="2">正面清单</th><th>合并编码</th><th colspan="2">中间清单</th><th>合并编码</th><th colspan="2">负面清单</th></tr>
<tr><td rowspan="8">307020 2000000 000000</td><td colspan="2" rowspan="4">限额内的防疫物品</td><td rowspan="4">30704020 00000000 000</td><td colspan="2" rowspan="4">住宿服务</td><td rowspan="4">3070302 0000000 00000</td><td rowspan="4">娱乐服务</td><td>酒吧</td></tr>
<tr><td>高尔夫</td></tr>
<tr><td>保龄球</td></tr>
<tr><td>台球</td></tr>
<tr><td rowspan="4">没有为员工办统一医保的企业医疗服务支出</td><td>员工体检</td><td>10701010 10000000 000</td><td rowspan="3">燃油费</td><td>汽油类</td><td>3040301 0100000 00000</td><td rowspan="3">设计服务</td><td>工程设计服务</td></tr>
<tr><td>医疗器械支出</td><td>10701010 30100000 000</td><td>柴油</td><td>3040301 0200000 00000</td><td>专业设计服务</td></tr>
<tr><td rowspan="2">必要药品等支出</td><td>10701010 70000000 000</td><td>润滑油类</td><td>3040301 0300000 00000</td><td>文印晒图服务</td></tr>
<tr><td>30704010 00000000 000</td><td colspan="2">餐饮</td><td>3070301 0000000 00000</td><td colspan="2">旅游服务</td></tr>
</table>

注：1. 上述清单仅是部分展示，中间清单是指在具体企业进行实际列支时，可以根据实际经营情况进行调整的内容。

2. 根据税务总局发票代码体系，基于 4485 个货物或应税劳务、服务名称（在全电发票下称为：项目名称）进行底层发票数据精细化管理。

2. 企业差旅费涉税风险分析

2.1 差旅费的定义与基本范围

根据《中央和国家机关差旅费管理办法》的相关规定及差旅实践，差旅费是指工作人员临时到常驻地以外地区公务出差所发生的城市间交通费、住宿费、伙食补助费、市内交通费、车辆费、补贴和公杂费等各项费用。具体分析如表95所示。

表95 基本类型与基本范围

基本类型	基本范围
城市间交通费	指工作人员因公到常驻地以外地区出差乘坐火车、轮船、飞机等交通工具所发生的费用
住宿费	指工作人员因公出差期间入住宾馆（包括饭店、招待所）发生的房租费
伙食补助费	指对工作人员因公出差期间给予的伙食补助费
市内交通费	指工作人员因公出差期间发生的市内交通费
车辆费	指出差途中所使用车辆的加油费、停车费、过路费等费用
补贴	指交通补贴、因出差影响就餐的误餐补贴等费用
公杂费	指订票费、经批准发生的签转或退票费、交通意外保险费等费用

差旅费因含有增值服务的支出而涉及增值税，因属于企业经常性支出而涉及企业所得税，因含有个人费用补贴而涉及个人所得税，这些税收政策影响着差旅费的合规使用及报销，也直接关乎企业的税收成本。差旅费的相关规定如表96所示。

表96 差旅费相关规定

差旅费		差旅费在增值税中进项扣除规定
交通费	增值税专用发票	《财政部、国家税务总局关于全面推开营业税改征增值税试点的通知》（财税〔2016〕36号，部分失效）附件1《营业税改征增值税试点实施办法》第25条第1项规定：“下列进项税额准予从销项税额中抵扣：（一）从销售方取得的增值税专用发票（含税控机动车销售统一发票，下同）上注明的增值税额”

续表

差旅费		差旅费在增值税中进项扣除规定
交通费	通行费发票	《交通运输部、财政部、国家税务总局、国家档案局关于收费公路通行费电子票据开具汇总等有关事项的公告》（交通运输部、财政部、国家税务总局、国家档案局公告 2020 年第 24 号）第 6 条第 1、2 项规定：“通行费电子票据其他规定（一）通行费电子票据作为电子会计凭证具有与纸质会计凭证同等法律效力，是单位财务收支和会计核算的原始凭证，在满足相关条件基础上，单位可以仅使用通行费电子票据进行报销入账归档，不再打印纸质件。具体报销入账和归档管理按照《财政部　国家档案局关于规范电子会计凭证报销入账归档的通知》（财会〔2020〕6 号）执行。（二）收费公路通行费增值税进项抵扣事项按照现行增值税政策有关规定执行。增值税一般纳税人申报抵扣的通行费电子发票进项税额，在纳税申报时应当填写在《增值税纳税申报表附列资料（二）》（本期进项税额明细）中‘认证相符的增值税专用发票’相关栏次中。” 《财政部、税务总局关于租入固定资产进项税额抵扣等增值税政策的通知》（财税〔2017〕90 号）第 7 条第 2 项规定：“自 2018 年 1 月 1 日起，纳税人支付的道路、桥、闸通行费，按照以下规定抵扣进项税额：（二）纳税人支付的桥、闸通行费，暂凭取得的通行费发票上注明的收费金额按照下列公式计算可抵扣的进项税额：桥、闸通行费可抵扣进项税额 = 桥、闸通行费发票上注明的金额 $\div (1+5\%) \times 5\%$”
	国内旅客运输的普通发票	《财政部、税务总局、海关总署关于深化增值税改革有关政策的公告》（中华人民共和国财政部、国家税务总局、中华人民共和国海关总署公告 2019 年第 39 号）第 6 条第 1 项规定：“纳税人购进国内旅客运输服务，其进项税额允许从销项税额中抵扣。（一）纳税人未取得增值税专用发票的，暂按照以下规定确定进项税额：1. 取得增值税电子普通发票的，为发票上注明的税额；2. 取得注明旅客身份信息的航空运输电子客票行程单的，为按照下列公式计算进项税额：航空旅客运输进项税额 =（票价 + 燃油附加费）$\div (1+9\%) \times 9\%$；3. 取得注明旅客身份信息的铁路车票的，为按照下列公式计算的进项税额：铁路旅客运输进项税额 = 票面金额 $\div (1+9\%) \times 9\%$；4. 取得注明旅客身份信息的公路、水路等其他客票的，按照下列公式计算进项税额：公路、水路等其他旅客运输进项税额 = 票面金额 $\div (1+3\%) \times 3\%$”
	不可以抵扣进项税的发票	《国家税务总局关于国内旅客运输服务进项税抵扣等增值税征管问题的公告》（国家税务总局公告 2019 年第 31 号，部分失效）第 1 条规定：“关于国内旅客运输服务进项税抵扣（一）《财政部　税务总局　海关总署关于深化增值税改革有关政策的公告》（财政部　税务总局　海关总署

续表

差旅费		差旅费在增值税中进项扣除规定
交通费	不可以抵扣进项税的发票	公告2019年第39号）第六条所称‘国内旅客运输服务’，限于与本单位签订了劳动合同的员工，以及本单位作为用工单位接受的劳务派遣员工发生的国内旅客运输服务。（二）纳税人购进国内旅客运输服务，以取得的增值税电子普通发票上注明的税额为进项税额的，增值税电子普通发票上注明的购买方‘名称’‘纳税人识别号’等信息，应当与实际抵扣税款的纳税人一致，否则不予抵扣。（三）纳税人允许抵扣的国内旅客运输服务进项税额，是指纳税人2019年4月1日及以后实际发生，并取得合法有效增值税扣税凭证注明的或依据其计算的增值税税额。以增值税专用发票或增值税电子普通发票为增值税扣税凭证的，为2019年4月1日及以后开具的增值税专用发票或增值税电子普通发票。” 《财政部、国家税务总局关于全面推开营业税改征增值税试点的通知》（财税〔2016〕36号，部分失效）附件1《营业税改征增值税试点实施办法》第27条第1款第1项规定：“下列项目的进项税额不得从销项税额中抵扣：（一）用于简易计税方法计税项目、免征增值税项目、集体福利或者个人消费的购进货物、加工修理修配劳务、服务、无形资产和不动产。其中涉及的固定资产、无形资产、不动产，仅指专用于上述项目的固定资产、无形资产（不包括其他权益性无形资产）、不动产。纳税人的交际应酬消费属于个人消费。”附件4《跨境应税行为适用增值税零税率和免税政策的规定》第1条第1项规定：“中华人民共和国境内（以下称境内）的单位和个人销售的下列服务和无形资产，适用增值税零税率：（一）国际运输服务。国际运输服务是指：1. 在境内载运旅客或者货物出境。2. 在境外载运旅客或者货物入境。3. 在境外载运旅客或者货物”
车辆费用		《税务机关代开增值税专用发票管理办法（试行）》（已被修改）第2条规定：“本办法所称代开专用发票是指主管税务机关为所辖范围内的增值税纳税人代开专用发票，其他单位和个人不得代开。” 《财政部、国家税务总局关于全面推开营业税改征增值税试点的通知》（财税〔2016〕36号，部分失效）附件1《营业税改征增值税试点实施办法》第53条第1款和第2款第1项规定：“纳税人发生应税行为，应当向索取增值税专用发票的购买方开具增值税专用发票，并在增值税专用发票上分别注明销售额和销项税额。属于下列情形之一的，不得开具增值税专用发票：（一）向消费者个人销售服务、无形资产或者不动产”

续表

差旅费	差旅费在增值税中进项扣除规定
住宿费	《财政部、国家税务总局关于全面推开营业税改征增值税试点的通知》（财税〔2016〕36号，部分失效）附件1《营业税改征增值税试点实施办法》第27条第1项规定："下列项目的进项税额不得从销项税额中抵扣：（一）用于简易计税方法计税项目、免征增值税项目、集体福利或者个人消费的购进货物、加工修理修配劳务、服务、无形资产和不动产。其中涉及的固定资产、无形资产、不动产，仅指专用于上述项目的固定资产、无形资产（不包括其他权益性无形资产）、不动产。纳税人的交际应酬消费属于个人消费。"
餐饮费	《财政部、国家税务总局关于全面推开营业税改征增值税试点的通知》（财税〔2016〕36号，部分失效）附件1《营业税改征增值税试点实施办法》第27条第1款第6项规定："下列项目的进项税额不得从销项税额中抵扣：（六）购进的旅客运输服务、贷款服务、餐饮服务、居民日常服务和娱乐服务。"

2.2　差旅费在企业所得税中扣除规定（见表97）

表97　差旅费在企业所得税扣除分析表

分类	内容
可以直接扣除	《企业所得税法》第8条规定："企业实际发生的与取得收入有关的、合理的支出，包括成本、费用、税金、损失和其他支出，准予在计算应纳税所得额时扣除。" 《企业所得税法实施条例》第30条规定："企业所得税法第八条所称费用，是指企业在生产经营活动中发生的销售费用、管理费用和财务费用，已经计入成本的有关费用除外。"
只能限额扣除	《企业所得税法实施条例》第40条规定："企业发生的职工福利费支出，不超过工资薪金总额14%的部分，准予扣除。"第43条规定："企业发生的与生产经营活动有关的业务招待费支出，按照发生额的60%扣除，但最高不得超过当年销售（营业）收入的5‰。"第44条规定："企业发生的符合条件的广告费和业务宣传费支出，除国务院财政、税务主管部门另有规定外，不超过当年销售（营业）收入15%的部分，准予扣除；超过部分，准予在以后纳税年度结转扣除。" 《财政部、税务总局关于广告费和业务宣传费支出税前扣除有关事项的公告》（财政部、税务总局公告2020年第43号）规定："一、对化妆品制造或销售、医药制造和饮料制造（不含酒类制造）企业发生的广告费和业务宣传费支出，不超过当年销售（营业）收入30%的部分，准予扣除；超过部分，准予在以后纳税年度结转扣除……"

续表

需要计入资产计税依据，不能直接税前扣除	《企业所得税法实施条例》第28条第1、2款规定："企业发生的支出应当区分收益性支出和资本性支出。收益性支出在发生当期直接扣除；资本性支出应当分期扣除或者计入有关资产成本，不得在发生当期直接扣除。企业的不征税收入用于支出所形成的费用或者财产，不得扣除或者计算对应的折旧、摊销扣除。"

2.3 差旅费在个人所得税中扣除规定（见表98）

表98 差旅费三类费用在个人所得税中扣除分析表

公务员相关补贴	执行公务员工资制度未纳入基本工资总额的补贴、津贴差额和家属成员的副食品补贴
差旅费津贴	对于单位给出差人员发的交通费和餐费补贴是否并入当月工资薪金计征个人所得税，国家税务总局相关人员答复，根据现行个人所得税法和有关政策规定，单位以现金方式给出差人员发放交通费、餐费补贴应征收个人所得税，但如果单位是根据国家有关标准，凭出差人员实际发生的交通费、餐费发票作为公司费用予以报销，可以不作为个人所得征收个人所得税
误餐补助	《财政部、国家税务总局关于误餐补助范围确定问题的通知》（财税字〔1995〕82号）规定：国税发〔1994〕089号文件规定不征税的误餐补助，是指按财政部门规定，个人因公在城区、郊区工作，不能在工作单位或返回就餐，确实需要在外就餐的，根据实际误餐顿数，按规定的标准领取的误餐费。一些单位以误餐补助名义发给职工的补贴、津贴，应当并入当月工资、薪金所得计征个人所得税

2.4 差旅费支出合规指引

企业差旅管理对于企业成本来说至关重要，好的差旅管理不仅能控制好企业的出行成本，还能在一定程度上降低企业的税收成本。差旅费的报销因涉及不同种类的支出及不同的票据而呈现出复杂性、烦琐性的特征，这给差旅费的管理水平提出了重大挑战。由此企业应建立差旅费合规制度，对差旅费做到全流程、全票据、自动化的有效管理。合规制度建设重点如表99所示。

表 99　企业差旅费合规制度建设表

分类		内容
企业制度建立	差旅费标准制度	企业应建立规范的差旅费标准制度，以此加强差旅费各项支出的限额管理，能为企业差旅费标准提供强有力的参考
	规范的差旅费报销制度	企业应建立规范的差旅费报销制度，明确规定出差补助标准，相关资料应当留存备查，会计记账时，不能只附一张发票，还需要附证明差旅费真实性的相关证明材料（包括出差人员姓名、时间、地点、出差目的、支付凭证等）
	出差的控制流程	建立企业出差的控制流程，从源头上控制差旅费，防止随意出差和假借出差之名办私事等
	差旅费预支和报账流程	建立企业的差旅费预支和报账流程，目的在于促进出差人员及时报账，提高差旅费申报效率
企业辅助管理工具	专业的大数据财税工具	贯彻“以票管税”向“以数治税”转变的思路，鉴于多数企业差旅需求大且流程复杂，建议选用专业的大数据财税工具进行辅助管理。比如通过“锦信一票通”系统，依托税务局、监管和征信大数据资源，通过数据可视化分析，为企业财务人员提供方便、快速以及直观的发票管理数据平台，为企业的差旅成本核算、进项票管理和合规管理提供新助力，也可以为专业税务合规服务提供发票数据引擎，为企业财税合规治理提供新模式

3. 企业私车公用涉税风险分析

3.1　“私车公用”的含义及用车形式

私车公用，指职工将车辆有偿或无偿地出租给单位，且签有出租合同，车辆由公司支配使用，公司按照协议约定支付职工相应的租赁费用，以此让私家车辆为单位公务所用。该模式特点为社会多数单位均采用，具有普遍性，需要签订租赁合同，其车辆租赁价值一般不为零，通常会达到社会一般租车费用水平，单位承担车辆的养护成本，车辆使用人仍为车主或单位指定的他人。该模式在企业中被运用得越来越多，其中涉及车辆费用支出标准及相关税收问题也越来越多。私车公用在税收上会因个人取得租赁收入而涉及个人所得税，会因租赁协议涉及其他税收，会因企业支付租车费用的经营支出而涉及企业所得税。

3.2 企业“私车公用”所涉税务风险点提示

3.2.1 增值税及附加、印花税

私车公用下的租赁合同对于个人而言，涉及增值税及附加、印花税缴纳。其中湖北省答复最为全面明确，具体规定如表100所示。

表100 增值税及附加、印花税

类型	规定内容
增值税	根据《增值税暂行条例》第12条的规定，小规模纳税人增值税征收率为3%，国务院另有规定的除外
增值税附加税费：城市维护建设税	《城市维护建设税法》第4条第1款规定，“城市维护建设税税率如下：（一）纳税人所在地在市区的，税率为百分之七；（二）纳税人所在地在县城、镇的，税率为百分之五；（三）纳税人所在地不在市区、县城或者镇的，税率为百分之一。”
教育费附加	《征收教育费附加的暂行规定》第3条第1款规定，以各单位和个人实际缴纳的增值税、营业税、消费税的税额为计征依据，教育费附加率为3%，分别与增值税、营业税、消费税同时缴纳
地方教育附加	以湖北省为例，根据鄂地税发〔2011〕13号文件规定，从2011年2月1日起，湖北省境内所有缴纳增值税、消费税、营业税（以下简称三税）的单位和个人（包括外商投资企业、外国企业及外籍个人），按其实际缴纳三税税额的2%征收地方教育附加
印花税	书立租赁合同双方应按合同总额的1‰缴纳印花税

3.2.2 企业所得税（见表101）

表101 企业所得税

省/市	答复时间	企业所得税税前扣除规定
北京市	2002年	企业使用员工个人的车辆，在签订租赁合同并取得车辆租赁发票的情况下，其发生的与生产经营相关的油费、保养费、过路费等支出，可凭合法有效凭证在企业所得税前扣除
河北省	2009年	企业因业务需要，可以租用租车公司或个人的车辆，但必须签订6个月以上的租赁协议，租赁协议中规定的汽油费、修车费、过路过桥费等支出允许在税前扣除

续表

省/市	答复时间	企业所得税税前扣除规定
山西省	2015 年	《企业所得税法》第 8 条规定：“企业实际发生的与取得收入有关的、合理的支出，包括成本、费用、税金、损失和其他支出，准予在计算应纳税所得额时扣除”
辽宁省	2009 年	企业使用员工个人的车辆，在签订租赁合同并取得车辆租赁发票的情况下，其发生的与生产经营相关的油费、保养费、过路费等支出，可凭合法有效凭证在企业所得税前扣除
黑龙江	2006 年	企业使用员工个人的车辆，在签订租赁合同并取得车辆租赁发票的情况下，其发生的与生产经营相关的油费、保养费、过路费等支出，可凭合法有效凭证在企业所得税前扣除
上海市	2019 年	《企业所得税法》第 8 条规定，企业实际发生的与取得收入有关的、合理的支出，包括成本、费用、税金、损失和其他支出，准予在计算应纳税所得额时扣除； 租赁期内，因该车辆发生的与企业生产经营有关的费用可以于企业所得税税前扣除，例如：租金、油费、过路费、停车费等； 但车辆购置税等与企业生产经营无关的支出，不得于企业所得税税前扣除
江苏省	2019 年	根据《江苏省国家税务局关于企业所得税若干具体业务问题的通知》（苏国税发〔2004〕97 号）的规定：关于“私车公用”费用的扣除问题企业由于生产经营需要租入企业员工的交通运输工具的，发生的租赁费及与其相关的合理的油料费、停车费、公路收费、修理费（除保险公司的赔付款）等费用，按合同约定凭租赁合同或协议及合法凭证，准予在税前扣除 租入交通工具的保险费、车船税以及按合同约定应由出租方负担的费用，不得在税前扣除 “私车公用”中难以分清个人消费和企业使用的，租赁期间发生除租赁费以外的各项费用不得在税前扣除
浙江省	2020 年	按照现行个人所得税法和有关政策规定，单位根据国家有关标准凭出差人员实际发生的交通费作为公司费用予以报销，可以不作为个人所得征收个人所得税。但对于单位以差旅费名义发放的工资性质的补贴，应纳入工资、薪金所得缴纳个人所得税

续表

省/市	答复时间	企业所得税税前扣除规定
		企业使用员工个人的车辆，在签订租赁合同并取得车辆租赁发票的情况下，其发生的与生产经营相关的油费、保养费、过路费等支出，可凭企业抬头的发票在企业所得税前扣除
安徽省	2016 年	上述情形下，实报实销的油费、过路费，不征收个人所得税。企业使用员工个人的车辆，在签订租赁合同并取得车辆租赁发票的情况下，其发生的与生产经营相关的油费、保养费、过路费等支出，可凭合法有效凭证在企业所得税前扣除。企业税前扣除需取得真实合法有效凭证才能予以税前扣除，取得的个人抬头的发票不得税前扣除
福建省	2022 年	根据《企业所得税法》第 8 条的规定，企业实际发生的与取得收入有关的、合理的支出，包括成本、费用、税金、损失和其他支出，准予在计算应纳税所得额时扣除 企业使用员工个人的车辆，在签订租赁合同并取得车辆租赁发票的情况下，其发生的与生产经营相关的日常费用如租赁费、油费、保养费、过路费等支出，可凭合法有效凭证在企业所得税前扣除，但汽车发生的固定费用如：养路费、年检费、保险费等不能在公司税前扣除
江西省	2019 年	企业实际发生的与取得收入有关的、合理的支出，包括成本、费用、税金、损失和其他支出，准予在计算应纳税所得额时扣除
山东省	2022 年	企业实际发生的与取得收入有关的、合理的支出，包括成本、费用、税金、损失和其他支出，准予在计算应纳税所得额时扣除 企业使用员工个人的车辆，在签订租赁合同并取得车辆租赁发票的情况下，其发生的与生产经营相关的油费、保养费、过路费等支出，可凭合法有效凭证在企业所得税前扣
河南省	2020 年	纳税人应根据合法、有效凭证记账，进行会计核算。如您单位实际发生的属于与取得收入有关的、合理的支出，包括成本、费用、税金、损失和其他支出，准予在计算应纳税所得额时凭合法有效凭证扣除。如企业使用员工个人车辆，在签订了租赁合同并取得车辆租赁发票的情况下，可凭合法有效凭证在企业所得税前扣除，否则不得税前扣除

续表

省/市	答复时间	企业所得税税前扣除规定
湖北省	2015 年	从 2015 年 8 月 1 日起，对湖北省党政机关在岗工作人员因公务用车制度改革并在鄂办发〔2015〕35 号规定内取得的公务交通补贴收入，按照国税发〔1999〕58 号规定在计征工资薪金所得项目个人所得税的允许扣除
广东省	2022 年	企业为个人报销车辆支出的，支付给个人的费用应为其按“工资、薪金所得”项目代扣代缴个人所得税。代扣代缴个人所得税后相关费用可作为工资薪金在企业所得税税前扣除 企业按月支付固定的用车补贴给个人的，如果企业与个人签订租用协议，且相关租车支出属于企业与生产经营相关的真实、合理支出，则个人应按“财产租赁所得”项目计算缴纳个人所得税。企业凭个人向税务机关申请代开的租赁发票在企业所得税税前扣除
广西壮族自治区	2018 年	除实际支付的租金外，判断在租赁期内发生的各项费用属于“企业实际发生的合理的支出”“符合生产经营活动常规”在企业所得税前进行扣除，应满足以下条件：1. 单位与个人签订汽车租赁协议；2. 协议约定的租金价格应与市场平均价格持平，租金收入不能明显偏低（企业无租使用个人汽车的不符合该条件）；3. 向个人支付汽车租金的单位应按“财产租赁所得”项目代扣代缴其个人所得税；4. 在租赁期间发生的汽油费、过路过桥费、年审费等各项费用支出所取得的票据应与签订租赁协议中的汽车牌号一致；5. 单位支付租金应取得合法有效的发票；6. 属于企业实际发生的与生产经营有关的支出（与企业生产经营无关的个人支出不允许在企业所得税前扣除）。因此，同时符合上述条件的，在租赁期内使用汽车所发生的汽油费、过路过桥费、年审费等费用支出准许在企业所得税前进行扣除
海南省	2017 年	如该项支出属于企业实际发生的与取得收入有关的、合理的支出，准予在计算企业所得税应税所得额时扣除；如该支出属于个人所得税法规定的工资、薪金所得的范围，应纳入员工的工资薪金代扣代缴个人所得税
重庆市	2020 年	企业使用员工个人的车辆，在签订租赁合同并取得车辆租赁发票的情况下，其发生的与生产经营相关的油费、保养费、过路费等支出，可凭合法有效凭证在企业所得税前扣除

续表

省/市	答复时间	企业所得税税前扣除规定
云南省	2022年	参阅《企业所得税法实施条例》第30条规定，企业所得税法第8条所称费用，是指企业在生产经营活动中发生的销售费用、管理费用和财务费用，已经计入成本的有关费用除外
陕西省	2015年	企业使用员工个人的车辆，在签订租赁合同并取得车辆租赁发票的情况下，其发生的与生产经营相关的油费、停车费、保养费、过路过桥费等支出，可凭合法有效凭证在企业所得税前扣除。其他应由个人负担的汽车费用，如车辆保险费、维修费等，不得在企业所得税税前扣除
青海省	2017年	《企业所得税法》第8条规定，企业实际发生的与取得收入有关的、合理的支出，包括成本、费用、税金、损失和其他支出，准予在计算应纳税所得额时扣除 企业使用员工个人的车辆，在签订租赁合同并取得车辆租赁发票的情况下，其发生的与生产经营相关的油费、保养费、过路费等支出，可凭合法有效凭证在企业所得税前扣除
宁夏回族自治区	2006年	企业使用员工个人的车辆，在签订租赁合同并取得车辆租赁发票的情况下，其发生的与生产经营相关的油费、保养费、过路费等支出，可凭合法有效凭证在企业所得税前扣除
厦门市	2019年	暂未规定私营企业如领取车补的话，也可以按政府车改制度扣除一定金额再纳税 对企业而言，经营支出，因租赁而发生的费用支出允许税前扣除，如租赁费、油费、停车费等 对个人而言，若合同约定，汽油费属于车辆租金收入的一部分，则该部分收入应并入租金收入，按“财产租赁所得”缴纳个人所得税。若该部分不属于租金收入，而是公司在生产经营活动中发生的，由员工先垫付，再报销的费用，则不作为个人应税所得 私车公用，如存在租赁（签租赁合同），且取得租赁发票，租赁车辆在租赁期间实际发生的与生产经营有关的费用（过路费、汽油费、停车费等），凭合法有效凭据准予税前扣除 对因租赁而发生的费用支出允许企业税前扣除，如租赁费、油费、停车费等。租车期间发生的保险费，即使车辆没有出租也发生，不属于因租赁而发生的费用
	2020年	未签订租赁合同且无偿使用的，无法判断具体是个人使用的费用支出还是单位使用发生的费用支出，不予税前扣除

续表

省/市	答复时间	企业所得税税前扣除规定
大连市	2010 年	企业使用员工个人的车辆，在签订租赁合同并取得车辆租赁发票的情况下，其发生的与生产经营相关的油费、保养费、过路费等支出，可凭合法有效凭证在企业所得税前扣除 实行公务用车和通讯制度改革且制定改革方案的单位，个人发生的标准内的燃油费、车船税、保险费、停车费、保养费等与车辆使用有关的费用，可凭真实、合法的票据在应纳税所得额中扣除，且发票开具名头必须为本单位参改人员。车辆行驶执照登载的姓名为非本单位参改人员的，不视为参改车辆

注：表内列明省市为有明确公开答复，全国其他省市为未明确答复或实际操作口径不一。

企业因租赁合同，而向个人就车辆使用支付费用，车辆使用支出为单位经营支出，由此应在企业所得税中扣除。关于税前扣除问题多数省份均有回复，相关规定如下：

（1）根据《企业所得税法》第 8 条规定，企业实际发生的与取得收入有关的、合理的支出，包括成本、费用、税金、损失和其他支出，准予在计算应纳税所得额时扣除。

（2）根据《企业所得税法实施条例》第 30 条规定，企业所得税法第 8 条所称费用，是指企业在生产经营活动中发生的销售费用、管理费用和财务费用，已经计入成本的有关费用除外。

综上，根据实质课税原则，企业使用员工个人的车辆，在签订租赁合同并取得车辆租赁发票的情况下，其发生的与生产经营相关的租赁费、油费、保养费、过路费等支出，可凭合法有效凭证在企业所得税前扣除。因此，租赁合同及发票等有效凭证至关重要。

根据《江苏省国家税务局关于企业所得税若干具体业务问题的通知》（苏国税发〔2004〕97 号）的规定："私车公用"发生的费用应凭真实、合理、合法凭证，准予税前扣除。对应由个人承担的车辆购置税、折旧费以及保险费等不得税前扣除。"私车公用"中难以分清个人消费和企业使用的，租赁期间发生除租赁费以外的各项费用不得在税前扣除。

由此可以得出，车辆固有支出、合同约定下由个人承担的费用和难以分清企业或个人消费的支出，不属于企业经营支出，不可以在税前扣除。

3.2.3　个人所得税（见表102）

表102　个人所得税

省/市	答复时间	租赁模式下个税缴纳标准
北京市	2022年	如果职工将车辆无偿提供给企业，企业以报销方式承担实际发生的相关费用，员工个人不需要缴纳个人所得税。如果职工将车辆无偿出租给单位，且签有出租合同，车辆由公司支配使用，应按“财产租赁所得”计征个人所得税。如果职工私车公用，单位按月发放一定金额的费用，应按“工资薪金”计征个人所得税
天津市	2022年	因公务用车制度改革而以现金、报销等形式向职工个人支付的收入，均应视为个人取得公务用车补贴收入，按照“工资、薪金所得”项目计征个人所得税
辽宁省	2009年	如果职工将车辆无偿出租给单位，且签有出租合同，车辆由公司支配使用，则应按“财产租赁所得”计征个人所得税。如果职工私车公用，单位按月发放一定金额的费用，则应按“工资薪金”计征个人所得税
黑龙江	2006年	如果职工将车辆无偿提供给企业，企业以报销方式承担实际发生的相关费用，员工个人不需要缴纳个人所得税。如果职工将车辆无偿出租给单位，且签有出租合同，车辆由公司支配使用，应按“财产租赁所得”计征个人所得税。如果职工私车公用，单位按月发放一定金额的费用，应按“工资薪金”计征个人所得税
江苏省	2019年	员工出租车辆给单位使用取得的租车费用应按“财产租赁所得”计征个人所得税 《个人所得税法》第3条第3项规定：“个人所得税的税率：利息、股息、红利所得，财产租赁所得，财产转让所得和偶然所得，适用比例税率，税率为百分之二十” 《个人所得税法》第6条第1款第4项和第3款规定：“应纳税所得额的计算：财产租赁所得，每次收入不超过四千元的，减除费用八百元；四千元以上的，减除百分之二十的费用，其余额为应纳税所得额。” “个人将其所得对教育、扶贫、济困等公益慈善事业进行捐赠，捐赠额未超过纳税人申报的应纳税所得额百分之三十的部分，可以从其应纳税所得额中扣除；国务院规定对公益慈善事业捐赠实行全额税前扣除的，从其规定”

续表

省/市	答复时间	租赁模式下个税缴纳标准
浙江省	2020 年	出租方个人所得税：财产租赁所得，每次收入不超过 4000 元的，减除费用 800 元；4000 元以上的，减除 20% 的费用，其余额为应纳税所得额，税率为 20%
安徽省	2016 年	个人因实施公务用车制度改革取得的交通补贴收入，扣除一定标准的公务费用后，按照工资、薪金所得项目计征个人所得税
河南省	2020 年	如果职工将车辆无偿提供给企业，企业以报销方式承担实际发生的相关费用，员工个人不需要缴纳个人所得税。如果职工将车辆无偿出租给单位，且签有出租合同，车辆由公司支配使用，应按“财产租赁所得”计征个人所得税。如果职工私车公用，单位按月发放一定金额的费用，应按“工资薪金”计征个人所得税
湖北省	2015 年	取得的公务交通补贴收入，在计征工资薪金所得税项目个人所得税时允许扣除
广东省	2022 年	财产租赁所得，适用个人所得税率 20%，每次收入超过 4000 元的，减除费用 800 元；4000 元以上的，减除 20% 的费用，其余额为应纳税所得额 不能正确计算应纳税所得额的，由主管税务机关核定应纳税所得额或者应纳税额
甘肃省	2018 年	如果职工将车辆无偿提供给企业，企业以报销方式承担实际发生的相关费用，员工个人不需要缴纳个人所得税。如果职工将车辆无偿出租给单位，且签有出租合同，车辆由公司支配使用，应按“财产租赁所得”计征个人所得税。如果职工私车公用，单位按月发放一定金额的费用，应按“工资薪金”计征个人所得税
青海省	2017 年	如果职工将车辆无偿提供给企业，企业以报销方式承担实际发生的相关费用，员工个人不需要缴纳个人所得税。如果职工将车辆无偿出租给单位，且签有出租合同，车辆由公司支配使用，应按“财产租赁所得”计征个人所得税。如果职工私车公用，单位按月发放一定金额的费用，应按“工资薪金”计征个人所得税
厦门市	2019 年	同广东省

注：表内列明省市为有明确公开答复，全国其他省市为未明确答复或实际操作口径不一。

因单位与个人就车辆签订了租赁合同，根据法律政策理解及税务部门答复，个人按“财产租赁所得”缴纳个人所得税。财产租赁所得，是指个人出租不动产、机器设备、车船以及其他财产取得的所得。

《个人所得税法》第2条第1款第7项规定，下列各项个人所得，应当缴纳个人所得税：财产租赁所得。第3条第3项规定，个人所得税的税率：利息、股息、红利所得，财产租赁所得，财产转让所得和偶然所得，适用比例税率，税率为20%。第6条第1款第4项规定，应纳税所得额的计算：财产租赁所得，每次收入不超过4000元的，减除费用800元；4000元以上的，减除20%的费用，其余额为应纳税所得额。

《个人所得税法实施条例》第6条第1款第7项规定，个人所得税法规定的各项个人所得的范围：财产租赁所得，是指个人出租不动产、机器设备、车船以及其他财产取得的所得。

根据《征收个人所得税若干问题的规定》第6条第1、2项规定，关于财产租赁所得的征税问题：（1）纳税义务人在出租财产过程中缴纳的税金和国家能源交通重点建设基金、国家预算调节基金、教育费附加，可持完税（缴款）凭证，从其财产租赁收入中扣除。（2）纳税义务人出租财产取得财产租赁收入，在计算征税时，除可依法减除规定费用和有关税、费外，还准予扣除能够提供有效、准确凭证，证明由纳税义务人负担的该出租财产实际开支的修缮费用。允许扣除的修缮费用，以每次800元为限，一次扣除不完的，准予在下一次继续扣除，直至扣完为止。

基于租赁合同的存在，合同中关于租金收入的约定至关重要。以汽油费为例，根据厦门市税务局的答复：“若合同约定，汽油费属于车辆租金收入的一部分，该部分收入应并入租金收入，按财产租赁所得缴纳个人所得税。若该部分不属于租金收入，是公司在生产经营活动中发生的，由员工先垫付，再报销的费用，则不作为个人应税所得”，由此可得该部分费用若约定在租赁收入中，那么租金收入势必偏高，且需全额计征个人所得税，若约定租赁收入不包括该类车辆具体支出，则该支出不会纳入征税范围，即实报实销的费用不征收个人所得税。

因此个人与单位签订租赁协议，应约定油费等车辆具体费用支出不纳入租赁收入，而走实报实销的路径，如此，租赁合同金额会降低，从而使财产租赁所得应纳税额降低，个人能获得最大的税收利益。

3.3 企业“私车公用”实务合规指引

3.3.1 获取租赁发票

根据《国家税务总局关于发布〈企业所得税税前扣除凭证管理办法〉的公告》（国家税务总局公告2018年第28号）第9条的规定，企业向员工支付的租金一次性（可分月支付）不超过500元，可以收款凭证及内部凭证作为税前扣除凭证。但是，个人所得税还得按规定申报（虽应纳税额为0元）。

3.3.2 代开租赁发票的材料清单

自然人出租车辆申请税务机关代开普通发票的业务，根据《全国税务机关纳税服务规范》规定，自然人申请代开普通发票需要如下资料：《代开增值税发票缴纳税款申报单》、自然人身份证件原件及复印件。根据《发票管理办法》第22条的规定，开具发票应当按照规定的时限、顺序、栏目，全部联次一次性如实开具，开具纸质发票应当加盖发票专用章。

因此，发票按真实业务开具，不受金额限制。自然人临时取得收入需要开具发票的，可向税务机关申请代开发票，为避免信息被冒用，建议出租方本人亲自携带相关材料前往申请代开发票。

3.3.3 偶发型费用

采用实报实销的形式。汽车使用过程中所发生的与生产经营活动有关的汽油费、过路过桥费和停车费，可凭合法有效凭证在企业所得税税前扣除。

3.3.4 个人临时税务登记操作实例——以上海市浦东新区、徐汇区为例（提醒实际个人临时税务登记：操作中因具体经办人员以及操作口径不同会略有变化）

《税务登记管理办法》第8条第3项规定，从事生产、经营的纳税人未办理工商营业执照也未经有关部门批准设立的，应当自纳税义务发生之日起30日内申报办理税务登记，税务机关发放临时税务登记证及副本。

《国家税务总局关于税收征管若干事项的公告》第2条规定，从事生产、经营的个人应办而未办营业执照，但发生纳税义务的，可以按规定申请办理临时税务登记。该条中的“生产、经营”具体范围同《税务登记管理办法》第2条第1款：“企业，企业在外地设立的分支机构和从事生产、经营的场所，个体工商户和从事生产、经营的事业单位，均应当按照《税收征管法》及《实施细则》和本办法的规定办理税务登记。”中“生产、经营”所指范围。

据此，私车公用下个人将车辆租给单位使用，因个人提供租赁属于“生产、经营”，而从事生产、经营的个人应办而未办营业执照，但发生纳税义务的，应当在纳税义务发生之日起30日内申请办理临时税务登记。

同时根据《国家税务总局关于小规模纳税人免征增值税征管问题的公告》（已失效），小规模纳税人发生增值税应税销售行为，合计月销售额未超过15万元（以1个季度为1个纳税期的，季度销售额未超过45万元）的，免征增值税。因此，个人在临时税务登记后可享受上述小规模纳税人免税政策。

3.3.4.1　上海市浦东新区办税实例

拥有浦东新区户口或居住证的个人，可前往上海市浦东新区行政服务中心，办理临时税务登记证。需要注意的是，身份证和户口本地址一样，且是浦东的，个人带上身份证即可；身份证和户口本地址不同，其中之一是浦东的，个人需要同时带上身份证和户口本。

在办理临时税务登记证后，个人前往上海市浦东新区税务局，申请代开租赁增值税发票。具体申报材料见上述“3.3.2 代开租赁发票的材料清单”。此时，个人可享受小规模纳税人免税政策，即月销售额未超过15万元免缴增值税。

若个人未拥有浦东新区户口或居住证，则无法完成个人临时税务登记，仅能申请税务机关代开发票，无法享受小规模纳税人免税政策。其他区也适用该规则。

3.3.4.2　上海市徐汇区办税实例

徐汇区暂时无须做临时个人税务登记，若户籍所在地在徐汇区，则需要填写两张表，即个人所得税自行纳税申报表（A表）和《代开增值税发票缴纳税款申报单》，从而进行相应税额的计算。

如果企业注册地不在徐汇区，而个人户籍地在徐汇区，税务部门认为该税收申报地第一顺位在外区而会建议个人向企业注册地的税务部门申报，在这种情况下，个人可以强烈要求个人所得税在个人户籍所在地申报，一般情况下，户籍地税务部门也会受理上述申报。

4. 企业通行费涉税风险分析

4.1　获取收费公路通行费电子票据的方式

目前通行费电子票据的开具对象为办理ETC卡的客户。对于未办理ETC卡的客户，仍按原有方式在收费站现场缴纳车辆通行费和获取票据。其法律依据是：《财政部、国家档案局关于规范电子会计凭证报销入账归档的通知》（财会〔2020〕6号）、《交通运输部、财政部、国家税务总局、国家档案局关于收费公路通行费电子票据开具汇总等有关事项的公告》（交通运输部、财政部、国家税务总局、国家档案局2020年第24号）。

4.2　通行费电子票据的种类

通行费电子票据分为收费公路通行费增值税电子普通发票（以下简称通行费电子发票）和收费公路通行费财政票据（以下简称通行费财政电子票据）两种。其中，第一种通行费电子发票，包括左上角标识“通行费”字样且税率栏次显示适用税率或征收率的通行费电子发票（以下简称征税发票）和左上角无“通行费”字样，且税率栏次显示“不征税”的通行费电子发票（以下简称不征税发票）两种。

第二种通行费财政电子票据，由经营管理者开具财政部门统一监制，客户通行政府还贷公路。通行费财政电子票据先行选择部分地区进行试点。试点期间，非试点地区暂时开具不征税发票。试点完成后，在全国范围内全面实行通行费财政电子票据。

4.3　所得通行费电子发票能否抵扣及抵扣方式

对于第一种，客户通行经营性收费公路，由经营管理者开具征税发票，可按规定用于增值税进项抵扣；客户采取充值方式预存通行费，可由ETC客户服务机构开具不征税发票，不可用于增值税进项抵扣。未索取不征税发票的，在实际发生运行交易后索取电子票据，可以取得征税电子发票或者财政电子票据。对于第二种，取得通行费财政电子票据，不得用于增值税进项抵扣。

增值税一般纳税人申报抵扣的通行费电子发票进项税额，在纳税申报时应当填写在《增值税纳税申报表附列资料（二）》（本期进项税额明细）中“认证相符的增值税专用发票”的第2行和“其他”的第35行中。

4.4　对于运输公司等频繁通行高速公路的主体，入账报销的便捷方式

根据交通运输部、财政部、国家税务总局、国家档案局2020年第24号公告的规定，单位获取的通行费电子票据，在符合财会〔2020〕6号文件要求的情况下，可仅使用通行费电子票据进行报销入账归档，无须再打印纸质件。

4.5　通行费电子票据查验的途径

查验途径可分为两种：（1）查验通行费电子发票信息，登录全国增值税发票

查验平台（https：//inv－veri. chinatax. gov. cn）；（2）查验通行费财政电子票据信息，登录财政部全国财政电子票据查验平台（http：//pjcy. mof. gov. cn）。

5. 企业招待费涉税风险分析

5.1 企业招待费概述

5.1.1 招待费概念与范围

业务招待管理是指企业因生产经营业务需要，招待上级单位、客户、合作方及其他外部关系人员或机构发生的出席会议、考察调研、检查指导、执行任务、商务洽谈、学习交流等费用。税务机关通常将招待费的支付范围界定为餐饮、住宿费、香烟、食品、礼品、正常的娱乐活动、安排客户旅游等项目。《企业所得税法实施条例释义》中解释，招待客户的住宿费和景点门票可以作为业务招待费核算。

《企业所得税法实施条例》第43条规定，企业发生的与生产经营活动有关的业务招待费支出，按照发生额的60%扣除，但最高不得超过当年销售（营业）收入的5‰。

5.1.2 企业招待费与其他费用的辨析（见表103）

表103 费用辨析

分类	内容
所有的餐费≠业务招待费	员工培训时合规餐费，应计入职工教育经费
	公司开董事会发生餐费，应计入董事会会费
	影视公司因拍摄发生剧中餐费，应计入影视成本
	工会组织员工活动期间发生餐费，应计入工会经费
	公司筹建期发生餐费，应计入开办费
	以现金发放给员工餐补，应计入工资薪金
业务宣传费≠业务招待费	委托加工对公司形象、产品宣传作用的，作为业务宣传费
	因业务洽谈会、展览会的餐饮住宿费，作为业务宣传费
	搞促销活动时赠送给客户的礼品，作为业务宣传费 注意：要严格区分给客户的回扣、贿赂等非法支出，对此不能作为业务招待费而应直接作纳税调整
职工福利费≠业务招待费	员工年终聚餐、午餐、加班餐，应计入应付福利费 注意：以上所述几种福利餐费，都不是以应酬为目的

续表

分类	内容
所有差旅费≠业务招待费	员工出差途中符合标准的餐费，应计入差旅费 注意：与公司的来宾接待产生的费用要区分开
所有会议费≠业务招待费	管理层在宾馆开会发生的餐费，应计入会议费。税局对会议费有严格相关的要求，并不是所有的会议费发票都计入会议费，从而逃过业务招待费的扣除限额 注意：若公司计入会议费时，需要资料具体的内容如详细证明的，会议时间、地点、参与人、目的、费用标准等相关证明材料，作为税局备查资料。若没有，需要调整为其他费用进行核算

在金税四期的透明严格化监管下，必须了解各个费用列支，否则企业将面临涉税风险。另外，企业应当注意以下两种特殊情况：

（1）根据《国家税务总局关于贯彻落实企业所得税法若干税收问题的通知》（国税函〔2010〕79 号）第 8 条的规定：对从事股权投资业务的企业（包括集团公司总部、创业投资企业等），其从被投资企业所分配的股息、红利以及股权转让收入，可以按规定的比例计算业务招待费扣除限额。

（2）根据《关于企业所得税应纳税所得额若干税务处理问题的公告》（国家税务总局公告 2012 年第 15 号，部分失效）关于筹办期业务招待费等费用税前扣除问题的规定：企业在筹建期间发生的与筹办活动有关的业务招待费支出，可按实际发生额的 60% 计入企业筹办费，并按有关规定在税前扣除；发生的广告费和业务宣传费，可按实际发生额计入企业筹办费，并按有关规定在税前扣除。

5.2　企业招待费所涉税务风险点提示

（1）属于业务招待费的项目计入其他费用，将可能影响企业所得税、增值税、个人所得税。

（2）将与生产经营活动无关的业务招待费计入与生产经营活动有关的业务招待费，即将全额不得扣除的项目按限额扣除。

（3）取得不合规的业务招待费票据，不得税前扣除。

（4）将不属于业务招待费的项目计入业务招待费，本可全额扣除。

（5）未实际发生的业务招待费，不得税前扣除。

（6）商业贿赂支出，不得税前扣除。

（7）无法证明真实性的业务招待费，不得扣除。如果税务机关要求提供证明资料，公司应提供能证明真实性、相关性的证明资料。不能提供的，不得在所得税前扣除。

（8）业务招待费未单独核算，导致不能准确确定金额的，税局根据相关法规规定，有权按合理方法进行核定。

5.3 企业招待费所涉税务合规指引

（1）针对招待行为制定内部审批流程，可能需要参与审批的部门有法务部、合规部、财务部、市场部等，比如可以按金额大小：小额招待可由业务部门直接对外发生，限额内招待需要通过公司内部的审批程序，超过限额的招待需要更高的管理层进行个案审核；

（2）限定招待发生的情形，禁止为获得交易等不正当目的进行礼品招待，如在招投标时不得向相对方送礼或招待；

（3）限定招待的形式，如禁止赠送奢侈品牌产品、房子、汽车等，禁止去高档餐饮及娱乐场所进行招待，如果涉及娱乐活动，则不应触及敏感甚至是违法的娱乐活动；

（4）确保所有招待及费用开支行为符合相对方的内部政策；

（5）公司员工在收到交易方招待邀请时应首先征得公司同意；

（6）无论提供招待还是接受招待必须根据现行有效的财务政策如实记录，且确保相对方亦如此；

（7）公司内部可以将礼品、宴请招待按审批类别分为“禁止事项”和“附条件允许事项”；

（8）对于外资公司或者有对外交易的公司，应该注意境外企业对于招待的法律红线。

6. 企业广告费和业务宣传费涉税风险分析

6.1 企业广告费和业务宣传费税收优惠政策介绍

企业在生产经营过程中，需要通过一定的媒介、载体和形式，进行广告和业务宣传，以达到推介企业和产品、促进销售的目的。企业在广告和业务宣传活动中，支付的费用就是广告费和业务宣传费。随着信息化多媒体的发展，企业的广告和业务宣传的活动越来越形式多样，广告和业务宣传的边界也越来越模糊。不过，两者都有一个共同的特点，都是以宣传企业，以及企业的产品和服务为目的。

依据现行规定，企业广告费和业务宣传费的扣除限额的计算比例可分为三档：30%，15%，0。具体情况如表104所示。

表104 计算比例档位

档位	政策依据
企业发生的符合条件的广告费和业务宣传费支出，除国务院财政、税务主管部门另有规定外，不超过当年销售（营业）收入15%的部分，准予扣除；超过部分，准予在以后纳税年度结转扣除	《企业所得税法实施条例》第44条
自2021年1月1日起至2025年12月31日止，对化妆品制造或销售、医药制造和饮料制造（不含酒类制造）企业发生的广告费和业务宣传费支出，不超过当年销售（营业）收入30%的部分，准予扣除；超过部分，准予在以后纳税年度结转扣除	《财政部、税务总局关于广告费和业务宣传费支出税前扣除有关事项的公告》（财政部、税务总局公告2020年第43号）
烟草企业的烟草广告费和业务宣传费支出，一律不得在计算应纳税所得额时扣除	《财政部、税务总局关于广告费和业务宣传费支出税前扣除有关事项的公告》（财政部、税务总局公告2020年第43号）

特殊情况规定如表105所示。

表105 广告费扣除

分类	内容
关联企业扣除规定	对签订广告费和业务宣传费分摊协议（以下简称分摊协议）的关联企业，其中一方发生的不超过当年销售（营业）收入税前扣除限额比例内的广告费和业务宣传费支出可以在本企业扣除，也可以将其中的部分或全部按照分摊协议归集至另一方扣除
筹办期扣除规定	企业在筹建期间，发生的广告费和业务宣传费，可按实际发生额计入企业筹办费，并按有关规定在税前扣除

6.2 企业广告费和业务宣传费支出合规指引

（1）广告费支出必须符合条件。纳税人申报扣除的广告费支出，必须符合已实际支付费用，并已取得相应发票。

（2）注意广告费业务宣传费和赞助费的区别。企业所得税中，不具有广告性质的赞助支出不得税前列支。在广告费和业务宣传费扣除中，要注意与赞助费支出的区别。因此，判断一项费用是赞助费还是广告费和业务宣传费，取决于该项费用是否具有广告或者业务宣传的性质。主要看：

①费用支出的合同是不是有偿双务合同。如果企业对外支出费用属于单方面赠予，而未约定对方必须履行对外推介、宣传义务，则不能认为是广告费和业务宣传费的支出。

②费用支出的相对方是否为广告经营者或广告发布者。

③是否通过一定媒介和形式推介产品或服务。推介宣传的对象是费用支出方自身或是其产品和服务，如果费用的支出不能带来直接或间接表现企业所提供的产品或服务的结果，也是非广告费和业务宣传费的支出。

（3）注意年度扣除限额的计算基础问题。

广告费和业务宣传费的年度扣除限额的计算基础是企业当年的销售（营业）收入，《国家税务总局关于企业所得税执行中若干税务处理问题的通知》（国税函〔2009〕202号）规定，当年销售（营业）收入，还应包括企业发生非货币性资产交换，以及将货物、财产、劳务用于捐赠、偿债、赞助、集资、广告、样品、职工福利或者利润分配等用途的视同销售（营业）收入额。

但是，对从事股权投资业务的企业（包括集团公司总部、创业投资企业等），其从被投资企业所分配的股息、红利以及股权转让收入，仅可以按规定的比例计算业务招待费扣除限额，不能作为广告费和业务宣传费的计算基础。

（4）稽查查补收入能否作为广告费和业务宣传费计算基数问题。

稽查查补收入可否作为业务招待费与广告费和业务宣传费的扣除基数，这个问题目前并没有明确规定，各地执行口径不同。有的地方规定对纳税人在稽查、检查过程中查补的收入，可以作为所属年度企业业务招待费、广告费和业务宣传费的计算基数。如《河北省国家税务局、河北省地方税务局关于明确企业所得税若干业务问题的公告》（河北省国家税务局、河北省地方税务局公告2012年第1号）第12条规定，对纳税人在稽查、检查过程中查补的收入，可以作为所属年度企业业务招待费、广告费和业务宣传费的计算基数。

不过，由于广告费和业务宣传费计算基数一般为当年的销售（营业）收入，如果是查补以前年度的收入，一般无法在报表上实现追补调整，故不能作为计算广告费和业务宣传费基数。

三、主管部门重点监管领域

1. 高净值人群税务筹划

1.1 对高净值人群的税务监管趋势

2020年11月13日，国家税务总局发布金税四期采购公告，预计于当年年底建成。金税四期是国家推行的金税工程计划中的第四期。从金税一期初步尝试计算机管税、金税二期过渡到“以票管税”、金税三期进一步强化发票监管，到金税四期开启“以数治税”时代，现代化税收征管系统逐步完善。金税四期的特点可以用“两化、三端、四融合”来概括：“两化”，是指“数字化升级”和“智能化改造”。“三端”，是指智慧税务建成后，将形成以纳税人端（交税的人）、税务人端（税务机关征税人员）和决策人端（税务机关政策人员）为主体的智能应用平台体系。“四融合”，是指智慧税务建成后，将实现从“算量、算法、算力”到“技术功能、制度效能、组织机能”，从“税务、财务、业务”到“治税、治队（税务队伍）、治理”的一体化深度融合。金税四期可以实现对高净值人群资产信息的全方位监管，得益于以下三方面配套措施。

1.1.1 制度设计编织严密税网

2018年修正的《个人所得税法》重新定义税收居民身份，并新增反避税条款，建立起个税反避税、关联交易反避税、受控外国公司（CFC）规则和一般反避税规则。同年12月，国务院发布的《个人所得税法实施条例》对反避税制度进一步细化。反避税制度导致高净值人群以避税为目的在境内外进行资产配置和投资架构的不确定性。

2018年9月，我国进行第一次CRS（共同申报准则）信息交换，作为中国税收居民的高净值人群的海外金融账户信息需要移交中国税务机关。这意味着国人的海外资产正在透明化，这将强力冲击高净值人群的资产配置和财富管理结构。

2022年1月，国家税务总局发文《关于进一步深化信息共享便利不动产登记和办税的通知》，目标于2022年年底前，全国所有市县税务部门和自然资源主管部门实现不动产登记涉税业务的全流程信息实时共享。这将消除高净值人士全国不动产信息不同步的信息差。

1.1.2 全电发票和数字人民币提供数字支持

2021年11月30日，上海市、广东省、内蒙古自治区等税务局分别发布公告，在省内部分地区开展全电发票试点工作。全电发票使纳税信息能够实时同步，在最大程度上杜绝了“恶意红冲”和虚开发票等情况，增加了风险管控手段，处置更加及时高效。

2022年1月4日，数字人民币App上线，支付宝、微信等支付工具被嵌入数字人民币生态圈内。数字人民币采用区块链技术，可以摸清所有主体的收入信息、资金流向，为金税四期调节高收入提供了准确的资产数据。

1.1.3 企业信息联网核查系统助力高效监管

2019年6月26日，企业信息联网核查系统启动。该系统是中国人民银行联合工业和信息化部、国家税务总局、市场监督管理总局等部门提供企业（企业法人、非企业法人、个体工商户）相关人员手机号码、企业纳税状态、企业登记注册等信息，快速有效地对上述信息的真实性进行核查的业务处理平台。银行、非银行支付机构通过该系统可以核实企业是否纳入税务管理，以及纳税人具体状态（开业、注销、非正常、非正常注销）等。银行系统、工商部门和税务部门的信息共享，便于税务部门提前介入资产的变更交易，防范空壳公司开户、虚假证明文件开户等异常账户风险，使私人账户逃避税行不通。

1.2 典型案例解读

国家税务总局郑州市金水区税务局运用大数据技术实现信息系统自动提取数据，追征一名网红的662.44万元税款收入国库。网红业务收入的性质在一般情况下属于劳务报酬所得，而劳务报酬所得在个税改革后属于居民综合所得。在年度汇算清缴时，适用7级超额累进税率，最高边际税率为45%，应纳税所得额超过96万元的部分适用此最高边际税率。通过粗略计算，该网红涉及补税的“劳务报酬收入”额或在1700万元以上。

从发现机制来看，涉及税收违法行为的情况是通过“自然人电子税务局”平台对汇缴欠税数据进行例行监测时发现的。在该监测过程中，税务部门的税政二股发现了文化路税务分局存在一笔2020年汇算清缴的大额欠税，引起了他们的疑惑。为了确认这一情况，税政二股通过多方监控主播的收入来源，确定了主播的个人所得税扣缴基数。随后，税务部门的工作人员与文化路税务分局进行了沟通，最终确定了涉税违法行为。“自然人电子税务局”平台已经实现对个税缴纳异常的分析预警。

一般而言，网络主播销售量较为公开透明，主播以个人身份从事直播带货在带货数额较高的情况下，若个人所得税未缴纳，或者缴纳较少，极其容易引起税务部门的警觉。对于网红带货主播尤其是头部主播或者知名主播这一群体，其销售量往往会公示，即使未公示也可以从销售数据大致推导出相关的销售额，甚至主播个人乃至品牌方也会对销售额进行宣传。此时务必做到对收入进行整体分析评估。若对外宣传销量较高，而实际个税缴纳较低，则存在重大风险。

网红主播收入过高，但是个人所得税缴税较少，甚至个人所得税未缴纳等情况下，税务部门很容易发现端倪，为了不合理避税采取的各类手段过犹不及。按照执法程序，税务部门发现端倪并确认存在违法线索后可进行立案，立案后则可以借助各种税务稽查手段进行大数据分析并实施稽查。在“郑州网红补税被公开第一案”后，预计将出现较多类似案件。在“以数治税”的大背景下，所有数据将被留存。因此建议网红、明星等各类高收入人群据实结算，若采取各类手段逃避缴纳或者不缴纳个人所得税，使税负率明显低于同行业类似人员的税负率，将面临各类严重后果。

只有做好合规充分论证的税务筹划，才是具有可持续性和发展性的，否则很有可能“因小失大”，而且可能面临刑事风险。

1.3 强监管趋势下高净值人群的税务合规指引

高净值人群的税收规划应当以合法性为前提。面对日益完备的征税监管系统和严格的监管态度，高净值人群在进行税收规划时应注意以下几点。

1.3.1 深刻理解税务监管的“一户式”，强化个人日常税务申报管理

按照《国家税务总局关于推行纳税信息“一户式”管理工作的通知》（国税函〔2004〕529号）要求，把散存于税收征管各个环节的征管资料和各类静态、动态征管信息，按独立的纳税户（人）加以归集，依托信息技术实行“一户式”管理，使之能够反映纳税人履行纳税义务的全貌，将“一户式”管理的各项工作落实到位。深圳市税务局自然人税收应用平台四期的上线其实就是深入落实“一户式”的数字化管理，将与个人有关的各个维度的收入都纳入个人收入的管理范围。

自然人在自身税务管理过程中需要强化个人税务数据的系统管理，对自身重点收入的来源以及缴纳税款要有系统规划，强化自身生产经营所得（与个体户、个人独资企业、合伙企业相关）的数字化管理。设立和运营工作室、个人独资企业等应当以实质性经营为基础，交易应具有合理商业目的，防止被定性为虚构业

务转换收入。要在国家税法及地方政策规定的范围内，进行合理的税收规划，对税收规划进行风险管控和评估，应系统梳理过往各类型收入，准确判断各类收入的纳税义务。应充分了解个人纳税状况，及时足额缴纳个税税款，如有遗漏应在规定时间内予以补缴。在日常经营和交易中注意税务合规，在重大交易决策前，引入税务风险评估和税务合规管理。只有在遵循实质性经营的前提下，才能有效利用不同税目之间的税率差，并利用地方性税收返还政策以及核定征收政策。

1.3.2 善于处理涉股类收入，落实海外架构的收入规划合规

非货币资产投资入股、股权激励、股权转让等涉股类收入应重视合规管控。涉股类的税目一般分为财产转让所得和股息红利所得，两税目对应的税率均为20%，相比个税的其他税目，税率较低，这对高收入、高净值群体而言，有转换收入性质的动力。涉股类收入中的股权激励缺少统一的法律法规约束，实务中对其认识的差异性较大，纳税主体对该类收入的税收遵从意识较差，需要税务局对此加强管理和规范。企业需要梳理公司现有或拟定的股权激励安排，明确区分具体类型，了解相应的税务及财会处理；了解公司所在地的税收征管口径，关注政策更新与执法口径变化，在税务合规的同时争取税优效果（详见《股权激励税务备案问题浅析》）涉股类收入牵涉的优惠政策较多，比如递延纳税政策，股息分红免税政策，创投企业股权转让可选择征税政策等，容易导致纳税人有意或无意适法错误。

落实海外架构的收入规划合规。对搭建的海外架构进行相关的风险检测，包括针对实体设立地、收入取得地、收入来源地、税务管辖地等，以满足全球范围内的信息申报与税务合规要求。要按照《国家税务总局关于居民企业报告境外投资和所得信息有关问题的公告》（国家税务总局公告2014年第38号）的规定报告境外投资和所得信息。利用中间控股架构投资需要严格遵守“受控外国企业”的相关规定，防范反避税税务稽查的风险。充分认识到共同申报准则（Common Reporting Standard，CRS，指在境外持有各类资产的中国人或者外籍人员在中国境内产生经济活动涉及的税务信息）的后续交换范围会越来越广，地域会越来越多，而且国际合作也会越来越深入。

1.3.3 加强数字化合规体系建设，实现与监管同频发展

在“以数治税”智慧稽查的背景下，高净值人群及其管理的各类企业应当顺应监管趋势，构筑自身的“业财税一体化”经营数字化模型，将业务合规、税务合规、财务合规融入企业经营的各个流程，实现企业的业务管理、税务管理、资

金管理、财务管理全面贯通，实现企业基于价值链的内外部信息互联，对自身经营各项数据指标做到更加细致的了解，清楚企业存在的风险，对企业自身进行“画像”与预判。

对可能存在的诸如虚开、虚售、成本转移、管理类发票不当税务规划应及时关注、预警，并对风险进行分析评估，对应进行风险评估并制定合规方案。税务合规监管有收紧趋势，企业应提前进行税务管理，对潜在的税务风险进行发现、预警，并给出解决方案。除此以外，企业仍需定期沟通并对敏感事件予以预警，进行企业内部经营税务合规的跟踪监控。

针对中小型企业，更应该加强数字化合规体系建设，尤其是公司法定代表人、股东等，需要推进数字化成本预决算建设，实时了解自身的各类动态财税指标，尤其是再也不能实施“年前省成本，年底买发票”的低级策略，否则得不偿失。因此，建立数字化的发票管理合规体系对企业而言，显得非常重要。通过海量、高频、复杂的发票数字化管理，实现最小颗粒度的管控，能有效贯穿“业财税”三个领域，弥合三者之间的缝隙，2022 年年底获得金线奖的“锦信一票通”在上述领域做了有效探索，并有了一些成功经验，值得关注。

1.3.4 维护好自身个人信用，坚持长期发展理念

维护好自身个人信用，才能在“信用中国”建设中走得更远。“一户式”管理背后的底层逻辑就是自然人除非自然死亡，是不会被“吊销”或“注销”的。敬畏信用，高净值人群及其关联企业才能走得很远、走得更好。在国家“宽进严管”的监管策略下，联合惩戒被反复提及，由此带来的是不合规企业在各方面经营受限，依据国家 38 个部委签署的《失信企业协同监管和联合惩戒合作备忘录》，对失信企业进行协同监管和联合惩戒，从而实现“一处违法、处处受限”的目标。“处处受限”的最终目标将是以“自然人”为基础单位的，这个方向和目标大家必须有清醒的认知，并有所行为。

失信企业信息公布，对企业的声誉无疑会产生巨大的影响。在市场监管方面，企业若因为存在违法行为被吊销营业执照、列入经营异常名录或严重违法失信企业名单，在企业信用信息公示系统上予以公示，将会对企业融资造成打击。当前在税务方面，被列入税务黑名单的企业意味着受到税务部门的严格监管，与其合作的上下游企业亦会受到税务部门的严查，给企业经营、客户合作、发票开具、财务管理等诸多方面带来巨大的不利影响，尤其体现在生产、销售领域，供应商和客户的选择方面。在与竞争对手竞品竞争处于白热化阶段时，企业失信信

息的公布无疑会成为竞争对手攻击的重要武器，进而引发负面舆论、销量下滑、声誉受损等一系列连锁反应。

2. 税务洼地稽查政策应对策略

2.1 税务洼地概述

2.1.1 税收洼地的概念

税收洼地是指在特定的行政区域，地方政府通过区域性税收优惠、简化税收征管流程和税收地方留成返还等政策，降低在其税务管理辖区内注册企业的税负，是一种合理合法的税收优惠政策。

2.1.2 税收洼地产生的原因

税收洼地政策形成的原因主要有两个：一是国家政策引导。我国幅员辽阔，地区之间受自然环境、人文历史的影响，发展水平有所差异。部分民族地区、经济落后地区需要制定一定的政策优惠，才能吸引到资金和人才。同时，有部分高精尖产业，虽然对国计民生很重要，但研发周期长、成本高，仅靠市场投资难以支撑。因此，国家制定了相应的税收优惠政策，来缩小地区之间的发展差距，保护或促进特色产业发展。二是地方政府竞争。分税制改革之后，我国中央和地方政府都设有税务管理部门，两级部门行使不同的职权和事权，形成了独具中国特色的财税分权制度。在税收法定原则下，地方政府虽然只有一小部分的税收优惠权，但是可以自由支配税收留成，这为地区之间进行税收竞争提供了空间。因此，为了当地的经济增长，一些地方政府积极制定各种税收优惠政策和税收返还政策来吸引投资。

2.2 国内税收洼地优惠政策

2.2.1 享受税费减免政策

税收优惠政策是指中央或地方政府制定的为符合条件的纳税人减免税负的税收法律和法规。地方政府可以在规定的税收权限内，制定区域性税收优惠政策，来调整当地企业的增值税和所得税税负。享受区域性税收优惠政策是企业选择税收洼地最直接的目的。比如霍尔果斯，这座常住人口不满 10 万人的边境县级市，2015 年只有 859 户注册企业，2016 年增加至 3349 户。2017 年，在全面营改增之后，当地除企业所得税实行“五免五减半”政策外，其他税收优惠政策也进一步放宽，大幅降低了企业的税收负担，因此注册企业剧增至 13,349 户。数据显示，截至 2017 年年末，霍尔果斯共拥有各类市场主体 22,615 户，吸引注册资本 3021

亿元，同比分别增长177.7%、202.5%。

2.2.2 税收征管办法简化

核定征收是指税务部门在税收管理中，简化了税收征管方式，通过核定利润率等方法来计算企业的应纳所得税税额，主要适用于财务制度建设不完善、财务水平较低和账簿设置不齐的企业。但有些地方政府为了招商引资，往往默许园区企业通过核定征收少缴税款。企业在税收园区成立个人独资企业或个体工商户，将本应按45%征收的个人收入转化为最高税率为25%的企业所得，再通过定额征收核定所得税，这样导致综合税率极低。

2.2.3 地方财政留成返还

一些地方资源环境较为有限，导致对企业在当地投资的吸引力较小。为了促进当地的经济增长，地方政府会采取一定的措施，将属于地方留下的税收资金用于对企业进行税收返还。为了吸引更多企业投资，税收洼地通常会给予企业较高的税收返还奖励。例如，在新疆霍尔果斯市，地方政府不仅对在当地缴纳一定额度税收的企业的增值税、企业所得税和附加税给予税收返还奖励，还对在当地缴纳的个人所得税给予地方留成部分最高90%的税收返还奖励。

2.2.4 关联企业亏损弥补

关联交易是企业避税时常用的手段。企业在税收洼地注册分公司或者子公司，通过关联交易或者业务分包的方式，将企业的利润转移到税收洼地。而注册在税收洼地的关联公司可以享受相关的税收优惠政策，这样，同一笔业务的应纳税款要远远少于普通地区的企业。同时，企业也可以与洼地公司进行盈亏互补，通过降低利润的方式减少企业应纳税所得额，从而降低企业整体税负。

2.3 利用税收洼地避税可能产生的风险

2.3.1 虚开发票风险

相对于普通地区，税收洼地的税收优惠力度较大，能够吸引大量企业在当地注册。但是一般来说，税收优惠力度越大的地区，经济发展水平也越低。因此，受制于交通、经营成本等客观条件，很多企业在税收洼地并没有实际工作人员入驻办公从事生产经营，属于典型的“空壳公司”。例如，增值税一般纳税人A公司，为了减少企业所得税，专门在税收洼地成立了一家个人独资企业B公司给A公司开具费用发票。B公司利用核定征收的优惠政策，个人所得税税负较低，但A公司利润大幅下降，企业所得税大幅下降。B公司享受优惠政策但没有实质性运营活动，而且涉及虚开发票，风险非常大！

2.3.2　关联交易风险

由于沟通成本低，操作简单易行，关联交易一直是企业常用的税收筹划手段。但是任何避税手段都是双刃剑，可能会给企业带来一定的税务风险。例如，C 企业为了减轻税负，在税收洼地注册成立了一家个人独资企业 D 企业。C 企业将货物以较低的价格销售给 D 企业，D 企业再按照正常价格销售给客户。在这一过程中，C 企业因为销售收入减少，可以少缴企业所得税。D 企业在税收洼地可以选择按照核定征收的税收征管方式，综合税率较低。虽然关联交易本身并不能构成税收风险，但是 C 企业、D 企业之间的关联交易价格明显偏低，有失公允，且无商业实质，属于故意逃避税款，存在被纳税调整的风险。

2.3.3　核定征收风险

高收入人群的个人所得税税率最高为45%，企业为给高薪员工避税，在税收洼地给员工注册个人独资企业，以业务咨询的名义，将员工的工资薪金所得，转换为经营所得。企业由于增加了费用支出可以抵减更多的税款，员工的个人独资企业可以按照核定征收纳税，降低税负。但是由于只有服务协议，员工丧失了劳动合同的保护，作为劳动者的权益无法得到充分保障，同时还需要对个人独资企业承担无限连带责任。

例如，增值税一般纳税人 A 公司，为了减少企业所得税，专门在税收洼地成立了一家个人独资企业。A 公司将货物以较低的价格销售给 B 公司，B 公司再按照正常价格销售给客户。B 公司利用核定征收的优惠政策，个人所得税税负较低，而 A 公司由于销售收入下降，企业所得税大幅下降。

2.3.4　政策变动风险

税收洼地政策具有不可持续性，受地方政府的领导班子、财政收入等因素影响，可能会发生变动，引发企业的税收风险。具体可从以下两方面分析，一是地方政府的领导更替可能引起税收优惠政策变化。由于治理理念不同或者政绩考核需要，新一届的领导很有可能会重新制定税收优惠政策，那么比较依赖原有税收优惠政策的企业就会受到较大影响，严重时有破产的风险。二是地方政府的财政收入水平也会影响税收洼地税收优惠政策的执行。地方政府在招商引资时利用财政补贴、财政返还等优惠政策，政策优惠涉及的资金由地方财政承担，但如果地方政府的财政收入水平下降、财政留存缩水，就无法兑现之前承诺的优惠政策，可能会延迟返还企业税款等，导致企业的资金压力增大，产生经营风险。

2.4 税收洼地企业税务合规建议

2.4.1 增强税务风险意识

随着国家税收制度的不断完善和税收征管水平的不断提高，企业必须提高对税务风险的认识和管控。企业管理人员掌握着企业重大问题的决策权，需要学习了解一定的税收政策和税收专业知识，聘请税收专业人才或加强与信誉良好的第三方涉税专业机构的合作，增加与税务部门、税务专家的沟通频率，健全内部风控体系，加强对企业的税务风险管制。企业财务人员更需要不断提高自身的专业素质，重点关注税收政策的变化，熟悉税会处理差异，减少企业的税务风险。

2.4.2 增强经营的实质性

当前，企业进行税务筹划是热门。通过对税务合理合法地进行筹划，企业可以少缴税款，从而降低经营成本，缓解资金压力，有利于企业可持续发展。但是，部分税务筹划实质上是在利用税收法规的漏洞，会给企业带来较大的税务风险。因此，企业在进行税收筹划时，一是必须遵循税收法律法规，保证筹划的合法性；二是要全面分析企业的经营情况，做好整体性的长远规划，制定切实可行的筹划方案；三是企业要谨慎选择适用的税收优惠政策，尽量选择由中央出台的较为稳定的税收优惠政策。

2021 年 3 月，中共中央办公厅、国务院办公厅印发《关于进一步深化税收征管改革的意见》，明确提出要加强税收领域的风险防控和监管，对逃税、避税问题多发的行业、地区和人群，根据风险程度的不同，相应提高“双随机、一公开”抽查比例。同时，完善税收风险防控制度，加大监督检查力度，严厉打击隐瞒收入、虚列成本、转移利润以及利用“税收洼地”“阴阳合同”和关联交易等进行逃避税的行为。种种情况说明，我国政府正在不断完善税收洼地政策，企业必须打消利用税收洼地逃税的侥幸心理。因此，对于在税收洼地注册的企业来说，必须增强“实质性经营”。一是在税收洼地设立办公场所，并为办公人员缴纳社保。二是切实开展生产经济活动，合法进行各项商务活动，规范财务票据的使用，提高企业的税务管理水平。

3. 对“三假”等违法行为的稽查现状解读

3.1 “三假”行为概述

“三假”涉税违法行为是指没有实际经营业务只为虚开发票的“假企业”、没有实际出口只为骗取退税的“假出口”和不具备条件只为骗取税收优惠政策的“假申报”。

3.1.1 “假企业”

“假企业”是指纳税人为了抽逃资金避税，利用税收优惠政策大规模注册“空壳公司”来虚开发票。当违法获利之后，不办理注销税务登记就失踪，并迁移到其他地区换取名称，继续违法行为。

“空壳公司”多成立个人独资企业和个体工商户，集中在医药、咨询、服务、劳务、商贸等行业。通常，空壳公司具有以下特征（见表106）。

表106　空壳公司五大特征表

分类	内容
设立地区	设立在具有税收优惠政策的地区或者偏远、税务监管宽松的地区
机构与人员	组织机构不健全，缺乏必要的工作人员
场所	没有实际的办公场所，注册时的场所多为租借
财产	有财产，但没有相应的财产记录
业务	没有经营业务或者没有真实的业务

部分“空壳公司”可能并不完全符合“三流一致”的条件，有些表面符合，但其往来业务与基本原则背离。举例来说，某高新技术企业每年大量的技术研发费用发票均来自税收优惠地区，此情况被税务机关视为疑点并查实，从而构成涉嫌虚开发票。

对于已经注销的企业，就经营期间虚开增值税专用发票的行为而言，税务机关不再追究已注销公司的法律责任，但会继续对当事人（如老板、会计等）的法律责任进行调查。

企业除了自己不虚开发票外，还应警惕接受虚开发票，因为一旦对方为“假企业”虚开发票，即使与对方的业务是真实的，也无法抵扣进项税。

3.1.2 “假出口”

“假出口”是指企业虚构出口业务，采用伪造报关单、购买增值税专用发票、冒充出口货款收汇等手段，以此骗取出口退税。税务机关通常会从单证备案资料入手进行检查，以追索业务的真实性。

例如，湖北某贸易公司在办理出口退税时，税务机关发现该公司的出口业务短期内飞速发展。经过检查单证，发现存在一些问题，如海运提单无收货人信息、货代海运提单上出现明显的PS痕迹等，这些情况引起了伪造的嫌疑。最终，经过深入调查核实，税务机关确认了该公司骗取出口退税的违法犯罪事实。

骗取出口退税的行为风险巨大，强烈建议企业不要冒险尝试这种违法行为。税务机关对此类违法行为将予以严厉打击。

3.1.3 “假申报”

“假申报”是指企业通过伪造申报材料等手段，非法获取税收优惠减免，尤其是利用疫情期间国家出台的一系列疫情防控的税收优惠政策。

在2020年，税务局与公安机关联合查获了一起利用疫情税收优惠进行违法活动的团伙。该团伙以9家公司为平台，利用疫情期间“非接触式”办税便利措施和税收优惠政策，对外虚开增值税专用发票4671份，涉案金额达78亿元。

针对“三假”行为，打击专项行动已经成为一种常规性的活动。因此，涉及以上行为的企业在大数据严监管的体系下面临着巨大的法律风险，企业一定不可抱有侥幸心理。

3.2 对“三假”行为的稽查趋势

近年来，涉税犯罪案件表现出跨省作案增多、涉及企业广泛、隐蔽性强、涉案金额大等特点。为了精准打击这些犯罪行为，税务机关必须结合现代信息技术，加强合作，掌握更多违法信息。

（1）税警联合转向税警关银联合出击。税警联合办案已逐渐成熟，但税务和银行之间的信息共享合作仍需加强。国家税务总局持续推进税银合作，与原银保监部门、银行合作深化“银税互动”，预计未来会取得一定突破。税银深度合作将有效威慑、预防、打击涉税违法犯罪。同时，利用海关的数据和侦查优势，精准打击“假出口”违法犯罪行为。

（2）传统实地查验转向云端打击和数据导侦。公安部强调打虚打骗，包括违法犯罪资金穿透分析技术、企业基因测序技术、非法软件识别锁定技术。在“云端打击”模式下，着力打击重大案件，组织全国力量集中围剿特别重大案件线索。税务机关利用金税条款、税收大数据和电子底账系统等平台，以及“双随机、一公开”税务稽查监管机制，筛选比对被查企业关键信息，实现从严、从速、从重打击骗税与虚开违法行为。

（3）税总特派办牵头查办跨区域案件。税务机关过去承担本辖区企业的检查任务，对跨市或跨省案件通过协查方式查办效率较低。自税总特派办成立以来，持续完善工作机制，加强内外部门合作，聚焦“假企业”虚开发票和“假出口”

骗取退税，持续开展集中精准强力打击。税总特派办在跨省查办虚开案件中发挥了关键作用，通过调动和协调各方资源，提高虚开案件查办效率，成为税务及司法机关打击特大虚开案件的“利刃”。

3.3 企业针对“三假”涉税风险合规指引

在持续打虚打骗专项行动的高压态势下，企业面临着涉税法律风险，但可以采取以下措施来防控自身的行政及刑事风险。

3.3.1 日常经营方面

在交易之前对供货企业进行必要的了解，评估相关风险；规范企业的账务处理，做好会计信息管理工作；留存好企业交易材料备查，特别是合同、发票、资金流以及物流、货权转移的相关材料；财务人员应掌握必要的税法知识，具备一定的税务风险意识。

3.3.2 被税务机关稽查时

积极配合税务机关的检查，充分利用陈述、申辩的权利；如对税务处理或处罚决定有异议，可在法定期限内申请行政复议或提起诉讼；在税务处理或处罚决定没有异议的情况下，要及时补缴税款、滞纳金及罚款，以防案件被移交公安机关。

3.3.3 被移送公安时

请专业税务律师介入，提前化解风险，因涉税案件具有较为专业的性质，专业律师可以在与司法机关的沟通中发挥优势，维护企业的合法权益；积极配合公安机关侦查，为其提供便利，同时向公安机关提交对企业有利的材料；对涉案交易的实质应有清晰的认识，以免供述时出现偏差，影响行为性质的认定。

通过这些措施，企业可以更好地防范和应对涉税法律风险，降低涉税犯罪的风险，并在面对税务和司法机关的调查时维护自身的合法权益。

4. 阴阳合同及关联交易涉税问题分析

4.1 阴阳合同涉税问题分析

4.1.1 概念

“阴阳合同”，又叫黑白合同，其中“阳合同”为根据需要，据实合法备案登记的合同；“阴合同”是不据实、不合法、未备案登记的合同。从税收的角度来看，“阴阳合同”主要是商事主体（纳税人）背离本意与交易本质，以虚假的形式掩盖、拆分某项（类）交易的应税收入或事项，以达到减少、逃避缴纳税款的目的，属于明显的故意偷逃税款的行为。

实务中，纳税人通过签订“阴阳合同”偷逃税款，因此受到行政处罚，甚至是刑事处罚的案例并不少见。中共中央办公厅、国务院办公厅印发的《关于进一步深化税收征管改革的意见》明确要求，对隐瞒收入、虚列成本、转移利润以及利用“阴阳合同”逃避税的行为，加强预防性制度建设，加大依法防控和监督检查力度。需要注意的是，根据我国《税收征收管理法》第 52 条第 3 款的规定，对偷税、抗税、骗税的行为，税务机关追征其未缴或者少缴的税款、滞纳金或者所骗取的税款，不受规定期限的限制。实务中，“阴阳合同”易在涉及个人收付款的情形下出现，也有部分企业可能出于种种原因，主动或被动地签订“阴阳合同”。

4.1.2 法律效力分析

由于“阴阳合同”包含“阳合同”和“阴合同”，两类合同是独立的合同，对于合同的效力要分开分析。

对于“阳合同”，由于“阳合同”是为了逃避纳税义务而签订的，并不是当事人的真实意思表示，且该合同也损害了国家的税收利益，在司法实践中存在两种裁判意见。

第一种裁判意见是仅认定“阳合同”中逃避纳税义务的条款无效，其他条款因未违反法律强制性规定，应属有效条款，“阳合同”的有效条款作为“阴合同”未尽部分的补充。

4.1.2.1 典型案例：案号（2014）川民终字第 381 号

法院认为，双方在《关于四川龙蟒矿冶有限责任公司收购盐边县恒辉煤业有限责任公司股东全部股权的协议书》中约定以向华羽天成公司支付项目合作款的方式支付股权转让款，虽然存在逃避税收、损害国家利益之嫌，但该约定系各方的共同意思表示，如确有逃避税收行为，则各方应当依照相关法律、行政法规之规定承担相应责任，并不影响各方之间关于股权转让协议的效力。现张某林、张某华以此为据主张股权转让协议无效，理由不足，法院依法不予支持。

4.1.2.2 典型案例：案号（2021）豫 06 民终 173 号

该裁判意见则是整份“阳合同”被认定无效。

法院认为，鹤壁鼎基公司、北京洪泰公司就涉案不动产订立的《商品房买卖合同》和《不动产买卖合同》两份合同中，《商品房买卖合同》对于交易的各个细节均进行了明确约定，且合同双方当事人及其利益相关人已按照合同的约定开始履行。首先是北京洪泰公司的利益相关人按照合同约定向鹤壁鼎基公司支付了合同定金5,000,000元，合同订立后又陆续支付了其他购房款项，鹤壁鼎基公司向北京洪泰公司及其利益相关人交付了房屋钥匙，并办理了不动产权的转移登记，由此可以判断该份合同系双方的真实意思表示，且不违反法律规定，应为有效合同。《不动产买卖合同》中关于交易标的价格的约定并非双方的真实意思表示，而系双方为逃避缴纳税款的法定义务经恶意串通所订立，该份合同依法应为无效。故鹤壁鼎基公司完成《商品房买卖合同》相关义务后，请求北京洪泰公司按照此前订立的《商品房买卖合同》约定的交易价格支付剩余的合同价款依法有据，予以支持。

不管上述哪种裁判意见，无效的合同条款均自始不发生法律效力。

对于"阴合同"，由于"阴合同"才是当事人之间的真实意思表示，在没有违反法律强制性规定的情况下，"阴合同"为有效合同。

4.1.3 典型案例解读与合规指引

4.1.3.1 典型案例：虚构业务，虚增营业收入

因某上市公司连续数年财务造假、虚假披露，多位自然人投资人向当地人民法院提起诉讼。经法院审理，判决该上市公司赔偿5万多名投资者的损失，合计约24亿元。判决特别明确了各被告尤其是实控人、时任董监高等应承担的责任比例。通过仿造、变造增值税发票，虚构业务进而虚增营业收入，是该上市公司财务造假的手段之一。

风险分析：在实际运作中，一些上市公司为了粉饰财务报表，冒险采取虚构业务的手段，以增加营业收入和利润，这种行为往往伴随着使用"阴阳合同"等方式。然而，有些人错误地认为，通过虚增营业收入后缴纳相应的税款，可以在表面上符合税法规定，从而降低风险。然而，这样的做法实际上涉嫌编造虚假计税依据和虚开增值税专用发票等情况，一旦被查实，企业将为扰乱资本市场秩序的违法违规行为付出沉重的代价。中共中央办公厅、国务院办公厅印发的《关于依法从严打击证券违法活动的意见》第15条中明确提出，要依法从严从快从重查处欺诈发行、虚假陈述、操纵市场、内幕交易、利用未公开信息交易以及编造、传播虚假信息等重大违法案件。

因此，需提醒上市公司，切勿为了财务报表的"纸上富贵"，既付出"真金白银"的税款，又承担民事甚至是刑事责任。

4.1.3.2 典型案例：私户收款，签订低价合同

王某是A公司的股东，计划将其持有的A公司股份以5000万元的价格转让

给李某。为了逃避缴纳个人所得税，王某与李某签订了一份“形式”合同，约定的价款为3000万元。但是，两人私下约定，李某将再向张某及其家人的账户汇款，共计2000万元。

风险分析：税务机关在授权的情况下可以调取个人银行账户和第三方支付软件的收付款明细。因此，如果纳税人采取虚假低价的“阳合同”签订，但实际上通过私下的资金往来履行了“阴合同”的约定义务，这样的做法并不是绝对安全的。税务机关在调查中是可以综合使用各种信息进行审查和比对的。“阴阳合同”的形式多种多样，除了商事合同，聊天记录、录音等也可能成为“阴合同”的表现形式。因此，纳税人不应有侥幸心理，错误地认为只要没有再签订商事合同，就不构成“阴阳合同”。

4.1.3.3　典型案例：改头换面，掩盖交易真相

张某通过为B公司介绍一项业务获得了1000万元的业务介绍佣金。根据我国个人所得税法的规定，这笔佣金应归类为劳务报酬所得，应纳入综合所得范围，并适用最高45%的税率。

实际操作中，张某与B公司签订了一份股权收购协议，约定B公司以1000万元的价格收购张某所拥有的一家公司的股权。该公司处于亏损状态，评估的公允价值将很低。在签订了股权收购协议后，张某的业务介绍行为被伪装成了股权转让行为，其所得的劳务报酬也被伪装成了财产转让所得，适用20%的税率计算个人所得税缴纳金额。

风险分析：在本案例中，纳税人采取了虚假手段，将真实的业务进行伪装，签订了一份掩盖真实交易的合同，这种行为具有欺骗性和隐蔽性。尽管张某支付了税款，但其所得的性质并不符合实际情况，属于故意少缴税款。同时，如果B公司在取得张某公司的股权后，短时间内注销公司并将相应损失在企业所得税前扣除，可能因其商业行为缺乏合理性而受到质疑。

4.1.3.4　典型案例：拆解工资，改变所得性质

D公司的高管们计划采纳所谓的“税务专家”提供的“筹划方案”，以拆分他们的劳动合同约定的薪酬，以降低个人所得税负。具体而言，假设高管赵某的年薪（税前）为200万元，其中50万元由D公司支付，其余的150万元通过第三方人力资源平台结算处理。该人力资源平台承诺为D公司提供增值税专用发票或差额普通发票，以用于企业的支出报账。平台在收到款项后，将按照所在地较低的税率进行缴税，然后通过套现转账或核定征收的方式，将税后款项以转账形

式汇回高管赵某或其家人的账户。这样的方案旨在降低个人所得税负。

风险分析：一些服务机构常采用不真实地拆分劳动合同薪酬的方式，通过第三方平台将部分薪酬转化为外部用工成本，从而适用较低的核定征收率，降低个人所得税负，以吸引客户。然而，这种做法掩盖了真实用工情况，属于违法筹划。因为无法证明公司员工与人力资源平台之间的外部服务关系是否真实，可能涉嫌虚开增值税专用发票和员工个人偷逃税款两项违法违规行为。近年来，监管部门对拟上市公司的涉税事项越发关注，建议拟上市公司及时检查相关人员的薪酬发放是否合规，如确实存在未真实发放薪酬的情况，应尽早纠正还原，以免因此不合规事项阻碍上市进程。

4.2 关联交易涉税问题分析

4.2.1 概念

《税收征收管理法实施细则》第51条规定有下列关系之一的公司、企业和其他经济组织为关联企业：（1）在资金、经营、购销等方面，存在直接或者间接的拥有或者控制关系；（2）直接或者间接地同为第三者所拥有或者控制；（3）在利益上具有相关联的其他关系（具体参照国家税务总局公告2016年第42号文件）。而且纳税人有义务就其与关联企业发生的交易，向当地税务机关提供有关的价格、费用标准等资料。

按照《企业所得税法》第41条第1款的规定，企业与其关联方之间的业务往来应符合独立交易原则，否则税务机关有权按照合理方法调整。《企业所得税法实施条例》第110条规定，“独立交易原则”是指没有关联关系的交易各方，按照公平成交价格和营业常规进行业务往来遵循的原则。故，若关联企业发生的业务往来不符合独立交易原则，税务机关将会要求纳税人补缴税款并加收滞纳金。

4.2.2 常见情形

4.2.2.1 转移利润

根据《特别纳税调查调整及相互协商程序管理办法》（国家税务总局公告2017年第6号，部分失效）规定，企业与低税国家（地区）关联方发生交易是具有特定风险特征的，属于税务机关应当重点关注的情况。

在实际操作中，集团企业在国内设立子公司时通常会优先考虑供应链、消费偏好、人力资源成本等市场因素，但往往会忽视对集团内部关联交易的定价公允性和合理性的审慎考虑。如果涉及关联交易的双方适用不同的税率，或者其中一方处于亏损状态而另一方处于盈利状态等情况，并且关联交易的定价不公允，税务机关有权依据《企业所得税法》第41条的相关规定，对企业的收入进行调整。

4.2.2.2 不公允股权转让

根据《国家税务总局稽查局关于2017年股权转让检查工作的指导意见》（税总稽便函〔2017〕165号）第2条第3项的规定：不合理的低价的判定及调整标准可参照《最高人民法院关于适用〈中华人民共和国合同法〉若干问题的解释（二）》（法释〔2009〕5号，已失效）第19条第2款的规定："转让价格达不到交易时交易地的指导价或者市场交易价百分之七十的，一般可以视为明显不合理的低价。"关联企业间股权转让价格偏低，不符合独立交易原则，会被税务机关进行特别纳税调整。

近年来，随着国际资本流动的加速和企业兼并重组活动的增加，非居民企业转让我国境内居民企业股权的情况不断增加。这种非居民股权转让具有交易偶然性、形式多样性，并且发现和识别相关跨境税源信息的难度较大，同时也具有一定的隐蔽性，使得税收监管方面面临一定的困难。

4.2.2.3 成本分摊协议

根据《关于规范成本分摊协议管理的公告》的规定，成本分摊协议无须审核，税务机关重心转移至后续监管。关联企业成本分摊协议是税务稽查的重点内容之一。企业与其关联方签署成本分摊协议，共同开发、受让无形资产，或者共同提供、接受劳务，应符合税法规定。在计算应纳税所得额时应当按照独立交易原则进行分摊。

根据《特别纳税调整实施办法（试行）》（国税发〔2009〕2号）的规定，企业与关联方签署的成本分摊协议，有下列情形之一的，其自行分摊的成本不得税前扣除：不具有合理商业目的和经济实质；不符合独立交易原则；没有遵循成本与收益配比原则；未按本办法有关规定备案或准备、保存和提供有关成本分摊协议的同期资料；自签署成本分摊协议之日起经营期限少于20年。

4.2.2.4 受控外国企业

受控外国企业是指根据《企业所得税法》第45条的规定，由居民企业，或者由居民企业和居民个人（统称中国居民股东，包括中国居民企业股东和中国居民个人股东）控制的设立在实际税负低于25%的企业所得税税率水平的国家（地区），并非出于合理经营需要对利润不作分配或减少分配的外国企业。对于受控外国企业的上市利润中应归属于居民企业股东的部分，应当视同分配计入该居民企业的当期收入。

4.2.2.5　关联交易资本弱化

关联企业间的资金往来，是上市公司常见的关联交易形式之一，主要表现为关联方之间的无息拆借、有息借款、关联方委托贷款、集团资金池、“统借统还”、内保外贷、背靠背贷款等。

根据《财政部、国家税务总局关于企业关联方利息支出税前扣除标准有关税收政策问题的通知》（财税〔2008〕121号）的相关规定，在计算应纳税所得额时，企业实际支付给关联方的利息支出，不超过规定比例（金融企业关联债资比为5:1；其他企业关联债资比为2:1）和《企业所得税法》及其实施条例有关规定的部分，准予扣除，超过的部分不得在当期和以后年度扣除。

企业如果能够按照《企业所得税法》及其实施条例的有关规定提供相关资料，并证明相关交易活动符合独立交易原则；或者该企业的实际税负不高于境内关联方，则其实际支付给境内关联方的利息支出，在计算应纳税所得额时准予扣除。

资金管理对于集团企业对子公司的管理是至关重要的一环。随着国内集团企业的发展壮大，许多企业选择采用统一资金池运作的方式。在这种情况下，如果对资金借贷的税收政策理解不准确，可能会导致相应的资金运作面临税务风险。因此，对于集团企业来说，准确把握资金借贷的税收政策非常重要，可以规避潜在的税务风险。

4.2.3　涉税风险分析

4.2.3.1　通过转让定价达到避税目的

目前我国的所得税税率分为4个档次，且各档次之间的税率差异较大，同时企业性质和地区差异也会导致税负存在较大差别。此外，特定的税收优惠政策，如三免三减半、五免五减半等，也促使企业必须认真研读税收法律，以降低自身税负。在涉及关联企业的交易中，双方之间有着紧密的联系，因此交易形式多样，而且相比一般企业之间的交易更具隐蔽性。其中，通过关联定价的方式来降低成交价格是最主要的手段。然而，这种定价方式可能扰乱市场的正常定价秩序，提高企业的涉税风险，并增加税务机关对该企业经营状况的监测与关注。

4.2.3.2　通过成本分摊协议达到避税目的

在现代市场经济条件下，由于经济业务越来越复杂，有些业务无法由单一企业完成，涉及多个企业之间的分工合作，因此需要考虑成本的分摊问题。关联企业通常会通过制定成本分摊协议来处理共同消耗的成本。如果这份协议符合独立交易原则，那么企业可以按照协议约定的比例将共同发生的成本扣除为当年的成本。然而，如果该协议不仅涉及本年度成本分摊，还涉及对过去年度成本的调整，那么就需要进行追溯调整，以确保将成本合理地分配到正确的期间。

但是，由于关联企业之间的成本分摊协议往往无法反映独立交易原则，为了减少纳税，企业常常会通过私下的利益输送，将更多的成本分摊给税负较重的企业，通过增加成本来减少应纳税所得额，从而减少企业应交的税款。然而，这些行为会极大地增加企业的税务风险。因此，在处理成本分摊问题时，企业应谨慎遵守相关法律法规，确保合规经营，以避免税务风险的产生。

4.2.3.3　征税环节的涉税风险

当前我国税收法律众多，涉及《资源税法》、《环境保护税法》、《个人所得税法》、《契税法》和《城市维护建设税法》等法律。这些法律规范了企业行为，但同时也给企业带来了涉税风险。特别是对于广大企业，尤其是小微企业的财务人员来说，由于自身水平的限制，可能无法完全准确地进行纳税申报。营改增后，税收优惠适用条件发生了较大变化，如果企业的财务人员未能按要求进行申报或备案，可能无法享受既有的优惠，从而损害企业的利益。

自2014年开始，全国税务系统实施了审批制度的改革，取消了大量税收征管工作中的审批项目，转为纳税人自行备案制。这一改革虽然提高了税务机关的办事效率，但也增加了企业的涉税风险。对于同一项业务，企业财务人员可能根据自己的判断执行符合税法的某项规定，但税务机关在后续检查中可能对企业的处理不予认可，要求补缴税款和滞纳金，这将给企业带来更大的损失。

因此，企业应当认识到税收风险的重要性，加强税收合规管理，确保纳税申报的准确性和规范性。同时，及时了解税收政策的变化，避免因对税法理解的不当导致不必要的风险和损失。在涉税事项上，企业可以寻求专业税务顾问的支持，确保遵守相关法规，保护企业合法权益。

4.2.4　关联交易涉税风险的应对

4.2.4.1　提高财务人员的专业能力

当前的税收立法呈现井喷态势，大量新兴法律法规陆续出台，不断规范各项经济业务，这同时也考验着财务人员的能力和素质。因此，财务人员应积极学习新知识，不断提升业务能力，适应不断变化的税收体系，并帮助企业识别税务漏洞。

4.2.4.2 准备充分的同期资料

由于税务机关在管辖同一地区大量企业时，可能对每个企业的具体情况了解不深入。因此，企业在实际经营中，即使关联交易的金额未达到税法规定的标准，仍可主动准备同期资料并主动提交给税务机关，以加深税务机关对企业的了解。这样既可以帮助企业避免不必要的涉税风险，也可以降低税务机关的征税成本，提高征税效率。

4.2.4.3 准备执行预约定价安排

企业在实际发生关联交易之前，可以与税务机关提前进行协商。税务机关通过分析评估和监控企业在关联交易中存在的各种风险，将对企业关联交易的监管由事后转为事前和事中，这样可以有效减少企业关联交易的涉税风险，帮助企业合理定价关联交易，减少企业通过降低价格来偷漏税的风险。

4.2.4.4 完善税收立法体系，减少税收漏洞

目前我国主要税收来源为增值税，但增值税尚未正式立法，仍然执行暂行条例，这与社会经济发展的需要尚不完全适应。此外，企业所得税在纳税申报中与增值税的纳税申报存在多处差异，这可能导致纳税调整问题的出现。同时，企业之间税务处理能力的不同也会带来较大的涉税风险。因此，税务机关应积极推动立法机构进行相关立法，同时可以发布解释性公告，帮助企业在过渡阶段以较低的涉税风险实现可持续发展。

第七篇 案例篇

一、税务违法案件总体分析

虚开发票违法犯罪案件在当前涉税案件中占了很大比例，并且有愈演愈烈的趋势，这给发票管理和税收等工作带来了极大的困难。不同地区、不同行业都存在各种各样的税务问题，其中最突出的是有关虚开增值税发票的行为。医药、建筑、纺织、运输业存在大量企业因为违反税收管理规定和法律被处罚的典型案例，既包括虚开增值税发票、逃税、骗税等经典案例，也包括逃避缴纳税款、逃避追缴欠税、骗取出口退税等行政处罚的案例。然而，现今虚开发票行政执法和刑事司法上不可避免地存在许多衔接边界的问题，如机制不完善、侦查权与税务检查权配置竞合、主观故意标准的认定、移送顺序及司法鉴定等，致使虚开发票案件在侦办中无法做到有机统一。行政执法与刑事司法部分脱节，致使税收秩序持续受到损害。

1. 三大部门对涉税违法案件查处的具体实践

1.1 税务机关的具体执法实践

从税收管理层面来看，税务机关的职能主要是保障税收管理制度的有序和规范进行，因此对于大量不规范的增值税专用发票开具行为都认定为是虚开增值税专用发票。行政机关的处罚相较于刑事处罚，无论是程序还是力度，都相对较轻。行政机关在进行相关处罚时也有着严格的程序要求。

随着全面推行营改增政策，在以税额抵扣为核心的增值税征管体系中，增值税专用发票的地位愈发凸显。打击虚开和虚抵涉税违法行为，尤其是查处虚开增值税专用发票的违法犯罪案件，成为税务机关的工作重点，为营改增政策提供有力支持与保障。

首先，在法律适用方面，税务行政处罚程序没有单独的立法，有关制度分散在《税收征收管理法》《税收征收管理法实施细则》《行政处罚法》等多个法律和文件中，缺乏系统性和全面性，不利于工作人员掌握税务行政处罚法定程序，从而难以依法开展工作。在实践中，主要存在以下几个问题：一是错误适用法律法规；二是应适用高级别的法律法规而适用低级别的法规条例，甚至是规范性文件；三是笼统地适用有关法律法规，而不注明具体的条款项；四是不注明适用的法律依据。

其次，从形式步骤来看，税务机关在进行一般程序的行政处罚时，应在做出行政处罚决定之前，告知当事人事实、理由及依据，并告知当事人享有陈述、申辩的权利。当事人要求陈述、申辩时，应在收到税务行政处罚告知事项之日起3日内向税务机关采取口头或书面形式的陈述申辩。采取口头形式进行陈述申辩的，税务机关进行记录，当事人对《听取陈述申辩笔录》审核无误后签字或盖章；税务机关应当对当事人提出的事实、理由和证据进行复核，成立者予以采纳。在听取当事人的陈述申辩并复核后，或当事人表示放弃陈述申辩权后，税务机关应当做出税务行政处罚决定，并送达当事人。在实际工作中，经常出现以下问题：行政处罚前未告知当事人所享有的各项权利和应知事实理由；应告知却未告知当事人应对违法行为进行申报；应审理未审理；应听证未听证；应责令限改未责令限改；应移送的以罚代刑；适用一般程序的适用简易程序；处罚告知书与处罚决定书同时送达等。

1.2 检察院的具体处置口径

最高人民检察院处理企业涉税案件的态度较为慎重。为了充分发挥检察职能，同时保障企业的稳定性，最高人民检察院制定了《最高人民检察院关于充分发挥检察职能服务保障“六稳”“六保”的意见》，以此来保证企业涉税案件能够得到妥善处置。在法治国家建设不断推进的当下，最高人民检察院制定的上述意见为帮助民营企业渡过难关，纠正司法实践中存在的一些“误区”，提出要准确区分涉税违法与犯罪的边界，表达了检察机关对民营企业以及企业涉税问题的关切。

首先，检察院注重严格厘清涉税违法与犯罪的界限，准确把握一般涉税违法行为与以骗取国家税款为目的的涉税犯罪的区别。对于那些有实际生产经营活动的企业，虚开增值税专用发票用于虚增业绩、融资、贷款等非骗税目的，且没有造成税款损失的情况，检察院不会将其定性为虚开增值税专用发票罪，而会依法作出不起诉决定。对于此类行为，检察院会移送给税务机关进行行政处罚。检察院的该行为同样对在前置程序中的公安机关有指导作用，公安机关以涉嫌虚开增值税专用发票罪移送审查起诉的案件，应当从“三要件”判断是否构成虚开犯罪，认为不属于犯罪行为，仅属于一般涉税违法行为的案件，应当依法认定为不构成刑事犯罪，并移送税务机关给予相应的税务处理、处罚。

其次，在企业经营模式不断发展变化的时代下，部分行业由于国家制度、政策变迁的原因，面临一些不尽合理的税收负担。部分企业为了减少不合理的纳税负担，采取了一些具有边界模糊性的行为来减轻税收，从而引发了有关的税务风险。在这些问题中，较为突出的是废旧物资行业与运输行业增值税进项抵扣不足的问题。其中，存在较为突出的三大误区：开票方构成虚开的，受票方必然构成虚开；没有挂靠协议的，不予认定挂靠关系的存在，开受票双方系虚开；“先卖后买”有违常理，买卖双方系属无货虚开。在这三种主要矛盾中，虽然在形式上企业存在虚开发票行为的特征，但是实质上只要企业的主观目的为善意，则不会面临刑事处罚的风险，只需承担相应的行政责任。检察院通过阐述虚开发票刑事责任的构成要件、潜在风险点以及主要误区，帮助明确司法实践中常见的模糊地带，减少企业面临过多潜在刑事风险。

1.3　法院的具体裁判标准

作为审判机关，法院有义务减少不正当的刑事责任落到民营企业之上。近年来，最高人民法院在工作会议中不断明确对待涉民营企业案件的执法司法标准，强调“罪刑法定、疑罪从无”原则。对于民营企业案件，采取了灵活的处理方式：可捕可不捕，可诉可不诉，可判实刑可判缓刑的，一律从轻。废止涉及民营企业的不平等规定等指导精神，为涉民营企业案件的办理提供了方向。

为此，最高人民法院公布了一系列涉及虚开发票、税务有关的指导案例，对于主观上不具备犯罪故意的被告人，不能无条件地认为其构成刑事犯罪。依法坚守罪与非罪的边界，加强对民营企业家的人身和财产保护，增强民营企业家的踏实感，切实保护他们的合法权益。这些典型案例对于指导全国各级法院在司法审判中按照罪刑法定、疑罪从无原则，以发展的眼光看待民营企业发展中的不规范问题，具有重要的指导意义。通过这些措施，法院为民营企业提供了更加公正和平等的司法环境，促进了民营企业的健康发展。为了落实对各类企业特别是民营企业经营过程中存在不规范问题需要指导的要求，最高人民法院将以发展的眼光客观看待，并依法妥善处理此类问题。他们致力于营造稳定、公平、透明、可预期的法治化营商环境，为经济高质量发展提供有力的司法服务和保障。为加强刑事司法保护，最高人民法院坚决防止利用刑事手段干预经济纠纷，并坚决依法保护企业家的人身和财产安全。对于民商事司法保护，他们深入研究经济新业态，进一步加强知识产权司法保护，服务创新驱动发展。他们还致力于巩固解决执行难的成果，保持执行工作高水平运行，确保胜诉当事人及时实现权益。同时，他们会依法审慎适用强制措施，最大限度地减少对企业生产经营活动的不利影响。最高人民法院也会继续深入推进甄别纠正涉产权冤错案件工作，一旦发现问题，立即予以纠正。通过这些举措，他们将为企业特别是民营企业提供更好的司法保障，促进经济的高质量发展，推动法治建设不断向前迈进。坚决纠正冤假错案的工作任务充分体现了最高审判机关“实事求是、有错必纠”的指导思想，起到督促各级法院审慎对待涉民营企业的案件，杜绝在“事实不清、证据不足”的情况下依然定罪量刑的重要指导作用。

2. 大数据统计下企业涉税违法分析

据大数据初步统计，以上海为例，2018 年至 2022 年位列前列容易被税务部门处罚的违法点中发票管理类违法增长较快，与税务登记类常规违法相比，发票管理类往往会构成刑事犯罪，风险较大。进项发票合规管理的缺失是重大问题，随着发票管理系统的升级改造，后续会有大量的行政处罚案件的发生。如表 107 所示。

表 107　上海市 2018～2022 年税务部门处罚案例统计表　　单位：件

违法类型	年份				
	2018	2019	2020	2021	2022
税务登记	4	15	7	22	3
账簿、凭证管理	5	54	77	11	25
纳税申报	404	3357	2440	834	1264
税款缴纳	103	246	454	1321	1842
发票管理	108	1893	332	176	90

据初步统计，以上海为例，2018 年至 2022 年涉税刑事案件主要涉及骗取出口退税罪，虚开增值税专用发票、用于骗取出口退税、抵扣税款发票罪，逃避追

缴欠税罪。其他犯罪行为比例相对较低。虚开发票罪，伪造、出售伪造的增值税专用发票罪一直是高危违法点。如表108所示。

表108　上海市2018～2022年涉税刑事案件统计表　单位：件

刑法罪名	年份				
	2018	2019	2020	2021	2022
偷税罪	10	20	17	0	0
抗税罪	1	1	1	0	0
逃避追缴欠税罪	4	18	7	3	4
骗取出口退税罪	1984	1712	1715	384	149
虚开增值税专用发票、用于骗取出口退税、抵扣税款发票罪	6029	6592	6171	1255	1012
伪造、出售伪造的增值税专用发票罪	8	5	9	9	7
非法出售增值税专用发票罪	22	101	63	38	16
非法购买增值税专用发票、购买伪造的增值税专用发票罪	15	48	50	21	6
非法制造、出售非法制造的发票罪	220	179	183	45	23
非法出售用于骗取出口退税、抵扣税款发票罪	2	1	0	6	1
非法出售发票罪	90	111	57	33	8
逃税罪	143	166	183	36	12
虚开发票罪	517	687	819	384	169
持有伪造的发票罪	100	89	33	34	19

随着当前专票电子化的进程加快，该类违法更加趋于隐蔽，危害更大，企业往往无所适从，又无所凭借，随着发票管理系统的升级改造，刑事违法案件也会激增。

二、涉税行政案例分析

1. 虚开增值税专用发票

1.1　案情回顾

宁波A光电公司（以下简称A公司）应开红字发票却反向开票，宁波市税务局对其虚开发票行为予以行政处罚，A公司申请再审获法院支持。本案中，再审申请人A公司称一审、二审判决有如下问题：（1）未将被申请人当庭陈述的“申请人主观方面的因素已经考虑，但只能作为处罚情节因素而不能作为定性考虑”进行认定。该陈述证明了被申请人认可申请人无虚开故意。（2）未确认再审申请人虽不当抵扣发票，但并没有造成国家税款损失的事实。首先，宁波B铜业公司（以下简称B公司）开具了发票，缴纳了税款。其次，再审申请人与慈溪市C五金科技有限公司（以下简称C公司）存在真实的交易。最后，在发现错误抵扣发票之后，再审申请人主动采取了纠错措施，向C公司开回了发票。该行为在客观上向税务机关缴纳了税款，国家税款并未遭受损失。（3）税务机关将本案移送公安机关后，公安机关于2020年4月作出撤案告知书，载明“我局认为发现不应对犯罪嫌疑人追究刑事责任，应当撤销案件”。法院并未认定该事实。该证据已由被申请人向二审法院提交。基于此，一审、二审判决适用法律错误。

1.2 实务聚焦

法院认为，首先，根据《税收征收管理法》第63条第1款的规定，纳税人伪造、变造、隐匿、擅自销毁账簿、记账凭证，或者在账簿上多列支出或者不列、少列收入，或者经税务机关通知申报而拒不申报或者进行虚假的纳税申报，不缴或者少缴应纳税款的，是偷税。从该条的构成要件看，当事人的主观方面是认定偷税行为的必备要件。其次，根据最高人民法院2018年12月4日公布的“张某强虚开增值税专用发票案”明确“不具有骗取国家税款的目的，未造成国家税款损失，其行为不构成虚开增值税专用发票罪”，即当事人主观方面系认定“虚开”的必要构成要件。本案中公安机关撤销案件的举动也可佐证这一观点。再审申请人认为，法律的适用应当具有一致性，行政法适用上的“虚开”与刑法适用上的“虚开”不应有别，均应当以主观方面作为前提要件。综上，被申请人在做出行政处罚时未考虑“主观因素”请求法院依法再审。

关于偷税的认定，C公司无法提供给再审申请人A公司增值税专用发票，故C公司在A公司的要求下，提供了B公司开具的“铜带”增值税发票。A公司明知其与B公司无购销“铜带”的业务，仍使用该发票抵扣进项税额。该发票不仅销售主体有误，货物名称也不实。A公司的上述行为，已表明其具有“不缴或者少缴应纳税款”的主观目的。

关于虚开的认定，再审申请人自称的“纠错措施”，实际是违规“冲红”处理，B 公司在没有与 C 公司进行真实铜带交易的情况下，向其开具增值税专用发票。而后 C 公司对上述虚开的发票进行了抵扣，并且上述情况是 A 公司法定代表人和 C 公司总经理合意作出的行为。根据 2019 年修订的《发票管理办法》第 22 条第 2 款第 1 项的规定再审申请人的行为已构成虚开发票。关于虚开发票不构成刑事犯罪的，不影响行政机关对违法行为予以行政处罚。

2020 年 7 月，最高人民检察院发布的《关于充分发挥检察职能服务保障“六稳”“六保”的意见》表明，对于有实际生产经营活动的企业，为虚增业绩、融资、贷款等非骗税目的，且没有造成税款损失的虚开增值税专用发票行为，不以虚开增值税专用发票罪定性处理，依法作出不起诉决定，移送税务机关给予行政处罚。再审申请人上述虚开发票的行为，客观上已经严重破坏了税务机关对增值税专用发票的管理秩序，关乎国家的税收利益和经济社会的健康发展。故虽然公安机关已对其虚开发票行为在刑事上予以撤案，但并不影响对其虚开发票行为予以行政处罚。

综上所述，问题的争议焦点在于 B 公司是否存在偷税以及虚开发票的行为。国家税务总局的国税发〔1997〕134 号文件《国家税务总局关于纳税人取得虚开的增值税专用发票处理问题的通知》第 2 条规定，在货物交易中，购货方从销售方取得第三方开具的专用发票，或者从销货地以外的地区取得专用发票，向税务机关申报抵押税款或者申请出口退税的，应当按偷税、骗取出口退税处理，依法追缴税款，处以偷税、骗取数额 5 倍以下的罚款。

《〈国家税务总局关于纳税人取得虚开的增值税专用发票处理问题的通知〉的补充通知》（国税发〔2000〕182 号）第 1 条规定，购货方取得的增值税专用发票所注明的销售方名称、印章与其进行实际交易的销售方不符的，即国税发〔1997〕134 号文件第 2 条规定的“购货方从销售方取得第三方开具的专用发票”的情况。被申请人根据上述规定，认定再审申请人对 B 公司开具的 250 万元增值税专用发票申报抵扣税款的行为应按偷税处理，并无不当。

再审申请人作为合同的买受人，在出卖人 C 公司无法按合同约定提供增值税专用发票时，应当通过依法追究 C 公司的违约责任等方式来寻求救济，而不是在明知其与 B 公司无铜带业务往来的情况下，仍将其取得的不应抵扣的 B 公司虚开的货物名称为铜带的增值税专用发票进行进项抵扣，故再审申请人主张其不具有偷税的主观故意，理由难以成立。

2019 年修订的《发票管理办法》第 22 条第 2 款第 1 项规定，任何单位和个人不得为他人、为自己开具与实际经营业务情况不符的发票。本案中，会计师事务所对再审申请人进行常态财务审计，发现再审申请人涉案的250万元发票存在实物与账面库存不符的情况，要求再审申请人按照相关规定申请开具增值税红字专用发票进行纠错。但再审申请人在没有与B公司进行铜带交易的情况下，收取B公司开具的货物名称为铜带的增值税专用发票250万元，其行为构成上述规定的虚开发票行为。

因此，对A公司的上述两项违法行为分别予以罚款处罚，认定事实清楚，适用法律正确，A公司应当承担行政处罚，并积极补缴税款。

2. 虚开普通发票

2.1 案情回顾

李某开了一家塑料制品公司，没有自行开具发票的资格。2020年10月，李某向A贸易公司（以下简称A公司）销售塑料玩具价值38万元。购货方需要发票，李某请其生意伙伴B塑料玩具公司（以下简称B公司）帮忙开具发票。随即，B公司以自己的名义向A公司开具增值税专用发票4份，金额32.8万元，增值税额5.2万元，价税合计38万元。B公司向A公司收取货款后，转账支付给实际售货方李某。同时，B公司将该项业务按规定记账，并按规定申报缴纳税款。

2.2 实务聚焦

稽查局认为，B公司与A公司之间并未发生实际经营业务，只是受售货方李某之托，代替李某向购货方A公司开具增值税专用发票，所开具发票与实际经营情况不符。本案中，B公司实施了向他人虚开增值税专用发票的行为。由于B公司虚开税款数额为5.2万元，根据《最高人民法院关于虚开增值税专用发票定罪量刑标准有关问题的通知》（法〔2018〕226号）第2条虚开的税款数额在5万元以上的，应追究刑事责任的规定，其已达到追究刑事责任的标准。于是，稽查局以B公司涉嫌构成虚开增值税专用发票犯罪，将其移送公安机关。公安机关对B公司立案侦查，在侦查结束后，以B公司涉嫌构成虚开增值税专用发票犯罪的名义向检察机关移送。

检察机关认定当事人不属于虚开增值税专用发票。检察机关表示，B公司向A公司开具增值税专用发票的行为，主观上并无骗取税款的故意，客观上也未造成国家税款损失，根据《最高人民法院〈关于如何认定以“挂靠”有关公司名义实施经营活动并让有关公司为自己虚开增值税专用发票行为的性质〉征求意见的复函》（法研〔2015〕58号，以下称最高法复函）第2条规定，B公司的有关开票行为不属于《刑法》第205条规定的“虚开增值税专用发票”的行为。最终，检察机关决定对B公司不予立案追诉。

本案中，税务机关依照发票管理办法的规定，认定B公司向A公司开具的发票为虚开发票，然后按照刑事立案标准作出移送决定，合法合规。检察机关则是将行为人主观上是否具有骗取抵扣税款的故意，同时客观上是否给国家造成了税款损失，作为是否构成虚开发票犯罪的要件，合理合法。可见，导致税务机关、检察机关对案件得出不同结论的根本原因，是各自依据的法律法规规范不同。《刑法》第205条对虚开发票犯罪只是作了一些规范性表述，对犯罪的行为模式并未作出明确规定。

在具体司法实践中，司法机关重点关注的主要是虚开发票的目的和后果。如最高人民法院复函第2条指出：“行为人利用他人的名义从事经营活动，并以他人名义开具增值税专用发票的，即便行为人与该他人之间不存在挂靠关系，但如行为人进行了实际的经营活动，主观上并无骗取抵扣税款的故意，客观上也未造成国家增值税款损失的，不宜认定为刑法第二百零五条规定的‘虚开增值税专用发票’。”这与行政机关在认定虚开发票行为以及移送涉嫌构成虚开发票犯罪案件方面，存在很大差异。鉴于此，笔者建议通过立法的形式，明确规范行政、刑事相统一的虚开发票行为概念及定性、移交标准，以确保行刑有机衔接，提高执法、司法的协同性。

总的来说，税务机关认定虚开是看行为，不看目的和结果。而司法认定虚开，主要看结果和目的。当然两个机关认定标准不一也可以理解，毕竟行政机关和司法机关承担着不同的社会责任。目前实务中最大的问题是，在涉嫌犯罪移送的规定中，以行政违法标准达到一定金额作为移送司法机关的前提条件，这就造成了社会运行成本的极大浪费。很多时候，税务机关明知行政认定的虚开违法行为，检察机关不会以涉嫌犯罪起诉，但是根据法律规定，又必须移送，造成人力、物力、财力的无谓损耗。如果行政涉嫌犯罪移送的判定能和刑事犯罪判定保持一致，就可以有效降低社会行政成本。

3. 逃避缴纳税款

3.1 案情回顾

2010年4月，有人向甲市税务局稽查局举报，反映A博览中心存在少缴税款的违法行为。甲市税务局稽查局迅速立案，组织人员对这家博览中心展开检查。稽查人员实地检查后，发现该博览中心发生了一笔股权转让行为——以4.6亿元的价格转让了其控股的B公司的股权。对照该博览中心此前自行对B公司整体价值的评估数据和其他相关情况，稽查人员认定，4.6亿元的股权转让价格明显偏低，且无正当理由，依法核定其股权转让收入为6.7亿元。

对税务局的处理决定，A博览中心没有提出异议，也没有积极履行。在收到税务机关的税务处理决定书和处罚决定书后，王某向税务机关表示，公司资金紧缺，要求分次补缴所欠税款。税务机关了解情况后，应允了王某的要求。

然而，王某在分次缴纳了少量的欠税款后，便不再提缴税的事。甲市税务局稽查局执行人员跟踪了解发现，王某开始了一系列的投资、撤资事宜。他在短时间内掏空了A博览中心的资产，使得这个博览中心逐渐停止运营，只剩下空壳。

执行人员随即多次找王某谈话。面对执行人员的一再劝诫，王某点头同意，但行动上毫无收敛。执行人员继续调查发现，A博览中心曾以2.3亿元的价格处置了其持有的其他企业的股权。对照先前的查案记录，执行人员发现，有关被处置企业的股权，在A博览中心的账册中没有记载。经了解证实，根据股权购买协议的约定，2.3亿元的段权转让款被分为10份以支票支付，有关股权转让款全部以支票背书的形式转移到了王某控制的B公司名下。

在收集到相关证据之后，甲市税务局稽查局以“涉嫌逃避追缴欠税罪”之名，将该案移送公安机关。在公安机关审查是否立案期间，王某向公安机关辩解称，在处置有关股权转让事宜时，A博览中心的银行账户恰因民事官司被法院冻结，因担心款项转入会被法院划扣，才将股权转让款转入了B公司。公安机关审查后认为，A博览中心没有转移资产逃避追缴欠税的主观故意，决定不予立案。

然而一段时间后，王某清缴剩余滞纳金的承诺仍未兑现。A博览中心在王某的操作下，只是一再表示正在筹款，但直至清缴期限届满，王某仍未兑现其清缴剩余滞纳金的承诺。

针对王某多番资本运作的特点，执行人员查证王某转移、隐匿A博览中心资产的细节，对涉案人员的陈述情况做证据固定和责任锁定，固定故意逃避追缴欠税的证据。与此同时，执行人员向B公司发出《税务检查通知书》《责令限期提供资料通知书》等执法文书，查询该公司的银行账户流水情况，全面追查其与A博览中心的资金往来情况。

在再度被追查的过程中，王某切断了与外界的通讯联系，通过失踪的方式继续躲避追缴税款。税务机关没有退却，继续按部就班地固定王某转移资产逃避追缴欠税的证据。不久，税务机关将收集充分完整的证据资料移交到公安机关。

当公安人员再次约谈王某，并严肃指出其有关行为可能会导致自己负刑事责任时，王某的心理防线终于崩溃。他意识到了问题的严重性，表示会立即筹集资金清缴所剩欠款。

最终，王某一次性将A博览中心所欠的248万元税款滞纳金缴入国库，将该博览中心的欠税缴清。通过此次案件，王某彻底丢掉了逃避追缴欠税的侥幸心理。

3.2 实务聚焦

甲市税务局稽查局依据《税收征收管理法》第64条第2款的规定，即纳税人不进行纳税申报，不缴或者少缴应纳税款的，由税务机关追缴其不缴或者少缴的税款、滞纳金，并处不缴或者少缴税款50%以上5倍以下的罚款，向该博览中心出具《税务处理决定书》和《税务处罚决定书》，告知要对其追缴企业所得税383万元，加收滞纳金248万元，并处罚款192万元，几项合计823万元。

欠税行为在税务稽查案件执行环节经常遇到，是否涉刑事犯罪要依据具体情节进行判定。逃避追缴欠税罪是指纳税人违反国家税收征管法律法规，在欠缴应纳税款的情况下，故意采取转移或者隐匿财产的手段，致使税务机关无法追缴其欠缴的税款，数额较大的行为。是否构成逃避追缴欠税罪，需要看行为人的行为是否符合本罪的犯罪构成。本罪的客体是国家的税收征收管理秩序，主观上表现为故意，主体是特殊主体即欠税人，客观上表现为故意采取转移或者隐匿财产的手段，致使税务机关无法追缴欠缴的税款，数额较大的行为。

逃避追缴欠税罪与欠税行为。二者都是明知没有缴纳税款而不予缴纳的行为。其主要区别在于妨碍追缴税款罪中行为人采取了转移或者隐匿财产的手段致使税务机关无法追缴欠缴的税款，而欠税行为人则没有采取上述手段以至于使税务机关无法追缴欠缴税款。另外，二者的主观内容也不同，妨碍追缴税款罪是出于逃避纳税而非法获利的目的，而欠税行为一般是因为无力缴足税款而暂时拖欠税款，无逃避纳税的故意。

本案中王某阳奉阴违，通过多次资本运作、走逃失联的方式逃避缴纳税款，主观故意明显，其最终未能逃过稽查人员和公安机关的调查，并缴纳了高昂的滞纳金。近年来，为遏制逃避缴纳欠税行为，税务部门联合相关外部单位加大了联合惩戒力度。在最新公布的《重大税收违法失信主体信息公布管理办法》中，将逃避追缴欠税纳入重大税收违法失信案件的标准由“欠缴税款金额100万元以上的”。通过全面营造“诚信处处绿灯，失信处处受限”的社会氛围，“老赖”们将无处可逃。

4. 逃避追缴欠税

4.1 案情回顾

据A市税务局立案调查，某集团公司存在少申报缴纳税款的违法行为。该局在依法作出税务行政处理，责令限期缴纳税款后，纳税人仍未按规定缴纳税款，该局遂书面通知其开户银行从某集团公司存款中扣缴税款，但某集团公司账户上几乎没有存款。后该局查明，某集团公司在经营期间存在将对公账户存款转到私人账户的行为，拟认定某集团公司涉嫌构成逃避追缴欠税罪，移送司法机关处理。

4.2 实务聚焦

纳税人欠缴应纳税款，应以欠税事实明显存在为前提；判断的标准以税务机关已经掌握的纳税人欠税事实为尺度。根据《税收征收管理法》第65条的规定，逃避追缴欠税系指纳税人欠缴应纳税款，采取转移或者隐匿财产的手段，妨碍税务机关追缴欠缴税款的行为。逃避追缴欠税的构成要件之一，是纳税人具有欠缴应纳税款的主观故意，纳税人首先应明知存在确定的欠税事实。“欠缴应纳税款”与“存在应纳税款”应是不同的两个概念，这也是“偷税（逃避缴纳税款）”与“逃避追缴欠税”的分界线。

实践中，纳税人日常申报产生了欠税、税收征管及稽查部门已就少缴税款事宜调查取证等，均应认定为纳税人明知存在欠缴的应纳税款。而在此之前，转移、隐匿其应纳税的商品、货物以及其他财产，即使后来确实造成了不缴、少缴税款的结果，也应认定为纳税人欺骗、隐瞒税务机关，主观上存在的是“偷税”而不是“逃避追缴欠税”的主观故意。纳税人转移或隐匿财产的行为应与妨碍税务机关追缴欠税构成必然联系。转移或隐匿财产是逃避追缴欠税的客观手段，在构成要件中必须有确凿的证据来支持。在实践中，即便纳税人存在将公司对公账户的资金转移到相关个人银行账户的行为，或是通过离婚倾斜分割财产，也需要综合考虑是否存在合理的理由，不能简单地一概而论地认定为转移或隐匿财产的行为。

转移、隐匿财产与妨碍税务机关追缴欠税之间确实需要具有必然联系。如前所述，纳税人在生产经营期间，即使存在明显的转移、隐匿应纳税的商品、货物以及其他财产的行为，客观上确实造成了少缴或不缴税款的后果，但是，该行为多半属于偷税行为，即未按规定列报或少列报收入，欠税的事实尚未确定，尚未进入妨碍税务机关追缴的范畴，因此，对此类行为应当认定为偷税而非逃避追缴欠税。

纳税人转移或隐匿财产的时间点以及与妨碍税务机关追缴税款的因果关系，对逃避追缴欠税的构成有重要影响。在判断是否构成逃避追缴欠税时，必须以税务机关已依法采取充分而必要的追缴税款手段为前提。“妨碍追缴”与“影响追缴”并不是一个概念，妨碍税务机关追缴欠税应理解为致使税务机关无法追缴欠税。

根据《税收征收管理法》的相关规定，税务机关具有扣划存款、拍卖变卖商品或其他财产等税收强制执行措施，以及对欠税人因怠于行使或放弃到期债权、无偿、以明显不合理低价转让财产且受让人知情而依法行使代位权、撤销权等追缴税款的手段。只有在税务机关已采取充分而必要的追缴税款手段后，仍未能追缴税款的情况下，纳税人的转移、隐匿财产行为才能构成逃避追缴欠税。然而，由于逃避追缴欠税案件的取证和定性较为困难，各地税务机关很少发生相关案例。尽管有很多案件涉及司法判决和量刑，但缺乏税务稽查局专司查处的行政违法案件。在实际应用中，如果过多案件缺少行政调查环节，直接移送司法机关处理，或将疏于审查税务机关尽力追缴税款的手段，可能不利于保障纳税人的合法权益。因此，建议在处理逃避追缴欠税案件时，充分考虑行政违法的前提，以确保纳税人的合法权益得到妥善保障。

5. 骗取出口退税

5.1 案情回顾

2018 年，号称陕西省宝鸡市建市以来最大涉税违法犯罪案件——苏某以宝鸡同兴公司名义与魏某、赵某等 11 人骗取出口退税、虚开增值税专用发票、虚开用于抵扣税款发票罪一案案发。后该案历经宝鸡市中级人民法院、陕西省高级人民法院审理，判处苏某等人 3 年至 13 年的有期徒刑、并处罚金以及追缴违法所得。该案目前虽已终审，但部分被告人依然申诉不止。抛去该案中罪与非罪、单位犯罪与自然人犯罪、一罪与数罪等至今仍存在争议的问题不谈，刑事判决向苏某等人追缴骗取出口退税违法所得2,655,999.88元与国家税务总局宝鸡市税务局对宝鸡同兴公司处以追缴骗取出口退税款405.19万元的行政处理，同一行为同时适用刑事追缴与行政追缴的竞合问题，更值得反思。

5.2 实务聚焦

同一行为同时适用刑事追缴与行政追缴，更能凸显正确处理税务违法行为中行刑交叉问题的重要性。骗取出口退税罪是以违反税法为前提的法定犯，是税务部门在查处税务违法案件时发现违法行为涉嫌犯罪而移交公安机关进而进入刑事诉讼程序的，其涉及税务行政机关与公安司法机关各自权力边界的问题。本例正是旨在探讨：骗取出口退税行为中行政追缴与刑事追缴能否同时适用。笔者对此持否定意见，理由如下。

（1）同一行为不能被人为割裂。前引案例中，骗取出口退税既然已经达到构成犯罪的程度，成立犯罪行为，就不应再作为一般税务行政违法行为。虽然生效的刑事判决是苏某等自然人构成骗取出口退税罪，宝鸡同兴公司不构成犯罪，但其也不应成为苏某等人被刑事追缴、宝鸡同兴公司被行政追缴的理由。同一骗取出口退税行为既然已经作为苏某等人的犯罪行为，而作为工具化的宝鸡同兴公司并不构成犯罪，就不应再作为苏某等人的一般税务行政违法行为，更不应作为宝鸡同兴公司的一般税务行政违法行为。

（2）同一行为不能被评价两次。前引案例中，同一骗取出口退税行为刑事评价与税务行政评价同时存在，同一行为被评价两次，显然，其有违“一事不再罚”的原则。

（3）功能的同质性决定了刑事追缴与行政追缴不能并用。骗取出口退税中刑事追缴与行政追缴功能的同质性是显而易见的，二者并用的结果是，不仅挽回了犯罪行为造成的国家税收损失，也会使国家额外获得一笔“违法所得收入”，其显然是荒谬的。值得一提的是，在前引案例中，刑事追缴与行政追缴金额不一致，其所反映的司法终局性原则的坚守问题，亦值得注意。

前述案例存在的诸多问题引发了如何正确处理税务违法行为中的行政与刑事交叉问题的思考。目前学界对该问题还未达成共识。在刑法中，关于税收犯罪的罪名及其构成并不完全清晰明确。在尚不能准确把握税收犯罪罪名及其构成要件，又缺乏税务专业技术知识和实践经验的情况下，回答如何正确处理税务违法行为中的行政与刑事交叉问题，应当先落实到正确处理每一个具体税收犯罪的行政与刑事交叉案件。

笔者认为问题的根本原因是权力关系，换句话说就是不同权力机关对法律的不同解释。税务局和公安局分属不同系统，主要工作职责、工作方法不同，缺乏沟通交流机制，职权的分割导致他们天然有封闭、部门认同的倾向，具体体现为能够内部解决就不会转交给其他部门。那么要正确处理税务违法行为中的行政与刑事交叉问题，就应当遵守这样的规则：在实质上，行政优先，刑事补充；在程序上，刑事优先，行政有条件补充。

6. 非法提供银行账户、发票、证明

6.1　案情回顾

2018 年 12 月，张某负责郑某拍摄《倩女幽魂》的演艺合同签订、演出报酬和支付方式确定等事宜。张某与制片方等共同商讨郑某片酬的拆分及收款方式，策划具体操作细节，确定了 1.6 亿元的片酬数额及支付方案，即拆分为 4800 万元和 1.12 亿元两个部分。对 1.12 亿元部分，双方商定由制片方对郑某实际控制公司以“增资”的形式支付。之后，张某与郑某商定了设立收款公司、提供“增资”合同等事宜。

6.2　实务聚焦

上海市税务局第一稽查局在郑某偷逃税案件检查过程中发现张某帮助郑某偷逃税款并依法进行立案调查发现，张某作为郑某参演《倩女幽魂》项目的经纪人，策划并操作了约定片酬的合同拆分、掩护公司设立等事宜，帮助郑某逃避履行纳税义务，因此依法对其进行处罚。根据《税收征收管理法实施细则》第 93 条的规定，为纳税人、扣缴义务人非法提供银行账户、发票、证明或者其他方便，导致未缴、少缴税款或者骗取国家出口退税款的，税务机关除没收其违法所得外，可以处未缴、少缴或者骗取的税款 1 倍以下的罚款。张某通过策划组织、沟通接洽、具体操作等行为，帮助郑某偷逃税款，影响恶劣，同时张某又是郑某偷逃税案件的举报人之一，综合多项情节因素，依法对其处以郑某在《倩女幽魂》项目中偷税额（4302.7 万元）0.75 倍的罚款，合计 3227 万元。

综上所述，为他人虚开发票的行为提供掩护，帮助他人逃避国家税收征缴的行为，同样属于行政违法。一旦他人的逃税行为被稽查机关发现，第三人将会无法逃避相应的责任。此类罪名往往容易被忽视，相关财务人员应当引以为戒，切勿认为帮助违法主体掩盖税务问题的行为不会被一起追究。

三、涉税刑事案例分析

1. 虚开发票类犯罪

1.1 虚开发票类犯罪的相关概念

发票是商事交易中的重要凭证，也是在产生商事纠纷时维护自身权利的重要证据，与企业的实际经营活动息息相关。然而，发票的开具和使用在不同法律框架内都有着严格的约束和管理要求，如果企业家不熟悉开具发票的相关规则，盲目地从事生产经营活动，不仅可能会面临潜在的行政处罚，影响企业的运营和发展，更严重的可能会遭受到刑事处罚。因此，企业家只有熟悉发票相关规则，完善税务合规，才能够避免在经营过程中触碰红线。

1.2 虚开发票是一种舞弊行为

虚开发票是指纳税单位和个人为了达到偷税的目的或购货单位为了某种需要，在商品交易过程中开具不实的发票。这种行为涉及商品名称、数量、单价以及金额等信息的弄虚作假，甚至可能虚构交易事项。虚开发票严重扰乱市场正常经营秩序，对国家税收管理造成混乱。根据我国《刑法》的规定，虚开发票罪是指为了牟取非法经济利益，违反国家发票管理规定，虚开增值税专用发票以及用于骗取出口退税、抵扣税款的发票等行为。虚开发票的种类十分广泛，既包括典型的普通发票虚开，也包括特殊类型的发票虚开。因此，企业在税务发票审查时应分类处理，针对不同的发票类别进行区别审查。

1.3 虚开发票罪的犯罪构成

首先，该罪行侵害的是国家的发票监管制度，这与其他破坏社会主义经济秩序罪的本质不同。根据《发票管理办法》第21条第1款的规定，开具发票应当按规定的时间、顺序、栏目，全部联次一次性如实开具，开具纸质发票应当加盖发票专用章。这要求企业在开具发票时需遵守严格的要求，如票物相符、票面金额与实际收取金额相符等必要条件。

其次，该罪行在客观方面表现为没有货物购销或未提供、接受应税劳务，而是为他人、为自己或让他人为自己介绍开具专用发票的行为。在接下来的内容中将对此分类进行详细论述。

最后，虚开发票的构成条件也有多种，既包括虚假注册公司开具发票后按面额收取款项但不缴纳税款，也包括正常经营的企业将自己的发票代开给他人。无论是哪种方式，都能满足虚开发票类犯罪的构成要件，因此是税务监管机构重点打击的对象。

1.4 虚开增值税专用发票罪的犯罪构成

增值税专用发票是一种特殊的发票，其主要作用是帮助企业减少税款缴纳。作为我国对企业的重要税收优惠政策，企业在享受税收优惠后应积极履行纳税义务。然而，一些企业为了追求非法利益，虚开增值税专用发票，给国家造成税款损失。

根据《刑法》第205条第3款的规定，为他人虚开、为自己虚开、让他人为自己虚开、介绍他人虚开增值税专用发票等行为构成虚开增值税专用发票罪。本罪的犯罪主体可以是自然人也可以是单位。行为人在主观上必须有故意的目的，即明知没有实际经营活动而虚开发票，或者开具与实际不符的增值税专用发票。虽然《刑法》第205条没有规定必须有骗取国家税款或造成国家税款损失的目的，但目前司法实践中将此作为构成该罪的必要要素。虚开增值税专用发票罪的客观要求是行为人实施了为他人虚开、为自己虚开、让他人为自己虚开、介绍他人虚开增值税专用发票等行为之一。

此外，该罪行侵犯的客体是国家的税收征管秩序。现在越来越多的观点认为，该罪的客体具体而言应为国家税收利益，而不仅仅是发票管理制度。该罪的行为人虚开增值税专用发票，其最根本的侵害对象是国家税款，会造成国家增值税税款流失。因此，在定罪标准上，如果虚开的税款金额超过10万元或者造成的国家税款损失超过5万元，则应该立案追诉，确保国家增值税税款能够有效征收。在量刑标准上，对自然人犯罪和单位犯罪也有一定的区别。对于虚开税款金额超过5万元的自然人，可判处3年以下有期徒刑或拘役，并处2万元以上20万元以下罚金；对于虚开税款金额超过5万元的单位，可判处罚金，并对直接负责的主管人员和其他直接责任人员判处3年以下有期徒刑或拘役。根据虚开税款金额的变化，惩罚力度也会相应加大。

2. 虚开增值税专用发票罪的认识误区

2.1 “三流不一致”判定标准

“三流不一致”指的是虚开增值税专用发票，其并不是一种法律概念，而是衍生于税务机关在税收监管中对某些税务文件的错误理解。一般的说法是，如果货物、资金、发票不是在同一对主体之间流动，则该发票就是虚开的增值税专用发票。这种判断标准简单、形象，税收执法中容易查实和把控，所以一度在税收征管执法领域盛行，对司法机关认定虚开增值税专用发票罪也造成了长期、深远的影响。然而对于“三流不一致”即构成“虚开”的观点，国家税务总局相关人员先后在视频政策问题解答和相关文件中予以否定。所以，“三流不一致”的增值税专用发票并非一定是“虚开”的发票，也不是虚开发票的客观判定标准，这是需要厘清的第一个认识误区。

2.2 实际货物交易标准

部分观点认为只要不存在实际货物交易行为就构成虚开增值税专用发票罪，然而该观点具有局限性。全面“营改增”之前，增值税专用发票中的品名基本都是有形货物，这导致在日常经济生活中很容易产生简单的理解，即开票方与受票方之间都有实实在在的货物交付。换言之，如果开票方没有将货物交给收票方，那就属于虚假销售，这意味着双方没有真实的货物交易，从而构成虚开增值税专用发票罪。然而，这种理解是相对片面的。虚开增值税专用发票罪中的“虚开”与日常生活中的“虚开”不同，也与税法行政法领域的“虚开”有一定的差异。例如，纳税人以虚增业绩但并非以骗取国家税款为目的，进行对开或环开增值税专用发票的行为，在客观上并没有造成国家税款损失，因此不应被视为《刑法》第 205 条中所指的“虚开”行为，也不应该以虚开增值税专用发票罪论处。

此外，有观点认为只要存在实际货物，就不构成虚开增值税专用发票罪，这也同样是不正确的。在某些情况下，即使纳税人存在货物交易，但其开具或取得的增值税专用发票亦有可能属于虚开。例如，A 公司以较低的价格从个体户 B 处购买一定数量的服饰。随后，该公司又从与个体户 B 无关联的第三方 C 处支付了税点，并取得了与从个体户 B 处购买服饰等额的增值税发票。A 公司虽然有真实的货物交易，但该行为仍然属于虚开增值税专用发票的违法犯罪行为。

3. 虚开增值税专用发票分类

3.1 为他人虚开发票

如果一个单位或个人合法拥有增值税专用发票，但明知其他人没有货物购销或未提供、接受应税劳务，却为其开具增值税专用发票，或者即使有货物购销或提供、接受应税劳务，但为其开具数量或金额不实的增值税专用发票，就构成为他人虚开增值税专用发票的行为。虽然在这种情况下，开具发票的人从中会获得一定比例的开票费用，并且虚开的增值税专用发票申报抵扣增值税款是受票公司的行为，但虚开增值税专用发票的人在主观上明知涉案受票单位意欲虚开增值税专用发票用于申报抵扣税款，仍然违反了发票管理规定，应属于为他人虚开增值税专用发票的行为。即便收票单位未使用虚开的增值税专用发票向税务机关申报抵扣相应税款，虚开增值税专用发票的人仍然构成虚开增值税专用发票罪。

3.2 为自己虚开发票

如果一个单位或个人在合法拥有增值税专用发票的情况下，本身没有货物购销或没有提供、接受应税劳务，却为自己开具增值税专用发票，或者即使有货物购销或提供、接受了应税劳务，但为自己开具数量或金额不实的增值税专用发票，这种行为也属于虚开增值税专用发票。

3.3 让他人为自己虚开发票

无货物购销或未提供、接受应税劳务的单位或个人，却要求合法拥有增值税专用发票的单位或个人为其开具增值税专用发票，或者即使有货物购销或提供、接受应税劳务，但仍然要求他人开具数量或金额不实的增值税专用发票，甚至是在已进行实际经营活动的情况下，却让他人代为开具增值税专用发票，这些行为都构成了让他人为自己虚开增值税专用发票。

3.4 介绍他人虚开发票

介绍他人虚开增值税专用发票是指在合法拥有增值税专用发票的单位或个人与要求虚开增值税专用发票的单位或个人之间沟通联系，以便为后者开具虚假的增值税专用发票的行为。在这种情况下，中介单位或个人充当牵线搭桥的角色，协助他人获得虚开发票，是为了达到非法牟利或逃避税款的目的。

4. 虚开发票行为的种类分析

4.1 暴力虚开

暴力虚开是指未取得合法的增值税进项发票或其他扣税凭证，通过其他手段在不实际纳税的情况下对外虚开发票。绝大多数暴力虚开发票的行为借助不进行任何经营活动的“空壳企业”，采取“短、平、快”的策略，虚开单位或个人在短期内领取并开具发票后，迅速离开现场（失联）或注销相关资料。相对于“富余票虚开”，暴力虚开的犯罪成本更低，作案手段更简单，并且更容易被复制，暴力虚开的涉案金额巨大，动辄上亿元甚至几十亿元。

4.2 多层洗票虚开

多层洗票虚开是指犯罪分子成立虚开发票公司，取得虚开的增值税专用发票用于抵扣进项税额，然后在没有真实经营业务的情况下，对外虚开增值税专用发票。这类企业取得的进项发票，大多是上游企业通过暴力虚开、“票货分离式”虚开、农产品收购发票虚开等方式虚开的增值税专用发票。这类企业的目的主要是拉长虚开发票链条，多层隔离以保护下游买票企业。

4.3 “票货分离式”虚开

“票货分离式”虚开是指实际购货方不需要发票，于是销售方将应该开具给实际购货方的发票开给其他需要发票的单位或个人。由于社会上存在大量要货不要票和要票不要货的单位或个人，因此催生出一大批倒票牟利的职业“黄牛”。“黄牛”首先寻找到这两类单位或个人，对要货不要票的单位或个人，允诺其以较低价格购货。对要票不要货的单位或个人，按开票金额收取开票手续费。双方达成一致后，“黄牛”要求要货不要票的单位或个人支付低价购货款，然后以要票不要货单位的名义，去销售企业进货，“支付货款”并取得增值税专用发票，最后分离票货，达到虚开发票牟利的目的。这些“黄牛”遍布各行各业，主要涉及大型电商平台、百货零售企业、黄金经营企业、成品油、食品和药品经销等企业。

4.4 套票虚开——“黄金票”虚开

传统的“黄金票”虚开是虚开企业在取得“黄金”“金条”“Au99.99 标准黄金”“原料金”等进项发票后，根据买方市场需求直接开具煤、钢、电解铜、化学用品等销项发票。根据近几年查办的案件情况来看，一开始“黄金票”虚开势头强劲，但随着暴力虚开的集中爆发，“黄金票”虚开一度势弱，在2018年下半年，“黄金票”出现了新型的变票虚开模式，即“黄金、铜—合金电解铜—电解铜”。

这种新模式重新进入虚开市场，通过将“大金额黄金发票”和“小金额电解铜发票”进行“合金电解铜”虚假加工，最终形成“大金额合金电解铜票（包含黄金价值）”的路径来实现，实物黄金通过另外渠道分离销售。“黄金票”升级换代的原因仍可归结于利益驱使，据国家统计局公布数据估算，2018年1月至2019年6月，全国电解铜产量约1345万吨，价值6187亿元。而同期的增值税发票数据显示，“电解铜”相关专用发票金额约为产量的十几倍，“电解铜”因重量、不易运输等原因，一般从铜矿开采出后经过1～2道流通环节（每道流通环节每吨加价50～100元）至用铜企业，即使包含了流通环节的开票金额，也可见“电解铜”虚开形势严峻。

4.5 “富余票”虚开——以白糖票虚开为例

“富余票”虚开是指利用在经营活动中产生的“富余票”进行虚开发票。在企业的经营活动中，可能存在部分消费者未索取发票的情况，当企业按实际销售额申报增值税时，申报的销售额会大于实际开票金额，从而产生了“富余票”。这些“富余票”为虚开发票提供了机会和空间。这类开票企业通常具有实际的经营业务，其购进业务较为规范，而销售业务主要面向不需要增值税专用发票的小规模纳税人、非增值税纳税人或个人。然而，销售货物给增值税链条断裂行业如房地产、建筑行业的企业（营改增之前）等或终端消费者不需要开票，会形成“空余开票额度”，产生进项税额沉淀，利用“甲购乙开”或不实申报为他人虚开。下面以某白糖票虚开团伙为例对“富余票”虚开进行深入剖析。

“富余票”虚开是虚开的重要方式之一。传统的“富余票”虚开经销企业在取得货物和增值税专用发票后，货物卖给不需要发票的终端消费者或个体工商户，“富余票”经变票后卖给实际用票企业。但是在近年来的稽查实践中发现，“职业团伙”逐渐渗入“富余票”虚开。虚开“职业团伙”瞄准其中的获利空间后，“富余票”虚开升级为实际经销企业在取得货物的同时向虚开团伙支付货款（扣除返点），虚开团伙直接向上游供货企业支付货款、取得增值税专用发票，经变票后卖给实际用票企业。职业团伙利用其优势，打破了虚开市场的买方和卖方的信息壁垒，进一步扩大了虚开市场规模。

4.6 虚开农产品收购发票

虚开农产品收购发票是指利用农产品收购发票的优惠政策进行虚开发票的行为。农产品收购发票“前免后抵、自开自抵”的政策，实质上是国家对农产品加工和流通企业通过税收方式给予的一种隐性补贴，然而，这种利用“富余票”虚开发票的行为违背了增值税征扣税一致的基本原则，导致了购销双方相互制约的增值税征扣税链条机制的失效。特别是在农产品收购发票自开自抵的制度设计和税源管理难度大的情况下，对外虚开发票的企业得到了充足稳定的进项抵扣税额。常用手法是虚提收购价格，虚增购进数量，虚开多抵进项税额，调控企业税负，维持一定的收益和税负，逃避监管，或者直接虚构收购业务，进而对外虚开增值税专用发票。

4.7 政策票虚开——以成品油虚开为例

传统的成品油虚开是地方石油炼化企业向下游成品油经销企业开具原油、石油副产品等非成品油（非消费税应税产品）发票，成品油经销企业将非成品油变为汽油、柴油等成品油对外销售（成品油经销环节免消费税），利用增值税专用发票变票达到逃避缴纳成品油消费税的目的。为解决成品油变票问题，2018年国家出台规定，要求成品油经销企业必须通过发票管理新系统中的“成品油发票开具”模块开具成品油专用发票，且开具发票的成品油的数量不得大于取得的成品油总量，防止成品油经销企业通过暴力或变票的方式虚开成品油发票。

在公告实行初期，成品油虚开得到了有效控制，但一段时间后，成品油虚开团伙利用“成品油发票开具”模块漏洞，通过“打时间差+冲库存+对开”的方式重回虚开市场。该方式的流程为上游成品油经销企业H能源公司先以“低单价高数量”和下游企业C能源公司开具成品油专用发票用来虚增库存，然后C能源公司，再以市场价向下游Y石油化工公司等开具成品油发票，最后H能源公司开具红字发票冲减已开具的低价发票，切断虚开源头。

以加油站、税务局和行政处罚为关键词在威科先行上进行检索，共计可以检索到3741份行政处罚决定书，其中2020年、2021年、2022年、2023年上半年分别有469份、526份、538份和454份，2023年才刚刚过半加油站税务违法行政处罚案例数量就快接近2022年和2021年的全年，可见加油站税务违法案例在2023年大大增加。从发生地区来看，各个省份均有加油站税务违法案例发生，随着税务机关对加油站查处力度的加大，加油站税务违法案例在全国范围内都呈现高发态势。

加油站企业目前面临着多样化的涉税风险，加油站在进行经营管理的过程中可能会进行账外经营、私自篡改税控加油机数据、不按规定开发票等行为。加油站账外经营主要有两大方式。第一种方式为采用两头不入账的手法进行体外循环偷税，即企业实现销售收入不入账，购进原辅材料也不入账，账面表面反映的企业税收负担率比较正常。这种偷税方式，由于其隐蔽性较强，检查起来较难发现。第二种方式为销售收入不入账，产品成本则通过账面核算，即企业发生料、工、费通过账面核算，而将部分销售收入通过现金交易，置账外反映。这种形式的危害性较大，对一般纳税人而言，由于其产品销售不通过账面而减少销项税金，而购进的原辅材料仍然抵扣进项税金，偷逃的税金就是销项税金全额；与此同时，这种收入减少、成本增加、利润降低的方式也偷逃了企业所得税。

2023年6月商务部为了加强成品油流通管理，规范企业经营行为，维护国内流通秩序，保护经营者和消费者的合法权益，研究起草了《成品油流通管理办法

（征求意见稿）》（以下简称该征求意见稿）。该征求意见稿的出台也会对加油站产生影响。笔者将全面研究该征求意见稿，总结该征求意见稿的亮点并提出修订建议，以期对加油站经营合规有所指引。

首先，该征求意见稿的内容涉及成品油批发、仓储、零售经营的各个环节，并在负责划定何为成品油时将柴油纳入成品油的范围，对何为批发、仓储、零售这些基础概念作出具体界定。成品油批发是指利用油库设施批量销售成品油的经营行为；成品油仓储是指利用油库设施提供成品油代储服务的经营行为；成品油零售是指利用自有或租赁的成品油零售网点（零售装置）向最终用户销售成品油的经营行为，在定义方面整体界定清晰而又全面。

其次，该征求意见稿对企业经营管理方面、行政备案与审查、监督管理方面均有涉及。如在经营方面，企业必须建立经营管理台账、建立质量安全应急处置预案、建立油品销售管理系统。加油站应按照有关部门要求如实推送油品购销等经营数据，配合开展经营数据采集工作、确保油品来源合规合法和零售特许经营必须标识“特许”或“特许经营”。许可成品油零售网点加油设施罩棚标注的企业名称应与经营资格证书相符；加油站开展特许经营的，应在加油站罩棚显著位置标识“特许”或“特许经营”字样。

在监督管理方面，定期公示成品油企业名录、根据企业综合业务监管结果划分等级，实施差异化监管、对日常检查结果面向社会公开，涉及商务以外违法的，交由相关部门协同查处，明确专项检查内容，成品油批发、仓储、零售经营企业都应接受专项检查，提交检查材料等。

该征求意见稿的一个亮点是具有时代性，在监管方面考虑到了当前大数据人工智能的高速发展态势，采取智慧监管的监管模式，该征求意见稿第 24 条规定：“各级商务主管部门应会同相关部门建立成品油流通智慧监管系统，建立完善智慧监管制度规定，加强辖区内成品油经营企业基本信息和经营数据的整合、汇聚和应用，加强部门间信息共享，提升数字化管理和服务水平。有关部门和单位对成品油流通管理工作中知悉的国家秘密、商业秘密和个人隐私依法负有保密义务。”在法理上，这一规定体现了科技与法律的关系，充分展现了科技的发展对法律的促进作用，科技的变革必然带来法律的革新，智慧监管这一监管模式便是科学技术研发出新的技术手段并应用于法律的良好体现，因此这一规定在法律层面符合法律的发展趋势。在实践层面，这一规定使得大数据监管应用于成品油流通领域取得了法律依据，真正实现了“有法可依，有法必依”，通过智慧监管必将不断提高监管效率，打破各部门间的信息壁垒，有利于社会主义市场经济的健康发展。

该征求意见稿在监管方面的亮点还体现在备案方面。2020年7月，商务部废止了《成品油市场管理办法》，这直接导致成品油市场出现了监管空白，造成许多与成品油有关的违法行为没有监管依据，该征求意见稿第5条规定："成品油批发、仓储经营企业应自取得危险化学品经营许可证和营业执照之日起30日内，通过全国石油市场信息管理系统备案企业基本信息。本办法实施前已设立的成品油批发和仓储经营企业应自本办法实施之日起30日内备案基本信息。"这一规定暗含从事成品油相关业务的企业应当先取得危险化学品经营许可证和营业执照，在取得这两样文件之后才要去备案，并且这一备案全国统一，真正在监管方面实现了各地区之间的互联互通。

该征求意见稿还强调要发挥行业协会的作用，以具体法律条文体现公众参与这一行政法基本原则在成品油流通领域的应用。该征求意见稿第25条规定："成品油流通行业协会应建立健全行业经营自律规范、自律公约和职业道德准则，发挥行业协会在政策宣贯、权益保护、纠纷处理、企业信用评价、技能培训等方面的作用，积极参与政策法规、标准规范、发展规划的制定工作。"该条说明，行业协会的参与体现在三个方面：第一个方面是制定规则，让行业协会有权建立行业规范、自律公约，有权参与政策法规的制定工作，使规则在订立之初就体现有关企业的真实声音；第二个方面是宣传培训，行业协会不仅有权制定规则，还有义务对已经制定的政策法规进行宣传，起到普法释法的作用与职责，使广大成品油经营者了解有关规定；第三个方面是处理纠纷，行业协会可以进行权益保护、纠纷处理，这就使得成品油经营在经营过程中产生纠纷后也可以寻求行业协会的帮助，彰显了多元化纠纷解决机制在成品油流通领域的运行，有利于将纠纷解决在基层，减少行政机关和司法机关压力，兼顾效率与公平。

当前，若要进行成品油零售经营需要危险化学品经营许可这一前置许可，还需要成品油零售许可这一后置许可，在经营者未取得危险化学品经营许可、营业执照和成品油零售许可的情况下从事成品油零售活动的，可以毫无争议地适用《危险化学品安全管理条例》对违反规定的经营者进行处罚。可是，司法实践中的情形千变万化，有的经营者可能已经取得了危险化学品经营许可但尚未领取营业执照并取得成品油零售许可，也可能有经营者已经取得了危险化学品经营许可和营业执照但是没有取得成品油零售许可，在这些情况下就擅自从事经营活动，在这两种情形中，存在着行政机关难以处罚的问题，可以适用排除法来思考这个问题。第一，由于当事人已经取得了危险化学品经营许可证，故不能依照《危险化学品安全管理条例》进行处罚，因为《危险化学品安全管理条例》处罚的是无证经营的行为；第二，上述问题可能属于经营者既没有领取营业执照也没有申请成品油零售经营许可的情形，也可能为经营者领取了营业执照但尚未取得成品油经营许可就擅自从事经营活动的行为，而根据《无证无照经营查处办法》的规定，这两种情形都能由法律、法规、国务院决定规定的部门依法进行查处，可是市场监督管理部门并未获得授权，因此，市场监督管理部门不能对上述两种情形进行查处；第三，商务部作为成品油流通的主管部门对于查处上述两种行为责无旁贷，理应对这种情形的处罚进行规定，令人遗憾的是，在已经公布的该征求意见稿中未见此类规定。

该征求意见稿的另一不足之处为管理职责划分较为混乱，在该征求意见稿的第 4 条中对行政机关的管理职责有所规定：商务部负责制定国内成品油流通监督管理政策，指导地方商务主管部门和设区的市级人民政府指定部门做好成品油流通监督管理工作；会同相关部门指导开展国际航行船舶保税油经营活动。各省、自治区、直辖市及计划单列市人民政府商务主管部门依据本办法制定实施细则，实施批发、仓储经营行政备案，指导市级人民政府商务主管部门编制本辖区成品油零售体系发展规划。设区的市级人民政府指定部门负责本辖区内成品油零售经营资格审批。县级以上商务主管部门依据本办法，对本辖区内成品油流通进行监督管理。显然，该征求意见稿中对行政机关各自的权限及职责划分不清。在该条第 1 款中说明商务部负责制定管理政策，地方商务主管部门和设区的市级人民政府指定部门负责成品油流通监督管理工作。第 4 款中提到县级以上商务主管部门负责对本辖区内成品油流通进行监督管理，两款都意在规定哪个部门为成品油流通监管部门，但是两条规定存在矛盾。第 4 款只规定了县级以上商务主管部门为适格主体，但是第 1 款中规定设区的市级人民政府指定部门为适格主体，究竟何为指定部门并不明确，若指定部门为商务主管部门那么就无须再列出指定部门，若指定部门不仅为商务主管部门还可以指定其他部门，这样又会与第 4 款规定冲突，因此，笔者认为，该征求意见稿在成品油流通监督管理部门的规定上处于混乱又矛盾的状态。

该征求意见稿中部分条款位置错置，如第 24 条规定："各级商务主管部门应会同相关部门建立成品油流通智慧监管系统，建立完善智慧监管制度规定，加强辖区内成品油经营企业基本信息和经营数据的整合、汇聚和应用，加强部门间信息共享，提升数字化管理和服务水平。有关部门和单位对成品油流通管理工作中知悉的国家秘密、商业秘密和个人隐私依法负有保密义务。”本条大致看来没有问题，甚至还是该征求意见稿中的亮点，也自然以为在对成品油进行监管的过程中有可能知悉商业秘密、国家秘密和个人隐私，因此，在最后一句规定“有关部门和单位对成品油流通管理工作中知悉的国家秘密、商业秘密和个人隐私依法负有保密义务”，本规定看似合理，实际上存在前后矛盾。首先，本条的位置在“监督管理”中，本条的主要内容为智慧监管方式，此时在其中规定相关人员负有保密义务就显得十分突兀，导致体系混乱；其次，若将保密义务放到第24条中，会对负有保密义务的主体产生疑问，保密义务的主体究竟是各级商务主管部门及相关部门，还是操作智慧监管系统的行政人员，抑或是获得信息共享的其他部门；最后，该征求意见稿有“法律责任”一章，有关人员违反保密义务，应承担何种责任、进行何种处罚，为法律责任的内容，不应为监督管理的内容。

综上所述，在柴油纳入成品油的范围之后，会出现有的经营者可能已经取得了危险化学品经营许可但尚未获得营业执照和成品油零售许可，也可能经营者已经取得了危险化学品经营许可和营业执照但是没有取得成品油零售许可的情况下就擅自从事经营活动这两种问题，依照现有规定，市场监督管理部门难以进行处罚，存在法律漏洞，商务部作为成品油流通管理的牵头部门应有责任对这两种情形进行处理。因此，笔者建议可以增加商务部及其地方商务主管部门对“无证经营”行为的处置权。

在该征求意见稿中第4条行政机关的管理职责中，由于规定模糊，未能明确成品油流通的监管部门，笔者认为成品油流通监管由商务部制定具体政策与规则，指导地方商务主管部门进行监管并无问题，但应当删去第1款中的“设区的市级人民政府指定部门”，统一由商务主管部门进行监管，这样可以使第1款与第4款中“县级以上商务主管部门依据本办法，对本辖区内成品油流通进行监督管理”相统一。除此以外，该征求意见稿第4条第1款中的“会同相关部门指导开展国际航行船舶保税油经营活动”也应当进一步明确，避免陷入循环解释的误区，可采取逐项列举的立法技术，具体列明相关部门是何部门。

该征求意见稿第24条最后一句规定：“有关部门和单位对成品油流通管理工作中知悉的国家秘密、商业秘密和个人隐私依法负有保密义务。”本句规定的具体内容并无问题，但是条文位置不当，本句规定了有关部门和单位对成品油流通管理工作中的保密义务，违反义务就必然要承担相应的责任，因此，笔者建议在“法律责任”中单独列明一条有关部门和单位对成品流通管理工作中知悉的国家秘密、商业秘密和个人隐私负有保密义务的规定，违反保密义务给成品油经营者或国家、社会及其他个人造成损失的，应当承担相应的法律责任。

税务合规是一项需要长期运营和维护的工作，对于加油站企业而言，应借助数字科技完成成本发票审核、供应商监控、财税数据管理等工作。该征求意见稿中智慧监管方式的提出代表在“数字控税”的税务监管体系下，发票将实现全领域、全环节、全要素的电子化，从而推动整个交易智能系统的发展。税务机关将通过应用大数据、云计算、人工智能、移动互联网和区块链等现代信息技术，实现以发票为核心载体的交易流程。对纳税人进行全面画像，实现从信息化到数字化再到智慧化的转变。在此背景下，加油站企业税务合规管理的重点也应当由“票税”向“数税”转变，由“票税合一”向“业财税合一”转变，实现智慧税务数字化管理。

随着金税四期的启动，发票数字化成为新的行业趋势，数字化发票让企业的发票管理、会计档案管理及业务流程管理发生转变。加油站应当完成业财税的自动化和数字化管理，充分地挖掘数据的价值，支撑公司的战略决策，为企业整体的数字化变革升级带来更多的可能性。依据该征求意见稿的规定，行政机关将采取数字化的智慧监管方式，加油站企业也应闻声而动。加油站企业可以利用财税管理工具，升级进销项发票管理系统，构建业财税一体化平台，实现财务业务管控的自动化和智能化。财税管理工具会根据市场行情、处罚案例等，对收集的底层大数据进行实时的更新与调整，实现数据的流动性和准确性，在业务流转、发票采集开具、财务做账等多个环节大幅提效，有效防控风险，真正实现降本增效，以应对税务机关的查处。

随着科学技术的发展，税务机关的稽查手段也不断革新，越来越多的税务违法行为将会无处遁形，为应对税务机关对加油站企业税务违法行为的从严打击态势，加油站企业税务合规管理也相应地需要较高的专业素养和技术能力。加油站企业应当通过各种方式加强员工的学习培训，以强化数字科技与合规知识的专业技能，提高企业的合规水平。尤其是应当加强会计税务专业技能的培训，受益于新技术，掌握数字科技的核心能力，通过不断的优化和创新，提升自身的管理优势。

数字化合规是石化企业实现税务合规的必由之路，是提高企业效率、降低税务风险的重要手段。数字化时代的来临，数字科技已成为企业高效运营、税务合规的重要保障，正所谓“闻道有先后，术业有专攻”，实现数字化的财税合规管理需要掌握数字化技术、专业财税知识与法律知识的团队帮助，数据赋能合规，数据与专业服务的协同服务将是未来法律服务的一个重要趋势。在如今数字化的潮流下，企业必须与时俱进，善于借用第三方数字科技工具，与专业服务团队一起，围绕数据、挖掘数据、实现数据与人的服务的高度协同，最终实现各方共赢的效果，实现“提效”“降险”“增润”。

5. 涉及虚开发票类犯罪典型案例解读

5.1 偷税罪典型案例分析

5.1.1 案情回顾

2010 年，C 市原国土资源局依法收回 B 机电公司位于 C 市的土地，并将该地块挂牌出让。后来，D 房地产开发公司取得了这块土地。同年 10 月，B 机电公司与 D 房地产开发公司签订协议，约定 D 房地产开发公司向 B 机电公司支付拆迁补偿款共计 17,680 万元。为减免营业税和土地增值税，B 机电公司向主管税务机关提交了相关申请材料，2011 年，主管税务机关依法减免了 B 机电公司应缴纳的营业税和土地增值税。

此后，B 机电公司实际负责人因身体原因长期无法履职，导致 B 机电公司长期处于无人管理、经营的状态，财务人员也不断更换。因此，B 机电公司一直未申报缴纳企业所得税。主管税务机关也未对 B 机电公司是否符合企业所得税特殊税务处理进行指导，未再通知其应对前述拆迁补偿收入申报缴纳企业所得税。

2018 年 C 市所在的 J 省税务局稽查局向 B 机电公司送达了税务检查通知书。经过检查、调取账簿、询问和调查等程序，J 省税务局稽查局发现 B 机电公司的企业所得税纳税申报数据与其会计账簿记录及税收减免申请提交的数据不一致，造成了约 3000 万元的纳税缺漏。

于是，在履行了法定程序后，J 省税务局稽查局作出了《税务行政处罚决定书》，认定 B 机电公司在纳税申报时，未如实依法进行纳税调整和申报，依据《税收征收管理法》第 63 条第 1 款的规定，对其行为定性为偷税，并处以少缴税款 3000 万元 60% 约 1800 万元的罚款。

B 机电公司不服 J 省税务局稽查局的偷税认定，认为公司将收入真实地反映在会计报表中，不存在偷税的主观故意，只是由于企业长期无人管理、无人经营，不断更换的财务人员并不了解公司过往的业务，才未及时申报企业所得税。因此，其未申报缴纳应属于过失，不应被定性为偷税。B 机电公司因此向法院起诉请求撤销 J 省税务局稽查局的偷税认定。

2021 年 C 市人民法院对 B 机电公司的诉讼请求进行了审理，并最终驳回 B 机电公司的诉讼请求。法院认为，B 机电公司在收到拆迁补偿款后，向主管税务机关申请了相应的税收减免，并扣除了拆迁形成的固定资产损失。然而，该公司在进行 2016 年度企业所得税纳税申报时，其纳税申报数据与其会计账簿记录及税收减免申请提交的数据不一致，属于“进行虚假纳税申报”，导致了不缴或少缴税款的后果。根据《税收征收管理法》第 63 条第 1 款的规定，B 机电公司的行为构成偷税。J 省税务局稽查局基于上述事实，依法作出处罚决定，事实清楚，证据充分，程序合法，适用法律正确，处罚适当。因此，B 机电公司请求撤销被诉行政处罚无事实及法律依据，法院不予支持。

5.1.2 争议焦点

该案的争议焦点是 B 机电公司少缴企业所得税的行为是否构成偷税。

B 机电公司主张其不构成偷税，原因如下：首先，B 机电公司将其拆迁补偿收入真实地反映在会计报表中，不存在少列收入的问题。在取得拆迁补偿收入的当年，为减免营业税和土地增值税，其曾向主管税务机关报送相关材料，主管税务机关知道该笔收入，其从未隐瞒收入，从未实施税收上的虚构事实和其他弄虚作假行为。其次，主管税务机关在明知 B 机电公司取得该笔收入的情况下，未对其是否符合企业所得税特殊处理进行指导，也未通知其申报纳税。以上原因共同导致 B 机电公司在 2016 年度并未将相关收入计入应纳税所得额申报缴纳所得税，但“未计入”并不等于瞒报，更不应被定性为偷税行为。

然而，J 省税务局稽查局认为 B 机电公司的行为构成偷税，原因如下：首先，案涉收入属于企业所得税应税收入，B 机电公司应依法进行纳税申报。B 机电公司在进行企业所得税纳税申报时，申报的数据与事实不符，属于“进行虚假纳税申报”且少缴了税款，符合《税收征收管理法》第 63 条第 1 款所规定的行为和后果，构成偷税。其次，我国税法要求纳税人应依法自行申报，税务机关有权对偷税违法行为进行查处。B 机电公司作为已经依法办理了税务登记的独立纳税主体，知法守法是基本要求，依法如实申报是其义务，税务机关不负有对每一项涉税事项单独通知申报的义务。任由纳税人自行曲解和选择性适用法律法规及税收政策，不履行纳税申报，逃避纳税义务，将不可避免地影响税收征管工作的正常开展，从而造成国家税收收入的大量流失。最后，对纳税人“经税务机关通知申报”的理解，可参照《最高人民法院关于审理偷税抗税刑事案件具体应用法律若干问题的解释》（法释〔2002〕33号）第2条第2款第1项有关“纳税人、扣缴义务人已经依法办理税务登记或者扣缴税款登记的”情形，“应当认定为刑法第二百零一条第一款规定的‘经税务机关通知申报’”。

5.1.3 理论聚焦

对于偷税的认定，需考虑纳税人是否有偷税的故意。《税收征收管理法》第63条第1款没有明确规定构成偷税需要有主观故意的要件，但理论界和实务界的主流观点认为需要有主观故意要件。因为“偷”的主观故意特征非常明显，偷税构成包括主观故意要件是法律规定的应有之义。

从1993年起施行的《税收征收管理法》开始，对偷税的主观故意构成采取了法律推定的方式。其第40条第1款规定：纳税人采取伪造、变造、隐匿、擅自销毁账簿、记账凭证，在账簿上多列支出或者不列、少列收入，或者进行虚假的纳税申报的手段，不缴或者少缴应纳税款的，是偷税。现行《税收征收管理法》第63条第1款延续了上述的法律推定模式。国家税务总局也在若干规范性文件中明确了偷税认定需考虑主观故意因素，例如《国家税务总局办公厅关于呼和浩特市昌隆食品有限公司有关涉税行为定性问题的复函》（国税办函〔2007〕513号）、《国家税务总局关于北京聚菱燕塑料有限公司偷税案件复核意见的批复》（税总函〔2016〕274号）等都有类似规定。

在本案中，B机电公司在进行企业所得税纳税申报时，申报的数据与其会计账簿记录及税收减免申请提交的数据不一致，属于“进行虚假纳税申报”，可推定其具有偷税的主观故意。对于B机电公司主张的主管税务机关知道该笔收入故自己不具有偷税故意的观点，与纳税人自主申报的事实不符，无法依据法律予以支持。其次，对于偷税行为的认定需要考虑是否造成少缴税款的结果。如果只有偷税的故意，但未导致实际少缴税款的情况，一般不会被认定为偷税。

在行政违法行为的构成要件中，通常不包括结果要件，只要行为人实施了违反法律规定的行为，就构成行政违法，而不论该行为是否造成了后果。但是，有些行政违法行为的构成要件中包含了结果要件，并且违法行为与危害后果之间存在因果关系，即违法行为是造成危害后果的主要原因。根据《税收征收管理法》第63条第1款的规定，偷税的构成要件中包含结果要件，即纳税人实施了《税收征收管理法》第63条第1款所列举的4种违法行为，并因此造成了“不缴或者少缴应纳税款”的结果，才能将其定性为偷税。因此，判断纳税人是否构成偷税，需要特别关注偷税行为是否实际导致少缴税款，这个结果要件对于偷税行为的认定至关重要。

《国家税务总局关于税务检查期间补正申报补缴税款是否影响偷税行为定性有关问题的批复》（税总函〔2013〕196 号）规定：“纳税人未在法定的期限内缴纳税款，且其行为符合《中华人民共和国税收征收管理法》第六十三条规定的构成要件的，即构成偷税，逾期后补缴税款不影响行为的定性。”从国家税务总局发布的文件可以看出，纳税人违法行为构成偷税后，鉴于其危害结果已经发生，故其事后补缴税款的，不影响对偷税行为的定性，这亦符合《刑法》有关涉税犯罪的规定。例如，《最高人民法院关于审理偷税抗税刑事案件具体应用法律若干问题的解释》第 1 条第 3 款规定：“实施本条第一款、第二款规定的行为，偷税数额在五万元以下，纳税人或者扣缴义务人在公安机关立案侦查以前已经足额补缴应纳税款和滞纳金，犯罪情节轻微，不需要判处刑罚的，可以免予刑事处罚。”该司法解释即明确了纳税人在立案侦查前主动补缴税款的，不影响偷税罪的定性，仅仅影响量刑。

根据 2021 年修订的《行政处罚法》第 32 条第 1 项及第 33 条第 1 款的规定，当事人主动消除或者减轻违法行为危害后果的，应当从轻或者减轻行政处罚；违法行为轻微并及时改正，没有造成危害后果的，不予行政处罚；初次违法且危害后果轻微并及时改正的，可以不予行政处罚。对于纳税人在税务机关发现前主动补缴税款的，应从轻或者减轻处罚。特定情况下，有偷税故意并造成了偷税结果的，也可不按照偷税进行处罚。例如，某公司在没有发生真实业务的情况下，利用让他人为自己虚开增值税普通发票的方式虚列成本，造成少缴企业所得税的后果。此时，该公司同时存在两个涉税违法的主观故意，即虚开发票的主观故意和偷税的主观故意。根据《行政处罚法》第 29 条的规定，对类似违法行为，应按照罚款数额高的规定处罚。如果对该公司虚开发票的行为罚款金额更大，虽仍可以对其定性为偷税，但最终计算罚款金额时，仅需考虑虚开发票因素，不再按照偷税进行处罚。

在该案中，B 机电公司自行进行虚假纳税申报，并由此造成了少缴税款的结果，根据前述关于偷税构成要件的规定，可以认定其已经构成了偷税。此外，在 J 省税务局稽查局进场检查之前，B 机电公司未主动纠正违法行为，这表明其不具备从轻或减轻处罚的情节。因此，J 省税务局稽查局对 B 机电公司处以少缴税款金额的60%作为罚款。

法院对于“证据确凿”并未进一步详细解释。通常，证明标准可以分为排除合理怀疑、明显优势证据和优势证据三类。其中，排除合理怀疑的证明标准主要适用于刑事诉讼，明显优势证据的证明标准主要适用于行政诉讼，而优势证据的证明标准则主要适用于民事诉讼。考虑到司法裁决的终局性，行政行为的合法性证明标准应参照诉讼证明标准。上述分类主要是根据涉案当事方的举证能力以及对个人利益的影响程度而定。因此，对涉及行政相对人人身权利及重大财产利益的行政行为，其合法性的证明标准应提高到排除合理怀疑的水平。如果纳税人能够证明其没有偷税的主观故意，那么就不应该被认定为偷税。

5.2 逃税罪典型案例分析

5.2.1 案情回顾

2005年3月，被告人金某注册成立长沙飞腾运输有限责任公司（以下简称飞腾公司），2005年7月取得自开票资格。2005年7月至2009年5月，金某为牟取非法利益，伙同公司工作人员以飞腾公司的名义、在没有任何真实的运输业务的情况下，采取按4.5%至6%收取开票费的方式，为十多人虚开发票445份，虚开金额3563万余元，分别提供给30多家企业单位，上述单位向税务机关申报抵扣税款共计179万余元。被告人袁某芝参与代开运输发票4份，代开金额33.24万元，已申报抵扣税款2.3万元。湖南省长沙市人民检察院认为，被告人金某、袁某、袁某芝虚开用于抵扣税款的发票，数额巨大，情节特别严重，应当以虚开用于抵扣税款发票罪追究其刑事责任。

5.2.2 争议焦点

该案的关键是不以骗取税款为目的的虚开发票行为如何认定、虚开用于抵扣税款发票罪与逃税罪的犯罪竞合及区别等问题。《刑法》第201条第1款规定：“纳税人采取欺骗、隐瞒手段进行虚假纳税申报或者不申报，逃避缴纳税款数额较大并且占应纳税额百分之十以上的，处三年以下有期徒刑或者拘役，并处罚金；数额巨大并且占应纳税额百分之三十以上的，处三年以上七年以下有期徒刑，并处罚金。”本案中，对于不以骗取税款为目的的虚开运输发票的行为以逃税罪定罪处罚，充分体现了立法原意，对于准确适用刑法意义重大。

法院生效判决认为：被告人金某指使被告人袁某、袁某芝利用飞腾公司的开票资格，在没有提供运输劳务的情况下，以飞腾公司名义为其他提供了运输劳务的从业者或发生了实际运输业务的单位代开运输发票，致使其他运输从业者逃避纳税义务，偷逃税款约29万元，且占应纳税额的50%，三被告人的行为均已构成逃税。公诉机关指控三被告人的行为构成虚开用于抵扣税款发票罪的罪名不当。因为构成虚开用于抵扣税款发票罪，不但要有虚开的行为，还需要有骗取税款的目的。三被告人为他人代开运输发票属于虚开行为，但根据本案的证据，三被告人是在其他运输从业人员向有关单位提供了运输服务之后，为这些运输从业人员代开运输发票，并且缴纳了3.3%的营业税、城市维护建设税以及教育费附加，其行为导致的后果是其他运输从业人员偷逃了3.3%的个人所得税，受票单位凭运输发票抵扣符合法律规定。三被告人并无骗取税款的目的，应对三被告人以逃税罪定罪处罚。

5.2.3 理论聚焦

根据《刑法》第205条的规定，虚开用于抵扣税款发票罪是违反国家发票管理法规，为他人虚开、为自己虚开、让他人为自己虚开、介绍他人虚开抵扣税款发票的行为构成的犯罪。从条文可见，法律没有规定虚开用于抵扣税款发票罪需要以骗取税款为目的，而在理论与实务中，关于虚开用于抵扣税款发票罪是否需要以骗取税款为目的存在截然相反的两种观点。一种观点认为，因为《刑法》条文没有规定虚开发票的目的，只要行为人实施了法定的虚开行为，即可构成本罪，本案中的检察机关即持此种观点；另一种观点认为，虽然《刑法》条文没有明确规定虚开发票的目的，但骗取税款是构成虚开用于抵扣税款发票罪的应有之义。在一般虚开发票的案件中，行为人虽然实施了虚开行为，但主观上没有抵扣税款目的的，其行为不构成虚开发票罪。此外，如果虚开、代开增值税等发票的行为根本不具有骗取国家税款的可能，则不宜认定为该罪。一般来讲，《刑法》中的涉税犯罪可以分为三大类：第一种是逃避向国家缴纳税款的涉税犯罪，比如逃税罪、抗税罪、逃避追缴欠税罪等犯罪，这类犯罪以具备纳税义务为前提；第二种是不仅逃避缴纳税款，还企图骗取退税的涉税犯罪，比如骗取出口退税罪，虚开增值税专用发票、用于骗取出口退税、抵扣税款发票罪，这类犯罪不以行为人具备纳税义务为前提；第三种则是为上述犯罪提供帮助的犯罪，如伪造、出售伪造的增值税专用发票罪，非法出售增值税专用发票、非法购买增值税专用发票、购买伪造的增值税专用发票罪等发票类犯罪。其中第二种涉税犯罪可能骗取到国家税款，对国家和社会潜在的危害最大，犯罪社会危害性最大，法益保护的要求也更加强烈，因而法定刑相应最重，最高可至无期徒刑。

5.3 骗税罪典型案例分析

5.3.1 案情回顾

刘某强在山东省诸城市经营特种动物养殖专业合作社，经营范围为养貂、收貂、卖貂皮。2018年10月至2019年6月，刘某强向沅江市某皮草有限公司等三家公司销售水貂皮约21万张，货款金额约3000万元，获利约21万元。同时，刘某强按上述三家公司相关人员的要求，以特种动物养殖专业合作社的名义向三家公司开具了与实际货物购销金额、数量不符的增值税普通发票90张，虚开约4200万元。该90张发票已被上述三家公司用于申报抵扣进项税款，上述三家公司借助虚开的发票，实施了骗取出口退税的行为。

公诉机关指控，刘某强以特种动物养殖专业合作社名义向沅江市某皮草有限公司等三家公司虚开增值税普通发票90张，骗取出口退税727万余元。刘某强伙同刘某波等人取得虚开的农副产品增值税普通发票后骗取出口退税，数额特别巨大，其行为已触犯《刑法》第204条第1款的规定，应当以骗取出口退税罪追究其刑事责任。

经查，在案证据不足以证明刘某强主观上具有与他人共同骗取出口退税的故意，客观上也没有参与实施骗取出口退税的行为，故辩护人认为刘某强构成骗取出口退税罪从犯的意见不成立。公诉机关指控刘某强犯骗取出口退税罪的罪名不当，应以虚开用于骗取出口退税、抵扣税款发票罪追究责任。刘某强主动投案并如实供述的情况系自首，依法可以减轻处罚。鉴于刘某强已退缴违法所得，可酌情从轻处罚，法院最终以虚开用于骗取出口退税、抵扣税款发票罪判处刘某强有期徒刑5年。

5.3.2 争议焦点

在骗税案件中，对于实施虚开用于骗取出口退税、抵扣税款发票但没有骗取出口退税认知的人员，争取将罪名从骗取出口退税、虚开用于骗取出口退税、抵扣税款发票两罪向虚开用于骗取出口退税、抵扣税款发票罪变更，实际上有利于取得较轻的刑事判决。根据我国《刑法》第72条的规定，刑罚在3年以下有期徒刑、拘役，同时符合其他条件的，有机会适用缓刑。通过虚开用于骗取出口退税、抵扣税款发票罪，骗取出口退税两罪名量刑档次的对比，在第一档量刑幅度中，虚开用于骗取出口退税、抵扣税款发票罪，骗取出口退税两罪都包含3年以下有期徒刑和拘役的刑罚，因此构成两罪都有可能适用缓刑；但在第二档量刑幅度中，骗取出口退税罪的最低刑为5年有期徒刑，而虚开用于骗取出口退税、抵扣税款发票罪的最低刑为3年有期徒刑，这意味着，在第二档量刑幅度中，虚开用于骗取出口退税、抵扣税款发票罪有适用缓刑的可能，而骗取出口退税罪则不能适用缓刑。

因此，如果行为人实施虚开的行为但对骗税活动不知情，从而能够避免骗取出口退税罪，将指控变更为虚开用于骗取出口退税、抵扣税款发票罪，这样一来，如果行为人的虚开税额在50万元以上但不足250万元，或者在250万元以上但具有自首、立功等情节能够减档至3～10年范围的，就可能争取到缓刑结果。这也是在以骗取出口退税罪指控的案件中，从犯往往被判实刑，而在虚开案件中，从犯往往能争取到缓刑处理的重要原因。当然，罪名的变更以及变更后缓刑判决的争取，需要专业的律师进行尽责、有效的辩护。如果本案刘某强的律师能够从刘某强不构成骗取出口退税罪，仅构成虚开用于骗取出口退税、抵扣税款发票罪角度开展辩护，而后结合刘某强自首、补税、认罪认罚等一系列从宽情节做好庭前庭后的辩护工作，或许就可以为刘某强争取到缓刑判决。

5.3.3 理论聚焦

首先，虚开是否为骗税的必要手段。根据出口退税原理，出口企业出口货物退回的增值税是货物在境内所负担的增值税。对于外贸型出口企业，该增值税体现在出口货物所对应的增值税进项发票上。在不考虑征、退税率差异的情况下，企业所能够退回的增值税为发票所记载税额。如A外贸公司出口一批小家电，该批小家电的进项增值税发票记载税额为10万元，那么理论上A公司就能够凭借发票取得10万元的税款。如果A公司通过虚开发票，虚增发票记载的税额总额，再配合买单、配汇等手段，那么就能够相应地取得增加税额对应的退税款，这样就实现了骗税的目的。

对于生产型出口企业，以本案中的皮草公司为例，其所出口皮草在境内负担的增值税，实际上是由制造皮草所需要的各种生产要素所负担的增值税组成。因此，能够退还的税额也主要体现为农产品增值税普通发票所记载的税额。但是，由于生产企业除出口业务外，还有内销业务。出口退税而内销征税，为提高税收征管效率，避免一边退税一边征税对征管资源造成浪费，我国对生产企业实行“免、抵、退”的办法，并且限制本期可退税额，超出部分只能作为留抵税额，在下期用以抵扣内销销项税。因此，生产企业的实际可退税额，并不一定会随着进项发票记载税额的增加而增加。但是，虚开发票仍然是生产企业骗取退税款不可缺少的手段。实务中，生产企业通过高报出口价格抬升免抵退税限额，而后虚开发票增加进项税额，再配合买单、配汇等手段，以达到骗税的目的。

其次，骗税故意是否是以骗取出口退税罪追究开票方刑事责任的前提。前已述及，无论是外贸型出口企业还是生产型出口企业，要想实现骗取出口退税的目的，虚开发票都是其不可缺少的手段。因此在骗税案件中，往往牵连发生虚开和骗税两种行为，各参与主体也可能相应地面临两个罪名的指控。然而，开票方和受票方在虚开和骗税的认知上，可能存在着差别，在同一案件中，对开票方和受票方的定罪量刑也应该区分处理。

在以出口企业为骗税主导方的情况下，出口企业对虚开和骗税两个行为必然都是明知的。出口企业以骗税为目的，虚开行为是骗税目的实现的必要手段，因此虚开行为即是在骗税目的的指引下所实施的，出口企业当然对此具有直接故意；而开票方对于虚开通常是明知的，但对于受票企业的骗税行为，则不一定具有认知，因此不具有主观故意。开受票双方的交易关系主要为货物的购销交付，相应地发生货款的收付和发票的开受。对于受票方取得货物和发票后的用途，并不属于开票方与受票方交易关系的范畴，也不是开票方需要负责的范围。因此，除非开票方与受票方对于骗税有合谋，或者开票方明知受票方要使用虚开的发票骗取退税款仍为其虚开，否则不能将开票方纳入受票方的骗税活动中，将骗税的责任归咎于开票方。

本案中的刘某强即是如此。其出于维系与受票方的生意关系等原因，在与下游三家公司存在3000万元水貂皮购销交易的情况下，按照受票方的要求，在开具发票时多开金额4200余万元，这说明刘某强对于虚开是明知的，无论是出于何种动机，其对于虚开具有主观故意都是确定的。但是，对于三家公司的骗税行为，刘某强则不具有认知和主观故意，其不仅没有与三家公司骗税的合谋，而且对于三家公司是否将虚开的发票用于骗税也不知情。因此法院最终以“在案证据不足以证明刘某强主观上具有与他人共同骗取出口退税的故意，其客观上也没有参与、实施骗取出口退税的行为”认定刘某强不构成骗取出口退税罪的从犯。

5.4 抗税罪典型案例分析

5.4.1 案情回顾

1999年，徐某（被告人蒋某之夫）在某市开设了一家个体米粉加工厂，该米粉加工厂的性质属于个体工商户。2000年6月，该市税务部门将徐某纳入了纳税户名单。徐某于 2000 年 7 月缴纳了 6 月税款 27 元，但 7 月税款并未缴纳。2000 年 8 月，税务干部居某到徐某家发催款通知书。居某到徐某家时，只有其妻蒋某在家，于是居某将催缴税款通知书送达被告人蒋某，蒋某拒收。税务干部居某便在通知书上注明拒收字样后将通知书丢在徐家大院内，蒋某随即从地上捡起通知书，随手又拿起一木条追赶居某。追上后，蒋某指责居某将通知书扔在她家中是在丢“买路钱”（迷信用纸），非常不吉利，居某当即反驳，为此双方发生了争吵。在争吵过程中，蒋某手持木条打了居某。被告人蔡某（系徐某朋友）认识居某，并在明知蒋某抗税的情况下，仍和蒋某一起殴打居某，居某不得已捡石头自卫，蔡某见状又跑回家中提了一把弯刀准备再次对居某行凶，后被围观群众拉开。经鉴定居某构成轻微伤。公诉机关某市人民检察院指控被告人蒋某、蔡某的行为已构成抗税罪。某市人民法院作出判决：被告人蒋某犯抗税罪，判处有期徒刑 1 年，并处罚金人民币 100 元。被告人蔡某犯抗税罪，判处有期徒刑 1 年，并处罚金人民币 100 元。

5.4.2　争议焦点

被告人蒋某辩称，蒋某不是工商注册人，即不是法定的纳税义务人，不具有抗税罪的主体资格，不构成抗税罪的主体。蒋某追打居某并不是发生在居某收缴税款之时，而是发生在居某收缴税款之后，被告人蒋某不构成抗税罪；由于对居某的伤害只是轻微伤，也不能构成故意伤害罪。因此，被告人蒋某的行为只是触犯了治安管理处罚条例，不构成犯罪。

5.4.3　理论聚焦

抗税罪与一般拒缴税款的行为在特征和性质上存在明显区别。抗税罪的显著特征在于行为人可能使用暴力手段来对抗税务征缴，行为较为直接，不具有其他票据犯罪的隐蔽性。相比之下，一般拒不缴纳税款的行为并不采取暴力或威胁手段。区分两者的关键因素包括情节的严重程度、使用暴力的程度、行为带来的后果、威胁的内容，以及拒缴税款的数额和频次。如果只是一般的推搡等行为，没有造成严重后果，或者只是口头上的一般威胁，或者拒缴的税款数额较小且只是偶尔发生，那么可以认为情节较轻微，不构成抗税罪。在这种情况下，税务机关应根据税收法规处理一般的拒缴行为，不应以抗税罪论处。

此外，抗税罪与妨害公务罪在客观方面都表现为使用暴力或威胁的手段，主观上都出于故意。然而，它们在以下几个方面存在区别。

（1）犯罪主体要件不同：抗税罪的犯罪主体是特殊主体，只有负有纳税义务或者代扣代缴、代收代缴税款义务的个人或单位的直接责任人员才可以构成；妨害公务罪的犯罪主体是一般主体，凡达到刑事责任年龄且具有刑事责任能力的自然人都可以构成。

（2）犯罪目的不同：抗税罪的目的在于逃避缴纳税款而非法获利；妨害公务罪的目的在于使国家工作人员不能依法执行职务。

（3）侵犯对象不同：抗税罪侵害的对象是执行税收征管任务的税务人员；妨害公务罪侵害的对象是执行职务的国家工作人员，后者范围较广，前者属于后者的一种。

（4）侵犯对象的性质不同：抗税罪侵犯的是国家的税收管理制度；妨害公务罪侵犯的是国家机关的公务活动。在实践中，如果纳税人以暴力、威胁方法阻碍税务人员依法征税，都应以抗税罪论处。只有不负有纳税义务的个人以暴力、威胁方法阻碍税务人员征税，并且事先与纳税人无通谋，才构成妨害公务罪。

依据《最高人民法院、最高人民检察院关于办理偷税、抗税刑事案件具体应用法律的若干问题的解释》（已失效），被告人蒋某作为个体工商户徐某的配偶，是该个体工商户的主要成员，故蒋某属于抗税罪的主体。居某将催缴税款通知书注明拒收后丢入徐某院中，蒋某随即对居某进行辱骂和殴打，蒋某追打居某的行为表明其主观上不愿接收催缴税款通知书，其在居某执行公务期间殴打居某，客观上实施了暴力抗税的行为，公诉机关指控的罪名成立。被告人蔡某明知居某是税务机关工作人员，仍对居某实施暴力，主观上有帮助蒋某抗税的故意，应以抗税罪的共犯论处。

6. 涉及虚开发票类犯罪的无罪辩护思路

6.1 行为人主观上不具有骗取国家税款的目的

虚开增值税专用发票罪要求行为人具有骗取国家税款的主观目的。实践中多数行为人因自己没有开具增值税专用发票的资质，为了代为结算交易费用而让他人代为开具增值税专用发票。这种经济现象中的行为人本身并没有骗取国家税款的目的，不构成虚开增值税专用发票罪。

《最高人民法院研究室〈关于如何认定以挂靠有关公司名义实施经营活动并让有关公司为自己虚开增值税专用发票行为的性质〉征求意见的复函》（法研〔2015〕58号）明确，行为人利用他人的名义从事经营活动，并以他人名义开具增值税专用发票的，如果行为人进行了实际的经营活动，主观上并无骗取抵扣税款的故意，客观上也未造成国家增值税款损失，不宜认定为《刑法》第205条规定的“虚开增值税专用发票”。

6.2 行为人客观上没有造成国家税款损失，不具有严重社会危害性

虚开增值税专用发票罪侵害的是国家税收利益，有些行为人开具增值税专用发票没有造成国家税款损失，甚至客观上不能造成国家税款损失，那么该行为不应认为构成虚开增值税专用发票罪。比如，有些企业基于融资或其他商业目的，为了虚增业绩、彰显实力进行对开、环开增值税专用发票的行为，这些行为客观上不会造成国家增值税税款损失，不具有严重的社会危害性，不构成犯罪。

《最高人民检察院关于充分发挥检察职能服务保障“六稳”“六保”的意见》指出，要注意把握一般涉税违法行为与以骗取国家税款为目的的涉税犯罪的界限，对于有实际生产经营活动的企业为虚增业绩、融资、贷款等非骗税目的且没有造成税款损失的虚开增值税专用发票行为，不以虚开增值税专用发票罪定性处理。例如，（2001）闽刑终字第391号判决载明：上诉单位A公司和上诉人陈某、施某向他人购买伪造的增值税专用发票的行为，不是以抵扣税款为目的，而是出于提高购进设备价值，显示公司实力，以达到在谈判中处于优势地位的目的。根据国家税法的规定，注明为固定资产的增值税专用发票不能抵扣税款，陈某也并未索要抵扣联，国家税款不会因其行为而受损失，A公司、陈某、施某的行为不具有严重的社会危害性，因此不构成犯罪。

6.3 行为人取得虚开增值税专用发票属于“善意取得”

纳税人在经济活动中按照商业惯例进行交易，取得虚开的增值税专用发票，其事前并不知道自己取得的增值税专用发票是虚开的，这种情况下属于“善意取得”虚开增值税专用发票，不属于《刑法》第205条规定的“虚开增值税专用发票”，不构成犯罪。

《国家税务总局关于纳税人善意取得虚开的增值税专用发票处理问题的通知》（国税发〔2000〕187号）规定，购货方与销售方存在真实的交易，销售方使用的是其所在省（自治区、直辖市和计划单列市）的专用发票，专用发票注明的销售方名称、印章、货物数量、金额及税额等全部内容与实际相符，且没有证据表明购货方知道销售方提供的专用发票是以非法手段获得的，对购货方不以偷税或者骗取出口退税论处。根据刑法主客观相一致的原则，购货方的行为亦不构成虚开增值税专用发票罪。

例如，（2018）冀11刑终229号判决载明：虽被告人王某未提起上诉，但根据《刑事诉讼法》第233条的规定，经全面审理，根据国税发〔2000〕187号《国家税务总局关于纳税人善意取得虚开的增值税专用发票处理问题的通知》的规定，购货方王某与销售方张某存在真实的货物交易，销售方开具发票的货物数量、金额及税额等全部内容与实际相符，且没有证据表明购货方知道销售方提供的专用发票是以非法手段获得的，对购货方不以偷税或者骗取出口退税论处。所以原审被告人王某不具备虚开增值税专用发票罪的主观特征，其行为不构成虚开增值税专用发票罪。

6.4 行为人开具增值税专用发票属于挂靠经营活动

在市场经济活动中，挂靠经营十分普遍，挂靠方通常因为缺乏相关资质而无法参与某种经营，遂与有相关资质的被挂靠方达成挂靠协议，挂靠方通常以被挂靠方的名义对外从事经营活动，被挂靠方提供资质、技术、管理等方面的服务并向挂靠方收取一定的管理费。法研〔2015〕58号复函认为，挂靠方以挂靠形式向受票方实际销售货物，被挂靠方向受票方开具增值税专用发票的，不属于《刑法》第205条规定的“虚开增值税专用发票”。据此，以挂靠形式向受票方实际销售货物，被挂靠方向受票方开具增值税专用发票的，不应认定为虚开增值税专用发票，陈某的行为不构成虚开增值税专用发票罪。

四、实务中税务行政司法案例解读以及风险分析

1. 涉税相关法律法规（见表109）

表109 涉税相关法律法规统计表

名称	内容
《中华人民共和国税收征收管理法》	1992年9月4日第七届全国人民代表大会常务委员会第二十七次会议通过，自1993年1月1日起施行；2001年4月28日第九届全国人民代表大会常务委员会第二十一次会议修订，自2001年5月1日起施行
《中华人民共和国个人所得税法》	1980年9月10日第五届全国人民代表大会第三次会议通过，自1980年9月10日起施行；2018年8月31日第十三届全国人民代表大会常务委员会第五次会议修正，自2019年1月1日起施行

续表

名称	内容
《中华人民共和国企业所得税法》	2007 年 3 月 16 日第十届全国人民代表大会第五次会议通过，自 2008 年 1 月 1 日起施行
《中华人民共和国车船税法》	2011 年 2 月 25 日第十一届全国人民代表大会常务委员会第十九次会议通过，自 2012 年 1 月 1 日起施行
《中华人民共和国环境保护税法》	2016 年 12 月 25 日第十二届全国人民代表大会常务委员会第二十五次会议通过，自 2018 年 1 月 1 日起施行
《中华人民共和国烟叶税法》	2017 年 12 月 27 日第十二届全国人民代表大会常务委员会第三十一次会议通过，自 2018 年 7 月 1 日起施行
《中华人民共和国船舶吨税法》	2017 年 12 月 27 日第十二届全国人民代表大会常务委员会第三十一次会议通过，自 2018 年 7 月 1 日起施行
《中华人民共和国车辆购置税法》	2018 年 12 月 29 日第十三届全国人民代表大会常务委员会第七次会议通过，自 2019 年 7 月 1 日起施行
《中华人民共和国耕地占用税法》	2018 年 12 月 29 日第十三届全国人民代表大会常务委员会第七次会议通过，自 2019 年 9 月 1 日起施行
《中华人民共和国城市维护建设税法》	2020 年 8 月 11 日第十三届全国人民代表大会常务委员会第二十一次会议通过，自 2021 年 9 月 1 日起施行
《中华人民共和国契税法》	2020 年 8 月 11 日第十三届全国人民代表大会常务委员会第二十一次会议通过，自 2021 年 9 月 1 日起施行
《中华人民共和国印花税法》	2021 年 6 月 10 日第十三届全国人民代表大会常务委员会第二十九次会议通过，自 2022 年 7 月 1 日起施行

2. 涉税合规不起诉案件解读

2.1 合规不起诉的适用条件

根据最高人民检察院等部门发布的《关于建立涉案企业合规第三方监督评估机制的指导意见（试行）》第 4 条的规定，同时符合以下 3 个条件的涉企犯罪案件，可以适用该指导意见：（1）涉案企业、个人认罪认罚；（2）涉案企业能够正常生产经营，承诺建立或者完善企业合规制度，具备启动第三方机制的基本条件；（3）涉案企业自愿适用第三方机制。

根据该指导意见第 5 条的规定，同时具备以下情形之一的涉企犯罪案件，不适用企业合规试点以及第三方机制：（1）个人为进行违法犯罪活动而设立公司、企业的；（2）公司、企业设立后以实施犯罪为主要活动的；（3）公司、企业人员盗用单位名义实施犯罪的；（4）涉嫌危害国家安全犯罪、恐怖活动犯罪的；（5）其他不宜适用的情形。

2.2 虚开合规不起诉案件适用共性分析

首先，虚开增值税专用发票案件是最主要的虚开案件类型。其中，江苏省、浙江省是目前虚开合规不起诉案件最多的地区，所涉及的虚开合规不起诉案件违法数额较小，均在250万元以下。

其次，合规不起诉主体不仅包括受票企业及其责任人，还包括开票企业及其责任人、介绍人。从文书披露信息可知，开票企业及其责任人、介绍人等主体取得合规不起诉结果，以受票企业补缴税款并获得合规不起诉结果为前提。

最后，只有在认罪认罚、主动补缴税款的前提下，才能够适用该程序。在以认罪认罚、补缴税款为适用条件后，多起案件中，被告人还存在自首情节。但是，如果被告人的涉案数额过于巨大，即使自首并及时认罪认罚，仍无法适用不起诉程序。这也再次凸显虚开犯罪合规不起诉制度在税额上的适用上限。

2.3 合规不起诉的流程

根据最高人民检察院等部委的《关于建立涉案企业合规第三方监督评估机制的指导意见（试行）》及其实施细则，虚开案件合规流程整理如下。

（1）启动：刑事合规不起诉制度的启动，可以由人民检察院主动审查是否符合适用条件，也可以由涉案企业申请适用，但最终适用需要企业提出申请，并签署认罪认罚具结书，检察机关层报省级检察院同意后启动实施。

（2）成立评估小组、形成工作方案：涉虚开增值税专用发票案件中，税务机关工作人员在评估小组专家成员中，无论是意见分量还是人员占比都具有重要地位。

（3）提交合规计划：涉案企业提交专项或者多项合规计划，主要围绕虚开增值税专用发票案件，反映企业存在财务管理不规范、业务审批流程不规范、税务合规意识欠缺等方面的问题，制定可行的合规管理规范，明确合规计划的承诺完成时限。需要关注的是，涉虚开增值税专用发票案件中，企业暴露出来的风险更多集中在财务、税务管理方面，故合规计划制定应体现在制定规范的“财务管理制度”“资金收付审批制度”“发票管理规范”等方面，突出重点。

（4）审查合规计划：评估小组对企业合规计划的可行性、有效性与全面性进行审查，提出修改完善的意见，结合企业的具体情况和承诺的履行期限，确定合规考察期限。

（5）执行合规计划：涉案企业按照合规计划的事项和期限，执行合规计划。包括制定制度文本、员工学习情况视频资料、聘请外部财税专家就发票管理规范培训情况等。

（6）检查、评估、考核：在合规考察期间，第三方组织可以定期或不定期组织对涉案企业合规计划履行情况的检查和评估；在合规考察期届满后，第三方组织将对企业的合规计划完成情况进行全面系统的检查和评估。合规情况的考察包括实地检查、分别单独询问业务财务等部门成员、查看企业账簿资料等方式。

（7）评估小组出具《评估报告》：第三方组织制作合规考察书面报告，报送检察院。

（8）召开听证会：检察院组织评估小组专家、企业代表、办案人员等召开听证会，听证会上，评估小组专家成员到会发表意见。

（9）作出不起诉决定：合规整改通过，企业补缴税款、滞纳金、罚款等，检察院召开检委会，作出《不起诉决定书》。

（10）刑行反向衔接：结合涉案企业合规计划完成情况及第三方组织参与的听证会情况，仍有需要税务机关处理处罚的，移送税务机关。

3. 涉税行政处罚标准

3.1 涉税行政处罚重要指标分析

在各类税收违法行为中，未准时申报、未正确申报和未准时缴税是税务违规行为的重灾区，也是税务机关行政处罚的重点打击对象。本部分着重分析这三类行为，从处罚的轻重、确定性、可减免程度以及法定标准等方面总结税务行政处罚的国际经验。

3.2 税务行政处罚标准的国际经验：以 G20 成员国为例

在税务行政处罚的严重程度方面，需要确保处罚与违法行为相称、处罚与违法行为相当，而不是简单追求处罚的严厉程度。

首先，对于未准时申报的情况，通常会设定一个较低的固定数额或应纳税额的一定比例作为处罚基准，同时根据逾期时间的长短加重处罚，但也会考虑纳税人的承受能力，设置处罚的上限。例如，美国和加拿大对于逾期申报不超过 1 个月的纳税人，会按未缴纳税额的5%进行罚款，每拖延一个月增加5%和1%，但最高不超过25%和17%。

其次，对于未正确申报或少申报的情况，普遍的做法是根据违法情节的严重程度制定不同的处罚标准。对于情节较轻的违法行为，多数国家会处逃税额10%～30%的罚款；对于故意逃税或情节较严重的违法行为，多数国家会处逃税额40%～100%的罚款。大部分国家对税收违法的罚款率不超过100%，只有少数国家的罚款比率上限在200%以上。

最后，对于未准时缴税的情况，几乎所有国家都会征收利息或滞纳金，利率水平一般根据市场利率和通货膨胀因素确定，并定期调整。利息或滞纳金的计算方式有两种，一种是根据官方基准利率加上一定的百分点，例如美国对滞纳的税款征收的年利率为联邦政府短期利率加3个百分点；另一种是按照高于市场利率的一定比例计算，即在央行或金融机构公布的利率基础上加上一定比例，如澳大利亚对滞纳税款收取的一般利息费用是按照90天银行承兑汇票利率上浮7个百分点来确定年利率，然后再换算为日利率。

在税务行政处罚的确定性上，应当做到尽可能明确的界定不同情形下的适用标准，谨慎行使裁量权。考虑到税收违法情节复杂多样，不能激进地免去税务机关全部的处罚裁量权。但从国际经验看，对各种情形下应适用何种处罚标准应尽可能明确。前述成员国的典型做法是：区分不同情形，根据违法者的主观故意性（疏忽还是故意）和客观危害性（所逃税额大小、违法次数）制定差异化的处罚标准，且每一个层次只设置一个固定金额或比率的处罚标准，不保留弹性空间，从而避免同过不同罚的现象。

例如，南非采取六层次分割法，包括实质性低报、申报时未能合理关注、申报缺乏合理依据、不允许的避税安排、严重过失、故意逃税，一般情况下，根据六类违法情节的轻重分别按少缴税额的10%、25%、50%、75%、100%和150%予以罚款，但对需要加重处罚（包括妨碍执法和再次违法）的情形，上述罚款率分别提高到20%、50%、75%、100%、125%和200%。

许多国家针对税务行政处罚的减免程度设立了自愿披露制度，对主动纠正违法行为的企业给予减免处罚的优惠待遇。在G20成员国中，大多数都采取措施激励纳税人自愿主动披露违法违规行为。例如，如果纳税人进行了有效披露，加拿大税务机关对企业可免予处罚或起诉。还有不少国家对不同时点的自愿披露采取有差别的减免待遇。

值得注意的是，税务行政处罚关系纳税人和其他涉税当事人的自由、财产、声誉等关键利益，对当事人利益影响巨大，因此应当由立法机关制定法律加以规制。从G20成员国的经验看，主要有两种立法模式：一种是在税法通则（如德国）或税收管理法（如英国）中规定各个税种共同的管理制度，再在各个税种的单行法中规定各自的差异化管理制度；另一种是在一部税法典中的专门分部进行规定，比如美国《国内收入法典》的F分部针对“程序与管理”问题进行了专门立法。

3.3 当前我国税务行政处罚标准存在的问题分析

尽管我国已建立了较为完整的税务行政处罚体系，但从国际视角来看，该处罚体系总体上还不够精细具体，在轻重程度、确定程度、可减免程度和法定程度等方面的规定仍相对欠缺。

3.3.1 税务行政处罚标准存在过罚不当的问题

（1）在自行申报制度下，对未准时申报的处罚标准偏低。纳税人按时申报是税务机关按时征收税款的前置条件，逾期申报将导致税款征收不及时，还可能潜藏着更严重的税收违法行为，造成税款流失。《税收征收管理法》第62条规定，对逾期申报的“由税务机关责令限期改正，可以处二千元以下的罚款；情节严重的，可以处二千元以上一万元以下的罚款”，即税法对纳税人逾期申报的行为只给予责令限期改正的警戒，可以不用处罚，或者只给予较低数额的罚款。这种程度轻微的处罚方式显然无法发挥法律的震慑作用，同时这种固定金额的处罚方式没有根据逾期申报的客观后果（如时间长短、税额大小、违规次数等因素）和主观故意程度来设置相应的处罚标准，欠缺一定的合理性。

（2）对未正确申报（包括不申报）的处罚标准不统一，甚至对同一违法行为的处罚标准也不统一。一方面，根据《税收征收管理法》的规定，偷税、骗税、抗税等违法行为最高可被处以5倍罚款，明显过高；另一方面，对一些实际上属于偷税的行为，比如编造虚假计税依据的处罚标准过低。《税收征收管理法》规定，“纳税人、扣缴义务人编造虚假计税依据的，由税务机关责令限期改正，并处五万元以下的罚款”。计税依据是正确计算应纳税额的基础，企业编造虚假的计税依据表明企业具有少缴甚至不缴税款的主观犯罪意图，是一种相当严重且恶劣的偷税手段，税法对其处以5万元以下的罚款，往往远低于处罚偷税的标准。

（3）对未准时缴税的处罚标准偏高。首先，对逾期未缴税、妨碍追缴欠税等违法行为的处罚标准上限过高，最高处以未缴或少缴税款5倍的罚款。其次，滞纳金的征收比例也显著高于其他主要国家或地区。《税收征收管理法》对滞纳税款的行为按日加收万分之五的滞纳金（按年为18.25%），且滞纳金的征收比例无上限，使得欠税时间越长越难以收回，因为单是滞纳金的金额就可能接近甚至超过所欠税款。

3.3.2　税务行政处罚自由裁量权仍然偏大

在税务行政处罚的适用标准方面，税务机关被授予了很大的自由裁量空间。一是设立了上下幅度相当大的处罚标准。如对逾期未缴税、妨碍追缴欠税和偷税行为，处不缴或者少缴税款的50%到5倍的罚款，对骗税和抗税处1倍到5倍的罚款。二是以“可以”等授权性规定赋予税务机关大量裁量权。比如，《税收征收管理法》第66条第2款规定“对骗取国家出口退税款的，税务机关可以在规定期间内停止为其办理出口退税”。三是授权税务机关对违法行为的情节轻重进行认定。一些条款针对“情节轻微”“情节严重”等行为制定了不同的处罚标准，但何为“轻微”、何为“严重”，在法律上却没有明确的认定标准。四是授权税务机关自行决定某些重要时限。比如，由税务机关责令限期改正或缴税，但限期是多长，由税务机关自行裁量决定。

3.3.3　缺乏激励纳税人自愿披露违法行为的减免处罚制度

在我国现行的《税收征收管理法》中，并没有明确规定对于纳税人和扣缴义务人等相关当事人在税务机关未发现其违法行为的情况下自愿披露是否可以减免处罚。尽管国家税务总局制定了《税务行政处罚裁量权行使规则》，对减轻、从轻和免除处罚做出了相关规定，但是对于在税务机关发现前自行改正且违法行为情节较重的情况是否可以免除处罚，目前的《税收征收管理法》及相关法规和规章并没有明确规定。这使得税务机关在实际税收执法中难以建立起激励纳税人自愿披露的机制。

此外，我国税务机关在税务检查实践中针对特定行业或类型的纳税人不定期实施自查自纠制度，这种制度具有督促纳税人自愿披露的性质。例如，2018年国家税务总局发布了《国家税务总局关于进一步规范影视行业税收秩序有关工作的通知》，要求在2018年10月到2019年7月底，按照自查自纠、督促纠正、重点检查和总结完善等步骤规范影视行业的税收秩序，并根据纳税人的自我纠正程度实行不同的减免处罚政策。

显然，这种自查自纠制度与自愿披露制度类似，都依赖于纳税人的自我纠正，并由税务机关根据纳税人的自我纠正程度给予减免处罚的待遇，但两者之间存在明显的区别。自查自纠制度是纳税人根据税务机关的要求，在规定的期限内对自身履行纳税义务的情况进行自我检查、纠正和报告，而不是主动实施的常设性机制。换句话说，这种自查自纠制度并不适用于纳税人在日常税收征管中主动披露其违法行为。

3.3.4 税务行政处罚的立法级次高低不一

尽管我国现有的税务行政处罚手段种类齐全，但并非所有手段都有法律规定，处罚手段的立法层次参差不齐。处罚依据包括源于全国人大及其常委会制定的法律、来源于国务院颁布的行政法规、财政部和国家税务总局等政府部门制定的规章，以及各地税务机关在《税收征收管理法》规定的幅度内制定的税务行政处罚裁量基准。这显然背离了税收法定的原则。

从处罚类别看，目前只有财产罚、人身自由罚及少部分的资格罚和声誉罚。虽然《税收征收管理法》中有相关规定，但大部分的资格罚和声誉罚都是依据行政法规甚至部门的规章制度制定的，立法级次较低。即使有法律层级依据的行政处罚，在《税收征收管理法》及其实施细则中也大多缺乏具体标准，具体标准往往是由部门规章甚至是各地税务机关制定的规范性文件来确定。这使得许多税务行政处罚标准的法律效力不足，难以确保行政处罚的确定性、合法性和公正性。

3.4 完善我国税务行政处罚标准的建议

针对我国现行税务行政处罚标准在轻重程度、确定程度、可减免程度和法定程度等方面存在的问题，有必要借鉴比较法制度和经验，通过修订《税收征收管理法》及其实施细则，进一步健全全国统一的税务行政处罚标准。

3.4.1 优化处罚标准，做到过罚相称

过罚相称的原则要求对税收违法行为的处罚标准应与其造成的客观损害与主观故意程度相适应，不能畸高畸低。太低的处罚标准达不到惩戒税收不遵从的效果，但过高的处罚标准可能会造成纳税人破产，影响经济稳健发展，降低社会福利水平。因此，在日后修订《税收征收管理法》时应当注重调节过高和过低的处罚标准，着力构建一个轻重适宜的处罚标准体系。

首先，降低过高的处罚标准，对逾期未缴税、妨碍追缴欠税、偷税、骗税和抗税的5倍处罚上限，需要大幅度下调。这一上限标准不仅在世界上畸高，而且

在实践中也极少适用，同时该标准也没有区分几种违法行为之间的主观故意及危害程度。对于已申报但逾期未缴税的行为一般不具有欺诈性，且较其他几种违法行为危害较低，因此在处罚标准设置上可借鉴美国、英国、德国等国经验，采用征收滞纳金的方式，同时按逾期时间长短处以罚款，并设置罚款的最高比例。对于妨碍追缴欠税、偷税、骗税和抗税的行政处罚上限可以从 5 倍降为 3 倍。同时，每日万分之五的滞纳金征收率也有必要下调。在已征收罚款的情况下，滞纳金履行的首要职能是对纳税人占用税款的处罚。借鉴多数国家的经验，我国税收滞纳金征收率可调整为在一年期银行基准贷款利率基础上加 5 个至 10 个百分点形成年征收率，再折算为日征收率，并设置上限，以保证滞纳金不超过未缴税额。

其次，提高偏低的处罚标准，对于逾期申报最多按 1 万元以下固定金额处罚的标准，有必要改为根据不同情节设置适当的罚款标准，从而提高违规申报的处罚力度。可借鉴美国、加拿大和澳大利亚等国经验，在确定处罚金额时考虑逾期时间、违规次数和主观故意程度等因素。以月为时间单位，按照未缴税额的一定百分比来设定不同程度的罚款，同时设定最高比例。比如，对非主观恶意造成的逾期申报，每逾期 1 个月增加 5% 的罚款，最高不超过 30%。对于有确凿证据表明是蓄意逾期申报且造成税款流失的情况，罚款将加倍。对目前处罚太轻的编造虚假计税依据的行为，应适用偷税的处罚标准，同时废除“由税务机关责令限期改正”的规定。因为编造虚假计税依据是以不缴或少缴税款为目的，在本质上属于偷税，而税务机关也往往难以及时获悉，自然也就难以对纳税人责令限期改正。

3.4.2 细化处罚规则，严格控制自由裁量权

鉴于税收违法行为的具体情节多种多样，《税收征收管理法》应当给予税务机关和税收执法人员一定的自由裁量权，但是过大的自由裁量权会增加征纳双方设租和寻租的机会。因此，为了确保税收执法的公平性，必须细化违法处罚标准，限制自由裁量权的空间。可以将幅度较大的处罚标准划分为多个阶次，每个阶次适用一个固定的处罚标准。

可以借鉴英国、澳大利亚以及南非的经验，对妨碍追缴欠税、偷税、骗税和抗税的处罚进行细分，根据违法程度（包括违法者的主观故意程度和客观危害程度），设立五个以上的阶次，每个阶次再划分为一般处罚标准（首次违法）、加重处罚标准（再次违法或妨碍执法）以及减免处罚标准等情形，明确

规定不同情况下适用的罚款比例。其中，一般处罚标准可以设置多个阶次，范围在30%～200%；加重处罚标准可以设置多个阶次，范围在75%～300%；减免处罚标准可以设置多个阶次，范围在0～100%。

对于模棱两可、模糊或可由税务机关自行认定的处罚条款，应修改致明确无歧义。首先，现行《税收征收管理法》中存在大量可罚可不罚的违法行为，应明确定义在哪些情况下必须予以处罚。例如，《税收征收管理法》第52条第2款规定“因纳税人、扣缴义务人计算错误等失误，未缴或者少缴税款的，税务机关在三年内可以追征税款、滞纳金”，此处的“可以”应当删除。因为对于纳税人、扣缴义务人未缴或少缴的税款，税务机关有法定职责追缴并加收滞纳金，而不是可以选择性执行。其次，对于需要处罚的违法行为，应明确违法情节、适用条件和处罚措施等的定性表述，避免模糊不清，例如，需要明确什么是“情节轻微”和“情节严重”，以及“限期整改”的具体时间限制，应该有可量化、可衡量的标准。

3.4.3 引入自愿披露制度，激励违法者主动纠正违法行为

从税收征管的效率和公平角度出发，我国有必要学习国际经验，在税务行政处罚体系中引入自愿披露制度，将自愿披露制度的激励作用和违法处罚的惩戒作用相结合，引导纳税人从强制性遵从转变为合作性遵从，以推进税收治理的现代化。

建立自愿披露制度的前提是需要在法律上明确什么样的行为属于自愿披露。从国际惯例看，它应同时满足以下几个条件：

（1）涉税当事人已经进行了税收违法行为，本应受到处罚；

（2）在税务机关实施税收执法措施（税务检查）之前，涉税当事人主动披露违法行为并自愿纠正；

（3）涉税当事人披露的信息是真实准确完整的，不能真假混杂或只披露部分信息、有重大遗漏。

在涉税当事人自愿披露违法行为的情况下，对其应当减免处罚。笔者认为我国可以借鉴加拿大、南非等国的经验，根据涉税当事人自愿披露的时间（发生在收到税务检查通知之前还是之后）进行区别对待。对于收到税务检查通知之前未被税务机关发现的情况下主动披露违法行为的涉税当事人，只需补缴税款和滞纳金即可免予处罚；而对于收到税务检查通知之后，在税务机关实施检查之前的主动披露，除了补缴税款和滞纳金外，还可减免约一半的罚款。

4. 涉税行政复议

4.1 税务行政复议难点及应对

行政复议作为一种内部监督性质的权利救济渠道，具有上级机关复议人员更熟悉案件情况、具备专业优势、便捷监督下级等优势，因此可以比行政诉讼更有效地解决行政争议。然而，实践中有时会出现与期望不符的情况，税务行政复议的程序存在不同程度的空转问题。受法律法规规定的门槛限制等因素的影响，税务争议在行政复议程序方面也受到了很大的影响，存在一定的难点。但税收行政复议依然是律师实务中有必要深入研究的一个重要领域。首先，税收行政复议能够为当事人提供完整的法律服务体验，增强当事人的合作意愿；其次，其能够最大程度地为当事人争取权利空间；最后，为进一步的诉讼（不仅限于行政诉讼）作必要的前提准备和更为充分的时间准备。

4.2 税务行政复议受理申请主体范围相对狭窄

普通的行政复议案件，根据《行政复议法》第28条的规定，可以选择向本级人民政府或上一级主管部门申请。如果是本级人民政府受理行政复议案件，一般是交由上一级司法行政的行政复议部门进行审查，通常与行政复议被申请人不属于同一业务系统，具备一定的中立性和客观性；而上一级主管部门作为受理人时，若其不是行政复议被申请人的行政主管部门，也具备一定的中立性和客观性。根据《行政复议法》第28条及《税务行政复议规则》第16条和第17条的规定，税务行政复议只能由做出具体行政行为的税务机关的上级或所属税务机关受理。由于税务机关采取的是垂直管理模式，独立于地方政府管理序列，上级税务机关既是下级税务机关的行政主管部门，又是其业务主管部门，这种内审模式会导致行政复议案件无法突破税务机关内部的壁垒，因此，这格外考验税收主管部门的行政水平和责任担当。同时，税务机关是国家实施宏观调控政策的重要实施部门，减税降费是促进市场活力和增强经济发展动力的重要手段，也是优化营商环境的重要措施之一。因此，税务机关虽然是垂直管理部门，也应当服从于所在地的营商环境政策。

对市场主体而言，良好的营商环境至关重要。便捷高效的政务服务是塑造良好营商环境的主要落脚点。服务越便捷，制度性沟通和交易成本越低，市场就越焕发活力。以吉林省2022年推出的《政府为企业办实事清单》为例，其中减免财政税费方面有23条，不但占据比例较大，而且是清单中名次居首的“办实事”

政策，足见税收工作对营商环境的影响。因此在办理税务行政复议案件时，应当时刻把握税收服务于经济这一基本原则，积极与税务机关沟通，站稳税务机关的具体行政行为是为了服务于营商环境这一立场，为保存行政复议申请人的市场活力向税务机关晓之以情、动之以理、明之以法，除对行政复议相关的法律法规要准确掌握以外，对地方政府推出的优化营商环境的各类政策也要深刻领会，在取证时要着重加强对这类文件的收集。

同时，根据《行政复议法实施条例》第40条和《税务复议规则》第86条的规定，积极启动行政和解程序，引导税务机关使用自由裁量权，最大可能地减轻行政复议申请人的负担，由“杀鸡取卵”变为“从长计议”，致力于缓和税务机关和行政复议申请人之间的矛盾，使二者的立场从对立趋向统一。

5. 涉税行政证明标准

5.1 我国现行的行政诉讼证明标准

证明标准是指证明主体为了实现其证明目的，在证据的质和量上应达到的程度，根据法律的相关规定，只有达到证明标准才能够认定相关事实。与民事诉讼和刑事诉讼不同，行政诉讼证明标准调整的行政行为范围和类型更加复杂，不能进行简单归类，是区别于民事诉讼的高度盖然性以及刑事诉讼排除合理怀疑的证明标准。

行政诉讼证明标准应从以下几个方面来理解：（1）从当事人的角度来看，行政诉讼证明标准是行政诉讼当事人履行举证责任、证明其诉讼主张成立的标准，它与行政诉讼主体、举证责任、诉讼主张和诉讼后果紧密联系。（2）从审判人员角度来看，行政诉讼证明标准是法官对行政诉讼当事人证明的案件事实形成确信的标准。当事人是否切实履行了其举证责任，最终的衡量标准是法官是否被说服，是否形成了内心确信。（3）行政诉讼证明标准是法官在审理行政诉讼中，主观理念正确认识客观事实的必然要求。

人民法院在行政诉讼中奉行全面审查原则，根据《行政诉讼法》第77条的规定，人民法院依法享有对行政机关错误事实认定的变更权。在证明对象上，行政诉讼证明对象包括以下三大方面：（1）被诉行政行为实体性事实；（2）被诉行政行为程序性事实；（3）行政诉讼程序性事实。至于具体的行政程序证明标准，并没有相对统一或者完整的法律法规进行确认，这也导致在具体案件处理上，人民法院的判决存在一定的差异性。

关于行政诉讼证明标准，我国并没有直接而明确的系统规定的内容，而是散见于各个文件中。根据《行政诉讼法》第 69 条的规定“行政行为证据确凿，适用法律、法规正确，符合法定程序的，或者原告申请被告履行法定职责或者给付义务理由不成立的，人民法院判决驳回原告的诉讼请求”和第 89 条第 1 款第 1 项的规定“原判决、裁定认定事实清楚，适用法律、法规正确的，判决或者裁定驳回上诉，维持原判决、裁定”，从中不难看出，我国行政诉讼证明标准为事实清楚、证据确凿，这一标准具体要求为：定案证据确凿并已查证属实；证据与案件主要事实之间不存在明显矛盾；得出的结论具有唯一性，且不具备其他可能性。

在司法实践上，追求法律真实标准已经充分运用到各类司法判决中。《最高人民法院关于行政诉讼证据若干问题的规定》第 53 条规定“人民法院裁判行政案件，应当以证据证明的案件事实为依据”，第 54 条规定“法庭应当对经过庭审质证的证据和无需质证的证据进行逐一审查和对全部证据综合审查，遵循法官职业道德，运用逻辑推理和生活经验，进行全面、客观和公正地分析判断，确定证据材料与案件事实之间的证明关系，排除不具有关联性的证据材料，准确认定案件事实”。这标志着我国司法者对事实真相的追求由“客观真实”向“法律真实”过渡，并且把大陆法系自由心证的传统引入了证据评价程序中，使得我国有关行政诉讼证明标准的制度规定日趋完善。

5.2 我国当前的行政程序证据证明标准

行政程序证据的证明标准应当依据行政行为性质的不同而有所不同。一般认为，行政程序证据的证明标准可以分为以下几种：

5.2.1 排除合理怀疑标准

这是一个要求程度较高的标准，接近于“事实清楚、证据确凿”，大致是 100% 的程度。此标准一般适用于限制人身自由的行政处罚或者强制措施、责令停产停业和吊销证照等对行政相对人人身或者财产权益有重大影响的行政案件（包括实体和程序性事实），这一标准已经十分接近刑事举证责任的标准。

5.2.2 比较严格的占优势的盖然性标准

比较严格的占优势的盖然性标准应该是行政机关有效率地认定事实可能达到的程度，大致是 80% ~90% 的程度。该标准的特点是不排除其他合理的可能性，与占优势的盖然性标准相比，必须有明显的“差别”或“优势”。

5.2.3 占优势的盖然性标准

这是公认的民事诉讼的证明标准，是一方当事人证据的证明力及证明的案件事实比另一方当事人更具有可能性，理由更充分，大致是50%～80%的程度。占优势的盖然性标准是行政程序的一般证明标准，适用于绝大多数行政案件，如行政裁决、行政确认、行政许可等。

5.2.4 合理可能性标准

合理可能性是指有一定的根据或达到一定的程度的可能性，并不要求有充分确实的证据，这种可能性为50%以下。实践中，合理可能性标准主要适用于行政执法人员在证据尚不充分的条件下作出的行为，因为他们内心形成一种确信——有存在违法事实的可能。如在调查案件过程中，经行政负责人批准，可以采取一些临时性强制手段或证据保全措施。（见表110）

表110　行政程序证据证明标准比较表

类目	排除合理怀疑标准	比较严格的占优势的盖然性标准	占优势的盖然性标准	合理可能性标准
举证要求	接近100%	80%～90%	50%～80%	可能性为50%以下
适用范围	一般适用于限制人身自由的行政处罚或者强制措施、责令停产停业和吊销证照等	这一举证责任应当适用于包括一般的行政处罚案件、行政机关不予许可、不予确认或撤销许可和确认的案件	适用于绝大多数行政案件，如行政裁决、行政确认、行政许可等	如在调查案件过程中，经行政负责人批准，可以采取一些临时性强制手段或证据保全措施
类比范围	接近刑事举证责任的标准	该标准的特点是不排除其他合理的可能性，与占优势的盖然性标准相比，必须有明显的“差别”或“优势”	行政程序的一般证明标准	主要适用于行政执法人员在证据尚不充分的条件下作出的行为，因为他们内心形成一种确信——有存在违法事实的可能

5.3 我国税务发票管理的认定标准及可变因素

5.3.1 税务机关发票管理中的认定标准

在税务机关的行政执法行为中，鲜少发生严重的损益性行政处罚及其他涉及相对人人身、财产自由的负担性行政行为，而需要采用排除合理怀疑的证明标准。基于社会公共利益的平衡及行政行为追求效率的价值，绝大多数涉税案件可以采用比较严格的占优势的盖然性标准及占优势的盖然性标准，对举证责任的分配也需要结合整体税收征管能力、税务机关取证权限的大小进行分析。

行政机关对纳税义务人的抵扣认证是一种授益性的行政确认。因此，在现有征管能力的基础上，可能更多采用占优势的盖然性证据标准，纳税人应提供相应的证据组合，即真实的发票进行确认，同时留存相关的资料备查。从对企业利益的影响来看，对抵扣权的不予确认或者撤销应当采用比较严格的占优势的盖然性证据标准，税务机关根据《已证实虚开通知单》或者其他证据，对抵扣权不予确认或者撤销确认。

5.3.2 我国税务发票管理的两大可变因素

我国行政诉讼证明标准存在着两大可变因素，同样在税务发票管理上也存在两大变化要素。

（1）同一案件类型和同一性质的税务发票管理行为的证明标准不是固定不变的，会随着涉及法益以及司法理念和价值的变化而发生变化，即同一案件类型和同一性质的税务发票管理行为项下也会包含不同的证明标准。如在涉票行政处罚案件中，依据简易程序做出的行政处罚案件与依据一般程序做出的数额巨大的行政处罚案件对证明标准的要求存在着差异。

（2）即使是在同一标准项下，针对每个涉票案件的特殊性，也会呈现高、中、低不同强度的证明要求，这也符合“针对个案情形不同、证据证明要求有所区别”的理论假设。

在涉票案件的司法实践上，法官需要根据涉票案件中行政行为的性质、行政程序依据、所涉法益、司法理念和价值等的不同，结合自认、事实推定等诉讼规则，对行政诉讼证明标准的适用进行提高或降低，而不是机械地套用，从而最大限度地实现行政诉讼证明标准公正性和灵活高效性的统一，但是从另外一个角度来看，即使存在案件判决差异，后续也会基于“类案同判”的要求来缩小判决结果的差异。

5.4 涉及虚开违法行为的行政程序证据证明标准

5.4.1 涉及虚开违法行为的具体类型

（1）虚出不虚进型：仅为他人虚开发票，不为自己虚开发票或让他人为自己虚开发票的行为。虚出不虚进型按“票源”又可分为暴力型虚开和富余票型虚开。

（2）虚进不虚出型：让他人为自己或自己为自己虚开发票，取得进项税额抵减销项税额达到少缴增值税的目的；同时虚增成本费用，列支企业所得税税前扣除项目，从而偷逃企业所得税。

（3）虚进又虚出型：以空壳企业为平台通过虚构交易或以部分真实经营业务掩盖部分虚假业务，让他人为自己虚开发票、自己为自己虚开发票取得进项税额后，又为他人虚开发票。

（4）特殊虚开：主要是指关联公司在没有真实经营业务的情况下循环开具发票、相互开具发票或不将所开具发票相关联次交给受票方。在开具发票活动中未收付手续费，开具发票的目的主要是做大规模、粉饰报表或融资等。

5.4.2 虚开发票中对开票方查处的证明标准

随着简政放权的落实推进，一般纳税人的资格登记和增值税专用发票领用的程序大大简化。在此背景下，部分虚开方在大量暴力虚开后直接走逃。这给税务机关的查证和案件处理带来极大难度，而移交公安侦查的涉嫌虚开案件，又面临最为严苛的刑事程序证据标准——“排除合理怀疑”，真正能追逃、查证、判刑的少之又少。

2013 年，罗某作为 X 公司的法人代表和 M 公司的实际控制人，为了得到 D 公司的资金，虚构交易，利用 Y 公司为 X 公司虚开发票。税务机关在处理中认为，Y 公司为 X 公司虚开的发票，不得抵扣增值税进项税额，应补缴税款并加收滞纳金。根据《税收征收管理法》第 63 条的规定，对 X 公司购买发票虚假申报的行为，按偷税行为处以 1 倍罚款。鉴于 X 公司的行为涉嫌虚开增值税专用发票，税务机关将案件移送公安机关。在二审判决中，法院撤销了一审判决中罗某等人构成虚开增值税专用发票罪的判决。二审认定：虚开要求主观上有为自己或他人骗取国家税款的目的，且其虚开行为在客观上造成了国家税款损失的后果。该案开具增值税专用发票的行为不存在任何货物购销或应税服务等经营行为，因此不存在向国家缴纳税款的事实基础，并未造成税款损失也因此不构成虚开增值税专用发票罪。但该行为侵犯了国家对增值税专用发票的管理制度，最终判罗某非法购买增值税专用发票罪。

这一案例揭示了司法审判领域认定标准与税务行政标准存在差异所产生的冲突，其本质在于在当前的税务行政规则中，事实上是以虚开的行为作为追缴税款和处罚的依据，并未对税收征纳关系的行政法基础进行分析。

本案中，司法判决已经认定X公司与D公司在“不存在任何货物购销或应税服务等经营行为”情况下开具增值税专用发票，此行为完全符合《发票管理办法》第21条，即虚开发票的特征。然而司法判决同时认定，虽然当事人有虚开行为，但实际上并不产生纳税义务，换言之，纳税人的纳税义务来源于交易行为而不是发票开具行为。正是因为这一根本性的判断，导致税务稽查局依据《税收征收管理法》和《发票管理办法》作出的行政处罚的合法性遭到了质疑。换句话说，如果一项行为并不产生纳税义务，对其进行追缴或者处以以税款金额为基础的处罚就可能存在法理依据不足的问题。对开票方税务处理的本质是对发票管理行政法要素进行分析的过程，需要合理区分行政管理职能和行政征收之间的关系。

从整体上看，上述两个税收文件采用了明显优势证据（盖然性）证明标准作为行政行为的依据。这一证明标准介于刑事案件的排除合理怀疑和民事案件的占优势的盖然性证明标准之间，与行政案件对于公共利益和个人利益影响的程度高于民事案件而低于刑事案件的地位相一致，解决了基层税务机关长久以来对暴力虚开企业以及对受票方企业接受异常凭证检查时取证难、处理难的痛点问题，使得行政案件的定性兼顾了公平和效率原则。但《税收征收管理法》和《发票管理办法》也引发了一定的争议，甚至引起一些行政复议和行政诉讼案件，其原因就在于司法层面。有部分司法机关从严格行政证明责任、维护纳税人权益的角度出发，在相关举证责任仅由税收文件规定的情况下坚持采用高度盖然性的标准进行虚开的认定，由于行政和司法的证明标准不一致，税务机关认定的虚开案件可能因为举证不足而得不到司法机关的认可。

5.4.3 虚开发票中对收票方查处的证明标准

实践中，对当事人取得委托方发函协查的发票，大多数税务机关最为简单的处理路径就是适用《国家税务总局关于纳税人善意取得虚开的增值税专用发票处理问题的通知》（国税发〔2000〕187号）进行定性和处理。即使企业提供了翔实的证据证明其购进货物的业务是真实发生的，也已经完整支付了相应的款项，但仅因上游企业开具的发票因为各种原因被认定为虚开，其就要被剥夺进项抵扣的权利，特别是在涉及的进项税额金额特别巨大的情况下，部分税务机关还要求进行所得税处理，实际上是行政机关将税收流失的责任加诸于受票方企业，导致税企矛盾凸显，引发行政复议和行政诉讼。

国税发〔2000〕187号文存在的问题在于：如果认定交易方是善意，就意味着承认交易存在真实的基础且受票方并无明显过错，在此情形下不允许善意取得方抵扣进项税金事实上是转嫁了税收征管责任，对纳税人抵扣权的保护存在瑕疵，急需新的法律规范来加以调整。

基于此，针对收票方的不同行为类型，可以根据以下两种标准做出判断。

（1）在销项真实的情况下，如果接受虚开的增值税专用发票用以抵扣税款，本质是逃税，现行法律对逃税已有非常严厉的规制，按照《税收征收管理法》相关要求进行处罚即可。如果其销项是虚开，那么其同时接受虚开开具可以被认定为为了掩盖对外虚开的帮助行为，将接受虚开作为加重情节予以考虑。如果接受了虚开还处于留抵状态，那么根据具体情况，在刑事程序中定性为虚开预备或逃税预备。

（2）对纯粹接受虚开的情况，区分主观意图以及是否存在客观交易，在行政程序中，视情形责令转出进项税金；对介绍他人开具的行为，按照行为人所起的作用可参照虚开的处罚规定，从比例化的角度出发，从轻或减轻处罚。

5.5 涉及虚开违法行为的其他重要事项

5.5.1 《已证实虚开通知单》的法律定性

《税务事项通知书》是税务行政工作中最为常见的一种文书形式，由税务机关在通知纳税人缴纳税款、滞纳金，要求行政相对人提供有关资料，办理有关涉税事项时大量使用。根据国家税务总局下发的《全国统一税收执法文书式样》（部分失效）的规定，《税务事项通知书》既可用于通知纳税人缴纳税款、滞纳金（税款事项），也可要求行政相对人提供有关资料，办理有关涉税事项（其他事项）。

《已证实虚开通知单》源于《税收违法案件发票协查管理办法（试行）》（税总发〔2013〕66号）这一规范性文件。这份文件是税务系统内部的工作文件，不能为系统外的单位和个人设立任何权利与义务。最近多起司法判例也已经证实这一论断，即《已证实虚开通知单》属于内部行政行为，不能作为行政处理的直接依据。

下游企业的主管税务机关接收《已证实虚开通知单》之后的种种处理行为，本质上是对否定“抵扣权”的行政行为如何定性，需要何种程序和证据的问题。如果认可抵扣权是纳税人依法取得的一项权利，就不能仅仅通过一个内部程序进行否定，而是需要深入抵扣权形成的基础对正当行政程序进行分析，这就需要进一步明确《已证实虚开通知单》的法律效力以及与此相关的增值税处理流程。

近年来，税务机关在处理已定性虚开增值税专用发票的受票方时，《已证实虚开通知单》被广泛使用。但是，该文书引发了较大争议，导致了纳税人的诸多不满，甚至引发了一些行政诉讼，也给接收文书的税务机关带来不少困惑。

《税收违法案件发票协查管理办法（试行）》第9条第1款规定：已确定虚开发票案件的协查，委托方应当按照受托方一户一函的形式出具《已证实虚开通知单》及相关证据资料，并在所附发票清单上逐页加盖公章，随同《税收违法案件协查函》寄送受托方。根据该规定，委托方对自己立案查处的发票应当是确证了属于虚开发票，即有充分的证据证明其查处的发票是虚开的，因此，要求委托方在发出公函时，应当同时发出相应的证据资料。但这份《已证实虚开通知单》只能证明委托方查处的发票属于虚开发票这一行政法律事实，即其查处的当事人具有虚开发票行为，而不能证明与此发票相关联的受票方当事人是否有恶意受票的主观故意，甚至不能证明受票的基础交易是否真实，更不能证明受票方具有进一步虚开发票的行为。这一事实很多时候还面临着被行政复议和行政诉讼挑战。即使能够以此认定受票方存在接受虚开的行为，但从行政法上看，这是对两个纳税人不同的认定和处理，必然需要单独的处理程序和举证安排。

根据《税收违法案件发票协查管理办法（试行）》的规定，《已证实虚开通知单》只是受托方立案的依据。受托方接收该文书之后应当对相关联的纳税人立案检查，调查取证，并根据调查的结果对当事人进行处理，以及复函给委托方。

在具体操作时，有的受托方虽然对相关当事人进行了立案检查，但在未取得其他有效证据的情况下，就对当事人进行了处理。甚至有个别税务机关收到《已证实虚开通知单》后在不作立案的情况下就要求当事人做增值税进项税转出。

5.5.2 虚开行为主观故意的证明标准

从税收的整体结果出发，对虚开的主观要素进行把握。主观上要有明知虚开会便利受票人抵扣税款而逃税、骗取出口退税或进一步对外虚开的认识。将以伪造经营业绩等为目的，自己虚开但不对外交付、环开、对开等行为排除在外，这类行为不以行政征收为依据进行税收处理和处罚，而应当作为危害税收征收管理行为进行处罚。

例如，2019 年 4 月至 7 月，Z 实业有限公司与杭州 Q 公司签订产品购销框架合同，向 Q 公司销售合金电解铜，但双方实际上并没有产生任何“电解铜”的购销，签订的合同属于虚假合同。法定代表人 S 不仅负责审核合同资料并签字，还与相关工作人员对接了部分业务。该公司借此虚开增值税专用发票 900 余份，涉及税额达 1.24 亿元，违法获得人民币 339 万余元。根据最高人民法院发布的《最高人民法院关于虚开增值税专用发票定罪量刑标准有关问题的通知》的规定，虚开的税款数额在 250 万元以上的，认定为《刑法》第 205 条规定的“数额巨大”。本案虚开的税款数额高达 1.24 亿元，属于“数额巨大”，并且属于“主观故意”虚开专票。2021 年 10 月 22 日，Z 实业有限公司的法定代表人 S 被判处有期徒刑 12 年。

如何判定属于“主观故意”虚开专票？法院提供的在案证据证明，法定代表人 S 对业务的关注重点在于能开出多少增值税专用发票，而非生产多少合金电解铜。法院认为，Z 实业有限公司主观上明知合金电解铜业务为虚假，仍大力开展此业务并在虚假合同上签字，对虚开专票具有“主观故意”，构成虚开增值税专用发票罪。

5.5.3 涉票违法案件查处的四个重要文件

在涉票违法案件查处过程中，主要会涉及以下四个重要文件，四个重要文件在出台时间、规范目的以及规范要求上都有所变化，对企业而言，充分了解并掌握这四个重要文件的内容显得非常重要。如表 111 所示。

表 111 涉票税务机关查处四大文件分析表

简称	187 号	33 号	39 号	28 号
文件名	国家税务总局关于纳税人善意取得虚开的增值税专用发票处理问题的通知	国家税务总局关于纳税人虚开增值税专用发票征补税款问题的公告	国家税务总局关于纳税人对外开具增值税专用发票有关问题的公告	国家税务总局关于发布《企业所得税税前扣除凭证管理办法》的公告
发票类别	增值税专用发票			增值税普票
文号	国税发〔2000〕187 号	国家税务总局公告 2012 年第 33 号	国家税务总局公告 2014 年第 39 号	国家税务总局公告 2018 年第 28 号

续表

发票类别	增值税专用发票			增值税普票
发布日期	2000.11.16	2012.07.09	2014.07.02	2018.06.06
生效日期	2000.11.16	2012.08.01	2014.08.01	2018.07.01
核心内容	关于纳税人善意取得虚开的增值税专用发票处理问题	纳税人虚开增值税专用发票征补税款问题	不属于对外虚开增值税专用发票情形	企业所得税税前扣除凭证
规定内容	购货方与销售方存在真实的交易，销售方使用的专用发票注明的销售方名称、印章、货物数量、金额及税额等全部内容与实际相符，且没有证据表明购货方知道销售方提供的专用发票是以非法手段获得的，对购货方不以偷税或者骗取出口退税论处。 购货方能够重新从销售方取得防伪税控系统开出的合法、有效专用发票的，购货方所在地税务机关应依法准予抵扣进项税款或者出口退税	纳税人虚开增值税专用发票，未就其虚开金额申报并缴纳增值税的，应按照其虚开金额补缴增值税；已就其虚开金额申报并缴纳增值税的，不再按照其虚开金额补缴增值税 税务机关对纳税人虚开增值税专用发票的行为，应按《税收征收管理法》及《发票管理办法》的有关规定给予处罚。纳税人取得虚开的增值税专用发票，不得作为增值税合法有效的扣税凭证抵扣其进项税额	纳税人通过虚增增值税进项税额偷逃税款，但对外开具增值税专用发票同时符合以下情形的，不属于对外虚开增值税专用发票： （1）纳税人向受票方纳税人销售了货物，或者提供了增值税应税劳务、应税服务； （2）纳税人向受票方纳税人收取了所销售货物、所提供应税劳务或者应税服务的款项，或者取得了索取销售款项的凭据； （3）纳税人按规定向受票方纳税人开具的增值税专用发票相关内容，与所销售货物、所提供应税劳务或者应税	企业在补开、换开发票、其他外部凭证过程中，因对方注销、撤销、依法被吊销营业执照、被税务机关认定为非正常户等特殊原因无法补开、换开发票、其他外部凭证的，可凭以下资料证实支出真实性后，其支出允许税前扣除： （1）无法补开、换开发票、其他外部凭证原因的证明资料（包括工商注销、机构撤销、列入非正常经营户、破产公告等证明资料）； （2）相关业务活动的合同或者协议； （3）采用非现金方式支付的付款凭证； （4）货物运输的证明资料； （5）货物入库、出库内部凭证；

续表

发票类别	增值税专用发票			增值税普票
			服务相符，且该增值税专用发票是纳税人合法取得、并以自己名义开具的 受票方纳税人取得的符合上述情形的增值税专用发票，可以作为增值税扣税凭证抵扣进项税额	（6）企业会计核算记录以及其他资料 前款第 1 项至第 3 项为必备资料

成本发票篇

第八篇

一、“以票管税”到“以数治税”的历史沿革

1. “以票管税”的基本概念及管理逻辑

1.1 “以票管税”的基本概念

发票是企业发货票的简称，最早作为信用凭证应用，同时也是企业内部的记账凭证和管理凭证。在早期，发票采用了一票多联的形式，并应用于交易、记账、收发货以及运输仓储管理的各个环节。

在1986年8月19日，财政部制定颁发了《全国发票管理暂行办法》（已失效），详细规定了发票管理制度、内容种类、格式印刷等，规定了“发票”作为经济生活中唯一合法的购销凭证，标志着我国发票管理由此进入一个划时代的新阶段，逐步开始了“以票管税”的税收征管方式。在计划经济时代，由于政府监管的需要，企业发票逐渐演变为财务专用发票，成为政府权威的记账凭证。随着进入商品经济时代，国家开启了“利改税”改革，推进了财务、税收、发票的分离，进一步强调增值税专用发票的“以票管税”的功能。“以票管税”是指利用发票的特殊功能，通过加强发票管理，强化财务监督，对纳税人的纳税行为实施约束、监督和控制，以达到堵塞税收漏洞、增加税收收入、提高税收征管质量的目的。

《税收征收管理法》第21条规定，税务机关是发票的主管机关，负责发票印制、领购、开具、取得、保管、缴销的管理和监督。单位或个人在购销商品、提供或者接受经营服务以及从事其他经营活动时，应当按照规定开具、使用、取得

发票。发票的管理办法由国务院规定。《发票管理办法》第18条、第19条、第20条规定，销售商品、提供服务以及从事其他经营活动的单位和个人，对外发生经营业务收取款项，收款方应当向付款方开具发票；所有单位和从事生产、经营活动的个人在购买商品、接受服务以及从事其他经营活动支付款项时，应当向收款方取得发票；不符合规定的发票，不得作为财务报销凭证。根据法律规定，合规发票"应当"、可以作为记账凭证并据此处理涉税业务。

1.2 "以票管税"的管理逻辑

"以票管税"，是指通过严格的发票管理，最大限度地强化纳税人的税法观念和纳税意识，从而最大限度地增加税收收入。增值税制的设计思想是建立增值税专用发票制度，实施凭票扣税法，通过增值税发票抵扣链条的有序运行来实施增值税征收管理，形成用增值税发票控制进、销项税额，以确定应纳税款的"以票管税"征管方式。

"以票管税"的核心是"销售必开票、扣税必有票、计税必靠票、审计必查票"。在"以票管税"征管方式下，增值税发票从普通的商事凭证演变为"控税"工具，不仅是财务收支凭证，也是购货方增值税进项税额的抵扣凭证、所得税税前列支的扣除凭证、出口退税申报的重要凭证。在税收征管实践中，增值税发票获得了不可替代的地位。税务局重点关注上下游增值税发票的匹配关系，通过管控发票来实现监控上下游企业相关收入、成本、费用等内容。

"以票管税"实际是两层管控：第一层管控，采购方只有拿到发票后才能进行增值税进项认证抵扣，相应的成本费用才能在企业所得税前扣除；第二层管控，销售方开具发票后，一般就意味着纳税义务已经形成。这两层管控构成了一个征税的闭环，税会在这个闭环内流动，而且税要在这个闭环内做到逻辑自洽。

"以票管税"的模式，使得发票的本质产生了蜕变，整体上看，现行"以票管税"的模式主要存在以下四方面的问题：

（1）发票成为经营者偷逃税的主要载体和手段。发票并非货币，本身没有任何价值，发票上所承载的交易信息除了证明交易事实的发生外，也没有任何额外的价值，当国家需要发票上所承载的交易信息来确认税的发生和缴纳时，发票就承载了国家税收利益的职能。因此，对经营者来说，发票的税控功能使得开不开具发票和如何开具都有了实际意义。偷逃税的经营者们选择从发票管理的漏洞下手，抓住"以票管税"的薄弱环节，实现偷逃税的目的。

（2）催生假发票制售产业化，增加稽征成本。在发票成为偷逃税主要手段的情况下，发票也就成为假发票制售业的非法利益源泉，非法利益催生巨大的非法需求市场，假发票甚至形成了产业化的趋势。不仅助长了经营者偷逃税，更增大了国家稽核、打假的成本，扰乱了整个市场秩序的正常运行。

（3）催生权力寻租和贪污腐败。在发票的印制、领购、发售、缴销等系列管理环节中，税务机关由于手握行政管理职权，在没有有效的监督和制约机制的情况下很容易产生权力寻租和腐败。

（4）降低税务机关提升税收稽征水平的积极性，阻碍税制改革。控税的本质和核心不在发票而应在交易活动本身。现行“以票管税”的模式只会引导税务机关不断改进发票监管的方式和手段，忽略应税交易活动本身，使得税务机关的管理行为永远无法走入正轨，阻碍税务机关税收征管水平的根本提升。与此同时，“以票管税”的模式也使得我国税收法制化常走弯路，抓不住根本问题和主要矛盾，使得税收规则流于形式，无法在根本上解决问题。

“以票管税”，作为当前税收征管的主要手段，进入大数据时代推进发票电子化是大势所趋。

2. “以数治税”的基本概念及管理逻辑

2.1 “以数治税”的基本概念

2021年3月，中共中央办公厅、国务院办公厅印发的《关于进一步深化税收征管改革的意见》把“以数治税”理念贯穿税收征管全过程，为新时期税收征管模式创新指明了前进方向。当前，面对广大纳税人缴费人日益多样的个性化服务需求，税务部门通过构建“以数治税”税收征管模式，不断推进税务执法、服务、监管、共治的理念、方式、手段的变革。

1994年税务总局推行的金税一期，包括增值税交叉稽核和增值税防伪税控两个子系统，实现了利用计算机网络对增值税专用发票进行交叉稽核；2001年，金税二期实现了发票数据的自动采集功能；2016年金税三期建成了网络硬件和基础软件的统一平台，实现对国税、地税数据的合并及统一，对税务系统业务流程全监控。

金税四期在此基础上，要实现税与非税业务的更全面的覆盖、多部门的信息共享、信息核查等功能，由税务机关内部延伸至外部，实现全数据、全业务、全流程的云化打通等目标。

“以数治税”是对现有税收征管体系的一次技术革新。《关于进一步深化税收征管改革的意见》提出，到2023年，要实现从“以票管税”向“以数治税”分类精准监管的转变。近年来，税务部门按照科学化、专业化、精细化的要求，打通数据孤岛，让税收数据从点到线再到面，使得监管模式从“以票管税”进化到“以数治税”。税务部门综合应用大数据、云计算、区块链、人工智能等现代信息技术并与税收征管深度融合，通过数据的捕获和充分流动，及时感知执法、服务、监管等领域的业务需求并灵敏作出反应。例如，“以数治税”税收征管实践已在我国个人所得税汇算清缴中实现了成功尝试，税务部门自行开发的自然人税收管理系统（ITS）利用算法模型实现了自动提取涉税数据、自动计算应纳税额、自动生成申报表，经纳税人确认或补正后即可线上提交。同时，该系统还为全国纳税人建立了“一人涉税数据档案”，基于身份信息实时实名认证，并与其他政府部门共享数据，可为纳税人提供个人所得税年度对账服务和量身定制的提醒服务，解决了纳税人信息匮乏的问题。

大数据时代的税收治理必然进入“以数治税”阶段。当前，我国正以发票全领域、全环节、全要素电子化改革为突破口，启动实施金税工程四期建设，持续拓展税收大数据资源，深入推进内外部涉税数据汇聚联通、线上线下数据有机贯通。在“以数治税”的持续推进过程中，更多纳税人可能遇到实操中的疑惑以及潜在的税收风险。因此，向税务专业人士寻求协助，如进行税务健康检查、部署企业税务风险管理升级方案等，可有助于清理和预防纳税人的日常开票以及财务流程中可能存在的风险点，针对全电发票的全面推广，将影响各行各业。

2.2 “以数治税”下税收监管路径

2.2.1 以“信用+风险”监管为基础

《关于进一步深化税收征管改革的意见》提出，建立健全以“信用+风险”为基础的新型监管机制。“信用+风险”分类监管指的是基于纳税人的信用风险数据，按月、按季、按年对纳税人的信用风险情况进行动态积分评估，根据信用风险状况的不同将纳税人划分为不同类别，再依据动态信用级别对纳税人采取差异化监管措施，以提升监管效能。该方式在大幅降低征税成本的同时，有效防控了税收风险，不仅彰显了税法公平正义，还推动了公平竞争，切实提升了税收治理体系和治理能力现代化水平。

以留抵退税业务为例：国家税务总局税收大数据和风险管理局有关负责人对

此提供了更为具体的说明。税务部门依托税收大数据，进一步健全以“信用＋风险”为基础的税务监管新体系，将风险防控措施嵌入留抵退税业务办理的全过程，构建“事前预审、事中审核、事后抽检”的风险防控机制，对留抵退税纳税人风险进行全景扫描、精准画像，根据扫描画像结果采取相应的防控措施。①

具体来看，税务部门主要沿以下路径对纳税人办理留抵退税业务展开风险防控。

2.2.1.1 事前预审

事前阶段，税务部门即借助税收大数据，对符合留抵退税申请条件的纳税人进行风险研判，提前一步进入风险防控阶段，对存在异常情况的纳税人进行约谈提醒、督促整改。

2.2.1.2 事中审核

在事中环节，税务部门在确保依法规范、高效快捷地为纳税人办理留抵退税的前提下，对提交留抵退税申请的纳税人信息进行仔细审核和校验。通过对纳税人的信息进行研判，税务部门能够准确地描绘纳税人的风险状况，并形成纳税人的扫描画像。根据研判结果，税务部门会有针对性地展开留抵退税业务的分类办理，采取适合不同情况的办理措施。

2.2.1.3 事后抽检

在留抵退税业务办理完毕后，税务机关不会就此放松，而是会继续对已办理留抵退税的纳税人进行跟踪管理。税务机关将开展常态化风险分析，精准识别和发现可能存在违规享受留抵退税的企业，并迅速有效地核实处置。如果发现企业违规享受留抵退税，税务机关将采取措施追回已退税款，并将涉嫌骗取留抵退税的情况及时移交给稽查部门进行查处。

2.2.2 以“双随机、一公开”监管和“互联网＋监管”为手段

2015年7月，国务院办公厅发布《关于推广随机抽查规范事中事后监管的通知》，要求在全国全面推行“双随机、一公开”的监管模式。作为市场监管理念和方式的重大创新，该监管模式与同年国家税务总局印发的《“互联网＋税务”行动计划》中的智慧税务生态系统紧密结合，使税收征管系统在充分运用互

① 国家税务总局办公厅：《大规模留抵退税政策实施半月——超过4200亿元留抵退税款退到纳税人账户 税务部门查处一批并公开曝光5起骗取留抵退税案件》，载国家税务总局2022年4月19日，www.chinatax.gov.cn/chinatax/n810219/n810724/c5174659/content.html。

联网、大数据等信息技术手段的基础上，汇聚税收监管数据，实现监管事项全覆盖、监管过程全记录、监管数据可共享，为实现“智慧监管”提供了平台支撑。具体来说，借助“金税四期”建设搭建监管平台，将所有涉税交易信息在平台上采集、监控、审核，结合企业“信用＋风险”分类结果开展“双随机、一公开”监管，大幅提高税收监管的有效性和精准性。同时，“双随机、一公开”结合“互联网＋监管”还可以规范税务执法行为，提高税收监管效能，减轻企业负担，强化信用支撑，为市场监管领域进一步营造公平竞争的市场环境和法治化、便利化的营商环境提供保障。

2.2.3 以重点领域风险防控和监管为补充

重点领域监管包括对逃避税等问题多发的行业、地区和人群进行重点监管。具体来说，通过明晰各级税务部门风险管理职责，实施风险分析识别差异化管理。各级税务部门依托大数据、人工智能等技术，设计监控指标和智能规则体系，动态监控评价纳税人全生命周期信用和全环节业务风险状况，分类实施差异化管理，尤其关注重点企业、重点人群，透过其税务数字账户精准掌握纳税人的身份画像标签及交易本质。对重点领域可能存在的税收风险按照统一程序进行提示提醒、督促整改、约谈警示甚至立案稽查、公开曝光。此外，根据税收风险级别深入开展“双随机、一公开”稽查并适当提高抽查比例，提高防控和监督检查力度，从而打击涉税违法犯罪行为，保护守法诚信经营，维护经济税收秩序和国家税收安全。

2.3 “以数治税”的管理逻辑

2.3.1 强化“真实业务”的稽查逻辑

在“以票管税”的税收管理模式下，发票的合规问题是税务稽查的重点。稽查部门会针对企业的发票流、业务流、现金流是否存在一致性进行审查，随着“以数治税”的发展，对“三流”之外的“真实业务”的审查也能实现，这就对企业的财税管理提出了更高的要求。在全电发票的控制下，在开具发票、交付发票、查验发票的过程中，税务部门均可通过大数据监察网络进行审查，对企业的任何违规行为进行稽查，结合海量政府数据的匹配和互通，能够做到精准预警和管理，与只能依靠传统的人工线下审查相比，稽查覆盖面更宽，稽查力度更深。企业亟须改变传统的应对模式，快速适应全电发票改革。

2.3.2 实现规范监管与打击违法并重

无论是国家税务总局发文中提到的“坚持风险导向，以‘信用＋风险’监管为基础，针对上述重点领域，强化税收大数据风险分析”还是上海市税务局发布的《开展全面数字化的电子发票试点工作的公告》，都充分印证着在企业税务管理和税务局行政执法过程中的数字化转型的必然趋势。

随着《国家税务总局关于修订部分税务执法文书的公告》的发布，税务局的税务稽查将会更加规范化标准化。为响应上述公告，上海市税务局也发布了《上海市重大税务案件审理办法》，国家税务总局的王军局长在发言中提到“想方设法堵漏增收，把实际征收率提上去，想方设法严查快查，把偷逃税行为打击掉，以公正监管促公平竞争”。

面对数字化稽查以及对大量违法税务案件的处理，也给企业家敲响了警钟，“合规治理”是个系统性的工程，需要做好过程防范、细节留痕以及前景展望。

2.3.3 法律+信用+风险的一体化监管

《行政处罚法》第36条的规定，“违法行为在二年内未被发现的，不再给予行政处罚；涉及公民生命健康安全、金融安全且有危害后果的，上述期限延长至五年。法律另有规定的除外。前款规定的期限，从违法行为发生之日起计算；违法行为有连续或者继续状态的，从行为终了之日起计算”。《税收征收管理法》第52条的规定，“因税务机关的责任，致使纳税人、扣缴义务人未缴或者少缴税款的，税务机关在三年内可以要求纳税人、扣缴义务人补缴税款，但是不得加收滞纳金。因纳税人、扣缴义务人计算错误等失误，未缴或者少缴税款的，税务机关在三年内可以追征税款、滞纳金；有特殊情况的，追征期可以延长到五年。对偷税、抗税、骗税的，税务机关追征其未缴或者少缴的税款、滞纳金或者所骗取的税款，不受前款规定期限的限制”。不难看出，企业对涉及财税领域的经营合规风险期间，短则两年长则“不受前款规定期限的限制”，从大数据分析的角度来看，正常的分水岭是5年，也就是企业必须关注自身5年的财税经营合规风险。

此外，随着国家推进“信用社会”进程的加速发展，“信用+风险”监管日益成为国家财税治理的基本模式，针对重点风险领域，强化税收大数据风险分析。在大数据的基础上，税务局在稽查时会结合大数据监控的实时信息和过去的企业信用信息，针对D级纳税人、失信企业和个人进行重点监管并及时处置违法行为，企业一处违法，则处处受限，在这种情况下，企业损失的不单是企业声誉，还有大量的交易机会，因“信用问题”导致企业经营步履维艰的案例比比皆是。

税务大数据监管的核心逻辑就是对企业存在的高频税务、市场监管违法行为、企业内部违规行为进行画像建模，最终落实成为各项风控指标。从企业的角度来讲，必须依靠第三方专业机构通过专业服务以及大数据风控产品，通过尽可能地实现企业与政府间信息的相对对称，立足政府公示的监管提示，结合海量大数据执法案例，从执法逻辑倒推合规路径，才能避免后续的合规风险。

3. 全电发票开启了“以数治税”新时代

随着数字化技术的快速发展，全电发票在税务管理中得到了广泛的应用。全电发票的使用不仅提高了税务管理的效率，更开启了“以数治税”的新时代。

全电发票作为“以票管税”转向“以数治税”的重要突破口，成为现代税收征管改革的关键底层架构。深度解读，《关于进一步深化税收征管改革的意见》可以明确看出四个要点：(1)“以票管税”仍是主要手段和方式；(2) 发票问题层出不穷，已成为税收征管瓶颈；(3) 发票管理涉及每一户纳税人，涉及巨大成本和利益链，改革需破解既定利益关系；(4) 通过数字化的大数据治税方略，建立“以数治税”的技术路线，推进数字中国建设。

全电发票，依托可信身份认证体系和新型电子发票服务平台，采用标签化、要素化、去版式、授信制、赋码制等特征，实现全领域、全环节、全要素的电子化。电子发票服务平台建设涉及应用系统和配套系统改造，全流程管理包括发票申请、开具、交付、确认、查验、抵扣、风险控制、决策指挥、服务保障等。

发票电子化改革不仅调整了发票的管理和服务方式，还推动了其他业务的变革和相关系统的升级改造。国家税务总局的电子发票服务平台实现了全流程、全生命周期的发票管理，连接了发票、企业金融支付、财务核算系统和电子档案系统，实现了自动统计数据、计算税额、预填申报等功能。这个系统将使企业透明化，提高纳税服务质量，推动税收征管现代化进程。

在国家层面，全电发票的推广和应用可以实现税收管理的数字化和信息化。国家税务机关可以通过电子发票系统实现对纳税人交易数据的实时监控和分析，提高税收征管的效率和准确性。同时，全电发票作为票管税的必然连接点，可以帮助国家建立健全的税收征管体系，提升税收征收的质量和公平性。全电发票作为“以数治税”的必然连接点，可以实现对税务数据的数字化处理和智能分析，为国家税收政策的制定和调整提供科学依据。

在企业层面，全电发票的使用和管理可以提高企业的财务管理效率和准确性。通过电子发票系统，企业可以实现发票的自动生成和自动匹配，减少人工操作的时间和错误率。全电发票作为票管税的必然连接点，可以帮助企业建立规范的财务管理体系，加强对财务数据的监管和控制。同时，全电发票作为"以数治税"的必然连接点，可以实现对企业财务数据的实时统计和分析，为企业的决策提供准确的财务信息支持。

在产业发展层面，全电发票的推广和应用可以促进产业链的数字化和智能化升级。各个行业可以通过电子发票系统实现交易数据的实时传递和共享，提高产业链的协同效率。全电发票作为票管税的必然连接点，可以帮助行业建立规范的交易环境，防止偷税漏税等违法行为的发生，促进行业的健康发展。同时，全电发票作为"以数治税"的必然连接点，可以实现对行业数据的实时分析和预测，为产业发展的优化和调整提供科学依据。

从税收管控的角度来看，全电发票的使用和管理是税务机关实现税收征管的重要手段。税务机关可以通过电子发票系统实现对纳税人的实时监控和核查，加强对纳税人的风险评估和税收征管的精准化。全电发票作为票管税的必然连接点，可以帮助税务机关建立健全的税收征管体系，提高对纳税人的监管和控制能力。同时，全电发票作为"以数治税"的必然连接点，可以实现对税收数据的实时分析和预警，帮助税务机关加强对税收风险的防范和应对能力。

全电发票的广泛应用开启了"以数治税"的新时代。

首先，全电发票的使用大大简化了纳税人的操作流程。传统纸质发票需要纳税人手动填写、盖章、存储等一系列烦琐的过程，而全电发票则通过电子系统实现了全自动化的发票开具、传递和存储，大大减轻了纳税人的工作负担。

其次，全电发票的使用提高了税务管理的效率。税务部门可以通过电子系统实时监控、查看和分析纳税人的交易信息，实现对纳税人的全方位监管。同时，税务部门还可以进行数据挖掘和分析，准确判断企业的纳税风险，有针对性地进行税收政策调整和税务管理措施，提高了税收征管的精准性和效果。

再次，全电发票的使用还有效防止了发票的虚开和造假行为。由于全电发票的发行和使用都经过电子系统的严格监管和验证，纳税人很难通过伪造或虚构的方式开具发票，从而有效减少了发票的虚开和造假现象，保障了税收的公平性和合法性。

最后，全电发票的使用也为企业和个人提供了更加便捷的发票管理方式。纳税人可以通过手机、电脑等终端随时随地查询和下载电子发票，无须再保留大量的纸质发票，大大简化了发票管理的流程。同时，电子发票的存储和备份也更加安全可靠，减少了纸质发票可能遭遇的丢失、损毁等风险。

全电发票的使用不仅提高了税务管理的效率，更加公平合理地征收税收，也为纳税人提供了更加便捷高效的发票管理方式。随着数字化技术的不断进步，全电发票必将在未来的税务管理中发挥更加重要的作用。

二、成本发票的重要价值及必要性分析

1. 成本发票是影响企业税赋的核心要素

成本发票也叫成本费发票，指的是记载公司在销售商品或者加工商品过程中所消耗费用的发票。成本发票与普通发票存在一定的区别。普通发票是指计入企业期间费用的票据，主要是指计入管理费用、销售费用、财务费用的发票和票据；而成本发票是指计入要素费用的票据，主要是指直接或间接计入生产成本、制造费用等方面的发票和票据。

常见的成本发票费用包括以下类目。如表112所示。

表112　常见成本发票费用归纳表

分类	内容
办公室固定费用	电话费、上网费、房租费、物业费、装修费、供暖费（非居民）
公司车辆费用	汽车油费、汽车保养维修费、汽车保险费、停车费、过路费
办公室日常消耗品费用	办公用品费、办公耗材费、报纸杂志费、绿化费、快递费
差旅交通费用	火车票、地铁票、机票、大巴票、打车票、住宿费、餐饮费
公司服务费用	代账服务费、审计费、中介服务费、法律咨询费、招聘费
公司活动及培训费用	培训费、会议费
广告及推广费用	广告费、推广费、烟酒茶叶等礼品费
财务费用	银行手续费、资信证明费、银行函证费
长期资产	不动产购置、不动产在建工程、车辆购置、软件购置
其他费用	财产保险费、劳保费、统一工作服、非福利人员保险费、各机构（非社会团体）会员费

并非所有的费用票据都可以报销，以下五种费用发票不能正常报销：（1）无企业税号的普通发票；（2）在发票的备注栏中填写不完整项目的费用发票；（3）发票戳记没有被适当地覆盖；（4）发票开具的为办公用品等通用名称；（5）发票

与实际业务不符。

发票是一切单位和个人在购销商品、提供或者接受服务以及从事其他经营活动时，开具或收取的收、付款凭证，是财务收支的法定凭证。财务人员以发票记账进行会计核算、计算应纳税款；监督部门以发票作为财务税收检查的重要依据；收入方和付出方以发票作为收付的法律凭据，发票在经济活动中具有十分重要的地位。对于企业来讲，发票贯穿企业的整个生命周期，不仅是企业加强日常开支审核的实质性要件，也是完善企业内部控制制度的重要组成部分。

1.1 收入方和付出方以发票作为收付的法律凭据

发票作为收付的法律凭据在收入和付出方面起重要的作用。收入方通常是指销售商品或提供服务的企业或个人，而付出方则是购买商品或接受服务的企业或个人。发票作为一种法律凭据，不仅可以确保交易的可追溯性和合法性，还能有效地管理和监督财务活动。

对于收入方来说，发票是证明销售收入的重要文件。当企业或个人完成一项销售交易后，必须开具发票给付出方，以作为后者购买商品或接受服务的凭证。发票中包含了交易的基本信息，如销售日期，商品或服务的描述、价格和付款方式等，这些信息可以作为收入方合法收入的证明。同时，发票还可以帮助收入方记录销售活动和财务状况，方便对销售收入进行核算和分析。

对于付出方来说，发票是确保购买商品或接受服务的合法凭据。付出方在支付款项后，应该收到一张发票作为购买或接受服务的确认。发票中列明了商品或服务的详细信息和价格，付出方可以根据这些信息核对交易的准确性和完整性。此外，发票还可以作为付出方报销或索赔的依据，确保其权益得到维护。

发票作为收付的法律凭据，还对双方的纳税义务和财务管理产生了积极的影响。收入方通过开具发票，能够准确申报所得税，并按照法律规定及时缴纳相应的税款。付出方通过收集发票，可以合理核算成本和开支，提高财务管理的透明度和准确性。此外，发票还可以用于纳税人之间的交流和合作，促进税务合规和商业诚信的落实。

总而言之，发票作为收付的法律凭据在收入方和付出方都具有重要作用。它不仅能够证明交易的合法性和真实性，还能够监督和管理财务活动。因此，双方都应重视发票的开具和保存，并按照法律规定和财务要求进行操作，以确保交易的公正和合规。

1.2 财务人员以发票记账进行会计核算

财务人员在进行会计核算时，经常以发票来进行记账。发票作为一种法律凭据，提供了交易的详细信息和金额，对于财务人员来说，它是进行会计核算的重要依据。

首先，在收入方面，财务人员会根据收到的销售发票来确认企业的销售收入。他们将发票上的销售金额记录在收入账户中，并且与企业的销售记录进行核对，确保销售收入的准确性和完整性。这样，财务人员可以根据发票的信息，计算出销售收入的总额，并在财务报表中进行相应的记录和披露。

其次，在付出方面，财务人员会根据购买发票来确认企业的支出和成本。他们将发票上的购买金额记录在支出账户中，并且与企业的采购记录进行核对，确保支出和成本的准确性和完整性。这样，财务人员可以根据发票的信息，计算出支出和成本的总额，并在财务报表中进行相应的记录和披露。

再次，财务人员还需要根据发票的信息，确定适用的税率和税额，并进行相应的税务核算。他们会将销售发票中的销售税额记录在应交税金账户中，将购买发票中的进项税额记录在待抵扣税金账户中。通过对销售发票和购买发票的核对，财务人员可以计算出企业的应交税额和可抵扣税额，并在纳税申报和纳税申报表中进行相关的填报和申报。

最后，财务人员还会根据发票的信息，进行其他会计核算工作，如固定资产的折旧、费用的摊销等。发票作为收付的法律凭据，提供了交易的详细信息，财务人员可以根据这些信息，进行相关的会计处理和核算，保证财务报表的准确性和合规性。

综上，财务人员以发票记账进行会计核算，可以确保企业财务信息的准确性和完整性。发票作为法律凭据，提供了交易的详细信息和金额，对于财务人员来说，它是进行会计核算的重要依据，并且在纳税申报和其他相关会计工作中起着重要的作用。因此，财务人员需要重视发票的保存和管理，并严格按照法律规定和会计准则进行相关的会计处理和核算。

1.3 监管部门以发票作为财务税收检查的重要依据

监管部门在进行财务税收检查时，常常以发票作为重要依据。发票作为收付的法律凭据，不仅可以证明交易的合法性和真实性，还能够提供交易的详细信息和金额，对于监管部门来说具有重要的参考价值。

首先，监管部门可以通过发票来核对企业的销售收入和购买支出。他们会要求企业提供销售发票和购买发票的原始副本或电子版本，以核实企业的交易记录和金额。通过对发票的比对和核对，监管部门能够验证企业所申报的销售收入及购买支出的真实性和准确性。如果发现发票存在虚假或不符合规定的情况，监管部门将进行进一步的调查和处理，以保护税收的公平性和合法性。

其次，监管部门可以根据发票来进行税务核算和税务申报的审查。他们会检查企业的销售发票和购买发票中的税额，核对其与企业所申报的应交税额和可抵扣税额是否一致。通过对发票的审查，监管部门能够确保企业按照法律规定和税务政策进行纳税申报，并且及时缴纳应交税款或申请退税。如果发票的信息与企业所申报的税务信息存在偏差或不符合规定，监管部门将进行相应的调查和处理，以保障税收的合规性和稳定性。

最后，监管部门还可以通过发票来进行其他财务检查和审计工作。他们可以根据发票的信息，核实企业的财务报表及财务状况的真实性和准确性。通过对发票的审查，监管部门能够发现企业可能存在的财务违规行为或财务漏洞，并采取相应的监管措施和调查手段，以保护投资者的合法权益和市场的稳定运行。

综上，监管部门以发票作为财务税收检查的重要依据，确保财务信息的真实性和合规性。发票作为收付的法律凭据，提供了交易的详细信息和金额，对于监管部门来说具有重要的参考价值。监管部门通过对发票的审核和比对，能够核实企业的销售收入和购买支出的真实性，审查税务申报的准确性，以及进行其他财务检查和审计工作。因此，企业需要重视发票的保存和管理，并遵守相关的法律规定和会计准则，以保证财务税收检查的顺利进行。

2. 企业规范成本发票的必要性

《关于进一步深化税收征管改革的意见》指出：2023 年，基本建成“无风险不打扰、有违法要追究、全过程强智控”的税务执法新体系，实现从经验式执法向科学精确执法转变。作为企业，需要紧跟变革趋势构建智能税务管理体系，加强税务数字化建设。税务管理作为企业管理的重要环节，稍有不慎就可能出现税务风险，对企业造成损失。当前企业在应对税务风险时，还存在一系列的不足之处，具体包括以下 3 个方面。

2.1 事前税务危机的应对浮于表面

财务、账务处理过程中的涉税风险只是企业涉税风险的一个方面。对于大中型企业来说，许多涉税风险存在于日常生产经营、重大事项决策以及内控机制运行中。强调涉税风险的防控在企业管理中至关重要。有些企业在涉税风险防控方面存在薄弱环节，往往在遇到“爆雷”等问题后才开始意识到漏洞的存在，但此时可能已经为时已晚。例如，一些企业没有制定规范的报销制度，导致业务人员为了报销费用而从外部取得虚开的增值税发票，而财务人员没有认真进行核实和检查，直接办理了报销并入账。这不仅会给企业带来增值税进项税额需作转出处理、成本费用不能在企业所得税税前扣除等损失，更严重的是可能会给企业带来行政处罚甚至刑事责任等一系列风险。

对于人财物产供销等企业日常经营的税务遵从，是通过每个纳税期的税务申报表作为载体实现的，而纳税申报的数据，大部分来源于企业的财务系统，包括科目余额表与相关的财务明细账，这些财务数据的准确性又取决于前端的业务属性和相关的数据信息。因此所谓的“事前”管控，就是要从源头把控纳税申报原始数据的质量，确保在合同信息、业务数据、财务凭证逐步传递的过程中，真实还原业务的本质，并且基于税务管理的要求，确保充分的颗粒度。例如，增值税申报对于收入分类的要求，所得税风险预警和合规遵从的数字化管理申报对于费用科目细分的要求，不能因为财务核算、审计并不需要三级、四级科目的明细而算“统账”，从而在税务角度导致无法“准确核算”带来的税务风险。

税务风险意识差是普遍存在的问题，税收政策又较为复杂难懂，各税种的政策在近几年都发生了较大变化，税务人员无暇顾及或存在认知误区，没有正确意识到税务风险的严重性。企业税务风险管理组织结构松散、工作管理不规范，会导致企业识别风险和规避风险能力下降，让企业陷入被动的局面，集团总部也无法站在全局的视角审视风险，管控能力弱，阻碍企业发展。

2.2 事中税务危机的应对焦头烂额

通过“事前”管理提升了税务源数据的数据质量，还需要统一、标准、执行严格的制度确保数据的传递，这就是“事中”管控的核心。工业化时代企业已经习惯了将精细化分工融入企业管理的每一个细节，分工带来高效，但是同时也带来了知识和职责的壁垒，每个职责岗位只专注于对自身绩效和考核有影响的流程和活动，而税务风险大多是多个部门的信息传递不畅导致的，工业化时代一套职责明晰、流程优化、赏罚分明的制度可以确保信息的准确、及时传递。大企业业务经营复杂、各分子公司税务管理流程不清晰，比如在发票领用、税务核算、申报缴税等环节管理要求不一致，缺乏全集团统一规范和清晰的处理流程。

如出口退税，“事中”管控包括采购、报关、物流、外汇结算的拉通比对，目前都是线下手工作业，如果能打通各相关系统，做到线上自动比对，保留工作底稿和电子档案，就会减少出口退税的风险。面对已经到来的数字化工业4.0时代，越来越多的企业能够接受财税SaaS工具，有效减少信息传递过程中的人为干预，这也提升了信息加工、传递的效率。

这种方式也越来越多地成为中小企业接纳和学习的方向。中小企业税务部门确实面临着工作量逐渐增大的挑战，尤其是在环境变化、业务扩展以及新型办公模式等情况下。为提高效率，中小企业开始向税务管理的数字化转型迈进。数字化转型不仅仅是简单的信息化建设，还是在数字化转换基础上，利用技术和数据，通过创新管理制度、业务流程、运营模式以及绩效评估，实现整个管理体系的变革。

预防税务风险成为许多中小企业进行税务转型的重要目标。数字化产品的“连接”特点在税务管理数字化转型过程中发挥了重要作用。中小企业可以借助技术，将相关部门、流程以及上下游业务轻松同步和链接起来。通过使用财税SaaS或ERP等工具，将税务管理的各个要点前置到各个流程环节中，从而加强风险监控措施，预防潜在的风险，使企业在税务管理方面由“被动”转为“主动”。

2.3 事后税务危机的应对覆水难收

随着税法的完善和税收征管水平的提高，纳税人面临潜在的税收风险，一旦风险变为事实，纳税人将陷入税务危机。企业处于绝对被动的地位，接触一线纳税评估和税务稽查的人员，执法刚性很强，不确定性有限，难度很大，效益较大，与税务机关的矛盾突出，回旋余地小，甚至必须采用法律救济的办法解决问题。税务数据分散到各个异构系统中，管理者难以汇总和分析，形成数据孤岛，无法掌握企业税务整体情况。

当危机不可避免时，如何应对和管理危机是企业老板必须预先考虑的。危机管理最重要的是，当危机爆发，谁来整体组织，统一协调，确保企业以最低的成本、最小的损失、最快的速度度过危机。当前，许多企业在事后的应对环节中仍未建立应对救济的机制，缺乏专门的人员负责配合税务机关的检查，并未做好事实主张、证据提供、税法适用意见陈述等方面的沟通解释工作。由于企业对证据和税法的理解和适用存在不足，很难避免税收争议的发生。

三、成本发票是企业合规体系建设的重要抓手

1. 成本发票为企业反舞弊审计赋能

近年来，企业员工利用发票实施舞弊或者掩盖贿赂的行为屡见不鲜，给企业的反舞弊工作带来了巨大的挑战，一些重大舞弊事件更是给企业带来了经济与名誉上的双重损失。常见的利用发票的舞弊手段就是用替代发票、固定金额发票，或者假发票来报销虚假的公司费用，比如餐费、招待费或交通费。从报销中获取的现金可能被报销人私吞，也可能被用来行贿。随着科技和数字化的广泛运用，利用发票实施舞弊的行为愈加呈现智能化、隐蔽化趋势，非常难以发现。发票是企业经营的“红细胞”，维系着企业整体生命周期。进项发票的合规管理，是当前企业财税管理的核心环节。为确保反舞弊审计工作的有效性，企业必须建立适当的发票核验制度，以验证发票的真实性及其对应的交易关系。企业应拒绝接受虚开的发票，以防止滥用发票进行套取企业资金或进行商业贿赂等其他违法行为。

1.1 舞弊风险的识别和预警

风险识别是指企业查找各业务单元、各项重要经营活动及其重要业务流程中有无风险、有哪些风险的过程。企业应全面系统地梳理经营管理活动中存在的舞弊风险、对风险发生的可能性、影响程度、潜在后果等进行系统性分析、识别、预判，对于典型性、普遍性和可能产生较严重后果的风险及时发布预警。企业对可能存在的诸如虚开发票、虚假报销、贿赂等问题应及时关注、预警，并对风险进行分析评估，对应提出风险评估意见并制定合规方案。员工舞弊行为呈现高发趋势，企业提前进行成本发票管理，对潜在的舞弊风险进行发现、预警，并给出解决方案尤为关键。因此，建立数字化的发票管理合规体系对企业而言，显得非常重要。通过海量、高频、复杂的发票数字化管理，实现最小颗粒度的管控，能够有效弥补企业反舞弊监管的盲区。除此之外，企业仍须采用定期沟通并对敏感事件予以预警的方式，进行企业内部经营反舞弊合规动态跟踪监控。

1.2 对自身合规的监测和评估

企业应定期对自身反舞弊合规管理的有效性进行监测，综合考虑企业内外部

环境的变化以及发现的舞弊漏洞，对反舞弊合规管理体系进行修正和优化。企业管理层应针对风险评估中发现的合规风险采取政策或程序上的补救措施。面对可能存在的虚开虚受发票的风险，通过简单的验证无法快速准确辨别这类风险，而且发票风险是动态的，存在发票收录时正常，一段时间后因为各种原因变为异常的情况。基于这类问题，屡见不鲜，因此需要定期进行发票审核工作，评估发票合规风险，强化对单一发票的合规预警和管理。通过对财务支出成本发票的审查，虚构成本发票将不再能够掩盖财务支出的不合规。

1.3 对违法证据的固定和使用

若员工违反法律和企业规定损害了企业利益，一旦查实，企业需考虑采取相应处理措施，如内部处罚或解雇、劳动仲裁/诉讼解除劳动关系、提起民事索赔诉讼、提起刑事控告追究刑事责任等。无论是何种处置，都必须基于确凿的事实和证据。因此，企业在对涉嫌舞弊的员工进行调查时，需特别关注证据固定的问题。在成本发票审核工作中发现舞弊行为后，可以以发票作为有力的证据。未来数字化、规范化将会是企业发展的一个趋势。在推进数字化合规方案实施的过程中，数字化合规方案正在潜移默化地纠正中国企业合规观念的偏差，重塑企业合规管理理念。企业通过建立内部统一的发票合规管理系统可以监控企业运营管理的全流程，并及时保留各种有效证据。该系统可以采用自动化电子流程来保留相关的电子证据，并存储在统一的数字化平台中。这样做可以确保相关部门在合规诉讼需要时随时查询和提取必要的信息，有助于企业更好地管理税务事务，保持合规性，以及有效地应对可能出现的审计或调查。

1.4 成本发票合规审核之9条经营舞弊风险点

在经营舞弊审计中常见的11类98条风险中，以下这些风险可以通过成本发票审核来快速识别和预警，帮助企业及时修补反舞弊合规工作的漏洞。

1.4.1 风险点指引：犯罪调查

有犯罪调查或定罪记录；曾编制虚假财务资料；违反证券法、部门规章或其他法律规定。

风险解析：管理层或者员工利用公司管理漏洞或通过串通侵占公司资产往往会编造虚假的财务资料，对财务报表的真实性产生影响，可能少计收入或者高估费用。例如舞弊者在收到现金收入时，不向交款者开具收款收据或者发票，或将相关票据撕毁，随意隐瞒收入，收入不登记入账，以达到贪污企业现金的目的。

编造虚假财务资料还出现在以下情形中：高管为了完成业绩指标获取奖励，在经营情况不佳的情况下通过虚增利润完成任务。例如，通过虚构商品销售业务来调节企业的收入，虚列应收账款、虚构销售收入来达到虚增企业利润的目的。成本发票作为重要的业务凭证，可以帮助企业减轻税务负担，提高企业盈利能力，是财务资料造假的重灾区。

1.4.2　风险点指引：重大违规

可能的重大违法违规行为。例如挪用公款、虚增支出。

有关挪用资产或其他舞弊行为的传言；有关有组织犯罪的传言。

风险解析：管理层或者员工通过舞弊手段侵占公司资产可能构成职务侵占罪、贪污罪等性质恶劣的犯罪。例如在工程项目中，企业高管利用决策权，在工程立项、招标、建设及结款等全过程均存在犯罪的机会。工程项目的招标流程不规范，没有执行严格的投标、开标程序；没有建立供应商资料库，由高管随意选择工程单位，给职务犯罪提供了可乘之机；此外，企业工程付款制度不严，企业高管随意决定付款进度，促使施工单位行贿受贿。在采购环节中，采购人员掌握着采购款的使用权，享有较大的自主权和侵占采购款的可能。管理层掌握着决策和监督权，极易通过采购假冒伪劣商品或者直接索取回扣的方式在采购活动中获益。为了避免此类违规违法行为，企业应当建立合规的财务管理制度，如果公司严格执行任何款项的支付必须提供合法合规的发票，并且加强对成本发票的审核，就可以在实际操作中规避财务舞弊的风险。

1.4.3　风险点指引：不正当减少应纳税所得

热衷于以不正当手段减少应纳税的所得。

风险解析：企业的股东、高管、独立董事及其他高薪管理层是高收入人群税收监管的重点领域。常见的一种逃避缴纳个人所得税的方式是虚开发票以冲抵员工的绩效奖金入账，例如，公司让他人为其虚开劳务发票，将套回资金通过私人账户发放给公司高管，从而大幅度降低公司高管的账面工资，逃避缴纳个人所得税。通过成本发票审核就可以发现这些发票往往与企业的正常经营无关或者数额和实际经营情况严重不匹配。企业高收入人群应当按时如实申报纳税，及时足额缴纳税款。企业应当建立健全的财务监管制度，避免企业高管利用发票减少应纳税所得，否则作为扣缴义务人也会承担相应的法律责任。

1.4.4　风险点指引：业务费用维持奢侈

对于一个或多个位居要职的管理人员的个人财务状况或生活方式的忧虑，例如财务困难、生活方式与收入不符、用业务费用维持奢侈的生活方式或异常高薪。这些情况可能引发对其职位合理性和薪酬透明性的疑虑。需要对管理层的财务状况进行适当监控，确保企业财务的合规性和透明度。

风险解析：在财务报销环节，企业管理层或员工利用业务招待费或差旅费等套取公司资金满足个人私利是一种常见的舞弊手段，需要引起企业的高度重视。举例来说，一些企业高管可能会滥用权力，将个人及家庭消费的发票提交单位进行报销，或者直接使用他人收集的发票进行虚假报销。对此，合规的企业通常会建立完善的财务报销制度，明确报销的事项、范围、时间和额度等，同时对成本发票进行严格审查，以有效规避虚假报销的风险。这样的措施可以保障财务管理的合规性和公正性。

1.4.5　风险点指引：重大财务指标异常

严重操控经营利润（包括严重夸大或掩盖）。

虽然财务报告有盈利及增长，却无法从经营活动中取得现金流量。与同业相比，存在异常的高速增长或盈利。账户余额明显存在人为的重大错误（尤其是虚增利润的错误）。会计原则或运用方法的变更使报告的利润增加。

风险解析：在面对不乐观的盈利状况或业绩考核压力时，企业管理层可能会采取虚构交易或隐瞒费用的手段来操纵经营利润，以掩盖实际业绩情况，使财务报告呈现盈利及增长的状态，但实际上并未产生对应的现金流量。虚构交易的做法包括伪造销售对象和交易，同时制造一整套虚假单据和账务记录。例如，公司可能与其他企业签订购销合同，虚构出库单和运输凭证，然后根据权责发生制原则确认收入，实际上并没有实际发货和收款；或者在以真实客户为基础时，人为夸大销售数量或价格，使确认的收入远超实际销售收入。这些舞弊行为中涉及的成本发票往往与实际经营业务情况严重不符，销售合同、记账凭证等资料也不完整或者存在异常。

1.4.6　风险点指引：异常交易

存在敏感的或无法律依据及凭证的交易。

未经批准的交易、记录不恰当的交易或未能全面和及时记录以准确反映资产的交易。

重大关联方交易是指：（1）不涉及正常商业活动；（2）可能引起利益冲突；（3）难以确定其实质和所有权；（4）涉及与母公司会计年度不同的实体。

管理层不能充分解释的意外结果或交易事项（例如，资产的增加、负债的减少，涉及复杂计算或重大管理层判断的会计科目金额变化、来自个别顾客、个别产品或地区及大额关联方交易的收入骤增）。

重大、异常或极为复杂的交易，特别是在接近年末时发生并可能由于其形式重于实质而引起疑问的交易。

风险解析：通过关联交易实施舞弊是一种常见的舞弊方式。企业员工利用关联方构造出各种交易，从而达到侵占公司利益的目的。例如，通过虚设中间交易环节侵占企业财产。中间环节本无存在的价值和必要性，行为人却利用职务之便将其实际掌控的第三方公司强行引入交易环节，目的是通过增加所属企业负担成本将截留的企业利润据为己有。再如，通过交易抬高价格进行侵占，员工利用自己挑选交易方的职责，选择关联方进行交易，通过抬高价格的形式合法方式，购买商品或者服务，将公司财物转移出去，从而让自己获得高于市场价格的利益。企业应当加强对供应商公司及客户公司关联关系的排查力度以及对成本发票的审核，对于与员工存在工商档案、代持股协议等形式上具有关联关系的公司应持更加谨慎的态度。成本发票具有高度透明性与确定性的特征，任何部门都可以根据企业财务支出的成本发票来进行核对，确认交易的真实性与合规性，从而避免异常交易带来的舞弊风险。

1.4.7 风险点指引：交易记录不实

缺乏及时及适当的交易记录（例如商品退回的记录）。

交易没有得到全面和及时的记录或错记（金额、分类、不符政策）。

风险解析：财务人员是企业反舞弊工作中需要重点关注的对象，一些舞弊行为往往是由企业员工与财务人员相互勾结实施的。举例来说，一些企业可能由于发票管理不严格，在发生销售业务时并不按规定进行入账，而是将收入私自存入小金库或转入个人账户；或者在实现销售收入时，故意延迟确认收入，从而实际上挪用企业的资金；也有可能故意将本期的销售收入推迟到下期入账，以此手段调节利润。另外，企业的高管也可能涉嫌虚构交易，以侵占企业资金，并指示财务人员伪造虚假的财务资料来掩盖违规行为。为了避免财务人员参与舞弊，首先，应当有针对性和目的性地监督财务人员的行为；其次，企业部门之间应该建立相互制约又相互联系的内部控制体系，尤其是建立以成本发票为底层数字管理中心的合规架构，通过相应的程序和措施，对各部门进行约束和管理。

1.4.8 风险点指引：大额付费

不明原因地向顾问、关联方或员工大额付费或付款。

风险解析：异常的支出往往预示着舞弊风险。企业发生大额且偶发的支出，就可能存在虚列支出的情况，如虚列职工薪酬、虚列顾问费用等，将虚列支出的现金占为个人所有。此类行为往往缺乏合理的业务凭据，或者存在伪造的虚假凭据。对相关成本发票进行严格审核将会有效降低财务支出舞弊的风险。

1.4.9 风险点指引：佣金或代理费异常

支付的销售佣金或代理费超出正常水平或超出所取得的服务的价值。

风险解析：虚高的销售佣金或代理费存在套取企业资金的舞弊风险。企业支付佣金应当着重审查销售合同或者服务协议、关于佣金的协议或者合同、银行付款证明、佣金发票、佣金收取方资格证明或者营业执照、佣金计算分配表等资料。其中佣金成本发票对于审计部门和会计部门具有很高的价值。企业能够通过对成本发票的审查，发现其中的不合理财务支出，降低合规风险。

1.5 涉及成本发票舞弊的重点案例分析

1.5.1 典型案例：夏某宝违规私用公款案

夏某宝，曾任中国中车集团有限公司旗下中车南京浦镇车辆有限公司国内市场部副部长，于2016年12月20日为其女举办了一个名为“百日宴”的庆祝活动，邀请了部门下属30人参加。在此活动中，夏某宝收受了总计9000元的礼金，并指示部门下属采用虚构接待事由的方式虚开发票，将“百日宴”的开销以公司业务招待费的形式报销，总计12,728元。对于这一违规行为，夏某宝受到党内严重警告处分，并被行政撤职。

案例评析：本案当事人无视企业合规要求，抱有侥幸心理，通过虚构成本发票，公然挑战底线，利用职务影响借机敛财，触碰了反舞弊红线。国有企业领导人员套取公款，用于个人日常开支，行为方式符合利用职务上的便利侵占公共财物，如果数额较大，可能被追究贪污罪的刑事责任。

1.5.2 典型案例：张某东、付某违规私用公款吃喝案

2020年4月16日，双丰粮油购销有限责任公司（以下简称双丰公司）在双椿铺镇“阳光酒店”安排桌餐进行公务接待，席间饮用4瓶白酒，共计976元，双丰公司通过虚开菜单、成本发票的方式转移、隐匿公款购买酒水开支。另外，在2018年至2021年双丰公司还存在采用虚列开支、白条入账的方式套取经费的

行为，与邻近兄弟单位利用公款冲抵吃喝费用，相互请吃及同城接待行为，成本发票显示明显超出正常财务支出。2022 年 5 月，公司经理张某东受到政务警告处分，监事付某受到党内警告处分。

案例评析：本案中相关人员利用公款满足自己的私人需求，影响十分恶劣。因为责任人存在采用虚构成本发票等方式试图冲抵违规支出费用，试图逃避审查机关的责任追究的行为，这将会加重其违规责任。企业应当加强对成本发票的审核，避免此类违规行为。

1.5.3 典型案例：沈某违规报销案

中国人民财产保险股份有限公司原党委委员、副总裁沈某在 2013 年至 2021 年，涉嫌多次收受现金、高档酒水等礼品礼金，共计 21.7 万元。其中，这些违规收受行为多发生在中秋、春节等节日期间。此外，沈某还存在其他严重违纪违法问题，包括组织原同事聚餐，将餐费用公款报销；在广东省分公司出差期间，接受下属单位超标准的接待，并饮用高档酒水等。针对以上问题，沈某于 2022 年 5 月被开除党籍、开除公职，并且因涉嫌犯罪被移送检察机关依法审查起诉。

案例评析：费用报销环节往往是舞弊现象的高发区。一些企业管理层领导为了满足自己高消费的需求，或者举行高档宴请活动，常常采用虚报开销，利用虚假的成本发票的手段隐匿真实的开销。高管应当勤勉尽责，不得利用企业的财产满足自己的私欲。企业也应当加大对成本发票的审核力度。

1.5.4 典型案例：唐某华等五人贪污、职务侵占、企业人员受贿案

唐某华明知自己设立的宝强公司既没有足够的资金，也没有经营所需的货物、资源和能力。然而，他利用自己在印包行业的影响力和人际关系，与被告人张某海、邵某初、张某合谋，利用他们在职务上的便利，将自己的私营公司加入三印厂、精工厂与原有供应商正常的供货渠道中。他们通过转手加价并开具虚假的成本发票的方式，非法侵占了三印厂、精工厂的资金共计 366.7 万余元，并将国有和集体所有的财产据为己有。

案例评析：本案对于保护国有企业、集体企业的公共财产权有着重要意义。企业管理层员工利用职权形成的便利条件，与外部公司勾结，转移、侵吞企业财产，构成职务侵占。企业应当加强对供应商管理以及成本发票的审核工作。

1.5.5 典型案例：Y 电商企业运营人员雷某某职务侵占案

在 2019 年 12 月至 2020 年 3 月，被告人雷某某担任浙江某公司经营墙布品牌

的运营职务。在此期间，他滥用职务便利，以帮助公司进行线上品牌推广、采购直播设备、申请某电商平台店铺等为借口，编造虚假事由，声称将钱款用于向公司某直播平台刷礼物，或是与就职于电商平台的朋友进行公关活动等目的。在此过程中，他向公司申领备用金、公关费等共计人民币180,295.05元，并将这些资金占为己有，用于个人挥霍。

案例评析：电商企业的商业活动因其线上化、虚拟化、电子化的特点，使得犯罪行为具有更高的隐蔽性。特别是在品牌推广方面，员工可能通过虚拟手段如"刷礼物""买流量"等方式采购虚拟物品，这类行为通常只有"付款记录"作为证据，企业也可能没有严格要求员工开具成本发票，这导致存在较大的舞弊风险。

1.5.6 典型案例：赵某利用管理漏洞套现案

2019年5月至2020年7月，某房地产公司的原董事长赵某因对总公司克扣奖金感到不满。他利用担任董事长的职务优势，以需要用钱、处理招待费用等为借口，多次指使下属通过虚构合同、虚开发票等手段，从公司下属子公司及实际控制的公司套取资金共计180万余元，另有100万余元未能实施。2021年初，赵某计划跳槽，但总公司在对其进行离职审计时发现了上述问题，随后案件曝光。于是，2021年6月，南昌市红谷滩区检察院以职务侵占罪对赵某及其下属温某提起公诉。同年6月，法院依法对赵某和温某作出有罪判决。

案例评析：在本案中，赵某利用了涉案房地产公司存在员工法律意识淡薄、财务制度混乱、规章制度不健全等管理缺陷和风险漏洞，成功套取公司财产来满足私人利益。为防止类似案件的发生，企业应搭建合规管理体系、完善合规管理制度，并加强合规文化的培养。特别需要重点审查成本发票等财务文件，以避免类似违法行为的产生。

1.5.7 典型案例：银行高管向某购买发票套现案

当事人向某在担任浦发银行深圳分行金融机构部总经理期间，滥用职权，利用全面负责部门工作的职务便利。在2016年4月至2017年12月，她安排金融机构部的报销岗位综合员邓某、刘某采用虚列业务招待费、宣传费等名目，利用虚假发票套取本单位营销费用共计207.25万元。然后由邓某、刘某主要通过浦发银行、建设银行账户将这笔钱转入向某的银行账户，用于个人支配和使用。

案例评析：银行等金融机构虽然受到外部监管机构的强监管，但是如果企业内部反舞弊合规工作出现了漏洞，很有可能出现企业管理人员违法违规侵占企业财产的犯罪行为。因此无论企业规模大小、所处哪一行业，都应当严格审查成本发票，加强合规管理工作。

随着经济全球化、商务电子化和管理信息化的快速发展，舞弊案件逐渐增多成为一个令企业担忧的问题。这些重大舞弊事件不仅会给企业带来经济上的损失，还会损害企业的声誉。为了降低舞弊带来的损失，企业必须采取积极措施，预防舞弊的发生，以“防患于未然”的态度进行管理。财税合规在企业反舞弊工作中有着重要意义，其中一个重点是做好成本发票的审核工作。

企业在日常经营过程中需要经手很多发票，财务人员需要对此进行系统整理。在报销的环节，很多企业仍然采用原始的操作模式，效率低、时间长，员工很容易利用管理漏洞实施舞弊行为。对于企业而言，如何能够在种类繁多的成本发票中精确有效地识别出违规的财务支出行为是一大困难。因为人工审查具有主观性和局限性，如果企业无法制定一个统一标准对所有成本发票进行审查，很有可能会出现疏漏从而产生舞弊风险。因此，单靠传统人工核查远远不够，企业服务后台也需要数据化。企业合规建设需要有前瞻性和实操性，尤其是在财税合规领域，企业还应该有紧迫性。从长远角度来看，必须摒弃以往的人工审核方式，建立基于大数据审查基础的企业成本发票的精准管控制度。只有这样，才能从容应对反舞弊工作的挑战。

2. 成本发票是落实中央八项规定的关键因素

在“以数治税”的大背景下，本部分将结合当下中央贯彻落实中央八项规定的具体要求，对部分能够通过成本发票数字化审核实现合规的重点条目以及典型违规案例进行深入分析，旨在为国有企业在今后执行中央八项规定时提供具体的实务性建议。

2.1 中央八项规定财务合规数字化的必要性

2.1.1 中央八项规定的时代演变

落实中央八项规定是全面从严治党战略举措的点睛之笔。违反中央八项规定精神行为的外在表现主要就是“四风”问题，即形式主义、官僚主义、享乐主义和奢靡之风。其中，落实的关键就在于“精神”两字。中央八项规定旨在从根本上纠正党内特权思想，促进党风廉政建设与反腐败工作，减少不必要的开支，倡导勤俭节约，力促党的作风建设和干部作风的转变。起初，中央八项规定仅从宏观层面作出规定，对党员干部进行约束，并未形成一个客观的评判标准。因此，很多公职人员并没有对此引起重视，仍然将中央八项规定的要求抛之脑后。但是，国家对违反中央八项规定的整治工作从来没有松懈，而是不断强化监管和查处力度。在实践执法的过程中，不断发现问题并从多个方面加强政策监管。随着时间的不断推移，中央八项规定的要求及其所贯彻精神已经不断具体化、形象化、严格化，对公职人员提出了更高的要求。如果相关人员不能对此引起足够的重视，加强对中央八项规定的贯彻落实，将会面临极大的违规风险。

首先，中央对公职人员的要求已经不断强化，这意味着中央八项规定的要求更加具体。中央不再泛泛而谈纪律要求，而是真正地将“八项”中所提及的精神以及行为准则进一步具化为细节的各类条目。通过这种方式，国家能够更加有效地针对具体细节要求进行监管，公职人员也能够有一个更加具体的参考标准。其次，中央也在根据工作实践的发展以及数据收集反馈，不断调整对于违反中央八项规定的监督方式和查处规范细则，包括重点查处对象的范围、证据的收集与运用等方面。针对较为突出的问题，如违规吃喝、公款国内旅游等行为，进行重点打击和严格处罚。最后，中央也通过社会监督、舆论监督的方式，进一步加大对违反中央八项规定精神的行为的查处。2020 年，中央纪委国家监委在公布的 2019 年全国查处违反中央八项规定精神问题统计表中，首次向社会公开发布查处形式主义、官僚主义问题的数据。与此同时，各地方监察机关也将查处到的违规行为及时向社会公开、公示，以此来彰显中央打击违规行为的决心。这不仅能够让广大群众积极参与对违规官员的举报，也能够极大地对公职人员起到警示作用。

2023 年 5 月，中央又再次强调了中央八项规定的要求及其重要性。事实上，自从党的十八大以来，严格落实中央八项规定精神以及具体要求的力度正在不断提升。这既体现了从严治党的要求，始终保持党的先进性、纯洁性建设，使中国共产党真正成为中国特色社会主义现代化建设的领导核心；也体现了党中央打击腐败行为、反对享乐主义和奢靡之风的力度之大，体现了坚持为人民服务的宗旨。这一规定也取得了广大人民群众的大力拥护。具体见表 113 所示。

表 113 全国查处违反中央八项规定精神问题统计表

单位：人

时期	项目	总计	级别				问题类型												
							形式主义、官僚主义问题					享乐主义、奢靡之风问题							
												违规收送名贵特产和礼品礼金		违规吃喝					
			省部级	地厅级	县处级	乡科级及以下	贯彻党中央重大决策部署有令不行、有禁不止，或者表态多调门高、行动少落实差，脱离实际、脱离群众，造成严重后果	在履职尽责服务经济社会发展和生态环境保护方面不担当、不作为、乱作为、假作为，严重影响高质量发展	在联系服务群众中消极应付、冷硬横推、效率低下，损害群众利益，群众反映强烈	文山会海反弹回潮，文风会风不实不正，督查检查考核过多过频、过度留痕，给基层造成严重负担	其他	违规收送名贵特产礼品	违规收送礼金和其他礼品	违规公款吃喝	违规接受管理和服务对象宴请	违规操办婚丧喜庆	违规发放津补贴或福利	公款旅游以及违规接受管理和服务对象等旅游活动安排	其他
2023年9月	查处问题人数	10160	0	56	797	9307	66	3987	254	34	273	50	2368	618	623	272	829	194	592
	批评教育帮助和处理人数	14482	0	71	966	13445	109	6199	337	58	400	56	2682	912	967	298	1379	321	764
	党纪政务处分人数	10174	0	36	658	9480	68	3997	208	14	238	42	2145	685	723	237	1036	255	526

续表

时期	项目	总计	级别				问题类型												
							形式主义、官僚主义问题					享乐主义、奢靡之风问题							
												违规收送名贵特产和礼品礼金		违规吃喝					
			省部级	地厅级	县处级	乡科级及以下	贯彻党中央重大决策部署有令不行、有禁不止，或者表态多调门高、行动少落实差，脱离实际、脱离群众，造成严重后果	在履职尽责服务经济社会发展和生态环境保护方面不担当、不作为、乱作为、假作为，严重影响高质量发展	在联系服务群众中消极应付、冷硬横推、效率低下，损害群众利益，群众反映强烈	文山会海反弹回潮，文风会风不实不正，督查检查考核过多过频、过度留痕，给基层造成严重负担	其他	违规收送名贵特产礼品	违规收送礼金和其他礼品	违规公款吃喝	违规接受管理和服务对象宴请	违规操办婚丧喜庆	违规发放津补贴或福利	公款旅游以及违规接受管理和服务对象等旅游活动安排	其他
2023年以来	查处问题人数	70154	7	433	5142	64572	454	25948	1957	187	1514	365	16321	4671	4856	1871	6182	1314	4514
	批评教育帮助和处理人数	100468	7	492	6125	93844	786	40604	2548	262	2416	405	18764	7007	7736	2056	9960	2062	5862
	党纪政务处分人数	70763	5	355	4267	66136	552	26309	1601	109	1331	319	15223	5146	5740	1646	7226	1629	3932
备注	享乐主义、奢靡之风“其他”问题包括：违规配备和使用公车、楼堂馆所问题、提供或接受超标准接待、组织或参加用公款支付的高消费娱乐健身等活动、接受或提供可能影响公正执行公务的健身娱乐等活动，违规出入私人会所、领导干部住房违规。																		

数据来源：中央纪委国家监委党风政风监督室

2.1.2　国有企业相关人员的责任风险

国有企业在贯彻落实中央八项规定的要求时，最关键的就是要严格控制财政支出，做到每一笔公务开支都能够合理、合规。因为中央八项规定的根本目的就是杜绝国有企业的不合理开销、公职人员利用国家资金从事其他活动的行为。国有企业虽然有国家强大的资金支持，但是随着我国营商环境的不断多元化，经营方式和手段也在不断发生变化。部分国有企业并没有与时俱进，及时更改经营结构和模式，反而依靠国有资本坐吃山空，满足个人的利益，经营不断恶化。随着我国2023年国有企业改革的进一步部署，国有企业需要及时调整，尤其是提高国有企业的资金利用效率。在中央八项规定的背景下，监察机关对国有企业的资金利用方式也会提高监管标准、加大处罚力度。国有企业相关人员应当增强风险意识，严格履行自己的职责。

2.1.2.1　财务人员的责任风险

国有企业的财务人员在贯彻执行中央八项规定中起到承上启下的关键作用。一方面，财务人员在事前审批时需要严格监督，查看公务开支的理由和金额，审查是否符合相关的规定、政策要求。另一方面，财务人员在事后的发票报销核查中也需要发挥作用，审查是否成本发票所记载的名录以及数额是否真实有效。国有企业的财务人员需要从四大不同的方面，积极履行所承担的职责，贯彻落实中央八项规定的要求。

首先，财务人员需要提高政治站位，强化规则意识。加强政治理论和业务知识的学习，深化对从严治党的认识，提升政治素质，深刻领会中央八项规定精神实质，履行好财务监督职能，降低国有企业的违规风险。其次，财务人员需要严肃财经纪律，严格经费报销。通过对差旅费、业务接待、办公用房、公务公车等中央八项规定中明确规定的各项费用支出建立细化监督流程，结合“制度＋科技”，发挥信息技术优势，提高财务监督水平。再次，完善报销督查机制，切实转变工作作风。主动解决不敢监督问题，要站在对公司发展负责、对党员干部负责的角度，勇于监督、严格把关。按照公司管理制度，坚持原则，讲究方式方法，主动加强沟通协调，积极解决工作中出现的各类问题，取得被监督对象的理解和支持。最后，从宏观角度来讲，财务人员需要牢固树立法治思维，按制度办事，依规履职，营造风清气正的干事环境，真正将中央八项规定执行到位，实现公司高质量发展。

2.1.2.2 高管的责任风险

如果说财务人员发挥承上启下的作用，国有企业高管则应当发挥全面的辐射和监管作用。国有企业董事、经理具有定期审阅公司的财务报表和其他重要报表，全盘控制公司系统财务状况的责任。因此，一旦国有企业财务支出出现不合规行为，董事、经理将会面临直接责任，因为他们是公司的主要负责人，对于公司的部分重大财务支出事项具有签字决策权，承担主要监管义务。如果国有企业中公职人员存在违反中央八项规定的财务支出，董事、经理将不可避免地受到影响，甚至即使他们不存在过错，也可能需要承担行政责任。

首先，国有企业高管应意识到自身肩负的重要责任，并熟悉企业经营管理，具备较高的政策水平和卓越的组织协调能力，同时具备处理复杂或疑难事务的工作经验和能力。此外，高管还应了解一定的法律和税务知识，在签署重要文件如财务支出报表时，能够辨别潜在风险点，避免盲目签字。

其次，高管应逐步建立合规风险识别评估预警机制，全面梳理经营管理活动中的合规风险，并建立定期更新的合规风险数据库。这个数据库对风险的可能性、影响程度和潜在后果进行分析，及时预警典型、普遍或可能产生严重后果的风险。合规风险数据库是指在风险管理过程中获取和使用的数据资料库，它是企业内部的合规风险清单，按风险类别、风险描述、风险因素、管理部门、业务流程等列示各项合规风险。重要的是获取足够辨识和评估合规风险的高质量数据，而不是简单地堆积文案和合同，需要更加系统地运用高质量的数据信息。

最后，高管应当力求从“重治疗”转向“重预防”，比监察机关的监管还要领先一步，对事后监管中被查处的违反中央八项规定案例引以为戒。然而，事中监管要求对风险的辨识、评估、应对都要有高度灵敏性，这决定了事中监管的难度大大提升。高管应当认识到合规数字化的必要性和高效性，利用大数据核查的模式实现事中监管。

2.1.3 国有资产监督管理委员会的动态监管

国有资产监督管理委员会（以下简称国资委）一直处于推动国有企业认真落实各项规定和要求的前沿，通过细化工作措施，确保各项任务得到有效的落实和落地。为此，应当加强对国有企业贯彻落实规定的督促指导，帮助其准确理解把握内容和要求，及时协调解决工作中遇到的困难和问题，指导国有企业结合实际，建立健全财务决算审核发现问题整改和责任追究制度机制。同时，指导各省级国资委，积极推进财务决算审核发现问题整改和责任追究工作。

首先，对于违反中央八项规定行为的处罚力度明显加大。随着党的十八大对于廉洁纪律的强调，相同或类似的违反中央八项规定的行为，发生在党的十八大前后，具有明显不同的处罚力度，即随着时间的推移，执纪越严、处分越重已经成为常态化趋势。这也是国资委和监察机关持续释放执纪必严的强烈信号。更加严格的处罚力度意味着国有企业一旦触碰红线，将会付出巨大的代价，将会远远超出其合规成本的支出。

其次，对于违反中央八项规定行为的监管层级提升。近年来，国资委注重发挥责任追究震慑、教育和建设作用，有效查办业务监督、综合监督发现的中央企业违规经营投资问题，严肃追究相关人员违规责任，通过加强国资监管制度的执行力和刚性约束力，可以确保国有企业按规定履行责任和义务，遵守各项规章制度，防范和纠正各类违规行为。同时，压实中央企业整改主体责任，加强内部控制体系建设，及时发现和解决问题，堵塞制度漏洞，从而形成促进企业合规经营和稳健发展的长效机制。

在国有企业努力贯彻执行中央八项规定的同时，中央也正在努力构建一个更加高效全面的监管体系，形成不敢腐、不能腐、不想腐的良好风气。面对巨大的财务审查压力，国资委同样需要依靠数字化财税审查，减轻人员负担，实现监管政策全覆盖。

2.1.4 落实中央八项规定的现实挑战

对于中央八项规定的具体要求，主要可以从几个重点方面进行解读，分别是：经费管理、公务接待、会议活动、临时出国、公务用车改革。这些规定从不同形式上限制了公务人员的不合理消费和高消费行为。公务人员在各项活动中需要严格遵守中央八项规定的禁止性清单，保持廉洁的工作作风。其中，大部分规定的贯彻落实是通过对成本发票的审查来实现的。相较于企业运营资金的银行流水证明，成本发票具有高度透明性的特征，任何部门都可以根据企业财务支出的成本发票来进行核对。此外，成本发票具有确定性，一旦相对方开出发票，发票的金额以及来源都将确定，不存在人为解释以及修改的空间，杜绝混淆边界的行为出现。

因此，成本发票对于审计部门和会计部门具有很高的价值。企业能够通过对成本发票的审查，发现其中的不合理财务支出，降低合规风险。然而，中央八项规定虽然设定了某些支出金额标准，但对于部分行为仍然缺少进一步的细节性规定。例如，严禁用公款安排旅游、健身和高消费娱乐活动。这里对于旅游、健身和高消费娱乐活动的定义就相对模糊，导致出现以下问题：健身是指办理健身卡还是所有锻炼类别的运动？达到多少数额的娱乐活动才属于高消费娱乐活动？在大部分情况下，“旅游”“健身”“高消费”等词汇不会出现在成本发票中。企业的审查人员可能会面临审查边界模糊的问题。他们需要审查成本发票记载的数据是否违反了中央八项规定的要求。然而，人力审查具有主观性和局限性。一方面，因为边界模糊，审查人员的主观判断可能会出现错误；另一方面，面对大量的成本发票，审查人员可能会出现疏漏。因此，国有企业需要实现成本发票数字化审查，以弥补人工审查的不足，做到每一项成本发票所列支出都能够明确符合规定的要求，实现良好的财务合规管理。

2.2 完整解构中央八项规定中的禁止清单

中央八项规定禁止性清单的条目大致可以划分为两个部分。一部分为程序性禁止要求，另一部分则为事项性禁止要求。对于前者而言，由于不存在对应的成本发票，无法进行数字化审查。然而，对于后者来说，具体事项的财务支出将会产生对应的成本发票，国有企业能够通过成本发票数字化审查的方式，仔细检查款项数额以及开票方，从而实现该部分规定的合规管理。在国有企业财务支出中，后者往往是财务合规的“重灾区”。因此，本部分将会针对该部分规定进行细节解读。

2.2.1 经费管理

（1）严禁用公款购买、印制、邮寄、赠送贺年卡、明信片、年历等物品。

（2）严禁用公款购买赠送烟花爆竹、烟酒、花卉、食品等年货节礼（慰问困难群众职工不在此限）。

（3）严格控制国内差旅费、因公临时出国费、公务接待费、公务用车购置及运行费、会议费、培训费等支出，年度预算执行中不予追加。

（4）政府采购严格执行经费预算和资产配置标准，合理确定采购需求，不得超标准采购，不得超出办公需要采购服务。

第一、二条款是关于节假日期间禁止利用公款购买各种礼品的规定。此类财务支出，将会产生对应的成本发票。规定通过非穷尽式列举的方式，列出贺年卡、明信片、年历、烟花爆竹、烟酒、花卉、食品。其中，对于国有企业而言，贺年卡、明信片和年历等虽然属于禁止支出的事项，但是因为其价值属性较小，不会产生过高的风险。然而，名贵烟酒因为价值较高，国有企业对此类礼品应当引起重视。第三、四条款属于对费用数额的规定，国有企业应当对差旅费、出国费、公务接待费、公务用车购置及运行费、会议费、培训费预算额度以及办公经费进行预警。

2.2.2　公务接待

（1）严禁用公款大吃大喝或安排与公务无关的宴请；严禁用公款安排旅游、健身和高消费娱乐活动。

（2）禁止异地部门间没有特别需要的一般性学习交流、考察调研，禁止违反规定到风景名胜区举办会议和活动。

（3）住宿用房以标准间为主，接待省部级干部可以安排普通套间，不得额外配发洗漱用品。

（4）接待对象应当按照规定标准自行用餐，接待单位可以安排工作餐1次。接待对象在10人以内的，陪餐人数不得超过3人；超过10人的，不得超过接待对象人数的1/3。

（5）工作餐应当供应家常菜，不得提供鱼翅、燕窝等高档菜肴和用野生保护动物制作的菜肴，不得提供香烟和高档酒水，不得使用私人会所、高消费餐饮场所。

在公务接待的规定清单中，更加细节地规定了公务人员在外出履职时接待机关的财务支出标准的限制。例如，工作餐不得提供香烟和高档酒水，不得使用私人会所、高消费餐饮场所；严禁进行旅游、健身和高消费娱乐活动等。其中，这些接待活动都将会产生相应的成本发票，国有企业同样需要在发票审查中做好预警和防范。一旦发票的开票方为某风景名胜区或发票的数额过大，则很有可能该成本发票所对应的财务支出违反了上述规定。

2.2.3　公务出差

（1）出差人员应当按规定等级乘坐交通工具。未按规定等级乘坐交通工具的，超支部分由个人自理。

（2）出差人员应当在职务级别对应的住宿费标准限额内，选择安全、经济、便捷的宾馆住宿。

（3）出差人员应当自行用餐。凡由接待单位统一安排用餐的，应当向接待单位交纳伙食费。

（4）实际发生住宿而无住宿费发票的，不得报销住宿费以及城市间交通费、伙食补助费和市内交通费。

该部分属于对公务人员公务外出花费的限定。因为公务出差的费用由国家负责，这可能会导致公务人员无节制地财务支出，满足自己个人的需求而非必要的工作目的。成本发票作为公务人员开支报销的凭证，对中央八项规定中该部分的要求有着更加重要的意义。财务部门需要对相关发票进行严格审核、把控。例如，如果公务人员按规定乘坐高铁二等座，但成本发票中却显示一等座，此时该项支出即违反了第一条规定。在中央八项规定的严格要求下，国有企业必须贯彻落实每个公务人员的出差支出，杜绝公务人员利用公务出差的机会进行不合理消费。

2.2.4 会议活动

（1）不得使用会议费购置电脑、复印机、打印机、传真机等固定资产以及开支与本次会议无关的其他费用；不得组织会议代表旅游和与会议无关的参观；严禁组织高消费娱乐、健身活动；严禁以任何名义发放纪念品；不得额外配发洗漱用品。

（2）各单位应严格执行会议用房标准，不得安排高档套房；会议用餐严格控制菜品种类、数量和份量，安排自助餐，严禁提供高档菜肴，不安排宴请，不上烟酒；会议会场一律不摆花草，不制作背景板，不提供水果。

（3）严禁在会议费、培训费、接待费中列支风景名胜区等各类旅游景点门票费、导游费、景区内设施使用费、往返景区交通费等应由个人承担的费用。

该部分规定严格限制公务人员利用会议资金进行其他活动，尤其是赎置固定财产。这是为了消除滥用会议资金的现象。因为这些现象在过去较为多见，为国家重点打击方向，国企央企需要在这一部分引起重视。一旦成本发票中出现某些典型的固定资产购入、门票费、导游费等条目，财务部门应当对此及时预警。

综上所述，中央八项规定的禁止性清单涉及公务财政支出的各方各面。其中有一些程序性的要求需要严格遵循，例如有审批、按标准、有清单。同时，对于一些实质禁止的事项，国有企业需要杜绝此类财务支出。其中，中央八项规定的部分核心要求，都可以通过成本发票的数字化审核方式来贯彻落实。随着中央加大对违法违规问题的整改力度，国有企业全面落实合规制度是一项必然的任务和要求。相关财务、审计部门应当加快部署发票数字化审核程序，紧紧盯住公共资金和公共财产进行排查，发现问题如实报告，尽到应有的职责。

2.3 落实中央八项规定的成本发票数字化路径

2.3.1 发票数字化审查的必要性

在国家严格贯彻落实中央八项规定的要求下，未来执纪执法将会更加系统，通过运用大数据、云计算、人工智能等现代科技手段，全面建设“智慧法治”。数据监管将会使违法违规行为无法隐藏，从而实现全面打击不合规行为的目的。因此，国有企业需要加强合规意识，实现合规管理信息化。然而，对于国有企业而言，其中的一大困难为如何在种类繁多的成本发票中精确有效地识别出违规的财务支出行为。因为人工审查具有主观性和局限性，中央八项规定的具体要求难以真正落地。国有企业无法制定一个统一标准对所有成本发票进行审查。虽然审查部门能够通过成本发票的审核找出一些典型的违规财务支出，但是一旦涉及一些不常见或关联性不大的成本发票，人工审查很有可能会出现疏漏从而产生合规风险。

因此，在“以数治税”“全电发票”的大环境下，单靠传统人工核查远远不够，企业服务后台也需要数据化。国有企业为了贯彻落实中央八项规定的具体要求，也必须用大数据工具与监管进行交互，契合监管逻辑。首先，国企央企通过整合发票业务流程，精确把控经营风险，是一种有效的做法。利用税务发票记录高频的财务支出，结合财务支出合规和中央八项规定执行的跨界整合，借助大数据风控软件，可以确保企业每笔公款支出符合合规要求，从源头杜绝违规行为。其次，企业可以利用处罚大数据，实现整体合规。通过整合所有因违反中央八项规定而被处罚的典型案例，确定关键风险点，并利用处罚大数据勾勒出违规处罚的常见模式，形成特有的高频违规风险点，为企业经营者提供行为模式及处罚力度的参考。这样的做法可以帮助企业更加全面地了解违规行为的特点和表现形式，从而加强风险预警和防范措施，降低企业面临的经营风险。

2.3.2 执行中央八项规定的数字化解决方案实例展示

2.3.2.1 数额限制数据化核查

中央八项规定中对于接待标准、会议用餐标准、公务车油耗标准等支出金额有明确限制。我们可以设立数据审查程序，将中央八项规定中具体的数额标准全部纳入系统数据，建立底层数据库，同时建立个性化的合规动态规则引擎。因为大部分财务支出都会有对应的成本发票印证，国有企业可以利用底层数据库，将全部成本发票录入审查程序。通过这种方式进行成本发票审核，可以快速高效地实现风险预警。

（1）会议费用标准。

根据中央八项规定的要求，各单位应当严格遵守会议费用支出标准。通过大数据搜集，我们将不同会议登记规定的费用上限全部录入数据库，形成四条判定规则，如表 114 所示。

表 114　相应规定

基本规定			会议费（元/人·天）			
会议分类	含义	会议天数	住宿费	伙食费	其他费用	合计
一类会议	是以党中央和国务院名义召开的，要求省、自治区、直辖市、计划单列市或中央部门负责同志参加的会议	不超过 2 天	500	150	110	760
二类会议	是党中央和国务院各部委、各直属机构，最高人民法院，最高人民检察院，各人民团体召开的，要求省、自治区、直辖市、计划单列市有关厅（局）或本系统、直属机构负责同志参加的会议	不超过 2 天	400	150	100	650
三类会议	是党中央和国务院各部委、各直属机构，最高人民法院，最高人民检察院，各人民团体及其所属内设机构召开的，要求省、自治区、直辖市、计划单列市有关厅（局）或本系统机构有关人员参加的会议	不超过 2 天	340	130	80	550
四类会议	是指除上述一类、二类、三类会议以外的其他业务性会议，包括小型研讨会、座谈会、评审会等	不超过 1 天	340	130	80	550

在国有企业将全部会议支出成本发票的数据上传后，系统能够按照设定的规则进行大数据核查，发现其中存在违规的成本发票，进而准确定位违规行为。

（2）干部接待标准。

干部接待的费用支出也有严格的标准。不同地区、不同接待级别、不同时间，公务人员的差旅费用都是不同的，系统根据规定要求形成 36 条具体规则，部分如表 115 所示。

表 115　中央和国家机关国内差旅住宿费标准调整表（部分）

单位：元/人·天

<table>
<tr><th rowspan="3">序号</th><th rowspan="3" colspan="2">地区（城市）</th><th colspan="3">住宿费标准</th><th rowspan="3">旺季地区</th><th colspan="4">旺季浮动标准</th></tr>
<tr><th rowspan="2">部级</th><th rowspan="2">司局级</th><th rowspan="2">其他人员</th><th rowspan="2">旺季期间</th><th colspan="3">旺季上浮价</th></tr>
<tr><th>部级</th><th>司局级</th><th>其他人员</th></tr>
<tr><td>1</td><td>北京市</td><td>全市</td><td>1100</td><td>650</td><td>500</td><td></td><td></td><td></td><td></td><td></td></tr>
<tr><td>2</td><td>上海市</td><td>全市</td><td>1100</td><td>650</td><td>500</td><td></td><td></td><td></td><td></td><td></td></tr>
<tr><td rowspan="4">3</td><td rowspan="4">河北省</td><td rowspan="3">石家庄市、张家口市、秦皇岛市、廊坊市、承德市、保定市</td><td rowspan="3">800</td><td rowspan="3">450</td><td rowspan="3">350</td><td>张家口市</td><td>7—9 月、11—3 月</td><td>1200</td><td>675</td><td>525</td></tr>
<tr><td>秦皇岛市</td><td>7—8 月</td><td>1200</td><td>680</td><td>500</td></tr>
<tr><td>承德市</td><td>7—9 月</td><td>1200</td><td>580</td><td>580</td></tr>
<tr><td>其他地区</td><td>800</td><td>450</td><td>310</td><td></td><td></td><td></td><td></td><td></td></tr>
<tr><td rowspan="2">4</td><td rowspan="2">江苏省</td><td>南京市、苏州市、无锡市、常州市、镇江市</td><td>900</td><td>490</td><td>380</td><td></td><td></td><td></td><td></td><td></td></tr>
<tr><td>其他地区</td><td>900</td><td>490</td><td>360</td><td></td><td></td><td></td><td></td><td></td></tr>
<tr><td rowspan="2">5</td><td rowspan="2">浙江省</td><td>杭州市</td><td>900</td><td>460</td><td>350</td><td></td><td></td><td></td><td></td><td></td></tr>
<tr><td>其他地区</td><td>800</td><td>490</td><td>340</td><td></td><td></td><td></td><td></td><td></td></tr>
<tr><td>6</td><td>宁波市</td><td>全市</td><td>800</td><td>450</td><td>350</td><td></td><td></td><td></td><td></td><td></td></tr>
</table>

我们将各地差旅费用的不同标准根据城市名称、月份和接待级别等限定词作出有效区分。通过这种方式，可以将国有企业差旅费用的成本发票进行分类，从而确定每一张发票所对应的接待支出的数额上限。一旦成本发票的数额超过系统数据中的上限，将会出现风险预警。

（3）公务用车油耗标准。

对于打击公车私用现象，最直接的办法为公务用车的耗油量是否处在合理范围。我们将通过数据搜集，将所有公务用车的型号以及定额油耗标准纳入数据库，形成103条规则，部分如表116所示。一旦公务用车油气费支出的成本发票超过数据库中的正常标准，同样会出现风险预警。

表116　中央和国家机关公务用车耗油定额标准

序号	车辆类型	定额标准（升/百公里）
1	奥迪 FV7241 型	13.7
2	奥迪 A6L2.4 型	13.9
3	奥迪 FV7201 型	12.7
4	奥迪 A6L1.8T 型	12.5
5	别克系列	14

综上所述，通过将各类财务支出上限录入数据库，能够利用大数据对国有企业的成本发票进行审查，进而快速高效地筛选出超过合理财务支出上限、存在违反中央八项规定要求的不合规行为。

2.3.2.2　关键词限定数据化核查

虽然中央八项规定中禁止在公务接待中的旅游、健身和高消费娱乐活动，禁止在风景名胜区举办会议，禁止提供高档菜肴、烟酒，禁止使用会议费购入固定资产。但是，国有企业如何在庞杂的成本发票中识别出潜在的违规问题是一大难点。因为这些发票在数额上并不具有唯一标准，人工审查存在疏漏并具有一定的主观性，很难作出准确判断。然而，如果我们将抽象的要求转化为具体的关键词数据，就可以解决这一难题。只要成本发票中出现数据库所记录的关键词，则意味着该笔财务支出可能存在违反中央八项规定的风险。

（1）公费旅游。

以公费旅游为例，成本发票中开票方绝大部分为各地旅游景区。因此，我们将各地旅游景区名称以及所有可能的关键词全部加入数据库，形成305条规则，部分如表 117 所示。在发票数字化审查时，能够将该部分问题发票快速识别，并作出风险提示。

表 117　景区名称及关键词

景区名称	关键词	景区名称	关键词
北京八达岭－慕田峪长城旅游区	八达岭－慕田峪长城	晋中市平遥古城景区	平遥古城
北京市奥林匹克公园	奥林匹克公园	内蒙古自治区满洲里市中俄边境旅游区	中俄边境
北京市明十三陵景区	十三陵	内蒙古自治区赤峰市阿斯哈图石阵旅游区	阿斯哈图石阵
北京市海淀区圆明园景区	圆明园	内蒙古自治区阿尔山·柴河旅游景区	阿尔山·柴河

（2）高消费活动。

我们会将中央八项规定中的高消费活动作出具体的分类，转换为若干不同的关键词。

①将健身活动的关键词具体为部分高端健身公司名称，转化为 23 条具体规则，部分如表 118 所示。

表 118　部分具体规则

序号	健身房名称	公司名称	关键词
1	一兆韦德	一兆韦德健身管理有限公司	一兆韦德
2	威尔仕健身	上海威尔士健身有限公司	威尔仕
3	英派斯健身	青岛英派斯健康科技股份有限公司	英派斯

②将高消费活动转换为高端餐饮名称、高端酒店企业名称，形成 237 条判定标准，部分如表 119 所示。

表 119　部分上海高消费餐厅

名称	人均（元/人）	公司名称	关键词
Ultraviolet by Paul Pairet	6485	上海保保餐饮有限公司	Paul Pairet

续表

名称	人均（元/人）	公司名称	关键词
上公府餐厅	432	上海慕兰堂古园林绿化有限公司	上公府
海洋光浦号主餐厅	4327	皇家加勒比游轮有限公司	海洋光浦号
2021 黑珍珠餐厅名单			
黑珍珠三钻			
序号	名称	公司名称	关键词
1	上海 · Ultraviolet by Paul Pairet	上海保保餐饮有限公司	Paul Pairet
2	上海 · 菁禧荟（虹桥店）	上海涵廷餐饮管理有限公司	菁禧荟
3	广州 · 白天鹅宾馆 · 玉堂春暖餐厅	白天鹅酒店集团有限公司	白天鹅宾馆
黑珍珠二钻			
序号	名称	公司名称	关键词
1	LES MORILLES 墨瑞	北京黄食餐饮管理有限公司	墨瑞
2	北京 · 大董烤鸭店（南新仓店）	北京大董烤鸭店有限责任公司	大董烤鸭
著名酒店			
酒店名称	关键词	酒店名称	关键词
上海柏悦酒店	柏悦	开元大厦酒店	开元
上海金茂君悦大酒店	金茂君悦	维也纳国际酒店	维也纳
上海浦东香格里拉大酒店	香格里拉	新新饭店	新新

③将高消费活动转换为高端烟酒名称，形成20条标准，部分如表120所示。

表120　部分相应品牌

品牌	公司	关键词
中华	上海烟草集团有限责任公司	中华
红塔山	红塔烟草（集团）有限责任公司	红塔山
茅台	中国贵州茅台酒厂有限责任公司	茅台
五粮液	五粮液集团有限公司	五粮液

此外，数据库将会根据最新规定以及过往的处罚案例搜集足量的具体限定词，设置敏感词汇。禁止销售方名称出现如“高尔夫”“足浴”“夜总会”“跳伞”等限定词，划分为20类大项规则，部分如表121所示。

表121　国民经济行业分类：娱乐业（部分）

<table>
<tr><td>90</td><td></td><td></td><td>娱乐业</td><td></td><td>列举</td><td>关键词</td></tr>
<tr><td></td><td>901</td><td></td><td>室内娱乐活动</td><td>指室内各种娱乐活动和以娱乐为主的活动</td><td rowspan="4">夜总会、歌舞厅、卡拉OK厅、练歌房等</td><td>夜总会、歌舞厅、卡拉OK</td></tr>
<tr><td></td><td></td><td>9011</td><td>歌舞厅娱乐活动</td><td></td><td>…</td></tr>
<tr><td></td><td></td><td>9012</td><td>电子游艺厅娱乐活动</td><td></td><td>…</td></tr>
<tr><td></td><td></td><td>9013</td><td>网吧活动</td><td>指通过计算机等装置向公众提供互联网上网服务的网吧、电脑休闲室等营业性场所的服务</td><td>…</td></tr>
<tr><td></td><td></td><td>9019</td><td>…</td><td>…</td><td>…</td><td>…</td></tr>
<tr><td></td><td>902</td><td>9020</td><td>…</td><td>…</td><td>…</td><td>…</td></tr>
<tr><td></td><td>903</td><td>9030</td><td>…</td><td>…</td><td>…</td><td>…</td></tr>
<tr><td></td><td>904</td><td></td><td>…</td><td>…</td><td>…</td><td>…</td></tr>
<tr><td></td><td></td><td>9041</td><td>…</td><td>…</td><td>…</td><td>…</td></tr>
<tr><td></td><td></td><td>9042</td><td>…</td><td>…</td><td>…</td><td>…</td></tr>
<tr><td></td><td></td><td>9049</td><td>…</td><td>…</td><td>…</td><td>…</td></tr>
</table>

（3）会议费用滥用。

最后，为了解决成本发票审查中有关会议费滥用的问题，我们将大量固定资产项目列入底层数据库，对设备分类设定3740条代码编号，实现会议费开支预警，如表122所示。

表122　部分固定资产

代码	名称	代码	名称
1010000	土地、海域及无居民海岛	1010701	城镇住宅用地
1010100	耕地	1010702	农村宅基地
1010101	水田	1010799	其他住宅用地

综上所述，通过金额限定以及关键词限定的方式建立底层数据库，对财务支出成本发票进行数字化审查，能够形成一种客观的判定标准。该标准能够快速高效地识别出存在风险的成本发票，弥补人力审查的缺陷。后续随着AI算法和模型的不断迭代，将更加全面、精准和客观，用数字化将文件规定进行具体落实，用数据跑出“合规”的动态通道，从而实现有效的事中管理，真正做到“不敢腐”。

2.3.3　数字化解决方案中的票据审查专家

“锦信一票通”作为企业全方位的票据管理“专家”，已经实现了上述数据积累，完成了底层数据库的构建，能够通过对成本发票的大数据审查，将中央八项规定中的大部分要求贯彻执行。如果公务人员进行了某项违规行为，开具的成本发票中存在系统限定词汇、超过数额上限，该发票将会在大数据审查下被标记为存在风险，从而减少人工审查的疏漏。此外，“锦信一票通”也会继续根据中央八项规定要求的侧重、市场行情、处罚案例等，对收集的底层大数据进行实时的更新与调整，实现数据的流动性和准确性。因此，“锦信一票通”可以帮助国有企业通过成本发票审核的方式，贯彻执行中央八项规定的要求，降低不合规风险，使国有企业在大量财务款项支出中完成全面审查：

（1）“锦信一票通”将会根据中央八项规定的核心条目不断更新预警词汇，如表123所示：

表123　部分预警词汇

经费管理	1. 严禁以各种名义突击花钱和滥发津贴、补贴、奖金、实物	…	…

续表

	2. 严禁用公款购买、印制、邮寄、赠送贺年卡、明信片、年历等物品	贺年卡、明信片、年历	…
	3. 严禁用公款购买赠送烟花爆竹、烟酒、花卉、食品等年货节礼（慰问困难群众职工不在此限）	烟花爆竹、烟酒、花卉、食品	前十大香烟品牌及公司名称 上海烟草集团有限责任公司 … … … 关键词 中华 … … …

（2）“锦信一票通”完成成本发票大数据审查后，将会把所有发票分类为：无风险、虚假发票、高风险等类别，以便进一步的人工查阅。

因此，国有企业可以利用“锦信一票通”的数字化发票管理系统进行大数据审查。通过利用上述底层数据，国有企业可以真正地将中央八项规定落地执行，不仅能够提高成本发票的审查效率，而且能够准确识别出风险支出。对于大型国有企业来说，通过人工审查成本发票实现财务支出合规性是很困难的，难免会存在疏漏。使用“锦信一票通”能够为大型国有企业创造更高的价值。在如今数字化的潮流下，国有企业必须与时俱进，善于借用第三方数字科技工具，提高审查效率与准确性。

3. 成本发票是虚开发票企业合规不起诉的突破口

近年来，涉案企业刑事合规不起诉制度成为热点话题，虚开发票类合规不起诉案件更是其中的焦点。在诸多涉案企业因合规制度重获生机的同时，也有实务界和理论界人士对合规不起诉制度如何切实落地、发挥实效提出担忧，“纸面合规”担忧一直挥之不去。笔者以 2021 年、2022 年的 37 份虚开发票类案件合规不起诉决定书为样本，分析发现制度落实的难点所在，旨在从法律合规、技术方案、企业数字化管理经验等方面分析成本发票的数字化实践并提出针对性的企业合规建议。

3.1 虚开发票类案件合规不起诉大数据分析

涉案企业合规不起诉制度指的是，由检察机关主导，衔接第三方监督评估组织，对符合一定条件并有建立合规体系意愿的涉刑企业，督促其建立合规管理体系并进行合规整改，若该企业在合规整改期限截止后能够通过评估审核，则对该涉案企业不予起诉的制度。从2020年3月开始，最高人民检察院先后在多个基层院、市级院开展了两期企业刑事合规不起诉改革试点，并在2022年4月正式宣布，涉案企业合规改革试点将在全国检察机关全面推开。

自2020年3月最高人民检察院开展合规改革试点以来，最高人民检察院至各级检察院共办理相关案件5150件，已有1498家企业整改合格，3051名责任人被依法不起诉；另有67家企业整改不实，243名责任人被依法追诉。① 其中，危害税收征管犯罪占较大比重。以北京市海淀区人民检察院为例，自试点以来，该院开展企业合规类案件中涉税犯罪高达66.67%。而在涉税类犯罪中又以虚开发票罪居多，虚开发票属于涉企涉经营犯罪，涉及税务、财务等方面，适用合规不起诉制度。

一般来说，虚开发票的行为属于严重违法行为，并且有可能会被追究刑事责任。然而，在特定情况下，如果虚开发票行为具备某些特定条件或情形，则可能会被认为是符合合规不起诉标准的。这些标准可能包括但不限于以下几个方面：

（1）主动揭发行为。如果企业自行揭发并积极配合税务机关查处虚开发票行为，有可能会获得合规不起诉的机会。

（2）虚开发票金额较小。如果涉及的虚开发票金额较小，可能会被认为不构成刑事犯罪，从而获得合规不起诉的机会。

（3）认罪态度。如果企业对虚开发票行为认罪态度积极，并愿意积极赔偿，也可能会获得合规不起诉的机会。

值得注意的是，这些标准可能会因地区和行业的不同而有所不同。根据以往的经验和数据，有些地区和行业更容易被税务机关检查，如房地产、建筑、餐饮和物流行业等。此外，一些行业中较高的发票开具频率、较大的开票金额和特殊的开票方式更容易陷入违法虚开的“泥沼”。

3.2 直面合规不起诉“纸面合规”的社会挑战

在汇总的37份不起诉决定书中，有部分并未明确合规结果，而是仅仅表述

---

① 《【全国两会】数读！最高检工作报告透露了这些重要内容》，载微信公众号“湖南检察”2023年3月8日。

“严格按照建议的内容分步骤、有条理地执行……企业在有序、健康地发展”或是“引导企业进行合规建设”。这侧面表现出，在制度试点推行的过程中，各地各级检察院尚未摸索出完整系统的合规审核机制，也因此引发实务界和理论界对“纸面合规”“形式合规”的质疑，担忧制度流于表面，不仅无法实现激发市场活力、“保企业”、“保就业”的制度愿景，反而使得一些涉案企业逃脱制裁、破坏经济社会有序运行。其中，对“纸面合规”的质疑和担忧主要集中在以下 3 个方面。

3.2.1 合规计划浮于在表面缺乏实效

结合国外的合规经验，一份卓有实效的合规整改计划书应当至少有以下 3 点作用：首先，能够帮助涉案企业快速定位风险责任人、识别犯罪发生的环节、发现管理隐患和漏洞；其次，能够帮助企业对存在缺陷的治理结构进行纠错；最后，能够帮助企业甚至是该企业所在行业建立一套全面、长远的合规运行制度。这也是我国的涉案企业刑事合规不起诉制度希望达到的制度效果之一，但现实却是，很多企业提交的合规计划不仅难以做到体系化，甚至连针对性和实效性也十分不足，从而也就导致合规整改难以达到目标。

结合一起合规不起诉失败案例来看，在 2022 年 9 月山西省检察院公布的一起未通过评估案例中，检察机关以“无法对涉案企业合规计划中监测、举报、调查、处理机制及合规绩效评价机制的正常运行进行评估、企业合规整改的实效无法审查、评估”的原因终止了该企业的刑事合规不起诉程序。无独有偶，2022 年 2 月，一家涉嫌虚开增值税专用发票的企业在合规整改过程中也收到了第三方监督组织“公司账册中发票编号不连续，合规专员不到位，仍存在虚开增值税专用发票的风险”的评价，而被无锡市检察院发出风险提示函。

3.2.2 合规整改时间较短而沉疴难起

在涉案企业合规不起诉制度中留给企业的合规整改期往往较短，依据企业的具体情况，检察机关往往会给企业 1 ~ 3 个月的时间进行合规整改。只有极少数企业能够获得 3 个月以上的整改期。

虚开发票类案件很多具有行业特征，即特定行业的企业虚开发票往往与行业的运作模式有关。例如，在煤炭行业，“有货无票”已经成为一项行业痼疾。源头供煤企业凭借在行业中的地位优势以及因受煤炭配合限制，洗煤企业购进煤炭却无法取得足额合规发票列支成本、抵扣进项税额。而其下游受票方大多为电力等大型国企，又必须带票销售。两方压力下，中游企业往往需要就如实购进的煤炭、发生的运输服务虚开进项发票。针对此类问题，要在短短几个月的合规整改期内，形成有效的整改方案、落实并获得整改实效，通过评估审核，对原本就财税秩序混乱的企业而言将会是巨大的挑战。此外，就以往案例来看，即使是非行业性问题，对于涉案企业而言，由于企业运行是一个庞大的系统性问题，在短时间内如何革除其中的违规弊病，也是一个很大的难题，需要有策略地应对。

还有一个核心问题就是合规时间周期问题，以虚开普通发票为例，往往需要在第二年的年度汇算清缴后才能确实虚开普通发票的违法事实存在，在这一年中，企业可以随时对上述普通发票调增调减，也就是只有经过至少一年的周期才能确认企业是否存在虚开普通发票违法行为，1～3个月的时间仅仅是对当前的进项成本进行简单的归集处理，并不能完整系统地记录和管理企业一个经营周期的实际运营，而会缺乏全面性和完整性，会流于形式。

3.2.3 合规实现评估单一缺乏可持续跟踪

实务界很多人士认为，即使企业能够通过制定合规整改计划并在整改期内落实整改计划，从而进入合规运行的轨道。但对仅仅1～3个月的合规整改期而言，很多企业刚建立起合规体系就已经到结案时间。其间形成的税务制度、管理制度、运行制度以及企业文化能否继续在之后的企业运行中发挥作用，犹未可知。合规制度的落实关键还是要执行，而执行如果仅仅依靠企业本身，那就存在“运动员”和“裁判员”同为一体的情形，必须借助第三方的、中立的、数字的能力才能对上述风险进行有效隔离和提醒，在合规不起诉完成之后，要有一个“手”能够持续注视和管理企业进项成本的合规问题，但对企业负担又不重，同时可以让检察机关能够做到长期跟踪，这才是解决问题的关键，也是后续虚开发票合规不起诉走向更广阔舞台的必然路径。

总结来看，以上对于“纸面合规”“形式合规”的担忧，究其实质在于是否能够在短期内制订具有针对性、有效性的涉案企业合规整改计划；是否能够在短时间的合规整改期内有效落实整改计划；是否能够使合规整改的实效延续到合规不起诉之后的企业运行中；是否能够让合规不起诉的各方参与者真正实现各方共赢，实现合规不起诉制度建立的初衷。这些问题也将是制度发展的方向和企业合规整改需要努力的方向。

3.3 成本发票数字化管理是解决“纸面合规”的最佳方案

为应对“纸面合规”“形式合规”问题，最高人民检察院相继出台《关于建立涉案企业合规第三方监督评估机制的指导意见（试行）》等文件，指导建立第三方监督评估机制；在中央的统一领导下，地方各级检察院也逐步开展相关制度建设。如北京市海淀区人民检察院与北京市海淀区工商联合会联合发布《危害税收征管犯罪涉案企业合规整改指南》，为企业提供具体行动指引并为第三方组织、检察机关提供评判标准。

结合案例分析与对国家制度发展的把握，不难发现，为保障涉案企业合规制度能够落到实处，保证企业合规制度能够真正保障企业革除先前不规范运行中存在的痼疾，重新合规经营并焕发出新的生机与活力，就必须做好合规的“事中管控”，即在检察机关和第三方监督机构的帮助下制定好企业的专项、整体合规计划，并分步骤、有条理地严格按照计划内容进行落实，最终通过第三方以及检察院的监督评估审核。

3.3.1 数字化系统与实际经营“数据联动”

江苏省南京市人民检察院法律政策研究室主任李勇在“企业刑事合规论坛”的发言中指出，很多企业合规之所以流于纸面，其原因在于，在一开始设计合规计划时就没能与企业的实际情况相结合。而对于很多虚开发票类涉案企业而言，没能够制定出有针对性和有实际操作性的合规计划的重要原因在于，企业自身本就存在财务工作混乱、合规意识不强、财税体系薄弱等沉疴，在短短1个月的实践内难以识别自身风险所在，也就难以制定有针对性且有效的合规计划。

在企业合规中，事中管控是最关键的，使用AI大数据智能管理平台，可以通过将企业运行过程中各个部分的发票统一录入到电子平台进行整合、分类、信息处理，从而建立“业财税一体化”模式，将企业的业务、税务、财务、资金管理一一对应起来，快速定位虚开发票风险点，从而定制针对性的合规计划。AI大数据智能管理平台的使用要求将发票与人和业务对应起来，时时监测、事事管理，将能够起到重塑企业文化的效果，让合规意识和防线防范意识深入企业内部。

3.3.2 数字化系统能够“以点带面”实现全面合规

一个企业要进行专业化的合规体系建设是一个涉及法律、企业管理、企业运行等多板块、多领域的综合性问题，需要有综合性的全局架构，否则不论是制定标准还是实施工作，终究只能将各项计划流于纸面。另外，涉案企业本身很有可能就是由于缺乏专业的财税管理或企业管理人才才导致实施了虚开发票的行为。在案件调查过程中，财务管理人员以及企业实际负责人很有可能被带走进行进一步的调查，这很有可能为企业合规雪上加霜。

AI大数据智能管理平台可以利用其发票录入功能，为企业提供专业全面的风险识别及监管服务。大数据智能系统通过联通税务、违法案例等数据，打通刑事合规、企业管理、业务运行等板块壁垒，并形成科学有效的评估机制，实现对企业税务合规一体化运行的全方位支持。保障企业合规事中管控不会流于纸面、流于形式。而且能够将企业合规整改期间形成的制度延续至“合规不起诉”之后，写好合规的下半篇文章。

四、成本发票数字化管理的实践应用——“锦信一票通”

数据赋能合规，数据与专业服务的协同服务将是未来法律服务的一个重要趋势。企业也必须紧跟国家的政策方针，善于借用第三方数字科技工具如“锦信一票通”及时创新求变，实现数据与人的服务的高度协同，实现“提效”“降险”“增润”，业、财、税、票的一体化整合。

进项发票的合规管理，是当前企业财税管理的核心环节。随着发票监管力度的不断加大，发票合规问题也成为企业面临的一大税务风险。上海市税务局在2021年年末发布公告，将着力实现发票全领域、全环节、全要素电子化。在全电子发票的控制下，在开具发票、交付发票、查验发票的过程中，税务部门均可通过大数据监察网络进行审查，对企业的任何违规行为进行稽查，结合海量政府数据的匹配和互通，能够做到精准预警和管理，与只能依靠传统的人工线下审查相比，稽查覆盖面更宽，稽查力度更大。

“锦信一票通”作为一个监测和管理企业进项发票的合规大数据AI管理系统，借助大数据平台和执法合规AI模型，实现了财务、税务、法律三者的联动。以大数据作为依托，与税务、工商部门数据接入，通过对风险可能产生的源头进行监控，简单、便捷、高效、精准地帮助企业进行财务、税务、法律风险综合监测预警，减少企业合规风险。

1. “锦信一票通”具有成本发票管理的领先优势

1.1 有效遵循“以票管税”到“以数治税”的路径变迁

“锦信一票通”以“发票”为合规切入点，能够做到实时洞察企业日常经营的方方面面。同时，目前OCR技术的成熟，利用OCR技术可识别原始票据，精准快捷识别发票，并保存原始票据，便于后期溯源。此外，票据数据库提供溯源保障，通过建立电子票据数据库和原始票据数据库等为后续企业票据溯源以及数字化管理提供数字支撑。

“锦信一票通”的合规风险数据库可以基于发票要素进行全链路追溯，形成独立风险规则引擎，凭借强大的研发能力和实务经验，借助税局的监管思路实现动态逻辑交互，从而及时对企业风险进行预判和警示。具体而言，通过发票链，将基于人员、业务团队、合同和供应商的全链路追溯机制贯穿起来，以发票为抓手，实现对海量、具体、高频发票的精细化管理，对发票票面上4485个货物或应税劳务、服务名称和750个简称进行数据内容重组，重构并画像，实现发票数据可追溯，让报表、凭证、数字、数据实现无缝连接和流转，实现大数据管理。

企业合规数据库包含其日常经营所产生的全方面、多种类信息，将其作为“发票探针”，通过其建立数据库打通企业营运各个环节，实现数字化全面合规预警。发票的价值不仅在于金额，货物或应税劳务、服务名称、开票日期、销售方等丰富的信息内涵也可以对企业上述各项风控指标进行预判，为反垄断、反商业贿赂、关联交易等重点监管领域提供事前自我合规检查的渠道；同时深入财务、投资、采购等营运环节，打破职能部门间的信息壁垒，增强企业管理控制的协同效应，助力企业以税务稽查的逻辑来倒推合规管理。

此外，在建立合规风险数据库的同时，通过大数据发票合规系统的建设，“锦信一票通”变成“合规血糖仪”，让企业在经营过程中，实现无痛、无感、实时和精准的合规保护。

1.2 利用独创底层合规架构实现合规管控

面对税务稽查从“以票管税”到“以数治税”的转变，企业需要运用大数据数字化票据管理工具来实现其合规需求，大数据工具能够提供多维度解决方案。

1.2.1 盘活历史数据，实现分类管理

使用数字化票据工具可以终结杂乱票据，提高管理效率；盘活历史票据，降低合规风险；通过发票查重，避免资金风险。通过分类管理发票，提升票据管理水平，在发票的底层合规系统中，杜绝不合理和合规的发票类目，形成内部良性票据循环；缓解财务部门的执行问题，实现由传统低效的咨询方式（如向员工重复解释不允许录入的规定等）向借助高效数据化工具的转变；对发票重点类目控制，优化财务管理，提升公司的数据化财税管理水平。

1.2.2 强化风险管理，利用规则引擎防范风险

通过特有的风险规则库、外部风险数据库，建立大数据的风险规则引擎，结合当前的监管重热点，重点防范与企业有经济往来的上游企业的合规问题，落实数据化票据管理责任，提前预警虚开风险，大幅降低虚受风险，减少单位犯罪的主观故意；为有效应对和查处税务（虚受发票）、市场监管（商业贿赂）、刑事舞弊（职务侵占、挪用资金、串通招投标、经营同业业务）等各类重点违法行为提供强有力的数据支撑。

1.2.3 强化供应商管理，精准核算成本

数字化工具实现了发票与供应商信用的多频、高效的合规流转。从合规、效率以及发展的角度来看，强化供应商管理，及时全方位了解供应商状态显得非常重要。数字化工具从供应商基本状态、供应商负面风险、供应商经营异常信息、供应商股东核查，供应商存续状态及刑事风险等多维度为企业提前洞悉供应商的全方位风险提供了评估和风险预警解决方案。数字化工具的使用，更有利于数据化精准统计企业各类成本及费用，为成本核算提供数据支撑，可以穿透到底层，实现对风险的追溯跟踪。

1.3 实现进项发票的全流程管控

合规风险数据库可以根据发票流程，实施闭环合规管理，完成事前、事中和事后的全过程把控。

1.3.1 事前，评估供应商资质、提供预警

（1）精准管控，形成合规层面的精准管理，建立独立规则引擎。

（2）缺票量自查，自动计算企业缺票量，以此为参考，安排发票抵扣报销事宜。

（3）供应商合规评估，从受惩黑名单、失信名单、执行公告、税务和食药监管等多方面考察供应商负面信息。

1.3.2 事中，核检发票风险、实现模块化管控

（1）对发票风险进行综合评估，主要包括发票核验监控、企业负面风险、风险规则评估和黑名单评估。

（2）考虑实行团队制管理，由管理员掌握全部发票信息，团队其他成员仅对自己导入的发票拥有权限，实现后续可追溯、可归责。

（3）分类别实行发票模块化管理，重点监控容易发生合规风险的发票类型，

按季、半年和年进行周期性合规风险评估。

1.3.3 事后，锁定风险发票、提供可视化方案

（1）实时处置交易风险，针对基于各类交易的风险事件，通过系统直接明确主体和人员，及时锁定风险发票，有利于追责。

（2）对交易主体进行实时风控，关注供应商的信用风险，尤其是各类严重违法行为导致失信，进而提供实时化预警方案。

（3）建立交易发票的实时预警制度，针对风险事件直接关联的相关发票，实现高风险预警，并对涉及的所有发票进行风险提示，提供可视化方案。

2. “锦信一票通”实现合规还能盈利

“锦信一票通”能够实现合规还能盈利，其数据在帮助企业降低运营风险、抵御行政监管的同时，可以为其创造意想不到的价值。

面对发票处理需求大且流程复杂的现实，企业通过选用专业的大数据财税工具进行辅助管理，依托大数据资源，通过数据可视化分析，为企业的经营成本核算、进项发票管理和合规运营提供助力。如根据《财政部、税务总局、海关总署关于深化增值税改革有关政策的公告》第6条规定，纳税人购进国内旅客运输服务，其进项税额允许从销项税额中抵扣。面对海量的增值税电子普通发票，由于其数量多、单张税额少以及统计麻烦等原因，很多企业财务并未将其进行进项抵扣，但是通过大数据财税工具就可以迅速对上述数据进行统计和汇总，为企业增加营收。面对出台的各类财税政策，通过数字化能力，可以实现政策红利应享尽享，真正实现降本增效振利润。

2.1 发票票面优惠应享尽享示例

“锦信一票通”利用数据挖掘，结合增值税进项抵扣手册的内容，能够及时完整抽取发票票面的税额，进行有效申报，为企业实现税务优惠政策应享尽享。如表124所示。

表124 增值税抵扣税额统计分析表

序号	名称	税率	抵扣规则
1	办公用品	一般纳税人税率为13%	如果从一般纳税人那里购买办公用品，税率是13%，如果从小规模纳税人那里购买办公用品，按征收率3%。2021年12月31日前，小规模纳税人适用3%征收率的应税销售收入，减按1%征收率征收增值税
		小规模纳税人税率为3%	

续表

<table>
<tr><th>序号</th><th>名称</th><th>税率</th><th colspan="2">抵扣规则</th></tr>
<tr><td rowspan="2">2</td><td rowspan="2">水费</td><td>自来水厂 3%</td><td colspan="2" rowspan="2">从自来水公司可以取得增值税专用发票，只能抵扣 3% 的进项税，从其他水厂购买的水，取得增值税专用发票，可抵扣 9% 的进项税</td></tr>
<tr><td>其他水厂 9%</td></tr>
<tr><td>3</td><td>电费</td><td>税率 13%</td><td colspan="2">一般纳税人收取的电费按 13% 计算缴纳增值税，相应取得的电费进项税额可以抵扣</td></tr>
<tr><td rowspan="2">4</td><td rowspan="2">修理费</td><td>有型动产 13%</td><td colspan="2" rowspan="2">修理费用于有形动产的修理费用，如汽车修理费、机械设备的修理费 13%；而对于不动产的修理费税率是 9%。注意，如果对机器设备提供维护保养服务，可按照“其他现代服务”缴纳增值税，即 6%</td></tr>
<tr><td>不动产 9%</td></tr>
<tr><td>5</td><td>饮用桶装水</td><td>税率 13%</td><td colspan="2">公司购买桶装水，是为了日常办公需要，属于办公费范围，企业取得增值税专用发票后可以抵扣，如果计入福利费，则不可以抵扣</td></tr>
<tr><td rowspan="2">6</td><td rowspan="2">宣传用品</td><td>一般纳税人税率 6%</td><td colspan="2" rowspan="2">广告业如属一般纳税人税率 6%，如果是小规模纳税人则为 3%，2021 年 12 月 31 日前，减按 1% 征收率征收增值税，取得小规模纳税人在税务机关代开的增值税专用发票后抵扣</td></tr>
<tr><td>小规模纳税人税率 3%</td></tr>
<tr><td rowspan="6">7</td><td rowspan="6">差旅费</td><td>航空旅客运输 9%</td><td rowspan="6">差旅费中交通费和住宿费，灾区的相关凭证后，是可以抵扣进项税额的。交通费中可抵扣进项税额的增值税专用发票、增值税电子普通发票、注明旅客身份信息的相关凭证</td><td>航空旅客运输进项税额 =（票价 + 燃油附加费）/（1 + 9%）×9%</td></tr>
<tr><td>铁路旅客运输 9%</td><td>铁路旅客运输进项税额 = 票面金额/（1 +9%）×9%</td></tr>
<tr><td>收费站（过路费）3%</td><td>公路、水路等其他旅客运输进项税额 = 票面金额/（1 + 3%）×3%</td></tr>
<tr><td>桥（过桥费）5%</td><td>桥、闸通行费进项税额 = 票面金额/（1 +5%）×5%</td></tr>
<tr><td>高速公路通行费 5%</td><td>高速公路通行费进项税额 = 票面金额/（1 +5%）×5%</td></tr>
<tr><td>旅店服务（住宿费）6%</td><td>无法抵扣</td></tr>
</table>

续表

<table>
<tr><th>序号</th><th>名称</th><th>税率</th><th colspan="2">抵扣规则</th></tr>
<tr><td>8</td><td>咨询费</td><td>6%</td><td colspan="2">聘请专业的咨询、审计等中介机构的咨询费用都可以抵扣进项，其税率6%，注意要选择一般纳税人</td></tr>
<tr><td>9</td><td>通信费/电话费</td><td>9%</td><td colspan="2">购进基础电信服务，进项税抵扣税率9%，购进增值电信服务，进项税抵扣税率6%。员工个人抬头发票无法取得增值税专用发票，无法抵扣进项税，带有福利性质的通信费要补贴不允许抵扣进项税。企业的名义的电话费，取得专用发票可以抵扣</td></tr>
<tr><td>10</td><td>邮递费</td><td>9%</td><td colspan="2">快递费可以抵扣进项税，购进邮政服务，进项抵扣税9%，如果是同城快递，邮寄税率为6%</td></tr>
<tr><td>11</td><td>培训费</td><td>6%</td><td colspan="2">企业发生的各类与生产经营相关的培训费用，均可以抵扣，要向培训单位索要增值税专用发票，培训期间发生的餐费，不可以抵扣。培训机构是一般纳税人，可获得6%的抵扣税额；培训机构是小规模纳税人，则可获得3%的抵扣税额。（2021年12月31日前减按1%征收率征收增值税）</td></tr>
<tr><td>12</td><td>会议费</td><td>6%</td><td colspan="2">会议费可以抵扣进项税额，可以开具增值税专用发票，税率为6%，但是其中的餐费不能抵扣，需要将餐费扣除</td></tr>
<tr><td>13</td><td>物业费</td><td>6%</td><td colspan="2">物业公司提供物业服务，属于现代服务业中的企业管理服务，如果是一般纳税人，可索要增值税专用发票，取得6%税率的抵扣税额</td></tr>
<tr><td>14</td><td>银行手续费</td><td>6%</td><td colspan="2">办理转账，汇款时发生的手续费都可以抵扣，要向银行索取增值税专用发票，可抵扣6%税率的进项但是如果办理和贷款有关业务的手续费，其进项税额不得从销项税额中抵扣</td></tr>
<tr><td rowspan="2">15</td><td rowspan="2">保安服务费</td><td rowspan="2">6%注：2021年12月31日前，小规模纳税人减按1%征收率征收增值税</td><td rowspan="2">保安服务费抵扣</td><td>如果是保安服务业提供安保服务，一般纳税人适用6%增值税税率，小规模纳税人适用3%增值税税率</td></tr>
<tr><td>如果是一般纳税人提供劳务派遣服务，可以按照一般计税方法缴纳增值税，也可以选择差额纳税，按照简易计税方法依5%的征收率计算增值税</td></tr>
</table>

续表

<table>
<tr><th>序号</th><th>名称</th><th>税率</th><th colspan="2">抵扣规则</th></tr>
<tr><td>15</td><td>保安服务费</td><td>6%注：2021年12月31日前，小规模纳税人减按1%征收率征收增值税</td><td>保安服务费抵扣</td><td>如果是小规模纳税人提供劳动派遣服务，可按照简易计税方法依3%的征收率缴纳增值税，也可以选择差额纳税，按照简易计税方法依5%的征收率计算增值税</td></tr>
<tr><td rowspan="2">16</td><td rowspan="2">租赁费</td><td>不动产租赁9%</td><td colspan="2" rowspan="2">租赁费用是可以抵扣进项的，提供有形动产租赁服务税率是13%、不动产租赁服务税率是9%。个人出租住房是5%的征收率减按1.5%征收。如果是租赁给员工提供福利所取得的专票是不可以抵扣的。</td></tr>
<tr><td>有形动产租赁13%</td></tr>
</table>

2.2 国内旅客运输进项抵扣示例

"锦信一票通"可以将对企业在日常生产经营过程中产生的发票进行管理，通过录入发票信息，不仅可以得知开票方的基本经营信息，对发票进行合规风险的评估，也可以明确统计出企业少缴纳的税额。依照《财政部、税务总局、海关总署关于深化增值税改革有关政策的公告》第6条的规定"纳税人购进国内旅客运输服务，其进项税额允许从销项税额中抵扣。（一）纳税人未取得增值税专用发票的，暂按照以下规定确定进项税额：1. 取得增值税电子普通发票的，为发票上注明的税额；2. 取得注明旅客身份信息的航空运输电子客票行程单的，为按照下列公式计算进项税额：航空旅客运输进项税额 =（票价 + 燃油附加费）÷（1 +9%）×9%；3. 取得注明旅客身份信息的铁路车票的，为按照下列公式计算的进项税额：铁路旅客运输进项税额 = 票面金额 ÷（1 +9%）×9%；4. 取得注明旅客身份信息的公路、水路等其他客票的，按照下列公式计算进项税额：公路、水路等其他旅客运输进项税额 = 票面金额 ÷（1 +3%）×3%"。本条规定了税额的计算方法。

经统计可知，通过对"锦信一票通"中某企业（2022年度营业收入约为5000万元）的火车票、飞机票和运输服务等发票税额进行计算，可以得出2022年度火车票税额总和为12,477.49元，飞机票的税额总和为227.56元，运输服务的税额总和为2475.99元，共计15,181.04元，即锦信系统的合规营收为15,181.04元。具体详见表125至表128所示。

表 125 税额统计

单位：元

类型	税额总计	合规营收总计
火车票	12477.49	15181.04
飞机票	227.56	
运输服务	2475.99	

表 126 火车票进项抵扣额度统计表

序号	发票编码	发票类型	发票号码	发票代码	抵扣额度	价税合计（元）
1	K32U054973	火车票	U0 ****	K **	1.9	23.5
2	Z186U054974	火车票	U05 ****	Z1 **	1.9	23.5
3	G1264055L018119	火车票	055L01 ****	G12 **	8.0	97
4	G685037W036007	火车票	037W03 ****	G6 **	8.0	97
5	D7824B079913	火车票	B07 ****	D78 **	10.5	127
6	D7821B079912	火车票	B07 ****	D78 **	10.5	127
7	G2813055RO45207	火车票	055R04 ****	G28 **	26.9	326
8	G7578055RO45208	火车票	055R04 ****	G75 **	5.5	67
9	G1965055RO45209	火车票	055R04 ****	G19 **	21.1	255.5
10	G3280Q015322	火车票	Q01 ****	G32 **	32.0	387.5
11	G887Q015323	火车票	Q01 ****	G8 **	19.7	238
12	G370Q015324	火车票	Q01 ****	G3 **	14.2	171.5
13	G3144Q015325	火车票	Q01 ****	G31 **	33.4	404.5
14	C3858Q015326	火车票	Q01 ****	G38 **	10.2	123.5
15	G1914Q015327	火车票	Q01 ****	G19 **	26.2	317.5
16	Z12Q061817	火车票	Q06 ****	Z **	16.0	194
合计					246.1	

表 127 飞机票进项抵扣额度统计表

序号	发票编码	发票类型	发票号码	发票代码	抵扣额度	税额（燃油附加费）（元）	开具金额（票价）（元）
1	7812464423674139657O433	飞机票	139657043 **	78124644236 **	85.5	20	1016
2	29923262296711380506057	飞机票	138050605 **	29923262296 **	87.5	20	1040

续表

序号	发票编码	发票类型	发票号码	发票代码	抵扣额度	税额（燃油附加费）（元）	开具金额（票价）（元）
3	78124652442485452911611	飞机票	545291161 **	78124652442 **	113.1	60	1310
4	38921433541511391152530	飞机票	139115253 **	38921433541 **	76.0	60	860
5	78124431777661395552044	飞机票	139555204 **	78124431777 **	94.6	60	1086
6	78124407474931395552043	飞机票	139555204 **	78124407474 **	71.8	60	810
7	F_ 0189601341951	飞机票	539690746 **	78125531715 **	62.8	80	680
8	F_ 7812424637588	飞机票	138453981 **	78136402897 **	70.2	80	770
9	F_ 7812424628184	飞机票	138453981 **	78124561717 **	70.2	80	770
10	F_ 7812433627124	飞机票	138492760 **	78124402825 **	125.5	80	1440
合计						857.2	

表128　客运票进项抵扣额度统计表

序号	发票编码	发票类型	发票号码	发票代码	商品明细	抵扣额度	开具金额（不含税）（元）
1	01200210091181468745	增值税电子普通发票	814687 **	0120021009 **	客运服务费	62.98	2099.2
2	01200220021110024782	增值税电子普通发票	100247 **	0120022002 **	客运服务费	55.89	1863.06
3	01200210091182305805	增值税电子普通发票	823058 **	0120021009 **	客运服务费	53.6	1786.81
4	01100220081188476410	增值税电子普通发票	884764 **	0110022008 **	客运服务费	53.48	1782.76
5	01200180011105686001	增值税电子普通发票	056860 **	0120018001 **	客运服务费	52.48	1749.4
6	01200220021147131165	增值税电子普通发票	471311 **	0120022002 **	客运服务费	52.46	1748.82
7	01200180011109103465	增值税电子普通发票	091034 **	0120018001 **	客运服务费	52.45	1748.49

续表

序号	发票编码	发票类型	发票号码	发票代码	商品明细	抵扣额度	开具金额（不含税）（元）
8	01200220021145850181	增值税电子普通发票	458501**	0120022002**	客运服务费	52.43	1747.64
9	01200210071116078945	增值税电子普通发票	160789**	0120021007**	客运服务费	46.82	1560.79
10	01200180011101744702	增值税电子普通发票	017447**	0120018001**	客运服务费	46.69	1556.3
11	01200180011104831022	增值税电子普通发票	048310**	0120018001**	客运服务费	46.67	1555.55
12	01200230011148903619	增值税电子普通发票	489036**	0120023001**	客运服务费	44.55	1485.11
13	01100220021171773781	增值税电子普通发票	717737**	0110022002**	客运服务费	34.75	1158.19
14	01100220051156040440	增值税电子普通发票	560404**	0110022005**	客运服务费	30.29	1009.61
15	04500210021142922340	增值税电子普通发票	429223**	0450021002**	客运服务费	24.7	823.38
合计						710.2	

“锦信一票通”实现了AI化管理，将探索更多形式的“AI+大数据”下企业税务合规道路，形成企业税务合规管理闭环，真正实现“提效”“降险”“增润”，业、财、税、票的一体化整合。

后　记

历时一年的努力，终于将《税务筹划实务指引：优惠与风险》呈现给广大读者。在完成这本书的创作后，我深感这不仅是一个结束，更是新的开始。这本书的诞生，是在国家税务改革和全面深化市场经济体制改革大背景下，对企业税务合规的深刻反思和系统梳理，更是对税务筹划领域未来的探索。从税务优惠到税务监管，从数字化税务管理到法律制度的完善，这一切都指向了一个核心主题——如何在保证税务合规的基础上，深入完善企业的税收筹划策略。

首先，这本书的写作背景不能脱离国家的政策大环境。2022 年《中共中央国务院关于加快建设全国统一大市场的意见》的发布，为我们全面理解和应对当前的税务政策环境提供了顶层设计。政策的每一次微调，都可能影响到企业的税务布局，这也使得税务筹划成为企业经营中不可或缺的一部分。我希望通过这本书，帮助更多企业深入理解政策背后的逻辑，更好地把握政策给予的每一丝利好。

其次，书中大量使用的案例分析，旨在向读者展示如何在实际操作中应用税务筹划原则，并预见和应对可能的税务风险。这种基于实证的写作方法，不仅增加了内容的可读性和实用性，而且使得复杂的税务规定变得更加贴近企业的实际需要。

在书中，我特别强调了“实质经营”和“成本发票”的重要性，这两个概念是实现合规的税务筹划的关键。实质经营反映了企业的真实经营状况，而成本发票则是企业财务透明度的体现。以此为切入点，本书进一步论述了税务筹划与企业战略、财务管理的紧密联系。我们鼓励企业从全局出发，将税务筹划纳入企业整体发展规划中，以实现企业价值的最大化。

同时，税务环境的快速变化对企业提出了前所未有的挑战。金税四期计划将于2025年完成部署，届时将开启税务征管的新局面。与此同时，2024年上海成立的税务法院，标志着税务诉讼一体化进程的加速。同年，众多税务领导的落马事件也预示着税务管理将从人治向“数治”过渡。此外，预计2025年税收征管法的修订将取消税务复议前置的必要环节，从而为税务合规开启新时代。面对税务治理的新征程，税务筹划应迈向更高阶段，深入考虑发展问题与企业自身需求，以适应不断变化的税务环境。

作为筹划领域的从业者，我们致力于推动税务管理的数字化和智能化。我们研发的“锦信一票通”发票大数据产品，通过精细化管理发票，帮助企业精益化成本管理。这种基于大数据的管理工具，能够有效帮助企业实时监控和优化税务操作，为企业进行成本发票的精细化管理，提高税务筹划的数字化水平，并能降低合规风险。2024年4月，国家专利局终于对发明专利“用于监测企业合规信用的AI管理系统”授权，这不仅是对我们团队工作的认可，更是对未来税务管理数字化转型的期待。

但是我们并未止步，我们也在积极推进“税GPT”大模型产品的研发，“税GPT”以本书的理论框架为基础进行打造，从八大维度深入理解自身涉税问题，并进行有效的税务筹划，旨在通过技术手段和专业知识解决企业和政府信息不对称的问题。这不仅展现了我们对技术和创新的追求，也反映了我们对企业税务风险管理的深刻理解和应对策略。我相信，这种技术的运用，将极大地提升企业的税务筹划效率和精确度。

此外，作为本书的延续，我们已经开始着手准备接下来两本书的写作与出版。这两本书将分别聚焦于破产涉税实务和数字资产涉税问题，这两个领域也是当前税务合规领域中的热点问题，我们将继续从企业生命周期的角度，探索税务筹划的多维问题，为企业发展提供更全面的视角和支持。我相信，这将是一个更加细致和深入的研究过程，能为企业提供更具前瞻性的税务筹划和合规指导。

最后，我认为本书的价值不仅在于它提供了一套系统的解决方案，更在于它体现了对国家经济发展大局的深刻理解和支持。作为作者，我希望这本书能成为企业税务筹划的重要参考，助力企业在复杂的税务环境中稳健前行，同时也为国家经济的健康发展做出贡献。通过这本书及其衍生的研究，我们希望能为企业税务筹划提供一个全方位、多角度的视野。在税务筹划的道路上，每一步都可能是全新的挑战，但也充满了机遇。在此，感谢所有支持本书的读者和从业同仁，让我们共同期待一个更加透明、高效的税务治理未来。

全开明

2024 年 4 月 28 日